DAS GROSSE BUCH DER ZIMMERPFLANZEN

FRITZ KUMMERT

Das große Buch der Zimmerpflanzen

Kakteen · Orchideen
Bromelien
Terrasse · Balkon · Wintergarten

SÜDWEST VERLAG MÜNCHEN

Bildnachweis: Die Fotos stammen vom Verfasser, soweit nicht auf einen der nachfolgend genannten Bildurheber verwiesen ist: florabild, Burda-Verlag, Offenburg – Dieter Herbel, München – Interhydro AG, Bern – Dr. H. und A. Jesse, Köln – Kuno Krieger, Klimatechnik, Herdecke/Ruhr – Hannes Rosenberg, Gräfelfing – Wolfram Stehling, Hamburg.
Zeichnungen von Fritz Windscheif, Kassel, nach Entwürfen des Verfassers.

Der Schutzumschlag zeigt eine *Guzmania minor*

1. Auflage 1975

© 1975 by Südwest Verlag GmbH & Co. KG, München
Alle Rechte vorbehalten
Herausgeber: Georg E. Siebeneicher
Schutzumschlag: Manfred Metzger (Foto: Erika Drave)
Gesamtherstellung: May & Co., Darmstadt
ISBN 3 517 005215

Inhalt

7 Verzeichnis der deutschen Pflanzennamen
9 Vorwort
10 Das Aussehen der Pflanzen (Morphologie)
18 Die Lebensvorgänge in Pflanzen (Pflanzenphysiologie)
   Wasseraufnahme und Wasserabgabe 18 · Photosynthese, Atmung und Wachstum 20 · Wuchsstoffe und Hemmstoffe 22 · Blütenbildung 22
26 Vererbung und Züchtung
   Grundbegriffe 26 · Kreuzungen 26 · Mutationen 28
30 Vermehrung
   Geschlechtliche Vermehrung 30 · Ungeschlechtliche Vermehrung 32 · Vermehrungseinrichtungen 34
36 Pflege
   Licht 36 · Wärme 38 · Wasser und Gießen 39 · Düngung 40 · Substrate 41 · Gefäße 43 Hydrokultur 44 · Umtopfen 45 · Pflanzenschutz 46
47 Die Benennung unserer Pflanzen
49 Zimmerpflanzen für kühle Räume
   Blattschmückende Pflanzen 49 · Blühende und fruchtende Pflanzen 64
81 Tropische Gruppen im Freien
94 Balkon und Fensterkasten
   Balkon und Fensterkasten im Halbschatten 94 · Balkon und Fensterkasten in der Sonne 98 Kletterer für Balkon und Fensterkasten 103
104 Kalthauspflanzen
   Neuholländer 105 · Kappflanzen 123 · Kalthauspflanzen Amerikas 132 · Kalthauspflanzen Asiens 138 · Kalthauspflanzen des Mittelmeergebietes 147
162 Sukkulenten
   Kakteen: Gattungen und Arten 162 · Kakteen: Unterbringung, Pflege, Substrate, Vermehrung, Krankheiten und Schädlinge 189 · Mittagsblumengewächse 196 · Pflege der Mittagsblumengewächse 202 · Sukkulenten verschiedener Familien 203
217 Orchideen
   Allgemeine Kulturbedingungen 218 · Übersicht über die wichtigsten Orchideen 220
232 Bromelien
243 Insektivoren („Fleischfressende")
249 Zwiebel- und Knollentreiberei im Zimmer

250 Zimmerpflanzen für beheizte Räume
Blattpflanzen für die Zimmerkultur 250 · Blattpflanzen für Vitrine und geschlossenes Blumenfenster 280 · Blütenpflanzen für die Zimmerkultur 298 · Blütenpflanzen für Vitrine und geschlossenes Blumenfenster 318

332 Pflanzenverzeichnisse
Terrasse, Balkon und Fensterkasten, Kletterer und Schlinger, Ampelpflanzen

332 Verzeichnis der Bildtafeln

333 Gartenbaugesellschaften

333 Literaturhinweis

334 Sach- und Pflanzenverzeichnis

Abkürzungen auf den Bildtafeln
o = oben, ol = oben links, om = oben Mitte, or = oben rechts.   M = Mitte, ml = Mitte links, mm = Mitte Mitte, mr = Mitte rechts.   u = unten, ul = unten links, um = unten Mitte, ur = unten rechts.

Wie liest man Pflanzennamen?
Jeder Pflanzenname besteht aus dem Gattungsnamen (z. B. *Hedera*) und der Beifügung, die die Art bezeichnet (z. B. *helix*). Für den Pflanzenliebhaber besonders wichtig sind die in Klammern angegebenen Namen, die Synonyme, denn unter diesen nicht mehr gültigen Namen werden viele Pflanzen gezogen, gehandelt und als Samen verschickt.
Hinter dem Pflanzennamen (z. B. *Hedera helix*) findet sich, nach einem internationalen Code abgekürzt, der oder die Autorennamen. Ist vor dem an letzter Stelle stehenden Autorennamen ein anderer in Klammern angegeben, so bedeutet das, daß dieser in Klammern stehende Autor (sog. Klammerautor) diese Pflanze in einer anderen Kategorie, d. h. in einer anderen Gattung, als Unterart oder Varietät, gültig beschrieben und aufgestellt hat.
Mit dem »Zander« (s. Literatur, Encke/Buchheim/Zander: Handwörterbuch der Pflanzennamen), wo im Anhang fast alle Autorenabkürzungen mitsamt kurzer Biographien angeführt sind, kann man sich von den beigefügten Autorennamen richtige Geschichten über einzelne Pflanzen erzählen lassen. Für den Anfang der Liebhaberei sollten die Autorennamen nur immer wieder daran erinnern, daß sie zum Pflanzennamen gehören und es erleichtern, eine bestimmte Pflanze richtig anzusprechen, richtig zu erwerben und zu pflegen, weil man sich ihrer Identität sicher sein kann!

Verzeichnis der deutschen Pflanzennamen

Das Verzeichnis enthält echte deutsche Gattungsnamen und verdeutschte botanische Gattungsnamen z. B. Zyklame (*Cyclame*), Clivie (*Clivia*), Kantue (*Cantua*). Man suche also z. B. Knollenbegonie, Rex-Begonie usw. unter Begonie oder Efeupelargonie, Englische Pelargonie usw. unter Pelargonie. Die kursiv gedruckten Seitenzahlen verweisen auf Abbildungen – siehe Erläuterung Sach- und Pflanzenverzeichnis Seite 334.

A
Agave	82, *192*, 204
Akazie	113
Äschynanthus	318
Albizie	*v. 105*, 114 138
Allamande	319
Aloe	*192*, 204
Alpenveilchen	68
Amazonaslilie	*321*, 322
Ananas	233, 235, 236, *240*
Asselkaktus	*n. 168*, 182
Australheide	*112*, 119
Azalee	77

B
Bärenklau	282
Banane	65, 88
Bandbusch	55
Banksie	*n. 104*, 105, 106
Baumfreund	271, *n. 296*
Baumwolle	324
Begonie	16, 94, *241*, 254, 302
Beilkaktus	182
Belladonnalilie	124
Bergpalme	258
Berg-Säulenkaktus	180
Billbergie	237
Binsenkaktus	184
Bischofsmütze	166
Blattkaktus	171
Blaues Lieschen	70
Blauklee	144
Blütenbanane	*321*, 328
Blumenrohr	83
Blutblume	325
Blut-Tradescantie	278
Bogenhanf	32, *113*, 272, 277, *n. 296*
Bougainvillie	66
Browallie	96
Brunfelsie	303, *304*
Bubikopf	62
Buckelkaktus	179
Bunte Klimme	286

C
Calamondin-Orange	141
Callisie	257
Cassava	290
Chilenischer Feuerbusch	134
Clivie	33, 68
Columnee	11, 25, *304*, 305
Crossandre	307
Cypergras	259

D
Dattelpalme	89
Dickblatt	*n. 200*, 207
Didymochlaene	260
Dieffenbachie	*256*, 260
Dipladenie	321
Drachenbaum	261, *n. 264*, 265
Drehfrucht	316

E
Echeverie	*v. 201*, 208
Efeu	49, 54
Efeuralie	49, 53
Efeutute	276, *n. 296*
Eidechsenwurz	91
Einblatt	330
Elefantenfuß	216
Elefantenohr	70
Episcie	307, *320*
Erdbeerbaum	147, *169*
Erika	127, *144*

F
Federkaktus	*n. 168*, 186
Feigenbaum	262
Feigenkaktus	180
Fetthenne	*v. 201*, 215
Fettkraut	247
Fiederaralie	295
Fingeraralie	*n. 264*, 272, 288
Fittonie	288, *288*
Flamingoblume	299
Flammendes Käthchen	72, *v. 201*
Flaschenkürbis	327
Fleißiges Lieschen	97, 98
Flügelfarn	57, *305*
Frauenhaar	61
Frauenhaarfarn	250, *305*
Frauenschuh	225, *232*
Fuchsie	16, 24, *33*, 36, 80, 96, 97
Fünfflügelchen	138, *161*
Fußblatt	278

G
Gardenie	304, 322
Gasterie	208, 212
Geißklee	150
Geranie	48, 81, 97, 99
Geweihfarn	275, *305*
Ginster	152
Glanzkölbchen	297, 300, *320*, 321
Glockenblume	33, 67, 147, *169*
Glockenrebe	103
Gloriose	323
Gloxinie	314
Glücksklee	249
Goldfarn	274, *305*
Goldtüpfelfarn	273
Granatapfel	158, *169*, 289
Grapefruit	141
Greisenhaupt	167
Grevillee	*n. 104*, 105, 106
Grünlilie	258, *272*
Gummibaum	32, *113*, 262, 264, *v. 265*, 272
Guzmanie	*v. 233*, 238, *240*

H
Haarblume	331
Hakenkaktus	175
Hammerstrauch	132, *161*
Hanfpalme	91
Harfenstrauch	57
Haworthie	208, 212
Henne und Küken	36, 63, *64*
Hoffmannie	288, 289
Hopfen	103
Hopfenschwänzchen	303
Hornklee	154, *169*
Hottentottenfeige	196, 197, *201*
Hottentottenpopo	200
Hyazinthe	249

I
Igelkaktus	170
Igel-Säulenkaktus	170
Immergrün	*128*, 160
Ixore	325

J
Jacobinie	72, 326
Jakobslilie	136
Jasmin	143, 153

K
Känguhklimme	49, 52
Kaffeestrauch	305
Kaladie	284
Kamelie	139, *168*
Kanarine	148
Kannenstrauch	246
Kanonierblume	273, *v. 297*
Kantue	132, *161*
Kapernstrauch	*128*, 148
Kapuzinerkresse	90, 103
Kastanienwein	279
Katzenschwanz	298
Kentie	266
Keulenlilie	287
Kiefernzapfenkaktus	171, *176*
Kind im Schoß	63, *64*
Klimme	49, 52, 206, *n. 264*, 286
Kobrapflanze	243
Königin der Nacht	186
Kohlerie	326
Kokospälmchen	268
Kolbenfaden	225, 251
Korallenbeere	33, 74
Korallenkaktus	184
Korallenkirsche	79
Korallenraute	117, *145*
Korallenstrauch	86
Kranzschlinge	316
Kreuzblume	*129*, 130
Kreuzkraut	79, *v. 201*, 215
Krokus	249
Kroton	264, 286
Kugelkaktus	170
Kugelopuntie	187
Kußmäulchen	312

L
Laelie	223
Lagerstroemie	87
Lamellenkaktus	*n. 168*, 170
Lanzenrosette	*v. 233*, 235

Lebender Granit	201	Pistazie	157	Steinapfel	144, *168*
Lebender Stein	200, *201*	Platterbse	103	Steinbrech	60
Leuchterblume	52, *64*, n. *200*, 206	Primel	*64*, 75	Strauchehrenpreis	71
Leucospermum	129	Prismenkaktus	176	Streifenfarn	253
Liebesblume	81	Prunkwinde	103	Sulcorebutie	186
Littonie	327	Pseudolobivie	182	Sumpfkrug	246
Losbaum	304				
Livistonie	267	**R**		**T**	
Lobivie	176	Rauschgiftkaktus	177	Tapioka	290
Löwenohr	129	Rebutie	183	Taublatt	245
Lorbeer	153	Rechsteinerie	312	Thunbergie	103, *320*, 330
Lord-Howe-Palme	266	Reineckie	59, *64*	Tigermaul	198
Losbaum	297, 304	Riemenblatt	*33*, 68	Tillandsie	n. *232*, 240, 241
		Rippenfarn	256	Tradeskantie	63, 216
M		Ritterstern	309	Tränenbaum	82
Mäusedorn	159	Rohdee	60, *64*	Tulpe	249
Maiglöckchen	249	Roseneibisch	304, 309, *321*		
Mandarine	141	Rosmarin	*128*, 158	**U**	
Manettie	73	Roter Binsenkaktus	172	Urnenpflanze	287
Maniok	290	Ruellie	287	Usambaraveilchen	*113*, *304*, 313
Marante	264, 288, 291	Ruhmeslilie	18, *296*, 323	**V**	
Mastixstrauch	161, *169*	Rutenkaktus	184	Vanille	231
Maulbeer-Brennessel	290	Rhododendron	77, 145, *168*	Veilchenstrauch	312, *321*
Medinille	264, 327			Venusfliegenfalle	244
Mediolobivie	178, 289	**S**		Versteckblüte	238
Meerzwiebel	160	Säulenkaktus	167, *201*	Vriesee	v. *233*, 241
Melonenkaktus	178	Salvie	65, 90	**W**	
Metzgerpalme	51	Sanchezie	295, n. *296*	Wachsblume	71, *81*, 311
Microlepie	268	Sandersonie	329	Wachskürbis	320
Milchstern	56	Sauerklee	292	Waldrebe	142, *168*
Mimose	v. *105*, 113	Saumfarn	57	Warzenkaktus	n. *168*, 177
Mocanbaum	161, *169*	Schamhafte Sinnpflanze	291	Washingtonie	64
Mondwinde	296, *321*	Schefflere	*113*, 278	Wasserfalle	243
Mooskraut	61	Scheinmalve	74	Wasserschlauch	248, *257*
Myrte	154	Schiefblatt	254	Watte-Säulenkaktus	172
		Schiefteller	298	Weihnachtskaktus	184
N		Schildfarn	53	Weihnachtsstern	308
Nadelkissen	*129*	Schildkrötenkaktus	169	Weingartie	189
Narzisse	*128*, 155, 249	Schlangenbart	55, *64*	Wicke	103
Nelke	99	Schlangenhaargurke	296, 331	Winde	150
Neochilene	179	Schlangenkaktus	165	Wolfsmilch	n. *200*, *201*, 209
Neoregelie	239	Schlauchpflanze	247	Wollfruchtkaktus	166
Nesselschön	298	Schnapskopf	177	Wollkaktus	172
Nestfarn	253	Schneckenfaden	286	Wollmispel	85
Nierenschuppenfarn	269, *305*	Schönfaden	109, *112*	Wunderbaum	81, *96*
		Schönmalve	65, *81*, *96*	Wunderstrauch	286
O		Schönranke	103		
Ölbaum	156	Schraubenbaum	273, 292	**Z**	
Oleander	96, *128*, 155	Schusterpalme	51	Zahnzunge	224
Orange	141	Schwarzäugige Susanne	103	Zebrakraut	279
Osterkaktus	183	Schwertfarn	269, *305*	Zieringwer	65, 86
		Seeigelkaktus	171, 166	Zierspargel	50, *64*, 252
P		Seidelbast	143	Zimmeraralie	49, 54
Palmfarn	259, *265*	Selaginella	61	Zimmerhafer	237
Palmlilie	93	Silberfarn	274	Zimmerkalla	80
Pantoffelblume	66, 98	Silberhaut	196, *201*	Zimmerlinde	62
Parodie	181	Smithianthe	315	Zimmertanne	49, *113*
Passionsblume	74, *81*, 293, *328*	Solisie	186	Zistrose	149, *169*
Pavonie	329	Sonerile	296	Zitrone	141
Peireskie	181	Sonnentau	245, *257*	Zungenblatt	199, *201*
Peitschenkaktus	165	Spinnkraut	63	Zwergcereus	168
Pelargonie	16, *48*, 65, *81*, *97*, 99	Spitzblume	301	Zwergpalme	84
Palläe	56, *305*	Springkraut	98	Zwergpfeffer	270, *273*
Pellionie	294, v. *297*	Stepelie	215	Zyklame	16, 68
Petunie	97, 102	Stechapfel	65, *84*	Zylinderopuntie	169
Pfeffer	274, v. *297*	Steckenpalme	59	Zylinderputzer	109
Pfeifenblume	297, 320				
Pisonie	288, 289				

Vorwort

Wie dieses Buch entstand und wie es zu nutzen ist.
Als Lehrer an einer Fachmittelschule wurde ich in meinem Unterrichtsfach, wo es um nicht winterharte Pflanzen geht, immer wieder mit dem Mangel an geeigneten Büchern konfrontiert. Ich bemühte mich, meinen Schülern den so umfangreichen Stoff in kleinen Happen zu verabreichen, damit auch einiges hängenbliebe. Wo es ging, verwendete ich lebendiges Material oder Diapositive, um nicht zuviel zu dozieren. Auf der Suche nach dem lebenden Material, eben den Pflanzen, wurde ich immer vertrauter mit den umfangreichen Pflanzensammlungen Wiens und bemerkte erst, wie viele Pflanzen schön und kulturwert, der breiten Masse der Pflanzenpfleger aber unbekannt sind.
Als nun der Verlag mich anregte, ein Buch über Zimmerpflanzen zu schreiben, war gerade die Zeit der Energiekrise gekommen – ein weiterer Anlaß, die von mir so geschätzten Kalthauspflanzen vermehrt aufzunehmen; man mußte davon ausgehen, daß künftig hohe Temperaturen in den Kleingewächshäusern der Liebhaber genauso schwierig zu halten sein werden wie beim Erwerbsgärtner.
Als die Pflanzenauswahl des Buches getroffen war, stellte sich heraus, daß es mehr als ein Zimmerpflanzenbuch geworden war: ein Buch für den Pflanzenfreund, den Pflanzenliebhaber, aber auch ein Buch, das interessierte Menschen zu Liebhabern machen möchte!
Leider mußte einiges gestrichen werden, da ob der Fülle nicht genug Platz blieb. Vor allem bei umfangreichen Pflanzengattungen konnte ich nur wenige wichtige Arten erwähnen, aber ich bemühte mich, jene Pflanzen aufzunehmen, die tatsächlich gezogen werden.
Immer bestrebt, die verabreichten Portionen in der Größe mundgerecht zu machen, ordnete ich den Stoff nach organischen Gesichtspunkten. Zunächst sind es die Kulturbedingungen, die hier helfen, Ordnung ins Chaos zu bringen. Ihnen verdanken die Kapitel »Zimmerpflanzen für wenig beheizte Räume«, »Tropische Gruppen im Freien«, »Kalthauspflanzen« und »Zimmerpflanzen für beheizte Räume« Inhalt und Umfang. Zusätzlich half die Heimat der Pflanzen, das umfangreiche Kapitel der Kalthauspflanzen zu gliedern. Als weiterer Gesichtspunkt dienten bestimmte Lebensbedingungen zur Gliederung der besprochenen Pflanzen: Die Kapitel »Sukkulenten« und »Insektivoren« waren das Ergebnis.
Nicht zuletzt wurde auch das Verwandtschaftsverhältnis der Pflanzen zur Einteilung herangezogen, um die Gruppen der »Orchideen« und »Bromelien« zusammenzustellen. Auch an anderer Stelle diente der Verwandtschaftsgrad der Ordnung: Die Unterkapitel über die Kakteen und die Mittagsblumengewächse bei den »Sukkulenten« und der neuholländischen Proteusgewächse, Myrtengewächse und Schmetterlingsblütler bei den »Kalthauspflanzen« waren die organische Folge.
So praktisch eine alphabetische Ordnung auch ist, so hat sie doch den Nachteil, daß verwandte Pflanzen getrennt werden, ob sich die Verwandtschaft nun auf die erforderlichen Pflegebedingungen, auf Lebensbedingungen am natürlichen Standort oder auf tatsächliche Verwandtschaft bezieht.
Durch die Aufnahme vieler von mir selbst gemachter Fotos konnte eine ungewöhnliche Auswahl von Bildern gezeigt werden. Nutzen Sie eifrig die Pflanzenverzeichnisse am Anfang und am Schluß des Bandes, die in Form der schräggedruckten Seitenzahlen die Bilder zum Text nachweisen, und das Verzeichnis der Bildtafeln. Diese Verzeichnisse sollen Text und Bild einander näherrücken, damit das Buch sowohl Freude als auch reichen Nutzen bringt.

Das Aussehen der Pflanzen

Morphologie

In diesem Buch befassen wir uns fast ausschließlich mit Landpflanzen. Landpflanzen bewohnen zwei verschiedene Medien: Ihre Wurzeln stecken im Boden, geben der Pflanze Halt und nehmen gleichzeitig Wasser und darin gelöste Nährstoffe auf. Ihre oberirdisch lebenden, meist flächig verbreiterten Blätter sind die verarbeitenden Organe. Die Sproßachse aber stellt die Verbindung zwischen den Wurzeln und den Blättern her, sie besorgt auch den Transport von den Wurzeln zu den Blättern und umgekehrt. Das Schema einer solchen Landpflanze zeigt die Abbildung.

Der **Sproß** besteht aus der Sproßachse und den Blättern; die Ansatzstellen der Blätter, die Knoten oder *Nodien,* teilen den Sproß in Glieder oder *Internodien.*

Selten ist die Sproßachse einfach oder unverzweigt, meist kommt es zur Verzweigung, wobei man die drei, in der Abbildung »Längenwachstum des Sprosses« dargestellten Typen als die wichtigsten kennt. Wachsen nur die untersten Achselknospen aus, so entstehen Büschel gleichstarker unverzweigter Achsen: *Horste.* Die Sproßachsen können auch sehr stark gestaucht sein, so daß die Blätter in *Rosetten* stehen.

Die **Blätter** sind Anhangsorgane des Sprosses und fehlen nie, manchmal können sie allerdings sehr klein sein. Man kann meist eine Bauch- und eine Rückenseite unterscheiden, d. h., sie sind »dorsiventral« gebaut. Die *Anheftung* der Blätter an die Sproßachse kann unterschiedlich sein, die wichtigsten Typen zeigt die Abbildung »Anheftung der Blätter am Sproß«. Wichtig ist auch die *Blattstellung* am Sproß, die für die Vielzahl der Pflanzen ein wichtiges Bestimmungsmerkmal liefert – siehe die weitere Abbildung.

Die gebräuchlichsten Bezeichnungen für die Formen *einfacher Blätter,* für die tiefergehenden Gliederungen des Blattrandes, die man *Blattteilungen* nennt, und für die verschiedenen *zusammengesetzten Blätter* – s. Abb. Seiten 12/13.

Um Blätter noch genauer beschreiben zu können, verwenden Botaniker und Gärtner weitere Spezialausdrücke, und zwar für die *Blattspitzen,* den *Blattgrund* und den *Blattrand.*

Obwohl man botanisch unter dem *Blattgrund* den der Sproßachse nächsten Teil des Blattes, also zumeist den Blattstiel, versteht, hat sich in der gärtnerischen Sprache die Bezeichnung Blattgrund für den basalen Teil der Blattfläche, der Spreite, eingebürgert.

Der *Blattrand* ist meist gegliedert, und auch für diese Gliederung, wie sollte es anders sein, gibt es genaue Bezeichnungen. Sie werden besonders oft verwendet und sind sehr wichtige Kennzeichen, nach denen man Pflanzen bestimmen kann.

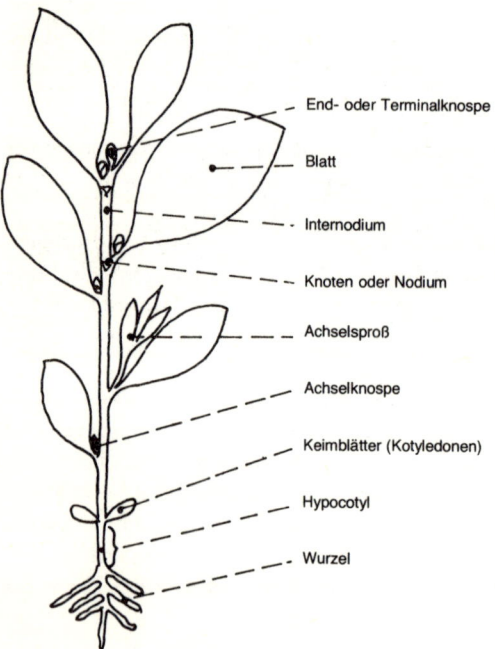

Eine vollkommen entwickelte Landpflanze besitzt Wurzeln, eine Sproßachse und Blätter. Die Wurzeln geben der Pflanze im Boden Halt, die Blätter sind die arbeitenden Organe.

Blätter

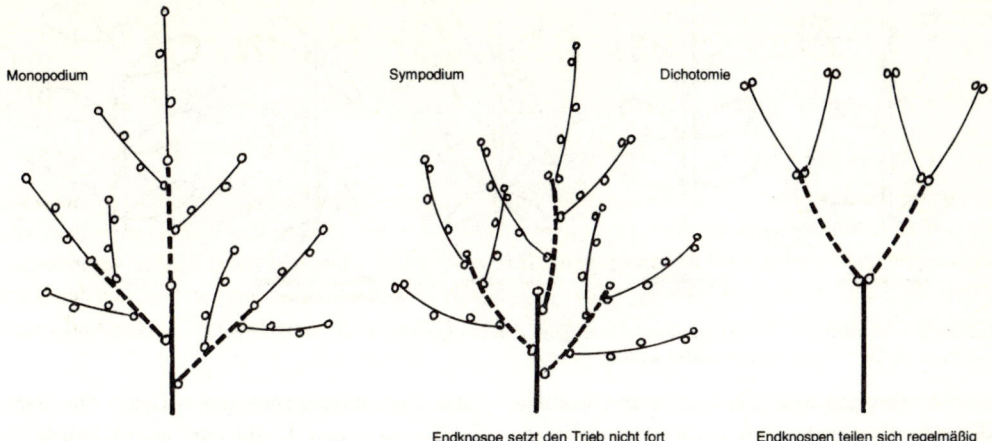

Beim Wachsen verlängert sich der Sproß jeder Pflanze in charakteristischer Weise. Manchmal geht den sich bildenden Seitentrieben das »Wissen« um das Aussehen der Hauptachse verloren, so bei der Zimmertanne.

Bei Verschiedenblättrigkeit oder *Heterophyllie* besitzt eine Pflanze verschieden gestaltete Laubblätter. Meist sind natürlich die *Keimblätter* oder Kotyledonen anders gestaltet als die nächsten Blätter, die man im Gegensatz zu den Keimblättern *echte Blätter* nennt. Doch auch diese ersten echten Blätter weichen von denen älterer Pflanzen ab, wie man es schön beim Weißklee sieht; bei ihm spricht man vom Spatenstielstadium der Blätter, die erst später dreizählig werden. Manchmal tragen junge, nichtblühende Pflanzen anders geformte Blätter als die fruchtenden Pflanzen: *Jugendform* und *Altersform;* gute Beispiele liefern Efeu oder Eucalyptus.

Ungleichblättrigkeit oder *Anisophyllie* liegt vor, wenn gegenständige oder gequirlte Blätter unterschiedlich geformt oder groß sind (manche Koniferen und Columneen, Mooskraut, *Selaginella*).

Aus dem echten, dem botanischen Blattgrund haben sich bei manchen Pflanzen besondere Bildungen entwickelt, so die *Blattscheiden* von Gräsern oder Tradeskantien, sie sind zumeist röhrenförmig. *Nebenblätter* oder Stipeln können laubblattartig sein oder abfallen; beim Gummibaum sind sie zu einer Röhre *(Ochrea)* vereinigt, die mit der Entwicklung des Blattes abfällt. Selten sind sie zu Dornen umgewandelt: bei sukkulenten Wolfsmilcharten oder der Robinie *(Stipulardornen)*. Ebenfalls aus dem Blattgrund entstehen die *Niederblätter*, sie sind schuppenförmig, meist nicht grün gefärbt und finden sich z. B. als primitive Erstlingsblätter an der Basis von Trieben, beim Ahorn oder der Rose besonders deutlich; als braune *Knospenschuppen* an den Winterknospen oder als häutige oder saftige Schuppen bei Zwiebeln und Rhizomen.

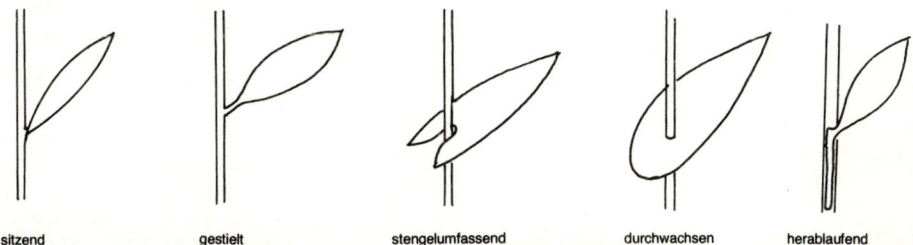

Auch für die Anheftung der Blätter am Sproß gibt es Fachausdrücke. Die beiden ersten Formen sind am weitesten verbreitet.

Das Aussehen der Pflanzen

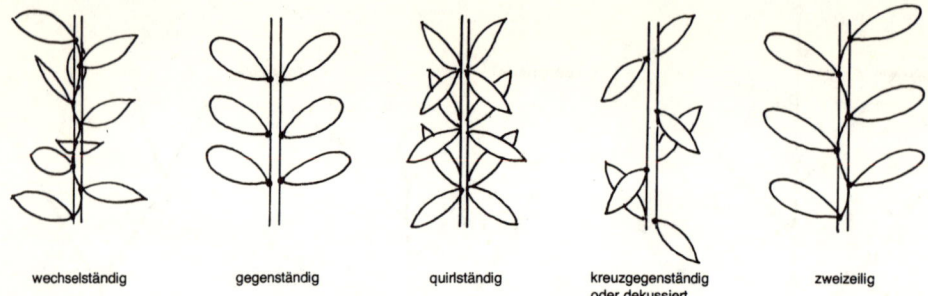

| wechselständig | gegenständig | quirlständig | kreuzgegenständig oder dekussiert | zweizeilig |

Die Stellung der Blätter am Sproß bildet eines der wichtigsten Erkennungsmerkmale unserer Pflanzen. Aus diesem Grund sind diese Ausdrücke bei der Beschreibung besonders wichtig.

Hochblätter oder Brakteen nennt man Deckblätter in der Blütenregion, sie können oft sehr auffällig gefärbt sein, wie beim Weihnachtsstern, oder eine besondere Form besitzen, wie die Spatha der Aronstabgewächse.

Anhängsel von Sproßachse oder Blatt, an deren Entstehung nur die äußersten Gewebeschichten beteiligt sind, nennt man *Emergenzen*. Wichtige Emergenzen sind die verschiedenen Stacheln, wie bei der Rose, oder die Brennhaare von Brennessel und *Laportea*. Im Gegensatz dazu stehen die Dornen, die Umwandlungsprodukte bestimmter Organe sind: es gibt Sproßdornen, Blattdornen, Nebenblattdornen und Wurzeldornen.

Besonders interessante und wichtige Sproßumbildungen stellen die **Blüten** dar. Es sind kurze Triebe mit oft stark verbreiterter oder sogar eingestülpter Achse, an der dicht hintereinander mehrere Kreise stark veränderter Blätter sitzen. Die vielfältigsten Blüten bringen die zweikeimblättrigen Pflanzen, deren typische Blüte einen untersten Kreis aus meist grünen, ungestielten *Kelchblättern* aufweist. Darauf folgt ein Kreis von größeren und auffälliger gefärbten Blättern, die *Kron-* oder *Blumenblätter*. Diese können voneinander getrennt sein (Getrenntblumenblättrige oder *Archichlamydeen*) oder miteinander verwachsen sein (Verwachsenkronblättrige oder

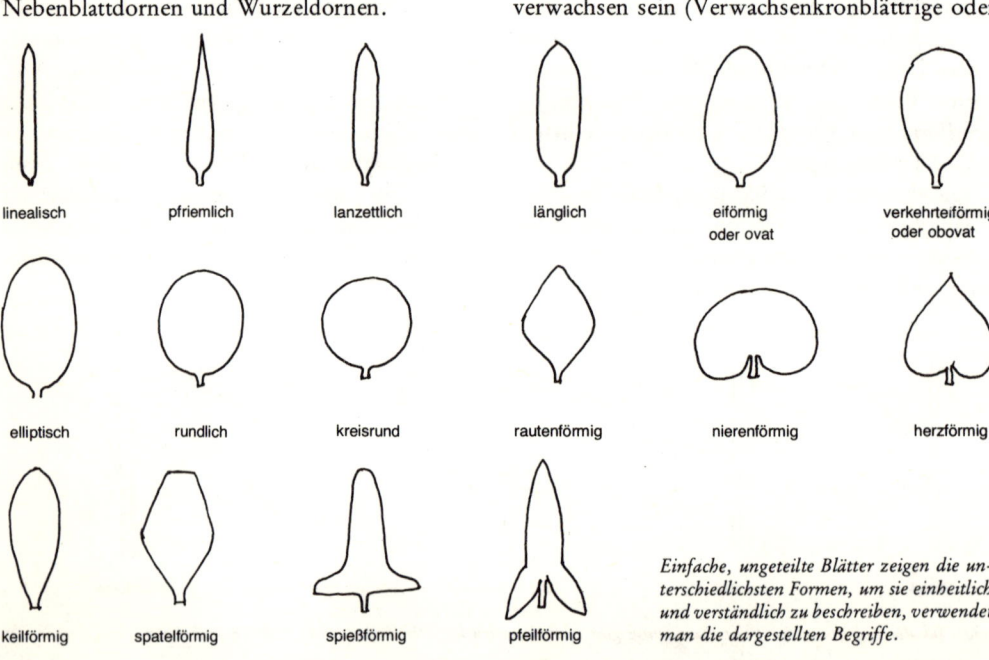

Einfache, ungeteilte Blätter zeigen die unterschiedlichsten Formen, um sie einheitlich und verständlich zu beschreiben, verwendet man die dargestellten Begriffe.

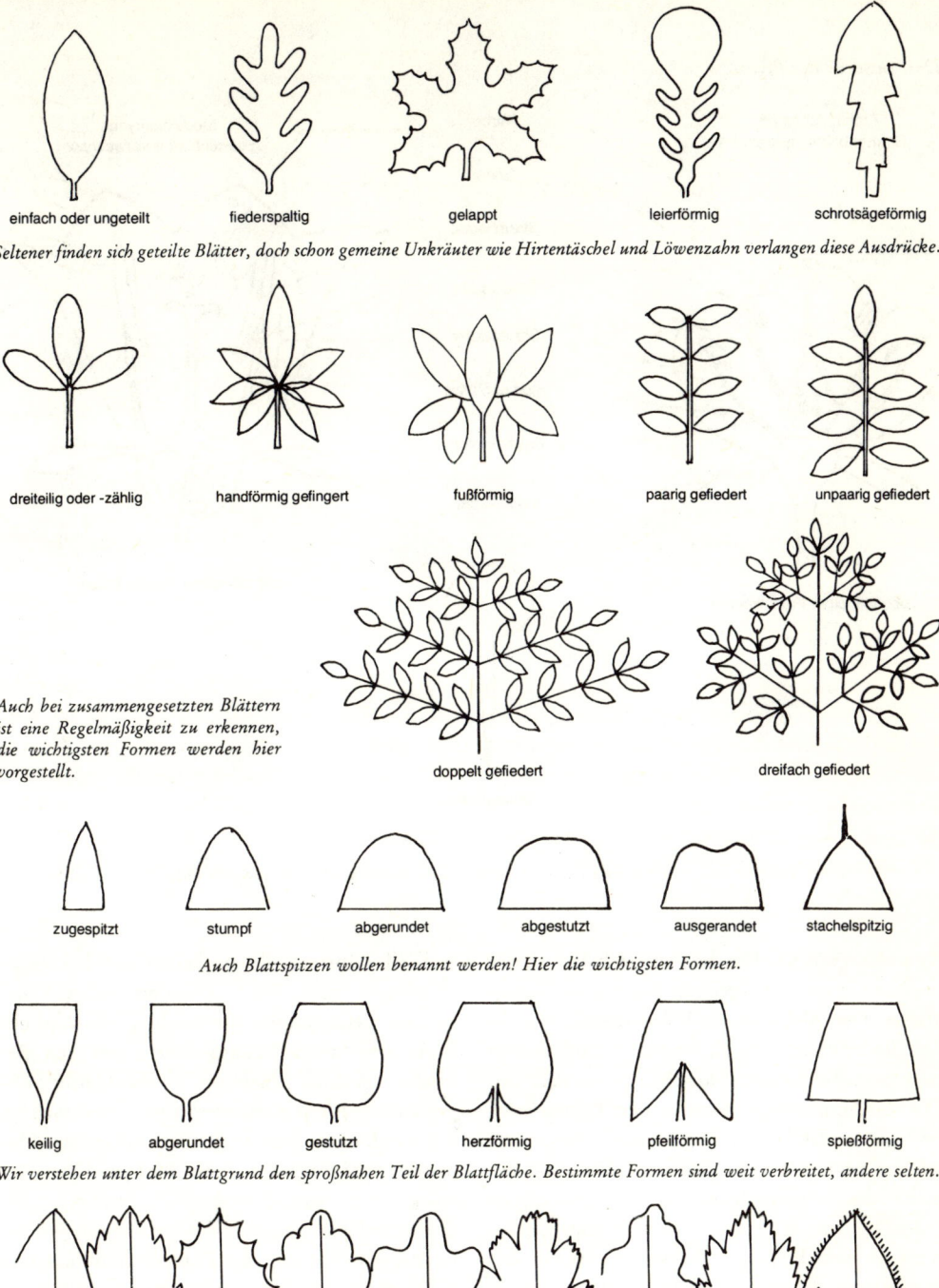

einfach oder ungeteilt — fiederspaltig — gelappt — leierförmig — schrotsägeförmig

Seltener finden sich geteilte Blätter, doch schon gemeine Unkräuter wie Hirtentäschel und Löwenzahn verlangen diese Ausdrücke.

dreiteilig oder -zählig — handförmig gefingert — fußförmig — paarig gefiedert — unpaarig gefiedert

Auch bei zusammengesetzten Blättern ist eine Regelmäßigkeit zu erkennen, die wichtigsten Formen werden hier vorgestellt.

doppelt gefiedert — dreifach gefiedert

zugespitzt — stumpf — abgerundet — abgestutzt — ausgerandet — stachelspitzig

Auch Blattspitzen wollen benannt werden! Hier die wichtigsten Formen.

keilig — abgerundet — gestutzt — herzförmig — pfeilförmig — spießförmig

Wir verstehen unter dem Blattgrund den sproßnahen Teil der Blattfläche. Bestimmte Formen sind weit verbreitet, andere selten.

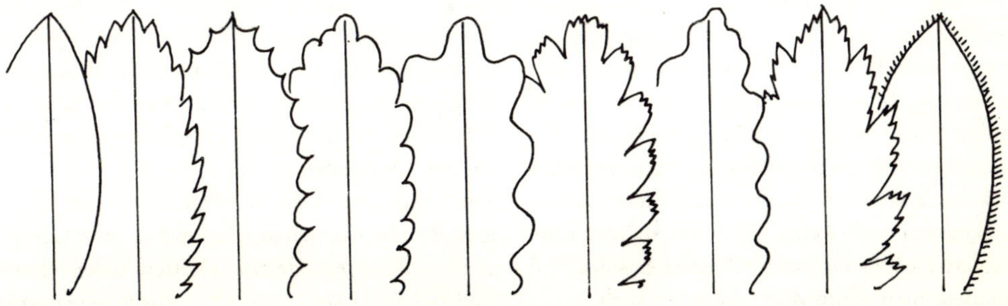

ganzrandig — gesägt — gezähnt — gekerbt — gebuchtet — eingeschnitten — wellig — doppelt gesägt — gewimpert

Der Blattrand der Pflanzen bietet eine weitere Möglichkeit, auch nahe verwandte Arten zu unterscheiden.

Das Aussehen der Pflanzen

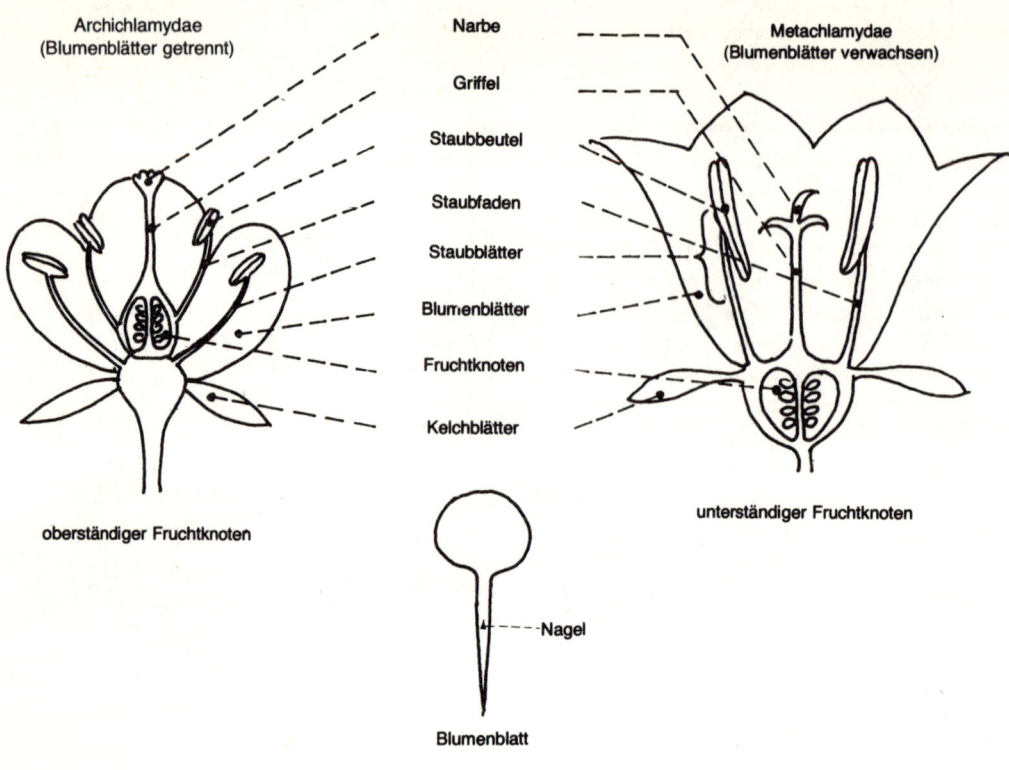

Die Blüten, auf die wir schon so sehnsüchtig gewartet haben, sind erschienen, auch sie sind sehr unterschiedlich gestaltet.

Metachlamydeen). Die beiden nächsten Kreise sind sehr abweichend gebaute Blätter, die *Staubblätter*. Den Abschluß der Blütensproßachse bilden die Fruchtblätter, sie sind grün und einzeln oder zu mehreren zum *Fruchtknoten* verwachsen. Die Zeichnung zeigt diese beiden Blütentypen und gibt zusätzliche Erläuterungen. Besonders wichtig sind in diesem Zusammenhang die Begriffe des *oberständigen* und *unterständigen Fruchtknotens:* der Fruchtknoten ist oberständig, wenn er dem Ende der Achse aufsitzt, so daß Staubblätter, Blumenkrone und Kelch unterhalb von ihm sitzen; er ist unterständig, wenn er in die ausgehöhlte Achse versenkt und mit deren inneren Wänden verwachsen ist, so daß Staubblätter, Blumenkrone und Kelch über ihm stehen. Blumenblätter können in einen schmalen basalen Teil auslaufen, man nennt diese dann genagelt.

Speziell geformte Blüten finden sich bei vielen Pflanzenfamilien. Zwei besonders wichtige sind in den Zeichnungen vorgeführt: die typische Blüte der Schmetterlingsblütler, mit den Bezeichnungen der einzelnen Blumenblätter. Abgewandelte Einkeimblättrerblüten finden sich bei den Orchideen: hier ist der Kelchblattkreis blumenblattartig *(Sepalen)*; zwei Blumenblätter *(Petalen)* sind normal ausgebildet, während das dritte zur *Lippe* umgewandelt ist. Eine allgemeine Orchideenblüte und die Frauenschuhblüte sind in Zeichnungen dargestellt. Näheres über die Orchideenblüten findet sich im besonderen Teil bei den Orchideen.
Auch nach der Form werden die Blüten unterteilt. Blüten, die sich durch mehr als zwei Schnittebenen in spiegelgleiche Hälften teilen lassen, sind *radiär;* lassen sie sich nur durch eine einzige

Schnittebene in zwei spiegelgleiche Hälften teilen, so sind sie *zygomorph*. Am Beispiel der Ursprungsarten unserer Weihnachtskakteen, die sich eben durch diese beiden Blütenformen unterscheiden, sind sie Seite 16 dargestellt.

Nur selten trägt ein Blütensproß eine einzige endständige Blüte, meist sind an blütentragenden Sprossen mehrere bis viele Blüten in ganz bestimmter Anordnung zu *Blütenständen* oder *Infloreszenzen* vereinigt. Blüten sind gestielt oder ungestielt und stehen immer in der Achsel meist schuppenförmiger Tragblätter. Siehe Seite 19 die wichtigsten Blütenstandsformen!

Auch die *Geschlechtsverteilung* auf den Pflanzen spielt für die Bestimmung von Pflanzen eine Rolle. Blüten, die die männlichen Organe, die Staubblätter, und die weiblichen, die Fruchtblätter, gleichzeitig enthalten, sind *zwittrig;* Blüten mit nur männlichen oder nur weiblichen Organen sind *eingeschlechtig;* kommen dabei auf demselben Individuum sowohl männliche als auch weibliche Blüten vor, so ist diese Pflanze *einhäusig* oder *monözisch;* sind die männlichen und die weiblichen Blüten auf verschiedenen Individuen, so ist diese Pflanze *zweihäusig* oder *diözisch;* kommen auf einem Individuum sowohl eingeschlechtige, d. h. männliche und weibliche, nur männliche oder nur weibliche, und zwittrige Blüten vor, so spricht man von *vielehigen* oder *polygamen* Pflanzen. Die Zeichnungen S. 19 zeigen die wichtigen Geschlechtsverteilungen.

Die beiden Begriffe **Bestäubung und Befruchtung** werden oft falsch ausgelegt. Bestäubung ist das Aufbringen des Pollens auf die Narbe, Befruchtung dagegen die Vereinigung des einen Pollenschlauchkernes mit der Eizelle. Jeder Pollenschlauch enthält meist drei Kerne, darunter zwei generative: der eine vereinigt sich mit der Eizelle und ergibt den Embryo, der andere vereinigt sich mit den beiden Embryosackkernen zu einem triploiden Kern, der zum Nährgewebe oder *Endosperm* auswächst – siehe Abbildung S. 17.

In seltenen Fällen kommt es auch ohne Bestäubung zur Befruchtung: *Apomixis*. Dabei entwickelt sich der Embryo aus der Eizelle, deren Chromosomensatz vorher nicht halbiert wurde:

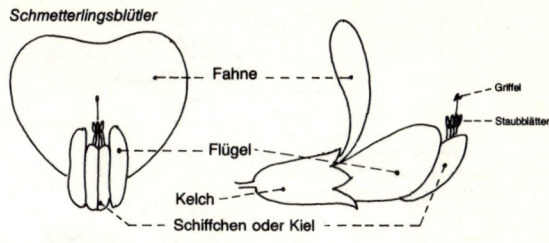

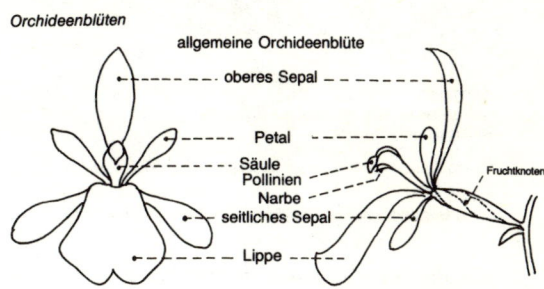

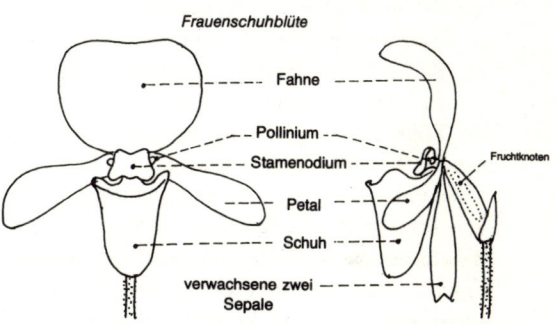

Manche Pflanzenfamilien besitzen besonders geformte Blüten, deren Teile ganz bestimmte Namen tragen, so die Schmetterlingsblütler und die Orchideen.

Parthenogenesis oder Jungfernzeugung; oder der Embryo entwickelt sich aus anderen, im Embryosack vorhandenen Zellen: *Apogamie*. Manchmal kommt es zur Vielkeimigkeit oder *Polyembryonie*, wie bei Zitrusgewächsen: es erwachsen aus einem Samenkorn mehrere Keimlinge, davon ist nur einer auf geschlechtlichem Weg, die anderen ohne Bestäubung, d. h. *apomiktisch*, entstanden. Bei vielen Pflanzen läßt sich Zwillingsbildung beobachten, jedem, der Haselnüsse oder Mandeln aufgeschlagen hat, ist das nichts Neues.

Das Aussehen der Pflanzen

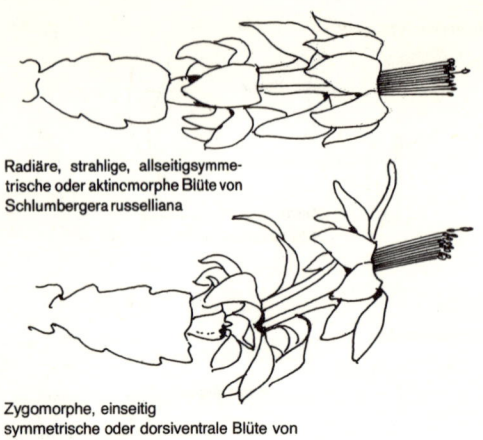

Radiäre, strahlige, allseitigsymmetrische oder aktinomorphe Blüte von Schlumbergera russelliana

Zygomorphe, einseitig symmetrische oder dorsiventrale Blüte von Schlumbergera truncata

Durch Blüten kann man oft unterschiedlich viele Achsen legen, die sie in spiegelbildliche Hälften teilen, ein wichtiges Unterscheidungsmerkmal bei den Ahnen unserer Weihnachtskakteen.

Aus dem Fruchtknoten, manchmal unter Einbeziehung umgebenden Gewebes, entwickelt sich, parallel mit den Samen, die **Frucht**. Die Früchte sind von einer Fruchthülle umgeben, öffnen sich zur Reifezeit oder bleiben geschlossen und werden nach diesen Gesichtspunkten unterteilt. Aus der Fülle der Früchte seien hier nur einige genannt. Die *Hülse* ist die Frucht der Schmetterlingsblütler, sie geht aus einem Fruchtblatt hervor und öffnet sich zur Reife an der Rücken- und Bauchnaht, wobei sich die beiden trockenen Fruchtblatthälften meist spiralig einrollen. *Schoten* entstehen aus zwei Fruchtblättern, zwischen denen sich eine flache Scheidewand bildet, von der sich zur Reifezeit die beiden Fruchtblätter ablösen. *Kapseln* entstehen durch Verwachsung von mehr als zwei Fruchtblättern, die Fruchthülle ist trockenhäutig.

Fallen Früchte zur Reifezeit in geschlossenem Zustand ab, so heißen sie, im Gegensatz zu den oben genannten Öffnungsfrüchten, Schließfrüchte. Wichtige Schließfrüchte sind die *Nüsse* und *Beeren*. *Steinfrüchte* sind im äußeren Teil der Fruchthülle fleischig saftig oder ledrig, während der innere Teil zu einem harten Steinkern wird (Kirsche, Walnuß).

Um sich den verschiedensten Umweltverhältnissen anpassen zu können, wandeln sich sowohl Sprosse als auch Blätter um, man spricht von **Metamorphosen des Sprosses und des Blattes**. *Rhizome* sind unterirdische Sprosse mit kleinen, schuppenförmigen Blättchen und stammbürtigen Wurzeln, die sich von echten Wurzeln durch Fehlen der Wurzelhaube unterscheiden. *Zwiebeln* sind dicke, unterirdische Knospen mit gestauchter, abgeflachter Achse und fleischig angeschwollenen Schuppenblättern. Man unterscheidet zwischen Schalenzwiebeln (Küchenzwiebel) und Schuppenzwiebeln (Lilien). *Sproßknollen* sind kurze, fleischig angeschwollene, meist unterirdische Achsen, die mit häutigen Niederblättern bekleidet sein können. Jedes Jahr neu bilden sich die Sproßknollen bei Gladiolen, Krokus oder Freesien; mehrjährige Sproßknollen aber besitzt die Zyklame. *Ausläufer* nennt man dünne, waagrecht über dem Boden kriechende Sprosse mit sehr stark verlängerten Internodien und stark reduzierten Blättern. Sie bilden an ihren Enden meist gestauchte, normal beblätterte Triebe, von denen sofort neue Ausläufer entspringen. *Assimilationssprosse* sind grüne Sprosse, die eine starke Reduktion der Blätter zeigen und die Assimilationsaufgabe der Blätter übernommen haben; sie können wenig umgestaltet sein, wie beim Besenginster, aber auch platt wie beim Bandbusch *(Homalocladium)*. Bei den Kakteen sind sie zusätzlich noch fleischig. Beim Spargel sind Kurztriebe blattartig und büschelig gestellt, beim Mäusedorn finden sich richtige, große, blattartige, platte Sprosse; *Kladodien* oder *Phyllokladien*, je nachdem, ob sie nadelartig oder blattartig sind. Sukkulente, wasserspeichernde Sprosse finden sich bei vielen Bewohnern trockener Gebiete. Bei bestimmten Pflanzen, so bei den Weingewächsen, werden Sprosse zu *Sproßranken* umgewandelt. Kurztriebe können auch zu stechenden Gebilden, den *Sproßdornen*, umgebildet werden, auf ihnen finden sich vielfach noch Knospen und Blätter. Siehe die Zeichnungen Seite 21.

Auch Blätter können sich unterschiedlichst umbilden. Bei manchen Farnen finden sich neben sterilen, nicht sporentragenden Blättern besonders ausgebildete Sporenblätter, fertile Blätter. Ausgesprochen selten sind Umwandlungen des

Das Abmoosen, der Gummibaum als Beispiel (von links). Der keilförmige Einschnitt ist mit Bewurzelungshormon bestrichen worden, jetzt wird eine Handvoll durchfeuchtetes Sumpfmoos herumgelegt. – Eine aufgeschnittene Plastiktüte wurde herumgebunden, damit das Moos nicht austrocknet. Später wird nochmals angefeuchtet und die Plastik dazu oben etwas geöffnet. – Vier bis sechs Wochen danach: die ersten Wurzeln! – Die Triebspitze wird unmittelbar unter dem Wurzelansatz abgeschnitten.

Tafel 2 · Abmoosen, Umtopfen

Von links oben: Der Wurzelballen dieser Pflanze ist stark verfilzt, sie muß umgepflanzt werden. – Zuerst wird der Wurzelballen vorsichtig aufgelockert und die alte Erde ausgeschüttelt. – Über das Abzugsloch des Topfes kommt ein Topfscherben mit der Wölbung nach oben, dann wird eine Handvoll Erde in den Topf gegeben und die Pflanze darauf gesetzt. – Die nachgefüllte Erde wird mit einem flachen Holz zwischen Topfwandung und Wurzelballen gut angedrückt, damit keine Hohlräume verbleiben. (Herbel)

Blattes zum Tierfang: bei der Venusfliegenfalle *(Dionaea)*, den Kannensträuchern *(Nepenthes)* und anderen Insektivoren. *Blattranken* entstehen, wenn sich Blätter zu einer Ranke verschmälern, wie wir es bei den Schmetterlingsblütlern häufig finden. Doch auch nur bestimmte Blatteile können zu Ranken umgebildet sein: *Blattspitzenranken* bei Gloriosen, *Blattstielranken* bei der Waldrebe. Bei Pflanzen trockener Standorte sind stark reduzierte Blätter häufig, die Schuppen des Euphorbiensämlings (Abb. S. 21) entsprechen Blättern. Keine Blattspreite besitzen viele neuholländische Acacien, hier sind die Blattstiele blattartig *(Phyllodien). Blattdornen* finden sich häufig, es können ganze Blätter zu Dornen umgewandelt sein (Berberitzen) oder nur Blatteile, wie die *Rhachis* – so nennt man die Blattspindel zusammengesetzter Blätter – bei *Astragalus*arten. Bei den Kakteen sind die Achselsprosse zu den gestauchten *Areolen* umgebildet, die Dornen (meist werden sie ja als Stacheln bezeichnet) sind ihre Blätter. Auch Nebenblätter können zu Dornen umgewandelt sein: bei den sukkulenten Wolfsmilcharten und der Robinie. Auf Seite 23 sind die wichtigsten Formen von Umwandlungen des Blattes übersichtlich zusammengestellt.

Typisch für die Landpflanzen sind die **Wurzeln.** Sie unterscheiden sich vom Sproß durch das Vorhandensein einer *Wurzelhaube* oder Kalyptra, durch das Fehlen von Blattanlagen und dadurch, daß die Neben- oder Seitenwurzeln, im Gegensatz zu den Achselsprossen, aus einem Bildungsgewebe im Inneren der Wurzel entstehen.

Hinter der Wurzelhaube befindet sich die Streckungszone der Wurzel, noch näher zum Ursprung der Wurzel hin die Zone der *Wurzelhaare*, die immer wieder neu gebildet werden; die Zone rückt mit dem Wachstum der Wurzel weiter und sorgt für die Wasser- und Nährstoffaufnahme. Sekundäre oder *Adventivwurzeln* werden ebenfalls endogen angelegt; bei vielen Einkeimblättern finden sich nur solche Adventivwurzeln, so bei den Gräsern, Palmen, Liliengewächsen, Amaryllisgewächsen usw. Auch weiter aufwärts am Stengel, namentlich in den Knoten, sind zahlreiche Wurzelanlagen vorhanden, die die Stecklingsvermehrung überhaupt erst ermöglichen. Auch die Wurzeln können umgewandelt werden: zu fleischig angeschwollenen *Rüben* und *Wurzelknollen* (Karotten und Dahlien) oder zu einfachen oder verzweigten Knollen (Erdorchideen). Oberirdisch entstehende Adventivwurzeln nennt man *Luftwurzeln*; erreichen sie den Boden, so können sie sich verzweigen, in der Luft sind sie meist unverzweigt; werden Luftwurzeln nach Erreichen des Bodens verdickt und stützen sie die Pflanze, so spricht man von *Stützwurzeln* (Feigenbäume der Tropen, Schraubenbaumarten). Manche Orchideen nehmen durch eine besondere Schicht auf den Luftwurzeln, das *Velamen radicum*, Wasser aus der Luft auf. Kurze Luftwurzeln, die sich an feste Gegenstände anklammern, nennt man *Haft-* oder *Kletterwurzeln*.

In der Pflanzenwelt gibt es die verschiedensten **Wuchsformen.** Hier eine gedrängte Übersicht. Einjährige Pflanzen oder *Anuellen* keimen zumeist im Frühjahr, entwickeln Pflanzen und Blüten und sterben nach der Samenreife wieder ab. Seltener sind überwinternde Einjährige, so beim Wintergetreide oder bei manchen Sommerblumen, z. B. Rittersporn. – Zweijährige Pflanzen oder *Biennen* bilden im ersten Jahr eine Blattrosette aus, im zweiten Jahr erst die Blüten. Nach der Samenreife sterben die Zweijährigen ab.

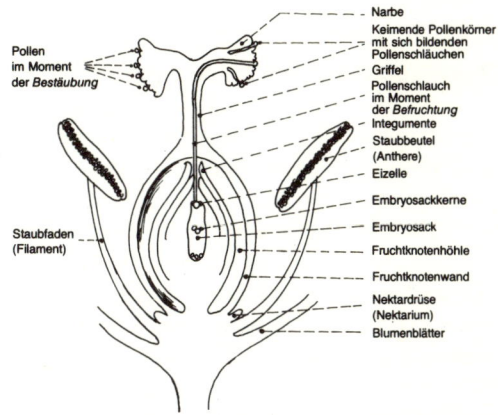

Die Begriffe Bestäubung und Befruchtung werden bei Pflanzen gerne verwechselt, um das zu verhindern, sind hier alle wichtigen Ausdrücke gesammelt.

Stauden oder *Perennen* sind ausdauernde Pflanzen, die aber nicht oder kaum verholzen. Einziehende Staudenarten überdauern die kalte Jahreszeit in der Form von Rhizomen, Sproßknollen, Zwiebeln oder Wurzelstücken, oberirdische Formen als Horste und Polster. In diesem Buch sind fast ausschließlich bei uns nicht winterharte Stauden besprochen.

Halbsträucher sterben oberirdisch jährlich ab – bis auf die verholzende Basis ihrer Sprosse, aus der jährlich neue Laub- und Blütensprosse hervorgehen. – *Sträucher* erreichen selten größere Höhen (über 10 m) und besitzen in der Regel mehrere, gleichwertige, aus dem Boden kommende Stämme. Sie erneuern sich durch Bodentriebe, die zu neuen Stämmen erwachsen, ein Teil der alten Stämme absterben kann.

Bäume sind größere Holzgewächse (meist über 5 m), die einen ausgeprägten Stamm besitzen, von dem aus sie durch Äste und Zweige eine verschiedenartig geformte Krone bilden.

Als *monokarp* oder hapaxanth bezeichnet man Pflanzen, die in mehreren Jahren bis zur Blüte heranwachsen und dann nach der Samenreife absterben (Bromelien, Bambusgräser u. v. a.).

Xerophyten sind Pflanzen trockener Standorte, sie haben besondere Einrichtungen entwickelt, die starke Transpiration verhindern: dicke, fettige oder sonstwie beschichtete Oberflächen, ein dichtes Haar- oder Schuppenkleid, versenkte Spaltöffnungen und oft stark verminderte, reduzierte Blattflächen. Die Trockenheit kann dabei sowohl durch geringe Niederschläge als auch physiologisch durch tiefe Temperaturen, im Hochgebirge oder den polnahen Gebieten, hervorgerufen werden.

Die Lebensvorgänge in Pflanzen

Pflanzenphysiologie

Die Pflanze ist ein lebendes Wesen mit einer vererbten Organisation, die sich bei der Entwicklung entfaltet und mit bestimmten äußeren Bedingungen in Beziehung tritt. Dabei nimmt die Pflanze ständig Stoffe aus ihrer Umgebung auf, wandelt sie um und lagert sie in gesetzmäßiger Weise in ihren Körper ein, sie wächst und entwickelt sich, baut aber immer einen Teil der Körpersubstanz ab, um Energie zu gewinnen.

Wasseraufnahme und Wasserabgabe

Der **Wassergehalt** von Pflanzen ist hoch: holzige Teile enthalten 50 %, Kräuter 75 bis 85 %, Wasserpflanzen bis zu 98 % Wasser. Die Pflanzenzelle, aus Zellwand, Protoplasma und Zellsaft aufgebaut, ist ein osmotisches System, das die Wasseraufnahme ermöglicht. Dabei fungiert das Protoplasma als halbdurchlässige, »semipermeable«, Membran, die wohl Wasser in den Zellsaft hinein, nicht aber hinaus läßt. Wasser kann so lange aufgenommen werden, wie der Zellsaft eine höhere Saugkraft besitzt als die Bodenlösung bzw. bis der Gegendruck der Zellwand eine weitere Wasseraufnahme verhindert, das heißt die Zelle den höchsten Grad ihrer Spannung oder ihres *Turgors* erreicht hat. Der Turgor verleiht krautigen Pflanzen und Pflanzenteilen die Festigkeit, läßt er nach, so entspannen sich die straff gespannten Wände – die Pflanze welkt.

Untergetauchte Wasserpflanzen nehmen Wasser durch ihre gesamte Oberfläche auf, Landpflanzen hingegen müssen das Wasser dem Boden mit Hilfe ihres Wurzelsystems entziehen. Eigentliche Aufnahmestellen sind nur diejenigen Zonen der Wurzeln, die intakte Wurzelhaare tragen.

Neben Wasser nimmt die Pflanze auch im Wasser gelöste Nährsalze auf. Dabei funktioniert das

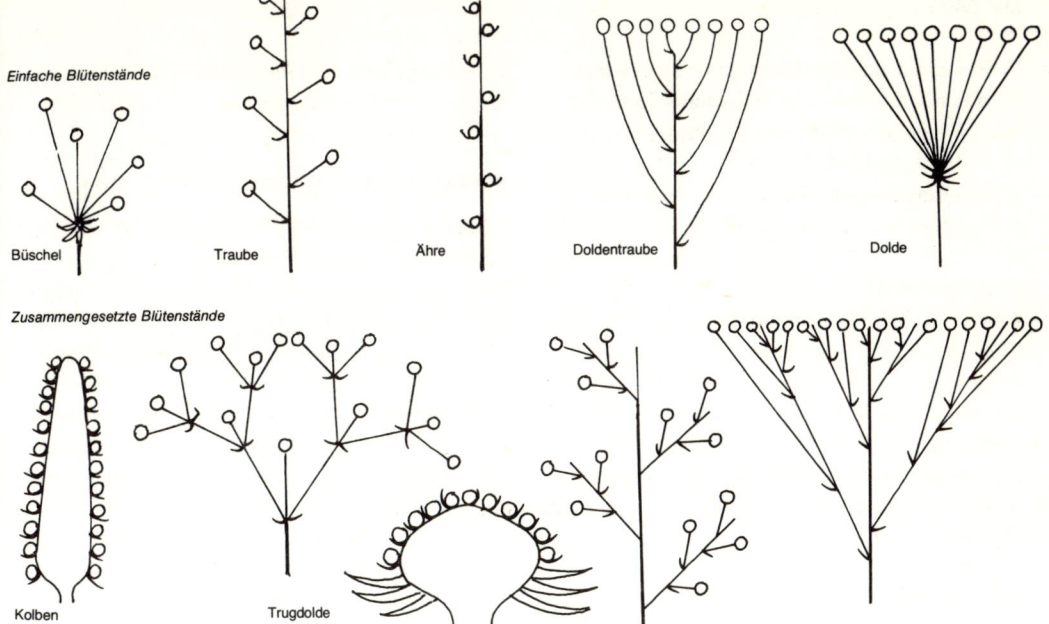

Blüten stehen selten einzeln, sondern meist vereint zu Blütenständen, die bestimmte Bezeichnungen tragen.

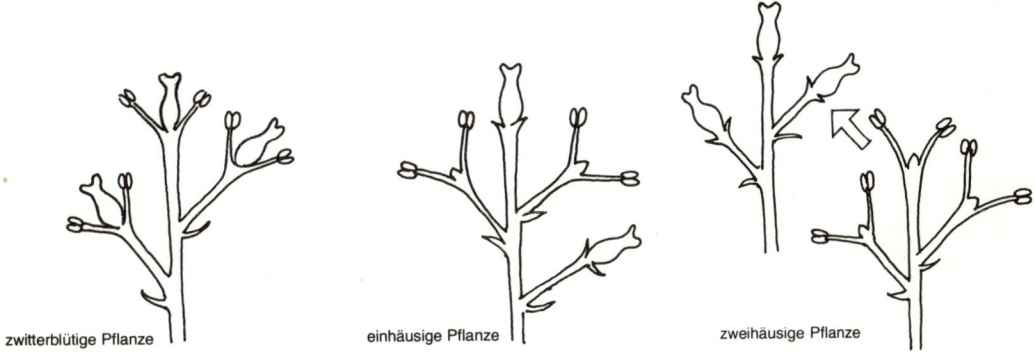

Je nachdem, wie auf einer Pflanze zwitterige, männliche und weibliche Blüten verteilt sind, unterscheidet man Haupttypen.

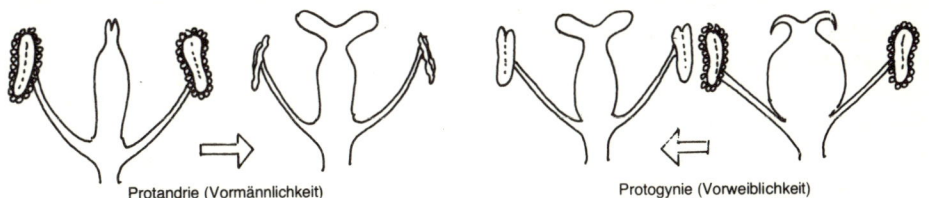

Die ungleiche Reife beider Geschlechter bei zwitterigen Blüten verhindert Selbstbestäubung.

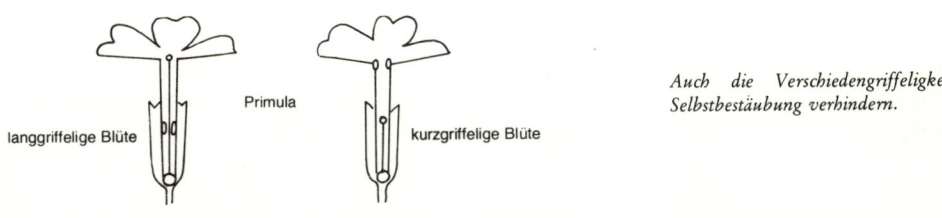

Auch die Verschiedengriffeligkeit soll Selbstbestäubung verhindern.

Protoplasma aber nicht nur passiv als Filter, sondern es nimmt aktiv wählend – unter Energieverbrauch – gelöste Stoffe aus der Bodenlösung auf und gibt sie an den Zellsaft weiter; neben gelösten Nährsalzen aber auch bestimmte organische Verbindungen, wie Wuchs- und Hemmstoffe oder systemische, d. h. im Saftstrom leitbare Pflanzenschutzmittel.

Außer durch die Zone der Wurzelhaare kann eine Pflanze auch über die Blätter chemische Verbindungen aufnehmen; und zwar durch Fortsätze, *Ektodesmen,* die das Protoplasma durch kleine Öffnungen der Zellwand nach außen streckt. Das erklärt die Möglichkeit der Blattdüngung und des Aufbringens von Wuchs- und Hemmstoffen und systemischen Pflanzenschutzmitteln auf das Blatt. Diese Stoffe nimmt die Pflanze oft sehr rasch auf. Das alle Pflanzenteile durchdringende Wasser wird von den oberirdischen Teilen überwiegend in Dampfform wieder abgegeben: man spricht von *Transpiration.* Der Wasserdampf entweicht aber weniger durch die Oberhautzellen der Blätter, die mit einer fettigen oder sonstwie wasserundurchlässigen Schicht, der *Kutikula,* überzogen sind, sondern hauptsächlich durch Lücken in der Oberhaut, die *Spaltöffnungen.* Sie dienen gleichzeitig dem Gasaustausch der Pflanzen, die ständig Sauerstoff und Kohlendioxyd abgeben und aufnehmen.

Wird die Transpiration durch hohe Luftfeuchtigkeit unmöglich gemacht, so scheiden viele Pflanzen das Wasser in Tröpfchenform aus, durch *Guttation.* Besonders nach feuchten Nächten läßt sich das an vielen Pflanzen beobachten, vor allem an jungen Pflanzen, aber auch an erwachsenen, wie Fensterblatt *(Monstera),* Gräsern und vielen anderen. Manchmal wird auch kalkhaltiges Wasser durch diese Wasserspalten ausgepreßt; es verdunstet und hinterläßt Kalkkrusten, wie bei manchen Xerophyten. Zuckerhaltige Wässer werden durch Nektardrüsen, *Nektarien,* ausgeschieden. Jedermann kennt die Zuckertropfen der Wachsblume oder des Bogenhanfs *(Sansevieria);* auf Blattstielen finden sich Nektardrüsen bei den Passionsblumen und den Kirschen.

Das Wasser wird in der Pflanze im Holzkörper aufwärts geleitet, die Assimilate werden im Bastteil nach unten transportiert.

Photosynthese, Atmung und Wachstum

Pflanzen assimilieren, sie gleichen an: sie entnehmen der umgebenden Luft gasförmiges Kohlendioxyd, das sie unter Mitwirkung der Energie des Lichtes und mit Hilfe des Blattgrüns, des *Chlorophylls,* reduzieren und weiter zu Kohlehydraten verarbeiten. Man spricht allgemein von **Kohlenstoff-Assimilation** oder **Photosynthese.** Das erste Bildungsprodukt ist Traubenzucker, der schon am Bildungsort zu einem Polysaccharid, der Stärke, polymerisiert.

Pflanzen assimilieren auch Stickstoff, der für die Bildung der Aminosäuren und weiter der Eiweiße unbedingt notwendig ist. Die Stickstoffaufnahme über die Wurzel geht dann am besten vor sich, wenn Stickstoff in Form von Nitraten vorhanden ist.

Um leben zu können, muß die Pflanze in allen ihren lebenden Zellen dauernd die für den Betrieb notwendige Energie erzeugen. Dies geschieht vor allem durch die *Atmung,* bei der sie Sauerstoff aufnimmt und Kohlensäure ausscheidet. Alle Pflanzen atmen Tag und Nacht, am Tag ist dies aber bei grünen Pflanzen nicht erkennbar, weil sie das Kohlendioxyd sofort wieder bei der Kohlenstoff-Assimilation verbrauchen und diese intensiver verläuft als die Atmung. Im Dunkeln hingegen, wenn keine Assimilation erfolgt, wird die Ausscheidung des Atmungskohlendioxyds deutlich: das Trockengewicht der Pflanzen nimmt ab. Trotzdem brauchen keinerlei Bedenken aufzutauchen, mit Zimmerpflanzen zu leben, da die Mengen der ausgeschiedenen Kohlensäure relativ gering sind!

Die bei der Kohlenstoff- und Stickstoff-Assimilation entstandenen Assimilate werden zu einem geringen Teil an den Orten ihrer Entstehung verbraucht, der Rest wandert zu den *meristematischen Geweben* – wo eine Vermehrung des Protoplasmas und eine rege Zellteilung stattfindet: die Pflanze wächst –, zu den *Streckungszonen* von Wurzel, Sproß und Blatt, zu allen nicht grünen

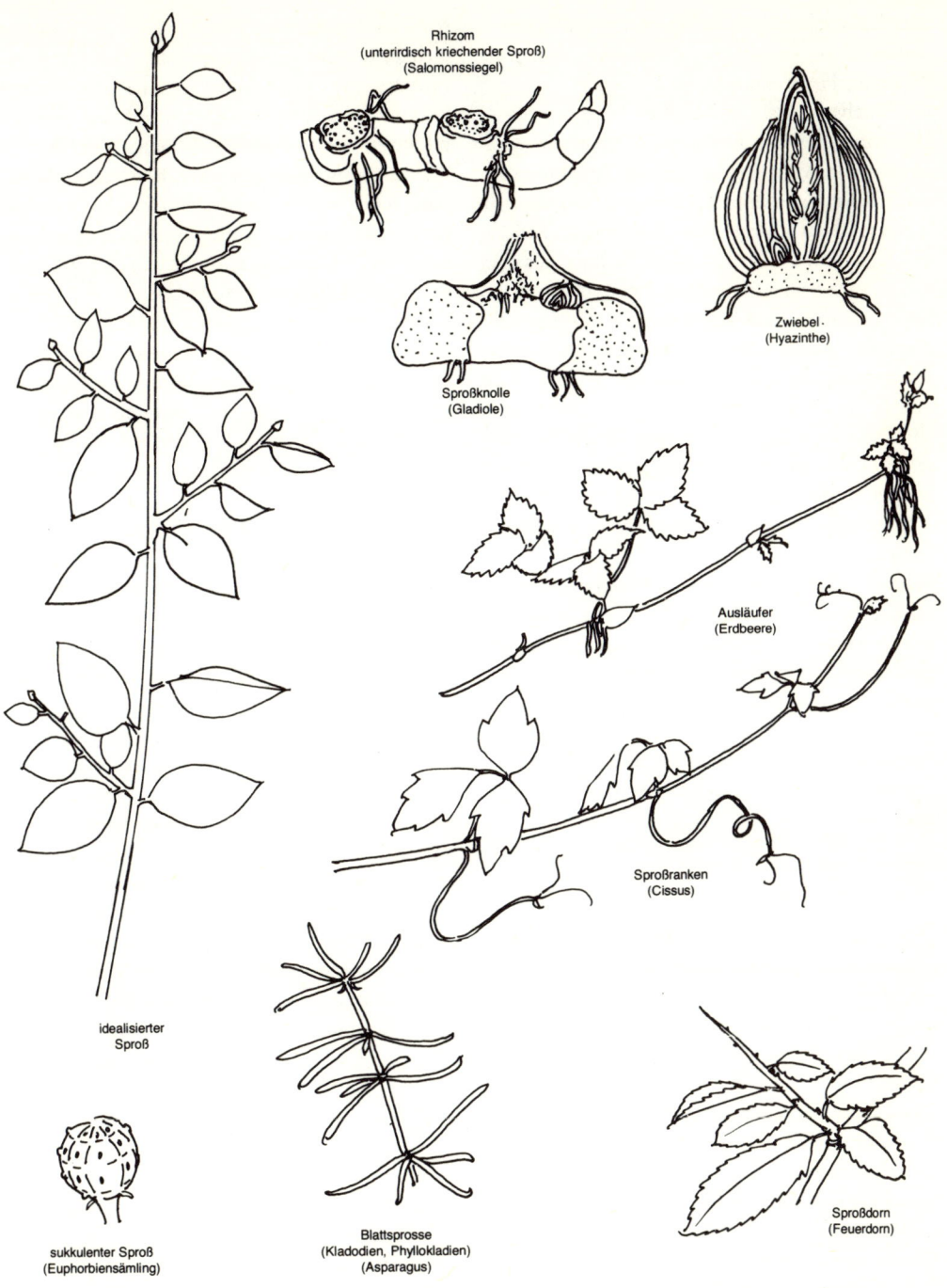

Nicht immer sieht man dem Sproß seine Natur an, viele Umwandlungen führen zu ganz besonderen Formen.

und damit abhängigen Zellen und in die Reservestoffbehälter (Knollen, Zwiebeln, Rhizome, Wurzeln, Holz, Samen und Früchte).
Als **Wachstum** gilt jede bleibende Volumenvergrößerung, es vollzieht sich vor allem in den meristematischen Geweben und in den Streckungszonen. Unter *Meristemen* versteht man embryonale Gewebe, Zellverbände, die zu ständiger Teilung befähigt sind. Leiten sich diese Teilungsgewebe, wie sie auch heißen, in gerader Linie vom Embryo her, so spricht man von *primären Meristemen*. Typische primäre Meristeme sind die Vegetationspunkte des Sprosses und der Wurzel. Von den primären Vegetationspunkten werden auch alle Meristeme abgegliedert, aus denen die Achselknospen und -triebe hervorgehen. Durch die Streckung des Hauptsprosses werden diese Seitenmeristeme vom Endmeristem räumlich getrennt.
Machen Dauerzellen einen Funktionswechsel durch, indem sie embryonal werden, sich also wieder zu teilen beginnen, so entsteht ein neues, ein *sekundäres* oder *Folgemeristem*. Diese Folgemeristeme haben für uns eine große Bedeutung, weil sie z. B. die Vermehrung durch Blattstecklinge bei den Gesneriengewächsen (Usambaraveilchen, Drehfrucht) und den Begonien ermöglichen.

Wuchsstoffe und Hemmstoffe

Das Wachstum der Pflanzen wird durch bestimmte, in den Pflanzen selbst erzeugte Substanzen reguliert, die *Wuchsstoffe;* sie werden von der modernen Wissenschaft in drei Gruppen geteilt, in die Auxine, die Gibberelline und die Cytokinine.
Die *Auxine* sind auch für den Liebhaber von Bedeutung, weil er sie in Form von Bewurzelungshilfen verwendet. Die wichtigsten Substanzen dieser Gruppe sind die Indolessigsäure, die Indolbuttersäure und die Naphtylessigsäure. Diese Säuren sind in den Bewurzelungshilfen meist an Talk (Federweiß) oder Holzkohle gebunden; es gibt aber auch wasserlösliche Wuchsstofftabletten. Nach dem Stecklingsschnitt werden die unteren Partien der Stecklinge in die Puder getaucht oder in die Lösungen eingestellt. Zu hohe Konzentrationen unbedingt vermeiden! – sonst kommt es nur zur *Wundgewebsbildung* (Kallusbildung), und es bilden sich keine Wurzeln.
Wachstumshemmend wirken bestimmte chemische Substanzen, die deshalb als Hemmstoffe verwendet werden. Sie ermöglichen es dem Gärtner, Pflanzen einer bestimmten Größe zu erzeugen. Drei Mittel sind üblich: Chlorcholinchlorid, das gespritzt oder gegossen wird, vor allem beim Weihnachtsstern und beim Roseneibisch; B-995, ein Bernsteinsäurederivat, das bei den Chrysanthemen und verschiedenen Sommerblumen gespritzt wird; Phosfon 1.5, ein Pulver, das dem Substrat beigemischt wird, fast ausschließlich bei Topfchrysanthemen.
Die Pflanzen entwickeln die verschiedensten Formen. Wovon hängt das ab? In erster Linie von der Vererbung, doch haben auch äußere Faktoren einen großen Einfluß, da sie bestimmte innere Entwicklungsprozesse auslösen. Alle Lebensvorgänge gehen nur bei einem ausgewogenen Ausmaß der äußeren Bedingungen vor sich. Sie beginnen bei einer unteren Grenze, dem Minimum, hören auf bei einer oberen Grenze, dem Maximum. Zwischen Minimum und Maximum aber liegt das Optimum, bei dem die Lebensvorgänge dauernd am besten ablaufen. Diese drei *Kardinalpunkte* sind nicht für alle Funktionen die gleichen. Das Wachstum einer Pflanze ist von der harmonischen Kombination der Außenfaktoren abhängig: die wichtigsten sind Temperatur, Licht, Wasser und Nährstoffe; sie werden im Kapitel Pflege noch genauer besprochen. Die bestmögliche Kombination dieser Faktoren stellt das ökologische Optimum dar.

Blütenbildung

Bevor Pflanzen Blüten bilden können, müssen sie eine für diese Art typische Größe oder ein typisches Alter erreicht haben. Die Wachstumsphase, in der sich unter keiner Bedingung Blüten bilden können, ist das *Jugendstadium,* oder die juvenile Phase. Das Jugendstadium ist verschieden lang,

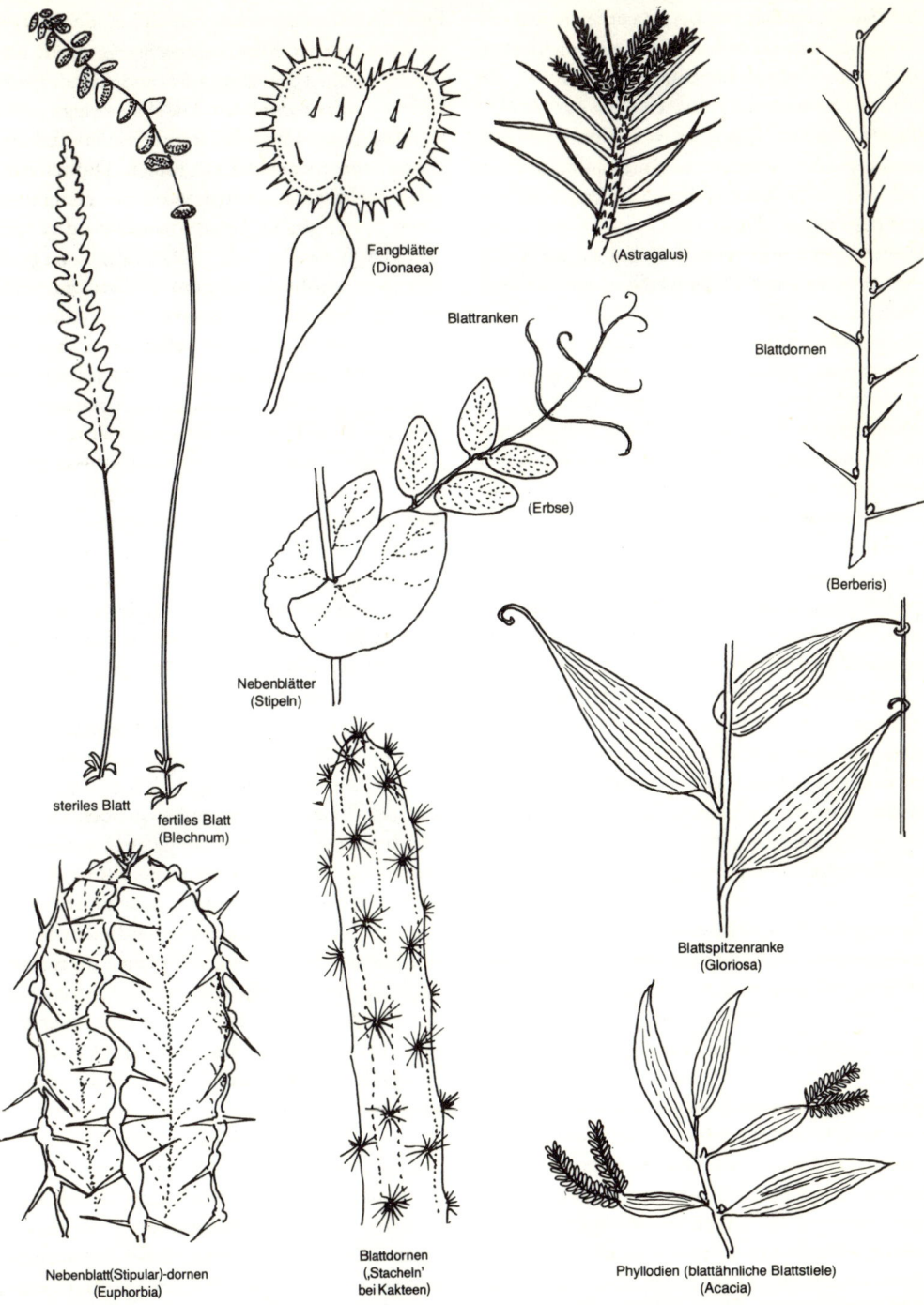

Blätter sind vielfach umgewandelt und dienen dann besonderen Aufgaben: sie helfen der Pflanze zu klettern, Tiere zu fangen oder stachelig zu sein.

die Pflanzen erreichen dabei eine unterschiedliche Größe. Bei der Erdnuß *(Arachis)* sind die Blütenanlagen bereits im Samenkorn vorhanden, die juvenile Phase verläuft also schon an der Mutterpflanze. Andere Pflanzen, vor allem Gehölze, brauchen Jahre, ehe sie zur Blütenbildung fähig sind und stellen hohe Anforderungen an die Geduld des Pflegers. Doch nicht nur Gattungen und Arten reagieren hier verschieden, sogar bei Sorten einer Art kann das Jugendstadium unterschiedlich lang sein.

Im Jugendstadium sind die Pflanzen aber nicht nur unfähig, Blüten zu bilden, bei manchen Pflanzen kommt ein unterschiedliches Aussehen hinzu: man spricht dann von den schon erwähnten *Jugend- und Altersformen.* Auffällig ist das beim Efeu *(Hedera),* dessen Jugendform pfeilförmige Blätter trägt und klettert; die Altersform hingegen hat deltoidförmige Blätter und hat die Kletterfähigkeit verloren. Durch Stecklingsvermehrung kann man Jugendformen fixieren, unsere *Chamaecyparis-, Thuja-, Hedera*sorten zeigen das sehr deutlich.

Im Anschluß an die juvenile Phase bilden gewisse Pflanzen unter günstigen Wachstumsvoraussetzungen ohne weiteres Blüten, bei anderen Pflanzen dagegen müssen noch weitere Bedingungen erfüllt sein. Die wichtigsten Rollen spielen hier Tageslänge und Temperatur.

Bei Pflanzen, die nicht auf unterschiedliche Tageslängen und tiefe oder hohe Temperatur reagieren, wird der **Blütezeitpunkt** von allen das Pflanzenwachstum steuernden Faktoren beeinflußt. Soviel wir heute wissen, sind vor allem *Lichtmenge, Temperatur* und *Ernährung* von Bedeutung. Wichtige und bekannte Pflanzen dieser Gruppe sind *Aphelandra, Begonia semperflores,* Gladiolen, *Hippeastrum,* Zonale- und Peltatum-Pelargonien, Usambaraveilchen und Gloxinien.

Wird die Blütenbildung von der Tageslänge beeinflußt, so spricht man von photoperiodisch beeinflußbaren Pflanzen und vom *Photoperiodismus.* Allerdings wird nicht nur die Blütenbildung photoperiodisch gesteuert, sondern auch Knollenbildung (Knollenbegonie, Kartoffel), Ruhezeiten und anderes mehr.

Die Tageslänge verändert sich im Laufe eines Jahres, im südlichen Mitteleuropa beträgt die Dauer des kürzesten Tages zirka 8,5 Stunden und die des längsten zirka 16 Stunden. Die Pflanze kann aber, je nach ihrer Empfindlichkeit, einen Teil der Dämmerung bereits als Tag fühlen. Die Schwankung der Tageslänge hängt von der geographischen Breite ab; in Äquatornähe ist sie gering, nördlich und südlich der Polarkreise bewegt sie sich zwischen Dauerlicht und Dauerdunkelheit. Pflanzen, die auf Tageslängenänderungen ansprechen, zeigen beim Durchlaufen einer ganz bestimmten Tageslänge, der sogenannten *kritischen Tageslänge,* typische Reaktionen. *Kurztagpflanzen* legen beim Unterschreiten der kritischen Tageslänge Blüten an, *Langtagpflanzen* beim Überschreiten. Es kommt also nicht auf den absoluten Wert der kritischen Tageslänge, sondern auf das Verhalten der Pflanzen beim Unter- bzw. Überschreiten an. Je näher der Wert der kritischen Tageslänge bei zwölf Stunden liegt, desto gleichmäßiger ist das Verhalten dieser Pflanze auf der südlichen bzw. nördlichen Halbkugel, denn die Zwölf-Stunden-Marke wird auf der ganzen Erde gleichzeitig durchlaufen. Die Reaktionen sind allerdings auf der Südhalbkugel genau umgekehrt wie auf der Nordhalbkugel. Tageslängenempfindliche Pflanzen stammen nie aus den Tropen, da sich dort die Länge der Tage nicht wesentlich ändert. Ein weiterer wichtiger Begriff ist der der *Reaktionszeit*: der Zeitraum vom Beginn der Blütenanlage bis zur Vollblüte; er wird meist in Tagen, üblicherweise aber in Wochen angegeben. Nach Durchlaufen der kritischen Tageslänge erfolgt die *Induktion,* die Blütenanlage, ziemlich rasch, oft schon nach Stunden, jedoch erst nach Tagen oder Wochen sind die Blütenanlagen auch makroskopisch sichtbar.

Lang- und Kurztagpflanzen können obligatorisch oder fakultativ reagieren: *obligatorische* Typen können Blüten nur nach dem Durchlaufen der »passenden« Tageslänge anlegen, *fakultative* Typen auch bei »nicht passenden« Tageslängen, bedingt durch die Temperaturen, jedoch rascher, wenn auch die Tageslänge stimmt.

Langtagpflanzen sind u. a. *Antirrhinum* (Löwenmaul), *Callistephus* (Sommeraster), *Campanula isophylla*, *Delphinium ajacis*, *Dianthus cariophyllus* (Nelke), Fuchsien, *Lathyrus odoratus* (Duftwicke), Lilien und Petunien.

Kurztagpflanzen sind Chrysanthemen, *Coleus* (Buntnessel), *Cosmos,* Dahlien, die meisten *Echeveria*-Arten, *Euphorbia fulgens* (Korallenranke) und *E. pulcherrima* (Weihnachtsstern, Poinsettie) und die Kalanchoën.

Verkompliziert wird die Blütenbildung dadurch, daß es daneben noch einige Sonderformen bezüglich der Tageslängenreaktion gibt. *Lang-Kurztagpflanzen,* z. B. *Kalanchoe daigremontianum* oder *K. tubiflorum,* brauchen zuerst Langtag und dann Kurztagbedingungen unmittelbar hintereinander, um Blüten anlegen und entwickeln zu können. Häufiger sind schon *Kurz-Langtagpflanzen,* bei denen allerdings die Kurztagphase allgemein durch eine Phase mit niedriger Temperatur ersetzt werden kann. Sie sind aus diesem Grund nicht leicht von vernalisationsbedürftigen Pflanzen zu unterscheiden, die allerdings nach der Kältephase keinen Langtag brauchen, um sich weiterzuentwickeln. Die Marienglockenblume *(Campanula medium)* und die Englische Pelargonie sind gärtnerisch bedeutende Kurz-Langtagpflanzen.

Manche Pflanzen verhalten sich bei höheren Temperaturen wie Kurztagpflanzen, bei tieferen Temperaturen wie Langtagpflanzen; die Lorraine- und die Elatior-Begonien gehören hierher. Überhaupt spielt die Temperatur eine große Rolle bei der Anlage von Blüten: man kennt *Tieftemperatur-* oder *vernalisationsbedürftige Pflanzen* und *Hochtemperaturpflanzen.* Bei der Lichtreizaufnahme der photoperiodisch reagierenden Pflanzen spielt das Blatt die Rolle des Empfängers, bei den auf Temperatur ansprechenden ist es fast immer der Vegetationspunkt, der den Reiz aufnimmt. Analog zu den photoperiodisch reagierenden Pflanzen induzieren die Tieftemperaturpflanzen beim *Unter*schreiten einer bestimmten Temperatur, während die Hochtemperaturpflanzen beim *Über*schreiten einer Schwelle Blüten anlegen können.

Auch bei den Tieftemperaturpflanzen kann das Jugendstadium unterschiedlich weit fortgeschritten sein: der Embryo des Winterweizens kann bereits in der Ähre vernalisiert werden, andere Pflanzen, wie Winterannuelle oder Zweijährige (Biennen), müssen eine bestimmte Größe erreicht haben.

Wichtige *Tieftemperaturpflanzen* sind *Agapanthus, Bellis perennis* (Gänseblümchen), *Brunfelsia,* Columneen, viele starksukkulente Kakteen, Orchideen, *Primula malacoides,* Calceolarien (Pantoffelblumen) und Cinerarien (Kreuzkraut) sowie der Osterkaktus *(Rhipsalidopsis).*

Wichtige *Hochtemperaturpflanzen* sind Azaleen, Eriken und Kamelien, aber auch Apfel und Birne und andere Obstgehölze.

Der Weihnachtskaktus *(Schlumbergera)* legt seine Blüten abhängig von *Temperatur und Tageslänge* an: je länger der Tag ist, desto tiefer muß die Temperatur sein und umgekehrt.

Sehr wichtig ist noch die Tatsache, daß die Bromelien oder Ananasgewächse ihre Blüten auch durch *Äthylengaben* anlegen können.

Dieser kurze Überblick sollte jene Faktoren aufzeigen, die die Blütenbildung beeinflussen. Bei Blumenliebhabern und in Gärtnerkreisen werden oft auch noch andere Maßnahmen als förderlich angesehen, so vor allem das Trockenhalten. In den meisten Fällen, so bei Weihnachts- und Osterkakteen sowie bei den hochsukkulenten Vertretern der Kakteengewächse, konnte aber nachgewiesen werden, daß das Trockenhalten nur eine sekundäre, hygienische Maßnahme ist, die verhindern soll, daß bei den blüteninduzierenden tiefen Temperaturen Krankheiten auftreten.

Wenn sich der Leser bis hier durchgekämpft hat, wird er sicher einiges Brauchbare gefunden haben. Und wenn er nur weiß, warum der Osterkaktus im Wohnzimmer keine Blüten ansetzte – als Tieftemperaturpflanze hätte er in die Waschküche gehört –, und warum der Weihnachtsstern im beleuchteten Zimmer nicht mehr zum Blühen kam – als Kurztagpflanze muß er der natürlichen Tageslänge ausgesetzt werden – dann hat sich das Schreiben dieses Teiles für mich und das Studieren für ihn gelohnt!

Vererbung und Züchtung

Unter **Vererbung** versteht man die Übertragung der Eigenschaften eines Lebewesens auf seine Nachkommen. Vererbt werden aber immer nur die Anlagen und nicht die sichtbaren Merkmale oder feststellbaren Eigenschaften. Ob und in welchem Grad die der Anlage nach vorhandenen Merkmale zur Entfaltung kommen, hängt vom Zusammenwirken der Umwelteinflüsse ab. Deshalb ist streng zu unterscheiden zwischen dem Erbbild oder *Genotypus* und dem Erscheinungsbild oder *Phänotypus*, der erst aus dem Zusammenwirken von Erbbild und Umwelteinflüssen entsteht. Nur das Erbbild, der *Genotypus*, wird vererbt. Durch äußere Bedingungen hervorgerufene Abänderungen oder *Modifikationen* sind nicht erblich.

Grundbegriffe

Die **Erbfaktoren oder Erbanlagen,** die die immer wiederkehrende Gleichförmigkeit der Entwicklung hervorrufen, sind auf den Kernschleifen oder *Chromosomen* des Zellkerns lokalisiert, sie werden auch als *Gene* bezeichnet. Daneben geht die Vererbung aber auch über die Plastiden, die Farbstoffträger im Protoplasma, und das Protoplasma vor sich. Die später besprochenen Mendelschen Gesetze beziehen sich nur auf die chromosomale Vererbung und nicht auf die Vererbung durch Plastiden oder Protoplasma.

Jeder Organismus enthält normalerweise die Erbanlagen des mütterlichen und väterlichen Organismus. Sind die Erbanlagen der mütterlichen und der väterlichen Geschlechtszelle oder *Gamete* identisch, so sind die daraus entstehende *Zygote* und das heranwachsende Individuum gleichgepaart oder *homozygot;* das Individuum enthält alle Erbanlagen doppelt, da die Gene väterlicher- und mütterlicherseits identisch sind. Nachkommenschaften solcher homozygoter Pflanzen, durch Selbstung oder Geschwisterbestäubung zum Samenansatz gebracht, nennt man *reine Linien.* Sind die beiden Gameten dagegen in ihren Erbanlagen ungleich, so ist das erzeugte Individuum ungleichgepaart oder *heterozygot.* Im allgemeinen sind aus der Natur herausgegriffene Individuen heterozygot; ein solches Gemisch, dessen genotypische Zusammensetzung nicht genau bekannt ist, nennt man eine *Population.*

Das Produkt zweier Gameten, die nicht die gleichen Erbanlagen enthalten, nennt man *Bastard, Hybride* oder *Mischling.*

Fast alle Lebewesen sind nun aber bezüglich ihrer Erbanlagen heterozygot, also Bastarde. Bei den Pflanzen sind homozygote Organismen nur unter den ganz streng selbstbestäubenden und selbstbefruchtenden zu finden, z. B. Erbse, Bohne, Sojabohne, Erdnuß, Kartoffel, Gerste, Levkoje. Bei Fremdbefruchtern muß die Homozygotie durch erzwungene Selbstbestäubung, also *Inzucht*, über mehrere Generationen erreicht werden.

Diese Hinweise sind deshalb notwendig, weil die *Mendelschen Gesetze* nur dann gelten, wenn die beiden Eltern, die für die Kreuzung herangezogen werden, wenigstens in den Merkmalen, die ich nachher in der Aufspaltung beobachten möchte, homozygot sind.

Die zur **Kreuzung** verwendeten Pflanzen nennt man die *Parentalgeneration*, meist P abgekürzt. Die aus dem Kreuzungssaatgut hervorgegangene Generation ist die *erste Filialgeneration* oder F_1, werden Pflanzen der F_1 geselbstet oder untereinander gekreuzt, so erhält man die *zweite Filialgeneration* oder F_2.

Kreuzungen

Das Uniformitätsgesetz: Werden zwei homozygote, aber – z. B. in der Blütenfarbe – unterschiedliche Pflanzen derselben Art miteinander gekreuzt, so ist die F_1 unter sich gleich oder *uniform.* Vergleicht man nun die F_1 mit den Elternpflanzen, so gibt es im Hinblick auf das Merkmal unseres Beispiels, die Blütenfarbe, zwei Ausbildungsmöglichkeiten. Erste Möglichkeit: die F_1 ist anders gefärbt als beide Eltern, dann vererbt das Merkmal *intermediär* (intermediäre Vererbung); zweite Möglichkeit: die F_1 ist mit einer der Elternpflanzen identisch, das eine Merkmal überwiegt, es ist *dominant*, und das andere Merkmal tritt zurück, es ist *rezessiv* (alternative Vererbung).

Intermediäre Vererbung ist bei vielen Pflanzen zu beobachten, z. B. bei der Wunderblume (rot × weiß = rosa), beim Löwenmaul (rot × weiß = rosa) oder bei *Lobelia fulgens* × *L. syphilitica* (rot × blau = violett).

Alternative Vererbung, d. h. *Dominanz* und *Rezessivität*, ist ebenfalls zu beobachten, z. B. bei der Erbsensamenfarbe (gelb dominiert über grün), bei der Erbsensamenform (rund dominiert über runzelig) oder bei vielen Blütenfarben, wo meist die dunkle über die lichte bzw. weiße Blütenfarbe dominiert.

Das Spaltungsgesetz: Wird die F_1 (erste Filialgeneration) unter sich gekreuzt, sei es durch Selbstung oder Geschwisterbestäubung, so ist die F_2 nicht mehr einheitlich, sondern sie spaltet, immer auf ein oder mehrere Merkmale bezogen, in bestimmten Zahlenverhältnissen auf, wobei die Großeltern (die P-Generation) wieder auftauchen.

Kreuzt man z. B. rote und weiße Wunderblumen (*Mirabilis*), so ist die F_1 uniform rosagefärbt. Die F_2 spaltet in 25 % rotblühende, 25 % weißblühende und 50 % rosablühende Pflanzen auf. Zieht man die F_3 aller dieser Gruppen heran, so sind die rot- und weißblühenden Pflanzen bereits erbrein, die rosa spalten dagegen wieder auf: im Verhältnis 1:2:1, rot:rosa:weiß. Diese Aufspaltungen sind durch die Verteilung der Gene auf die Geschlechtszellen bedingt: die rotblühende Elternpflanze hat zweimal den Faktor Rot, die weißblühende zweimal den Faktor Weiß an einem bestimmten Genort. Beim Bastard ist der eine Genort mit einem roten, der andere mit einem weißen Faktor belegt.

Bei alternativer Vererbung zeigen 75 % der Pflanzen in der F_2 das dominante Merkmal und 25 % das rezessive Merkmal. Von den Pflanzen, die das dominante Merkmal aufweisen, sind aber nur ein Drittel reinerbig, zwei Drittel spalten in den weiteren Generationen wiederum im Verhältnis 3:1. Komplizierter werden diese Verhältnisse, wenn man zwei oder noch mehr Merkmale auf ihre Verteilung untersucht.

F_1-Saatgut und Heterosis-Saatgut – diese zwei Begriffe tauchen in Samenkatalogen immer wieder auf. Meist gibt es hier auch Preisunterschiede zu anderem Saatgut. Was ist an diesem Saatgut anders bzw. besser? Der Begriff des *F_1-Saatgutes* ist uns nun klar: durch Kreuzung zweier, in ganz bestimmten Merkmalen homozygoter Pflanzen oder Pflanzengruppen, erhalten wir ein Saatgut, aus dem vollkommen uniforme Pflanzen heranwachsen, die also für unsere Zwecke wesentlich brauchbarer sind.

Um den Begriff der *Heterosis* zu erklären, müssen wir an den Beginn unserer Vererbungseinführung anknüpfen, wo wir sagten, daß Homozygotie nur bei strengen Selbstbefruchtern gegeben ist (S. 26). Man kann nun hochgradige Homozygotie bei Fremdbefruchtern durch erzwungene Selbstung erreichen. Diese erzwungene Selbstung, oder in weniger strenger Form als Geschwisterbestäubung durchgeführt, ist aber *Inzucht* und wirkt sich bei vielen Pflanzen als *Inzuchtsdepression* aus: Abnahme der Wüchsigkeit, Pflanzengröße, Blühwilligkeit usw. Führt man nun jahrelang ständig Selbstungen durch, so baut man *Inzuchtslinien* auf, die sich ähnlich wie *reine Linien* verhalten. Manche Inzuchtslinien sterben nach einigen Jahren aus, andere dauern an. Nach einer gewissen Zeitspanne, je nach Pflanzenart, ist das Maximum der Depression erreicht. Kreuzt man nun zwei solche Inzuchtslinien miteinander, so hebt sich die Inzuchtsdepression üblicherweise auf, und die Pflanzen sind wieder so groß, wüchsig und blühwillig wie vorher; da diese Inzuchtslinien hochgradig homozygot sind, ist diese Kreuzung ebenfalls uniform und für den Pflanzenzüchter sehr brauchbar.

Bei der Kombination von bestimmten Inzuchtslinien kommt es aber außer zu der genannten Uniformität noch zum *Luxurieren:* die Sämlinge sind nicht nur uniform, sondern auch wesentlich kräftiger, wüchsiger und blühwilliger, als es je die Ausgangspflanzen vor Beginn der ersten Selbstung waren. Dies allein würde vielleicht den großen Aufwand noch nicht rechtfertigen, doch es gibt noch einen zweiten Effekt: in der folgenden Generation kommt es natürlich zu einem Aufspalten, da sie ja einer F_2 entspricht, und das Luxurieren, der *Heterosiseffekt*, ist nicht mehr vorhanden. Diese Tatsache gewährt nun dem Saatgut einen wesentlich besseren Schutz vor Nachbau, als es die beste Pflanzenzucht-Gesetzgebung könnte! Vor dem Nachbau von F_1-Saatgut und Heterosis-Saatgut ist deshalb zu warnen, obwohl in der Praxis der Heterosiseffekt nicht so rasch abklingt.

Wir haben uns bis jetzt mit Pflanzen beschäftigt, die sich zweckmäßig nur durch Aussaat vermehren lassen. Wesentlich einfacher und schöner geht nun die Züchtung bei solchen Pflanzen, die sich leicht ungeschlechtlich vermehren lassen. Hier braucht man auf die Reinerbigkeit nicht zu achten, denn jedes noch so heterozygote Individuum kann ja vermehrt und auf diese Weise verbreitet werden. Die ungeschlechtlich, *vegetativ* vermehrten Nachkommen einer Einzelpflanze bezeichnet man als *Klon* und den Vorgang als *Klonung*. Schöne Beispiele liefern hier die Kartoffel, unsere Obst- und Erdbeersorten, Rosensorten, die Vielzahl der Usambaraveilchen und Weihnachtskakteen. Bei leicht vegetativ zu vermehrenden Pflanzen kann man auch den Heterosiseffekt fixieren.

Im ersten Teil unserer Vererbungseinführung haben wir uns mit Kreuzungen innerhalb einer Art befaßt. Noch interessanter sind die *Gattungsbastarde*, wo Arten verschiedener Gattungen miteinander gekreuzt wurden. Gattungsbastarde finden wir, wenn auch selten, sogar in der heimischen Flora, vor allem bei den Orchideen.

Bei den tropischen Orchideen wurde auch der erste künstliche Gattungsbastard erzielt. Bereits 1863 stellte Veitch in London die Gattungskreuzung × *Laeliacattleya exoniensis* aus, die aus der Kreuzung von *Cattleya mossiae* und *Laelia crispa* entstand.

Die Gattungsbastardierung brachte viel Aufschwung in die Orchideenkultur. Es gibt hier Pflanzen, die zwei Gattungen (× *Brassocattleya* = *Cattleya* × *Brassavola*), drei Gattungen (× *Brassolaeliocattleya* = *Brassavola* × *Laelia* × *Cattleya*) und sogar vier Gattungen (× *Potinara* = *Sophronites* × *Brassavola* × *Laelia* × *Cattleya*) beinhalten.

Eine Sonderform innerhalb der Bastarde nehmen die *Pfropfbastarde* ein. Sie sind keine Bastarde im eigentlichen Sinn, da sie auf ungeschlechtlichem Weg entstanden sind. Pfropfbastarde gehören in die Gruppe der *Chimären*: Pflanzen, die aus verschiedenartigem Gewebe zusammengesetzt sind. Die Verschiedenartigkeit kann z. B. darin bestehen, daß das eine Gewebe Blattgrün enthält und das andere nicht; das Ergebnis sind *panaschierte Pflanzen*.

Mutationen

Bei den bisher besprochenen Bastarden, auch Hybriden oder Mischlinge genannt, ging es darum, vorhandene Erbanlagen neu zu kombinieren, um neue konstante Pflanzen zu züchten. Auf diese Weise wurde aber nichts grundsätzlich Neues geschaffen. Wir kennen jedoch bei den gärtnerischen Pflanzen so viele Abänderungen. Wie sind sie entstanden? Seit den Forschungen des Niederländers Hugo de Vries wissen wir, daß von einer Stabilität des Erbbildes, des Genotypus, keine Rede sein kann, weil es sich oft spontan, sprunghaft verändert, weil es zu »Sprüngen« oder *Mutationen* kommt. Es gibt drei Gruppen von Mutationen: *Genmutationen, Chromosommutationen* und *Genommutationen*.

Bei der ersten Gruppe, den *Genmutationen*, verändert sich nur eine einzige Erbanlage. Beispiele finden sich unter den Kulturpflanzen in reichem Maße: Zwergwuchs, Riesenwuchs, Änderungen des Blattschnittes von ungeteilt zu gelappt oder geschlitzt, Verbänderungen des Sprosses, Änderungen der Blütenfarbe und vieles andere mehr. Die neue Eigenschaft der Mutante tritt gegenüber derjenigen der Ausgangspflanze in der Regel zurück, sie ist rezessiv. Dominante und intermediäre Genmutationen dagegen sind sehr selten, so die Füllung der Gartennelke *(Dianthus cariophyllus)* und die der verschiedenen Primelarten. Auch vollzieht sich der Mutationsschritt in der Regel nur an der väterlichen oder der mütterlichen Erbanlage, er ist also heterozygot. Erst aus dem Verhalten der betreffenden Pflanzen in den nächsten Generationen kann man also auf erfolgte Mutationen schließen.

Der »Sprung« kann aber sowohl in einer generativen oder Keimzelle als auch in einer vegetativen oder Körperzelle erfolgen (generative oder *Keimzellenmutation* bzw. vegetative oder *somatische* Mutation). Die Mutationen in einer Körperzelle, die somatischen Mutationen also, ergeben nun die für die Entwicklung unseres Kulturpflanzensortimentes so wichtigen *Sproß-* oder *Knospenmutationen* oder *Sports*.

Wichtige Sports sind u. a. panaschierte Pflanzen. Bei Zierpflanzen finden sich die meisten Sports unter den Zwiebelgewächsen, wo man von bestimmten Tulpensorten 40 und 50 Mutanten kennt. Und bei den Zimmerpflanzen gibt es eine schöne Reihe von Sports bei den Elatior-Begonien des deutschen Züchters Rieger oder der Hängepelargonie 'Ville de Paris'.

Nur selten sind die entstehenden Mutationen positiv; trotzdem bemühen sich Wissenschaftler und auch Gärtner durch verschiedene Maßnahmen, die Häufigkeit von Mutationen zu erhöhen, damit auch die Zahl der positiven steigt.

Bei den seltenen *Chromosomenmutationen* werden ganze Gengruppen verändert, diese Pflanzen sterben häufig ab. Ungleich wichtiger sind für uns *Genommutationen,* bei denen sich die Zahl der Chromosomen ändert. Jeder Organismus besitzt üblicherweise zwei, in Zahl und Form übereinstimmende Chromosomensätze, die er durch die Vereinigung der mütterlichen Eizelle und der väterlichen Samenzelle erhält. Die Natur nimmt nun bei der Bildung der Geschlechtszellen eine *Reduktionsteilung* vor; sonst würde sich bei jeder geschlechtlichen Vermehrung die Zahl der Chromosomen verdoppeln. Geschlechtszellen enthalten also nur den halben Chromosomensatz der Körperzellen, sie werden deshalb bezüglich ihres Chromosomenbestandes als *haploid* bezeichnet, abgekürzt n; wogegen durch geschlechtliche Vereinigung entstandene Organismen, bezüglich ihres Chromosomenbestandes, *diploid* sind, abgekürzt 2 n. Man gibt also bei einer Pflanze die Anzahl der Chromosomen durch eine bestimmte Formel an, die Lilie besitzt 2 n = 24 Chromosomen.

Ändert sich nun durch Genommutationen die Chromosomenzahl, so kann zweierlei passieren: entweder es gibt eine ganzzahlige Vervielfachung der haploiden Chromosomenzahl *(Polyploidie)* oder eine Vermehrung oder Verminderung um einzelne Chromosomen *(Aneuploidie)*.

In der Entwicklung unserer Kulturpflanzen hat die Polyploidie eine große Rolle gespielt: Wir kennen Formen mit dreifachem (triploid), vierfachem (tetraploid), fünffachem (pentaploid), sechsfachem (hexaploid) und auch vielfachem (polyploid) haploidem Chromosomenbestand. Man bezeichnet solche Pflanzen trotzdem mit der Formel 2 n; das sogenannte *Grundgenom,* das sich vervielfacht hat, aber mit x. Die Tigerlilie, *Lilium tigrinum,* z. B. besitzt 2 n = 36 (x = 12) Chromosomen, sie ist also triploid.

Die ganzzahlige Vervielfachung der Chromosomenzahl, die eben kurz dargestellte Polyploidie, ist bei vielen Pflanzen verbreitet, am stärksten bei den Farnen. Es gibt nun noch besondere Formen der Polyploidie: Wenn sich ein einziger Satz durch Selbstvervielfachung vermehrt, nennt man das *Autoploidie;* wenn sich zwei, drei oder mehr Grundgenome summieren und dann erst vervielfachen, spricht man von *Allopolyploidie.* Auf diese Weise sind unsere oft so »tüchtigen«, leistungsfähigen Kulturpflanzen, aber auch viele Wildpflanzen entstanden.

Zum Abschluß dieses kurzen Streifzuges durch das riesige Gebiet der Vererbung und Züchtung – er wurde unternommen, um die im speziellen Teil vorkommenden Ausdrücke zu erläutern – noch ein besonderer Fall: Auch aus reduzierten, haploiden Eizellen können sich Embryonen und Pflanzen entwickeln – *Haplonten.* Die rosablühende Zonal-Pelargonien-Sorte 'Kleiner Liebling' ist solch ein Haplont.

Vermehrung

Bei Pflanzen kennen wir viele Vermehrungsarten, gibt es doch so unterschiedlich gebaute Pflanzen, die eben nach ganz bestimmten Vermehrungsverfahren verlangen oder diese überhaupt erst zulassen. Grundsätzlich unterscheidet man zwischen der generativen oder geschlechtlichen und der vegetativen oder ungeschlechtlichen Vermehrung. Die Sporenvermehrung der Farne fällt aus dem Rahmen, sie wird hier bei der generativen Vermehrung besprochen.

Geschlechtliche Vermehrung

Bei der geschlechtlichen Vermehrung spricht man – ganz gleich, ob es sich um Samen oder Früchte handelt – ganz allgemein von der Aussaat.

Vielfach werden Samen ohne **Vorbehandlung** ausgesät, in manchen Fällen ist eine Vorbehandlung aber angebracht. Am einfachsten ist die Quellung der Samen in Wasser, sie wird vor allem bei den Hülsenfrüchtlern durchgeführt, aber auch bei anderen Pflanzen. Wichtig sind flache Gefäße, Schalen oder Schüsseln, da sich bei der Quellung Atmungskohlendioxyd bildet, das aus tiefen Gefäßen nicht abfließen und die Sämereien zum Absterben bringen kann. Kältebehandlung und Stratifikation, lagenweises Einschichten in Sand, kommen fast ausschließlich für Freilandpflanzen in Betracht. Wichtiger ist schon die mechanische Vorbehandlung, die bei größeren Samen, die sehr langsam keimen, am Platz ist: man schabt die harte Samenschale ab, bis man sieht, daß bald der Embryo erreicht ist. Sehr zu empfehlen ist diese Art der Vorbehandlung bei den Palmen. Eine besondere Art der mechanischen Vorbehandlung ist das Auslösen des Embryos aus Steinkernen, wie es bei vielen Rosengewächsen angebracht ist. Eine **chemische Vorbehandlung** ist bei sehr hartnäckigen Samen am Platz. Opuntiensamen badet man eine Stunde in konzentrierter Schwefelsäure – keine Angst, den Samen passiert nichts! Eher hat man selbst Löcher in den Kleidern zu erwarten. Wahrscheinlich eignet sich diese Methode auch für andere Samen, ich selbst habe sie bisher nur bei Opuntien erfolgreich praktiziert.

Eine weitere Art der Vorbehandlung ist das **Beizen** von Sämereien, meist mit quecksilberhaltigen Präparaten. Es ist für größere Samen sehr zu empfehlen, weil dadurch ein Pilzbefall vom Samen her nicht übertragen werden kann; die anhaftenden Sporen, Hyphen (Pilzfäden) und Sclerotien (Dauerhyphen) werden meist gut abgetötet. Nicht geeignet ist das Verfahren für feine Sämereien, denn es ist nachher unbedingt abzusieben, damit durch übergroße Beizmittelmengen am Samen im Substrat kein Hemmhof entsteht, der das Wurzelwachstum hindert. Wegen des leichteren Absiebens empfehlen sich die Trockenbeizen, die man mehrmals verwenden kann.

Desinfektion: Vor allem bei empfindlichen Pflanzen sollte man auch die Aussaatgefäße und das Substrat desinfizieren. Aussaatgefäße aus Ton, Asbestzement und ähnlichen hitzebeständigen Materialien kann man nach dem Waschen bei 110°C im Backrohr 30 Minuten erhitzen. Besser ist es jedoch, alle Materialien in Naßbeizlösungen zu tauchen. Bei sehr saugkräftigen Stoffen, wie Ton, sind diese aber schwächer anzusetzen. Die Substrate werden entweder chemisch entseucht – Präparate gibt es im Handel – oder gedämpft; man dämpft aber nur die Einzelkomponenten, bei denen es notwendig ist, allen voran Komposterden und ähnliche selbsterzeugte Erde, aber auch den Torf, der in den letzten Jahren mehr und mehr mit einem gefährlichen Schädling (Trauermücke, *Sciaria*) und Unkraut verseucht ist (siehe Abschnitt »Substrate«, Seite 42). Vorsicht ist bei bereits aufgedüngten Torfen am Platz, hier können durch die Wärme große Nährstoffmengen frei werden, die dann die Sämlinge schädigen. Manche Substratkomponenten dürfen nicht gedämpft werden, so Polystyrolflocken (Styromull, Porit).

Es gibt sehr praktische kleine Elektrodämpfer, die weniger Energie aufnehmen als manches Bügeleisen; man kann aber, so man hat, auch in der Waschküche auf dem alten Herd in einem Kessel dämpfen. Gedämpfe Substrate sehr sauber aufbewahren, da sie durch Wiederinfektion besonders gefährdet sind!

Wie wird nun praktisch ausgesät? Das ist von Pflanze zu Pflanze, aber auch von Mensch zu Mensch verschieden. Man kann im Grunde die Fülle der Pflanzen nach einem Schema aussäen – ausgenommen Erikengewächse, Insektivoren und Farne (siehe S. 32), Kakteen und Mittagsblumengewächse (siehe ausführliche Anleitungen Seiten 193/194 bzw. 202/203).

Als **Substrat** nimmt man Einheitserde, Torf oder Mischungen, die Torf, Erde, Sand, Polystyrolflocken, Perlite, Hygromull und andere Komponenten enthalten. Als **Gefäße** verwendet man Töpfe, Schalen oder Kistchen, je nach der Saatgutmenge. Man hüte sich im allgemeinen, verschiedene Sämereien zusammenzubauen; die unterschiedlichen Aufgangtermine bringen mehr Sorgen, als die Ersparnisse beim Hantieren wert waren. Doch auch in Plastikbechern habe ich schon schöne Aussaaten heranwachsen sehen! In den meisten Fällen ist eine Dränage im unteren Teil der Gefäße angebracht, man verwendet Polystyrolflocken, Tonscherben, Kies, ausgesiebten Torf in Brockenform – was eben verfügbar ist. Darauf füllt man sein Substrat und drückt es gut an, besonders an den Rändern. Dann wird nochmals angefüllt und wiederum angedrückt. Zum Andrücken verwendet man die verschiedensten Behelfe, sie müssen nur plan und der Form der verwendeten Aussaatgefäße angepaßt sein.

Große Sämereien wird man normalerweise auslegen, mittelgroße ausstreuen. Dafür gibt man sie in die bekannten Samentüten und klopft auf das das Tütchen haltende Hand – so geht es am besten. Auch sehr feine Sämereien kann man so anbauen. Manchmal empfiehlt sich aber das Mischen, dafür eignet sich nur ein Material, dessen Korngröße in etwa dem Saatgut entspricht, meist also trockener, feiner Wellsand, da es sonst sofort zur Entmischung kommt.

Entsprechend ihrer Dicke werden die Sämereien abgedeckt, meist drei- bis fünfmal so hoch, als sie dick sind. Feine Sämereien werden nicht abgedeckt, sondern nur mit einer Glasscheibe bedeckt. Ich verwende zum Abdecken immer gewaschenen Quarzsand, doch gibt es sicher auch andere Abdecksubstrate. Wichtig ist vor allem, daß sich weder Moos noch Algen breitmachen können, die das Keimen von Sämereien behindern, die zum Auflaufen länger brauchen. Deckt man mit Torf ab, so ist besonders auf Algen zu achten. Algen sind vorbeugend zu bekämpfen oder, wenn sie auftreten, zu hemmen; möglich ist z. B. Gießbehandlung mit einer 0,2%igen Lösung des Präparates »Delegol«. (Es wird in Krankenhäusern viel verwendet und ist leicht erhältlich.)

Nach erfolgter Aussaat werden die Gefäße durchdringend gewässert, am besten durch Anstauen in einem kleinen Becken oder einer Blechwanne, dann bei der entsprechenden Temperatur aufgestellt und feucht, aber nie naß gehalten.

Man versuche von Anfang an, eher weit anstatt zu dicht zu säen! Dichtes Anbauen bringt bei gutem Aufgang dichtbestandene Keimtöpfe mit sich, die besonders von Umfallkrankheiten bedroht sind; das sind die Pilzkrankheiten, die die weichen Keimlinge zwischen Tag und Nacht angreifen, sie werden wäßrig und schwarz, man spricht von Schwarzbeinigkeit. Durch Beizen und Desinfizieren von Gefäßen und Substraten läßt sich dieser Krankheitsbefall eindämmen, aber nicht immer verhindern. Aus diesem Grund gehören Aussaaten nach dem Aufgang luftiger und kühler gestellt. Bemerkt man Infektionsstellen, so sticht man sie etwas größer heraus. Man kann auch mit Pilzgiften gießen, doch besteht dabei immer die Gefahr einer Schädigung der Sämlinge.

Nachdem sich die Sämlinge entsprechend gekräftigt haben, werden sie pikiert. Unter **Pikieren** versteht man das Einzelnpflanzen von Sämlingen in Töpfe, Schalen, Kistchen oder sonstige Behältnisse. Nun können in vielen Fällen die im Handel erhältlichen Torftöpfchen, Torftopfstreifen, Plastiktopfverbundplatten (Multiplatte) und die vielen anderen Kulturhilfen verwendet werden.

Pikiert wird in den meisten Fällen tiefer, als die

Pflänzchen im Aussaatgefäß stehen. Meist werden die Keimblätter mit dem Bodenniveau abschließen, das zuerst über dem Boden befindliche Hypocotyl wird in den Boden gebracht. Die meisten Pflanzen können weiter oben sproßbürtige Wurzeln bilden, so daß das tiefere Pikieren gerechtfertigt ist. Immer größte Vorsicht beim Pikieren! Die Wurzeln müssen in etwa wieder dieselbe Lage im Pikierloch einnehmen. Zu lange Pfahlwurzeln – außer in Fällen, wo davor ausdrücklich gewarnt wird, bei den Palmen – werden etwas eingekürzt, das weiche Hypocotyl darf aber nicht gequetscht werden.

Erikengewächse und **Insektivoren** werden fast immer auf reinem Torf angebaut, der auch entseucht werden sollte. Gut hat sich bei uns das Verfahren mit den Plastiksäckchen bewährt, mit dem man auch Farne recht gut vermehren kann: Plastiktöpfe waschen, mit gedämpftem Torf füllen, die Samen locker verteilen. (Man kann sie auch, entsprechend den Angaben für die Entkeimung von Orchideensaatgut, mit Chlorkalkwasser desinfizieren.) Nach dem Besämen werden die Töpfe – das Substrat soll schon vor dem Füllen kräftig, aber nicht zu feucht sein – in Plastiksäckchen gegeben und diese verschlossen auf einem Draht im Kleingewächshaus oder am Fenster aufgehängt. Bei der Wahl der richtigen Feuchtigkeit, die man bald heraus hat, stellt sich im Plastiksäckchen ein Wasserkreislauf ein, und man braucht nicht zu gießen. Haben die Samen gekeimt, so werden die Töpfe aus den Säckchen genommen. Diese beiden Gruppen, die Erikengewächse und Insektivoren, haben häufig eine langsame Jugendentwicklung; es ist unnötig, ja sogar schädlich, sie bald zu pikieren.

Farne haben eine ganz andere Entwicklung als die Samenpflanzen, was bei ihrer Vermehrung zu berücksichtigen ist. Der diploide Sporophyt, die Farnpflanze, bildet haploide Sporen aus, aus denen sich der Gametophyt, der *Vorkeim* oder das *Prothallium,* bildet. Auf der Unterseite des Prothalliums entwickeln sich die Geschlechtszellen, die weiblichen *Archegonien* und die männlichen *Antheridien*. Die männlichen Gameten sind begeißelt und schwimmen im Wasser – es muß also unbedingt Wasser vorhanden sein! –, durch die Apfelsäureausscheidungen der weiblichen Gameten angelockt, zu diesen hin und befruchten sie. Der Vorkeim ist haploid, der sich nach der Befruchtung bildende Sporophyt, die kleine Farnpflanze, ist wieder diploid. Nur in seltenen Fällen kommt es bei Farnen zu Apomixis (siehe S. 15): es bilden sich diploide Sporen, diploide Prothallien und ohne Befruchtung neue Pflanzen, die der sporentragenden Mutterpflanze vollkommen gleichen (*Dryopteris, Polystichum* u. a.).

Farne werden, ebenso wie Eriken und Insektivoren, auf Torf angesät. Bei der Aussaat ist darauf zu achten, daß im Aussaatraum möglichst geringe Luftbewegung herrscht, da die Sporen sehr leicht sind, zum Teil in der Luft schweben, und sich somit vermischen können. Auch bei Farnen ist größte Sauberkeit am Platz, da die Prothallien sehr von Algen konkurrenziert werden. Das Substrat also auf jeden Fall dämpfen! Nach der Aussaat werden die Töpfe entweder mit Glasplatten abgedeckt, in Plastiksäckchen gesteckt oder mit Plastikstücken und Gummiringen verschlossen. In jedem Fall versuchen, ohne Gießen zu kultivieren, da es dadurch oft zu Infektionen kommen kann! Haben sich die Prothallien zu entsprechender Größe entwickelt, ist für Feuchtigkeit zu sorgen, damit die Befruchtung stattfinden kann. Pikiert wird zumeist in dem Moment, wenn die ersten echten Farnblätter erscheinen, manchmal auch früher. Auch weiterhin sind die Farne sehr luftfeucht zu halten, da die Prothallien und die ersten Blätter noch sehr dünn sind. Bei den Farnen muß man oft mehrmals pikieren, bis die Pflanzen so groß sind, daß man sie mit ruhigem Gewissen topfen kann.

Ungeschlechtliche Vermehrung

Die einfachste ungeschlechtliche oder vegetative Vermehrung ist die **Teilung.** Die bereits bewurzelten Teilstücke können sofort wieder getopft werden. Teilung ist zwar eine simple Methode, aber für die einfachsten Pflanzen, wie den Schlangenbart (*Ophiopogon*), genauso gut wie für die herrlichen tropischen Frauenschuharten (*Paphiopedilum*).

Diese bisher in Erde kultivierte Monstera wurde ausgetopft und der Wurzelballen aufgelockert, nun wird in lauwarmem Wasser die restliche Erde ausgespült. – Die Wurzeln wurden sorgfältig durch die Öffnung des Topfeinsatzes geführt und der Einsatz mit Bimskies aufgefüllt. Jetzt wird das Ganze in die mit Nährlösung gefüllte Hydrovase eingesetzt. (Fotos Herbel)

Tafel 3 · Hydrokultur

Links: Gruppenpflanzungen in zwei Hydrokultur-Kunststoffgefäßen. Rechts: Blühendes Spathiphyllum, Kleinblättriger Gummibaum und Sansevierie in Hydrokultur-Pflanzkasten vor dem Auffüllen mit Lecaton (Blähton). Vorn links das später überdeckte Standrohr zum Erneuern der Nährlösung, rechts Wasserstandsanzeiger mit Schwimmer. (Fotos Interhydro)

Tafel 4
Blütenpflanzen für kühle Räume I

ol   Die prächtigste Schönmalve ist *Abutilon megapotanicum*,
or   Riemenblatt oder Clivie, *Clivia miniata*
ml   Auch blattwirksame Fuchsien gibt es: *Fuchsia-Hybride* 'Autumnalis'
mr   Schon am Naturstandort, in Kalabrien, wirkt diese Glockenblume, *Campanula isophylla*
ul   Eine außergewöhnliche Fuchsie: *Fuchsia-Triphylla-Hybride* 'Koralle'
ur   Korallenbeere, *Nertera granadensis*

Wohl die wichtigste Vermehrungsart ist die durch **Stecklinge**. Dabei können wir nach dem abgenommenen und zur Bewurzelung gebrachten Teil *Kopfstecklinge, Stammstecklinge* und *Blattstecklinge* unterscheiden. Bei den *Kopfstecklingen* wird ein Sproßende mit einer bestimmten Anzahl Blätter abgesteckt, bei den *Stammstecklingen* werden Stammstücke – sie können beblättert oder unbeblättert sein, einen Knoten oder mehrere Knoten umfassen – zur Bewurzelung gebracht. Bei Stammstecklingen treiben ruhende Seitenmeristeme aus, sobald die Hemmung durch das Gipfelmeristem wegfällt.

Blattstecklinge sind die interessantesten Stecklinge überhaupt. Es ist geradezu unwahrscheinlich, daß sich aus einem Blatt oder sogar nur aus Blatteilen wieder neue Pflanzen entwickeln können. Die Bewurzelung von Blättern ist an und für sich, vor allem durch die neuen Wuchsstoffe, kein Problem mehr; man kann Buntnessel-Blätter *(Coleus)* und Pelargonienblätter, ja selbst Birnblätter bewurzeln. Sie können aber keine Austriebe bilden und sterben trotz guter Bewurzelung über kurz oder lang ab. Die Pflanzen, die wir durch Blattstecklinge vermehren, Usambaraveilchen *(Saintpaulia)*, Drehfrucht *(Streptocarpus)* und andere Gesneriengewächse, Bogenhanf *(Sansevieria)* und Begonien, können aber nicht nur Wurzeln, sondern auch Austriebe bilden. Sie besitzen sekundäre Meristeme, einzelne Zellen ihrer Dauergewebe haben wieder die Fähigkeit der Teilung erlangt und treiben, wenn es von ihnen verlangt wird, Sprosse.

Eine weitere Vermehrungsart spielt bei den in diesem Buch genannten Pflanzen eine untergeordnete Rolle, die Vermehrung durch **Wurzelschnittlinge**. Normalerweise haben Wurzeln die Fähigkeit verloren, Austriebe zu machen; doch gibt es Arten, wo auch in den Wurzeln sekundäre Meristeme sitzen, die austreiben können. Die Rehmannie *(Rehmannia)* muß in diesem Buch als einziges Beispiel dienen, doch kann man auch Mohn, Phlox und Königskerzen so vermehren. Auch unterirdische Sprosse, Rhizome, können zur Vermehrung dienen: man macht **Rhizomschnittlinge**, indem man die Rhizome in mit deutlichen Augen versehene Stücke teilt und in der Vermehrung zum Anwurzeln und Austreiben bringt. Manche Rhizome sind länger beblättert, wie bei der Schildblume *(Aspidistra)*, so daß die Rhizomschnittlinge mit Blättern versehen sind.

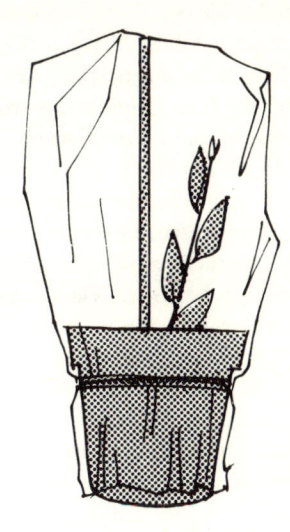

Sonnig hinter Glas aufgestellt und unter einem übergestülpten Plastiksack bewurzeln sich Stecklinge der meisten Arten schnell und sicher.

Eine weitere Sonderform sind die **Knollenschnittlinge** oder Knollenteilungen, die beim Buntwurz *(Caladium)*, der Knollenbegonie *(Begonia × tuber-hybrida)*, aber auch bei der Gloxinie *(Sinningia)* möglich sind. Die Knollen werden, nachdem sie ausgetrieben haben, entweder zerschnitten oder die Austriebe mit einem Teil der Knolle abgeschnitten und bewurzelt. (Siehe Abb. Seiten 35 und 37.)

Bei Knollen- und Zwiebelpflanzen ist auch Abnahme von **Nebenknollen** und **Nebenzwiebeln** möglich. Sie werden oft in großer Zahl ausgebildet, und je nach der Größe lassen sich mehr oder weniger rasch Pflanzen heranziehen. Besonders faszinierend sind Pflanzen, die kleine Pflanzen auf den Blättern ausbilden; sie werden gerne als lebendgebärend bezeichnet, sind es aber nicht im wahren Sinne des Wortes. Echte **Viviparie** setzt einen Geschlechtsakt voraus. Bei bekannteren Zimmerpflanzen habe ich selbst Viviparie (Keimung an der Pflanze) beim Efeu und, weniger, bei Kakteen gesehen. Ein bekanntes Beispiel für Viviparie bieten die Mangroven der tropischen Gezeitenzonen, die an der Mutterpflanze keimen, dann abfallen und, wenn sie Glück haben, im Schlamm steckenbleiben. Die **Kindelbildung** unserer »lebendgebärenden« Pflanzen bleibt trotzdem ein Erlebnis! Besonders schön läßt sich dieses Verhalten bei den Brutblättern (*Kalanchoë daigremontianum* und *K. tubiflorum*), der Tolmiee oder Henne und Küken (*Tolmiea menziesii* f. *gemmifera*) und dem Streifenfarn (*Asplenium dimorphum*) beobachten. Sie alle sind sehr leichtgedeihende, anspruchslose Zimmerpflanzen.

Verhältnismäßig selten ist die **Veredlung,** bei der ein *Edelreis* auf eine für diesen Zweck besonders geeignete *Unterlage* gebracht wird. Wichtig ist sie vor allem bei den Kakteen (s. S. 194). Sonst finden wir sie noch bei der Hochstammerziehung von Schönmalven (*Abutilon*), bei der Vermehrung gut fruchtender Zitronen- oder Orangenbäume (*Citrus*), bei der Sämlingspfropfung der 'Desert-Pea' der Australier (*Clianthus*) und bei einigen Kalthauspflanzen und Sukkulenten, die so besser gedeihen. Auch Fuchsienhochstämme können durch Veredlung herangezogen werden. Als Veredlungsarten sind anzuwenden: *Kopulation*, wenn Unterlage und Edelreis gleich stark sind, bzw. *Geißfuß* und *seitliches Spaltpfropfen*, wenn die Unterlage stärker ist. Bei der Kopulation wird an Unterlage und Edelreis ein Schrägschnitt durchgeführt, die beiden Schnittflächen sollen sich vor allem im Rindenbereich decken. Beim Geißfuß wird die Unterlage geköpft, ein seitlicher Keil herausgeschnitten und hier das mit zwei langen Schrägschnitten zugerichtete, dreieckige Edelreis eingesetzt. Jedes Obstbaubuch gibt nähere Auskunft. Bei dünnen Edelreisern verwenden wir gerne das seitliche Spaltpfropfen, es ist bei der Schönmalven-Veredlung genau beschrieben.

Selten, bei Rosen, Zitronen oder Orangen, wird die *Okulation* oder Augenpfropfung durchgeführt. Sie ist nur bei treibenden, saftigen Pflanzen anwendbar. Ein Auge der Edelsorte wird mit der umgebenden Rinde, einem Schildchen, ausgeschnitten und in einen T-förmigen Schnitt der Unterlage eingesetzt. Auch diese Methode ist in jedem Obstbaubuch genau erläutert.

Einige Beispiele der wichtigsten ungeschlechtlichen Vermehrungsmethoden sind in den Abb. auf Seite 35 und 37 dargestellt.

Eine ebenfalls wichtige Vermehrungsmethode für den Liebhaber ist das **Abmoosen,** das er bei zu hoch gewordenen Gummibäumen, Dracänen, Aralien usw. anwendet. Bei dieser Vermehrungsart verbleibt der abzutrennende Steckling bis zur Bewurzelung auf der Mutterpflanze. An einer günstigen Triebstelle werden, bei Dracänen und Efeuaralien, einige Blätter entfernt. Man schneidet den Trieb unter einem Blatt schräg nach oben ein, ohne allerdings so tief zu schneiden, daß es zum Abknicken kommen könnte. In die entstandene Wunde wird Wuchsstoffpuder eingestreut; man kann auch, um das Verwachsen zu verhindern, einen dünnen Holzkeil, Alufolie oder ähnliches dazwischenklemmen. Dann wird die Stelle mit reichlich Sumpfmoos (*Sphagnum*) umwickelt und durch ein Stück Folie, die oben und unten abgebunden wird, geschützt. Für die oberhalb angeordneten Blätter müssen entsprechende Lücken freigelassen werden. Das Sumpfmoos darf nicht zu feucht und nicht zu trocken sein; man weicht es in Wasser ein und drückt es vor der Verwendung kräftig aus. Steht die Mutterpflanze sehr sonnig, so empfiehlt sich das zusätzliche Umwickeln mit Aluminiumfolie, die die Strahlungswärme reflektiert und die günstige Dunkelheit für die Wurzelbildung schafft. Mit dem Abnehmen der bewurzelten Köpfe muß man zuwarten, bis sich genügend Wurzeln gebildet haben, damit beim Weiterwachsen möglichst geringe Stockungen auftreten; bei größeren Stockungen werden die nächsten Blätter sehr klein ausgebildet. Um den Schock nach dem Abtrennen zu verkleinern, gibt man nach dem Eintopfen gespannte Luft, indem man Folienschläuche über die frisch getopften Pflanzen stülpt.

Standort der Aussaaten und Stecklinge ist im günstigen Fall ein **Vermehrungsbeet** oder **Vermehrungskasten.** Solche Geräte gibt es in verschiedenen Größen. Wichtige Kennzeichen sind

Ungeschlechtliche Vermehrung

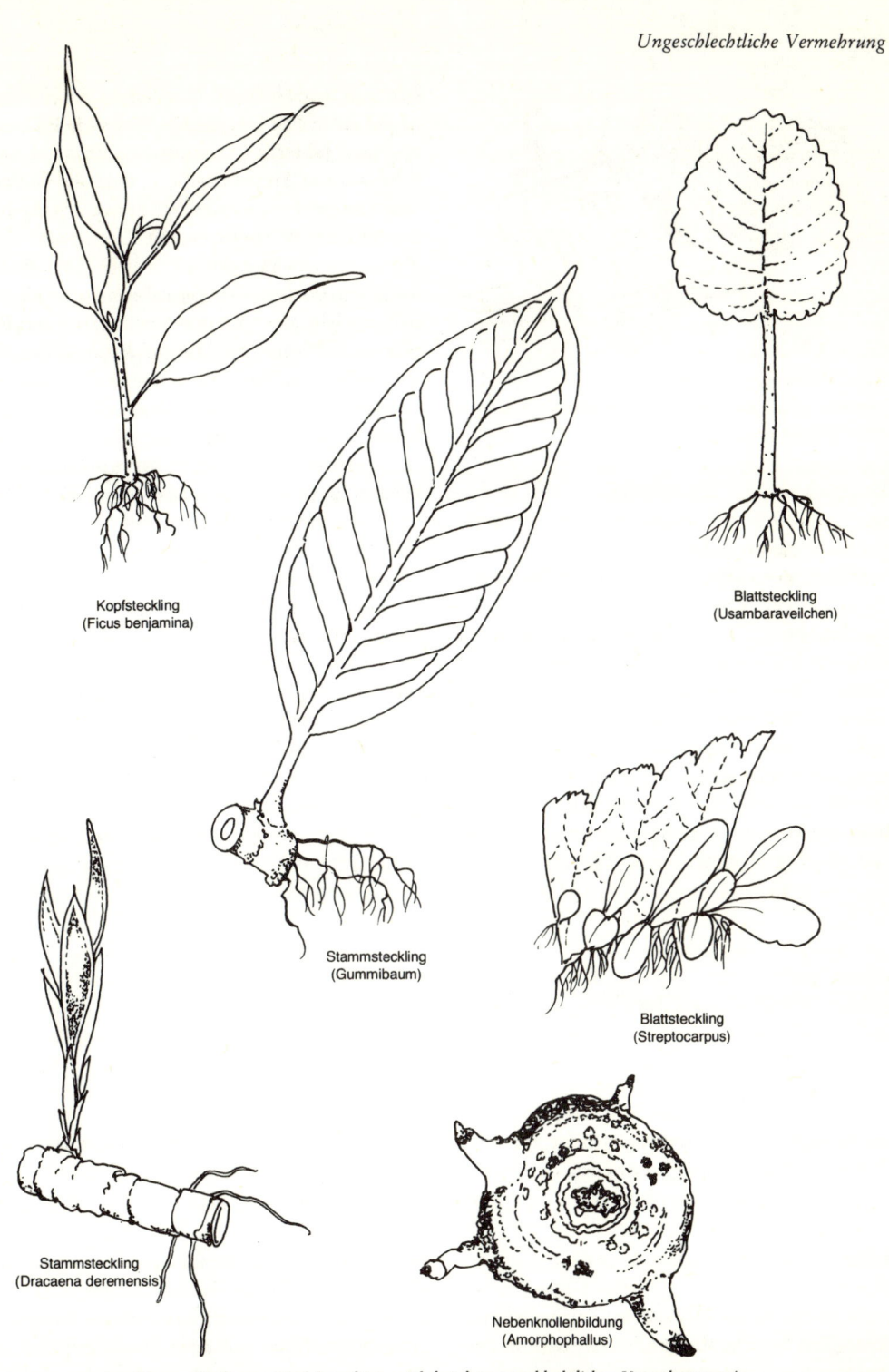

Kopfsteckling
(Ficus benjamina)

Blattsteckling
(Usambaraveilchen)

Stammsteckling
(Gummibaum)

Blattsteckling
(Streptocarpus)

Stammsteckling
(Dracaena deremensis)

Nebenknollenbildung
(Amorphophallus)

Die verschiedensten Verfahren bieten sich bei der ungeschlechtlichen Vermehrung an!

Pflege

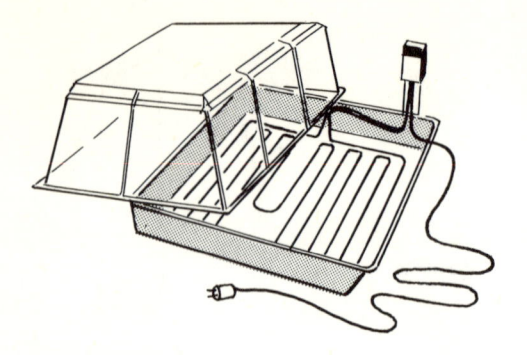

Vermehrungsbeet mit elektrischer, thermostatisch geregelter Bodenheizung.

Bodenwärme und Luftfeuchtigkeit. Die Bodentemperatur muß bei vermehrten Pflanzen immer höher sein als die Lufttemperatur. Die hohe Luftfeuchtigkeit wird durch geschlossene Räume hergestellt. Kleine Vermehrungskästen liefert die Industrie, man schließt sie an die Steckdose an und stülpt den durchsichtigen Plastikdeckel über. Noch einfacher sind große Schalen, in die man käufliche Widerstandsdrähte einlegt. In beiden Fällen ist eine thermostatische Regelung wünschenswert und auch leicht möglich.

Im Kleingewächshaus kann man sich schon besser ausgestattete Vermehrungseinrichtungen erlauben: mit Warmwasser, von der Hausheizung aus, oder elektrisch beheizt. Eine elektrische Heizung ist auf jeden Fall vorzusehen, weil viele Pflanzen zu einer Jahreszeit vermehrt werden, wo man kein warmes Heizwasser hat, aber die Bodenwärme braucht. In vielen Fällen hat sich die Erzeugung der Bodenwärme mit Kleinspannungen (24 V) sehr bewährt. Auch hier ist ein Thermostat leicht einzubauen. Die Vermehrung soll hell stehen, zuviel Licht wird durch Schattieren mit Papier oder Matten abgefangen. Kaum haben die Pflanzen etwas Wurzeln, vertragen und brauchen sie mehr Licht; sie vergeilen dann nicht. Sehr gut bewährt sich das Abdecken frisch gesteckter Stecklinge mit Seidenpapier, das man feucht hält; es sorgt für hohe Luftfeuchtigkeit im Pflanzenbereich und nimmt auch Licht weg.

Wichtig ist bei jeder Vermehrungsart, daß man genaue Aufzeichnungen führt, Aussaat- oder Stecklingshefte, oder regelmäßig Etiketten steckt. Nichts ist tragischer, als wenn man schließlich eine Pflanze besitzt und nicht weiß welche!

Nachdem wir nun, manchmal unter großen Schwierigkeiten, unsere Pflanzen vermehrt haben – sie sind uns in dieser Zeit zumeist mehr ans Herz gewachsen als jene, die wir irgendwo gekauft haben –, können wir sie kultivieren! Somit ist das nächste Kapitel den grundlegenden Fragen der Pflege gewidmet.

Pflege

Aus unseren Betrachtungen über die Pflanze hat sich immer wieder ergeben, daß sie ein lebendes Wesen ist und als solches zu behandeln ist. Sie verhält sich nicht immer so, wie man es zunächst erwartet. Trotzdem kann man allgemeine Richtlinien über Pflegebedingungen geben. Genaue Angaben allerdings, zum Beispiel wie oft in der Woche man gießen muß, sind nicht möglich!

Licht

Licht ist für unsere Pflanzen unumgänglich notwendig, es braucht aber nicht immer natürliches Licht zu sein. Im allgemeinen wirkt starkes Licht hemmend, Dunkelheit aber beschleunigend auf das Wachstum. Diese Beschleunigung ist jedoch nicht ideal, es kommt zu einer starken Verlängerung der Sprosse und einer Verkleinerung der Blätter, man spricht von Vergeilung oder *Etiole-*

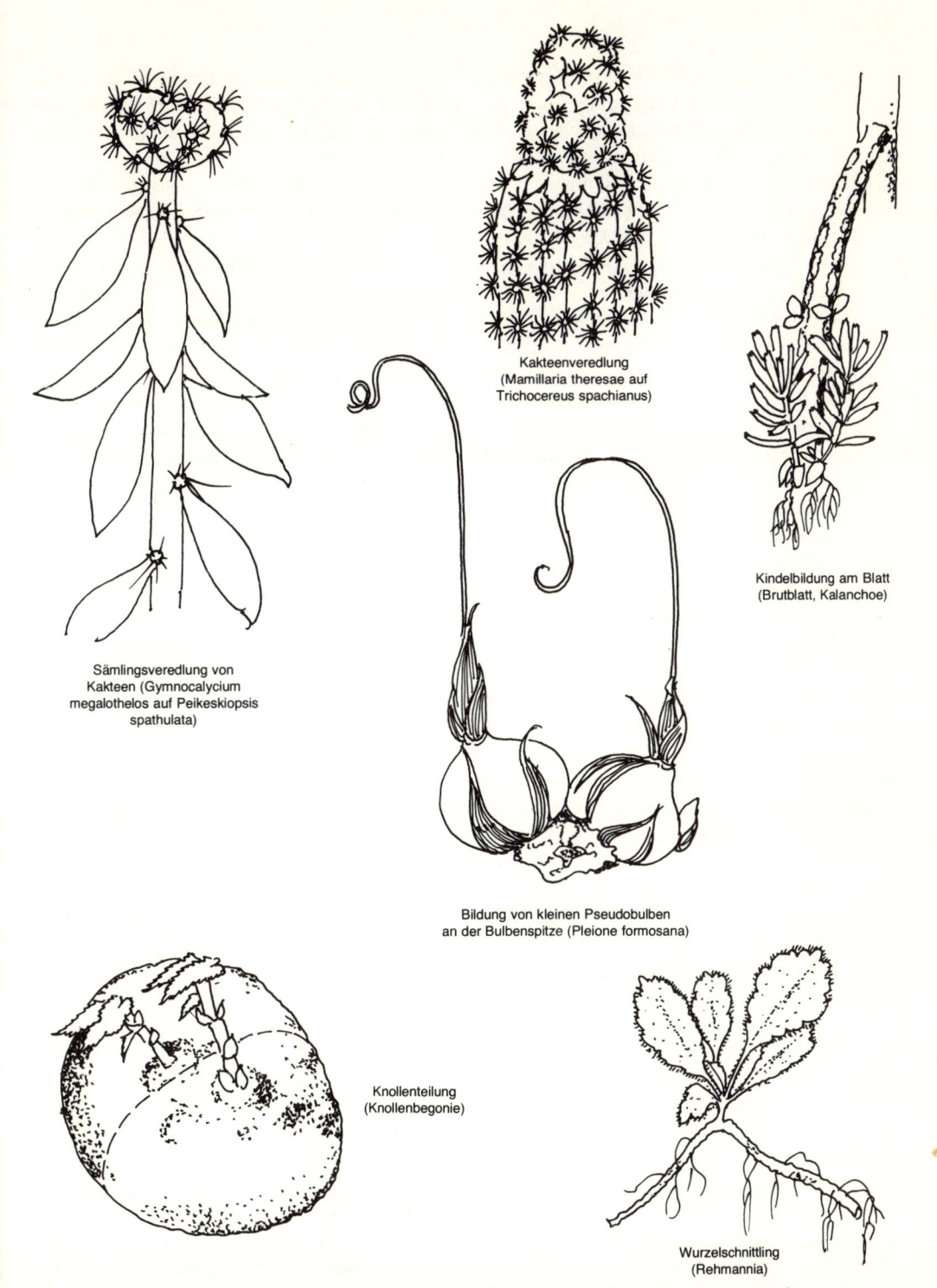

Sämlingsveredlung von
Kakteen (Gymnocalycium
megalothelos auf Peikeskiopsis
spathulata)

Kakteenveredlung
(Mamillaria theresae auf
Trichocereus spachianus)

Kindelbildung am Blatt
(Brutblatt, Kalanchoe)

Bildung von kleinen Pseudobulben
an der Bulbenspitze (Pleione formosana)

Knollenteilung
(Knollenbegonie)

Wurzelschnittling
(Rehmannia)

Seltener finden oder verwenden wir die hier dargestellten ungeschlechtlichen Vermehrungsmethoden.

ment; sie ist nur beim Bleichen von Gemüsen, z. B. Chicorée, willkommen.

Die Richtung der Lichteinstrahlung bewirkt eine Ungleichheit des Wachstums an gegenüberliegenden Flanken, es entstehen Krümmungen, die Pflanze wendet sich zum Licht. Man bezeichnet die Fähigkeit der Pflanzen, ihre Organe in eine bestimmte Lage zur Richtung der Lichtstrahlen zu bringen, als *Phototropismus*.

In unseren Wohnräumen sind nun die gebotenen Lichtmengen relativ gering, die meisten Pflanzen wachsen nur in der Nähe der Fenster befriedigend. Da Pflanzen mit Hilfe des Lichtes arbeiten müssen, sind sie ungleich mehr als andere Lebewesen auf es angewiesen, und sie finden die menschlichen Vorstellungen über Lichtmengen sehr subjektiv. Bei zu geringen Lichtmengen treten die oben geschilderten Erscheinungen meist in abgeschwächter Form auf; manchmal gibt es spezifische Reaktionen, so sinkt z. B. die Zahl der Löcher auf den Blättern des Fensterblatts *(Monstera)* bei Lichtmangel rapid.

Nach den Lichtansprüchen könnte man versuchen, die Pflanzen in verschiedene Gruppen einzuteilen. Das ist jedoch sehr problematisch, weil sie sich als lebende Wesen nicht immer so verhalten, wie man es vorhersagt. Volle Sonne vertragen Wüsten-, Steppen- und Hochgebirgspflanzen, doch auch sie fühlen sich zur Mittagszeit hinter den Scheiben eines besonnten Südfensters nicht ganz wohl – es fehlt die Luftbewegung. Die überwiegende Anzahl unserer Zimmerpflanzen braucht volles Tageslicht, dabei aber Schutz vor der mittäglichen Einstrahlung. Schattenpflanzen sind, außer bestimmten tropischen Urwaldbodenbewohnern, seltenere Zimmerpflanzen; denn alle als Schattenpflanzen angesprochenen Gewächse brauchen mehr Licht, als ihnen in vollem Schatten zukommen würde.

So schwierig die Klassifizierung in Laden und Schachteln ist, so klar sind die Grundregeln für die Verwendung unserer Pflanzen. Sie gehören ans Fenster, zum Licht! Die sonnenliebenden müssen eben näher beim Licht stehen als schattenverträgliche Farne, Palmen oder ähnliche, die auch als »innenarchitektonische Elemente«

brauchbare und dankbare Zimmerpflanzen sind. Da sich unsere Pflanzen durch ihr Wachstum an den ihnen gebotenen Lichteinfallswinkel und die Lichtmenge anpassen, ist es Unfug, sie durch Drehen oder Hin- und Herstellen im Raum zu bewegen. Nur sehr robuste Burschen halten solche Prozeduren durch, doch auch ihre Schönheit wird leiden. Muß man Pflanzen kurzfristig bewegen, sei es zum Abwischen der Blätter oder zum Fensterputzen, so stellt man sie wieder so, wie sie gestanden haben; man macht sich auf Topf und Standfläche Markierungen oder bezeichnet die Töpfe in Richtung Fenster. Manchmal lassen sich Platzänderungen nicht vermeiden: Kalthauspflanzen werden nach den Eisheiligen ausgeräumt, Osterkakteen wollen kaltgestellt werden, auch Columneen werden vielleicht einen anderen Standort brauchen. Hier ist vor allem die Richtung zum einfallenden Licht zu beachten.

Künstliches Licht muß, um das Wachstum zu fördern, eine bestimmte Intensität besitzen. Die Wirkung der installierten Wattleistung hängt einerseits von dem Lampentyp und andererseits von der Entfernung Lampe–Pflanze ab, da das Licht ja mit dem Quadrat der Entfernung abnimmt. Zum Belichten kommen *Leuchtstoffröhren,* von denen es verschiedene Typen (Warmton-, Tageslicht-, Grolux- u. ä. Typen) gibt, und *Dampfdrucklampen* (vor allem Quecksilberhochdruckdampflampen) in Frage. Bei Entfernungen von 1,5 bis 2 m muß man mit 200 installierten Watt je qm rechnen; mit diesen Werten kann man schon versuchen, unabhängig vom Tageslicht Pflanzen zu ziehen.

Wärme

Ungleich weniger Schwierigkeiten als das Licht macht bei der Pflanzenpflege die Wärme, obwohl sich auch auf diesem Gebiet eine Änderung abzeichnet, die durch die Energiekrise beschleunigt werden könnte. In den letzten Jahren war es selbstverständlich, alle Wohnräume auf 18 bis 20°C zu heizen. Viele Pflanzen vertragen diese Temperaturen aber nicht, sie wollen es kühler haben; nun haben anscheinend auch sie wieder Aus-

sicht, gezogen zu werden. Deshalb sind die Liebhaber-Kalthauspflanzen in diesem Buch auch so bevorzugt behandelt worden.
Gerade bei der Temperatur sind die drei Kardinalpunkte, Minimum, Optimum und Maximum (siehe S. 22), von Pflanze zu Pflanze sehr verschieden. Es gibt Pflanzen, die extrem hohe Temperaturen vertragen, ohne geschädigt zu werden, andere wieder leiden unter solchen Werten sehr. Auf der anderen Seite erfrieren viele unserer Zimmerpflanzen, ohne zu gefrieren, sie erleiden den Kältetod schon bei mehreren Graden über Null; andere vertragen kurzfristig auch tiefe Werte, ohne daß sie absterben. Die Temperatur wirkt nicht allein, im allgemeinen vertragen feuchte und pralle Pflanzen höhere Temperaturen als trockene und welke. Kälte dagegen vertragen die Pflanzen zumeist dann besser, wenn sie trockener stehen. Bei hohen Temperaturen spielt auch die Luftfeuchtigkeit eine große Rolle; bei luftfeuchten Bedingungen kommt es zu geringeren oder keinen Hitzeschäden. Auf der anderen Seite spielt auch bei tiefen Temperaturen die Luftfeuchtigkeit eine Rolle, wirkt doch eher schädlich. Viele der Hochgebirgskakteen der Anden überdauern in der Heimat Temperaturen weit unter dem Gefrierpunkt; bei uns herrscht im Winter in einem ungeheizten Gewächshaus (Alpinenhaus) ständig 100 % relative Feuchte, die Kakteen nehmen das Wasser aus der Luft über Wurzeln und Körperoberfläche auf, obwohl sie vollkommen trocken stehen, füllen sich mit Wasser straff an und erfrieren – während sie in der Heimat geschrumpft -15°C überdauern.
Unsere Kulturräume, egal ob Zimmer oder Kleingewächshaus, Vitrine oder Blumenfenster, leiden fast immer an einem Luftfeuchtedefizit, das man mit den verschiedensten Methoden zu beheben versucht. Im Gewächshaus, Blumenfenster und der Vitrine sprüht man mit Wasser; auch in der Wohnung geht das notfalls bei einzeln aufgestellten Pflanzen. Heute gibt es Defensoren, die sich automatisch ein- und ausschalten und einen eingestellten Luftfeuchtigkeitsspiegel einhalten. Es gibt zwei Haupttypen, Einzelheiten sind den Herstellerkatalogen zu entnehmen.

Wasser und Gießen

Bevor man sich an die Pflege schwieriger Pflanzen heranwagt, ist die Überprüfung des Wassers sehr zu empfehlen. Um die Wasserqualität zu kennzeichnen, werden verschiedene Werte herangezogen: meist gibt man den *pH-Wert*, d. h. den Säure- oder Basen-Wert, oder den *Grad deutscher Härte*, °DH, an. Daneben spielen noch die im Wasser gelösten Ionen eine Rolle; Wässer mit einem hohen Gehalt an Sulfat- oder Chloridionen können trotz niedriger Härtegrade für die Pflanzenpflege ungeeignet sein.
Den **pH-Wert** kann man mit Indikatorpapieren messen. Die sauerste Reaktion, zwischen pH 4 und 4,5, brauchen Moorbeetpflanzen und manche Orchideen; humuswurzelnde Pflanzen lieben pH-Werte zwischen 4,5 und 5,5. In diese Gruppe gehören Farne, Urwaldbodenpflanzen, Epiphyten, aber auch Standardpflanzen wie die Zyklame, der Weihnachtsstern und unsere Gewächshausprimeln. Die Fülle der anderen Zimmerpflanzen kommt mit schwach saurem Gießwasser, mit einem pH-Wert zwischen 5,5 und 6,5 aus. Wenige Pflanzen vertragen höhere pH-Werte, zwischen 6,5 und 7,5, so vielleicht die Schildblume (*Aspidistra*) oder die Wachsblume (*Hoya carnosa*); doch auch diese Pflanzen gedeihen bei tieferen Werten besser.
Den **Grad deutscher Härte** (°DH) gibt das Wasserwerk bei Anfrage meist gern bekannt; doch kann es jahreszeitlich zu Schwankungen kommen, die teilweise natürlich bedingt sind; sie treten auch bei Brunnen auf, sind meist aber auf das Verschneiden verschiedener Wässer zurückzuführen. Bei der Härte muß man zwischen der temporären, zeitweiligen oder Karbonathärte und der permanenten Härte unterscheiden; Wässer mit hohen permanenten Härtegraden sind wesentlich schwieriger zu enthärten. Für Moorbeetpflanzen liegt die Grenze der Härte bei 20°DH, für die Masse unserer Zimmerpflanzen bei 35°DH. Bei sauren Substraten und physiologisch saurer Düngung kann man aber auch noch mit härteren Wässern erfolgreich Pflanzen ziehen. Die **Enthärtung des Wassers** bereitet größere

Schwierigkeiten, wenn permanente Härtebildner vorhanden sind, vor allem Sulfate, weil die mit den üblichen Methoden nicht entfernt werden können. Das Abstehenlassen und Abkochen entfernt nur die temporäre Härte, vor allem soweit sie auf Hydrogenkarbonat beruht, schnell und sicher. Besser wirkt die Filterung über Torfmull, doch auch hier kann vor allem Karbonathärte entfernt werden. Mit Hilfe zweier Tonnen kann man sich eine kleine »Enthärtungsanlage« auf Torfbasis basteln. In die eine Tonne wird ein intakter Torfballen mit dem Plastiksack gestellt, nur an der Basis macht man einige Löcher in die Plastik, auch in der Tonne ist ein Abflußloch. Langsam läßt man Wasser durch den Torf rieseln, fängt es unten ab und leitet es in die zweite Tonne. Möglichst langsam durchfließen lassen, den Torfballen vorher auswählen – man sucht sich den sauersten aus, den man zur Hand hat –, das Wasser überprüfen und den Torf auswechseln, wenn der pH-Wert nicht mehr entspricht. Diese Methode funktioniert nur bis 15 bis 20°DH passabel, härtere Wässer müssen mit chemischen Präparaten nach Vorschrift enthärtet werden. Gewarnt sei vor Enthärtern, die für Heißwasserspeicher oder ähnliche Geräte das Wasser vorbereiten; diese liefern zwar weiches, durch die chemischen Zusätze aber für die Pflanzen ungeeignetes Wasser.

Viele Zimmerpflanzen gedeihen besser bei erhöhter Luftfeuchtigkeit. Die Schale ist stets halb mit Wasser gefüllt zu halten.

Noch immer ist das **Regenwasser** in vielen Gebieten das beste Gießwasser. Zu warnen ist vor dem Regenwasser nur in großen Städten oder Ballungsräumen, vor allem aber in Gegenden mit viel Industrie. Fabriken, Haushalte, Kraftfahrzeuge emittieren ständig Schwefeldioxid, das sich im Regenwasser zu schwefliger Säure löst und sogar zu Schwefelsäure aufoxidiert werden kann. Auch andere Stoffe sorgen dafür, daß Regenwasser solcher Gegenden unbrauchbar ist. Am schädigendsten sind ölige Stoffe, die sich in feiner Haut um die Wurzel legen und die Atmung verhindern. Im Zweifelsfall empfiehlt sich eine Wasseranalyse, denn Regenwasser kann trotz mancher Schadstoffe oft noch brauchbarer als das Leitungswasser dieses Gebietes sein.

Zur Verwendung des Gießwassers: es sollte immer angewärmt werden, 18 bis 24°C sollte seine Temperatur betragen. Das Gießen selbst schließlich – wie oft und wieviel – ist nicht erklärbar, da es von so vielen Faktoren abhängig ist. Hier heißt es also, die Pflanzen zu beobachten und selbst zu entscheiden, wann gegossen werden muß.

Düngung

Bei den Düngern müssen wir grundsätzlich unterscheiden: solche, die dem Substrat beigemengt, und solche, die in flüssiger Form, beim Gießen, verabreicht werden. Es gibt natürliche Dünger, wie Blut-, Horn- und Knochenmehl, und Düngesalze, meist nicht ganz richtig Kunstdünger, richtiger Mineraldünger genannt. Bei den Mineraldüngern unterscheidet man Einzeldünger und Mehrnährstoffdünger: Einzeldünger, wie Ammonnitrat, Kaliumnitrat, Harnstoff, Kaliumsulfat, Ammonsulfat, wird man für spezielle Düngezwecke verwenden, z. B. um mehr Stickstoff oder mehr Kali in den Boden zu bringen. Mehrnährstoffdünger enthalten Stickstoff, Kali und Phosphor in bestimmten, je nach Verwendungszweck unterschiedlichen Verhältnissen. Moorbeetpflanzen- und Blattpflanzendünger werden im Verhältnis viel Stickstoff, Kakteen- und Sukkulentendünger im Verhältnis wenig Stickstoff enthalten. Volldünger sind Mehrnährstoffdünger, die auch Magnesium und Spurenelemente enthalten, also Eisen, Kupfer, Mangan, Bor, Zink und Molybdän. In Substraten soll man, bei Torfkultur, nie mehr als 3 bis 4 g/l (3 bis 4 Gramm je Liter = 0,3 bis 0,4 %) Volldünger beimengen, bei der Flüssigdüngung setzt man sich einen Rahmen zwischen 2 und 4 g/l Düngelösung. Immer auf feuchten Ballen gießen!

Nach ihrer Wirkung im Boden und für die Pflanze unterscheidet man physiologisch saure und physiologisch alkalische Dünger. Nimmt die Pflanze z. B. vom Ammonnitrat das Ammonium-Ion, nach Umwandlung zu Nitrat, bevorzugt auf, so verbleibt das Sulfat-Ion im Boden; Ammonnitrat ist also ein physiologisch saurer Dünger. Beim Calciumnitrat dagegen ist das im Boden verbleibende Calcium-Ion alkalisch.

Die nicht als Nährstoffe dienenden Ionen wirken sich auf die Leitfähigkeit des Substrates aus. Manche Komposterden enthalten wenig Nährstoffe, sind aber durch Ballastionen so belegt, daß sie schon ohne Aufdüngung versalzen sind und in ihnen keine Pflanzen gezogen werden können. Mineraldünger werden in verschiedenen Formen gehandelt: in Salzform, flüssig und seit kurzem auch als Suspensionsdünger.

Im Gegensatz zu den Mineraldüngern, die fast im gesamten üblichen pH-Bereich wirken, wenn auch manchmal gehemmt, können Horndünger und andere Naturdünger im sauren Bereich nur schlecht oder überhaupt nicht wirken, da ihre Nährstoffe erst durch Bakterien und andere Mikroorganismen für die Pflanze aufgeschlossen werden müssen.

Eine Sonderstellung nimmt der Harnstoff ein: über das Blatt gegeben, wirkt er sehr rasch, im Boden aber muß er erst in Nitrat umgewandelt werden, was auch in sauren Böden langsamer vor sich geht.

Substrate

Wir sprechen heute nicht mehr von Erden, sondern besser von Substratkomponenten, aus denen, durch Wahl verschiedener Verhältnisse, Substrate zusammengestellt werden. In der folgenden Zusammenfassung finden sich die gebräuchlichsten Komponenten angeführt. Spezielle Beimischungen, wie für Orchideen, sind bei der jeweiligen Pflanzengruppe besprochen.

Komposterde entsteht durch Verrotten organischer Substanzen, wie Küchenabfällen, Laub, Unkraut usw. Aus diesem Grund ist sie je nach Herkunft äußerst unterschiedlich. Der Kalkgehalt ist meist hoch bis sehr hoch; sind Küchenabfälle in größeren Mengen beigemengt, so ist auch mit großen Chloridmengen zu rechnen. Komposterde sollte, wird sie in größeren Mengen verwendet, vorher untersucht werden; wichtig sind dabei der pH-Wert, der Nährstoffgehalt und die Leitfähigkeit, die ja von Salzen, die nicht Nährstoffe sind, entscheidend beeinflußt wird. Komposterden kommen häufig unter 800 Ohm/ml, der Grenze der Verwendbarkeit, und müssen dann mit Torf gemischt verwendet werden, auch schon wegen des oft hohen pH-Wertes.

Mistbeeterde entsteht bei der Verrottung von Rinder- und Pferdemist im gepackten Mistbeetkasten. Der eingebrachte Mist wird mit der Deckerde abgedeckt und diese Mischung nach der Kulturperiode ausgeführt, auf Haufen gesetzt, mehrmals umgesetzt und dann verwendet. Der Humusgehalt ist hoch, der pH-Wert ca. 6,5–7.

Misterde entsteht beim Aufsetzen von Mist direkt auf Haufen. Der Mist kann manchmal mit Desinfektionsmitteln versetzt sein, z. B. wenn er von Bahntransporten oder großen Ställen stammt; das kann die Erwärmung des Mistes im Mistbeetkasten und seine Zersetzung zu Erde sehr verzögern und auch zu Schäden an empfindlichen Pflanzen führen, wenn Mist direkt verwendet wird, was ja im Freiland üblich ist.

Rasenerde ist nicht erhältlich, man stellt sie sich selbst her: möglichst unkrautfreie Rasensoden werden auf Haufen gesetzt, mehrmals umgesetzt und dann verwendet. Rasenerde ist mild, lehmig, meist humusreich und gut strukturiert.

Moorerde entsteht meist durch Verrottung von Niedermoortorf. Sie ist durch einfließende Oberflächenwässer oft kalkhaltig und darf bei Moorbeetpflanzen nur nach vorheriger Untersuchung verwendet werden. Außerdem wird sie beim Austrocknen sehr wasserabstoßend, so daß die Wiederbefeuchtung problematisch ist. Moorerde hat Einzelkornstruktur, sie verschlämmt daher auch gerne.

Heideerde erhält man selten echt, sie steht in sehr dünner Schicht unter der Besenheide (*Calluna* *vulgaris)* an, ist feinkrümelig und vollkommen kalkfrei.

Unter **Torf** versteht man verschiedene Produkte: *Hochmoortorfe* beziehen ihr Wasser nur aus den Niederschlägen, die wichtigsten Pflanzen sind die Torfmoose (Sphagnum-Arten), es entsteht der sog. Weißmoostorf oder Weißtorf. Die Struktur der Torfmoose ist bei jungen Hochmoortorfen noch deutlich zu erkennen. Hochmoortorfe sind sauer, ihr pH-Wert schwankt zwischen 2 und 4. *Niedermoortorfe* entstehen im Verlandungsbereich von Seen, in feuchten Senken, sie sind daher meist kalkreicher, die Torfsubstanz wird von Schilf, Wollgras oder auch Holz geliefert.

Der im Handel erhältliche Torfmull ist bereits zerkleinert, in Säcke abgesackt oder auf Ballen gepreßt worden. Torf ist ein guter Humuslieferant, hat aber bestimmte Eigenschaften, die es zu beachten gilt. Torf nimmt Wasser im trockenen Zustand sehr schlecht auf und muß vor der Verwendung unbedingt angefeuchtet werden. Nachträgliches Gießen ist nutzlos.

Bei der Verwendung von reichlich Torf stellen sich einige typische Unkräuter ein, die bekämpft werden müssen: der kleine Sauerampfer *(Rumex acetosella),* der stark wuchert und deshalb gefährlich ist, die Besenheide *(Calluna vulgaris),* die Faden- und die Krötensimse *(Juncus filiformis* und *J. bufonius)* und andere Pflanzen. Das ist darauf zurückzuführen, daß man jetzt auch die bereits pflanzenbewachsenen Oberschichten der Torflager mit abbaut, was man früher nicht tat. Auch ein typischer Schädling tritt auf, die Pilzmücke *(Sciaria*-Arten), deren Maden weiches Pflanzengewebe anfressen und auch Stecklingsschnittstellen aushöhlen und so die Bewurzelung verhindern. Wer viel Torfmull verwendet, sollte dem Torf ein gegen Pilzmücken wirksames Insektizid beimischen.

Als **Sand** verwendet man Quarzsand, der nach Möglichkeit gewaschen, d. h. der feinen Bestandteile beraubt, sein sollte. Für spezielle Zwecke nimmt man den aus der Hühnerhaltung bekannten Quarzgritt, den es in verschiedenen Größen im Handel gibt; über den Futtermittelhandel bezieht man auch Muschelgritt (zerriebene tertiäre Muscheln), der sich bei kalkliebenden Kulturen ausgezeichnet zum Abdecken der Topfoberflächen eignet.

Untergrundlehm ist ein wichtiger Bestandteil der später erwähnten Einheitserden, er sollte zum Großteil aus dem Tonmineral Montmorillonit bestehen. Für Moorbeetpflanzen, bei denen man ebenfalls die Austauschkapazität des Substrates erhöhen möchte, eignet sich *Bentonitmehl,* das durch Zerkleinern des montmorillonithaltigen Gesteins Bentonit erzeugt wird und unter verschiedensten Bezeichnungen im Handel ist.

Ein wichtiger Zuschlagstoff sind **Polystyrolflocken,** die durch Zerreißen von Abfällen der Isoliermittelbranche erzeugt werden. Sie haben einen starken Lockerungseffekt und machen Substrate sehr durchlässig und rasch aus- und abtrocknend. An ihrer Oberfläche erfolgt keine Adsorption von Nährstoffen. Man verwende nicht mehr als 20 Volumenprozent, da die Mischungen sonst zu rasch austrocknen. Bei Erhitzung zerfallen Polystyrolflocken, sie dürfen nie gedämpft werden.

Werden wasserhaltige natürliche **Glimmermineralien** erhitzt, so verdampft das in ihnen gebundene Wasser, und es kommt zu einer Lockerung des Mineralgefüges. Nachher werden diese Glimmer gemahlen, gesiebt, abgesackt und kommen unter der Bezeichnung Perlite oder Vermiculite, manchmal auch unter Firmennamen, in den Handel. Diese Glimmer sind weiß oder grau gefärbt, steril, sie lockern das Substrat und besitzen ein den Tonmineralen ähnliches Sorptionsvermögen, können also Wasser und Nährstoffe anlagern. Für Vermehrungszwecke sehr gut verwendbar!

Harnstoff-Formaldehyd-Flocken, z. B. Hygromull, geben bei der Verrottung Stickstoff ab, haben ein gutes Haltevermögen für Wasser und darin gelöste Nährstoffe und wirken strukturverbessernd. Diese Harnstoff-Formaldehyd-Flocken werden durch einen Polymerisationsvorgang erzeugt, bei dem Formaldehyd im Überschuß zugesetzt werden muß. Aus diesem Grund muß man Ausrauchen lassen und die Brocken durch ein Sieb reiben und zerkleinern!

Neben diesen Einzelkomponenten gibt es im Handel eine Fülle von fertigen Substraten. Nach Untersuchungen aus der BRD sind die im Handel befindlichen Blumenerden qualitativ nicht immer entsprechend, sie weisen oft sehr hohe Leitfähigkeiten auf, sind also versalzen. Auch die pH-Werte schwanken sehr stark.

Zu empfehlen sind **Einheitserden,** die auf Mischungen von Weißtorf und Untergrundlehm aufgebaut sind. Sie sind aufgekalkt und mit Nährstoffen versehen. Bei geringem Bedarf kauft man sie, für die Fensterkästenbepflanzung mischt man sie sich selbst. Zur Strukturverbesserung fügt man Polystyrolflocken bei.

Torfkultursubstrate werden durch Aufkalken und Aufdüngen von Weißmoos- oder anderen Torfen hergestellt. Je nach der beigegebenen Mineraldüngermenge werden meist zwei Sorten unterschieden: die nährstoffärmere (TKS 1) dient zur Aussaat, zum Stecken von Stecklingen, zum Pikieren und zur Kultur von salzempfindlichen Pflanzen, wie Eriken, Azaleen, Anthurien u. ä.; die nährstoffreichere (TKS 2) als Kultursubstrat. Da Torfkultursubstrat keine Tonkolloide enthält, ist es trocken schwer benetzbar, muß vor der Verwendung unbedingt angefeuchtet werden und erfordert beim Gießen etwas mehr Aufmerksamkeit.

Rezept zur Herstellung von Torfkultursubstraten

	TKS 1	TKS 2	Moorbeetpfl.
Kalk	3-4 kg	3-4 kg	2 kg
Alkrisal*	1,5 kg	3 kg	1,5 kg
Eisenchelat	15 g	15 g	15 g
Kupfersulfat	5 g	5 g	5 g
Ammoniummolybdat	2 g	2 g	2 g

Die Mengenangaben gelten für einen Kubikmeter Torf, das sind vier gelockerte 17er Plastikballen. Alkrisal, Eisenchelat, Kupfersulfat und Ammoniummolybdat werden in handwarmem Wasser gelöst und mit der Brause über den gelockerten Torf gesprengt. Der Kalk wird aufgestreut. Kräftig durchmischen und in Säcke abfüllen. Für wenig nährstoffbedürftige Kulturen können diese Torfkultursubstrate als Grundlage verwendet werden und durch Zusätze von Bentonit, Sand, Perlite oder Vermiculite, Hygromull etc. gestreckt werden.

Gefäße

Neben den Substraten braucht man für die Pflanzenpflege noch Gefäße, in denen die Pflanzen dann tatsächlich wachsen und gedeihen. Noch immer gut ist der *Tontopf;* seit der Verteuerung der Grundstoffe für die Plastiktopferzeugung ist er wieder konkurrenzfähiger. Neue Tontöpfe gehören eingewässert, damit die beim Brennen ausblühenden, oft giftigen Stoffe entfernt werden, alte gewaschen. Weiß man um den höheren Wasserverbrauch im Tontopf, wird man in ihm genauso gut wie im Plastiktopf kultivieren können. Es gibt ihn in drei Formen: der Normaltopf ist bekannt, flacher ist die Halbschale oder der Azaleentopf, höher der Rosen-, Palmen- oder Baumschultopf.

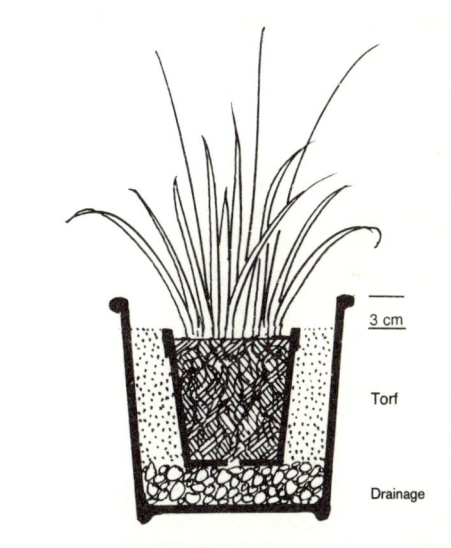

Tontopf (nicht Plastiktopf) in Übertopf in Torf einsenken und den Torf feucht halten – so gedeihen viele Arten besonders gut.

---
* Oder ein ähnlicher Mineraldünger vom Typ der Mehrnährstoffdünger mit Spurenelementen.

Pflege

Plastiktöpfe sind leichter und auch besser zu säubern, sie verlangen allerdings sorgsameres Gießen, da man leicht zuviel des Guten tut. Daß sie leichter umfallen als Tontöpfe, ist ein Nachteil am Rande, aber oft von Bedeutung.

Pflanzt man mehrere Pflanzen zusammen, so haben sich Wannen aus den verschiedensten Materialien bewährt, so Kunststoff, Asbestzement oder verzinktes Stahlblech. Wir verwenden mit bestem Erfolg Schalen aus Polystyrol, die allerdings vorsichtig hantiert werden wollen, da sie sehr brüchig sind.

Für große und größte Pflanzen ist noch immer der aus Eichenbrettern gefertigte Kübel mit den zwei Stahlreifen am besten geeignet. Die Innenseite wird angekohlt. Mit den Imprägnierungsmitteln sei man vorsichtig; die meisten werden von den Pflanzen nicht vertragen, eine Erkundigung bei der Erzeugerfirma ist angebracht, ehe man seine 20 Fensterkistchen außen und innen imprägniert! In den Grund des Pflanzgefäßes kommt eine Dränage, sie kann aus Tontopfscherben, Polystyrolflocken, Kies, ausgesiebten Torfbrocken oder Borke bestehen, immer sollen anaerobe Verhältnisse im Topfgrund verhindert werden.

Hydrokultur

Hydrokultur bedeutet erdelose Pflanzenpflege, sie bringt für viele Liebhaber – vor allem bei den für diese Art der Pflege besonders geeigneten Pflanzen – den Vorteil mit sich, daß die Pflege der Zimmerpflanzen durch das Wegfallen des Gießens erleichtert wird.

Ganz gleich, wie groß ein Hydrokulturgefäß ist, der innere Aufbau ist immer derselbe. Die Pflanzenwurzeln stehen zum Teil in einem Füllsubstrat, zum Teil in einer Düngerlösung. Das Füllsubstrat muß chemisch inert (unbeteiligt) sein, der Pflanze Halt geben und sollte eine gewisse Oberflächenaktivität besitzen; heute wird überwiegend Blähton (Leca) verwendet, doch auch Quarzgritt, Basaltsplitt, Polystyrolflocken u. ä. sind in Gebrauch. Die schweren Füllsubstrate werden bei kopflastigen Pflanzen verwendet.

Das wichtigste bei der Hydrokultur ist die Nährlösung. Verschiedenste Präparate werden nach Vorschrift in entsprechend weichem Wasser gelöst. Die Nährlösungen werden alle vier Wochen erneuert, in der Zwischenzeit ist es notwendig, wöchentlich, im Sommer gelegentlich auch öfter, klares Wasser nachzufüllen.

Die Industrie bietet heute die unterschiedlichsten Gefäßformen an, wobei der undurchsichtige Kugel- oder Zylindertyp, je nach dem Wurzelvermögen der Pflanze, am besten geeignet ist.

Während man früher unter Berücksichtigung verschiedener Hinweise Pflanzen selbst von der Erd- auf die Hydrokultur umstellen mußte, gibt es Pflanzen in Hydrokultur heute schon zu kaufen.

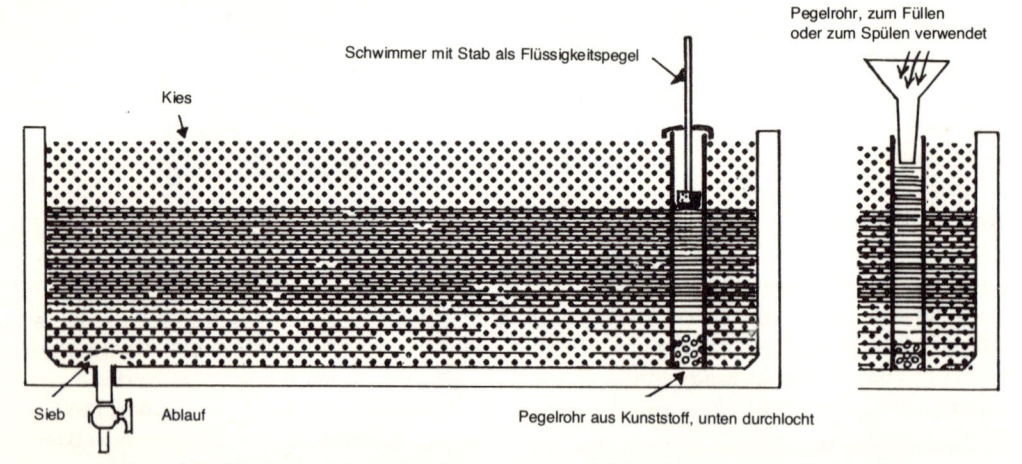

So wird die Pflanzenwanne für Hydrokultur konstruiert. Ähnliche Konstruktionen sind im Handel.

Muß man umstellen, so wählt man wüchsige Jungpflanzen, am Beginn der Wachstumszeit, und entfernt durch Ausschwemmen sorgfältig das Substrat. Zuerst werden frischumgestellte Pflanzen nur in reinem Wasser gezogen, erst nach beginnendem Austrieb geht man auf die halbe Konzentration.

Verschiedenste Firmen, besonders ausgerüstete Blumengeschäfte, befassen sich heute mit der Einrichtung größerer und kleinerer Hydrokulturgefäße. Von ihnen erhält man auch Hinweise für noch bessere Gefäße, Dünger und andere Spezialutensilien, die man benötigt, um noch problemloser Hydrokultur betreiben zu können.

Umtopfen

Wie geht man nun im groben beim Umtopfen vor? Jede Pflanze hat ihre bestimmte Zeit, zu der sie das Umtopfen, das immerhin einen schweren Eingriff in ihr Leben darstellt, am besten verträgt. Meist ist diese Zeit vor dem Austrieb, nach der Ruhezeit, und vielfach ließe sich sogar eine Art Liste anlegen, wann was umgetopft gehört. Manche Pflanzen müssen häufig umgetopft werden, sie danken es mit besserem Wachstum und reicherer Blüte; andere wieder brauchen einige Zeit, um sich von neuem einzugewöhnen, sie werden seltener umgepflanzt.

Damit die Pflanzen leicht aus ihren alten Gefäßen herausgehen, können sie einige Stunden vorher gut gewässert werden, besonders widerstrebende Burschen werden mit einem Messer herausgeschnitten; man fährt zwischen Topf und Ballen entlang (meist nur bei Tontöpfen, selten aber auch bei Plastiktöpfen), oder man stößt sie durch das Abzugsloch nach oben hinaus. Haben sich durch das Abzugsloch bereits Wurzeln hinausgedrängt, so ist von Pflanze zu Pflanze zu entscheiden. Pflanzen mit faserigen, feinen Wurzeln vertragen das Entfernen der herausgewachsenen Wurzeln meist gut; gefährlicher ist das bei fleischigen oder rübigen Wurzeln, die bereits durch das Abzugsloch eingeengt sind, faktisch eine Sollbruchstelle haben. Oft brauchen diese Pflanzen ihre fleischige Wurzel höchst dringlich, so

So wird umgetopft: 1 Austopfen, 2 Ballen mit einem Holz lokkern, 3 Substrat sorgfältig einfüllen (s. Text), Pflanze einsetzen.

daß man sie schonen muß. Tontöpfe werden in diesem Fall zerschlagen, Plastiktöpfe schneidet man mit einer alten Gartenschere auf. Auch hier ist der Plastiktopf nicht sehr praktisch; so unbrauchbar gemacht, liefert er keine brauchbaren Scherben und raucht beim Verbrennen nur gewaltig. Das sage ich als Anhänger des Plastiktopfes! Nun kann man den Ballen der ausgetopften Pflanze ansehen. Sind die Wurzeln hellbräunlich mit weißen Spitzen und ist der untere Teil des Ballens mittelmäßig verfilzt, so hat man den richtigen Zeitpunkt des Umtopfens erwischt. Sind die Wurzeln dunkel gefärbt, riechen sie vielleicht gar etwas faul, so wird man nach dem Entfernen der erkrankten Wurzeln in denselben Topf, oder sogar in einen kleineren, zurückpflanzen. Diese Art des Umtopfens gilt für Pflanzen, die sich weiterentwickeln und noch Pflanzenkinder sind!

Erwachsene Pflanzen werden bis zum Umtopftermin meist den ganzen Ballen verfilzt haben, dieser Filz muß nun gelöst werden; bei geringer Stärke kann das gefühlvoll mit einem Pikierholz, bei Kübelpflanzen, die oft starke Wurzelfilze besitzen, wird man, soweit es sich nicht um sehr fleischige Wurzeln handelt oder die Pflanzen heikel sind, ein scharfes Messer zu Hilfe nehmen und den Ballen verkleinern. Ist der neue Topf nur um

Pflege

ein geringes größer als der alte, so muß man dem Stopfen des Substrates im Spalt zwischen Ballen und Topfwand große Aufmerksamkeit schenken. Am besten geht es mit flachen, aber festen Holzstäben, die man sich z. B. aus großen Holzetiketten fertigt. Verkleinert man den Wurzelballen entscheidend, so muß auch der oberirdische Teil der Pflanze etwas zurückgenommen werden, damit wieder ein gewisses Gleichgewicht herrscht.

Die Wurzeln haben in den Gefäßen meist die Tendenz, nach außen bzw. unten zu wachsen. Bei Flachwurzlern wird aber auch der untere Teil des Ballens überhaupt nicht durchwurzelt; sieht man das, so ersetzt man beim nächsten Umtopfen diese untere Erdschicht durch eine Dränage. Entfernt man den äußeren Wurzelfilz eines Ballens, so wird man oft feststellen, daß das Substrat weiter innen nur spärlich durchwurzelt ist; aus diesem Grund empfiehlt sich bei der Aufzucht häufiger umzutopfen, mit kleineren Topfschritten, nicht aber seltener in zu große Gefäße.

Nach dem Umtopfen müssen die Pflanzen wieder einwurzeln, sie brauchen Bedingungen, die das fördern. Etwas höhere Temperatur, mehr Schatten und höhere Luftfeuchtigkeit als normal sind die besten Garanten für ein rasches Weiterwachsen unserer umgetopften Lieblinge!

Einige abschließende Bemerkungen über das Umtopfen: Meist wollen unsere Pflanzen nach dem Umtopfen genauso tief oder hoch stehen wie vorher, in seltenen Fällen tiefer. Wie fest drückt man an? Humusreiche Substrate verlangen ein weniger festes Andrücken als schwere Substrate bei Kübelpflanzen. Meist wird das Aufstoßen der umgetopften Pflanze, zusätzlich zum erfolgten Andrücken beim Umtopfen, ausreichen. Nach dem Umtopfen wird leicht angegossen; auch hier empfiehlt sich das Einstellen in lauwarmes Wasser sehr. Es wird aber nicht am Platze sein bei fleischigwurzeligen oder zwiebeligen Pflanzen, deren Wunden besser bei eher trockenen Bedingungen verheilen.

Am besten ist das Probieren: wenn die Pflanzen gut gedeihen, wird es beim Umtopfen wenig Schwierigkeiten geben; wollen sie nicht so recht, so sei man »rückschrittlich« und wähle kleinere Gefäße als die bisher verwendeten.

Pflanzenschutz

Pflanzenschutz ist notwendig und unumgänglich. Die Methoden, mit denen das Ziel – gesunde Pflanzen – angestrebt wird, unterscheiden sich jedoch beträchtlich.

Nicht alles, was auf den ersten Blick als *Schädlingsbefall* oder *Pflanzenkrankheit* angesprochen wird, ist tatsächlich auf diese beiden Gruppen zurückzuführen. Alle Faktoren, die im Abschnitt Pflege besprochen wurden, können, neben vielen anderen, *physiologische Krankheiten* hervorrufen. Aus diesem Grunde müssen wir uns bemühen, unseren Pflanzen die günstigsten Bedingungen zu bieten und nie zu vergessen, daß sie lebende Wesen sind! (Die leider nicht schreien können!)

Trotz dieser Bemühungen um die idealen Bedingungen ist es aber nicht zu vermeiden, daß sich bestimmte Schädlinge und Krankheiten einstellen. Diese gilt es nun, möglichst frühzeitig zu erkennen und zu bekämpfen. Bei wichtigen Pflanzen sind in diesem Buch auch die häufig vorkommenden Schaderreger angeführt, wie man sie durch verbesserte Pflegebedingungen an der Verbreitung hindern und notfalls auch bekämpfen kann. Beginnt eine Pflanze zu kränkeln und ist man sich über die Ursache nicht im klaren, so kann mancherorts ein ,,Pflanzendoktor" – zumeist in den Anstalten bzw. Ämtern für Pflanzenschutz – zu Rate gezogen werden.

Eine kleine Apotheke sollte man auf jeden Fall bereit haben, in der gut verschlossen einige Präparate vorrätig sind. – Zur Entseuchung von Substraten, Stecklingen, zum Angießen von Aussaaten, zur Bekämpfung von leichtem Mehltaubefall verwenden wir *Chinolinpräparate*, wie sie auch in der Humanmedizin in Gebrauch sind. – Gegen Pilzkrankheiten, leider abhängig von der Art der Pilze, helfen *Grünkupferpräparate*, *Schwefelpräparate* (Vorsicht bei hohen Temperaturen!) und *Karbamate*. Eine besondere Rolle spielen systemische Pilzgifte, die in den Leitungsbahnen der Pflanze transportiert werden und selbst versteckte Krankheitsherde erreichen (Benomyl, Cercobin M oder Funginex). – Gegen empfindliche Insekten helfen *Pyrethrum-Derris-Präparate*, leider gibt es schon viele resistente Rassen. Die *systemischen Phosphorinsektizide* sind vor allem bei versteckt sitzenden Schädlingen am Platz. Der Fachhandel bietet gerade bei den Insektiziden eine große Auswahl, und gut geführte Geschäfte geben jederzeit fachlichen Rat.

Besondere Schwierigkeiten machen Spinnmilben; haben die Pflanzen unter ihnen besonders zu leiden, so wird man zu *Akariziden*, Spinnmilbengiften, greifen müssen. Sie haben zumeist eine Nebenwirkung gegen Mehltau. Ein weiteres Problem sind die „Weißen Fliegen", die Mottenschildläuse. Hier helfen nur Mischungen von Sommerölen und raschwirkenden Phosphorinsektiziden.

Wichtig ist die sachgemäße, richtige Anwendung der Mittel! Nie zu hohe oder zu niedrige Dosen verwenden! Zu niedrige Dosen führen zu rascher Resistenzbildung, da die Tiere oder Pilze nicht abgetötet werden. Man wende sich mit Fragen an die Fachgeschäfte, an Fachzeitschriften, an die Liebhabervereinigungen, sie werden gerne Auskunft geben, da der Pflanzenschutz, oft verketzert, nur dann seine Funktion erfüllen kann, wenn er zielbewußt angewendet wird. Entscheidend ist im übrigen die Vorbeugung: Richtige Wahl der Pflanzen – für kühle oder beheizte Räume oder Vitrine bzw. beheiztes Blumenfenster – und alsdann gute Pflegebedingungen. Wer die Vorbeugung in diesem umfassenden Sinn versteht und praktiziert, kann zumindest ein übermäßiges Auftreten von Schädlingen und Krankheiten hintanhalten.

Die Benennung unserer Pflanzen

Die Benennung (Nomenklatur) unserer Pflanzen reicht bis weit in das Mittelalter zurück, wo man versuchte, aus der Antike überlieferte Namen auf bestimmte Pflanzen anzuwenden. Carl von Linné (1707–1778), der berühmte schwedische Naturforscher, ist der Begründer der binären Nomenklatur, nach der jeder Pflanzen- und Tiername aus dem Gattungs- und Artnamen bestehen muß. Er stellte auch 1735 ein künstliches System auf, das eine Einordnung der Pflanzen in Schubladen und Schachteln nach der Zahl und Einfügung der Staubblätter ermöglichte.

Heute kämpft die systematische Botanik mit großen Problemen, die verschiedenste Ursachen haben. Zur Zeit als die Mehrzahl der Gattungen aufgestellt wurden, kannte man vor allem Pflanzen aus Europa, Asien und Amerika. Später, als man die Fülle der Pflanzen aller Erdteile kennenlernte, fand man auch viele Verbindungsglieder, »missing links«, die alte, in Europa klar geschiedene Gattungen verbinden, und man mußte die jüngere Gattung wieder einziehen. Zur Zeit der ersten Botaniker waren die Verbindungen zwischen den Gelehrten nicht so rasch herzustellen, und es geschah oft, daß eine Pflanze mehrere Male hintereinander beschrieben wurde und daher mehrere Namen besitzt. Die Aufgabe der Systematik ist es nun, den ältesten gültigen Namen festzustellen und ihn der Pflanze zuzuordnen. Heute wird bei jeder Neubeschreibung ein Typusbeleg verlangt, der besonders zu kennzeichnen ist. Weiß man später nicht, welche Pflanze der Botaniker gemeint hat, so kann man jederzeit auf den Typusbeleg zurückgreifen und untersuchen. Die alten Botaniker hatten diese Regeln noch nicht, wir wissen vielfach nicht, was sie sich unter bestimmten, unzureichend beschriebenen Pflanzen vorgestellt haben. Heute muß jede neue Kategorie nicht nur typifiziert, sondern auch in lateinischer Sprache beschrieben werden.

In diesem Buch werden grundsätzlich die Autoren bei jeder ersten Gattungs- oder Artnennung angegeben. Die Autorennamen werden nach bestimmten internationalen Regeln abgekürzt und geben Auskunft über jene Botaniker, die eine bestimmte Gattung oder Art erstmals benannt oder beschrieben, umgestellt oder umkombiniert haben – z. B. von einer Art zu einer anderen Gattung. Das soll dem Liebhaber bei seinen Studien helfen, Fachbücher, in denen die Autorennamen in der Regel angegeben sind, leichter zu lesen. Beigefügte Autorennamen können es sehr erleichtern, vor allem im Zusammenhang mit *synonymen*, d. h. gleichbedeutenden *Namen*, eine bestimmte Pflanze richtig anzusprechen. Zum anderen sind Autorennamen die Geschichte einer bestimmten Pflanze in Kurzschrift. Sie sind zu Anfang nicht leicht zu lesen, doch man liest sich bald ein und freut sich jedesmal, wenn man wieder auf bekannte Namen stößt. Genauere Erläuterungen zu diesem Spezialgebiet gibt das »Handwörterbuch der Pflanzennamen« – s. Literaturhinweis im Anhang.

Während am Beginn der systematischen Arbeit nur der Blütenbau und andere Merkmale der Morphologie berücksichtigt wurden – oft nur sehr kleine Unterschiede, die ohne weiteres in der Variationsbreite einer Art liegen können –, werden heute zusätzlich Erkenntnisse der Pflanzengeographie, Chemotaxonomie, der Ökologie und des Genotyps berücksichtigt.

Nach dem heutigen Stand der Systematik ist es unmöglich zu sagen, was eine Gattung und was eine Art ist; die Kategorisierung hängt vor allem vom Alter der Gattung und der Art ab. Bei älteren Gattungen und Arten, die sich gefestigt haben, genügen kleine, aber in den Populationen sehr konstant vorhandene Merkmale zur Kategorisierung; jüngere Gattungen und Arten, mit ungleich größerer Variationsbreite, müssen anders beurteilt werden. Immer noch ist unser Pflanzensystem ein künstliches System. Man bemüht sich, nach Durchforschung der Flora der Welt einmal zu einem natürlichen System zu gelangen.

Daneben werden noch verschiedene Kategorien verwendet. Zunächst der Begriff der *Unterart*, Subspezies, abgekürzt ssp. Läßt sich innerhalb einer Art eine bestimmte Gruppe von Individuen morphologisch abtrennen und bewohnt sie gleichzeitig ein anderes Areal, so kann eine Unterart gerechtfertigt aufgestellt werden.

Finden sich innerhalb des Areals einer Art kleinere Gruppen von andersgearteten Individuen, so wird der Begriff der *Varietät,* abgekürzt var., angewendet. Die Varietät wird von korrekten Systematikern als ein Zugeständnis der Ungenauigkeit bewertet, denn es fehlte vielfach die Zeit, um zu überprüfen, ob die in der Varietät zusammengefaßten Abänderungen nicht auch in der Variationsbreite der Art inbegriffen sind. Auch den Begriffen der *Convarietät*, einer Gruppe von Sorten oder Formen innerhalb einer variablen Art, und der *Form*, abgekürzt convar. und f., wird von Botanikern keine große Bedeutung zugestanden.

Weil wir aber im gärtnerischen Bereich oft kleinste Abänderungen als positiv ansehen und diese kategorisieren wollen, die Kategorien der Varietät, der Convarietät und der Form aber nicht zutreffen, bzw. erst nach intensiver Beschäftigung mit der Materie zugestanden werden können, hat die Gebrauchsnomenklatur des Gartenbaus die Kategorie der *Kulturvarietät* oder Sorte, abgekürzt cv., eingeführt. Sorten werden unter einfach hochgestellte Anführungszeichen gesetzt, z. B. *Camellia japonica* 'Chandleri Elegans'.

Sorten unterscheiden sich in der Art und Weise ihrer Fortpflanzung, so daß sich grob die folgenden Kategorien von Sorten unterscheiden lassen. Eine Sorte kann aus einem oder mehreren annähernd gleichen *Klonen* bestehen. Klone sind die vegetativ oder durch Apomixis vermehrten Nachkommen einer Mutterpflanze. Eine Sorte kann aber auch aus einer oder mehreren *reinen Linien* oder *Inzuchtslinien* aufgebaut sein, oder auch aus fremdbefruchtenden Individuen bestehen, die sich durch ein oder mehrere besondere Merkmale auszeichnen, die sie von anderen Individuengruppen derselben Art trennen. Am interessantesten sind Sorten, die ständig durch *Kreuzung* neu gewonnen werden, F_1-Sorten und Heterosis-Sorten.

Tafel 5 · Pelargonien-Geranien

ol Zonal-Pelargonie 'Glarona'
or Englische oder Edel-Pelargonie
ml Kleinblättrige Zonal-Pelargonie 'Stadt Bern'
mr Buntblättrige Pelargonie 'Mme Salleray'
ul Hängepelargonie 'El Gaucho'
ur Buntblättrige Pelargonie 'Happy Thought'

Tafel 6
Blattpflanzen für kühle Räume I

ol   Efeuaralie, *Fatshedera lizei,* eine Kreuzung zwischen der Zimmeraralie und dem Efeu
or   Zimmeraralie, *Fatsia japonica*
ml   Verschiedene Efeusorten: *Hedera canariensis* 'Gloire de Marengo', darunter *Hedera helix*-Sorten
mr   Sommerefeu, *Senecio mikanioides* 'Variegata', ähnelt sehr dem Efeu
ul   Rhombusblatt-Klimme, *Cissus rhombifolia*
ur   Känguruhklimme, *Cissus antarctica*

Zimmerpflanzen für kühle Räume

Eigentlich wäre es besser, werden Sie vermutlich denken, mit den »normalen« Zimmerpflanzen zu beginnen. Doch unsere Pflanzen haben so unterschiedliche Temperaturansprüche, daß eben dies einer der geeignetsten Gesichtspunkte ist, sie einzuteilen.

Räume dieser Art: wenig beheizt oder vielleicht sogar unbeheizt, gibt es heute gar nicht mehr so viele, doch immer wieder werden auch Sie Plätze für die Zimmerpflanzenpflege entdecken, mit geringen Temperaturen und vielleicht auch wenig Licht. Für diese Treppenhäuser, Windfänge und Vorräume gibt es leider sehr wenige gut geeignete Zimmerpflanzen, doch unter den vielen immerhin einige. In vielen Fällen sind es keine außergewöhnlichen Schönheiten, doch sollten wir froh sein, daß es sie gibt, sonst müßten wir auf Pflanzenschmuck verzichten. Viele Gewächse dieser Gruppe – weniger die blütenwirksamen, sondern eher die blattschmückenden – sind besonders hart im Nehmen: ihnen können wir es sogar zumuten, in einem Hausflur zu stehen, wo im Winter dutzendemal die Außentür geöffnet wird und die Temperaturen besonders tief absinken. Diese Blattpflanzen sind dann meist auch in den milden Gebieten Mitteleuropas winterhart und wert, angepflanzt zu werden.

Am besten unterteilt man diese Zimmerpflanzen für wenig beheizte Räume also in zwei Gruppen: erstens in solche, die durch das Blatt auffallen und überhaupt nicht oder nur unscheinbar blühen; zweitens in solche, die durch ihren Blütenschmuck wirken – es können auch einmal Früchte sein. Die zweite Gruppe ist im großen und ganzen nicht so anspruchslos, so daß wir am besten mit der ersten Gruppe, den blattschmückenden Pflanzen, beginnen.

Blattschmückende Pflanzen für kühle Räume

Ampelopsis, Scheinrebe

Neben den Cissusarten, den Klimmen, ist eine Art der Gattung *Ampelopsis* Michx. emend. Planch. als Kletterpflanze versuchswert. Die 40 bekannten Arten dieser Gattung sind in Nordamerika und Ostasien beheimatet und klettern mit Ranken, sie sind fast alle winterhart. Sie gehören zu den Weinrebengewächsen, den *Vitaceen*.

A. brevipedunculata (Maxim.) Trautv. 'Elegans' (*Vitis elegans* K. Koch, *A. heterophylla* (Thunb.) S. et Z. non Bl. forma *elegans* (K. Koch) Voss) mit weißbunten, in der Jugend sogar oft rosa überhauchten Blättern ist eine Zimmerpflanze. Die grünblättrige Art stammt aus Nordostasien. Die Pflanze ähnelt einem kleinen Weinstock mit weißbunten Blättern und ist eine vorzügliche buntblättrige Zimmerpflanze, die sehr gut in kühlen und auch temperierten Räumen gedeiht. Man kann sie sowohl aufgebunden als auch als Ampelpflanze kultivieren. Werden ältere Pflanzen kahl, so schneidet man zurück, da die jungen Blätter am schönsten gefärbt sind. Bei hoher Lufttemperatur und -trockenheit Spinnmilbengefahr! Stecklingsvermehrung ist leicht.

Araucaria, Zimmertanne

Die Zimmertanne wird von vielen Pflanzenfreunden kultiviert und ist daher sehr bekannt, sie gehört zur Gattung *Araucaria* Juss. und trägt heute den Namen *A. heterophylla* (Salisb.) Franco (*A. excelsa* R. Br. quoad descr.). Die Araukarien sind große, immergrüne Bäume mit meist quirlig gestellten Zweigen und spiralig angeordneten Blättern. Die zwölf Arten bewohnen Südamerika, Australien und die pazifischen Inseln, sie bilden die wichtigste Gattung der Araucariengewächse, der *Araucariaceen*.

Eine Art, *A. araucana* (Mol.) K. Koch, ist in günstigen Lagen Mitteleuropas winterhart.

Die Zimmertanne ist auf den Norfolk-Inseln heimisch und erreicht dort mehr als 50 m Höhe. Sie ist eine der strengstgeformten Pflanzen, die wir kultivieren. Der Hauptstamm wächst senkrecht, die Äste 1. Ordnung, meist zu fünf bis sieben gequirlt, stehen waagrecht ab, die Äste 2. Ordnung stehen wechselständig, ordnen sich aber zweizeilig in einer Ebene. Die etwas gebogenen Nadeln sind bis 2 cm lang und vierkantig. Diese Pflanze bewahrt ihre natürliche Schönheit nur bei kühler Kultur, die wir ihr in vielen unserer modernen Wohnungen nicht mehr bieten können. Die Wintertemperaturen sollen nicht über 10°C steigen, dabei soll es licht sein. Im Sommer steht sie lieber im Freien oder bei einem dauernd geöffneten Fenster. Bei zu hoher Temperatur beginnen die Zweige zu hängen, und die Pflanze verliert die Regelmäßigkeit. Man sollte nicht zu oft verpflanzen, nur alle 3 bis 4 Jahre, nie pflanze man tiefer, als die Pflanze stand. Als Substrat verwendet man mit Quarzsand gestreckte Einheitserde, der man etwas geriebenen, trockenen Kuhdung beifügen kann. Man darf nie zuviel gießen, muß jedoch Ballentrockenheit auf jeden Fall vermeiden!

Die Vermehrung kann nur durch Kopfstecklinge erfolgen, die Zimmertanne ist so streng determiniert, daß jeder Sproß in der Art weiterwächst, wie er es bisher getan hat. Äste 1. Ordnung wachsen also fächerartig, Äste 2. Ordnung wurstartig weiter. Die Vermehrungstemperaturen müssen hoch sein, am besten über 20°C, Abmoosen führt langsam zum Erfolg. Als Spaß kann man in einem Kalthaus Stecklinge von Ästen 2. Ordnung auspflanzen und auf Spalier ziehen, sie wachsen nur mit einer Vegetationsspitze weiter.

Asparagus, Zierspargel

Von den 300 in den Tropen und Subtropen der Alten Welt heimischen Zierspargelarten sind nur wenige für kühle Kultur geeignet. Die Arten der Gattung *Asparagus* L. sind meist Kräuter oder Halbsträucher mit aufrechten oder kletternden Trieben, sie gehören zu den Liliengewächsen, den *Liliaceen*. Die eigentlichen Blätter sind in der Regel rückgebildet oder zu Dornen umgewandelt. Die Assimilationsfunktion der Blätter wird von flachen oder borstigen Sprossen, den Scheinblättern oder Kladodien, übernommen.

A. densiflorus (Kunth) Jessop 'Sprengeri' (*A. sprengeri* Regel) ist eine halbstrauchige Art, die echten Blätter sind meist in Dornen umgebildet. Die Kladodien sind flach, bis 30 mm lang und 2 mm breit, die Triebe werden über 80 cm lang. Die kleinen, sternartigen Blüten sind weiß, mit orangegelben Staubbeuteln und duften gut nach Kokosnuß. Die Früchte sind ein- bis dreisamige Beeren, zuerst grün, später rot gefärbt.

Seit einigen Jahren wird Saatgut einer schwachwüchsigen Form, *A. densiflorus* 'Meyeri', angeboten; sie ist sehr schön, braucht aber höhere Temperaturen.

Ein riesiger Schlinger, der 4 bis 5 m Länge und oft auch noch mehr erreichen kann, ist *A. falcatus* L. Die Kladodien sind bis 10 cm lang und sitzen zu mehreren an den Zweigen. Die weißen Blüten sind ebenfalls in Trauben angeordnet, erscheinen oft in großen Mengen und duften sehr gut. Beide Arten sind ausgezeichnete Blattpflanzen für das kühle und temperierte Zimmer, *A. densiflorus* liefert daneben noch haltbares Schnittgrün. Die Substrate müssen nährstoffreich sein, während der Vegetationszeit ist wöchentlich flüssig zu düngen. Das Umpflanzen soll alle 2 Jahre erfolgen. *A. densiflorus* hat dann meist schon das ganze Substrat aufgezehrt, und alles ist voll der weißen Wurzelknollen; damit vergreist diese Art und soll weggeworfen werden. Man kann aber auch die alten Sprosse herausreißen, nie schneiden, da die Reste der Sprosse den nachkommenden im Wege stehen; doch muß man für diese Arbeit, wie auch für das Ernten von Schnittgrün, das auch durch Reißen erfolgen sollte, Handschuhe verwenden. Zierspargel wird gerne von Läusen befallen, die bekämpft werden müssen.

Vermehrt wird durch Teilung und Aussaat. Aussaat ist sehr zu empfehlen, da Teilung oft keine wüchsigen Pflanzen ergibt. Die Beeren sollen, wenn man selbst erntet, vor dem Rotwerden abgenommen werden. Die schwarzen Samen nimmt man heraus und sät sofort aus. Die Keimtemperaturen sollen bei 18°C liegen. Handelssaatgut vor dem Aussäen 24 Stunden vorquellen.

Aspidistra, Schusterpalme, Metzgerpalme

Eine der härtesten Zimmerpflanzen, die faktisch kaum umzubringen ist, ist die Schuster- oder Metzgerpalme. Die Gattung *Aspidistra* Ker-Gawl. gehört zu den Liliengewächsen, unterscheidet sich aber deutlich von den anderen Vertretern durch die auf der Vierzahl aufgebauten Blüten. Etwas Seltenes bei den Liliaceen, wir finden es noch beim Zweiblatt, *Maianthemum*, und der Einbeere, *Paris*. Die acht Arten bewohnen den östlichen Himalaja, China und Japan und besitzen kriechende Rhizome, aus denen sich die lanzettlichen Blätter entwickeln. Die braunroten Blüten sitzen dem Erdboden auf.

A. elatior Bl. (*A. lurida* hort. non Ker-Gawl.) stammt aus Südjapan und ist eigentlich eine Staude, sie hat 70 cm lange und 10 cm breite, länglich-lanzettlich geformte Blätter. Sie sind ledrig und immergrün und bei der Sorte 'Variegata' weißlängsgestreift.

Die Schusterpalme ist eine der zähesten Zimmerpflanzen überhaupt, sie verträgt tiefe und hohe Temperaturen, Licht und Schatten, Zugluft und trockene Zentralbeheizungsluft, ohne daß sie allzusehr hergenommen aussieht. Selbst schroffer Temperaturwechsel, wie er in Eingängen im Winter immer wieder auftritt, kann ihr nichts anhaben. Kurzfristig verträgt sie selbst Temperaturen unter dem Gefrierpunkt, doch die Untergrenze, die ihr für längere Zeit gerade noch taugt, liegt bei 3 bis 5°C. Im Sommer können die Schusterpalmen auch an schattigen Stellen im Freien eingesenkt werden. Sie brauchen nährstoffreiche Substrate; wenn wenig umgetopft wird, muß man häufig flüssig düngen. Sie sind empfindlich gegen Staunässe, vor allem wenn sie bei tiefen Temperaturen gehalten werden!

Vermehrt wird durch Teilung: vorsichtig zerteilt man die Pflanzen, so daß jedes Blatt noch genügend Rhizomanteil hat, und topft frisch ein. Rhizomteile ohne Blätter entfernt man. Zuerst muß man 2 Wochen etwas wärmer halten, bis die neuen Wurzeln in Schwung kommen, Temperaturen um 18°C sind nicht zu hoch.

Aucuba, Aukube

Auch eine andere Pflanze, *Aucuba japonica* Thunb., führt in bestimmten Gegenden den Namen Fleischerpalme. Sie gehört zu den Hartriegelgewächsen, den *Cornaceen*. Die drei Aucuba-Arten sind in Ostasien und im Himalaja beheimatet. Sie sind gegenständig beblätterte, immergrüne Sträucher, es gibt männliche und weibliche Exemplare, sie sind zweihäusig.

Die lederartigen, elliptisch-lanzettlichen Blätter werden bei *A. japonica* 20 cm lang und sind entfernt grob gezähnt. Die relativ unscheinbaren, vierteiligen bräunlichen Blüten erscheinen im zeitigen Frühjahr. Die weiblichen Pflanzen bringen im Herbst rote, längliche Beeren, die in Rispen angeordnet sind. Es gibt viele Sorten, häufig ist 'Variegata' mit dicht gelb punktierten Blättern in Kultur.

Die Aukuben sind eigentlich winterhart, doch werden sie wegen ihrer Haltbarkeit gern für kühle Zimmer, Verkaufsläden, Treppenhäuser sowie als Dekorationspflanzen, ähnlich dem Kirschlorbeer, *Prunus laurocerasus* L., verwendet. Sie brauchen kräftige Substrate und regelmäßige Flüssigdüngung. Um sie buschig zu bekommen, muß man oft pinzieren. Vermehrung durch Stecklinge, Bewurzelungstemperatur um 16°C.

Ceropegia, Leuchterblume

Auffällige Zimmerpflanzen, die allerdings auch bei höheren Temperaturen gut gedeihen, sind die Leuchterblumen. Die Gattung *Ceropegia* L. ist äußerst vielgestaltig, die 150 bekannten Arten bewohnen fast ausschließlich Asien und Afrika. Meist sind es Kräuter mit gegenständigen, etwas fleischigen Blättern und achselständigen Blüten, die am Grunde der Kronröhre bauchig erweitert sind und eine unterschiedlichst geformte Nebenkrone besitzen. Nebenkronen sind für die Blüten der Seidenpflanzengewächse, der *Asclepiadaceen*, charakteristisch.

C. woodii Schlechter *(C. hastata* N. E. Br.) mit den beiden Subspezies (Unterarten) *debilis* (N. E. Br.) H. Huber und *woodii* stammt aus Südostafrika und besitzt dünne windende, hängende oder kriechende Stengel, die an den Blattknoten kleine Knöllchen bilden. Die fleischigen Blätter sind bei der ssp. *debilis* schmallineal und im Querschnitt halbrund, bei ssp. *woodii* nierenförmig und irgendwie zyklamenartig gefleckt. Die Blüten erscheinen das ganze Jahr und sind 2 bis 3 cm groß.

Leuchterblumen sind zierliche Ampelpflanzen oder zur Bekleidung von Epiphytenbäumen geeignet, da sie ja auch winden. Sie gedeihen im kühlen und warmen Zimmer gleich gut, brauchen durchlässiges Substrat und nicht zuviel Nässe. Sie lassen sich sehr gut aus Stecklingen und durch die Luftknollen vermehren.

Cissus, Klimme

Fast in jedem Haushalt, der Pflanzen pflegt, findet sich eine Klimme. Die Arten der Gattung *Cissus* L., die zu den Weinrebengewächsen, den *Vitaceen*, gehören, sind leicht zu vermehren und gut zu pflegen! Die 350 Arten bewohnen fast ausschließlich die Tropen und Subtropen und sind fast immer immergrüne Klettersträucher, also Lianen.

C. antarctica Vent., die Känguruhklimme, ist eine der bekanntesten Zimmerpflanzen überhaupt. Sie stammt aus Australien, klettert sehr stark und besitzt rosthaarige Triebe und Blattstiele und einfache, ei- bis herzförmige, 15 cm lange, grobgesägte Blätter. Widerstandsfähig und selten von pflanzlichen und tierischen Parasiten befallen, findet sich diese Art allüberall verwendet, als Kletter- und auch als Ampelpflanze.
C. rhombifolia Vahl *(Rhoicissus rhomboideus* (E. Mey. ex Harv.) Planch.) ist in Südafrika heimisch. Auch sie klettert stark. Dreizählige Blätter, aus rhombischen Einzelblättchen.
C. striata Ruiz et Pav. ist die Kleinste der Runde. Die drei- bis fünfzähligen Blätter erreichen eine Breite von 3 bis 5 cm. Diese in Chile und Südbrasilien verbreitete Art rankt nicht so stark und ist sehr gut für Ampeln geeignet.

Alle Klimmen sind ideale Zimmerpflanzen, die fast jede in einem Wohn- oder Arbeitsraum herrschende Bedingung durchhalten. Doch darf es nicht zu dunkel sein, da sie sonst zu sehr vergeilen. Bei sehr trockener Luft können Spinnmilben auftreten. Für die Kultur eignen sich faktisch alle üblichen Substrate, am einfachsten nimmt man Einheitserde. Stecklinge wachsen leicht und können das ganze Jahr über gemacht werden. Man steckt mehrere Kopf- oder Stammstecklinge in einen Topf und bewurzelt bei Zimmertemperaturen unter einer Folienhaube.

Coleus, Buntnessel

Die bekannten Buntnesseln kann man nicht nur im kühlen Zimmer halten, sondern im Sommer auch im Freien verwenden. Die 120 bekannten Arten der Gattung *Coleus* Lour., im tropischen Afrika und Asien beheimatet, sind krautige oder halbstrauchige Lippenblütler, *Labiaten*.
Die Blätter stehen dekussiert, kreuzgegenständig, sie sind nesselartig. Die Blüten werden in end- oder seitenständigen Trauben angelegt.

Die *C.-Blumei-Hybriden* sind altbekannte Zimmerpflanzen, von denen es heute eine Fülle von gut durchgezüchteten Sorten gibt, deren Saatgut gar nicht einmal so teuer ist. Im Sommer können die Buntnesselpflanzen schattige Stellen im Freiland zieren und dort ihre verschiedenen Farbkombinationen von Grün, Braun, Gelb, Weiß und Rot zeigen. Im Herbst, wenn Kurztag-Bedingungen herrschen, blüht die Buntnessel und bringt die Trauben mit den hellblauen, aber mit der Lippe nach unten weisenden, Salbeiblüten. Weniger bekannt ist *C. pumilus* Blanco *(C. rehneltianus* Berger), die Ampelbuntnessel, die aus Luzon und Borneo stammt. Diese Art macht kleinere, 2 bis 4 cm lange Blätter, die grün gefärbt sind und ein braunes Herz zeigen. Die blauen Blüten erscheinen im Herbst und Winter.

Buntnesseln sind dankbare Zimmerpflanzen, die in lichten und kühlen Räumen, auf Fensterbrettern stehend, gut gedeihen. Im Freien verwendet, kommen im Sommer die Wurzeln ganz einfach mit der Wasserversorgung nicht nach, und die Pflanzen schlappen; deshalb besser an absonnigen Standorten. Im Herbst erfrieren sie bereits bei Plusgraden, ohne also zu gefrieren. Man muß deshalb zeitgerecht Stecklinge schneiden. Man kann aber auch anbauen und sich daraus die tollsten Farbkombinationen aussuchen und weitervermehren. Stecklinge wurzeln leicht, selbst im Wasser. Wenn man mit Wuchsstoffpaste vermischte Hautcreme auf das Blatt aufbringt und es etwas luftfeucht ist, gibt es sogar am Blatt Wurzeln! Auch die Ampelbuntnessel wird durch Stecklinge vermehrt.

Cyrtomium, Schildfarn

Nahe mit der Gattung *Polystichum* Roth, den Schildfarnen, ist die Gattung *Cyrtomium* K. B. Presl verwandt, so daß der deutsche Name ruhig verwendet werden kann. Die Gattung umfaßt harte, lederig beblätterte Arten, die zumeist Trockenzonen der Subtropen beider Erdhälften bewohnen, sie gehört in die Familie der Schildfarngewächse, der *Aspidiaceen*.

Die verbreitetste Art ist *C. falcatum* (L. f.) K. B. Presl. *(Aspidium f.* (L. f.) Sw., *Polystichum f.* (L. f.) Diels), sie ist in Japan und China, Nordindien und auf Ceylon und in Südafrika beheimatet. Die Rhizome wachsen aufrecht und tragen rosettig die Blätter, deren 20 cm lange Blattstiele dicht mit großen, dunkelbraunen Schuppen besetzt sind. Die einfachgefiederten Wedel werden bis 50 cm lang und 15 cm breit. Die Blättchen sind breiteiförmig und zugespitzt, fein gezähnt und derb lederig. Eine nette Form ist 'Rochfordianum', ihre Blättchen sind tiefer eingeschnitten und gezähnt. Dieser Schildfarn ist einer der haltbarsten Farne für kühle und schattige Räume, er benötigt nur etwas frische Luft, abgeschlossene Luft liebt er nicht. Als Kultursubstrat verwendet man Einheitserde oder ähnliche Mischungen. Bei gutem Winterschutz und nicht zu extremen Wintern ist diese Art sogar im Freien versuchswert. Die Vermehrung durch Sporen besorgt der Gärtner.

× **Fatshedera**, Efeuaralie

Selten finden wir unter unseren Zimmerpflanzen, außer bei den Orchideen, Gattungsbastarde: Pflanzen, bei denen zwei Arten verschiedener Gattungen sich geschlechtlich verbunden haben. Eine solche Besonderheit stellt die × *Fatshedera lizei* (hort. ex Cochet) Guillaum. dar, die 1912 bei Lizé Frères in Nantes aus der Kreuzung von *Fatsia japonica* mit *Hedera helix* entstanden ist. Dieser Gattungsbastard trägt den deutschen Namen Efeuaralie zu Recht. Der straff aufrechte Stengel erreicht eine Höhe von 2 bis 4 m, bei der weißbunten Sorte 'Variegata' etwas weniger, und trägt die meist fünflappigen, bis 20 cm breiten Blätter, die wie der Stengel in der Jugend etwas rostfarbig behaart sind.

Die Efeuaralie ist eine sehr gute Zimmerpflanze, die allerdings Temperaturen unter 10°C nicht mehr gut verträgt, also etwas empfindlicher ist als die Zimmeraralie. Meist pflanzt man mehrere Stecklinge in einen Topf zusammen, da Einzelpflanzen nicht so ansehnlich sind. Als Substrat nimmt man Einheitserde. Sie brauchen viel Wasser und Dünger. Die buntblättrige Sorte ist noch etwas wärmebedürftiger. Die Vermehrung erfolgt durch Kopf- und Stammstecklinge bei Temperaturen zwischen 18 und 20°C.

Fatsia, Zimmeraralie

Die Zimmeraralie, *Fatsia japonica* (Thunb.) Decne. et Planch. *(Aralia japonica* Thunb., *A. sieboldii* hort.), sie gehört zu den Araliengewächsen, den *Araliaceen,* der mütterliche Elternteil der gerade genannten Efeuaralie ist noch etwas anspruchsloser an Temperatur und Standort.
Die einzige Art der Gattung ist in Japan beheimatet und kann als Strauch 5 m hoch werden. Die lederigen, oben glänzenden, unten matten Blätter sind sieben- bis neunlappig und meist breiter als lang. Sie können an alten Pflanzen bei guter Ernährung eine Breite von 40 cm erreichen und sitzen an dem genauso langen Stiel. Blätter und Sprosse sind in der Jugend stark braunfilzig, später kahl. Die kleinen weißen Blüten – sie werden gerne von Schwebfliegen besucht – sind doldig angeordnet, und diese wiederum bilden große Blütenstände. Die Beeren sind blauschwarz gefärbt. Die Hauptblütezeit ist der Herbst, die Pflanze kann aber auch zu anderen Jahreszeiten blühen. Von der Zimmeraralie gibt es einige Sorten, die wichtigsten sind 'Moseri', mit gedrungenerem Wuchs und größeren Blättern, und 'Variegata', mit weißbunten, selten auch gelbbunten Blättern.
Zimmeraralien sind in der Jugend herrliche Zimmerpflanzen. Sie benötigen allerdings kühlen Stand und Licht. Ihre Blätter erscheinen immer in Schüben zu vier bis fünf, während dieser Zeit wollen sie sorgfältig mit Wasser versorgt werden, da sonst die Größe der Blätter leidet. Bei zu warmem Stand vergeilen Zimmeraralien, ihre Blätter bleiben klein, Blattläuse oder Spinnmilben stellen sich ein. (Für solche Standorte ist die Efeuaralie viel geeigneter.) Bei sehr kühlem Stand, bei Temperaturen um den Gefrierpunkt, schlägt sie ihre Blätter nach unten und verliert oft die Fähigkeit, diese wieder aufzurichten. Große Pflanzen der Zimmeraralie verwendet man zur Dekoration von Terrassen oder Veranden, von Hausfluren und Foyers. Freilandpflanzen gehören im Winter bei 5 bis 8°C aufgestellt und überwintert. Die Vermehrung der Zimmeraralie ist leicht durch Aussaat möglich, die Samen bezieht man von guten Samengeschäften, denn sie müssen frisch sein. Die Haupternte in der Heimat ist im März und April. Man sät in Einheitserde, die man auch für die älteren Pflanzen verwendet, und stellt bei Temperaturen um 18°C auf. Später hält man die Jungpflanzen bei ca. 16°C und schützt sie im Sommer vor allzu starker Sonnenbestrahlung. Zimmeraralien, die zu groß geworden sind, kann man sehr gut abmoosen. Auch buntblättrige Pflanzen vermehrt man so; oder durch Stecklinge bei höheren Temperaturen oder Veredlung, meist Kopulation, auf die grüne Art.

Hedera, Efeu

Auch der Efeu ist eine sehr gute Zimmerpflanze, von ihm gibt es Dutzende Sorten und Formen mit den unterschiedlichsten Blattformen und -farben. Wie Efeuaralie, Zimmeraralie und Fingeraralie, der bekannten Warmhauspflanze, gehört auch der Efeu zu den Araliengewächsen, den *Araliaceen*. Die Gattung *Hedera* L. ist mit ungefähr sieben Arten in Europa und Asien beheimatet, fast alle sind kletternde, immergrüne Sträucher, die nur im hohen Alter nicht klettern. Die derben, lederigen Blätter sind an den kletternden Jugendtrieben meist gelappt, an den fruchtenden Alterstrieben ungelappt und rhombisch geformt. Meist sind die Blätter der Altersform auch dicker und fester. Die Früchte sind mehrsamige Beeren, die Samen können interessanterweise manchmal bereits in der Beere zu keimen beginnen, die Keimlinge wachsen dann aus der Beere aus.

Die meisten Sorten stammen von *H. helix* L. ab. Die Blätter können spitz und gelappt sein ('Sagittifolia'), oder aber, im anderen Extrem, ganzrandig und herzförmig ('Deltoidea'). Besonders kleine, etwas gekrauste Blätter von nur 2 bis 3 cm Durchmesser finden wir bei der Sorte 'Conglomerata', von der es auch straff aufrechtwachsende Formen gibt. Buntblättrige Sorten aufzuzählen, würde fast zu weit führen, es gibt weiß oder gelb feingefleckte, solche mit flächigen weißen oder gelben Stellen und andere, wo die Blattmitte oder der Blattrand chlorophyllos und weiß oder gelb gefärbt sind. Je weniger Blattgrün eine solche Efeupflanze in ihren Blättern enthält, desto anfälliger ist sie meist in der Kultur. Bei schlechten Lebensbedingungen werden die nicht assimilierenden Teile unterversorgt und braun.

Etwas anspruchsvoller an die Temperatur ist *H. helix* L. ssp. *canariensis* (Willd.) Coutinho, von dem zumeist nur die weißbunte Sorte 'Gloire de Marengo' in Kultur ist.

An und für sich ist die Kultur von Topfefeu kein Problem, wenn man sich vor Augen hält, daß die meisten unserer Topfefeusorten winterhart sind und deshalb relativ kühle Pflegeplätze brauchen. Sie beanspruchen nicht soviel Licht, eher noch die bunten, die ja wenig Assimilationsfläche besitzen; auf keinen Fall lieben sie pralle Sonne und die damit verbundene Wärme. Bei hohen Temperaturen treten gerne Blattläuse auf, bei Wärme und Lufttrockenheit machen sich Spinnmilben breit, verkrüppelte Blätter können auch von Weichhautmilben hervorgerufen werden. Alle diese Schwierigkeiten gibt es bei kühlem, etwas absonnigem Stand kaum. Auch Topfefeu braucht zum guten Gedeihen neben regelmäßigem Wässern ausreichend flüssige Düngung, besonders während der Sommermonate, wo ja große Mengen von neuen Blättern gebildet werden. Als Substrate verwendet man Einheitserde oder torfreiche Grunderde-Kompostgemische, denen man auch etwas Sand zufügen kann. Buntblättrige Sorten wollen immer etwas wärmer als grünblättrige stehen.

Die Vermehrung erfolgt durch Stecklinge. Man kann sie ohne weiteres sofort in das endgültige Substrat stecken. Immer steckt man mehrere Stecklinge zusammen und bewurzelt sie bei Zimmertemperaturen unter einer Folienhaube.

Homalocladium, Bandbusch

Der eigenartige Wuchs des Bandbusches hat ihm schon viele Liebhaber eingebracht, von denen viele nicht ahnen, daß sie einen nahen Verwandten des Sauerampfers und des Rhabarbers im Zimmer stehen haben. Der Bandbusch, *Homalocladium platycladum* (F. v. Muell.) L. H. Bailey gehört in die Familie der *Polygonaceen*, der Knöterichgewächse, und ist auf den Salomoninseln, einem Archipel der Südsee, zu Hause. Er wächst aufrecht und kann bei uns 1,5 m Höhe erreichen. Besonders auffällig sind die 1,5 bis 2 cm breiten, flachen, bandartigen Zweige, die sich ledrig angreifen. Die Blätter sind meist lanzettlich und äußerst unterschiedlich groß, ihre Größe schwankt zwischen 2 und 6 cm; sie sind nur sehr kurz am Leben, denn die Assimilation wird von den abgeflachten Trieben übernommen. Blüten werden bei uns nur an alten, nicht mehr blattragenden Trieben gebildet, sie sind klein und bringen dunkelrote Früchte. Der Bandbusch ist vor allem durch seine flachen Triebe interessant und braucht nur niedrige Temperaturen, obwohl er auch höhere verträgt. Als Substrat eignet sich Einheitserde. Die Vermehrung geht am besten durch Stecklinge vor sich, die bei Bodentemperaturen um 16°C gut bewurzeln.

Ophiopogon, Schlangenbart

Wenn man für sein kühles oder unbeheiztes Zimmer eine sehr robuste Pflanze sucht, können Schlangenbartarten richtig sein. Sie sind keine überwältigenden Schönheiten, aber kaum umzubringen. Die Gattung *Ophiopogon* Ker-Gawl. gehört zu den Liliengewächsen, den *Liliaceen*, die acht Arten bewohnen das Gebiet des östlichen Himalaja bis nach Japan.

O. jaburan (Sieb.) Lodd. stammt aus Japan und ist eine 40 bis 60 cm hohe Staude mit 6 bis 12 mm breiten, grasähnlichen, linealischen, immergrünen, festen Blättern. Die kleinen sternförmigen weißen oder violetten Blüten sind in 10 cm langen Trauben angeordnet. Von dieser Art gibt es eine Fülle von Formen und Sorten, die sich vor allem in Blütenfarbe und Blattfärbung von der Art unterscheiden. Die weißgestreifte Sorte, die am häufigsten anzutreffen ist, ist 'Variegatus'.

Der nahe verwandte *O. japonicus* (L. f.) Ker-Gawl. ist in Japan und Korea zu Hause und wird nur 20 bis 30 cm hoch, die Blätter sind ledrig und nur 3 bis 4 mm breit. Auch von dieser Art gibt es eine Fülle von Sorten, auffallend ist 'Variegatus', mit weißbunten Blättern, und 'Minimus', die nur 8 bis 10 cm hoch wird. Diese Art kann manchmal auch ihre ungefähr erbsengroßen Beeren bringen, die zuerst grün und später schön violettblau gefärbt sind.

Beide Arten sind in ihrer Robustheit mit der Schusterpalme, *Aspidistra,* zu vergleichen. Auch ihnen machen Kälte, Zugluft und Schatten wenig aus, und sie eignen sich deshalb auch für die unwirtlichsten Plätze. Die weißbunten Formen sind empfindlicher und auch auffälliger, sie werden am besten als gute und haltbare Topfpflanzen für kühle oder mäßig warme Räume verwendet. Schlangenbartpflanzen vertragen viel Feuchtigkeit, sie sind in der Heimat Sumpfpflanzen, aber gegen Bodentrockenheit nicht empfindlich. Die Vermehrung durch Teilung ist leicht.

Ornithogalum, Milchstern

Von den im Freiland leider auch so selten verwendeten Milchsternen gibt es einen Vertreter für das Zimmer, er wird aber fast immer unter dem falschen deutschen Namen Meerzwiebel kultiviert, *Ornithogalum caudatum* Ait. Die Gattung *Ornithogalum* L. umfaßt ca. 100 Arten, die in Europa, Asien und Afrika beheimatet sind. Alle sind Zwiebelpflanzen mit linealischen oder lanzettlichen Blättern, die Blüten schlafen bei schlechtem Wetter und des Nachts und zeigen dabei ihre grüngestreifte Außenseite. Das Blüteninnere ist weiß oder gelb gefärbt.

O. caudatum stammt aus Südafrika und bildet oberirdische, 10 cm dicke und bis 20 cm lange Zwiebeln aus. Diese Pflanze macht sehr viele Nebenzwiebeln und bildet bald ganze Gruppen. Die hellgrünen lanzettlichen Blätter werden 50 cm lang. Der Blütenschaft wird 1 m hoch und trägt grünlich-weiße, kleine Sternblüten in Trauben. Die falsche Meerzwiebel – die echte ist eine Bewohnerin des Mittelmeergebietes – ist eine dankbare Zimmerpflanze für kühle Räume, sie entwickelt allerdings keine besonderen Reize. Während die echte Meerzwiebel giftig ist und als Rattenköder verwendet wurde, ist diese Pflanze in der Volksmedizin beliebt: Sie wird bei Verletzungen aufgelegt. Die Vermehrung erfolgt durch Abnahme der Nebenzwiebeln.

Pellaea

Die Gattung *Pellaea* Link umfaßt 80, zumeist xerophytische Farnarten, die in den trockenen Gebieten Südamerikas und Neuseelands, in Südafrika und in Nordamerika zu Hause sind, sie gehören zur Familie der *Sinopteridaceen*.

Das Rhizom ist kriechend oder stark gestaucht, die Blätter sind einfach oder mehrfach gefiedert, fast immer ist die Spindel dunkel gefärbt. Die Sporenhäufchen stehen am Rand der Blättchen und werden vom umgeschlagenen Blattrand geschützt.

Von Mexico bis Peru ist *P. cordata* (Cav.) J. Sm. beheimatet, ihre Blattspindeln sind strohgelb gefärbt. Die Wedel sind lanzettlich bis dreieckig und 30 cm lang und 15 cm breit, sie stehen an den 20 cm langen Stielen. Die lanzettlich abgerundeten Blättchen besitzen einen herzförmigen Grund

und tragen die Sporen in breiten, randständigen Streifen.

Die wichtigste Art ist *P. rotundifolia* (G. Forst.) Hook. aus Neuseeland. Die linealischen, einfach gefiederten Blätter sind bis 30 cm lang. Die Blättchen sind rundlich-oval, ganzrandig, kahl und zu 10 bis 20 in Paaren, die Blattspindel ist glänzend dunkelbraun. Diese Art ist im Wuchs gänzlich anders als die anderen Arten: die Wedel liegen mehr, sie sieht durch die rundlichen Blättchen, die glänzend dunkelgrün gefärbt sind, sehr gut aus und sollte wesentlich öfter gezogen werden! Daneben findet sich noch *P. viridis* (Forsk.) Prantl. (*P. hastata* (L.) Link non Thunb.) auf der Angebotsliste der Farngärtnereien, diese Art ist in Südafrika, auf Madagaskar und den Maskarenen zu Hause. Die Blattspindeln der dreifach gefiederten Wedel sind schwarzrot und kahl, die Wedel erreichen eine Länge von 60 und eine Breite von 30 cm. Die Blättchen sind oval, ganzrandig, bis 7 cm lang und von dunkelgrüner Farbe, sie können an der Basis mitunter geöhrt sein.

Die Gattung *Pellaea* umfaßt wichtige Farne, denn wir können sie in wenig beheizten Räumen ziehen. *P. rotundifolia* ist am unempfindlichsten und kann Temperaturen bis 8°C kurzfristig überdauern. Als Substrat verwendet man Einheitserde, wichtig ist, daß die Erde nicht zu sehr vernäßt, als Felsspaltenbewohner lieben Pelläen das nicht. Auch vertragen sie nicht zuviel Schatten, sind sie doch von ihren Standorten her offene Lagen gewöhnt. Die Vermehrung durch Sporen ist, wie es bei den Farnen so üblich ist, nicht ganz leicht und sollte dem Gärtner überlassen werden.

Plectranthus, Harfenstrauch

In vielen ungünstigen Räumen hält der Harfenstrauch, auch Mottenkönig genannt, durch. Er gehört zur Gattung *Plectranthus* L'Hérit. und heißt botanisch *P. fruticosus* L'Hérit. Die Gattung gehört zu den Lippenblütlern, den *Labiaten*, ihre 120 Arten sind in den tropischen und subtropischen Gebieten Afrikas, Asiens und Australiens zu finden. Es sind zumeist Sträucher oder Halbsträucher mit gegenständig angeordneten, irgendwie nesselähnlichen Blättern und salbeiähnlichen Blütenständen.

P. fruticosus ist in Südafrika zu Hause und blüht zumeist im Winter oder Frühling. Die kleinen blaßblauen Blüten sind in mehreren Quirlen übereinander angeordnet und stehen endständig, aber verzweigt an den bis 1 m hohen Pflanzen. Die Triebe sind vierkantig, die Blätter nesselartig und doppelt gesägt, sie riechen beim Zerreiben muffig-unangenehm; dieser Geruch, den auch die unverletzte Pflanze etwas von sich gibt, soll die Motten fernhalten.

Der Harfenstrauch ist ein kaum umzubringender Bursche, der im Schmuck seiner Blüten auch recht nett aussieht, im nichtblühenden Zustand ähnelt er einer holzigen, reingrünen Buntnessel. Er braucht kühle Räume und fühlt sich bei starker Beheizung nicht wohl. Im Sommer kann er auch im Freien stehen. Regelmäßige Wasser- und Düngergaben und ständiges Pinzieren sind notwendig, um einen nicht zu hochgebauten Harfenstrauch mit großen, kräftigen Blättern und vielen Blüten zu erzielen. Die Vermehrung gleicht der Stecklingsvermehrung der Buntnessel (siehe Seite 53), nur wurzeln die Stecklinge nicht ganz so leicht.

Pteris, Saum- oder Flügelfarn

Die Gattung *Pteris* L. gehört zu den Saumfarngewächsen, den *Pteridaceen*, und umfaßt 280 Arten, die die Tropen, Subtropen, teilweise auch die warmgemäßigten Gebiete der Erde, wie das Mittelmeergebiet, bewohnen. Die Wedel sind einfach gefiedert, manchmal dann fiederlappig und tragen die Sporen in dicht am Blattrand entlanglaufenden Linien, die vom umgeschlagenen Blattrand bedeckt sind. Bei den Pterisarten finden wir viele der Entwicklungslinien, die für Farne so typisch sind: die Kammformen mit den verbänderten Blattspitzen oder die Weißbuntheit, die sich in der Form von silberigen

Zeichnungen in der Blattmitte äußert. Die Saumfarnarten und -formen sind sehr wichtige Pflanzen im Grünpflanzensortiment, da sie mit ganz wenigen Ausnahmen hart und dauerhaft sind und die Kultur im unbeheizten Zimmer sehr gut vertragen.

Gerade *P. argyraea* T. Moore braucht aber wärmere Pflegestellen, er gehört in das beheizte Zimmer oder in das Blumenfenster, er stammt aus Zentralindien. Seine Wedel können im ausgewachsenen Zustand bis 60 cm lange Blattstiele und 80 cm lange und 30 cm breite Wedelflächen bringen. Die Wedel sind doppelt gefiedert und zeigen ein breites silbernes Mittelband.

Der verbreitetste Saumfarn ist *P. cretica* L., seine Stammform bewohnt die Tropen, Subtropen und das Mittelmeergebiet. Die langgestielten Wedel sind einfach gefiedert, die Blättchen länglich-linealisch und stehen beiderseits der Mittelrippe gegenständig in zwei bis sechs Paaren. Die sterilen Wedel sind kürzer gestielt und breiter, die fertilen länger gestielt und schmäler, wodurch der zweietagige Aufbau einer erwachsenen Saumfarnpflanze zustande kommt. Die Art selbst, die man im Tessin in Kalkfelsspalten beobachten kann, wird nicht gezogen, dafür eine Fülle gärtnerisch wichtiger Kulturformen.

'Albo-Lineata' besitzt etwas breitere Fiederblättchen, die ein hellweißliches Mittelband zeigen. Diese Form wurde 1860 aus Java nach England gebracht. Verbänderte Blattspitzen, sonst aber das weißliche Mittelband der vorigen Form, besitzt 'Alexandrae'. Eine weitere weißbunte Form, die schmälere Fiederblättchen und ebenfalls verbänderte Blattspitzen zeigt, aber wesentlich graziler ist, ist 'Mayi'.

Größerwüchsig und robuster als die Art ist die kräftig dunkelgrüne Form 'Major', mit breiteren Fiederblättchen. Sie ist eine wichtige Standardsorte des Marktes. Bei 'Rivertoniana' sind die Fiederblättchen nochmals in kleine Zacken und Zipfel ausgezogen, so daß ein feinbelaubter, dichtblättriger Effekt die Folge ist. Verbänderte Blattspitzen über sonst schmalen Fiederblättchen zeigt 'Wimsettii'.

Die Formen von *P. cretica* sind dankbare Zimmerpflanzen, die nur durch wiederholte Ballentrockenheit am guten Gedeihen gehindert werden können. Sie vertragen auch höhere Temperaturen, fühlen sich aber bei tieferen wesentlich wohler. Sie lieben etwas absonnigen Stand. Vom Mittelmeergebiet ausstrahlend, findet man die Art um die klimatisch begünstigten Seen des südlichen Alpenvorlandes sehr selten; meist in Schluchten, in der Spritzwasserzone von Wasserfällen, in Felsspalten, ähnlich der heimischen Hirschzunge.

Aus dem tropischen Asien, Australien und den anschließenden Inselgruppen ist *P. ensiformis* Burm. (*P. crenata* Sw.) zu uns gekommen. Die Art ist nicht in Kultur, wohl aber die weißbunte Form 'Evergemiensis', die einer kleinen *P. cretica* 'Albo-Lineata' ähnlich sieht, aber wesentlich weißer gefärbt ist. Eine herrliche Pflanze, die etwas mehr Wärme als *P. cretica* braucht und durch die zierliche, weißbunte Belaubung sehr auffällt. Auch hier ist Ballentrockenheit mit jedem Mittel zu verhindern. Am besten werden solche, oft in kleinen Töpfen stehende Farne in Torfmull eingesenkt oder aber, nach Lockerung des Wurzelballens, ausgepflanzt. So kann man besser für eine kontinuierliche Feuchtigkeit sorgen.

P. flabellata Thunb. stammt aus Südamerika, die Blattstiele sind bis 30 cm lang, die Wedel erreichen eine Größe von 1 m zu 30 cm. Diese Art wird von den Spezialgärtnereien angeboten, ihre Kultur gleicht *P. cretica*, doch ist sie nicht für beschränkte Raumverhältnisse geeignet.

Eine weitere sehr harte Saumfarnart ist *P. vittata* L. (*P. longifolia* auct. non L.), die die Tropen und Subtropen bewohnt und bis in das Mittelmeergebiet vordringt. Die Blattstiele sind bis 20 cm lang, die Wedel bis 70 cm lang und 20 cm breit. An beiden Seiten der Mittelrippe stehen die ganzrandigen, lineallanzettlichen Blättchen zu 20 bis 30. Diese Art braucht zwar viel Platz, doch besitzt sie einen sehr attraktiven Habitus, so daß sie bei ausreichendem Platz empfohlen werden kann. Die Kultur gleicht der von *P. cretica*; vor allem Ballentrockenheit vermeiden.

Saumfarne, vor allem die Formen des *P. cretica* sind gute Zimmerpflanzen, die grünen Formen vertragen Temperaturen bis 5°C, ideal sind 12 bis 15°C; die weißbunten Formen sind wärmebedürftiger, sie lieben 15 bis 18°C. Nur *P. argyraea* braucht 18 bis 20°C. Bei tieferen Temperaturen treten bei den weißbunten Formen und bei *P. argyraea* Blattrandschäden auf. Wichtig sind kräftige Substrate, z. B. Einheitserde, regelmäßige Flüssigdüngung während der Wachstumszeit und gleichmäßige Bodenfeuchtigkeit. Gerade auf den letzten Faktor besonders achten!

Neben der Sporenvermehrung, die dem Gärtner überlassen wird, kann man *Pteris* auch gut teilen; dabei muß die Blattmasse verringert werden, indem man die fertilen Wedel herausnimmt.

Reineckea, Reineckie

In einem Atemzug mit Schusterpalme und Schlangenbart ist die Reineckie zu nennen. Die einzige Art der Gattung *Reineckea* Kunth ist *R. carnea* (Andr.) Kunth aus China und Japan; auch diese Pflanze gehört zu den Liliengewächsen, den *Liliaceen*. Diese in vielen, selbst rauhen Gegenden winterharte Staude bildet kriechende Rhizome aus, aus denen sich die zweizeilig angeordneten lanzettlichen Blätter bis 30 cm Höhe erheben. Die Blüten sind rosa gefärbt, die Staubbeutel blau, der traubige Blütenstand erscheint im Sommer und Frühherbst und wird ungefähr 15 cm hoch, die Blüten sind zwar auffällig, aber doch versteckt. Es gibt auch eine sehr schöne, allerdings heiklere Sorte mit weißbunten Blättern, 'Variegata'.

Die Reineckie ist hart und leicht in jedem kühlen Raum zu halten, sie braucht Platz, damit sie ihre kurzen Ausläufer bilden kann, und paßt aus diesem Grund ideal zu *Aspidistra* oder *Ophiopogon*. Bei Topfkultur muß man einen Teil der Ausläufer in den Topf zurückleiten, damit dort die Wurzeln gebildet werden können. Als Substrat eignet sich Einheitserde, die Vermehrung erfolgt durch Teilung. Leider wird auch die Reineckie viel zu wenig verwendet.

In den USA wird ein weiteres Liliengewächs als Bodendecker an schattigen Stellen verwendet: *Liriope* Lour. Die Art *L. platyphylla* L. H. Bailey umfaßt gelb- und weißbunte, weiß-, rosa- und blaublühende Sorten; einige eignen sich vorzüglich für extreme Standorte in Eingängen und Fluren.

Rhapis, Steckenpalme

Die Palmengattung *Rhapis* L. f. umfaßt ungefähr 9 japanische und chinesische Arten, die rohrartige, mit Fasern umwobene Stämme bilden, stark Ausläufer treiben und am Triebende die kleinen Schöpfe fächeriger Blätter bringen. Die schlanken Rohrstämme sind im oberen Teil mit netzartigen Blattscheiden umgeben. Die Blattstiele aller Arten besitzen rauhe, kaum stachelige Ränder. Auch bei uns können die Zwitterblüten, denen Beeren folgen, erscheinen.

In Kultur finden sich zwei Arten und wahrscheinlich deren Bastarde. *R. excelsa* (Thunb.) Henry (*R. flabelliformis* L'Hérit. ex Ait.) stammt aus China und bildet hohe, 5 m erreichende, rohrartige Stämme aus, die mit groben Fasern locker umhüllt sind. Die handförmig-fächerigen Blätter sind fünfteilig und am Rand sehr fein dornig gesägt. *R. humilis* Bl. wächst gedrungener, und ihre Stämme sind mit sehr feinen Fasern umhüllt. Die Blätter sind sieben- bis zehnteilig und am Rand wehrlos. Die Hybriden zeigen alle Übergänge zwischen den oben angeführten Merkmalen. Die Steckenpalmen sind wohl die robustesten Palmen überhaupt, sie vertragen auf der einen Seite Temperaturen bis 5°C herunter, können aber auch bei 18° während des Winters stehen. Im Sommer verlangen sie höhere Temperaturen, nach den Eismännern können sie auch auf Terrassen und Balkonen verwendet werden. Diese Palmen verlangen sonnigere Standorte, vertragen aber auch Schatten. Beim Hinausräumen ins Freie Gefahr von Sonnenbrand! Vermehrt werden sie normalerweise durch Abtrennen der Ausläufer, doch bilden die manchmal erscheinenden zwitterigen Blüten auch Beeren, die ausgesät werden können.

Als Substrat verwendet man Einheitserde, größere Pflanzen brauchen Lehmbeigaben. Sommers Vorsicht vor Ballentrockenheit, die flüssige Düngung nicht vergessen.

Rhoicissus, Kapklimme

Mit den gleichen guten Eigenschaften wie die Klimmen ist *Rhoicissus capensis* (Burm.) Planch. (*Cissus capensis* (Burm.) Willd.) ausgestattet. Diese Gattung, sehr nahe mit Cissus verwandt, ist von Südarabien bis Südafrika verbreitet. *R. capensis* ist noch gar nicht so lange in Kultur, um 1960 sind in Mitteleuropa die ersten Pflanzen dieses dicht rotbefilzten, kletternden Weingewächses in Kultur genommen worden. Die Blätter sind ungeteilt, breitrund und am Grund herzförmig und bis 20 cm breit, unterseits sehr stark behaart, oberseits kahl. Interessant sind die starken Wurzelknollen, die diese Art bildet, so daß bei älteren Pflanzen ganze Rüben entstehen, von deren Scheitel die Triebe entspringen. Die Kultur gleicht der der anderen Klimmen für das kühle Zimmer, nur die Stecklinge wurzeln oft etwas schwieriger.

Rohdea

Auch die Gattung *Rohdea* Roth ist von unseren Liebhabern noch nicht so richtig entdeckt worden, obwohl auch sie in Härte und Anspruchslosigkeit *Aspidistra*, *Ophiopogon* und *Reineckea* gleicht. Die Japaner verehren diese Pflanze heiß und kultivieren viele Formen.

Rohdea japonica (Thunb.) Roth ist eine Staude, die allerdings nur in sehr milden Wintern im Freien durchhält, aber im Alpinenhaus bis 10° C unter Null vertragen kann. Die lanzettlichen, ungefähr 40 cm langen und 7 cm breiten Blätter stehen zu vielen zu Rosetten zusammen, die Blüten sind rötlich, erscheinen im Frühsommer und sind in etwas fleischigen Ähren vereinigt. Die Beeren sind rot. Es gibt in Japan viele Sorten, von denen leider wenige bei uns eingeführt sind; es gibt die unterschiedlichsten Panaschüren und auch Zwerg- und Riesenformen. *Rohdea* verträgt eigentlich alles, was auch eine Schusterpalme, *Aspidistra*, verträgt, temperaturmäßig noch einen guten Teil mehr. Als Substrat nimmt man Einheitserde. Die Vermehrung erfolgt durch Aussaat, Teilung oder Abtrennen der Nebentriebe.

Saxifraga, Steinbrech

Neben den Tradeskantien ist der Judenbart oder Hängesteinbrech die bescheidenste Ampelpflanze, die wir kennen. Er gehört zur vielfältigen Gattung *Saxifraga* L. und heißt mit dem botanischen Namen *S. stolonifera* Meerb. (*S. sarmentosa* L. f.). Diese Art stammt aus Japan und China und blüht im Sommer. Die nierenförmigen, grobgekerbten Blätter sind oberseits dunkelgrün mit weißen Adern, unterseits rötlich mit roten Spaltöffnungsinseln gefärbt. Die fädigen Ausläufer, an deren Spitze sich Kindel bilden, sind rötlich oder grün und können bis 50 cm lang werden. Die Blütenform stellt diese Art in die Steinbrech-Sektion *Diptera*, die Zweiflügeligen, da die zwei ventralen Blütenblätter wesentlich länger und geschwänzt sind. Die Blüten werden 2 cm groß und sind weiß mit gelben Punkten. Von dieser Art gibt es einige Sorten. Nicht so leicht zu kultivieren ist 'Tricolor', deren Blätter kleiner und weißbunt sind; in der Jugend sind sie rosa überhaucht, daher auch der Name. 'Cuscutiformis', nach der Form der Ausläufer so benannt, ist in Mitteleuropa winterhart, eignet sich aber auch als Zimmerpflanze.

Der Judenbart ist eine gute Ampel- oder Bodendeckerpflanze für kühle und schattige Standorte. Die bunte Sorte braucht höhere Temperaturen, um 18° C, damit sie gut gedeiht. Als Substrat verwendet man Einheitserde. Die Vermehrung erfolgt durch Abnahme der Kindel. Samenbildung konnte ich bei dieser Art noch nicht beobachten, die gesamte Kraft geht in die Kindel.

Scilla

Durch die hellgrauen, grüngefleckten Blätter fällt *Scilla violacea* Hutchins. mehr auf als durch die grünlichen Blüten. Die Gattung *Scilla* L. gehört zu den Liliengewächsen, die 80 bekannten Arten bewohnen Europa, Asien und Afrika. Alle Arten sind Zwiebelpflanzen mit grundständigen Blättern und unbeblätterten Blütentrauben. *S. violacea* stammt aus Südafrika und blüht im Frühling. Die grünlichen Blüten stehen in vielblütigen Trauben. Die Blätter sind 12 bis 15 cm lang und bis 2 cm breit und erscheinen grundständig aus der oberirdisch wachsenden Zwiebel, die durch Sprossung bald dichte Kolonien bildet. Die Farbe der Blätter ist sehr auffällig, oberseits sind sie hellgrau und in Bändern dunkelgrün gefleckt, unterseits purpurrot. Diese blattschöne Pflanze gedeiht auch noch bei höheren Temperaturen und wächst am besten in Schalen mit durchlässigem Substrat an lichten Standorten am Fensterbrett. Die Vermehrung ist sehr leicht, da man nur die bewurzelten Nebenzwiebeln abnehmen muß.

Scirpus, Frauenhaar

Gut charakterisiert der deutsche Name »Frauenhaar« das Aussehen einer häufig kultivierten Zimmerpflanze für kühle und helle Räume. *Scirpus cernuus* Vahl (*Isolepis gracilis* (Poir.) Nees), auch unter dem botanischen Synonym *Isolepis* bekannt, ist eigentlich eine Simse und gehört zur Familie der Cyperaceen, der Sauergräser. Sie bewohnt eigentlich alle wärmeren Gebiete der Erde, auch im Mittelmeergebiet ist sie an sumpfigen Stellen oft zu finden. Die frischgrünen, haardünnen Stengel sind bis 30 cm lang, stehen zuerst aufrecht, hängen aber bald über. Die borstenartigen Blätter sind kurz und wenig auffällig, die Blütenköpfchen wenigährig und stehen am Ende der hängenden Triebe. Die Blütenköpfchen sind hell- bis dunkelbraun gefärbt, der Ton ist vom Alter der Blüte abhängig.

Das Frauenhaar ist eine zarte und reizende Zimmerpflanze, die allerdings als Sumpfpflanze ständig in einem Untersatz mit Wasser stehen muß. Ältere Pflanzen werden gerne in der Mitte kahl, man muß sie teilen oder wieder Sämlinge aufziehen. Als Substrate verwendet man Einheitserde, der man etwas Quarzsand zusetzt. Die Pflanzen sollen nie zu sonnig stehen, da sie da gerne gelb werden. Die Vermehrung erfolgt durch Teilung oder Aussaat.

Obwohl Gräser und Sauergräser als Wild- und Nutzpflanzen verbreitet sind, gibt es wenige schöne Zimmerpflanzen unter ihnen. Ein Grund, das Frauenhaar zu ziehen!

Selaginella, Mooskraut

Die 700 Arten der Gattung *Selaginella* P. Beauv., sie bilden die Familie der Mooskrautgewächse, der *Selaginellaceen*, bewohnen zumeist den tropischen Regenwald, die für uns wichtigen Arten zumeist subtropische, zum Teil sogar gemäßigte Zonen. Es gibt ja auch einige sehr schöne winterharte Arten. Die Mooskräuter sind ausdauernde Kräuter mit gabelig verzweigten Stämmen, die mit kleinen Oberblättern und größeren, stets einnervigen Unterblättern besetzt sind. Bei manchen Arten können die Blätter allerdings auch gleichgestaltet sein, immer stehen sie jedoch streng in Reihen angeordnet. Bei manchen Arten bilden sich an der Triebunterseite Wurzeln, sie verzweigen sich ebenfalls gabelig und dienen auch als Stützwurzeln.

An der Spitze der Zweige sitzen die Sporenblätter, sie sind zu vierkantigen Sporenständen vereinigt. Im unteren Bereich finden sich die Makrosporangien, zumeist mit vier Makrosporen, im oberen Bereich die Mikrosporenbehälter, die Hunderte Sporen enthalten. Die Makrosporen sind bei manchen Arten, am besten bei der heimischen Art *S. selaginoides* (L.) Link, mit freiem Auge zu erkennen, die vier Sporen verformen den Sporenbehälter zu einem Tetraeder. Die Vermehrung durch Aussaat der Sporen hat bei den Selaginellen nur wissenschaftliche Bedeutung.

Zimmerpflanzen für kühle Räume

Von den vielen Arten sollen wenige, zu zwei Gruppen vereinigt, erwähnt werden. Die erste Gruppe umfaßt Zimmerpflanzen für kühle Räume, die größer werdenden Arten vertragen es aber auch wärmer, die zweite Gruppe braucht höhere Temperaturen und eignet sich am besten für die Vitrine oder das geschlossene Blumenfenster.

Zur ersten Gruppe gehören unter anderem folgende Arten: *S. apoda* (L.) C. Morr. (*S. apus* Spring, *S. a.* var. *minor* hort. ex A. Br.) bewohnt die Vereinigten Staaten und Kanada und erreicht nur wenige Zentimeter Höhe. Die Stengel sind dünn und mit häutigen, unterschiedlich großen Blättchen besetzt. Diese Art wird oft als 'Bubikopf' bezeichnet und eignet sich nur für kühle Räume; sie ergibt eine gute Bodendecke in kühlen Blumenfenstern und kann, ähnlich wie der eigentliche Bubikopf, *Soleirolia soleirolii*, im Freien überwintern, wenn kleine Stammstückchen unter Steinen geschützt sind.

Wichtigere Arten sind *S. kraussiana* (Kunze) A. Br. (*S. denticulata* hort. non (L.) Spring) aus Südafrika und *S. martensii* Spring aus Mexico. Die erstere Art kriecht mit den bis 30 cm langen, an der Unterseite wurzelnden Trieben am Boden dahin, die zweite wächst schräg aufrecht und erreicht 30 cm Höhe, sie bildet Stützwurzeln aus, die die Triebe halten. Besonders diese Arten werden in vielen, vor allem weißbunten oder gelblichen Formen gezogen, sie vertragen sowohl kühle als auch, bei entsprechender Luftfeuchtigkeit, wärmere Temperaturen. Vermehrt werden beide Arten und ihre Formen durch Stecklinge, die man zu mehreren zusammensteckt, in Einheitserde.

Zur zweiten, wärmeliebenden Gruppe gehören *S. lepidophylla* (Hook. et Grev.) Spring, die Auferstehungspflanze oder falsche 'Rose von Jericho' und *S. pallescens* (K. B. Presl) Spring (*S. emmeliana* Van Geert, *S. cuspidata* var. *emiliana* Van Houtte ex Nichols.), beide stammen aus Mexico und Mittelamerika. Die Auferstehungspflanze bildet kleine Stämmchen mit spiralig angeordneten, flachen Zweigen. Bei Trockenheit schließen sich die Zweige über dem Sproßpunkt der Pflanze zusammen, bei Feuchtigkeit werden die Zweige wieder ausgebreitet. Bereits tote, abgestorbene Pflanzen behalten diese Eigenschaft bei und werden gehandelt. Die echte 'Rose von Jericho' ist *Anastatica hierochuntica* L., ein einjähriger Kreuzblütler, der dieselben Eigenschaften besitzt. *S. pallescens* bildet bis 30 cm lange Zweige, es gibt gelb- und dunkelgrünblättrige Formen. Die wärmeliebenden Arten werden durch Auflegen älterer Zweige auf Torf-Sand-Gemische vermehrt, es entwickeln sich auf der Zweigfläche Jungpflanzen, die abgenommen werden können. Beide Arten wollen heller stehen, gleichmäßig, aber nicht übermäßig feucht haben und torfigsandige Mischungen als Substrate.

Die so selten verwendeten winterharten Arten führen ein Stiefkind-Dasein in unseren Gärten. Neben der erwähnten *S. selagionides* sollte auch *S. helvetica* (L.) Spring, das Schweizer Mooskraut, und *S. douglasii* (Hook. et Grev.) Spring gezogen werden.

Soleirolia, Bubikopf

Eine zierliche, fast zerbrechlich wirkende Zimmerpflanze für helle und kühle Standorte, sie überwintert in manchen Wintern sogar im Freien, ist der Bubikopf, *Soleirolia soleirolii* (Req.) Dandy, besser unter dem Synonym *Helxine soleirolii* Req. bekannt. Dieses Nesselgewächs stammt aus Korsika und Sardinien und ist ein niedriges, bis 5 cm hohes, kriechendes Kraut mit fadendünnen Trieben und kleinen, glänzendgrünen Blättchen. Die kleinen Blüten sind unscheinbar. – Der Bubikopf ist eine gute Topfpflanze, aber genauso als Bodenbedecker für kleine, kühle Wintergärten zu verwenden, allzuviel Schatten und Tropfnässe verträgt er aber nicht. Bei Topfkultur hängen die Triebe bald weit herunter, doch immer will die Pflanze kühl stehen. Die Vermehrung erfolgt durch Teilung und Abnahme der kriechenden Triebe, die leicht wurzeln.

Sparmannia, Zimmerlinde

Fast jedermann kennt die Zimmerlinde, *Sparmannia africana* L. f., die zur Familie der *Tiliaceen*, der Lindengewächse, gehört. Die sieben Arten finden sich im südlichen Afrika und auf Madagaskar. Die Zimmerlinde stammt aus Südafrika und blüht Winterende und Frühjahr. Die weißen Blüten stehen in dichten Trugdolden und fallen vor allem durch die gelb und braun gefärbten Staubblätter auf. Die Sträucher können eine Höhe von 3 bis 4 m erreichen, die großen, herzförmigen, etwas eckigen, hellgrünen Blätter sind an Jugendtrieben bis 40 cm breit, bei blühenden Pflanzen viel kleiner, und dicht weichhaarig.

Die Zimmerlinde ist durch ihre sich bewegenden Staubblätter sehr interessant: berührt man die zahlreichen Staubblätter, so spreizen sich diese ziemlich rasch nach außen. Diese Bewegung stäubt Blütenstaub auf die blütenbesuchenden Insekten. Die Zimmerlinde ist eine wunderschöne Zimmerpflanze, die durch Blätter und Blüten auffällt. Sie muß neben Kühle auch relativ viel Licht haben, damit sie sich wohl fühlt; auch Luft will sie immer wieder haben, nie dumpfe, geschlossene Räume. Als Substrat verwendet man Einheitserde.

Vermehren kann man sie durch Aussaat oder Stecklinge. Die kugeligen Samen sind zu vielen in den stacheligen Kapseln und ergeben großwüchsige, wenig blühende Exemplare, genauso wie die Stecklinge von nichtblühenden Pflanzen. Diese bilden starke Triebe mit großen Blättern und verzweigen sich trotz Pinzierens sehr wenig. Diese großen Zimmerlinden brauchen viel Raum. Will man kleinere haben, so muß man Stecklinge von Seitentrieben aus der Blütenregion nehmen und bei ca. 20°C unter Folie bewurzeln. Immer muß man viel pinzieren, damit sich reichverzweigte Pflanzen bilden. So kann man durch die Wahl der Vermehrungsmethode die Zimmerlinde als Blatt- oder Blütenpflanze ziehen.

Tolmiea, Kind im Schoß, Henne und Küken

Viele deutsche Namen hat die Kindelbildung am Blatt der *Tolmiea menziesii* (Pursh) Torr. et A. Gray f. *gemmifera* Engl. eingetragen; je nach der Gegend wird sie 'Kind im Schoß', 'Henne und Küken' oder irgendwie ähnlich genannt. Dieses Steinbrechgewächs, nur eine Art der Gattung *Tolmiea* Torr. et A. Gray ist bekannt, stammt aus dem westlichen Nordamerika, bewohnt dort feuchte Wälder und erreicht eine Höhe von 15 bis 20 cm, in der Blüte bis 30 cm. Die langgestielten, grundständigen Blätter sind herzförmig und lappig gesägt. Im Ausschnitt des Blattgrundes bilden sich die Jungpflanzen. Die grünlichbraunen Blüten stehen in einseitswendigen Trauben. – Wegen der interessanten Kindelbildung wird dieses eigentlich winterharte Gewächs in vielen Gegenden als Topfpflanze gezogen. Sie braucht es kühl, verträgt dabei aber viel Schatten. Die Vermehrung erfolgt durch die Kindel, die man im Wasser bewurzeln oder auch, noch an der Mutterpflanze befindlich, auf einen Topf auflegen kann, wo sie sich sehr rasch bewurzeln. Die Gattung ist nahe verwandt mit *Heuchera* L., *Tiarella* L., *Mitella* L. und *Tellima* R. Br., zwischen denen es schon Bastarde gibt. Kreuzungen sind vielleicht möglich.

Tradescantia, Tradeskantie, Spinnkraut

Eine Standardzimmerpflanze ist die Tradeskantie, das Spinnkraut, Tradeskantiengewächse, *Commelinaceen*. Die Gattung *Tradescantia* L. ist mit ungefähr 30 Arten in Nord- und Südamerika verbreitet. Es sind aufrechte oder hängende Stauden, deren Blüten von laubblattähnlichen Hochblättern umgeben sind. Die Blüten besitzen drei Blütenblätter und sechs Staubblätter, deren Filamente dicht behaart sind. Wer sich mit der mikroskopischen Beobachtung von Pflanzen befaßt, kennt die Haare auf den Filamenten der Tradeskantie genau. In ihnen läßt sich sehr schön die Fließbewegung des Pflanzeneiweißes, des Protoplasmas, beobachten, das in diesen Zellen rasch und turbulent strömt.

Zwei Arten finden sich in Zimmerkultur, und sie sind nicht immer leicht auseinanderzuhalten.

T. albiflora Kunth emend. Brückn., die weißblütige Tradeskantie, hat grüne Sprosse und sitzende Blätter, die hellgrün gefärbt sind. Die endständigen Blüten sind weiß. Von dieser Art gibt es auch buntblättrige Sorten, so 'Aureo-Vittata', mit gelblichen Längsstreifen. *T. fluminensis* Vell. emend. Brückn., die Rio-Tradeskantie, besitzt meist violett überlaufene Sprosse, gestielte, etwas kleinere Blätter, die fast bläulichgrün gefärbt sind. Auch von dieser Art sind bunte Sorten in Kultur, 'Albo-Vittata' ist weißgestreift. Viele Sorten, vor allem manche bunten, lassen sich nicht ohne weiteres den beiden Arten zuordnen, wahrscheinlich sind auch schon Bastarde vorhanden.

Beide Arten und ihre Sorten sind dankbare und bekannte Pflanzen, die bei Temperaturen zwischen 5 und 20°C gut gedeihen. Die bunten Sorten schlagen gerne in die grünblättrige Art zurück, diese Triebe muß man herausnehmen. Tradeskantien sind auch dadurch interessant, daß sie Gelenkspflanzen sind. Muß sich der Sproß krümmen, so erfolgt die Krümmungsbewegung nur in den Blattknoten. Diese Art der Krümmung ist besonders für die Gräser typisch. Die Vermehrung ist leicht durch Stecklinge, die man gleich zu vielen in die Töpfe steckt. Als Substrat verwendet man Einheitserde, für die bunten Formen mit Sand gestreckt, denn diese Formen wollen magerer und vor allem lichter gehalten werden.

Washingtonia, Washingtonie

Die beiden Arten der Palmengattung *Washingtonia* H. Wendl. sind in den südwestlichen Staaten der USA., in Kalifornien, Arizona und New Mexico und im nordwestlichen Mexico zu Hause. Es sind stammbildende Pflanzen, deren Fächerblätter vor allem in der Jugend dicht mit Fäden besetzt sind und als Besonderheit nicht abfallen, sondern sich nach unten neigen und den Stamm umhüllen.

W. filifera (Lind. ex André) H. Wendl. (*Pritchardia f.* Lind. ex André) besitzt grüne, im unteren Bereich stark bestachelte Blattstiele und graugrüne Fächerblätter. Diese sind bis ins hohe Alter dicht mit Fäden besetzt.
Braune Blattstiele, die über die gesamte Länge bewehrt sind, und glänzendgrüne Blätter, die nur in der Jugend mit Fäden versehen sind, besitzt *W. robusta* H. Wendl.,(*W. filifera* var *r.* (H. Wendl.) Parish).
Washingtonien sind leichte Palmen, die aber eher sonnige Plätze verlangen und im Sommer sogar im Freien stehen dürfen. Die Wintertemperaturen sollten zwischen 6 und 14°C liegen. Bei kühler Überwinterung beschlagen sich die Blätter gerne, und es kommt zu Pilzkrankheiten, man muß also lüften. Während des Sommers kommt es im Zimmer manchmal zu Spinnmilbenbefall. Als Substrat verwendet man lehmige, schwerere Mischungen für ältere und Einheitserde für junge Pflanzen. Die Vermehrung erfolgt durch Aussaat.

Blühende und fruchtende Pflanzen für kühle Räume

Auch für sehr ungünstige Standorte gibt es also eine größere Anzahl blattschmückender Pflanzen, die man ruhigen Gewissens empfehlen kann. Bei den Blütentopfpflanzen, die für wenig beheizte Räume geeignet sind, ist die Auswahl leider nicht so groß, und vor allem kann man viele dieser blühenden Pflanzen nicht das ganze Jahr über im Zimmer kultivieren. Sie müssen in einem Gewächshaus, Mistbeetkasten oder anderswo herangezogen werden, nur die letzte Phase ihres Lebens verbringen sie in unseren Wohnräumen. Einige kann man noch einmal zur Blüte bringen, andere wirft man am besten weg. Nur wenige können ihr ganzes Leben in kühlen Wohnräumen kultiviert werden.

ol Zierspargel-Zwergform, *Asparagus densiflorus* 'Meyeri'
or Weißbunte Form der Reineckie, *Reineckea carnea* 'Variegata'

Tafel 7 · Blattpflanzen für kühle Räume II

ul Leuchterblume, *Ceropegia linearis*. So bizarr sehen ihre Blüten von der Nähe aus
um 'Kind im Schoß', *Tolmiea menziesii* 'Prolifera' (oben). Japanische Rohdee, *Rohdea japonica* (unten)
ur Weißbunter Schlangenbart, *Ophiopogon jaburan* 'Variegatus', ein sehr hartes Gewächs

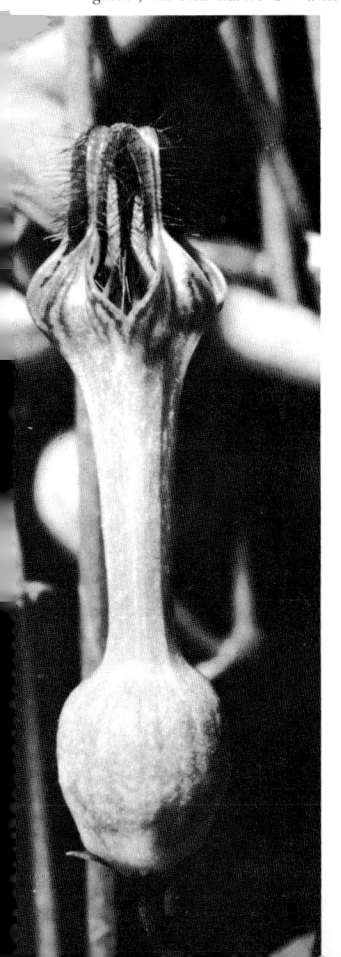

Tafel 8
Tropische Effekte im Freien

ol Zieringwer, *Hedychium gardnerianum,* mit auffallendem Blütenstand
or Der strauchige Stechapfel *Datura candida* bringt duftende Glocken
ul Tropische Gruppe in einem Gartenhof: Leuchtendrote *Salvia heerii*, hellgrüne Bananenblätter, Palmblätter und Pelargonien
ur Gelbblühender Strauchstechapfel, *Datura suaveolens* 'Aurea'

Abutilon, Schönmalve

Die Schönmalven gedeihen ihr Leben lang in einem kühlen Wohnraum oder im Sommer sogar im Freien. Die Gattung *Abutilon* Mill. gehört zu den *Malvaceen*, den Malvengewächsen; meist sind es Kräuter oder Sträucher mit wechselständigen, ganzteiligen oder gelappten, ahornartigen Blättern. Die Blüten entwickeln sich einzeln oder zu mehreren aus den Blattachseln und sind schalen- oder glockenförmig. Bei manchen Arten kann der normal grüne Kelch bunt sein. Die ungefähr 150 Arten der Gattung bewohnen die Tropen und Subtropen.

Durch Kreuzung verschiedener Arten, vor allem *A. darwinii* und *A. striatum*, sind die *A.-Hybriden* entstanden, vielgepflegte Zimmerpflanzen mit grünen oder panaschierten Blättern. Die glockigen oder schalenförmigen Blüten können rot, orange, gelb, violett, rosa oder weiß sein, der Kelch ist grün. Die Panaschüren (Weißbuntheit) der Blätter können entweder auf eine Virusinfektion zurückzuführen sein oder auf Chimären von chlorophyllhaltigen und -losen Geweben. Im ersten Fall sind die Blätter gelbgescheckt, im zweiten Fall flächig weiß-grün gefärbt.

Eine der bezauberndsten Schönmalven ist die etwas temperaturbedürftige *A. megapotamicum* St.-Hil. et Naud. (*A. vexillarium* E. Morr.) aus Brasilien. Die Blätter sind aus herzförmigem Grund lang keilförmig zugespitzt und am Rand gezähnt. Die Blüten sitzen einzeln oder zu mehreren in den Blattachseln auf dünnen, hängenden Stielen. Der aufgeblasene Kelch ist leuchtend rot gefärbt, die Blütenblätter hellgelb und die zusammengewachsenen Staubblätter dunkelbraun. Diese Kombination kommt besonders gut zum Ausdruck, da die Pflanze überhängend wächst und die Blüten wie Perlen aufgefädelt an den Trieben sitzen. Die Pflanze blüht das ganze Jahr, am meisten jedoch im Frühling und Sommer. Eine Viruspanaschüre mit gelbgefleckten Blättern ist 'Aureum'.

Durch die besonders schöne, gelbe Fleckung der Blätter fällt die Viruspanaschüre *A. striatum* Dicks. ex Lindl. 'Thompsonii' auf. Diese Sorte trägt glockenförmige, orangerote, dunkel geaderte Blüten einzeln an langen Stielen in den Blattachseln.

Schönmalven gedeihen gut in kühlen oder temperierten Räumen an hellen Standorten. Im Sommer kann man sie an windgeschützten Plätzen im Garten verwenden, sie müssen aber vor dem ersten Frost hereingenommen werden. Man schneidet sie dann stark zurück, überwintert kühl und pflanzt sie im Frühjahr in frisches Substrat und vielleicht in größere Gefäße um. Nach kurzer Kultur in einem temperierten Raum können sie nach den Eismännern ausgepflanzt werden.

Die Vermehrung erfolgt durch Aussaat, am ehesten bei den *A.-Hybriden*, von denen es viele Sorten im Handel gibt, oder Stecklinge, beides geht leicht.

Von *A. megapotamicum* lassen sich durch Veredlung schöne Hochstämmchen ziehen. Man zieht eine wüchsige Unterlage, am besten *A. striatum* 'Thompsonii', auf die gewünschte Höhe, ohne jedoch die Seitentriebe ganz zu entfernen; sie sollen, ähnlich den Stammverstärkungstrieben bei den Obstbäumen, stehenbleiben. In der gewünschten Höhe köpft man die Unterlage und spaltet sie seitlich durch einen Schnitt ein. Das Edelreis, das nicht zu dünn sein darf, wird beidseitig angeschnitten, so daß ein Keil entsteht, und in den Spalt eingeschoben. Man verbindet und stülpt über das Ganze ein Plastiksäckchen. Nach zwei Wochen ist das Edelreis angewachsen, und man beginnt mit dem Pinzieren der Stammverstärkungstriebe, welche, da der Kopf der Unterlage fehlt, sich besonders stark entwickeln. Damit das Edelreis nicht ausbricht, bindet man an die Unterlage ein dünnes, aber festes Bambusspaltstäbchen an, an dem man auch das Edelreis anheftet.

Durch Veredlung kann man auch grüne Pflanzen der Schönmalve mit dem Blattpanaschüre-Virus infizieren. Man geht genauso vor und nimmt als Unterlage ebenfalls *A. striatum* 'Thompsonii'.

Bougainvillea, Bougainvillee

Die Bougainvillee ist nur dann als Topfpflanze zu empfehlen, wenn man eine schwachwüchsige Sorte erhält, sonst sind diese subtropischen und tropischen Kletterer nur für große kühle Wintergärten oder Veranden geeignet. Die Gattung *Bougainvillea* Comm. ex Juss. umfaßt ungefähr 15 Arten, die in den tropischen und subtropischen Gebieten Südamerikas beheimatet sind. Heute ist die Gattung, die zu den Wunderblumengewächsen, den *Nyctaginaceen*, gehört, weltweit verbreitet und auch im Mittelmeergebiet anzutreffen. Bougainvilleen sind meist dornige, kletternde Bäume oder Sträucher mit wechselständigen, eirundlichen bis lanzettlichen, ganzrandigen Blättern. Die Blüten sind unscheinbare gelbliche Röhren, wir sehen die farbenprächtigen Hochblätter.

B. glabra Choisy stammt aus Brasilien und kann mit seinen dornigen Zweigen bis 4 und 6 m hoch klettern. Die Blüten erscheinen während des ganzen Sommers, die Hochblätter sind leuchtend lila gefärbt. Es sind wichtige Sorten in Kultur, so 'Sanderiana' mit dunkelvioletten Brakteen und 'Alexandra', schwachwüchsiger, ebenfalls violett blühend, die Standardtopfsorte.

B. spectabilis Willd. ist auch in Brasilien heimisch, heute jedoch weltweit verbreitet, da sie noch kräftiger wächst und für die Gärtner der Tropen unentbehrlich ist. Diese Art wird in vielen Sorten gehandelt, es gibt auch welche mit gelben, rosafarbenen und roten Hochblättern. Die Art blüht lila.

Die starkwüchsigen Sorten der Bougainvilleen sind nur für größere Wintergärten, frostfreie Veranden oder Kalthäuser zu verwenden, wo sie auf Drähten gezogen werden und während des Winters bei Temperaturen von 5 bis 8°C gehalten werden. Topfpflanzen hält man während des Winters ebenfalls recht kühl und stellt sie dann im Frühjahr in ein temperiertes oder warmes Zimmer, bei 15 bis 20°C. Während der Wintermonate brauchen sie wenig Wasser, mehr und auch Flüssigdüngung ist im Sommer erforderlich. Topfpflanzen blühen bei kühler Überwinterung meist von Ende April bis Juni. Eine andere Möglichkeit empfiehlt sich für Gegenden, wo Frühfröste selten auftreten oder Schutz vor ihnen gegeben werden kann. Die kühl überwinterten Bougainvilleen werden erst Anfang April wärmer gestellt und nach den letzten Spätfrösten mit ihrem durchbrochenen Container ins Freie ausgepflanzt. Der beste Standort ist eine südseitige Mauer oder ein geschützter Ort auf einer Terrasse, wo ein kleines Spalier zum Aufziehen der Triebe vorhanden ist. Während der Sommermonate lohnen die Pflanzen diese Pflege mit starkem Wachstum und reicher Blüte. Im Herbst, ungefähr Anfang September, wird der Container umstochen, am besten auf zweimal, damit die Wurzeln abgetrennt sind. Man läßt die Pflanzen aber noch weiter im Freien. Wenn die Nächte dann regelmäßig tiefe Temperaturen versprechen, wird der Container, nachdem die Bougainvillee stark zurückgeschnitten wurde, herausgenommen und wieder auf den Überwinterungsplatz gebracht.

Die Vermehrung erfolgt durch harte Stecklinge. Die Wurzeln sind sehr brüchig, es sollte unbedingt in Töpfe gesteckt werden. Die Bewurzelungstemperaturen sollen hoch sein, zwischen 25 und 30°C. Die Vermehrung ist aus diesem Grund selbst für gut ausgerüstete Liebhaber nicht leicht.

Calceolaria, Pantoffelblume

Die krautigen Pantoffelblumen sind beliebte Blütenpflanzen, die mit ihren kräftig gezeichneten Blüten Leben in den Spätwinter bringen. Die Gattung *Calceolaria* L. gehört zu den Braunwurzgewächsen, den *Scrophulariaceen*, umfaßt ungefähr 300 Arten, die bis auf wenige Ausnahmen in Südamerika heimisch sind. Es gibt unter ihnen Kräuter, Halbsträucher und Sträucher. Die Blätter sind gegenständig oder in Quirlen angeordnet, die Blüten sind zweilippig, die Oberlippe ist klein oder fehlt überhaupt, die Unterlippe ist groß und schuhartig aufgeblasen.

Die Pantoffelblumen des Frühjahrs sind Hybriden verschiedenster Arten und werden unter der Bezeichnung C.-Hybriden (C. × herbeohybrida Voss) zusammengefaßt. Ihre hellgrünen, gegenständig angeordneten Blätter bilden dichte Rosetten, aus denen sich dann die verzweigten Blütenstiele erheben. Die Blüten können verschiedene Farbverteilungen zeigen. Im allgemeinen unterscheidet man getigerte, d. h. gefleckte Sorten und getuschte, deren Schuhoberseite anders gefärbt ist als die restliche Blüte. Daneben gibt es natürlich auch noch einfarbige Blüten. Die Farben, die wir bei Pantoffelblumen finden, sind gelb, orange, braun und rot, sehr selten auch einmal hellgelblichweiß.

Will man eine Pantoffelblume möglichst lange in Blüte haben, so muß man kühl und hell stellen. Bei höheren Temperaturen werden die Pflanzen weich, die Blüten klein und interessanterweise die Flecken auf den Blüten weniger, d. h., getigerte Pflanzen können einfarbig werden. Das Gießen ist einzuschränken.

Wenn man Pantoffelblumen selbst aus Samen zieht, ist es wichtig zu wissen, daß sie tiefe Temperaturen brauchen, um Blüten anlegen zu können. Sie müssen allerdings eine gewisse Größe erreicht haben, ungefähr 6 Blattpaare. Die Pflanzen dürfen bei den Induktionstemperaturen, unter 12°C, nicht zu feucht gehalten werden, da sie sonst gerne faulen. Sind die Blüten nach 6 Wochen tiefer Temperatur angelegt, kann man sie bei 15°C halten. Die Substrate müssen durchlässig und nährstoffreich sein. Bei Kälte und Nässe ist oft die Eisenaufnahme gestört, und Chlorosen sind die Folge. Vorsichtig umgehen mit Eisenchelaten, diese rufen manchmal Schäden hervor! Die Vermehrung erfolgt durch Aussaat von Juli bis September. Das Saatgut ist sehr fein, es darf nicht abgedeckt werden. Bereits aus einem achtel Gramm Saatgut kann man 500 Pflanzen heranziehen. Die Saatschalen werden mit Glasscheiben abgedeckt und bei 16°C aufgestellt. Auch Jungpflanzen lieben diese Temperaturen, später hält man die oben erwähnten Werte ein.

Campanula, Glockenblume

Als 'Braut und Bräutigam' bezeichnet man in manchen Gegenden bestimmte Glockenblumen, die ebenfalls ganzjährig im hellen, kühlen Zimmer gezogen werden können. Die Gattung *Campanula* L. gehört zur Familie der Glockenblumengewächse, *Campanulaceen*. Die 300 Glockenblumenarten sind zumeist krautig oder staudig, führen Milchsaft und bringen ihre glockigen, seltener flachen Blüten end- oder achselständig, sie sind in den gemäßigten und subtropischen Gebieten der nördlichen Erdhalbkugel verbreitet. Wenige Arten sind nicht winterhart, darunter auch die im Zimmer gezogenen.

C. fragilis Cyr. stammt aus Süditalien und besitzt kurze Kelchzipfel und kleine, bis 2,5 cm breite Grundblätter, die Blüten sind hellblauviolett mit dunklerem Grund, bei 'Alba' weiß.

C. isophylla Moretti ist in den ligurischen Bergen Nordwestitaliens zu Hause, ihre Kelchzipfel sind sehr lang, die Grundblätter sind bis 3,5 cm breit. Die Sorte 'Mayi' ist graubehaart, mit einigen weißen Flecken auf den Blättern versehen und blüht blau, wie die Art. Es gibt aber auch eine weißblühende Sorte: 'Alba'.

Beide Arten bewohnen an ihren Heimatstandorten sonnige Kalkfelsspalten und -löcher, auch gerne Sekundärstandorte, Mauern und ähnliches, aus denen sie hervorquellen. Sie sind gute Ampelpflanzen, können aber auch aufgebunden kultiviert werden. Die Blüten werden bei Langtagbedingungen, d. h. bei Tageslängen über einem bestimmten Grenzwert, angelegt, der Gärtner kann sie durch Zusatzbelichtung früher zur Blüte bringen. Ihre normale Blütezeit ist von Juni bis Anfang September. Im Winter werden sie sehr kühl gehalten, im Sommer stehen sie am Fenster, welches am besten offen sein sollte, oder werden im Fensterkistchen ausgepflanzt. *C. fragilis*, im Aspromonte von Calabrien gesammelt, hat bei mir schon einige Jahre im Alpinenhaus durchgehalten und dabei Temperaturen von unter 10°C unter dem Gefrierpunkt aushalten müssen. Vermehrt wird durch Aussaat oder Stecklinge.

Der Anbau erfolgt im März, man pikiert zweimal und gibt dann mehrere Sämlinge in den Endtopf, die Jungpflanzen müssen oft pinziert werden, damit sie buschig wachsen. Die Substrate seien kräftig, aber durchlässig, es sind ja Pflanzen des Mittelmeerraumes. Die Stecklingsvermehrung ist leicht, man hält die Stecklinge eher kühl. Man vermehrt am besten im Spätsommer, nach der Blüte, und verjüngt so; nach dem Bewurzeln zu alte oder zu große Pflanzen entfernen.

Clivia, Clivie, Riemenblatt

Die Clivie oder das Riemenblatt ist eine sehr verbreitete Zimmerpflanze, die leider bei manchen Pflegern nicht blüht. Die drei in Südafrika heimischen Arten der Gattung *Clivia* Lindl. besitzen fleischige Wurzeln und aus den Blattgründen gebildete Zwiebel- oder Scheinstämme. Die Blätter sind streng zweizeilig angeordnet, der blattlose, flachgedrückte Blütenschaft ist voll, also nicht hohl und trägt die doldig angeordneten Blüten.

Die verbreitetste Art ist *C. miniata* Regel, sie erreicht bis 80 cm Höhe, der Blütenschaft erscheint aus den Blättern. Die Einzelblüten sind trichterförmig, orange- bis scharlachrot gefärbt und besitzen eine gelbe Kehle. Die Hauptblütezeit ist von Februar bis Mai. Dunkelorangerot blühende Clivien haben meist kurze und breite Blätter, hellblühende Pflanzen haben schmale, lange und zugespitzte Blätter.

Die Clivie, eine Standardzimmerpflanze, wirkt sowohl durch die Blätter als auch durch die Blüten zierend. Sie verlangt als erwachsene Pflanze eine zweimonatige Ruhezeit, die im Frühherbst einzuhalten ist. Während dieser Zeit hält man die Pflanzen trockener, die strikte Einhaltung der Ruhezeit ist die Voraussetzung für die Blüte. Im Winter hält man Clivien bei Temperaturen von 12 bis 18°C, doch sind tiefere Temperaturen beim Wässern zu beachten, man muß wenig Wasser geben. Im Sommer können die Temperaturen auch höher ansteigen. Die Substrate sollen durchlässig und nicht zu schwer sein, da sonst die fleischigen Wurzeln gerne zu faulen beginnen. Ist eine Clivie blühfähig, wird sie nur alle 2 bis 3 Jahre umgetopft, sie blüht dann reicher. Die nötigen Aufbaustoffe muß man ihr durch Flüssigdüngung wöchentlich verabreichen. Manchmal bleiben die Blütenschäfte der Clivie stecken, sie strecken sich nicht. Man kann durch Gießen mit warmem Wasser (ca. 40°C) nachhelfen. Das Steckenbleiben ist physiologisch bedingt, es tritt zumeist auf, wenn die Ruhezeit zuwenig streng eingehalten wurde oder die Pflanzen zu dunkel stehen.

Zur Vermehrung nimmt man am besten Kindel ab, die jedoch nicht zu klein sein dürfen, da sie sonst schlecht weiterwachsen. Bis zur Erreichung der blühfähigen Größe wird keine Ruhezeit eingehalten und auch bei höheren Temperaturen kultiviert. Auch Aussaat ist möglich. Die schwarzen Samen sind groß und werden in roten Beeren entwickelt; zumeist sind sie ziemlich teuer, doch ist es interessant, einige Pflanzen auf diese Art heranzuziehen. Auch bei der Samenanzucht kultiviert man ohne Ruhezeit durch. Nach 3 bis 4 Jahren sind die Pflanzen so groß, daß das Einschalten einer Ruhezeit sinnvoll ist und die Pflanze blühen kann.

Cyclamen, Alpenveilchen, Zyklame

Obwohl das Alpenveilchen, die Zyklame, von ihrer Kultur und Pflege keinesfalls ideal für die Zimmerpflanzenfreunde ist, wird sie noch immer in großen Mengen gezogen. Sie steht in Österreich bei den Topfpflanzen an erster Stelle, in der Bundesrepublik Deutschland hinter der Topfazalee an zweiter. Zyklamen sind niedrige Kräuter mit knolligem Rhizom und langgestielten, herz-, ei- oder nierenförmigen Blättern. Die nickenden Blüten stehen einzeln an den aufrechten Stielen und sind, bei den wilden

Arten, weiß, rosa oder rot gefärbt. Die Gattung *Cyclamen* L. gehört zu den Primelgewächsen, den *Primulaceen;* die ungefähr 16 Arten bewohnen Mitteleuropa und das Mittelmeergebiet und dessen klimatische Ausläufer.

In rund hundert Jahren hat sich aus dem *C. persicum* Mill. (*C. latifolium* Sibth. et Sm., *C. allepicum* Fisch., *C. puniceum* Pomel) unser Zimmeralpenveilchen, unsere Zyklame entwickelt. Die Wildart ist in Israel, Jordanien, Syrien, der Türkei, Griechenland und auf Zypern, Kreta und Rhodos beheimatet. Ein Standort bei Tunis dürfte bereits in der Antike vom Menschen geschaffen worden sein. Die Wildart hat 3 bis 5 cm große, weiße oder rosagefärbte, oft geaugte, duftende Blüten und silberig gezeichnete, herzförmige Blätter. In der Heimat bewohnt *C. persicum* Macchien und niederwüchsige Bergwälder, immer auf Kalk.

Die Züchtung hat sich erst um 1870 dieser Pflanze angenommen, obwohl sie nachgewiesenermaßen bereits 1620 in Kultur war. Der erste Erfolg war die Auslese von tetraploiden Pflanzen, die größere Blüten und eine raschere Entwicklung mit sich brachten. Heute wird diese Auslese – durch die Schwierigkeiten bedingt, die dadurch bei der Auslese von rezessiven Genen auftreten – gar nicht so sehr als Fortschritt gewertet. In der Folge wurde der Züchtung neuer Farben besonderer Wert beigemessen. Die heute fast überwiegend angebauten Sorten in Lachstönen traten erst um die Jahrhundertwende auf.

Besondere Blütenformen gab es bei der Zyklame schon immer, doch nur wenige werden marktgärtnerisch verwendet. Gefülltblühende Zyklamen, deren Füllung durch Umwandlung von Antheren und Fruchtknoten zu zusätzlichen Blütenblättern entstanden war, erwiesen sich als nicht verwendbar, wohl aber Pflanzen, bei denen sich die Zahl der Blütenblätter verdoppelt hatte, ohne daß Antheren oder Fruchtknoten in Mitleidenschaft gezogen worden waren. Diese Rassen werden heute als **zehnblumenblättrige Zyklamen** bezeichnet. Stark gefranste und gekrauste Zyklamen werden als **Rokoko-Zyklamen** gehandelt, auch von ihnen gibt es zehnblumenblättrige Auslesen. Eine Sonderform ist die **Victoria-Zyklame,** die geäugt ist und deren Fransung dieselbe Farbe zeigt wie das Auge. Die Durchzüchtung dieser Rassen, wie auch der **Harlekin-Zyklamen,** die andersfarbige Streifen in den Blumenblättern besitzen, ist durch die Tetraploidie der Zyklame sehr schwierig und langwierig. Bei der Durchsicht eines großen Sortiments entdeckte der Niederländer Wellensiek viele diploide Rassen und baute auf diese eine Züchtung auf; die **Wellensiek-Zyklamen** sind ebenfalls im Handel. Durch Einkreuzung der wilden Art entstanden die **Miniatur-Zyklamen**. Die ersten Versuche auf diesem Gebiet liegen nun schon 40 Jahre zurück, als die steirische Gärtnerei Pregetter in Weiz die ersten **Duft-Zyklamen** herausgab. Im Kieler Botanischen Garten wiederholte Jacobsen diese Kreuzung, heute gibt es viele Rassen neben den **Kieler-Duft-Zyklamen**. In der Schweiz gab die Firma Moll in Zürich eine Rasse heraus, in der DDR werden die Typen um die 'Kleine Dresdnerin' angeboten. Alle diese **Miniatur-Zyklamen** zeichnen sich durch kleinere Blüten, durch den Duft und die meist dezenteren Farben aus.

Nur für den Gärtner interessant sind die **Friesdorfer Schnittzyklamen,** eine Züchtung der gärtnerischen Versuchsanstalt Friesdorf bei Bonn-Bad Godesberg.

Auch das Blatt der Zyklame unterliegt gewissen Schwankungen, und eine Sonderform ist das Silber- oder Rexblatt, das weiß gefärbt ist und nur eine zentrale, grüne Zone besitzt.

Betrachtet man die Farben der Zyklame, so steht der sogenannte Lachston, egal ob nun Hellachs oder Dunkellachs, an der Spitze. Diese Farbe macht ungefähr 80 % aller kultivierten Zyklamen aus. Neu im Sortiment sind die **Pastell-Zyklamen,** deren Farben wie mit Rahm vermischt aussehen und von denen es herrliche Erdbeer- und Himbeertöne gibt.

Die Vermehrung der Zyklame erfolgt durch Aussaat, das Saatgut wird nach Stück gehandelt. Die Kulturzeit dauert ungefähr ein Jahr, so daß man also ein Jahr vor dem gewünschten Blühtermin aussäen muß. Als Aussaatsubstrat eignet sich am besten TKS 1. Die optimale Keimtemperatur der Zyklame liegt bei 18° C, bei höheren Temperaturen keimt sie nicht, bei tieferen sehr verzögert. Man legt die Samenkörner am besten im Abstand 3 x 3 cm aus. Haben sich 3 bis 5 Blätter entwickelt, pikiert man um und topft dann ein. Die Substrate müssen humos sein und dürfen nicht zuviel Kalk enthalten, auch gegen salzreichen Kompost hat die Zyklame eine Abneigung. Die Zyklamenkultur muß sauber durchgeführt werden, Hygiene schützt noch immer am besten vor den vielen gefährlichen Krankheiten, die der Zyklame nachstellen. Die Kultur der Zyklame muß im Kleingewächshaus oder im Mistbeetkasten erfolgen, vor Frost müssen die Pflanzen aber immer geschützt werden.

Als Zimmerpflanzen sind die Zyklamen ideal für kühle und helle Räume. Sie sollten immer über den Untersatz gegossen werden, da das Feuchtwerden der Blattgrundregion und der Knospen das Auftreten der Grauschimmelkrankheit begünstigt. Will man die Pflanzen längere Zeit in Blüte haben oder aber weiterkultivieren, so muß man unbedingt flüssig düngen. Welke Blätter, abgeblühte und faule Blüten müssen sofort entfernt werden. Tritt Grauschimmel auf, so muß man ihn bekämpfen: zuerst gilt es luftiger zu stellen und die Luftfeuchtigkeit zu senken. Zum Bestäuben nimmt man Holzkohlenstaub oder B-500, ein Spezialpräparat gegen Grauschimmel. Wirksam kann man dieser Krankheit auch durch regelmäßiges Gießen mit Benomyl, einem systemischen Fungizid, entgegentreten.

Will man Zyklamen im nächsten Jahr wieder in Blüte haben, so kann man weiterkultivieren; die eingeschaltete Ruhezeit darf aber nicht so streng sein, daß die Ballen vollkommen austrocknen, unsere Zimmer-Alpenveilchen vertragen das nicht mehr. Sieht man, daß sich der Neuaustrieb entwickelt, so wird in humoses Substrat umgetopft und regelmäßig gewässert und gedüngt. Alte Pflanzen bilden oft viele Blüten, aber wenig Blätter aus.

Werden Zyklamen als Vasenschmuck gebraucht, so reißt man die Blüten. Der schmale Grundteil wird weggeschnitten und der Stengel ungefähr 2 bis 3 cm tief gespalten. So halten Schnittzyklamen in günstigen Fällen bis 3 Wochen.

Exacum, Blaues Lieschen, Indisches Veilchen

Seltener anzutreffen ist das Blaue Lieschen, das im Sommer und Herbst blüht und sowohl im Zimmer als auch im Freiland gut zu verwenden ist. Die Gattung *Exacum* L. gehört zu den Enziangewächsen, den *Gentianaceen*. Ihre Angehörigen sind meist aufrechte Kräuter mit kantigem Stengel und gegenständigen Blättern. Die fünfteiligen Blüten sind in gabelästigen Trugdolden angeordnet, die 30 bekannten Arten bewohnen das tropische und subtropische Asien und Afrika. *E. affine* Balf. f. ist eine zweijährige, fleischige Pflanze und stammt aus Sokotra. Die breitovalen Blätter sind 3 cm lang und stehen gegenständig an den von unten reichlich verzweigten Trieben. Die Blüten sind 12 bis 14 mm breit, hellavendelblau mit gelben Staubbeuteln. Es gibt einige Sorten mit dunklerer Blütenfarbe. Die Blüten duften zart, nie aufdringlich.

Das Blaue Lieschen ist eine nach der Blüte im Sommer und Herbst absterbende Pflanze, die im reichen Schmuck der lavendelfarbenen Blüten recht gut aussieht. Im Zimmer braucht sie viel Licht und Luft, im Freiland versagt sie in kühlen und regnerischen Sommern. Vermehrt wird sie durch Aussaat im Februar und März, es wird zweimal pikiert, und dann werden mehrere Pflanzen in einen 10-cm-Topf gepflanzt. Die Temperaturen sollten um 16 bis 18° C liegen, die Kultur ist nach den Eisheiligen im Mistbeetkasten möglich. Als Substrat eignet sich Einheitserde mit Sand gestreckt sehr gut.

Haemanthus, Elefantenohr

Aus der Gattung *Haemanthus* L. sind einige Arten in Kultur, für kühle Räume eignet sich aber nur *Haemanthus albiflos* Jacq., das Elefantenohr oder »Lebende Buch«. Alle Haemanthusarten, man kennt ungefähr 60 Arten, bewohnen das tropische und südliche Afrika und sind Zwiebelpflanzen mit großen, z. T. lederartigen Blättern. Die roten, orangen oder weißen Blüten stehen zu dichten Dolden zusammen und werden von einem kurzen, vollen Schaft getragen.

Das Elefantenohr stammt aus Südafrika und blüht im Sommer und Herbst. Der kurze Schaft trägt die weißen, von Hüllblättern umgebenen Blüten, die vor allem durch die weißen Staubfäden und die gelben Staubbeutel wirken. Die immergrünen, fleischigen Blätter sind zweizeilig angeordnet, 15 bis 30 cm lang und bis 10 cm breit und besitzen ein stumpfes Ende, meist sind nur vier oder sechs Blätter ausgebildet. Die fleischige Zwiebel wird aus den Blattbasen gebildet.

Diese Pflanze ist leicht in kühlen Räumen zu halten und blüht auch regelmäßig, man kann sie auch mit Kakteen oder anderen Sukkulenten zusammen kultivieren. Die Substrate sollen durchlässig sein. Zur Vermehrung schneidet man Blätter ab und legt sie auf, nach einigen Wochen haben sich an der Schnittstelle Jungpflanzen gebildet, die man abnimmt und weiterkultiviert.

Hebe, Strauchehrenpreis

Gute blühende Zimmerpflanzen, die sehr lange und reich blühen, sind die nicht winterharten Strauchehrenpreisarten aus Neuseeland. Die Gattung *Hebe* Comm. ex Juss. gehört zu den Braunwurzgewächsen, den *Scrophulariaceen*, und ist nahe mit der altweltlichen Gattung *Veronica* L. verwandt. Die 140 Arten bewohnen Neuseeland, wenige auch Australien und Tasmanien. Es sind niederliegende Sträucher bis kleine Bäume mit gegenständigen, großen oder aber auch nur schuppenartigen Blättern und achselständigen Blütentrauben. Die Blütenfarbe ist weiß, rosa oder blau. Einige Arten sind winterhart, andere wieder gehören ins kühle Zimmer. Die winterharten *Hebe*-Arten werden viel zuwenig verwendet. Es gibt zwergwüchsige, nur 5 cm hohe Arten, aber auch solche mit 40 bis 50 cm Höhe. Bei manchen winterharten Arten finden sich Schuppenblätter und braune Laubtöne.

Die nicht winterharten Pflanzen sind fast ausschließlich Hybriden, die unter dem Namen *H.-Andersonii*-Hybriden (*H.* × *andersonii* (Lindl. et Paxt.) Cock.) zusammengefaßt werden können. Sie sind durch Kreuzung von *H. speciosa*, *H. elliptica*, *H. macrocarpa* und *H. salicifolia* entstanden. Alle sind aufrechte Sträucher mit gegenständigen, ledrigen, ovalen oder zugespitzten Blättern, die zwischen 5 und 15 cm lang sind. Die Blütentrauben erscheinen aus den Blattachseln und sind kurz, fast kugelig oder länglich. Die Blütenfarbe variiert, es gibt Sorten mit weißen, blauen und karminroten Blüten, daneben noch weißbuntblättrige.

Die Strauchehrenpreis-Sorten sind sehr ansprechend und wirken besonders gut während der Blütezeit im Herbst und Winter. Die Einzelblüten halten allerdings nicht lange, so daß sie selten anzutreffen sind. Sie sind hart, vertragen im Winter Temperaturen bis 2°C, gedeihen auch im Schatten und können im Sommer im Freien ausgesenkt werden. Die Substrate müssen sehr nährstoffreich sein, da die Pflanzen arge Fresser sind. Im Frühling und Sommer muß man oft pinzieren, damit sie buschig werden. Sie brauchen im Sommer viel Wasser und regelmäßige Flüssigdüngung. Am besten wachsen die Stecklinge im Herbst, sehr gut unter einer Folienhaube.

Hoya, Wachsblume

Eine verbreitete Zimmerpflanze ist die Wachsblume, deren Blüten gut duften und auch durch den ausgeschiedenen Nektar sehr auffällig sind. Die Gattung *Hoya* R. Br. gehört zu den Seidenpflanzengewächsen, den *Asclepiadaceen*. Die 100 bekannten Arten sind in Ostasien und Australien beheimatet. Die meisten Arten klettern, besitzen gegenständige, ledrige Blätter, Blüten in Dolden.

H. australis R. Br. stammt aus Australien und besitzt rundovale, lederige, aber nicht fleischige, 8 cm lange Blätter. Die Blüten sind 1,5 cm breit und weiß mit rosarot gefärbt.

Die bekannte Wachsblume, *H. carnosa* (L.) R. Br. (*Asclepias c.* L.) ist in China und Ostaustralien beheimatet, auch sie klettert stark. Die eirundlänglichen, zugespitzten Blätter sind sehr fleischig und bis 8 cm lang. Die Blüten sind 1,5 cm breit und weiß mit rot gefärbt. Sie duften ausgezeichnet und tragen einen Nektartropfen. Von dieser bekannten Pflanze gibt es zwei weißbunte Sorten: 'Variegata' ist am Rand gelblichweiß, 'Exotica' in der Blattmitte gelb gefärbt.

Die Wachsblumen sind gute Zimmerpflanzen für kühle und temperierte Räume. Sie brauchen helle Standorte und lieben keinesfalls Platzwechsel. Während der Sommermonate soll die Temperatur nicht zu hoch sein, da sich sonst verschiedene Schädlinge, vor allem Schild- und Wolläuse, einfinden. Die besten Sommertemperaturen liegen bei 20°C, im Winter wird eine Ruhezeit, mit sparsamerem Gießen, bei 10 bis 15°C eingehalten. Die Hauptblütezeit ist der Sommer und Herbst, die Blüten werden bei lichtem Standort leichter angelegt. An den Kurzsprossen, die bereits einmal Blüten gebracht haben, werden immer wieder welche angelegt, man darf diese also nicht entfernen. Man nimmt Einheitserde, mit Sand und trockenem Kuhdung versetzt, auf jeden Fall nährstoffreich und durchlässig. – Stecklingsvermehrung bei Bodentemperaturen über 20°C.

Jacobinia, Jacobinie

Selten anzutreffen ist eine altmodische Blütenpflanze, die ihre rot-gelb zweifarbigen Blüten im Winter und Frühjahr bringt, *Jacobinia pauciflora* (Nees) Lindau (*Libonia floribunda* K. Koch, *Sericographis p.* Nees). Die Gattung *Jacobinia* Nees ex Moric. gehört zu den Bärenklaugewächsen, den *Acanthaceen*, und umfaßt ungefähr 30 Arten, die alle in den wärmeren Gebieten Südamerikas zu Hause sind. Es sind aufrechte Kräuter oder Sträucher mit gegenständigen Blättern und zweilippigen Blüten, die entweder in endständigen Blütenständen oder einzeln blattachselständig angeordnet sind.

J. pauciflora wird in der letzten Zeit häufiger, meist unter dem Synonym *Libonia floribunda* kultiviert und von Jungpflanzenfirmen angeboten. Die Pflanze wächst strauchig und wird bis 50 cm hoch, sie verzweigt sich sehr leicht und bildet dichte Büsche. Die ledrigen Blätter sind unterschiedlich groß, zwischen 2 und 6 cm, elliptisch oder länglich. Die Blüten erscheinen in großer Zahl einzeln aus den Blattachseln, sie sind bis 3 cm lang, an der Basis rot, gegen die Spitze zu gelb gefärbt. Die Art ist in Brasilien beheimatet.

Diese Jacobinie ist eine reichblühende Pflanze, wenn man einige ihrer Wünsche kennt. Sie darf nie ballentrocken werden, da sonst fast alle Blätter abgeworfen werden; man stellt sie also ab und zu in Wasser ein und läßt den Ballen sich vollsaugen. Reichliche Blüte kann man nur dann erwarten, wenn die Pflanzen im Spätsommer und Frühherbst sehr hell, am besten sonnig im Freien, gestanden haben. Nach der Blüte schneidet man zurück und topft in Einheitserde um. Beginnt das Wachstum, so pinziert man ein- oder zweimal, wässert und düngt reichlich und stellt sie, wenn es möglich ist, im Freien, sonst hell und sonnig auf. Ältere Pflanzen hält man winters bei 5 bis 8°C und erst mit Beginn der Blüte im Zimmer.

Man vermehrt durch Stecklinge im Februar oder März, wenn man große Pflanzen bis zum Herbst haben will; sonst eigentlich zu jeder Jahreszeit. Die Vermehrung der Jacobinie ist leicht.

Kalanchoë, Flammendes Käthchen

Obwohl sukkulent, fleischig, sind sie doch schon richtige Zimmerpflanzen geworden, die Kalanchoën, deren sternförmig rotblühende Sorten als »Flammendes Käthchen« bezeichnet werden. Die Gattung *Kalanchoë* Adans. umfaßt heute auch die Gattung *Bryophyllum* Salisb., die Brutblattarten. Alle sind

Stauden oder Halbsträucher mit gegenständigen, unterschiedlichst geformten fleischigen Blättern und glockigen oder sternförmigen, in endständigen Trugdolden angeordneten Blüten. Die 200 bekannten Arten sind in den Tropen der Alten Welt beheimatet.

Die als Zimmerpflanzen am weitesten verbreiteten Kalanchoën sind entweder Sorten von *K. blossfeldiana* v. Poelln. oder Bastarde dieser Art mit anderen Arten. Die lilaroten und violetten Töne sind z. B. durch die Einkreuzung von *K. pumila* Bak., einer mittelmadegassischen Art, entstanden. *K. blossfeldiana* ist ebenfalls auf Madagaskar beheimatet und erreicht 30 cm Höhe. Die natürliche Blütezeit ist von Januar bis April, doch kann man diese Kurztagpflanze durch Belichten am Blühen hindern und es durch Verdunkeln künstlich herbeiführen. Die fleischigen Blätter sind, je nach der Sorte, 3 bis 8 cm lang, breiteiförmig oder -länglich und gekerbt. Die bei der Art leuchtendroten Blüten stehen in dichten Trugdolden. Die Schlafbewegungen – die Blüten schließen sich des Nachts – hat man den modernen Sorten bereits weggezüchtet. Heute gibt es neben roten auch orange, karminrote, violette, gelbe und weiße Blüten. Die Züchtung der Kalanchoë wurde von zwei Gärtnereien des deutschen Sprachraumes richtig in die Hand genommen; Gräser in Nürnberg und Grob in St. Gallen. Die neuen Sorten waren es erst, die diese Pflanze so populär machten.

Kalanchoën sind sowohl in kühlen als auch in temperierten Räumen gut haltbar, doch lieben sie Temperaturen unter 10 bis 12° C für längere Zeit nicht. Als Sukkulenten wollen sie eher mäßig gegossen werden. Die Farben der neu erblühenden Blüten sind nur dann kräftig, wenn die Pflanzen hell stehen. Nach der Blüte kann man sie entfernen; will man sie weiterziehen, so schneidet man zurück, topft in durchlässige, nahrhafte Erde um und pinziert den Neuaustrieb ein- bis zweimal. Blüten werden nur unter ungefähr 14 Stunden Tageslänge angelegt; in Räumen, wo abends lange das Licht brennt, werden deshalb keine Blüten angelegt. Die Vermehrung erfolgt durch Stecklinge oder Aussaat, die Jungpflanzen wollen bei Temperaturen von 16 bis 18° C stehen. Sämlinge sind bereits ab dem dritten Blattpaar auf die Tageslänge empfindlich und müssen deshalb Zusatzlicht erhalten, wenn die natürliche Tageslänge unter 14 Stunden ist.

Daneben finden sich selten noch andere Arten dieser Gattung in Kultur, besonders empfehlenswert sind zwei Ampelpflanzen, *K. jongmansii* R. Hamet et Perr. de la Bâthie mit gelben und *K. manginii* R. Hamet et Perr. de la Bâthie mit orangeroten Glockenblüten. Die fetten Blätter sind eirundlich, stehen meist zu dritt in Quirlen, in ihren Achseln finden sich ab und zu Brutknospen. Die Röhrenblüten stehen in lockeren Trauben am Ende der Triebe. Beide Arten vertragen gut tiefe Temperaturen und sind im Schmuck ihrer Blüten im Spätwinter und Frühjahr recht nett. In der Kultur und Vermehrung gleichen sie *K. blossfeldiana*.

Manettia, Manettie

Die Manettien sind nicht so leicht zu kultivieren, trotzdem sollten sie wegen ihrer auffällig zweifarbigen Blüten öfter versucht werden. Die Gattung *Manettia* Mutis ex L. umfaßt ca. 40 Arten, die im wärmeren Amerika beheimatet sind, und gehört zu den Krappgewächsen, den *Rubiaceen*. Alle sind windende Kräuter oder Sträucher mit achselständigen Blüten.

M. inflata Sprague ist in Uruguay und Paraguay heimisch und blüht von Frühling bis Herbst. Die lanzettlichen Blätter stehen gegenständig. Die röhrigen Blüten sind 2 cm lang, entwickeln sich einzeln in den Blattachseln und sind an der Basis rot, gegen die Spitze gelb gefärbt.

Manettien sind reizvolle Blütenpflanzen. Wegen ihres schlingenden Wuchses müssen sie auf kleinen Spalieren gezogen werden. Im Winter verlangen sie eine Ruhezeit, während der sie weniger Wasser und Temperaturen um 12° C brauchen. Im Frühjahr schneidet man zurück, topft in durchlässig-humose Substrate um und stellt bei 15 bis 18° C auf. Sie brauchen einen lichten Standort und werden gerne von der »Weißen Fliege« befallen, die es zu bekämpfen gilt. Die Vermehrung erfolgt durch Stecklinge bei 18°C.

Malvastrum, Scheinmalve

Die Scheinmalve wird in manchen Gegenden »Fleißiges Lieschen« genannt, da sie unermüdlich blüht. Die 70 bis 80 Arten der Gattung *Malvastrum* A. Gray (Malvengewächse, *Malvaceen*) bewohnen Südafrika und Amerika. Sie sind Kräuter oder kleine Sträucher mit unterschiedlichst geformten Blättern und achselständigen Blüten.
M. capense (L.) Garcke (*Malva c.* L.) stammt aus Südafrika und blüht im Sommer und Herbst. Die einzeln oder zu zweien aus den Blattachseln erscheinenden Blüten sind dunkelrot gefärbt, die Blätter sind eiförmig bis länglich und dreilappig. Die verzweigten Sträuchlein können 1,5 m hoch werden. Kultur und Vermehrung gleichen der der Schönmalve, *Abutilon*.

Nertera, Korallenbeere

Eine der wenigen Zimmerpflanzen mit zierenden Früchten ist die Korallenbeere, *Nertera* Banks et Soland. ex Gaertn., die zu den Krappgewächsen, den *Rubiaceen*, gehört. Die 8 Arten sind alle auf der südlichen Erdhälfte beheimatet, ausdauernde, kriechende Kräuter mit kleinen gegenständigen Blättern. Die Blüten sind klein, sternförmig und sitzen in den Blattachseln, die saftig rotorangen Früchte sind rundlich.

Wir kultivieren meist *N. granadensis* (Mutis ex L. f.) Druce (*Gomozia g.* Mutis ex L. f., *Nertera depressa* Gaertn.), die in Mittel- und Südamerika und auf Neuseeland und Tasmanien zu Hause ist. Es ist eine rasenartig wachsende Staude, die in der Heimat bis 30 cm breite Polster bildet und immer auf sumpfigen Stellen vorkommt. Ihre Begleitpflanzen sind Sumpfmoosarten, *Sphagnum sp.* und Sonnentauarten, *Drosera sp.*, daneben noch andere Besonderheiten, wie auf Neuseeland *Herpolirion novae-zelandiae* Hook. f., die »Creeping Lily«, eine kriechende *Liliacee* mit rosa oder weißen Blüten. Die Blüten der Korallenbeere erscheinen im Mai und Juni; während dieser Zeit will sie auch heller und luftiger gehalten werden, damit sich die Fliegen, die die Bestäubung durchführen, auch einfinden. Die Beeren sind im August oder September ausgefärbt.
Mit Ausnahme der Blütezeit will die Korallenbeere das ganze Jahr kühl, feucht und absonnig kultiviert werden, doch verträgt sie bei ausreichender Versorgung mit kalkfreiem Wasser auch mehr Sonne. Die Erde sei durchlässig-humos, ein Zusatz von wasserhaltendem geriebenem Sumpfmoos ist ratsam.
Die Vermehrung erfolgt durch Aussaat oder Teilung im August. Bei Aussaat muß man die reichfruchtenden Pflanzen zurückbehalten und dann teilen. Die Verteilung der zweigeschlechtigen Blüten ist nämlich ungleich, so daß auf manchen Pflanzen mehr weibliche, auf anderen wieder mehr männliche Blüten zu finden sind.

Passiflora, Passionsblume

Durch ihre eigenartige Blütenform haben die Passionsblumen viele Pflanzenliebhaber in ihren Bann gezogen, der volkstümliche Name »Leiden-Christi-Blume« weist darauf hin, daß jedem Blütenteil eine bestimmte Bedeutung aus der Leidensgeschichte Christi zugewiesen wird.
Die Gattung *Passiflora* L., zu den Passionsblumengewächsen, den *Passifloraceen*, gehörig, umfaßt über 400 Arten, die fast ausschließlich im tropischen und subtropischen Amerika beheimatet sind. Die meisten sind rankende Kräuter oder Sträucher mit einfachen oder gelappten Blättern, für die die Nektarien auf den Blattstielen typisch sind. Die auffälligen Blüten entspringen den Blattachseln oder stehen endständig in kurzen Trauben. Die Blüten sind fünfzählig, die fünf Kelchblätter und fünf Blütenblätter

stehen abwechselnd und sind manchmal von einer dreiblättrigen Außenhülle umgeben. Zwischen den Blütenblättern und den fünf Staubblättern ist die Korona, ein aus fädigen Gebilden zusammengesetzter Kranz, zu finden. Die drei Narben sind kopfig. Fruchtknoten und Staubblätter werden von einem Stiel, dem Gynophor, von Krone, Blüten- und Kelchblättern weggehoben.

Die bekannteste Art ist die blaue Passionsblume, *P. coerulea* L., die im südlichen Brasilien, in Paraguay und Argentinien beheimatet ist. Sie klettert stark und hat fünf- bis siebenlappige Blätter von 12 bis 15 cm Breite. Die Blüten sind 10 cm breit, Kelch- und Blütenblätter sind weißlich, die Korona blau gefärbt. Die Blüten erscheinen an den diesjährigen Trieben. Von dieser Art gibt es viele Sorten, die z. T. durch Kreuzung mit anderen Arten entstanden sind. 'Constance Elliott' blüht reinweiß, 'Impératrice Eugenie' hat rosa Kelchblätter und blaue Blütenblätter, auch eine größere Blüte als die Art.

Die Passionsblume ist eine gute Blütenpflanze, doch nur wenn sie aus Stecklingen vermehrt wurde. Bei Aussaaten bekommt man regelmäßig starkwachsende, aber selten blühende Pflanzen. Da sie klettern, brauchen sie ein Gestell, auf dem sie gezogen werden können. Aus diesem Grund ziehe man Tontöpfe vor, die schwerer sind, da sonst die Pflanzen gerne kippen. Die Erde soll humos und durchlässig sein, Einheitserde mit Sand gestreckt eignet sich gut. Passifloren wollen hell stehen, da die Blüten dann reichlicher angelegt und auch nicht so leicht abgeworfen werden. Wachsen die Pflanzen zu stark, haben sie zuerst gut geblüht und lassen dann nach, so ist ein Rückschnitt zu empfehlen. Pflanzen, die nie geblüht haben, kann man nur hinausschmeißen! Im Winter stehen sie bei Temperaturen zwischen 8 und 15°C gut, im Sommer, in der Hauptwachstumszeit, können die Werte höher sein. Zum guten Gedeihen muß man reichlich wässern und düngen. Im Freien sind Passionsblumen auf jeden Fall versuchswert, an einer sonnigen Mauer kann man *P. coerulea* und besonders die Sorte 'Constance Elliott', die härteste, auspflanzen. Nach dem ersten Frost wird die Pflanze zurückgeschnitten und gut mit Laub und Stroh, feuchtigkeitsgeschützt, aber nicht vollkommen abgeschlossen, eingepackt. Im Frühjahr schneidet man vollkommen zurück – die Blüten erscheinen ja sowieso an den diesjährigen Trieben – und wässert und düngt regelmäßig. Die Triebe werden in guten Sommern bis 4 m lang und blühen dann reich. Es gibt auch eine winterharte Art aus Nordamerika, *P. incarnata* L. mit tief dreilappigen Blättern und 4 cm breiten Blüten, die weiß und blaßrötlich gefärbt sind. Die Triebe dieser staudigen Art erreichen bis 10 m Länge in günstigen Sommern und sterben bis zum Wurzelstock ab. Doch auch sie muß gedeckt werden. Die Blüten sind nicht so auffällig wie die von *P. coerulea* 'Constance Elliott'.

Primula, Primel

Als Zimmerpflanzen haben die Gewächshausprimeln große Bedeutung. Die Gattung *Primula* L. ist mit ihren rund 600 Arten überwiegend auf der Nordhalbkugel verbreitet. Nur in Asien und Amerika finden sich auch Primeln auf der Südhalbkugel, doch nur vier Arten! Primeln sind ausdauernde, selten einjährige Kräuter mit unterschiedlichst geformten Blättern, die teilweise mit Mehlstaub bedeckt sind, der von besonderen Drüsen ausgeschieden wird. Einige Arten bilden Sekrete, die bei empfindlichen Menschen Allergien hervorrufen können. Die Blüten sind meist trichter- oder tellerförmig, können aber auch glockenförmig oder ähnlich ausgebildet sein. Die größte Dichte erreicht die Gattung im Himalaja und den angrenzenden Gebieten. Dort ist auch, nach der Vavilovschen Genzentren-Theorie, das Entstehungsgebiet der Primeln zu suchen.
Als Zimmerpflanzen werden vier Arten kultiviert, die sehr unterschiedlich aussehen und auch verschiedensten Sektionen, Gruppen, innerhalb der Gattung angehören.

Die verbreitetste Primel ist wohl *P. malacoides* Franch., die Fliederprimel, eine einjährige Pflanze mit gestielten Blättern und in Quirlen übereinander angeordneten, rosafarbenen, roten, violetten oder weißen Blüten. Die Fliederprimel ist dicht weiß bemehlt. Die Art ist ein Unkraut der Reisfelder Chinas und Birmas und ist erst seit der Jahrhundertwende in Kultur.

Sie ist eine eher kurzlebige Zimmerpflanze, die nach dem Verblühen entfernt wird. Sie will kühl, um 15 bis 18°C, stehen und verträgt keine zu große Nässe. Die Vermehrung erfolgt durch Aussaat im Juni und Juli. Das Saatgut ist sehr fein, aus einem achtel Gramm kann man bereits 1000 Pflanzen erziehen. Auch die Aussaaten sollten kühl, bei 15°C, stehen, was um diese Jahreszeit nicht leicht einzuhalten ist. Später pikiert und topft man, die besten Kulturerfolge hat man im kalten Mistbeetkasten oder Kalthaus. Als Substrat nimmt man Einheitserde. Die Blüten werden im Kurztag, bei Unterschreiten einer Tageslänge, besser aber bei tiefer Temperatur, um 10 bis 12°C, angelegt. Immer liebt diese Primel Kühle und Feuchtigkeit, auch Luftfeuchtigkeit!

Nicht minder bedeutungsvoll als Zimmerpflanze ist die Becherprimel, *P. obconica* Hance. Sie stammt aus China und ist eine Staude mit gestielten, eiförmigen, am Grunde meist herzförmigen Blättern und in Dolden angeordneten, bis 7 cm breiten Blüten. Diese Art bewohnt in der Heimat Humusansammlungen schattig gelegener Kalkfelsen und wurde 1879 nach England gebracht. Heute finden wir die Farben Rosarot, Karminrot, Hellblau und Weiß, daneben gibt es noch geaugte Sorten. Auch gefüllte und gefranste werden selten angeboten. Die Becherprimel besitzt Drüsen, die ein Sekret, das Primin enthält, ausscheiden. Primin ruft bei empfindlichen Menschen Reizungen von Binde- und Schleimhäuten, selbst Entzündungen der Lymphdrüsen hervor. Heute gibt es priminarme Rassen, die teilweise durch Einkreuzung der priminfreien Art *P. sinolisteri* Balf. f., teilweise durch Auslese entstanden sind. Auch diese sind jedoch nicht vollkommen priminfrei, so daß bei sehr empfindlichen Menschen dennoch Reizungen zu erwarten sind.

Die Becherprimel kann während des ganzen Jahres in Blüte stehen, doch sind die wichtigsten Blütezeiten Herbst und Frühjahr. Sie braucht einen kühlen bis temperierten Stand und nicht zuviel Ballenfeuchtigkeit, da es unter den anaeroben Bedingungen gerne zur Festlegung des Eisens als Schwefeleisen kommt und die Pflanzen dann chlorotisch werden. Als Gegenmittel können Spritzungen mit Eisenchelaten helfen. Bei leichten Fällen kann auch höhere Temperatur Abhilfe schaffen. Ballentrockenheit und damit verbunden hohe Salzkonzentrationen rufen Blattrandverbrennungen hervor; zuerst werden die Ränder gelb, später trocknen sie ein.

Vermehrt wird die Becherprimel ebenfalls durch Aussaat; aus einem achtel Gramm kann man bereits 600 Pflanzen erwarten. Für die Herbstblüte wird von April bis Juni, für die Frühjahrsblüte von August bis September ausgesät. Es wird pikiert und dann in kleine Töpfe getopft, später umgetopft. Als Substrate empfehlen sich Torfkultursubstrat oder Einheitserde, eventuell mit Torfmull gestreckt, da diese Art saure und nicht zu nährstoffreiche Substrate liebt. Als Kulturraum bewährt sich ein Mistbeetkasten oder das Kalthaus. Abgeblühte Pflanzen können bei dieser Art wieder in Blüte gebracht werden, was sich bei den anderen Arten nicht lohnt. Weniger Bedeutung haben die beiden restlichen Arten, doch auch sie werden regelmäßig angeboten.

P. × *kewensis* W. Wats. ist eine amphidiploide Kreuzung von *P. floribunda* Wall. und *P. verticillata* Forsk., die 1898 im Royal Botanical Garden von Kew bei London entstanden ist. Unter Amphidiploidie versteht man eine Sonderform der Tetraploidie. Diese Kreuzung war, da die Eltern doch nicht so nahe verwandt sind und sich vor allem in der Chromosomenform unterscheiden, zu erst unfruchtbar. Die Pflanze ist aber staudig und konnte sich bestocken. Einige Jahre später kamen durch einen Zufall eine unreduzierte Eizelle und ein unreduziertes Pollenkorn zur Verschmelzung. Eizelle und Pollenkorn enthielten den gesamten Chromosomensatz, hatten also keine Reduktionsteilung durchgemacht. Dadurch entstand eine voll fruchtbare Pflanze, da jedes

Chromosom in sich selbst, d. h. in seinem gleichwertigen Partner, bei der Reduktionsteilung einen Partner fand. Ähnliches hat man inzwischen durch künstliche Verdoppelung (Colchizinierung ist hier sehr wirksam) durchgeführt. Eine solche amphidiploide Pflanze enthält den vollen Chromosomensatz von Mutter und Vater, ist also tetraploid.

P. × kewensis hat ungestielte, verkehrt-eiförmige bis spatelige, gesägte Blätter, ist meistens stark bemehlt und besitzt in mehreren Quirlen übereinander angeordnete, gelbe oder chamoisfarbene Blüten. Die Kultur und Verwendung ist der Becherprimel gleich.

P. praenitens Ker-Gawl. (*P. sinensis* Sabine ex Lindl. non Lour.), die Chineserprimel, war früher sehr häufig in Kultur, ihre gefüllten Sorten wurden für den Schnitt gezogen und von Deutschland sogar bis Petersburg exportiert. Die gestielten Blätter sind breiteiförmig bis rundlich und lappig gezähnt. Die Blüten stehen doldig, sie sind bis 4 cm breit und oft gezähnt. Es gibt weiße, rosa, rote und violettrote Blütenfarben. Besondere Aufmerksamkeit verdient die Sorte 'Kardinal', die aus der englischen 'Dazzler', 'Blender', entstand und orangerot blüht.

Hier kann man nur 80 Pflanzen von einem achtel Gramm Saatgut erwarten. Man sät im Juni aus, pikiert einmal und topft dann in den 10 cm großen Endtopf. Als Substrate verwendet man mit Torf gestreckte Einheitserde, da auch diese Art salzempfindlich ist. Immer wollen sie hell und mäßig feucht, am besten im Mistbeetkasten, stehen. Im Zimmer sind sie bei tiefen und mittleren Temperaturen sehr haltbar. Sie brauchen aber Licht, da sonst die Blütenfarben, wie bei allen Primeln, schnell verblassen, und nicht zu viel Wasser.

Daneben gibt es natürlich eine Menge von Primeln, die selbst im Alpinenhaus nicht winterhart sind, die selten, vor allem in Liebhaberkreisen Englands und Amerikas, angeboten werden und die versuchswert sind.

Aus der Sektion Malvacea gibt es zwei seltene, aber schöne Arten, *P. blattariformis* Franch. und *P. malvacea* Franch., beide bewohnen trockene Felsen in Westchina, besonders die weiße Form 'Alba' der zweiten Art findet sich häufiger. Die Blätter sind filzig, königskerzenähnlich, die Blütenstände sind entweder traubig, oder es sind mehrere Quirle übereinander angeordnet. Neben *P. floribunda* und *P. verticillata*, beide aus der Sektion Floribundae, die Eltern der *P. × kewensis*, finden sich noch andere Arten dieser Sektion, so vor allem *P. gaubaeana* Bornm., *P. boveana* Dcne. und *P. edelbergii* Schwarz. Alle Arten dieser Sektion stammen aus dem Nahen Osten, aus Saudi-Arabien und Afghanistan, wo sie Kalkfelsen bewohnen.

Die Kultur dieser seltener angebotenen Arten ähnelt der der Chineserprimel oder *P. × kewensis*. Sie brauchen es kühl und mäßig feucht, dabei aber hell.

Rhododendron, Indische Azalee

Die Indische Azalee, an der Spitze der Topfpflanzen stehend, gehört eigentlich in die Gattung *Rhododendron* L. und ist nur eine der über 1000 Arten, die die nördliche Hemisphäre bewohnen. Rhododendren sind sehr unterschiedliche Pflanzen: sie können sommergrün (Azaleen) oder immergrün (Rhododendron) sein und bewohnen feuchte Gebirgswälder oder Gebirgshänge, können aber auch tief heruntersteigen, wie z. B. in Japan, und dort meeresnahe Wälder besiedeln.

Die Indische Azalee gehört zusammen mit den verschiedensten Erica-Arten Südafrikas und den Kamelien zu der Gruppe der Moorbeetpflanzen, die sich durch einige gemeinsame Eigenschaften und Wünsche auszeichnen.

Ihre Wurzeln sind sehr dünn und breiten sich nur nach der Seite aus, sie sind ausgesprochene Flachwurzler. Sie verlangen humusreiche Substrate mit einem tiefen pH-Wert, zwischen 4 und 5. Ideal sind Torfmull und Nadelstreu, weniger Moorerde, die vielfach durch kalkreiches Oberflächenwasser zuviel Kalk enthalten kann. Vererdeter Torfmull, wie er bei Torfstichen anfällt, ist ideal und auch entsprechend sauer. Das Wasserbedürfnis der Moorbeetpflanzen ist hoch, ihre Wurzeln durchziehen nur die oberste Schicht, die ja viel leichter austrocknet. Da sie aber saures Milieu brauchen, muß der Gießwasserqualität ein ganz besonderes Augenmerk zugewendet werden. Hier weiß meist die Hausfrau Bescheid, die die Probleme beim Wäschewaschen oder der Teezubereitung kennt. Eine Wasseruntersuchung ist bei Brunnenwasser auf jeden Fall zu empfehlen, sonst gibt die örtliche Wasserbehörde sicher gerne Auskunft über die Qualität des Wassers. Die Härte wird in Grad Deutscher Härte (°DH) gemessen, wobei 1°DH 10 mg CaO/l Wasser entsprechen. Eine Wasserhärte von über 15°DH ist bei Gießwasser für Moorbeetpflanzen die obere Grenze, es dürfen auch nicht zu viele Chlor- und Sulfationen enthalten sein, da diese sehr starke Schäden hervorrufen können.

Moorbeetpflanzen brauchen ein gänzlich anderes Verhältnis der Hauptnährstoffe untereinander, als es sonst bei Pflanzen üblich ist. Das Verhältnis Stickstoff:Phosphor:Kali soll während des Wachstums 4:1:2 und im Winter 2:1:2 sein. Aus diesem Grund gibt es spezielle kalkarme und stickstoffreiche, ballastarme Dünger für diese Pflanzengruppe. Doch auch diese haben meist zuwenig Stickstoff, so daß man im Sommer noch zusätzlich Harnstoff über das Blatt oder Ammonsalpeter über die Wurzel geben muß. Warnen muß man davor, Harnstoff über die Wurzel zu geben; es passiert zwar nichts, doch ist die Aufnahme des Stickstoffs vom Harnstoff an eine mikrobielle Umsetzung im Boden gebunden, Mikroorganismen sind aber in sauren und torfreichen Substraten selten, so daß der Harnstoff wenig wirkt und der erwünschte Effekt ausbleibt. Bei der Blattspritzung wird Harnstoff sofort über die Ektodesmen – Plasmafäden, die durch die Außenhaut der Pflanze führen – aufgenommen und rasch eingebaut.

Eigentlich alle Moorbeetpflanzen brauchen hohe Temperaturen, um Blüten anlegen zu können. Die Tagestemperaturen müssen über 20°C, die Nachttemperaturen über 15°C liegen. Während die Erica-Arten meist Langtagbedingungen brauchen, um überhaupt Blüten bilden zu können, ist die Azalee eine fakultative Kurztagpflanze. Darunter versteht man, daß sie primär wohl hohe Temperaturen braucht, um Blüten anlegen zu können, daß sie aber bei gleichzeitig gebotenen Kurztagbedingungen mehr Knospen bilden kann. Das nützen die Gärtner aus, um durch Verdunkelung einen stärkeren und vor allem früheren Blütenansatz bei ihren Azaleen zu erzielen.

Die gebildeten Blütenknospen können aber noch nicht austreiben, sich richtig entfalten. Um das zu können, muß die Indische Azalee nach der Ausbildung der Knospen eine kühle Periode durchmachen, die ungefähr 4 Wochen dauert und während der die Temperaturen um 8 bis 10°C schwanken. Aus diesem Grund ist eine frühe Blüte nur von Azaleenpflanzen zu erwarten, die zuerst früh warm haben und dann früh kühlere Temperaturen vorfinden. Die Blütenknospen der Azalee sind sehr frostempfindlich und müssen selbst vor leichtem Wasserreif geschützt werden, da sonst die Blüten verkrüppelt werden oder, bei tieferen Temperaturen, ganz absterben.

Die heutigen Sorten der Indischen Azalee lassen sich nur mehr zum Teil einer ganz bestimmten Elternart zuordnen. Die größte Bedeutung dürften wohl japanische und chinesische Gartenformen von *Rhododendron simsii* Planch. gespielt haben, die in der ersten Hälfte des 19. Jahrhunderts nach Europa gebracht wurden. In weiterer Folge wurden dann andere Arten, so z. B. *R. obtusum* (Lindl.) Planch., eingekreuzt. Viele der heute bei uns kultivierten Sorten sind durch Knospenmutation entstanden.

Will man eine blühende Topfazalee weiterpflegen, so gilt es die angeführten Punkte zu beachten. Während der Blüte wird weiterhin flüssig gedüngt und von Zeit zu Zeit in weiches Wasser eingestellt, damit sich der Ballen ansaugen kann. Nach dem Verblühen entfernt man die abgeblühten Reste und schneidet, formiert, die Pflanze. Bis in den Mai können die sich entwickelnden Triebe pinziert werden, später ist das nicht mehr ratsam, da ab Juli bereits die Knospen für das nächste Jahr angelegt werden. Während der Blüte ist eine Temperatur von 10 bis 15°C wohl am idealsten.

Nach den Eisheiligen werden die Azaleen an einen absonnigen, aber nicht schattigen Ort im Garten eingesenkt, es müssen hohe Temperaturen einwirken können, damit Blütenknospen gebildet werden können. Wöchentliche Düngungen mit speziellen Moorbeetpflanzendüngern, 3 bis 4 g pro Liter und Blattdüngungen mit Harnstoff, 2 g pro Liter, sind notwendig.

Noch vor den ersten Frühfrösten stellt man wieder ins Zimmer und hält bei Temperaturen von 12 bis 15°C. Damit sich die Knospen besser entwickeln und nicht steckenbleiben, stellt man nach dem Anschwellen bei 18 bis 22°C auf und versucht, die notwendige Luftfeuchtigkeit durch Besprühen der Pflanzen zu erreichen. Zeigen die Knospen Farbe, wird wieder kühl gestellt.

Man kann ruhig sagen, daß in manchen Gärten Azaleen sehr guten Knospenansatz bringen, in anderen wieder nicht; es kommt bei dieser schönen und vor allem langlebigen Topfpflanze sehr auf das Gefühl des Pflegers an.

Schizanthus, Spaltblume

Die Gattung *Schizanthus* Ruiz et Pav. (*Solanaceen*, Nachtschattengewächse) ist mit 11 Arten in Chile beheimatet. Es sind einjährige Kräuter mit drüsigen, fiederschnittigen Blättern und zweilippigen, meist gefleckten Blüten. Die Spaltblume, die »Orchidee des kleinen Mannes«, ist in Mitteleuropa leider noch fast unbekannt.

In Kultur finden sich nur *S.-Wisetonensis*-Hybriden (*S.* × *wisetonensis* Low), die durch Kreuzung von *S. pinnatus* und *S. grahamii* entstanden sind. Sie werden 40 cm hoch und bringen 2,5 cn breite Blüten in Weiß, Rosa, Gelb, Rot und Violett mit gelben Zeichnungen.

Obwohl man Spaltblumen auch als Sommerblumen verwenden kann, zeigen sie ihre Schönheit nur bei August- oder September-Aussaat und kühler, heller Kultur während des Winters. Man setzt mehrere pikierte Sämlinge zusammen in mit Sand gestreckte Einheitserde. Bei drei Sämlingen je Topf reicht der 12-cm-Topf. Die Hauptblütezeit der so erzogenen Pflanzen ist März bis Mai.

Senécio, Kreuzkraut, Greiskraut

Aus der riesengroßen Gattung *Senecio* L., den Kreuzkräutern (Korbblütler, *Compositen*), sind nur zwei Arten wichtige Zimmerpflanzen für kühle Räume, und zwar die Cinerarie und der Sommerefeu.

Die Cinerarien, die *S.-Cruentus*-Hybriden (*Cineraria hybrida* Willd. non Bernh., *S.* × *hybridus* Hyl.) stammen von der kanarischen *S. cruentus* (Masson) DC., die in ihrer Heimat bis 1 m hoch wird und feuchte Kanarenkiefernwälder bewohnt, ab. Unsere Hybriden sind meist niedrigwüchsiger, bis 40 cm, und besitzen herzförmige, kantige Blätter mit meist geflügeltem Blattstiel. Die zahlreichen Blütenköpfchen stehen zu dichten Doldentrauben zusammen. An Blütenfarben gibt es Weiß, Blau, Rot, Rosa und ein samtiges Purpur; oft mit weißer Zone, die Scheibenblüten sind violett oder gelb gefärbt.

In Kultur und Vermehrung gleichen die Cinerarien den Pantoffelblumen, den *Calceolarien*. Wie diese werden sie durch Aussaat vermehrt und brauchen ebenfalls tiefe Temperaturen, um Blüten anlegen zu können. Cinerarien wirken wie Magnete auf Blattläuse, die man also bekämpfen muß. Im Zimmer lieben sie Temperaturen von 15 bis 18°C, eher kühler, und lichte Standorte. Sie brauchen regelmäßige Wassergaben. Nach der Blüte werden sie am besten entfernt, da sie dann absterben.

Der Sommerefeu stammt aus Südafrika und heißt mit dem botanischen Namen *S. mikanioides* Otto ex Walp. (*S. scandens* DC. non Buch.-Ham., *Mikania scandens* hort. non (L.) Willd.). Er ist eine immergrüne, kletternde Pflanze mit fleischigen, efeuartigen, fünf- bis siebenlappigen Blättern. Es gibt auch eine weißbunte Form, 'Variegata', die *Hedera* 'Gloire de Marengo' sehr ähnelt.

Der Sommerefeu kann sowohl im kühlen Zimmer als auch im Fensterkasten oder Freiland verwendet werden. Er klettert bis 2 m und wird durch Stecklinge vermehrt. Als Substrat nimmt man Einheitserde. Die weißbunte Form ist empfindlicher und kann auch in wärmeren Räumen verwendet werden.

Solanum, Korallenkirsche

Als leicht zu kultivierende, beerenzierende Topfpflanze findet man oft die Korallenkirsche, *Solanum pseudocapsicum* L., die von Madeira stammt. In der Heimat wächst die Pflanze als Strauch, bei uns wird sie 30 bis 40 cm hoch, ist reich und dicht verzweigt und trägt lanzettliche, bis 6 cm lange Blätter. Den weißen Kartoffelblüten folgen orange, rote oder gelbe, bis 2 cm große Beeren. Die Blütezeit ist der Sommer, die Früchte haften an der Pflanze bis in den Winter. Die Korallenkirsche wird meist erst im fruchtenden Zustand vom Gärtner verkauft. Man kann sie auch leicht selbst heranziehen. Die Aussaat erfolgt im März und April, zusammen mit den Sommerblumen, es wird einmal pikiert und dann getopft. Damit sich die Pflanzen gut verzweigen, wird ein- bis zweimal pinziert. Als Substrat nimmt man Einheitserde. Die Topfgröße ist 10 bis 12 cm, je nach der Pflanzengröße. Am besten kultiviert man die Korallenkirsche in einem Mistbeetkasten, wo sie luftig und kühl steht, das liebt sie. Im Zimmer stellt man bei 15 bis 18° C auf. Nach dem Abfallen der Früchte wirft man sie weg. Es gibt viele Sorten, die jedoch nicht allgemein angeboten werden, am häufigsten findet sich 'New Patterson' in den Samenkatalogen.

Zantedeschia, Zimmerkalla

In fast jedem Haus findet sich die Zimmerkalla, die durch ihre pfeilförmigen Blätter, mehr aber durch die weißen, tütenartigen Blüten schmückt.
Die acht Arten der Gattung *Zantedeschia* Spreng. sind im tropischen Afrika und in Südafrika zu Hause. Sie besitzen entweder Knollen oder rübenartige Reservespeicher, mit denen sie die Trockenzeiten in ihrer Heimat überdauern. Die Blüten sind in dichten Kolben angeordnet und vom auffälligen Hochblatt, der Spatha, umschlossen. Die Blätter sind teilweise gefleckt, die Spatha ist weiß, weiß mit grün, gelb oder rot bis violett gefärbt.

Die Zimmerkalla, *Z. aethiopica* (L.) Spreng. (*Calla a.* L., *Richardia africana* Kunth) stammt aus dem Kapland und Natal, wo sie sumpfige, zeitweilig austrocknende Wiesen bewohnt, aber auch als Unkraut in Straßengräben zu finden ist. Je nach der Sorte – es gibt Topf- und Schnittsorten – erreicht die Pflanze eine Höhe von 50 bis 150 cm. Die Wurzelrüben sind pastinakähnlich und quergerunzelt, die langgestielten Blätter sind pfeil- oder spießförmig, reingrün oder silbern gefleckt. Die Blüten sind reinweiß oder weiß mit grünem Rand, sie duften gut; der Kolben ist gelb. Die Zimmerkalla braucht zu ihrem Gedeihen große Gefäße und nährstoffreiche Substrate, Feuchtigkeit und viel Licht. In der Heimat macht die Pflanze zwar eine Ruhezeit durch, sie ist aber nicht unbedingt notwendig, da nur die zugeführte Nährstoffmenge und die vorhandene Lichtintensität für die Anzahl der gebildeten Blüten verantwortlich sind. Die Ruhezeit hält man im Sommer, doch darf die Pflanze nicht vollkommen staubtrocken gehalten werden, das tut ihr nicht gut. Gut ernährte Schnittkallapflanzen haben bei uns, ohne Ruhezeit, im Jahr 60 Blüten gebracht. Während der Sommermonate können Kalla ohne weiteres, sonnig und feucht, im Garten mit ihrem Topf eingesenkt werden, doch muß man dann eine Ruhezeit einhalten, da die weichen Blätter beim Hinausräumen regelmäßig durch Sonnenbrand so stark leiden, daß sie absterben. Im Winter steht die Zimmerkalla hell und bei Temperaturen von 12 bis 15° C, höhere Werte liebt sie nicht sehr. Während des Sommers, bei sehr hohen Temperaturen, leiden die Kalla oft sehr unter Spinnmilben, die bekämpft werden müssen. Die Vermehrung erfolgt durch Abnehmen der Kindel oder aber durch Aussaat, doch variieren die Pflanzen sehr stark.
30 cm hoch, dürfen nur durch Teilung vermehrt werden. Bunte Sorten – sie entstanden durch Einkreuzung der später erwähnten knolligen Arten – finden sich sehr selten.

Tafel 9 · Die Fuchsie erlebt, obwohl altmodisch – vielleicht gerade deshalb –, einen Aufschwung ihrer Beliebtheit. (Stehling)

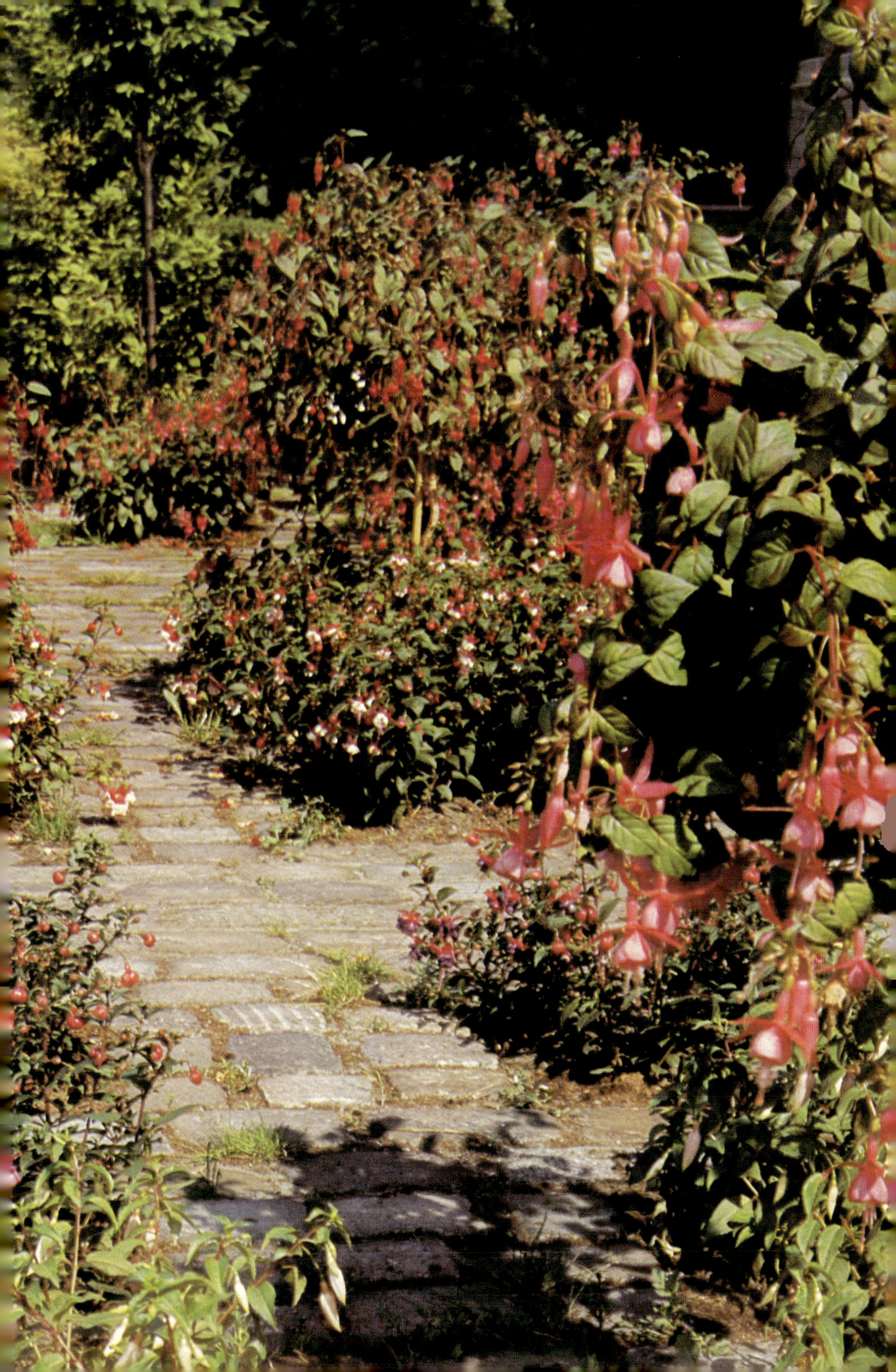

Tafel 10 · Blütenpflanzen für kühle Räume II

ol   Chinesenprimel, *Primula praenitens*
or   Wachsblume, *Hoya carnosa*
ul   Passionsblume, *Passiflora coerulea*

mr   Schönmalve, *Abutilon-Hybride*, 'Goldprinz'. Selbst ihre Fruchtkapseln sind bunt gescheckt
ur   *Pelargonium radula*. Die Blätter dieser Geranie verströmen herrlichen Zitronenduft

Tropische Gruppen im Freien

In der Nähe des Hauses, besonders auf Terrassen, aber auch auf sonnigen Rabatten, versucht man gern, während des Sommers durch bestimmte Pflanzen den Eindruck tropischer Üppigkeit hervorzurufen. Unter den Einjährigen eignen sich für diesen Zweck *Amaranthus caudatus* L., der Gartenfuchsschwanz, mit seinen bis 120 cm hohen Stengeln und den dunkelroten Blütenschwänzen, die einjährigen Stechapfelarten, wie *Datura ceratocaula* Ort., *D. meteloides* DC. ex Dun., mit besonders großen, meist hellviolett bis weißlich gefärbten Glocken und die vielen Farbformen des gemeinen Stechapfels, *D. stramonium* L., von dem es auch gefüllte Sorten mit weißen, gelben und violetten Blüten gibt. Auch die Sonnenblume, *Helianthus annuus* L., sei nicht vergessen.
Ein Muß für diese tropischen Beete ist der Wunderbaum, *Ricinus communis* L., der in kurzer Zeit 2 m Höhe erreichen kann und dessen große, oft rot gefärbte Blätter sehr gut wirken. Auch einjährige Nachtschattenarten eignen sich hier gut, so *Solanum marginatum* L. f. und *S. robustum* H. Wendl., die beide eigentlich Halbsträucher sind und früh angebaut gehören; einjährig und sehr leicht zu kultivieren ist der stacheligblättrige, blauviolettblühende und kleine orange Früchte bringende *S. sisymbrifolium* Lam., der viel öfter verwendet werden sollte. Auch die weißbuntblättrigen Maissorten eignen sich für tropische Beetbepflanzungen gut, am häufigsten wird *Zea mays* L. 'Japonica' angeboten. Doch noch wesentlich bessere Wirkungen können wir mit Pflanzen erzielen, die während des Winters im kühlen Keller, im Kalthaus oder in einem kühlen Gang oder Vorhaus oder sonst einem kühlen, frostfreien Raum gestanden haben, um dann nach den Eisheiligen, zusammen mit den Einjährigen, ausgepflanzt zu werden. Andere werden in Gefäßen gezogen und für die Dekoration verwendet, sie stehen auf Balkonen, Terrassen, neben Einfahrten, wo sie durch ihre Blätter oder Blüten wirken. Auch sie werden kurz vor oder nach den ersten Frösten eingeräumt und im nächsten Jahr wieder verwendet.

Agapanthus, Liebesblume

Wichtig durch ihre schöne blaue Blütenfarbe ist uns die Liebesblume, *Agapanthus* L'Hérit. Die Gattung ist mit ihren 10 Arten in Südafrika beheimatet und gehört zu den Liliengewächsen, den *Liliaceen*. Es sind Stauden mit kräftigem Erdstamm und fleischigen Wurzeln, die riemenförmigen Blätter sind sommer- oder immergrün. Die Blüten sind blau, selten violett oder weiß gefärbt und stehen zu vielen doldig am Ende der bis 1 m hohen, unbeblätterten und unverzweigten Schäfte. Reine Arten sind selten in Kultur, die meisten sind Gartenhybriden.

Von *A. praecox* Willd. emend. Leighton (*A. umbellatus* hort. non L'Hérit.) sind viele Formen in Kultur, da die Art sehr variabel ist. Man kennt hell- und dunkelblaue, weiße, einfache und selten auch gefüllte Formen, die meist mit eigenen Namen belegt worden sind. Diese Art ist am Kap beheimatet und hat immergrüne Blätter.
Durch Kreuzung verschiedener Arten entstanden die *A.-Hybriden*, die vor allem deshalb interessant sind, weil gewisse Gruppen in fast allen Gebieten Mitteleuropas winterhart sind. Die härteste Rasse wird unter dem Namen 'Headbourne-Hybriden' gehandelt.

Agapanthus sind sehr verbreitete und vor allem dauerhafte Kübelpflanzen, die zur Schmückung von Balkonen, Terrassen und Gartenhöfen ideal geeignet sind. Durch das riemenförmige, zweizeilig angeordnete Laub sehen sie auch außerhalb der Hauptblüte, die im Juli und August ist, gut aus. Die Überwinterung erfolgt im Keller oder auf Gängen bei Temperaturen zwischen 3 und 8° C. Wenn sie hell stehen können, ist es besser. Sie brauchen sehr nahrhafte Substrate und sollen nicht zu oft verpflanzt werden, da sie dann reichlicher blühen. Im Sommer viel gießen und flüssig düngen. Die Kultur entspricht der des Oleanders.

Am besten werden Agapanthus durch Teilung vermehrt, die beste Zeit ist Winterende. Man muß richtig teilen und nicht auseinanderschneiden, weil dann die fleischigen Wurzeln zu sehr verletzt werden. Die dicht durchwurzelten Ballen sind nur mit Geduld zu zerlegen.

Agave

Weitverbreitete Kübelpflanzen sind auch die Agaven, die meist als Kindel aus dem Mittelmeergebiet mitgenommen werden. Die Gattung umfaßt ungefähr 300 Arten und ist auf Amerika beschränkt, die Pflanzen im Mittelmeer sind vom Menschen angepflanzt worden. Am häufigsten findet sich die amerikanische Agave, *Agave americana* L., die wahrscheinlich aus Mexico stammt. Die rosettig gestellten Blätter können bis 1,5 m lang und 20 cm breit werden, sie sind fleischig, grau gefärbt und am Rand schwarzbraun bestachelt. Im Gegensatz zu den Aloen kann man nicht in den Pflanzenscheitel hineinsehen, da die jüngeren Blätter zu einem Kegel verklebt sind. Bei uns blüht die Agave selten, doch sind die 5 bis 8 m hohen Blütenstände jedem Mittelmeerreisenden bekannt. Nach der Blüte stirbt diese Rosette ab, aber es bilden sich ja laufend zahllose Kindel.

Von der *A. americana* gibt es eine große Anzahl von Sorten mit bunten Blättern. 'Marginata'-Formen sind randwärts weiß oder gelb gefärbt, die Formen 'Medio-Picta' und 'Striata' sind in der Blattmitte panaschiert.

Nahe verwandt mit der amerikanischen Agave ist *A. ingens* Berger, von der meist die gelbgeränderte 'Picta' gezogen wird. Sie ist der ersten Art sehr ähnlich, doch sind die Blätter schmaler und bogenförmig übergebogen und wieder aufstrebend; sie ist ebenfalls im Mittelmeergebiet häufig anzutreffen.

Die Kultur der Agaven ist leicht. Während des Sommers brauchen sie einen sonnigen Platz im Freien, sie müssen viel gegossen und gedüngt werden, damit sie sich kräftig entwickeln. Gegen Ende des Sommers schränkt man die Wassergaben ein, damit sie ausreifen. Sie vertragen einen leichten Reif gut. Während des Winters stehen sie kühl und trocken, bei 4 bis 5°C, damit es ja nicht zum unerwünschten Winteraustrieb kommt, der schmale Blätter bringt und die Schönheit und Regelmäßigkeit der Pflanze zerstört. Die großen Endstacheln sollen beschnitten oder mit Korkstücken bedeckt werden, wenn die Agaven nahe bei Wegen stehen oder Kinder im Haus sind.

Die Vermehrung geht am einfachsten durch die Abnahme der Kindel vor sich, die in großer Zahl gebildet werden. Auch diese kleinen Pflanzen müssen bereits kühl überwintert werden. Als Substrate verwendet man mit Sand oder Kies abgemischte Grund- und Komposterde.

Amorphophallus, Tränenbaum

Die Tränenbaumarten zieren im Sommer durch die großen, zerteilten Blätter, die von einem schön gefleckten Blattstiel getragen werden, im Winter bringt die Knolle die auffällig gefärbten Blütenstände, die von leuchtenden Spathen, Hochblättern, umgeben sind.

Die Gattung *Amorphophallus* Bl. ex Decne. gehört zu den Aronstabgewächsen, den *Araceen*, die achtzig bekannten Arten sind in den Tropen Asiens, Australiens und der pazifischen Inseln beheimatet. Aus der ruhenden Knolle bildet sich, ohne daß Wurzeln gebildet werden müssen, der oft mächtige Blütenstand mit der großen Spatha, dem Hochblatt. Nachher entwickelt sich ein einziges großes Blatt und, auf der alten Knolle aufsitzend, die neue. In dieser Phase müssen die Pflanzen selbstverständlich in nährstoffreiche Erde gepflanzt werden.

A. bulbifer Bl. ist in Vorderindien beheimatet. Aus der ruhenden Knolle entwickelt sich im Winter der Blütenstand. Der Schaft ist 25 cm hoch, das Hochblatt ist 30 cm lang und tütenförmig, innen gelblichgrün und außen grünlich mit rosa Tupfen gefärbt, der Kolbenfortsatz ist fleischfarben. Das sich entwickelnde Blatt ist langgestielt, dreigeteilt und wiederum gelappt, an den Blättern, vor allem in Verlängerung des Blattstieles, werden kleine Knollen gebildet.

A. rivieri Durieu (*Hydrosme r.* (Durieu) Engl.) stammt aus Vietnam und bildet riesengroße Knollen bis 30 cm im Durchmesser. Der Blütenschaft ist bis 100 cm hoch, das Hochblatt bis 30 cm lang, tütenförmig und dunkelrotbraun gefärbt, der Kolbenfortsatz schwarzviolett. Der Stiel des sich entwickelnden Blattes ist herrlich gefleckt, bis 1 m hoch und trägt das ebenso breite, dreiteilige, fiederschnittige Blatt.

Tränenbäume sind interessante Liebhaberpflanzen, die trotz des Aasgeruches, den die Blüten verströmen, mehr gezogen werden sollten. Während der Überwinterung und der Blüte hält man die Knollen bei Zimmertemperatur und achtet vor allem darauf, daß sich auf den sich entwickelnden Blüten und Blättern keine Blattläuse ansiedeln. Die Blüte ist ein Ereignis in jeder Hinsicht: Aus der Knollensubstanz entwickeln sich binnen weniger Wochen der riesige Schaft und die Spatha, das Hochblatt, in der auch erhöhte Temperaturen gemessen werden können (jedoch Vorsicht, Fieberthermometer reichen oft nicht mit der Skala aus!). Nach den Eisheiligen kann man erst ins Freiland auspflanzen, so daß man vorher meist in großen Töpfen vorkultivieren muß. Sie passen sehr gut zu den anderen Pflanzen tropischer Gruppen und brauchen wie diese viel Wasser und Dünger, dazu einen kräftigen Boden, damit sie in einem Sommer wieder eine blühfähige Knolle ausbilden können. Vor oder nach dem ersten Frost nimmt man die Knollen heraus und läßt das Blatt abtrocknen. Mit Vorsicht – manchmal geht es trotz aller Fertigkeit nicht – löst man die verbrauchte, alte Knolle ab, die unter der neugebildeten sitzt.

Die Vermehrung der Tränenbäume ist leicht, *A. bulbifer* bildet an den Blättern, *A. rivieri* an Ausläufern der Knolle reichlich neue Brut, die man allerdings erst herausfüttern muß. Ihren Namen haben die Pflanzen von der reichlichen Guttation; sie scheiden Wasser in flüssiger Form durch Wasserspalten des Blattes ab.

Canna, Blumenrohr

Eine der bekanntesten Pflanzen für tropische Sommerbepflanzungen ist das Blumenrohr, *Canna* L. Die Gattung bildet eine Familie, die Blumenrohrgewächse, die *Cannaceen,* und ist mit ungefähr 50 Arten im tropischen Amerika beheimatet. Es sind Kräuter mit knolligem Rhizom und interessanten, unregelmäßigen, großen Blüten. Der Fruchtknoten ist unterständig und dreifächerig, der Kelch ist klein und dreiblättrig, die drei Blumenblätter sind am Grund miteinander verwachsen. Die Staubblätter sind meist nur in einem Fach wohl entwickelt, die andere Hälfte ist blumenblattartig, staminodial.

Alle Sorten, die in Kultur sind, werden zu den *C.-Indica-*Hybriden (*C.* × *generalis* L. H. Bailey) gezählt, sie haben große Blüten in Hell- bis Dunkelgelb, Lachs, Rosa, Rot und Orange, teilweise auch gescheckt, und grüne, braunrote oder rote Blätter.

Die kleinblütige *C. flaccida* Salisbury stammt aus den Südstaaten der USA und ist wesentlich härter als manche Hybriden.

Nach den ersten Frösten nimmt man die Wurzelstöcke der Canna heraus, läßt sie abtrocknen und lagert über Winter trocken bei 12 bis 15°C. Im Februar oder März werden die Klumpen geputzt und geteilt, man gibt immer mehrere Teilstücke in entsprechende Töpfe. Die Substrate müssen kräftig und nährstoffreich sein, als Temperatur empfiehlt sich 15 bis 18°C Lufttemperatur und 20°C Bodentemperatur. Nach den Eisheiligen wird ausgepflanzt und während des Sommers kräftig gewässert und gedüngt, bis die Pflanzen von den ersten Frösten getroffen werden und – auf Fußhöhe zurückgenommen – ihr Winterquartier beziehen. Man kann Canna auch bereits nach dem Abtrocknen im Herbst teilen, die Töpfe bepflanzen und diese trocken bei 15°C überwintern; so kann man Platz und im Frühling Arbeit sparen.

Chamaerops, Zwergpalme

Die Palmengattung *Chamaerops* L. umfaßt als einzige Art die sehr vielgestaltige *C. humilis* L., die das Mittelmeergebiet bewohnt und in Spanien als einzige Palme den Boden Europas erreicht. Die Zwergpalme bildet nur kurze Stämme aus und verzweigt sich rasch und dicht. Die Fächerblätter sind halbkreisförmig und tief geschlitzt, sie erreichen einen Durchmesser bis zu 50 cm. Die Blattstiele sind oberseits gewölbt und stark dornig, was diese Art von der ähnlichen Gattung *Trachycarpus* H. Wendl. unterscheidet, die oberseits flache und nur wenig bewehrte Blattstiele besitzt. Die oft bläulichgrünen Fächerblätter kontrastieren gut mit den gelben, stark verzweigten Blütenständen, die schon ab 1 m Stammhöhe erscheinen können.

Die Zwergpalme ist wegen ihrer geringen Größe und der Genügsamkeit die ideale Palme zur Schaffung von tropischen Gruppen im Freien: sie wächst willig, braucht nur selten – und dann in schwere Substrate – umgetopft zu werden und wird selten so groß, daß die Überwinterung zu einem Problem wird. Die reichlichen Kindel kann man ab und zu wegmachen, wenn sie stören, gegen die stark bewehrten Blattstiele ist allerdings nichts zu unternehmen. Im Winter, aber auch ganzjährig, kann die Zwergpalme im kühlen Zimmer stehen, sie nimmt jedoch auch mit sehr dunklen Überwinterungsorten vorlieb, vorausgesetzt, daß etwas frische Luft zugeführt werden kann. Die Überwinterungstemperaturen dürfen bis zur Frostgrenze absinken.

Die Vermehrung erfolgt am besten durch Aussaat oder Abnahme bewurzelter Kindel.

Cordyline, Keulenlilie

Die Gattung *Cordyline* Comm. ex Juss. gehört zu der Familie der Agavengewächse, der *Agavaceen*. Die 20 Arten sind in Asien, Afrika, Australien und Neuseeland beheimatet. Es sind tropische oder subtropische Bäume oder Sträucher mit schwertförmigen, zu Schöpfen zusammengestellten Blättern. Die Wurzeln sind weiß, im Gegensatz zu den orangefarbenen der nahe verwandten Drachenbäume.

Die beiden wichtigen Arten sind in Neuseeland beheimatet. *C. australis* (G. Forst.) Hook. f. wird in Neuseeland 'Cabbage Tree', Kohlbaum, genannt, da die jungen Sprosse und Blätter gegessen werden. Die Stämme erreichen bis 10 m Höhe, die schwertförmigen Blätter sind ungefähr 1 m lang und bis 4 cm breit. Der Blütenstand erhebt sich über die Blätter, die Einzelblüten sind weiß und duftend. Nach dem Blühen verzweigen sich die Stämme, die Pflanzen werden mehrköpfig. Der 'Mountain Cabbage Tree' der Neuseeländer ist *C. indivisa* Kunth. Diese Art hat bis 1,5 m lange und bis 15 cm breite Blätter. Die Blütenstände sind nickend, nach der Blüte teilen sich die Stämme nicht.

Keulenlilien gehören im Sommer auf Terrassen, Veranden und Einfahrten aufgestellt und mit Oleander und Strauchstechapfel zusammen verwendet. Im Winter stehen sie im Kalthaus oder lichtem Keller, in Durchfahrten – kurzum an frostfrei zu haltenden, etwas lichten Stellen. Sie verlangen während der Vegetationszeit viel Wasser und Dünger, umgetopft wird nur alle zwei bis drei Jahre.

Aussaaten keimen unregelmäßig, doch gibt es immer noch genug Pflanzen aus einer Portion. Ausgesät wird im Frühjahr. Die weißbunten, panaschierten Formen, die es vor allem von *C. australis* gibt, werden durch Kopfstecklinge oder Abmoosen vermehrt.

Datura, Stechapfel

Durch die riesengroßen Blüten und den starken Duft fallen die strauchigen Stechapfelarten auf. Die Gattung *Datura* L. umfaßt ungefähr 25 Arten, die bis auf *D. stramonium* L., den gemeinen Stechapfel, in den tropischen und subtropischen Zonen vorkommen. (Nachtschattengewächse, *Solanaceen*.)

Die strauchigen Arten sind in Mittel- und Südamerika beheimatet. Die Triebe sind zuerst fleischig, später verholzend, die Blätter sind groß, bis 30 cm lang und meist eirundlänglich geformt, manchmal sind sie leicht gelappt und stark behaart. Die Blüten erscheinen aus den Blattachseln und sind bis 25 cm lang und 15 cm breit, gelb, rot oder weiß, einfach oder gefüllt. Die Benennung der strauchartigen Stechäpfel ist ziemlich verworren, da viele Bastarde in Kultur sind.

D. candida (Pers.) Saff. ist in der gefüllten Form häufig in Kultur. Die Sträucher erreichen eine Höhe von 2 bis 3 m, die Hauptblütezeit ist Sommer und Herbst. Die 20 cm langen Blüten sind reinweiß gefärbt, der Kelch besteht nur aus einem einzigen Abschnitt und ist scheidenähnlich.

Rote Blüten bringt *D. sanguinea* Ruiz et Pav., seine Hauptblütezeit ist der Winter und das Frühjahr, im Sommer blüht diese Art weniger reich. Die Blätter sind, besonders im unteren Bereich, ausgebuchtet und seicht gelappt und beiderseits leicht behaart. Die Blüten sind bis 20 cm lang, schmäler als die der anderen Arten, und orangerot mit gelben Nerven. Im Gegensatz zu den anderen beiden Arten sind die Blüten geruchlos.

Durch die großen, fast unbehaarten Blätter fällt *D. suaveolens* H. B. K., die Engelstrompete, auf. Diese Art stammt aus Brasilien und unterscheidet sich von *D. candida* durch den fünfteiligen Kelch und die bis 30 cm langen, weißen Blüten.

Neben diesen drei Arten, die relativ leicht auseinandergehalten werden können, gibt es noch einige Formen, die sich nicht ohne Zwang einordnen lassen und anderen, nicht genau bekannten Arten angehören oder Hybriden sind. So findet sich vor allem eine ganzjährig sehr reich blühende goldgelbe Sorte in vielen Gärten, die in der Tracht sehr an *D. suaveolens* erinnert, aber einen scheidigen Kelch hat. Diese Sorte wird ihrer Farbe wegen am besten als *D. suaveolens* 'Aurea' bezeichnet.

Die strauchigen Stechäpfel sind von einmaliger Wirkung, wenn sie in gutem Kulturzustand sind und reichlich blühen. Die Überwinterung darf leider nicht zu kühl erfolgen, 10 bis 15°C sind einzuhalten, da die Pflanzen sonst zu sehr leiden. Muß man bei tieferen Temperaturen überwintern, so schneidet man zurück und treibt im Frühjahr bei 18°C wieder an, doch sind die Pflanzen meist nicht so schön.

Im Sommer stehen sie mit dem Kübel an möglichst geschützten, sonnigen, und bei den großblättrigen Formen auch windgeschützten Stellen, wo sie sich bei reichlich Wasser und Dünger gut entwickeln und reich blühen. Auf windgeschützten Rabatten kann man sie auch auspflanzen, man gibt dann Mistpackungen und Torfmull; so entwickeln sie sich noch schneller und blühen überreich. Auch diese Pflanzen, man kann sie mit ihren aus Baustahlgitter verfertigten Körben auspflanzen und dann die herauswachsenden Wurzeln abstechen, müssen im Herbst zurückgeschnitten werden. Bei der Kübelkultur empfiehlt sich als Substrat Einheitserde oder andere schwerere und sehr nährstoffreiche Substrate.

Die Vermehrung erfolgt durch Aussaat oder Stecklinge, die sich bei Bodenwärme rasch bewurzeln. Kleine Pflanzen pinziert man, damit sie buschig werden.

Stecklinge von *D. sanguinea* bewurzeln sich sehr langsam, Veredlung auf *D. suaveolens* ist möglich.

Eriobotrya, Wollmispel

Als Zimmerpflanze, daneben aber auch als Kübelpflanze auf Terrassen, läßt sich die Wollmispel, *Eriobotrya japonica* (Thunb.) Lindl. ziehen. Von den 20 Arten der Gattung *Eriobotrya* Lindl., (Rosengewächse, *Rosaceen*), die alle im wärmeren Asien zu Hause sind, hat nur diese eine Art Bedeutung: bei uns als Zierpflanze, in den Subtropen und im Mittelmeergebiet als Fruchtbaum; sie bringt gelbe, marillenähnliche Früchte.

Die Wollmispel stammt aus China, wird bis 6 m hoch, blüht und fruchtet aber bereits ab 2 m Höhe. Die Blätter sind steif-ledrig, entfernt gezähnt, unterseits filzig und zwischen den Blattadern irgendwie buckelig vorgewölbt und erreichen bis 30 cm Länge. Die stark duftenden, quittengroßen Blüten stehen in Büscheln zusammen und erscheinen nur bei gut ausgereiften Pflanzen, nach heißen Sommern; die Blütezeit ist von November bis April. Die meist kugeligen, bis 5 cm großen, gelben Früchte bilden sich bei uns sehr selten.

Kleine Pflanzen der Wollmispel sind gute Zimmerpflanzen, die allerdings kühle Standorte lieben, große Exemplare sind durch ihre herrlichen Blätter sehr auffallende Dekorationspflanzen, die im Sommer zusammen mit den anderen Kübelpflanzen gut zu verwenden sind. Die Substrate sollen schwer und nährstoffreich sein.

Im Winter sind Temperaturen zwischen 5 und 12° C ideal, es soll nicht zu dunkel sein, ein Gang oder ein Keller mit Fensteröffnungen sind am besten geeignet. Die Vermehrung kann durch Aussaat, aber auch durch Stecklinge erfolgen, die Bewurzelung geht rasch vor sich.

Erythrina, Korallenstrauch

Einer der auffallendsten Blütensträucher des tropischen Beets ist der Korallenstrauch, *Erythrina crista-galli* L., der in Brasilien beheimatet ist. Die Gattung *Erythrina* L. (Schmetterlingsblütler, *Leguminosae*) umfaßt ca. 50 Arten, die in den Tropen und Subtropen der Erde zu finden sind. Es sind Bäume oder Sträucher mit dicken, manchmal dornigen Trieben, dreiteiligen Blättern und großen, roten Erbsenblüten in dichten Trauben.

Am schönsten blüht *Erythrina crista-galli,* diese Art ist auch unter unseren Klimaverhältnissen leicht zu ziehen. Aus dem dicken, holzigen Stamm, der kopfartig dem Boden aufliegt, entwickeln sich im Frühjahr die bis 2,5 m langen Triebe mit den dreiteiligen Blättern, die Einzelblättchen sind länglich und bis 15 cm lang. Sowohl die Zweige als auch die Blattstiele sind dornig. Die bis 5 cm langen, scharlachroten Blüten sind in langen endständigen Trauben angeordnet. Die Blütezeit ist Juli bis September.

Der Korallenstrauch ist leicht zu ziehen, wenn man ihm eine Wintertemperatur von 5 bis 10° C geben kann. Im Herbst sterben die Triebe zurück und werden beim Einräumen von Oktober bis November bis auf den kopfigen Stamm zurückgenommen. Im Winter, von November bis April, wird eine strenge Ruhezeit eingehalten, während der man die Pflanzen sehr trocken hält. Mit der steigenden Temperatur des Frühlings beginnt der Korallenstrauch von selbst zu treiben, man hält auch weiterhin kühl und jetzt hell, damit die Triebe nicht zu lang werden. Nach den Eisheiligen kann man auspflanzen oder die Kübel ins Freie räumen, sie brauchen volle Sonne, viel Wasser und reichlich Dünger, damit sie sich kräftig entwickeln und reich blühen. Nach den ersten Nachtfrösten schneidet man die Triebe bis zum Kopf zurück und räumt ein.

Die Vermehrung kann durch Aussaat – die Sämlinge brauchen meist vier bis fünf Jahre bis zur ersten Blüte – und durch Stecklinge erfolgen. Die Stecklinge schneidet man im Frühjahr, wenn der junge Austrieb ca. 15 cm lang ist, und nimmt eine Platte von der Rinde des Kopfes mit. Sie bewurzeln sich bei 15 bis 18° C gut. Auch bei kleinen Pflanzen ist eine Ruhezeit einzuhalten, während der sie trocken und kühl stehen müssen.

Hedychium, Zieringwer

Ähnliche Sommerbedingungen wie der Korallenstrauch verlangt auch *Hedychium* Koenig, eine Gattung, die zu den Ingwergewächsen, den *Zingiberaceen,* gehört und die man am besten als Zieringwer bezeichnen könnte.

Hedychium sind große, kräftige Stauden mit waagrechten, knolligen Rhizomen und zweizeilig beblätterten Stengeln, an deren Ende im Herbst und Winter die dichten Blütenähren sitzen, die vor allem durch die langen Staubfäden auffallen. Die Gattung umfaßt 45, zumeist ostindische Arten.

Die am leichtesten zu ziehende Art ist *H. gardnerianum* Rosc., sie ist im östlichen Himalaja, in Nepal und Sikkim beheimatet. Die Triebe erreichen 2 m Höhe, die Blätter sind länglich und zugespitzt und bis 45 cm lang. Die Blüten erscheinen von August bis Oktober und sind in einer bis 45 cm langen Ähre angeordnet und duften sehr gut; die Blütenblätter sind goldgelb gefärbt, die roten Staubfäden kontrastieren dazu wunderbar. Der Zieringwer ist leider selten zu sehen, was bei einer so auffälligen Pflanze schade ist. Die Überwinterung erfolgt bei 10 bis 15°C; nachdem man im Herbst die Triebe bis zum Boden zurückgenommen hat, räumt man sie ins Überwinterungsquartier. Will man reichlich Blüten haben, so muß man Anfang April antreiben; man pflanzt in frische, nahrhafte Substrate um, teilt bei der Gelegenheit, und stellt bei 18°C hell auf. Nach den Eisheiligen stellt man die Gefäße ins Freie oder pflanzt sie an einem sehr sonnigen Platz aus, wo sie zu ihrem Gedeihen viel Wasser und Dünger brauchen. Bei Auspflanzung in den freien Grund blühen sie meist im August, in Gefäßen später. Vor den ersten Frösten schützt man sie, wenn in der Gegend nachher noch eine Reihe schöner Tage folgen. Sonst nimmt man sie vorsorglich heraus und pflanzt sie in Gefäße, dort läßt man sie noch etwas blühen, um sie dann zurückzuschneiden. – Am besten werden *Hedychium* durch Teilung vermehrt, doch auch Aussaat ist möglich, es kann allerdings bis zur ersten Blüte fünf Jahre dauern.

Hymenocallis, Ismene

Große Freude hat man meist mit einer leicht zu pflegenden Zwiebelpflanze, der *Hymenocallis*, die zu den Amaryllisgewächsen, den *Amaryllidaceen*, gehört. Die Gattung *Hymenocallis* Salisb. umfaßt ungefähr 40 Arten und ist in Amerika beheimatet. Die Zwiebeln sind meist langhalsig, die bandförmigen Blätter stehen zweizeilig, der volle, nicht hohle Blütenschaft trägt die Dolden der weißen, selten gelben Blüten. Die Blüten besitzen eine narzissenartige Nebenkrone, jedoch sind die Staubbeutel mit ihren Filamenten auf der Nebenkrone angeheftet, sie duften gut. Es gibt auch Arten mit Zwiebelstämmen, ähnlich der Clivie, doch sind diese Warmhauspflanzen.

H. narcissiflora (Jacq.) Macbr. (*H. calathina* (Ker-Gawl.) Nichols.) hingegen kann leicht im Freien kultiviert werden. Aus den kugeligen, etwas halsigen Zwiebeln entwickeln sich die hellgrünen, bis 120 cm langen und 8 cm breiten Blätter. Der Blütenschaft wird bis 100 cm hoch und trägt vier bis acht sitzende, weiße Blüten.
Durch Kreuzung dieser Art mit *H. amancaes* (Ruiz et Pav.) Nichols., einer ebenfalls in Peru und Bolivien beheimateten, lebhaft gelb blühenden Art, die aber leider heikler ist, entstand die *H.-Hybride* 'Sulphur Queen', die hellprimelgelb blüht. Durch Kreuzung von *Elisena longipetala* Herb., einer nah verwandten Gattung angehörend und in Peru zu Hause, mit *H. narcissiflora* entstand die *H.-Hybride* 'Festalis'.
Alle diese Formen werden häufig angeboten, doch meistens unter dem nicht mehr gültigen Namen *Ismene*.

Die kühl, bei 10 bis 15°C und trocken überwinterten Zwiebeln werden ungefähr Anfang Mai im Freien ausgepflanzt, der Standort soll sonnig sein, der Boden eher schwer und reich an Nährstoffen; man wählt jene Stellen bzw. deren Rand, wo man dann die anderen Pflanzen dieser ganzen Gruppe verwenden wird. Dort entwickeln sich rasch die hellgrünen Blätter und die duftenden Blüten. Nach den ersten Frösten nimmt man die Zwiebeln heraus, läßt das Laub abtrocknen und hält dann wieder vollkommen trocken.
Die Vermehrung ist leicht durch Abnahme der Brutzwiebeln, aber auch durch Samen.

Lagerstroemia, Lagerströmie

Die Lagerströmien sind häufig in den Gärten und Parkanlagen des Mittelmeergebietes anzutreffen und fallen durch ihre Blüten so auf, daß in manchem Liebhaber der Wunsch wach wird, diese Pflanze zu pflegen.

Lagerstroemia indica L. ist von Ostasien bis Australien beheimatet und gehört zu den Weiderichgewächsen, den *Lythraceen*. Die Gattung *Lagerstroemia* L. umfaßt ungefähr 30 Arten. Es sind immergrüne oder laubabwerfende Sträucher oder Bäume mit gegenständigen Blättern und achseloder endständigen Trauben. Die sechs Kronblätter sind lang genagelt, haben also einen schmalen Basisteil, und sind wellig gekraust, wie auch die Kronblätter von Weiderich und Köcherblume. Die Lagerströmie wird bei uns als Kübelpflanze gezogen und wird ein kleiner Baum oder Strauch. Die Hauptblütezeit ist Sommer und Herbst, im Winter werden die Blätter abgeworfen. Die Blüten sind in bis 20 cm langen Rispen endständig angeordnet und bis 3 cm breit. Es gibt leuchtendrote, rosa, lavendelfarbene und weiße Sorten.

Lagerströmien sind in der Kultur ähnlich wie der Korallenbaum oder die baumartigen Stechapfelarten. Sie werden im Frühjahr, nachdem sie bei ungefähr 5 bis 8°C relativ trocken überwintert wurden, stark zurückgeschnitten und in sehr nahrhafte Substrate in relativ große Gefäße gepflanzt. Sonnig aufgestellt und reichlich gewässert und gedüngt, entwickeln sie sich sehr gut und blühen reich. Man kann sie auch auspflanzen und mit ihren Baustahlgitterkörben wieder herausnehmen und überwintern.

Vermehrung durch Aussaat bei 20 bis 25°C. Die japanische Firma Sakata bietet niedrigwachsende Typen an, die bereits im Aussaatjahr blühen, aber immer weiter verwendet werden sollten!

Musa, Banane

Zu jenen auffälligen Dekorationspflanzen der tropischen Gruppen, die man entweder jährlich frisch heranziehen oder aber auch überwintern kann, gehören auch die Bananen.

Die Gattung *Musa* L., die Bananen, umfaßt ungefähr 80 Arten, die in den Tropen der Alten Welt beheimatet sind. Die Gattung *Musa* wird heute von den Botanikern in zwei Gattungen unterteilt, in die Gattung *Musa* L. und die Gattung *Ensete* Bruce ex Horan. Da sich die Kultur gleicht und auch die Arten beider Gattungen gleich verwendet werden, behandeln wir sie zusammen.

Bananen sind Kräuter, die einen oft riesigen Scheinstamm bilden, der durch die Verwachsung der Blattstiele entsteht. Die gewaltigen länglichen oder parallelrandigen Blätter werden bei manchen Arten bald vom Wind zerschlitzt und sind in der Knospe gerollt. Die oft lang herabhängenden Trauben, die von Hochblättern umgeben und durchsetzt sind, müssen vom Bodenniveau den gesamten Stamm durchwachsen, um dann wieder herunterhängen zu können. Die Früchte können saftig, aber auch lederig sein; bei den Zierbananen enthalten sie meist so viele schwarze, kugelförmige Samen, daß sie nicht genießbar sind.

Hochwachsend und stets nur einen Stamm und keine Wurzelausläufer bildend ist die Zierbanane, *Ensete ventricosum* (Welw.) Cheesem. (*Musa ensete* J. F. Gmel., *Musa ventricosa* Welw., *M. arnoldiana* De Wild.) aus Mittelafrika. Die als *Musa ensete* gehandelte Form wird sehr groß, bis 10 m, und hat bis 6 m lange und 1 m breite Blätter mit rotem Mittelnerv. Kleiner und deshalb empfehlenswerter ist die als *Musa arnoldiana* gehandelte Form, die nur bis 5 m hoch wird, aber bereits mit 2 bis 3 m Höhe blühen kann; diese Form hat meist grüne Mittelrippen. Die Hochblätter sind dunkelrot gefärbt und sehr zierend. Diese beiden Formen sind auch am besten für die Verwendung im Freien geeignet.

Nur für sehr begünstigte Gärten eignen sich *Musa × paradisiaca* L. (*M. acuminata × M. balbisiana*) und *M. balbisiana* Colla (*M. seminifera* Lour. p. p.), die beide recht hochwüchsig, bis 8 m, sind und die typischen, eingerissenen Bananenblätter besitzen. *M. paradisiaca* ist die Obstbanane, von der es ja Hunderte Sorten gibt. Selten findet man, vor allem in französischen und italienischen Gärten, sehr schöne rotblättrige Formen. Sie können auch nur durch Kindel vermehrt werden, wie es auch bei den Obstbananen gemacht wird. Leider sind diese rotblättrigen Sorten sehr selten anzutreffen, sie sind schön und auch nieder, machen aber leider wenig Ausläufer, so daß die Vermehrung schwierig ist.

Bananen sind auffällige und wuchtige Pflanzen, die mehr verwendet werden sollten. Am besten für den Liebhabergarten eignet sich die als *Musa arnoldiana* gehandelte Form der Zierbanane.

Im Mai, nach den Eisheiligen, werden die Bananen, die entweder in einem kleinen Kübel überwintert wurden oder frisch aus Samen herangezogen wurden, ausgepflanzt. Man wählt windgeschützte und warme Stellen und bereitet den Boden mit Mist oder Torf, der mit Jauche übergossen wurde, vor, denn Bananen brauchen große Mengen von Nährstoffen und Wasser während der Wachstumszeit. Wichtig ist es, daß man dazu noch wöchentliche Flüssigdüngungen gibt. In nassen und kalten Sommern versagen sie.

Will man die Bananen überwintern, so muß man sie auf jeden Fall vor dem ersten Reif mit kleinem Ballen herausnehmen und in Kübel pflanzen; sie sollen sich noch vor dem Winter einwurzeln können, daher wählt man die Gefäße nicht zu groß. Hat der Frost die Bananen »gezicht«, so leiden sie sehr und sind viel schlechter über den Winter zu bringen. Man überwintert bei Temperaturen von 3 bis 6°C, sie gedeihen auch bei höheren Temperaturen, doch muß es dann hell sein.

Will man sich die Überwinterung ersparen, so empfiehlt sich die Samenanzucht. Die schwarzen Samen werden bei 25°C in Torf oder Sägespäne, nachdem man sie 24 Stunden hat quellen lassen, ausgelegt und nach der Keimung – sie erfolgt nach ungefähr 3 Wochen – eingetopft. Februarsaaten erreichen bei einer Temperatur von 15°C im Mai bereits eine Höhe von 80 cm bis 1 m und wachsen willig weiter.

Phoenix, Dattelpalme

Die ungefähr zehn Arten der Palmengattung *Phoenix* L. bewohnen das tropische und subtropische Afrika und Asien, es sind Fiederpalmen mit zumeist kräftig entwickeltem Stamm und zweihäusigen Blüten.

Die echte Dattelpalme, *P. dactylifera* L., kann zwar leicht aus den Dattelkernen gezogen werden, doch lohnt es sich nicht ganz, gibt es doch bessere Arten für die Zimmer- und Freilandpflege. Die Dattelpalme erreicht in der Heimat Stammhöhen bis zu 20 m, es gibt viele Sorten, die Datteln werden ja als Viehfutter genauso wie für die menschliche Ernährung verwendet. Diese Sorten werden in der Heimat durch Seitentriebe vermehrt. Auf eine bestimmte Anzahl von weiblichen Palmen hält man sich männliche Exemplare, die Bestäubung wird zumeist künstlich durchgeführt, die männlichen Blütenstände werden zu diesem Zweck oft lange aufbewahrt.

Für die Verwendung als Zimmerpflanze und sommers im Garten, auf der Terrasse oder am Balkon eignet sich wesentlich besser die kanarische Dattelpalme, *P. canariensis* hort. ex Chabaud, von den Kanarischen Inseln. Diese Art bildet kurze, gedrungene Stämme und besitzt bis 4 m lange, gegen das Ende etwas bogig gekrümmte Fiederblätter. Die Blätter sind kräftiggrün, die echte Dattelpalme besitzt graugrüne Blätter.

Während des Winters werden die Dattelpalmen bei Temperaturen von 5 bis 8°C gehalten, bei ganzjähriger Zimmerkultur eignen sie sich nur für kühlere, lichte Räume. Wohler fühlen sie sich sommers im Freiland, wo sie mit den anderen Pflanzen dieser Gruppe zu wuchtigen tropischen Gruppen vereinigt werden. Bei Kübelkultur kommt es nicht zur Blüte, diese kann man nur bei ausgepflanzten Pflanzen erwarten.

Die Substrate sollen schwer sein, Wässerung und Düngung sind während des Sommers notwendig. Die Vermehrung durch Aussaat ist leicht, Saatgut erhält man leicht.

Neben den Dattelpalmen, die während des Sommers im Freien stehen sollen, wird noch eine andere Art vom Samenhandel angeboten, *P. roebelenii* O'Brien. Diese Art stammt aus Hinterindien und ist eine Zimmerpflanze, die höhere Ansprüche an Temperatur und Luftfeuchtigkeit stellt;

jüngere Pflanzen, solche erhält man nur, brauchen Nachttemperaturen um 16 bis 18°C, tagsüber höher. Erst vor kurzem hat sich herausgestellt, daß diese Art nicht mit *P. loureirii* Kunth identisch ist. Diese Art verträgt tiefere Temperaturen, ist aber z. Z. anscheinend nicht in Kultur. Leider ist diese wärmeliebende Dattelpalme – sie ist sehr zierlich und bildet langsam Stämme aus, die gefiederten Wedel erreichen bis 1 m Länge – selten zu bekommen. Die Anzucht aus Samen ist leicht, doch ist die Jugendentwicklung sehr langsam, so daß man erst nach vier oder fünf Jahren Pflanzen erhält, die ohne den Schutz eines geschlossenen Blumenfensters auskommen. Große Exemplare, das weiß man aus verschiedenen botanischen Gärten, sind noch weniger temperaturbedürftig und vertragen bis zu 14°C.

Plumbago, Bleiwurz

Wenig rein blau blühende Pflanzen kennen wir aus unseren Gärten. Um so mehr ist es verwunderlich, daß der Bleiwurz nicht mehr gezogen wird. Die Gattung *Plumbago* L. (Familie der Bleiwurzgewächse, *Plumbaginaceen*) umfaßt ungefähr zehn Arten, die tropisch und subtropisch verbreitet sind, es sind Halbsträucher oder Kräuter. Die tellerförmigen Blüten werden in endständigen, oft einseitigen Ähren angelegt.

Rein hellblau blüht *P. auriculata* Lam. (*P. capensis* Thunb.), die vom Kap der Guten Hoffnung stammt. Sie wächst halbstrauchig, hat ganzrandige, bis 5 cm lange und kurz gestielte Blätter und bringt die Blüten in kurzen, einseitigen Ähren. Der Bleiwurz ist ungefähr wie Fuchsien oder Wandelröschen zu behandeln. Gerne werden auch hier Stämmchen gezogen, die bei dieser fast kletternden Pflanze sehr wirksam sind. Nach den Eisheiligen werden die Pflanzen ins Freie geräumt und am besten an sonnigen Stellen ausgepflanzt. Im Herbst wird herausgenommen, zurückgeschnitten und kühl überwintert. Im Frühjahr, im März, wird stark zurückgeschnitten und wärmer gestellt, damit sich bis zum Auspflanzen wieder kräftige Triebe entwickeln. Die Vermehrung erfolgt durch Stecklinge bei 16 bis 18°C. Zusammen mit den anderen tropisch wirkenden Pflanzen dieser Gruppe ist der Bleiwurz sehr wirksam, vor allem imponiert die lange Blütezeit, vom Frühling bis zum Herbst.

Salvia, Salbei

Jeder Pflanzenliebhaber kennt die brennendroten Ziersalbeipflanzen des Sommers, die durch Aussaat und durch Stecklinge vermehrt werden. Daß es aber daneben noch andere, sehr auffällige Salbeiarten gibt, wissen wenige. Die Gattung *Salvia* L., sie gehört zur Familie der Lippenblütler, *Labiaten*, ist mit ihren ca. 700 Arten, die über die ganze Erde verbreitet sind, sehr umfangreich: es gibt unter den Salbeiarten krautige, halbsträuchige und sträuchige, die gegenständigen Blätter sind unterschiedlichst geformt, von ganzrandig bis fein kammartig fiederschnittig. Die zweilippigen Blüten besitzen nur zwei fruchtbare Staubblätter, die durch einen Hebelmechanismus den Pollen auf das blütenbesuchende Insekt pressen. Die Blüten sind meist in Quirlen angeordnet, die selbst wieder zu Ähren, Trauben oder Rispen zusammenstehen. Es gibt die unterschiedlichsten Blütenfarben, reines Scharlachrot findet sich genauso wie Klargelb und Azurblau, in manchen Fällen wirken zusätzlich noch Hochblätter oder Kelch.

Recht auffällig durch die lichtgrünen Blätter und die zahlreichen, wenn auch kleinen scharlachroten Blüten ist *S. heerii* Regel aus Peru. Die Pflanze ist strauchig und kann 1 m Höhe in einem Sommer erreichen, sie wächst dicht und reich verzweigt, die Blätter sind bis 10 cm lang und 5 cm breit, oberseits hellgrün, unterseits etwas weißlich. Die 2 cm langen scharlachroten Blüten haben eine weißliche Kronröhre und stehen paarweise quirlig in endständigen, blattlosen Trauben.

Noch auffälliger, da in der Blütenregion noch gefärbte Blätter zu finden sind, ist *S. involucrata*

Cav. aus Mexico und Guatemala. Auch diese Art ist strauchig und erreicht bis 150 cm Höhe. Die leuchtendgrünen, bis 15 cm langen Blätter stehen entfernt am kantigen Stengel, sie werden in der Blütenregion kleiner, ordnen sich dachziegelig um die sechsblütigen Quirle und sind leuchtend rosenrot gefärbt. Die Blütenstände sind bis 15 cm lang, die Blüten selbst sind auch rosa gefärbt. Beide Salbeiarten sind leider selten anzutreffen, vor allem die zweite Art ist aber sehr gut geeignet, subtropische Pflanzengruppen zu gestalten. Sie werden bei 6 bis 10°C überwintert, im Frühjahr zurückgeschnitten und wärmer gestellt, um nach den Eisheiligen ausgepflanzt zu werden. Die Stecklingsvermehrung ist einfach. *Salvia heerii* blüht bei hellem Stand auch im Winter.

Sauromatum, Eidechsenwurz

In ihrem ganzen Aufbau den Tränenbäumen, *Amorphophallus*, sehr ähnlich ist eine andere interessante Pflanze aus der Aronstabfamilie, der Eidechsenwurz. Die Gattung *Sauromatum* Schott ist mit ca. fünf Arten in den Tropen Afrikas und Asiens zu Hause. Aus der Knolle entwickelt sich im Winter der Blütenstand, später das eine, fußförmig zerteilte Blatt, während dieser Zeit pflanzt man aus.

Wir ziehen nur Formen einer Art aus dem Himalaja und Ostindien, *S. venosum* (Ait.) Kunth (*S. guttatum* (Wallich) Schott, *Arum g.* Wallich). Aus der bis 15 cm im Durchmesser erreichenden Knolle entwickelt sich ohne Wurzelbildung der Blütenstand. Der Stiel ist 5 cm lang, die Spatha ist unten verwachsen, auf 5 bis 10 cm, weiter oben zungenförmig, bis 35 cm lang und 5 cm breit. Die Farbe schwankt zwischen Purpurbraun und Grün mit roten Flecken. Nach dem Verblühen entwickelt sich das Blatt, man muß auspflanzen, damit sich die neue Knolle bilden kann. Der Blattstiel ist bis 50 cm lang, geflleckt, die Blattspreite ist fußförmig geteilt und hat sieben bis elf Lappen. Die Beeren bilden sich selten, sie stehen in dichten, orangenartigen Kolben.

Die Kultur des Eidechsenwurzes gleicht der des Tränenbaums, doch sind die Blätter und auch die Blüten nicht so wuchtig. Die Vermehrung kann leicht durch die sich zahlreich bildenden Nebenknollen erfolgen.

Trachycarpus, Hanfpalme

Die Palmengattung *Trachycarpus* H. Wendl. umfaßt ungefähr fünf Arten, die vom westlichen Himalaja bis China und Japan beheimatet sind. Die Arten bilden einen hohen Stamm, der dicht mit Fasernetzen und den Blattscheiden bedeckt ist. Die oberseits flachen Blattstiele sind an den Rändern wenig bewehrt und tragen die großen, kreis- oder halbkreisförmigen, fächerigen Blätter.

Die verbreitetste Hanfpalme ist *T. fortunei* (Hook.) H. Wendl. (*Chamaerops excelsa* hort., *C. fortunei* Hook.) aus Oberbirma, China und Japan. Die Stämme werden im Mittelmeergebiet bis zu 12 m hoch. Die glänzendgrünen Blätter stehen am Stammende in dichten Schöpfen und setzen sich aus ungefähr 50 Fiederblättchen zusammen. Aus dem Fasergewebe, das den Stamm umhüllt, werden in der Heimat Matten, Taue und ähnliches gemacht, wir können diese Gewebe gut zum Umkleiden von Epiphytenkörben an Epiphytenstämmen verwenden.

Die Hanfpalme ist die härteste Kalthauspalme überhaupt, sie findet sich bereits als winterharte Pflanze in den begünstigten Regionen südlich des Alpenhauptkammes, an den Rivieren und in Jugoslawien. Während des Sommers steht sie im Freien, sonnig, winters wird sie bei Temperaturen von 5 bis 12°C gehalten. Sie verträgt selbst dunklere Überwinterung und kann sogar waagrecht gekippt werden. Für frische Luft sollte man nach Möglichkeit sorgen, bei stehender Luft mit hoher Luftfeuchtigkeit kann es zu verschiedensten Blattfleckenkrankheiten kommen.

Die Anzucht aus Samen ist leicht, auch hier gilt es, die allgemeinen Hinweise für Palmen zu beachten: Samen werden in warmem Wasser vorgequollen. Man kann sie sogar anfeilen, damit der

Embryo schneller quillt. Aussaat bei 25°C, nach dem Aufgang bald topfen, da sich die Wurzeln rasch entwickeln. Nie Keimling und Samen trennen, noch lange bezieht die Jungpflanze aus dem Samen Nährstoffe. Für Jungpflanzen nimmt man Einheitserde, später schwereres Substrat.

Tropaeolum, Kapuzinerkresse

Die Kapuzinerkressen werden gerne gepflegt, es gibt unter ihnen auch ausdauernde, knollenbildende Arten, die sich leicht überwintern lassen und im Sommer reich blühen.

Die Gattung *Tropaeolum* L., sie gehört zur Familie der Kapuzinerkressengewächse, *Tropaeolaceen*, umfaßt 50 Arten, die die gebirgigen Gebiete von Mexico bis Chile bewohnen. Die auffälligen achselständigen Blüten haben fünf Kelchblätter, eines ist gesporrnt, und fünf Blütenblätter. Die Blätter enthalten teilweise Senföl, sie werden aus diesem Grund auch gerne von den Kohlweißlingsraupen befallen, die nicht wissen können, daß es auch Pflanzen gibt, die nicht Kreuzblütler sind und trotzdem diesen für diese Familie typischen Inhaltsstoff besitzen.

Eine der blütenschönsten Arten ist *T. tricolor* Sw. (*T. yarrattii* Youel), sie ist in Bolivien und Chile beheimatet. Die Triebe klettern bis 3 m, die Blätter sind klein und mehrteilig. Die Blüten sind herrlich mehrfarbig, der Kelch ist groß und scharlachrot, an den Spitzen schwarz, die kleinen Blütenblätter sind gelb gefärbt. Leider blüht diese Art gerne im späten Frühling, da sie den Vegetationsrhythmus der südlichen Halbkugel nicht ablegen kann.

Leichter zur Blüte zu bringen ist *T. tuberosum* Ruiz et Pav., die wild in Peru und Bolivien vorkommt, wegen der eßbaren, wulstigen, gelben und rot gepunkteten Knollen aber in vielen Teilen Südamerikas gezogen wird. Auch hier sind die Blätter mehrteilig, die kleinen Blüten haben einen roten Kelch und orangefarbene Blütenblätter. Von dieser Art gibt es mehrere Formen im Handel; man muß sich bemühen, die frühblühende zu erhalten, die bereits Anfang Sommer zu blühen beginnt.

Daneben werden selten Samen oder Knollen von anderen, blütenschönen Arten angeboten. Selten bekommt man Wildsamen von *T. azureum* Miers, die aus Chile stammt, 2 m hoch klettert und einen grünen Kelch und vielfach schmutzigblaue Blüten besitzt. Es gibt aber auch Formen mit reinblauen Blüten von 3 cm Durchmesser, die Blüten erscheinen im Sommer und Herbst.

Ebenfalls knollenbildend ist *T. pentaphyllum* Lam., die in Südamerika ziemlich verbreitet ist und von Juli bis Spätherbst blüht. Der Kelch ist scharlachrot, die Blütenblätter orangerot gefärbt, an sonnige Mauern gepflanzt, bilden sich auch die dreiteiligen blauen Beeren.

Keine Knollen bildet *T. speciosum* Poepp. et Endl. aus Chile, die im Sommer und Herbst blüht. Die Art klettert 2 m hoch und hat sechsteilige Blätter und scharlachrote, gelb genagelte Blütenblätter und einen rotgrünen, kleinen Kelch. Sie ist unter Decke winterhart und sehr gut durch Wurzelschnittlinge zu vermehren.

Bis auf die schöne dreifarbige Kapuzinerkresse, *T. tricolor*, sind die genannten Arten leicht zu ziehen. Nach den Frösten nimmt man die Knollen aus dem Boden und überwintert trocken, in Sand oder trockenen Torfmull eingeschlagen, bei 8 bis 12°C. Mit dem beginnenden Trieb muß man einpflanzen, man nimmt nahrhafte Substrate, die mit Sand vermischt werden. Die Triebe müssen immer sorgfältig auf ihre Klettervorrichtungen geheftet werden. Nach den Eisheiligen pflanzt man aus, geschützte Mauern, in Gartenhöfen befindliche Säulen oder Pergolenstützen sind ideal. Nach der Blüte kann man trockener halten, doch blühen die meisten Arten sehr spät, da sie den südhemisphärischen Vegetationsablauf schlecht überwinden können und überdies vielfach Kurztagpflanzen sind.

Die Vermehrung erfolgt durch Aussaat – das Saatgut muß vorgequollen werden – und durch Teilung der büschelig angeordneten Knollen. Legt man Triebe in den Boden ein, so bilden sich dort ebenfalls kleine Knollen.

Yucca, Palmlilie

In ihrer Wirkung genauso imposant wie die Keulenlilien oder die Agaven sind die Palmlilien. Die Gattung *Yucca* L. umfaßt ungefähr 30 Arten, die im südlichen Nordamerika und in Mittelamerika zu Hause sind. Die Gattung gehört zu den Agavengewächsen, den *Agavaceen*. Die Palmlilien sind ausdauernde stammlose oder stammbildende Pflanzen mit lanzettlichen, ledrigen, in Schöpfen angeordneten Blättern und weißen Glockenblüten in großen Rispen.

Hohe Stämme, bis 5 m, bildet *Y. aloifolia* L., ihre Heimat sind die Südstaaten der USA, Mexico und die Westindischen Inseln. Die Blätter sind bis 50 cm lang und 3 cm breit und am Rande scharf gesägt. Die Blütenrispen werden 60 cm lang, sie sind dicht mit den 5 cm großen, weißen Blüten besetzt. Diese Art fruchtet leicht, nach der Blüte verzweigen sich die Stämme. Es gibt viele Sorten, so 'Tricolor' mit weißen und gelben Längsstreifen oder 'Purpurea' mit purpurnen Blättern.

Nur kurze, dafür aber dicke Stämme bildet *Y. gloriosa* L. aus den Südstaaten der USA, ihre Stammhöhe überschreitet 2 m selten. Die Blätter sind 50 cm lang und 5 cm breit und stehen in dichten Schöpfen. Der Blütenstand ist bis 1,5 m hoch, die 4 cm langen weißen, außen rötlich überlaufenen Blüten duften gut und erscheinen von Juli bis September.

Sehr leicht zu ziehen, widerstandsfähig und reichblühend ist *Y. recurvifolia* Salisb. (*Y. recurva* Haw., *Y. pendula* Sieb.) aus dem amerikanischen Bundesstaat Georgia. Ihr Stamm ist kurz und verzweigt sich nach der Blüte, die Blätter sind bis 90 cm lang und stehen zu 100 bis 150 in Schöpfen. Die Blütenrispen sind schmal und bis 1 m hoch, die Blütenglocken sind weiß. Auch von dieser Art gibt es weißbunte Formen, wie 'Marginata' oder 'Variegata'.

Die Kultur der Palmlilien entspricht der der Keulenlilien Neuseelands, den *Cordylinen*. Sie sind ausgezeichnete Kübelpflanzen und vertragen auch Trockenheit, wenn es sein muß. Besser gedeihen sie bei entsprechender Wasser- und Nährstoffversorgung. Vermehren kann man durch Aussaat; buntblättrige Sorten aber nur durch Stecklinge, nur ein Prozentsatz fällt echt aus Samen.

Schon mit dieser Auswahl an Pflanzen ist es leicht, im Garten eine entsprechende Gruppe zusammenzustellen. Beim Planen solch eines Beetes gilt es einige Dinge zu bedenken: Alle diese Pflanzen wollen es warm und vollsonnig haben. Wo sich die Sonne so richtig hineinlegt und wenig Luftzug und Wind herrscht, werden sich alle diese Gewächse gut entwickeln. Sie brauchen in der Nähe unbedingt einen Wasseranschluß, denn regelmäßiges und reichliches Wässern bringt erst, neben der stickstoffbetonten Flüssigdüngung, das kräftige Wachstum und den erwünschten Effekt der tropischen Üppigkeit.

Wer halbverrotteten Mist bekommen kann, greife zu und mache aus diesem eine Packung bei den strauchigen Stechäpfeln, den Bananen, den Tränenbäumen. Die Wirkung dieser organischen Düngung ist zu sehen! Nicht zu eng pflanzen. Ist der Sommer schön, so entwickelt sich alles sehr üppig, in schlechten Sommern versagen leider manche Pflanzen dieser Gruppe.

Vor allem wird ein eigenartiges Gefühl der Befriedigung auftauchen, wenn die selbst gestaltete Pflanzung – von entsprechender Entfernung betrachtet – zeigt, daß sich die meisten Pflanzen zur Zufriedenheit entwickelt haben. Es ist dann auch zu verstehen, warum Ärzte in Erholungsheimen großen Wert auf Bepflanzung dieser Art legen. Sehen doch ihre Patienten, wie sonst kaum irgendwo, ständig ein Aufwärtsentwickeln, das sich über den Geist so günstig auf das Befinden ihrer Pfleglinge auswirkt! Trotz der vermehrten Arbeit und den sicher auch höheren Pflanzenkosten ist eine tropische oder subtropische Gruppe eine Quelle ständiger Freude und Erholung.

Einige sehr wichtige Pflanzen, die auch für Dekorationszwecke verwendet werden, so der Lorbeer, die Myrte oder der Oleander, werden später, in geographisch unterteilten Abschnitten, behandelt.

Balkon und Fensterkasten

Viele Pflanzenliebhaber besitzen keine Terrasse, geschweige denn einen Garten, sie müssen auf viele Vorteile verzichten – können ihre Aktivitäten aber auf Balkon- und Fensterschmuck konzentrieren. Wichtig für die Auswahl des Fenster- und Balkonschmuckes ist vor allem die Lage der zu schmückenden Flächen, also ob sie sonnig oder halbschattig liegen. Bei schattigem Stand ist ein Schmuck mit Pflanzen nicht gut möglich. Um Fensterkistchen zu befestigen, gibt es die verschiedensten Systeme, auch für die Bewässerung solcher Pflanzgefäße haben sich findige Köpfe manches einfallen lassen, obwohl auch hier die individuelle Pflege die besten Erfolge bringt.

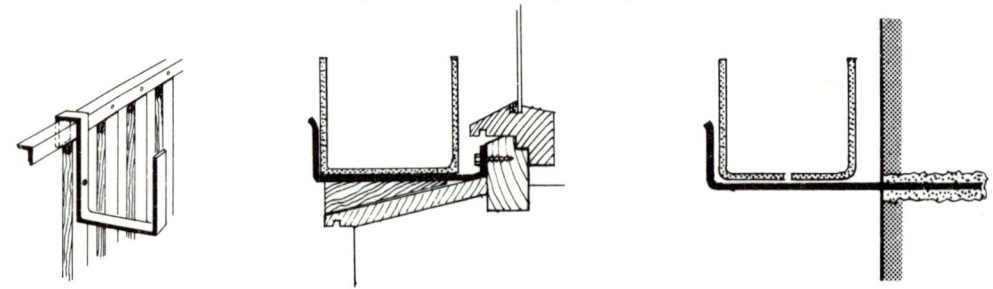

Von links: Unfällen vorbeugen! In U-förmige Eisen eingehängt, sind Blumenkästen sicher angebracht. Halterungen am Fenstersims sind handwerklich besonders zuverlässig auszuführen. Tief aufgehängt, beeinträchtigen die Kästen den Blick aus dem Fenster nicht.

Die Auswahl an Pflanzen, die zum Schmuck von Balkonen und Fensterkistchen verwendet werden können, ist leider nicht sehr groß. Neben den blühenden Pflanzen verwendet man auch nicht blühende, blattzierende Gewächse, so vor allem den robusten Zierspargel, *Asparagus densiflorus* (Kunth) Jessop 'Sprengeri', gemeinhin Sprengeri bezeichnet, und das kletternde Kreuzkraut *Senecio mikanioides* Otto ex Walp., zumeist als Sommerefeu bezeichnet, weil die etwas fettigen, fünfteiligen Blätter beim ersten Hinsehen einem Efeu ähneln.

Wichtiger für Balkon und Fensterkasten sind blühende Pflanzen. Sie sollen, nach ihren Lichtbedürfnissen geordnet, in zwei Gruppen besprochen werden: zuerst jene mit geringeren Lichtansprüchen, für halbschattige Lagen, und dann jene für sonnige Lagen.

Balkon und Fensterkasten im Halbschatten

Hier finden sich zwei Gruppen zusammen, jene Pflanzen, die auf jeden Fall schattigeren Stand brauchen, und jene, die nur in heißen, trockenen Lagen halbschattig gezogen werden *müssen*, in luftfeuchten Gegenden aber ohne weiteres auch sonnig gezogen werden *können*.

Begonia-Semperflorens-Hybriden,
Semperflorens-Begonie

Die *Begonia-Semperflorens-Hybriden* sind so allgemein bekannt und verbreitet, daß sich die Beschreibung der mehrtriebigen, fleischigen Pflanzen mit den fettigen, einseitigen Blättern und den weißen, rosa oder roten Blüten, die in reicher Fülle den Sommer über erscheinen, erübrigt. Es gibt zwei Gruppen dieser Hybride: Die **Gracilis-Gruppe** umfaßt die bekannteren kleinblütigen Sorten, die **Semperflorens-Gruppe** die Sorten mit höherem Wuchs, größeren, aber weniger zahlreichen Blüten, diese Gruppe ist seltener anzutreffen.

Für die Kultur verwendet man Einheitserde, die Pflanzen ersteht man am besten beim Gärtner, der sie durch Aussaat im Dezember und Jänner vermehrt (das Saatgut ist sehr fein, 40 000 Korn gehen auf ein Gramm!), zweimal pikiert, dann in den Mistbeetkasten auspflanzt und von dort aus verkauft. Gefüllte Sorten, die häufig als Zimmerpflanzen gezogen werden, so die hellrosa gefüllte, grünblättrige 'Gustav Lindt', die rot gefüllte, grünblättrige 'Zürich' und die rosa gefüllte, braunblättrige 'Gustav Lund Molenbeek', müssen durch Stecklinge vermehrt werden. Es sind herrliche, wenn auch etwas heikle Fensterkistchenpflanzen für absonnige Stellen!

Begonia × tuberhybrida, Knollenbegonie

Die Knollenbegonien, *Begonia × tuberhybrida* Voss, sind bekannte Balkon-, Fensterkisten- und Beetpflanzen, die frostempfindlich sind und erst nach den Eismännern ausgepflanzt werden dürfen. Vorher, von März bis Mai, finden sie als Blütentopfpflanzen in kühlen, hellen Räumen Verwendung.

Die Knollenbegonien sind durch Kreuzung verschiedener südamerikanischer Arten entstanden, man unterscheidet verschiedene Gruppen und Klassen. **Großblütige Knollenbegonien** haben einen Blütendurchmesser von 12 bis 16 cm. Nach der Blütenform und Füllung unterscheidet man die folgenden Klassen: einfache großblütige Knollenbegonien, halbgefüllte und gefüllte großblütige Knollenbegonien. Verschiedene Sonderblütenformen besitzen eigene Namen, so die bärtigen (Cristata), marmorierten (Marmorata), gekrausten (Crispa), gefransten (Fimbriata) und gerandeten (Marginata) großblütigen Knollenbegonien, diese sind zumeist einfach oder halbgefüllt. Sonderblütenformen stark gefüllter Knollenbegonien sind kamelienblütige (Camelliaeflora) und rosenblütige (Rosaeflora) Knollenbegonien.

Mittelblütige Knollenbegonien mit 5 bis 7 cm großen Blüten werden selten gezogen.

Wichtig sind dagegen die **kleinblütigen Knollenbegonien** mit einem Blütendurchmesser von 2 bis 4 cm, sie erreichen eine Höhe von 25 cm und blühen überreich. Bekannte Sorten sind: 'Frau Helene Harms', gelb gefüllt, 'Flamboyant', leuchtendrot gefüllt, und 'Kupfergold', kupferorange. In diese Gruppe, oder in die mittelblütigen Knollenbegonien, gehören auch die 'Bertinii'-Knollenbegonien, die zumeist einfach scharlachrot oder orange blühen, rötliches Laub besitzen und sehr sonnenverträglich sind.

Ampelknollenbegonien nehmen eine Sonderstellung ein, es handelt sich um vieltriebige, stark hängende oder überhängende Pflanzen mit deutlich spitzeren Blättern und einfachen, halbgefüllten oder gefüllten Blüten in allen Farben. Diese Gruppe ist besonders gut für das Fensterkistchen geeignet, da nur hier die Blüten richtig zur Wirkung kommen.

Die Knollenbegonien werden, aus Samen, in großem Maßstab in luftfeuchten und herbstwarmen Gebieten, z. B. in Belgien oder Norddeutschland, herangezogen. Die Blüten bilden sich im Langtag, die Knollen im Kurztag.

Der Liebhaber wird üblicherweise zur fertigen Knolle greifen und diese antreiben und kultivieren. Je größer die Knolle ist, desto früher darf man mit dem Antreiben beginnen. Die Knollen werden nach dem Durchmesser in cm in Klassen geteilt und so gehandelt; die kleinerblütigen Gruppen besitzen auch wesentlich kleinere Knollen. Vor dem Pflanzen werden die Knollen, ungefähr im Februar oder März, dicht an dicht in Kistchen ausgelegt, die feuchten Torf enthalten, und bei 18° C aufgestellt. Die Eindellung der Knollen bezeichnet jene Stelle, wo die Triebe erscheinen. Man kann aber auch gleich in humusreiche Erde legen, nie zu tief, nur leicht übersieben, und bei 18 bis 20° C aufstellen. Haben die Triebe 10 cm Höhe erreicht, so werden die Knollen einzeln in 10 bis 12 cm große Töpfe getopft; vieljährige Knollen verlangen oft größere Töpfe, eventuell sogar Schalen. Man kann jedoch auch solche Giganten zerschneiden, so daß auf jedem Teilstück ein Trieb ist, die Schnittstellen in Holzkohle oder Fungizidpulver tauchen und so wiederum in kleinere Töpfe pflanzen. Diese Prozedur wird man durchführen, wenn die Triebe kleiner sind, erst nach dem Vernarben der Wunden pflanzt man in die Töpfe. Die Kulturtemperaturen sollten nach dem Eintopfen bei 15 bis 18° C liegen; späte Sätze zieht man im Mistbeet, wenn ein solches vorhanden ist. Bei stärkerer Sonnenbestrahlung muß man schattieren, da die Blätter gerne Sonnenbrand bekommen.

Auch für die Auspflanzung im Kistchen muß das Substrat entsprechend vorbereitet werden; Knollenbegonien verlangen humusreiche, nährstoffreiche Mischungen und während des Wachstums regelmäßige Dunggüsse. Im kühlen und luftfeuchten Gebirgs- oder Seeklima vertragen sie volle Sonne, im Kontinentalklima und bei Lufttrockenheit muß unbedingt Schatten geboten werden. Nach den ersten Frösten – die Knollen bilden sich ja erst mit kürzer werdendem Tag aus, darum vor den ersten Frühfrösten durch Tücher usw. schützen – werden die Knollen herausgenommen, die Triebe abgeschnitten oder abgebrochen. Die Knollen läßt man abtrocknen, putzt sie und bewahrt sie in trockenem Torf bei 10 bis 12° C auf, um im Frühjahr die Kultur dieser schönen Pflanzen von neuem zu beginnen. – Samenvermehrung ist möglich, ausgesät wird im Dezember und Jänner, die Behandlung gleicht in etwa der der zuvor beschriebenen Semperflorens-Begonie.

Browallia, Browallie

Die am wenigsten halbschattenliebende Gattung *Browallia* L. gehört zu den Nachtschattengewächsen, den *Solanaceen*. Sie ist uns wegen der blauen Blüten lieb und wert. Es sind einjährige, bedrüste oder halbstrauchige, kahle Pflanzen mit ganzrandigen Blättern und achselständigen oder traubigen, flachen, fünfteiligen, meist herrlich blauen Blüten. Die Heimat der sechs Arten ist das tropische Amerika.

In englischen Samenkatalogen werden in der Regel drei Arten mit ihren Formen angeboten. *B. americana* L. wird meist unter ihrem Synonym *B. elata* L. angeführt, diese Art ist einjährig und blüht hellblau. Ebenfalls einjährig ist *B. viscosa* H. B. K., von dieser Art wird so gut wie ausschließlich die Sorte 'Compacta Saphir' angeboten. *B. viscosa* ist drüsiger als *B. americana*, die Blüten sind dunkelblau mit weißem Auge.
Halbstrauchig ist *B. speciosa* Hook. (*B. major* hort.), sie ist kahl und besitzt bis 4 cm große blaue, weiß geschlundete, oder reinweiße Blüten. Sie wird auch von Gärtnereien angeboten, die sie durch Stecklinge vermehren, und blüht besonders gut im Winter. Eine liebe kleine Topfpflanze, die sich nicht so sehr für das Fensterkistchen eignet. Die wichtigen Fensterkistchen-Arten werden durch Aussaat vermehrt; man baut im Februar an, pikiert mehrere Pflanzen in größere Töpfe, pinziert einmal und pflanzt nach den Eismännern aus. Als Substrat nimmt man am besten Einheitserde, siehe Seite 43.

Fuchsia, Fuchsie

Die Fuchsien haben große Bedeutung, es gibt eine Fülle von Sorten. Sie sind sowohl als Zimmerpflanzen als auch als Freilandbepflanzung geeignet, hauptsächlich werden sie jedoch für den Schmuck von Balkonen und Fensterkistchen verwendet.
Die Gattung *Fuchsia* L. umfaßt ungefähr 100 Arten, die zum größten Teil in Südamerika beheimatet sind, nur wenige finden sich auf Tahiti und Neuseeland. Es sind Halbsträucher, Sträucher oder kleine Bäume, meist mit gegen- oder quirlständigen Blättern und achsel- oder endständigen Blüten. Die Blüten sind vierteilig, der Kelch ist meist leuchtend gefärbt, die Kronblätter sind bei gefüllten Sorten vermehrt und in der Regel andersfarbig als der Kelch. Im Handel werden die Kelchblätter oft als Sepalen, die Blumenblätter als Petalen oder Krone bezeichnet. Im Volksmund spricht man oft vom »Röckchen« und meint ebenfalls die Blumenblätter.

Tafel 11 · Kübelpflanzen

ol   Schönmalve, *Abutilon thompsonii* 'Striatum'
or   Wunderbaum oder Palma Christi, *Ricinus communis*
ul   *Agapanthus-Hybride*
ur   Oleander, *Nerium Oleander* (Fotos Dr. Jesse)

Tafel 12 · Balkon und Fensterkasten

ol Hängepelargonien oder Efeugeranien, *Pelargonium-Peltatum-Hybriden* 'Ville de Paris'

or Gruppenpflanzung in Kübel: Fuchsien, *Fuchsia-Triphylla-Hybriden* 'Koralle', und Petunien in Sorten

ul Petunien, *Petunia-Hybriden,* dahinter Fleißiges Lieschen, *Impatiens,* im Halbschatten

ur Zonal-Pelargonien, *Pelargonium-Zonale-Hybriden,* Efeugeranien, *P.-Peltatum-Hybriden* 'Rote Ville de Paris' und Petunien. (Herbel)

Wirklich bedeutungsvoll ist in unserem Raum nur die Gruppe der *F.-Hybriden,* die aus Kreuzung von *F. magellanica* Lam., *F. coccinea* Soland., *F. arborescens* Sims und *F. corymbiflora* Ruiz et Pav. entstanden sind, wahrscheinlich unter der Beteiligung weiterer Arten. Die Sortenfülle ist heute nicht mehr überschaubar, bereits 1936 waren in einer Sortenliste der amerikanischen Fuchsien-Gesellschaft 2000 Sorten angeführt. Selbst in Mitteleuropa wird Züchtung auf diesem Gebiet betrieben, besonders erfolgreich sind Obergärtner Nutzinger von der Stiftgärtnerei Admont, Steiermark, Österreich, und die Gärtnerei Töpperwein, Ortenburg, Bayern, BRD.

Daneben haben die *F.-Triphylla-Hybriden* eine gewisse Bedeutung. Ihre meist roten Blätter stehen quirlig zu dritt. Die schmalen, roten oder orangen Blüten bilden endständige Trauben oder Rispen und haben zum deutschen Namen 'Zigarrenfuchsien' geführt. Die meist straff aufrechtwachsenden Sorten haben Bedeutung als Gruppenpflanzen, aber auch für das Fensterkistchen. Als Ampelpflanze für das kühle Zimmer, nicht aber als Fensterkistchenpflanze, ist *F. procumbens* R. Cunn. ex A. Cunn. interessant. Diese Art stammt aus Neuseeland und ist ein niederliegend wachsendes Sträuchlein mit ausnahmsweise wechselständigen, rundlichen, 2 cm großen Blättern und bräunlichgelben Blüten, die denen der Leuchterblume, *Ceropegia,* irgendwie ähnlich sind. Den Blüten folgen leuchtendrosarote, weiß bereifte Beeren, die bis 2,5 cm lang werden. Herr Nutzinger aus Admont konnte diese Art mit *F.-Hybriden* kreuzen; er erhofft sich als Ergebnis einer wahrscheinlich noch jahrzehntelang dauernden Züchtungsarbeit gelbe Fuchsien, die es noch nicht gibt.

Es gibt Sorten mit straff aufrechtem, aufrechtem, überhängendem und hängendem Wuchs, einfache und gefüllte Sorten; die Kelchblätter sind rot, rosa oder weiß gefärbt; die Blumenblätter sind violett, rot, rosa oder weiß. Bestimmte Farbkombinationen gibt es nicht, dafür sind andere wieder, so die rot-violette oder rot-weiße, typisch für die Fuchsie. Daneben kann man nach der Wuchskraft schwachwüchsige, mittelstark wachsende und kräftig wachsende Sorten unterscheiden. Frühblühende Sorten lassen im Sommer meist aus, spätblühende Sorten blühen durch. Fuchsien legen ihre Blüten meist unter Langtagbedingungen an, d. h., es muß eine gewisse kritische Tageslänge überschritten werden. Es gibt allerdings auch Sorten, die nur auf die allgemeinen Lebensbedingungen ansprechen oder deren kritische Tageslänge so niedrig ist, daß sie unter mitteleuropäischen Verhältnissen immer im Langtag stehen. Fuchsien brauchen daher helle, dabei aber halbschattige oder absonnige Standorte. Bei ausreichender Versorgung mit Wasser und Nährstoffen sind aber viele Fuchsien-Sorten in der Lage, auch in der vollen Sonne zu gedeihen und dort reichlich zu blühen.

Nach den ersten Frösten schneidet man die Fuchsien zurück und bringt sie in den Überwinterungsraum. Dieser sollte hell sein und eine Temperatur von 3 bis 5°C aufweisen, man kann Fuchsien auch dunkel überwintern, doch kommt es hier häufiger zum Grauschimmelbefall. Grauschimmel tritt bei der Fuchsie nicht nur als ausgesprochener Schwächeparasit auf, sondern kann richtig infektiös werden und großen Schaden anrichten. Er wird mit Spezialpräparaten gegen Botrytis, z. B. B-500 oder Benomyl, bekämpft. Bei Temperaturen um 10°C wachsen Fuchsien meist weiter, und es kommt, falls die Luftfeuchtigkeit nicht zu hoch ist, zu einem geringeren Grauschimmelbefall. Im März oder April werden die Fuchsien endgültig zurückgeschnitten, umgetopft und bei 15 bis 18°C aufgestellt. Nach den Eismännern pflanzt man in die Kistchen aus.

Die Vermehrung kann durch Stecklinge oder Aussaat erfolgen, im Herbst, Spätwinter oder auch im Frühjahr. Die Stecklinge sollen nach Möglichkeit keine Blüten haben und auch nicht aus der Blütenregion stammen. In Fuchsien-Spezialgärtnereien müssen bestimmte Sorten aus diesem Grund sogar verdunkelt werden, damit man von ihnen Stecklinge gewinnen kann. Die Bewurzelung geht bei 16 bis 18°C, unter einem Folienbeutel, recht rasch vor sich, nach 20 Tagen haben fast alle Stecklinge Wurzeln. Die Stecklinge werden vorsichtshalber mit Albisal oder Chinosol besprüht, damit schädigende Pilze ungünstige Lebensbedingungen vorfinden. Nach dem Bewurzeln wird in kleine Töpfe gepflanzt und weich pinziert, damit sich die Pflanzen gut verzweigen. Aussaat ist vor allem bei *F. procumbens* am Platz, die reichlich Samen macht. Die Beeren der Fuchsien-Hybriden enthalten zumeist keine Samen. Nach Nutzinger lieben sie bei der Bestäubung tiefe Temperaturen, sie setzen sonst keine Samen an. Sie bewohnen in der Heimat überwiegend Bergwälder und nehmen deshalb nur im Frühling oder Herbst die Bestäubungen an und bilden keimfähigen Samen. Die Aussaat erfolgt nach der Reife, man versucht zügig zu kultivieren, damit man möglichst bald blühende Pflanzen erhält und Unerwünschtes ausmerzen kann.

Impatiens, Fleißiges Lieschen oder Springkraut

Eine der schönsten Balkon- und Fensterkistchenpflanzen hat uns die Gattung *Impatiens* L. – sie gehört zu den Balsaminengewächsen, den *Balsaminaceen* – beschert: *I. walleriana* Hook. f. (*I. holstii* Engl. et Warb., *I. sultanii* Hook. f.), das Fleißige Lieschen aus den Gebirgen des tropischen Afrikas und Sansibars. Sehr weit von der Wildart entfernt haben sich die modernen Sorten, sie sind niedriger, vor allem aber groß- und reichblütiger, das Farbenspiel ist groß geworden. Die Pflanzen bilden fleischige Triebe mit wechselständigen, elliptisch zugespitzten Blättern, die am Grunde Perldrüsen tragen, deren Ausscheidungsprodukte oft mit Eiern von Spinnmilben verwechselt werden. Die achselständigen Blütenstände sind vielbütig, die Farben bewegen sich von Rot, Rosa zu Violett, Orange und Weiß; zweifarbige Sorten mit weißem Stern sind jetzt, Mitte der siebziger Jahre, in Mode. Die Blätter sind grün, rotbraun oder weißgrün panaschiert. Bei günstigen Bedingungen blüht das Fleißige Lieschen, wie es sich für den Träger eines solchen Namens gebührt, ganzjährig.

Die Vermehrung erfolgt durch Aussaat und Stecklinge, die sehr leicht wurzeln, als Kultursubstrat nimmt man Einheitserde. Das Fleißige Lieschen liebt Halbschatten, eignet sich aber nicht für zu finstere Standorte, dort geht die Blühwilligkeit abrupt zurück; und auch nicht für windige Standorte, wo die fleischigen Pflanzen sehr leiden. An heißen Tagen schlappen sie trotz feuchtem Ballen, gerne wären sie dann in den heimatlichen, luftfeuchten Gebirgswäldern, wo selten ein Lüftchen Unruhe in die luftfeuchte Umgebung bringt!

Balkon und Fensterkasten in der Sonne

Hier kann man zwei Gruppen unterscheiden: einmal die große Gruppe jener Pflanzen, die durch Stecklinge, also ungeschlechtlich vermehrt werden; die wichtigste ist zweifellos die Pelargonie. Im Gegensatz dazu stehen jene Pflanzen, die fast immer durch Aussaat vermehrt werden, wie die Petunie.

Calceolaria, Pantoffelblume

Die Gattung *Calceolaria* L. gehört zu den Braunwurzgewächsen, den *Scrophulariaceen*, und umfaßt 300 einjährige, krautige und strauchige, in Südamerika beheimatete Arten. Die Blätter stehen zumeist gegen- oder quirlständig, die Blüten sind die bekannten kleinen Schuhe.

Für den Balkonschmuck, wegen der gelben Farbe sehr wichtig, verwenden wir Sorten der halbstrauchigen *C. integrifolia* Murr. (*C. rugosa* Ruiz et Pav.) aus Chile. Diese Art hat runzelige, eirunde bis längliche Blätter und endständige, zusammengesetzte Rispen. Die Einzelblüten sind 12 mm breit und leuchtend gelb gefärbt. Die schönste Sorte ist 'Gloire de Versailles', sie wird auch überwiegend angeboten.

Pantoffelblumen blühen von April bis zum Frost und sind wegen der gelben Farbe sehr begehrt. Sie brauchen Einheitserde. Die Vermehrung ist nicht immer leicht, die Stecklinge werden im Spätsommer und Herbst geschnitten, im Spätwinter getopft, zweimal pinziert und dann im Mai ausgepflanzt, die Ausfälle beim Stecken sind oft groß.

Dianthus, Hängenelken

Die Gattung *Dianthus* L. umfaßt 300 Arten, die vor allem im Mittelmeerraum zu Hause sind und von dort nach Japan und in die Gebirge Afrikas ausstrahlen. Viele sind wichtige Steingartenpflanzen, Einjahrsblumen, einige haben auch eine große Bedeutung als Schnittblumen. Nelken sind überwiegend staudig, aber es gibt auch einige Einjährige und Halbsträucher unter ihnen, mit gegenständigen, meist schmalen Blättern und den typischen, endständigen Blüten mit den genagelten, d. h. in einen dünnen Teil auslaufenden Blütenblättern. Diese Blütenblätter haben ja zum deutschen Namen geführt. Die Kulturformen haben statt fünf meist viele Blütenblätter, sie sind gefüllt.

Als Hängenelken werden in den Alpen zwei sehr verschiedene Nelken gezogen, derentwegen es oft zu Meinungsverschiedenheiten gekommen ist. Die echte Tiroler Hängenelke ist zweifellos eine *D. caryophyllus* L., wie man sofort an den graubereiften Blättern erkennen kann. Sie ist mittelgroß in der Blüte, ungefähr 5 cm im Durchmesser, gefüllt und blüht in den Farben Rot, Rosa und Weiß. Diese Tiroler Hängenelken wachsen aber aufrecht, wenn man sie stäbt, sie hängen durch ihr Gewicht nach unten und bilden die bekannten Schleppen, die bis 1 m lang werden; an manchen Häusern, unter der Hand einer guten Pflegerin, auch länger.

Die zweite Hängenelke, sie wird auch in einer Sorte gehandelt, unterscheidet sich auf Anhieb von der echten Tiroler Hängenelke durch die grünen, weichen Blätter. Es handelt sich mit großer Wahrscheinlichkeit um eine Kreuzung von *D. carthusianorum* L., der Karthäusernelke, und *D. barbatus* L., der Bartnelke. Von dieser Hybridengruppe werden in den bäuerlichen Gebieten die verschiedensten Formen gezogen, so sah ich schon mehrblütige mit kleinen Blüten. Neben der Standardfarbe Rot findet man auch dunkelrosa Typen. Allen gemeinsam ist das grüne Blatt, die wenig oder nicht duftenden, zumeist trübroten Blüten und die Anfälligkeit gegen Rost. Als Sorte wird die dunkelrot blühende, einblütige 'Napoleon III.' ('Feuerkönig') angeboten.

Beide Hängenelken-Gruppen bringen ihre herrlichen Blüten nur an sonnigen, regengeschützten Stellen, also unter Dachtraufen oder sonstwie geschützt; besonders die grünblättrigen scheinen Luftfeuchtigkeit zu lieben, aber keine Feuchtigkeit am Blatt, sie führt zu verstärktem Rostbefall. Die Überwinterung der Tiroler Hängenelken ist etwas leichter, sie vertragen es auch dunkler, die grünblättrigen Hängenelken dagegen brauchen hellen Überwinterungsstandort. Die Überwinterungstemperatur soll zwischen 5 und 13°C schwanken. Als Substrat nimmt man mit Sand gestreckte Einheitserde oder ähnliche Mischungen, die Vermehrung erfolgt durch Stecklinge, die grünblättrigen Hängenelken können auch geteilt werden.

Pelargonium, Pelargonie oder Geranie

Die Pelargonien oder Geranien stellen neben den Fuchsien und Petunien die wichtigsten Fensterkistchen-Pflanzen, doch auch im Zimmer sind viele von ihnen gut zu verwenden. Alle sollen hier behandelt werden.

Die Gattung *Pelargonium* L'Hérit. ex Ait. gehört zu den Storchschnabelgewächsen, den *Geraniaceen;* sie umfaßt ungefähr 240 Arten, die, bis auf wenige Ausnahmen, in Südafrika beheimatet sind. Die etwas einseitig symmetrischen Blüten sind aus fünf Kelchblättern, das obere gespornt, und fünf Blütenblättern, die abwechselnd zu den Kelchblättern stehen, und deren zwei obere oft durch Saftmale gezeichnet sind, aufgebaut. Die Sprosse sind fast immer stark fleischig, bei manchen Arten richtig sukkulent, die Blätter sind oft, vor allem bei botanischen Arten, nur kurzlebig und fallen bald ab. Man kann die Arten und Sorten, die man bei uns antrifft und die in den meisten Fällen Hybriden sind, in vier Hauptgruppen unterteilen.

Blattduftende Pelargonien

In der ersten Gruppe lassen sich jene Pelargonien, vielfach hier als Geranien bezeichnet, einordnen, die wegen ihres Blattgeruches als Zimmerpflanzen gezogen werden. Man kann sie zwar im Sommer auspflanzen, aber es fehlt ihnen die Farbwirkung der Blüten, ihr Duft wirkt aber nur in der nächsten Umgebung.

Das Rosengeranium, *P. graveolens* L'Hérit. ex Ait., erreicht bis 1 m Höhe und besitzt handförmig gelappte Blätter, deren Lappen tief eingeschnitten sind. Die Blätter sind auf beiden Seiten dicht behaart. Die kleinen, rosa oder weißen Blüten stehen in wenigblütigen Dolden. Diese Art besitzt einen starken balsamischen Geruch und wird in Nordafrika für die Duftstofferzeugung angebaut.

Das Zitronengeranium, *P. odoratissimum* (L.) L'Hérit. ex Ait., ist ebenfalls strauchig und wird bis 1,5 m hoch. Die Blätter sind herznierenförmig und nur wenig gelappt und auf beiden Seiten dicht graufilzig behaart, sehr weich und samtig anzufassen. Beim Berühren verströmt diese Art einen starken, aber angenehmen Zitronengeruch. Die Blüten sind sehr klein und in fünf- bis zehnblütigen Dolden angelegt. Auch diese Pflanze wird für die Dufterzeugung angepflanzt.

Ein weiteres Rosengeranium, *P. radens* H. E. Moore (*P. radula* (Cav.) L'Hérit. ex Ait.), wird gezogen und erreicht 1,5 m Höhe. Die Blätter sind handförmig geteilt, die Lappen sind schmallinealisch und fiederspaltig, oberseits rauh steifhaarig und unterseits weichhaarig.

Diese drei duftenden Arten sind alte und in vielen Gegenden auch heute noch sehr beliebte Zimmerpflanzen, die kühle und helle Standorte lieben. Die Vermehrung kann sowohl durch Stecklinge als auch durch Aussaat erfolgen. Sie vertragen einen starken Rückschnitt sehr gut, dieser ist vor allem zu empfehlen nach zu warmem Winterstand, wo die Pflanzen gerne lang werden. Als Substrat verwendet man kräftige, durchlässige Mischungen. Duftgeranien brauchen viel Wasser und Dünger, sollten aber regelmäßig pinziert werden, damit sie buschig wachsen.

Edelpelargonie

In die zweite Gruppe gehört die Edelpelargonie oder Englische Pelargonie, eine Zimmerpflanze, die heute als *P.-Grandiflorum-Hybriden* (*P. grandiflorum* hort. non Willd.) bezeichnet wird. Diese Hybriden sind aus Kreuzungen zwischen *P. grandiflorum* Willd., *P. cordifolium* (Cav.) Curt. und *P. cucullatum* (L.) L'Hérit. ex Ait. entstanden, die zuerst von den Engländern, später aber auch von den Franzosen durchgeführt worden sind. Heute sind deutsche, österreichische und Schweizer Gärtner bemüht, die Edelpelargonie zu verbessern.

Die Edelpelargonien haben einen nichtfleischigen, bald verholzenden Stengel und scharf gezähnte, beim Zerreiben fast nicht riechende Blätter. Die Blüten sind sehr groß und stehen zu 10 bis 15 in Dolden und besitzen bei vielen Sorten sehr stark ausgeprägte, dunkle Saftmale. Die Blütenfarbe kann rot, rosa, lilarosa, violett oder weiß sein, auch zweifarbige Sorten gibt es.

Diese Gruppe legt ihre Blüten unter Langtagbedingungen an, d. h. nach dem Überschreiten einer gewissen kritischen Tageslänge, brauchen aber vorher eine Kurztag- oder Kühlphase, sie sind sogenannte 'Kurz-Langtagpflanzen'. Neue Sorten zeigen ein gewisses Remontieren, doch üblicherweise blühen Edelpelargonien nur im Frühjahr und nicht während der Sommermonate. Die Englischen Pelargonien brauchen deshalb einen kühlen Stand, zwischen 10 und 14°C, und viel Licht, damit sie Blüten anlegen können. Die Vermehrung erfolgt durch Stecklinge, die Hauptvermehrungszeit ist der Herbst, die Substrate sollen humos-durchlässig sein, Einheitserde eignet sich gut.

Hängepelargonien

Zur nächsten Gruppe zählt man die Hängepelargonien, die Efeugeranien. Sie sind ebenfalls durch Kreuzung aus mehreren Arten entstanden, und zwar aus *P. peltatum* (L.) L'Hérit. ex Ait. und *P. lateripes* Willd.; sie werden heute *P.-Peltatum-Hybriden* (*P. peltatum* hort. non (L.) L'Hérit. ex Ait.) genannt.

Ihre Stengel sind dünn und hängend, ihre Blätter fleischig, schildförmig oder rundlich und nur manchmal etwas gezont. Beim Zerreiben stinken auch sie relativ wenig. Die Blüten stehen zu 25 in wenigblütigen Dolden und sind einfach oder gefüllt. An Blütenfarben findet man Rot, Violett, Rosa und selten Weiß.

Die Hängepelargonien kann man nach ihrem Aussehen wiederum in zwei Sektionen teilen: in jene mit großen, meist gefüllten Blüten und relativ schwachem Wachstum und solche, die kleinere, einfache, deutlich einseitig symmetrische Blüten und sehr kleine Blätter besitzen und sehr stark wachsen. Es sind die Sorten um die 'Ville de Paris' ('Roi de Balcon'), die in einem Sommer leicht 1 m lang werden können, auch sehr reich blühen und deshalb im Vormarsch sind.

Gute gefüllte Peltaten sind 'El Gaucho', 'Dresdner Dunkle Amethyst', 'Galilée' und 'Lachskönigin'; neben der 'Ville de Paris' empfehlen sich deren Sports 'Morgenlicht' ('Rote Ville de Paris'), 'Luisenhof' und die herrliche scharlachfarbene 'Balcon Imperial'.

Vermehrung und Kultur gleichen der nun folgenden Gruppe, den Zonal-Pelargonien.

Zonal-Pelargonien

Wohl die wichtigste Gruppe sind die Zonal-Pelargonien, die sich durch ihren aufrechten Wuchs, die fleischigen, lange nicht verholzenden Stengel, die rundlichen, gekerbten, vielfach gezonten Blätter, die ziemlich stinken, und ihre vielblütigen Dolden auszeichnen. Über 100 Einzelblüten sind bei manchen Zonal-Pelargonien-Sorten keine Seltenheit, doch es gibt auch Riesen mit über 200! Die Blüten können einfach oder gefüllt sein; einfache Sorten sind witterungsbeständiger und werden als Beetbepflanzung oder in luftfeuchten Gebieten verwendet, gefüllte Sorten, es gibt deren nur wenige, eignen sich nur fürs Zimmer oder für regengeschützte Stellen. Die meisten Sorten, die als gefüllt angesprochen werden, auch der Gärtner nennt sie so, sind halbgefüllt, sie lieben Feuchtigkeit in keiner Form und sind in manchen Gegenden ohne Pilzbefall nicht zu kultivieren. An Blütenfarben gibt es Rot, Rosa, Violett und Weiß, auch zweifarbige Sorten kennt man.

Diese Sortengruppe ist vor allem durch Verkreuzung von *P. zonale* (L.) L'Hérit. ex Ait. und *P. inquinans* (L.) L'Hérit. ex Ait. entstanden und wird heute unter dem Sammelnamen *P.-Zonale-Hybriden* (*P. zonale* hort. non (L.) L'Hérit. ex Ait.) geführt.

Ungefähr 100 Sorten werden in Mitteleuropa von den Gärtnern angeboten – es ist schwer zu sagen, welche nun aufgezählt gehören! In vielen Gegenden sind sicher einige Sorten nie erhältlich, denn auch Landstriche haben ihren Geschmack. Von den einfachen, witterungsbeständigen Sorten sind gut: 'Kardinal', magenta, 'Bundeskanzler', signalrot, 'Glarona', paprikarot, und 'Immaculata', weiß. Bei den halbgefüllten ist die Auswahl noch größer und dadurch schwieriger: die neueren 'Irene'-Sorten, in vielen Farben, aus den USA stammend, werden sich sicher durchsetzen, daneben gibt es noch die alten roten 'Rubin'-Auslesen, die herrliche rosa 'Sophie Königer' oder 'Hillscheider Erfolg', die 'Karminball', magentakarmesin, eine Sorte aus der DDR, die noch selten anzutreffen ist. Gute weiße gefüllte gibt es nicht.

Auch hier müssen **Nebengruppen** erwähnt werden. Zuerst wohl die starkwachsenden Einfachen mit den einseitig symmetrischen Blüten und den kleinen, oft dunklen Blättern. 'Stadt Bern' hat signalrote Blüten und ist schon weit verbreitet, seltener ist 'Großer Garten' aus der DDR, von der es verschiedene Farben, so ein herrliches Lachs, gibt. Leider ist diese Nebengruppe rostanfällig, so daß man hier aufpassen muß.

Die zweite Nebengruppe umfaßt die kleinwüchsigen Zonal-Pelargonien für die Zimmerkultur, sie brauchen sehr trockenen und sonnigen Stand und sind nicht ungehalten, wenn man sie ans Südfenster stellt und wenig gießt. Altbekannt in dieser Gruppe 'Friesdorf' ('Friesdorfer Bastard') mit roten Blüten und stark gezontem, kleinem Laub. Besonders schön ist die braunblättrige, orangescharlachfarbene und zwergige 'Black Vesuvius', eine herrliche Topfpflanze!

In die dritte Nebengruppe gehören buntblättrige Pelargonien – und es gibt ihrer viele! Obwohl sie heute schon unmodern geworden sind, finden sie, auf der Nostalgiewelle reitend, aber nicht zu Unrecht, denn sie sind dankbare Gartenpflanzen, ihren Weg zum Liebhaber. Es gibt hier nichtblühende in Weißbunt, wie 'Mme Salaray', oder Gelb, wie die 'Goldcrest', blühende wie die Halbpeltate 'Happy Thought' mit gelb-grünen Blättern und roten Blüten oder die gelb-grün-braune 'Mrs. Henry Cox' mit roten Blüten. Viele andere finden sich noch in England, wohin man sich bemühen muß, wenn man altmodische Pflanzen sehen will.

Zu guter Letzt sei nicht verschwiegen, daß es zwischen den beiden letzten Gruppen, den Hänge- und den Zonal-Pelargonien, Kreuzungen gibt, die Halbpeltaten, Efeuzonal-Pelargonien oder wie sie sonst noch heißen mögen. Sie sind in manchen Gebieten die wichtigsten Pelargonien überhaupt, wie die rote 'Schöne von Grenchen' in manchen Gegenden der Schweiz.

Zonal- und Hängepelargonien sind wohl die wichtigsten und auch die schönsten Fensterkasten- und Balkonpflanzen, die wir besitzen. Sie sind frostempfindlich und dürfen erst nach den Eisheiligen hinausgegeben werden. Im Kistchen brauchen sie reichlich Wasser und Flüssigdüngung und von vornherein ein kräftiges, nicht zu torfreiches Substrat. Bei reinen Torfkulturen muß man feuchter halten und nie das Wässern vergessen, man kann dann aber bis zu 5 g Dünger je Liter Torf geben, sie vertragen es! Sehr sauere Torfe müssen mehr aufgekalkt werden, sonst genügen 2 g Düngekalk je Liter Torf. (Siehe Abschnitt »Substrate« im Kapitel »Pflege«.) Will man Pelargonien überwintern, was nur bei relativ hellem Winterstand zu empfehlen ist, so macht man einen Rückschnitt nach dem ersten Frost und hält eher trocken. Im Frühjahr pflanzt man in frische Substrate um und hält sie vier bis sechs Wochen bei 15°C, damit sich ein kräftiger Neuaustrieb entwickeln kann. Die Temperatur am Überwinterungsort sollte zwischen 5 und 8°C betragen, doch darf sie, bei trockenem Ballen, kurzfristig auch tiefer sinken.

Die Vermehrung erfolgt durch Stecklinge, welche man im Spätsommer und Herbst, oder aber im Februar, schneidet oder bricht. Frühjahrsstecklinge bewurzeln sich sehr gut und schnell und sind deshalb sehr zu empfehlen. Die Stecklingssubstrate dürfen nicht zu leicht sein, am besten steckt man in kleine Gefäße oder Torftöpfe, damit beim Verpflanzen die Wurzeln wenig beschädigt werden.

Neben dem schon erwähnten Rost, der in feuchten Lagen und Jahren und bei empfindlichen Sorten auftreten kann, und einigen tierischen Schädlingen, die an und für sich kein Problem sind, treten bei den Hänge- und Zonalpelargonien zwei gefährliche Krankheiten auf. Bei der Bakteriose der Pelargonie welken die Pflanzen, da die Wasserleitungsbahnen mit Bakterienschleim verstopft sind. Hier helfen nur Wegwerfen und größte Sauberkeit. Blattläuse übertragen die Virusmosaik-Krankheit, die besonders in der lichtarmen Zeit auffällt; die Blätter sind dann gelb gepunktet und oft verkrüppelt, später kann sich das auswachsen. Trotzdem alle Kranken sofort entfernen, da sonst im Sommer die Blattläuse und Wanzen die Viruskörper weiterverbreiten und der Krankheitsverlauf akut wird!

Petunia, Petunie

Die Petunien sind wohl die wichtigsten Balkonblumen, die durch Aussaat vermehrt werden. Die Gattung *Petunia* Juss. gehört zu den Nachtschattengewächsen, den *Solanaceen,* und ist mit ungefähr 25 Arten in Brasilien und Argentinien heimisch. Unsere modernen, vielfarbigen, einfachen oder gefüllten Petunien entstanden aus der Kreuzung von *P. axillaris* (Lam.) B. S. P. und *P. violacea* Lindl., sie werden als *Petunia-Hybriden* bezeichnet. Ursprungsarten und Hybriden sind einjährig oder halbsträuchig, besitzen ganzrandige, oft klebrige Blätter und achselständige, flache Blüten in Rot, Rosa, Violett, Weiß und Gelb, auch zweifarbig, einfach oder gefüllt, groß- oder kleinblumig.

Einen Überblick über die angebotenen Sortengruppen zu geben ist unmöglich, doch gilt, daß kleinblütige und einfache Sorten witterungsbeständiger sind als großblütige und gefüllte.

Petunien kauft man am besten, obwohl die Heranzucht mit Hilfe eines Kleingewächshauses und eines Mistbeetkastens keine Schwierigkeiten macht; sie müssen im Februar ausgesät werden. Petunien entwickeln sich nur in vollster Sonne, bei regelmäßigem Gießen und kräftiger Ernährung gut. Als Substrat nimmt man Einheitserde, düngt wenigstens einmal in der Woche, besser zweimal. Nach dem Abblühen des Haupttriebes, im Juli, ist ein Rückschnitt zu empfehlen, nach drei Wochen stehen sie dann wieder in Blüte.

**Weitere Sommerblumen
für Balkon und Fensterkasten**

Altmodisch und deshalb seltener zu sehen sind die Kapuzinerkressen, *Tropaeolum-Hybriden*, mit den kresseriechenden, roten oder grünen Blättern und den herrlichen, orangescharlachfarbenen, roten oder gelben Blüten.

Schön ist auch die blaue einjährige Lobelie, *Lobelia erinus* L., von der es Hängesorten gibt, die zwar auch nicht den ganzen Sommer blühen, aber trotzdem ein klares Blau beisteuern können.

Gute Hängepflanzen ergeben weiterhin die Verbenen, *Verbena-Hybriden*, mit roten, rosa, blauen, violetten oder weißen, duftenden Blüten. Manchmal wird die staudige, durch Stecklinge zu vermehrende *V. peruviana* (L.) Britt. (*V. chamaedryfolia* Juss.) angeboten, die weit herunterhängt und kleine, rote, weiß geaugte Blüten bringt.

Daneben können in einem Fensterkistchen auch *Tagetes*-Sorten, die Sammetblumen oder Türkischen Nelken, Zinnien und Salvien verwendet werden. Die Jungpflanzenanzucht von Sammetblumen (*Tagetes*), Nelken und Zinnien ist verhältnismäßig einfach, die Anzucht von Salvien jedoch etwas schwieriger.

Kletterer für Balkon und Fensterkasten

Mit dem beschränkten Erdvolumen kommen Kletterer oft nicht aus, sie brauchen kräftige Ernährung, vielleicht sogar größere Gefäße. Entsprechend ihres Wachstums müssen ihnen auch Gerüste zur Verfügung gestellt werden, die sie mehr oder weniger rasch überziehen.

Hoch klettert die Glockenrebe, *Cobaea scandens* Cav., mit den violetten oder weißlichgrünen Glockenblüten. – Schön orange blüht die Schönranke, *Eccremocarpus scaber* Ruiz et Pav., die eigentlich ausdauernd ist. – Der weißbunte Hopfen, *Humulus scandens* (Lour.) Merr. (*H. japonicus* Sib. et Zucc.) 'Variegatus', kratzt wie sein wilder oder kultivierter Bruder und klettert sehr stark. – Herrliche Blüten, die nur bei schlechtem Wetter den ganzen Tag geöffnet sind, bringt die Prunkwinde, *Ipomoea violacea* L. (*I. tricolor* Cav., *I. rubro-coerulea* Hook.), die schönste Sorte ist 'Heavenly Blue' ('Blauer Himmel') mit himmelblauen Blüten, die sich mit dem beginnenden Herbst nicht mehr zu Blau verfärben können, sondern Rosa bleiben, als erster Zeiger des nahenden Frostes! – Nicht nur schön, sondern auch gut duftend ist die Duftwicke, *Lathyrus odoratus* L., in den herrlichen Pastellfarben, tatsächlich ja keine Wicke, sondern eine Platterbse! Doch wie unschön wäre der deutsche Name Duft-Platterbse... – Die Schwarzäugige Susanne, *Thunbergia alata* Boj. ex Sims, wird bei den Zimmerpflanzen für beheizte Räume erwähnt. Den Abschluß sollen die kletternden Kapuzinerkressen bilden, *Tropaeolum-Hybriden*; sie sind altmodisch und deshalb seltener zu sehen! (Weitere Kapuzinerkressearten s. S. 92/93.)

Mit dieser Fülle an verschiedenen Pflanzen lassen sich herrliche Balkone und Fensterkistchen gestalten, doch immer soll man bedenken, daß nicht die Vielfalt, sondern das Zusammenstimmen großflächiger Farbflecken die Wirkung des Balkon- und Fensterschmuckes ausmacht.

Kalthauspflanzen

Viele Pflanzen brauchen nicht die hohen Temperaturen, die manche Orchideen oder Ananasgewächse nötig haben, ihnen genügen Wintertemperaturen von 5 bis 8°C. Im Sommer sind die meisten von ihnen ohne weiteres im Freien aufzustellen, und man kann das kleine Gewächshaus, in dem sie den Winter verbracht haben, für die Gurken- oder Paprikakultur, eventuell auch für Paradeiser (Tomaten) verwenden. Vor den ersten Frösten räumt man diese Kalthauspflanzen wieder ein und hält sie kühl und eher trocken während der Wintermonate.

Der Bedarf an Heizmaterial – seit der Energiekrise von Ende 1973 oft problematisch zu decken – ist hier viel geringer als bei Sammlungen von Orchideen oder Bromelien; und es gibt unter diesen Pflanzen einige, die den Vergleich mit den schönsten Warmhauspflanzen nicht zu scheuen brauchen.

Viele von diesen besonderen Kalthauspflanzen sind nicht leicht zu erhalten, doch vielfach erhöht das den Reiz dieser Dinge nur noch mehr. Einige sind in England in den guten Baumschulen dieses Landes zu bekommen, denn viele Baumschulen halten auch Sortimente für die mildesten Teile Großbritanniens und Irlands, wo ja fast nie Frost auftritt. Andere wieder kann man leicht aus Samen heranziehen, den man sich von Pflanzenliebhabern anderer Länder und Kontinente eintauschen kann. In der heutigen Zeit ist es nicht mehr so schwer, frisches Saatgut hereinzubekommen, wenn man einmal die Anfangsschwierigkeiten überwunden hat und einen Pflanzenliebhaber in Kapstadt, Perth oder Wellington, in der Republik Südafrika, in Australien oder Neuseeland kennt, der nicht nur die Samen, sondern auch die notwendigen Ratschläge liefert, damit man mit der Kultur dieser Pflanzen dann Erfolg hat. Ist man schon ein richtiger Liebhaber, so kennt man auch den Obergärtner des nächsten botanischen Gartens, der einem dann gerne aushilft, sei es mit Samen oder Pflanzen aus dem eigenen Garten oder, über den internationalen Samentausch zwischen den botanischen Gärten der Welt, aus einem anderen Garten – wenn man nur genau weiß, was man will.

Der schönste Tag für manchen Liebhaber ist dann wohl der, wenn dieser Fachmann schließlich, nachdem der Liebhaber ihm erzählt hat, daß er dieses oder jenes aus Samen herangezogen hat, bittet, dem botanischen Garten doch eine Jungpflanze zukommen zu lassen. Man wird bald feststellen: Ein richtiger Liebhaber hat es viel leichter als jeder Professionist, er kann sich mit seinem Spezialgebiet richtig auseinandersetzen, neue Fachliteratur studieren und die alte aus den staubigsten Winkeln der Bibliotheken ausgraben. Jeder Gärtner muß eine Vielfalt von Pflanzen betreuen; selbst wenn er in einem botanischen Garten arbeitet und nicht auf die Erlösseite so achten muß, kann er sich doch nie so unmittelbar nur einem beschränkten Teil seiner Pflanzen widmen – höchstens als Liebhaber in seiner Freizeit! Wer dann einmal feststellen sollte, daß er schon mehr weiß als dieser Fachmann, dann hat die Liebhaberei ihr Maximum erreicht; denn es ist sehr typisch, daß in richtigen Liebhaberkreisen das Wissen um die gepflegte Pflanzengruppe ungleich größer ist als beim Gärtner, beim Fachmann, der dem Liebhaber wiederum auf anderen Spezialgebieten haushoch überlegen ist.

Da es auf der ganzen Erde Klimazonen gibt, in denen besonders schöne Kalthauspflanzen zu Hause sind, möchte ich nun bitten, mit mir eine kurze Reise um die Erde zu machen und die wichtigsten Gegenden zu besuchen und die wichtigsten Pflanzen kennenzulernen. Wie bei den Kakteen, den Orchideen und den anderen speziellen Sammelgruppen ist auch hier nur eine kleine Auswahl möglich. Dieser Überblick soll aber dazu anreizen, ein kleines Kalthaus für die Kultur dieser Pflanzen zu bauen und einmal eine andere Spezialliebhaberei als die Kakteen- oder Orchideenliebhaber zu betreiben und viel Freude damit zu haben.

Oben: Vollklimatisiertes Anlehngewächshaus. Auf dem Dach Kunststoff-Schattiermatten
Oben rechts: Rippenrohr-Heizkörper in Kleingewächshaus

Tafel 13
Anlehngewächshäuser

Mitte und unten: Aluminium-Anlehngewächshäuser gibt es in den verschiedensten Größen, von etwa 2 bis 9 m Länge und etwa 2.50 bis 3 m Breite. Firsthöhen etwa 2.50 bis 2.80 m.

(Fotos K. Krieger)

Tafel 14 · Neuholländer I (Proteaceen)

- ol Rosmarin-Grevillee, *Grevillea rosmarinifolia*
- or Schwefel-Grevillee, *Grevillea juniperina* 'Sulphurea'
- ul Erikenblättrige Banksia, *Banksia ericifolia*, blüht schon als kleine Pflanze
- ur Ganzblättrige Banksia, *Banksia integrifolia*

Tafel 15 · Neuholländer II (Leguminosen)

ol Mimose, *Acacia cultriformis*
or »Dusky Glory Pea«, *Kennedia rubicunda*
ml Albizzie, *Albizia lophantha*
mr Eine herrliche Farbkombination zeigt *Chorizema cordatum*
ul Mimose *Acacia verticillata*
ur Mimose *Acacia armata*

Kleingewächshaus mit idealer Außenschattierung, die die Sonnenstrahlung bereits außen abhält. (Dr. Jesse)

Tafel 16 · Kleingewächshaus

Von links: Ummantelter Heißluftofen, Warmluftkanal mit Ventilator. Rechts im Bild Transformator und Steuerungsgeräte für Bodenheizung. Kleinkompressor erzeugt Druckluft zur Betätigung der Lüftungsstäbe der vollautomatischen Lüftung.

Neuholländer

Unter Neuholland verstanden unsere Vorfahren jenen so interessanten und abgelegenen Kontinent, den wir heute Australien nennen, waren es doch die niederländischen Seefahrer, die zum ersten Male die Küsten Australiens sahen. Abel von Tasman erkannte die Kontinentnatur Australiens bei seinem Besuch in der ersten Hälfte des 17. Jahrhunderts noch nicht, erst James Cook sprach 1770 Australien richtig als Kontinent an. Bereits damals fiel den ersten Erforschern die ursprüngliche Fauna und Flora auf, die sich in der Tierwelt durch die Beuteltiere, jene ursprünglichen Säugetiere, die alle Lebensbereiche besiedelten, darstellt und in der Pflanzenwelt durch die Fülle an Proteusgewächsen *(Proteaceen)*, Myrtengewächsen *(Myrtaceen)*, Schmetterlingsblütlern *(Leguminosae)* und anderen Besonderheiten. Die eigentlichen Neuholländer bewohnen das Mittelmeerklima des australischen Kontinents, das besonders in Westaustralien deutlich ausgeprägt ist und große Areale umfaßt. Daneben werden aber auch Pflanzen Neuseelands und Südamerikas, die eine gleiche Kultur verlangen, als Neuholländer bezeichnet. Im folgenden sind fast nur Pflanzen Australiens, Tasmaniens und Neuseelands behandelt.

PROTEACEEN

Die auffälligste Familie unter den Neuholländern sind die Proteusgewächse, die *Proteaceen*, deren Vertreter nur die Mittelmeerklimazonen der Südhalbkugel bewohnen. Es sind Sträucher oder Bäume mit wechselständig angeordneten, selten quirlständigen, unterseits vielfach bereiften Blättern. Die Blüten stehen in oft dichtblütigen Köpfchen, Ähren oder Büscheln, sie sind einseitig-symmetrisch und tragen ihre Staubbeutel zumeist am Ende der Blütenblätter – eine Besonderheit dieser Familie.
Die Kultur der *Proteaceen* ist nicht leicht und soll als Grundeinführung in die Neuholländerkultur genauer besprochen werden. Sie werden bei 5 bis 10°C überwintert, wenn möglich, vor allem jüngere Pflanzen, hell und luftig. Ende Mai oder Anfang Juni werden sie im Freien an einem geschützten, gegen die heiße Sonneneinstrahlung beschatteten Ort in lockeres, wasserdurchlässiges Substrat eingesenkt. Sie sollen weder zu feucht gehalten werden – bei Dauerregen nimmt man vor allem Sämlinge und Kleinpflanzen unter Glasschutz – noch zu sehr austrocknen. Die südhemisphärische Mittelmeerzone ist ausgeglichener in ihrem Feuchtigkeitsverlauf.
Als Substrat verwendet man Mischungen aus Torf, Heideerde und Quarzsand. Manche Arten wollen nicht zuviel gefüttert werden, alle lieben aber starke Dränage. Beim Verpflanzen, das jährlich oder alle zwei Jahre durchgeführt wird, wählt man bei gesundem Wurzelballen immer geringfügig größere Behältnisse und schont die Wurzeln. Die beste Verpflanzzeit ist vor dem Ins-Freie-Räumen. Raschwüchsige Arten schneidet man zurück, doch immer verstreicht man die Wunden gut. Bei ihnen ist es besser, lieber wenige Exemplare heranzuziehen und diesen dafür mehr Raum zu gönnen. Man kann auch durch Herunterbinden der Triebe und durch Anbinden von Bambusspaltstäbchen formieren, man erreicht in vielen Fällen reichblühendere Pflanzen, die auch breiter wachsen.
Die Vermehrung ist durch den eingeführten, am Wildstandort oder von Kulturpflanzen in der Heimat gesammelten Samen leicht. Die Keimfähigkeit ist häufig nur kurz, Samen bekommt man vor allem von australischen Pflanzenfreunden oder von guten Samenfirmen. Stecklinge aus ausgereiftem Holz wachsen im August ganz gut, doch darf man nicht zuviel Bodenwärme geben, es reichen 15°C. Auch bei den Stecklingen ist gute Dränage wichtig, weißbefilzte Arten dürfen nicht zu dicht gesteckt werden. Kleine Stecklinge wachsen besser als große. Erhält man durch Zufall Material von selteneren Arten, so ist die Veredlung empfehlenswert. Als Unterlage nimmt man bei *Banksia* B. *ericifolia*, bei *Grevillea* G. *rosmarinifolia* und bei *Leucadendron* L. *corymbosum*. Proteaceen-Veredlungen wachsen langsam an, man geht am besten so vor: Anplatten, und zwar nicht am unteren Ende des Edelreises, sondern etwas hö-

her. Den unteren Teil des Edelreises spalten und in ein Reagenzröhrchen einwässern. Dadurch kann man manchmal Erfolg haben, ein Mißerfolg ist aber genausogut möglich.

Gleichgültig wie man zu seinen Jungpflanzen kommt, auf jeden Fall ist Geduld in großem Maße notwendig, da die Jugendentwicklung sehr langsam vorsichgeht, drei- und vierjährige Sämlinge sind oft nur 20 cm hoch und sollen nach Möglichkeit noch Keimblätter besitzen, ein Hinweis, daß die Kultur richtig gemacht wird. Die Keimblätter werden nämlich bei schlechten Lebensbedingungen abgeworfen. *Proteaceen* sind also sehr temperamentvolle Pfleglinge und nicht immer leicht; es gibt auch Ausnahmen, um so größer ist dann die Freude, wenn diese herrlichen Pflanzen blühen.

Aus der Fülle der Gattungen – allein das letzte große Pflanzenbuch des vorigen Jahrhunderts, das »Vollständige Handbuch der Blumengärtnerei« von J. F. W. Bosse, zählt 31 Gattungen auf – können in diesem Rahmen nur wenige gestreift werden.

Banksia, Banksie

Von der Gattung *Banksia* L. f., der Banksie, gibt es ungefähr 50 Arten, die, bis auf zwei, alle in Australien zu Hause sind. Banksien sind Bäume oder Sträucher mit wechselständigen oder quirlig angeordneten immergrünen Blättern. Ihre Blüten sind in dichten, zylindrischen Ähren angeordnet. *B. collina* R. Br. (*B. littoralis* Lindl. non R. Br.) wächst strauchig, die Blätter sind linealisch, am Rand stark gezähnt und auf der Unterseite dicht weißfilzig. Die zylindrischen Ähren sind 10 bis 15 cm lang und gelb.

Die folgende Art, wie alle anderen Proteusgewächse unter strengem Naturschutz stehend, ist in Australien noch häufiger anzutreffen. *B. ericifolia* L. f. wächst strauchig bis klein baumförmig. Die Blätter sind 20 mm lang und 4 mm breit und auf der Unterseite weiß. Die Blütenähren sind 7 cm dick und bis 25 cm lang. Die Blütenfarbe ist sehr variabel, von goldbronzefarben bis tief rotgold finden sich alle Töne. Eine herrliche Pflanze, die bereits mit 60 bis 80 cm zu blühen beginnt! In ihrer Heimat findet sich die kleine, meist eigenartig verdreht wachsende baumartige *B. integrifolia* L. f. immer entlang der Küste. Die Blätter sind länglich keilförmig oder lanzettlich, am Rand ganzrandig oder entfernt gezähnt, die Blattunterseite ist weißfilzig. Die Blütenähren sind bis 15 cm lang und gelb gefärbt.

Grevillea, Grevillee

Wesentlich mehr Arten, nämlich 170, umfaßt die Gattung *Grevillea* R. Br. corr. R. Br., die in Australien, Neukaledonien, Neuguinea und auf den Molukken beheimatet ist. Auch die *Grevilleen* sind immergrüne Sträucher oder Bäume mit wechselständigen Blättern und paarweise gestellten Blüten. Diese Blütenpaare stehen zu end- oder seitenständigen Trauben zusammen. Die Blüten vieler Arten sind sehr farbkräftig. Leider können wir auch hier nur einige, vor allem kleinere und leicht blühende, nennen.

Sehr dichte, stark verzweigte Büsche bildet *G. alpina* Lindl. (*G. alpestris* Meissn.), die linealischen Blätter sind 2 cm lang und am Rand nach unten gerollt. Die Blattunterseite ist silberhaarig. Die endständigen Blütenstände sind wenigblütig, die Einzelblüten sind an der Basis rot, oben creme gefärbt. Die Art kommt im Bundesstaat Victoria vor.

Höher, bis 3 m, wird *G. banksii* R. Br. aus Queensland. Die gefiederten oder tief fiederspaltigen Blätter sind bis 20 cm lang, auch hier ist der Blattrand nach unten gerollt und die Blattunterseite seidenhaarig. Die 5 bis 6 cm langen Blüten sitzen zu vielen in dichten, endständigen Ähren. Die Blütenfarbe ist sehr variabel, in der Natur findet man diese Art cremefarben, grün oder rot blühend, die kultivierten Pflanzen, auch die Parksträucher in Australien, sind meist leuchtend rotorange gefärbt.

Besonders interessant, vor allem durch das frühe Blühen auch jugendlicher Pflanzen und die gelben Blüten, ist *G. juniperina* R. Br. (*G. sulphurea* A.

Cunn.) aus Neusüdwales. Der aufrechte Strauch trägt bis 3 cm lange, linealische Blätter, deren Rand umgerollt ist und die auf der Unterseite silberhaarig sind. Die dichten Blütentrauben stehen endständig. Bei der Art sind die Blüten rot mit gelblichgrün gefärbt, es wird aber in Europa fast ausschließlich die Sorte 'Sulphurea' gezogen, die leuchtend hellgelb blüht.

Die einzige Pflanze dieser Gruppe, die für die Zimmerkultur empfohlen werden kann, ist *G. robusta* A. Cunn. ex R. Br., die australische Silbereiche. Sie ist die in Mitteleuropa am weitesten verbreitete Vertreterin der Proteusgewächse und wird häufig im Blumenhandel angeboten. In der Heimat, in Queensland und Neusüdwales, erreicht die Silbereiche 50 m Höhe, bereits im Mittelmeergebiet kann man 20 m hohe Pflanzen antreffen. Die Blätter sind doppelt gefiedert, am Rand umgerollt und bis 30 cm lang. Leider erscheinen die Blüten nur an Bäumen, sie sind 4 cm lang, stehen in 30 cm langen Trauben und sind leuchtend orangegelb gefärbt. Die Früchte sind bootartig und enthalten die geflügelten Samen. In der Heimat Australien wird das Holz der Silbereiche viel in der Möbelindustrie verwendet.

Schon als Unterlage genannt wurde *G. rosmarinifolia* A. Cunn. aus Neusüdwales. Diese strauchige Art wird bis 2 m hoch, die lanzettlichen Blätter sind bis 4 cm lang, scharf zugespitzt, haben einen nach unten gerollten Blattrand und eine silberige Unterseite. Die wenigblütigen endständigen Blütenstände tragen die roten Blüten. Die Blütenfarbe wechselt aber, es gibt auch cremefarben blühende Exemplare, die nur rote Griffel besitzen.

Daneben gibt es noch eine Fülle anderer Arten, die man zum Teil sogar häufiger in Sammlungen antrifft oder in England in den mildesten Gegenden ausgepflanzt kultiviert werden. Alle Grevileen haben den großen Vorteil einer langen Blütezeit, sie beginnen meist im Februar oder März zu blühen und hören erst im Sommer auf. Aus diesem Grund gehören sie bei ihrem Stand im Freiland stets in die Nähe des Hauses und an oft frequentierte Wege.

Hakea

Die 100 Arten der Gattung *Hakea* Schrad. sind nur in Australien beheimatet. Die meisten Arten sind strauchig und haben weiße Blüten. Von den vielen Arten seien nur wenige erwähnt.

H. laurina R. Br. (*H. eucalyptoides* Meissn.) stammt aus Westaustralien und wird dort 10 m hoch. Die Blätter sind weidenartig und 15 cm lang. Die roten Blüten sitzen dicht in kugeligen, 2,5 bis 4 cm dicken Köpfchen, die goldgelben Griffel ragen weit heraus. Diese Art ist für die Kultur nicht so geeignet, findet sich aber oft im Mittelmeergebiet angepflanzt und wird auch zur Blütezeit, im Winter, häufig eingeführt.

Kugelige Büsche bildet *H. microcarpa* R. Br., die nadeligen Blätter sind 5 cm lang, die Blüten sitzen zu mehreren in den Achseln der Blätter. Die duftenden, cremeweißen Blüten erscheinen im Mai und Juni, es folgen kastanienbraune Samenkapseln.

Eigenartige Effekte kann man mit der langnadelblättrigen *H. sericea* Schrad. et J. Wendl. (*H. acicularis* (Sm. ex Vent.) Knight) hervorrufen. Diese Art ist in Australien und Tasmanien weit verbreitet. Die Nadelblätter sind von 2,5 bis 7,5 cm lang, in ihren Achseln erscheinen von Mai bis Juli die weißen Blüten in Büscheln.

Auch die anderen Hakea-Arten sind, so man von ihnen Saatgut erhält, kulturwert und relativ hart. Die Blütenfarben sind nicht so abwechslungsreich wie bei den Grevilleen, doch viele duften und haben bizarre, oft stechende Blätter.

Telopea

Eine der schönsten australischen *Proteaceen* ist in der Gattung *Telopea* R. Br. zu finden, *T. speciosissima* R. Br., in der Heimat »Waratah« genannt, ist deshalb auch zur Nationalblume Victorias gewählt worden. Diese Art wächst mehrstämmig und hochstrauchig, bis 3 m, blüht aber bereits mit 1,5 m Höhe. Die wechselständigen Blätter sind stechpalmenähnlich und bis 20 cm lang, die Blütenköpfe ähneln einer ballförmigen, großblumigen Chrysantheme, haben 20 bis 25 cm im

Durchmesser und sind scharlachrot mit weiß gefärbt. Die Pflanze wächst in Victoria, Neusüdwales und Queensland auf steinigen und sandigen, kalkfreien Böden.

Noch härter ist der ähnliche, aber kleinblumige »Tasmanian Waratah«, *T. truncata* R. Br. von Tasmanien. Diese Art ist ein mittelgroßer Strauch, selten ein kleiner Baum mit kleineren Blättern und Blüten. Auch sie blüht Juni/Juli. Zwischen *T. truncata* und *T. speciosissima* gibt es auch einen Bastard, der als Gartenpflanze bei australischen Liebhabern häufig zu finden ist.

Telopeen sind in Großbritannien, in den mildesten Gebieten, winterhart, und es ist interessant zu sehen, wie sie dort gepflanzt werden. Sie werden meist gemeinsam mit anderen Immergrünen, in der Regel heikleren Rhododendren, gepflanzt und brauchen einen feuchten, humusreichen, aber sehr durchlässigen Boden. Die Standorte müssen sonnig sein, da sich dann mehr Blüten entwickeln. In Mitteleuropa ist die Kultur im Freien, trotz des großen Reizes, nicht möglich; sie müssen in der gleichen Art wie die anderen Proteaceen behandelt werden.

Myrtaceen

Die zweite Familie, die in der ganz anders gearteten Flora Neuhollands eine große Rolle spielt, ist die der Myrtengewächse, der *Myrtaceen*. Auch diese Pflanzen sind meist strauchig oder baumartig, selten halbstrauchig, die Blätter stehen zumeist wechselständig um den Stamm angeordnet. Die Blüten haben einen fünfteiligen Kelch, fünf Blütenblätter und viele Staubfäden. Eine Besonderheit dieser Familie ist es, daß bei vielen Gattungen die Blütenblätter fehlen oder sehr unscheinbar sind und die Schauwirkung der Blüten von den leuchtend bunten Staubfäden ausgeht, die dann meist noch mit den gelben Staubbeuteln kontrastieren. In der Kultur sind die *Myrtaceen* Australiens ungleich leichter als die *Proteaceen*. Auch sie werden bei 5 bis 10° C überwintert und nach den Eisheiligen ins Freie an einen sonnigen Standort geräumt. Die Myrtengewächse sind aber nicht so empfindlich gegen Staunässe und können schon als kleine Pflanzen den ganzen Sommer über im Freien bleiben. Nach der Blüte werden sie zurückgeschnitten, wie überhaupt in der Jugend oft pinziert wird, damit die Pflanzen buschig bleiben; sie vertragen das sehr gut und treiben willig aus. Während *Proteaceen* oft nur einen oder zwei Austriebe machen und auch lange dazu brauchen, bringen die Myrtengewächse vier und mehr Austriebe bald nach dem Pinzieren. Auch die Samenvermehrung ist wesentlich leichter, sie keimen willig und wachsen rasch zu netten Pflanzen heran. Die Blüten können bei der einen Art schon an kleinen Pflanzen, bei der anderen erst an großen Exemplaren erscheinen. Die Vermehrung durch ausgereifte Stecklinge ist ebenfalls möglich, bei Bodentemperaturen um 17° C bewurzeln sie sich rasch. Das Wurzelsystem der *Myrtaceen* ist ungleich feiner, weshalb beim Umtopfen in größere Gefäße der Wurzelfilz des Ballens ruhig entfernt werden kann. Als Substrat nimmt man eine etwas schwerere Mischung als für die *Proteaceen*. Von den vielen Myrtengewächsen Neuhollands können nur einige besonders schöne oder reichblühende erwähnt werden.

Calothamnus

Die 25 Arten der Gattung *Calothamnus* Labill. bewohnen Westaustralien und sind nadelartig beblätterte, kleine Sträucher. Die Blüten entspringen dem alten Holz, sie sind sitzend, ins Auge fallen die roten Staubfäden, die immer in vier oder fünf Bündeln angeordnet sind. Sehr schön ist *C.* *quadrifidus* R. Br., der nadelige, nicht stechende, 2 cm lange Blätter besitzt. Die Wirkung der vielen am alten Stamm erscheinenden Blüten mit den vier roten Staubfadenbündeln und den gelben Staubbeuteln ist einmalig! Blütezeit ist der Sommer. Die Kultur und Vermehrung von *Calothamnus* gleicht der der Zylinderputzer, der *Callistemon*-Arten, nur sind sie nicht so hart.

Callistemon, Zylinderputzer

Die Zylinderputzer sind durch ihre auffälligen Blüten sehr schön anzusehen und teilweise sogar als Zimmer-, nicht nur als Kalthauspflanzen verwendbar. Die Gattung *Callistemon* R. Br. bewohnt mit ungefähr 25 Arten Australien und Tasmanien. Die wechselständigen, lanzettlichen, oft stechenden Blätter sind kahl oder seidig behaart. Die Blüten wirken durch die bunten Staubfäden, viele Einzelblüten sitzen dicht gedrängt um den Zweig, der an dieser Stelle auch keine Blätter entwickelt, sondern erst wieder außerhalb der Blütenregion. Die Staubfäden können rot, rosa, violett, gelb oder grün sein.

C. brachyandrus Lindl. ist strauchig und besitzt 1 mm breite und 2 bis 4 cm lange Blätter, die in der Jugend silberig behaart und später kahl sind. Die Blütenähren sind kurz, nur 2 bis 3 cm lang, die Staubfäden sind rosa und die Antheren leuchtendgelb gefärbt.

Als Zimmerpflanze für kühle Räume kann man *C. citrinus* (Curt.) Stapf (*C. lanceolatus* (Sm.) DC., *Metrosideros semperflorens* Lodd.) empfehlen. Er blüht allerdings nicht zitronengelb, sondern rot. Seinen Namen hat dieser Zylinderputzer von dem Duft der zerriebenen Blätter, die nach Zitronen duften sollen. Mich erinnert er eher an einen Naseninhalationsstift! Die Blätter sind 6 bis 12 mm breit und 3 bis 7 cm lang. Die Blütenähren sind 8 bis 10 cm lang, die Farbe ist ein tiefes, aber stumpfes Rot.

C. salignus (Sm.) DC. ist eine hellgelb blühende Art mit 6 bis 10 cm langen Blättern. Sie ist die härteste Art neben der eher unscheinbaren, hochalpinen, gelblichgrünen *C. Sieberi* DC. Sie sollte unter Schutz und an einer Mauer gepflanzt auch in Mitteleuropa im Freien aushalten!

Leider erst als größere Pflanze blüht die herrlich dunkelrot blühende *C. speciosus* (Sims.) DC., deren Blätter 5 bis 11 cm lang und 4 bis 12 mm breit sind. Die Blütenähren sind bis 12 cm lang und 5 bis 6 cm breit.

Die Zylinderputzer verdienen eine weitere Verbreitung, da sie nicht nur schön, sondern in vielen Fällen auch sehr hart sind. Sie sind jedenfalls so hart, daß sie im fast ungeheizten Wochenendhaus, im Alpinenhaus oft gut durch den Winter kommen und dann im Sommer zu Dekorationen dienen können. Bei mir hielten Pflanzen von *C. sieberi* DC., *C. salignus* DC. und *C. speciosus* DC. im unbeheizten Alpinenhaus bereits Temperaturen von -13°C ohne Schaden aus. Will man nichts riskieren, so überwintert man bei 5°C. Die Blüten erscheinen immer dann, wenn die Witterung im Frühjahr besser wird. Während des Sommers stehen sie im Freiland, am besten eingesenkt, solange die Behältnisse noch nicht zu groß sind, und werden kräftig gewässert und gedüngt. Wichtig ist, daß man bereits Jungpflanzen häufig pinziert, damit sie sich verzweigen. Auch nach der Blüte ist ein Rückschnitt zu empfehlen.

Nach Angaben aus Australien dürften von den 25 Arten die folgenden in vielen Gebieten Mitteleuropas im Freien überdauern, wenn ihnen ein Standort an einer Südmauer geboten wird und sie gut eingewintert werden, was mit den modernen Leichtisolationsmaterialien kein Problem mehr ist: *C. sieberi*, *C. salignus*, *C. citrinus*, *C. pallidus*, *C. viridiflorus* und *C. paludosus*. Versuchen Sie es auch, und wir werden sicher in einigen Jahren von Erfolgen hören!

In Großbritannien wird *C. salignus* für die härteste Art gehalten. Diese gelbblühende Art ist, wie auch *C. sieberi*, lange nicht so schön.

Für Auspflanzversuche im Freien sollte man auf jeden Fall Wildsamen von Tasmanien besorgen, da das südliche Australien schon merklich kühleres Klima und auch Berge hat!

Chamaelaucium

Die 16 Arten der Gattung *Chamaelaucium* Desf. bewohnen Westaustraliens Mittelmeerzone, sie sind Sträucher mit nadeligen Blättern und in endständigen Blütenständen angeordneten Blüten. Im Gegensatz zu den bisher erwähnten Gattungen besitzen *Chamaelaucium* fünf Blütenblätter.

Eine richtige Besonderheit für den Kalthausliebhaber ist *C. uncinatum* Schau.! Der bis 2 m hohe Strauch entwickelt überhängende Triebe mit steifnadeligen, 2 bis 3 cm langen Blättern. Die weißen, bei schöneren Formen rosaroten, ungefähr 15 mm großen Blüten entwickeln sich aus dem Endteil der Triebe und formen große Ebensträuße, die Blütezeit ist das Frühjahr.
Chamaelaucium ist in Australien eine beliebte Gartenpflanze, von der es viele Farbformen gibt. Nach der Blüte im Frühjahr wird sie zurückgeschnitten. Man kann die erscheinenden Triebe noch einmal pinzieren, doch dann entwickeln sich schon die Triebe, die im darauffolgenden Jahr blühen sollen. Regelmäßige Wassergaben und schwache Dunggüsse fördern die Entwicklung sehr, doch sollten schwere Regenfälle von den Pflanzen abgehalten werden.

Eucalyptus, Eukalyptus, Blaugummibaum

Eine sehr vielgestaltige Gattung ist *Eucalyptus* L'Hérit., deren 500 Arten fast ausschließlich Australien bewohnen und dort die Masse der Laubbäume stellen. Es gibt Arten, die Flußauen bewohnen – aber auch Arten an Standorten, wo in unseren Gebirgen Latschen und Grünerlen wachsen! *Eucalyptus* sind auch durch die ausgesprochene Zweiphasigkeit ihres Lebens interessant: In der Jugendphase haben sie gegenständig und waagrecht gestellte, relativ dünne Blätter. In der Altersphase werden die Blätter derber, oft sichelförmig oder sich mit der Blattfläche senkrecht stellend, und wechselständig angeordnet. Die Blüten wirken ebenfalls durch die Staubfäden, die weiß, gelb oder rot gefärbt sein können. Viele Arten haben einen starken blauen Reif auf den Blättern, jungen Zweigen und Blütenknospen. Im Alter zeigen die meisten eine herrliche Borke, die oft leuchtendweiß und grau oder schwarz gefleckt ist. Leider sind *Eucalyptus* bei uns nicht winterhart, doch die blaue Färbung macht sie sehr auffällig und wert, angebaut zu werden.

Am ehesten aufzutreiben sind noch Samen von *E. globulus* Labill., dem Blaugummibaum, der in Australien und auf Tasmanien 70 bis 80 m Höhe erreicht und als sehr raschwüchsiger Baum heute intensiv zur Wiederaufforstung im Mittelmeergebiet verwendet wird. In günstigen Jahren haben Sämlinge im ersten Jahr eine Höhe von 3 m erreicht. Die Jugendform hat stark blaubereifte, sitzende, gegenständige und eiförmige Blätter, die ungefähr 8 cm lang sind. Die wechselständigen Sichelblätter der Altersform werden bis zu 30 cm lang. Die 5 bis 7 cm großen, hellgelben Blüten werden häufig als Schnittblumen von der Riviera eingeführt. Diese Art wird vor allem wegen der blaubereiften Blätter gezogen, sie sollte sommers in die tropische Gruppe ausgepflanzt werden. Die folgenden Arten sind nach italienischen und englischen Angaben die härtesten. *E. niphophila* ist wahrscheinlich die härteste Art.
Auch in Tasmanien und Südaustralien heimisch ist *E. gunnii* Hook. f., der aber wesentlich kleiner bleibt und oft, besonders auf den Bergen Tasmaniens, nur großstrauchig wächst. Seine grünlichen Altersblätter sind 10 cm lang, die Blüten sind 2 cm breit und weiß gefärbt. Von dieser Art gibt es selbst in klimatisch ungünstigen Lagen Großbritanniens große Bäume.
Am höchsten steigt in der Heimat der »Alpine Snow Gum«, *E. niphophila* Maiden et Blakely, der in 2000 m Höhe noch in niederliegenden und windzerzausten Exemplaren zu finden ist. Tiefer unten bildet er große Sträucher oder kleine mehrstämmige Bäume mit grün, grau und weiß gefleckten Stämmen. Die Blätter sind 6 bis 10 cm lang, eiförmig und etwas zugespitzt und stehen mit ihrer Spreite senkrecht. Junge Triebe, Knospen und Blätter sind herrlich blau bereift. Leider konnte ich die Winterhärte dieser Art im Alpinenhaus noch nicht testen, da ich nur eine Pflanze besitze!
Ebenfalls sehr hart, an günstigen Stellen, wo die Pflanzen früh abschließen können, bis Temperaturen von −15°C überdauernd, ist *E. pauciflora* Sieb. ex Spreng. (*E. coriacea* A. Gunn), der »Cabbage Gum« der Australier. Diese Art steigt ebenfalls hoch hinauf und bildet kleine Bäume.

Die sichelförmigen Altersblätter sind 20 cm lang, die Borke ist leuchtendweiß.

Auch bei uns wären in günstigen Lagen Versuche mit den hochalpinen Eucalyptusarten der Snowy Mountains und der Berge Tasmaniens empfehlenswert. Alle Arten wachsen leicht aus Samen und werden rasch so groß, daß man sich an ihnen freuen kann. Langsamwüchsig ist vor allem *E. niphophila*, aber auch *E. gunnii* und *E. pauciflora*. Von ihnen kann man mehr Sämlinge heranziehen und sie nach zwei Kalthauswintern auszupflanzen versuchen. Immer muß man sich bemühen, einen Standort zu wählen, wo sie früh abschließen können.

Eugenia, Kirschmyrte

Eine sehr dauerhafte Dekorationspflanze ist die Kirschmyrte, sie kann in kühlen Hausfluren, in Treppenhäusern, bei Hauseingängen genauso verwendet werden wie als Kübelpflanze auf Terrassen und Balkonen. Die Gattung *Eugenia* L. umfaßt 600 Arten, die die Subtropen und Tropen der ganzen Welt bewohnen. Die Gattung ist nah mit den Myrten verwandt, doch sind die Blätter der kultivierten Arten meist größer, die Blüten sind reinweiß und duften, die Beeren sind groß, meist rot und eßbar.

Die wichtigste Eugenie ist *E. paniculata* Banks ex Gaertn. var. *australis* (Wendl. ex Link) F. M. Bailey (*E. myrtifolia* Sims, *E. australis* Wendl. ex Link), meist unter dem letzten Synonym gezogen. Diese Varietät bleibt kleiner als die Art. Die Blätter stehen gegenständig oder zu drei quirlig und sind länglich-lanzettlich und bis 7 cm lang. In der Jugend sind sie rot überlaufen. Die Blüten sind 2 cm groß und weiß, die Beeren sind rosa und fleischig.

Diese herrliche Pflanze, die sowohl streng geschnitten als auch frei wachsend gezogen werden kann, verträgt einiges, selbst in Hauseingängen, wo im Winter oft die Eingangstüre geöffnet wird, hält sie gut durch. Wird sie zu feucht oder zu trocken gehalten, so verliert sie die Blätter, doch belaubt sich die Pflanze nach dem Rückschnitt, der gut vertragen wird, sehr rasch. Vermehrt wird durch Aussaat oder Stecklinge. Jungpflanzen sollen oft pinziert werden.

Leptospermum

Sehr blütenschöne Pflanzen finden wir in der Gattung *Leptospermum* J. R. et G. Forst., deren 30 Arten überwiegend in Australien und Neuseeland beheimatet sind. Es sind immergrüne Sträucher oder kleine Bäume mit wechselständigen Blättern und fünfteiligen weißen, rosa oder roten Blüten, die einzeln oder an kurzen Seitenzweigen aus den Blattachseln erscheinen.

Unwahrscheinlich unterschiedlich sind die Formen von *L. scoparium* J. R. et G. Forst., die einerseits kleine Bäume bis 10 m Höhe, andererseits niederliegende Sträuchlein mit kaum 5 cm Höhe sein können. Die Pflanzen sind meist sehr dicht, die Blätter sind grün, manchmal aber auch bronzerot gefärbt, ihre Länge schwankt zwischen 4 und 20 mm. Die Blüten sind irgendwie weißdornähnlich, bis 20 mm groß und rosa, rot oder weiß gefärbt. Von den vielen Formen sollen nur zwei genannt werden; 'Chapmanii' hat braungrüne Blätter und leuchtend rosafarbene Blüten, 'Nichollsii Grandiflorum' karminrote Blüten und dunkelbronzefarbenes Laub. Es gibt aber auch weiße, grünblättrige, einfache und gefüllte Sorten, die alle in Großbritannien zu bekommen sind, wo sie viel gezogen werden.

Winterhart im Alpinenhaus ist *L. humifusum* Schau., das meist als *L. prostratum* oder *L. scoparium* 'Prostratum' gehandelt wird. Es ist ein sehr frostharter, niederliegender Strauch, der dichte Matten bildet, die Triebe sind rötlich. Die weißlichen Blüten erscheinen im Sommer aus den Blattachseln. Diese Art ist auf Tasmanien beheimatet. Alle *Leptospermum* blühen im Frühjahr oder Frühsommer, und vor allem die vielen Sorten von

L. scoparium verdienten größere Aufmerksamkeit. Vermehrt wird im Mai oder August aus Stecklingen, durch häufiges Pinzieren erzielt man buschige Pflanzen.

Melaleuca, Myrtenheide

Ähnlich zu ziehen und zu behandeln sind die Myrtenheiden, die zur Gattung *Melaleuca* L. gehören, deren 100 Arten in Australien und Tasmanien zu Hause sind. Die Myrtenheiden sind mit den Zylinderputzern, *Callistemon*, nah verwandt, von denen sie sich durch die zu fünf Bündeln verwachsenen Staubfäden unterscheiden.

Bereits als kleine Pflanze blüht *M. hypericifolia* (Salisb.) Sm., die in Queensland und Neusüdwales beheimatet ist. Diese Art wächst kräftig und verzweigt sich relativ gut, die Blätter stehen kreuzgegenständig, sind länglich und 3 cm lang und 12 mm breit. Sie sind durchscheinend punktiert, so daß sie den Blättern mancher Johanniskrautarten tatsächlich sehr ähneln. Die Blüten erscheinen in dichten Ähren an den älteren Ästen, die Staubfäden sind zu zwanzig gebündelt, die fünf Bündel stehen den rasch abfallenden Blütenblättern gegenüber und sind scharlachrot.

Auf Tasmanien, in Süd- und Südostaustralien ist *M. squarrosa* Sm. zu finden, die Blätter sind ei-lanzettlich und scharf zugespitzt, die Staubfäden sind hellgelb gefärbt, die Blüten erscheinen im Sommer in dichten, gedrängten Ähren.

Ihre Kultur gleicht der von *Callistemon*, doch sind sie nicht so hart, können also nicht im Freien versucht werden.

Metrosideros, Eisenholzbaum

Die Eisenholzbäume gehören ebenfalls in die Familie der Myrtengewächse, die 30 Arten der Gattung *Metrosideros* Banks ex Gaertn. bewohnen Neuseeland und Polynesien. Es gibt unter ihnen kletternde und aufrechte Vertreter, alle sind sie immergrün und haben gegenständige, lederige Blätter. Auch ihre Blüten wirken vor allem durch die Staubfäden, da die Blütenblätter sehr klein sind.

Als verbreitetste kletternde Art sei *M. diffusa* (G. Forst.) Sm. (*M. hypericifolia* A. Cunn. non Salisb.) genannt, deren Triebe bis 1,5 m hoch klettern, aber auch am Boden dahinkriechen können. Die Blüten haben rosagefärbte Staubfäden und erscheinen im April und Mai.

Von den großblättrigen Arten, den richtigen Eisenholzbäumen, soll eine Art erwähnt werden, die in Großbritannien als die härteste gilt: *M. lucida* A. Rich. aus Neuseeland. Die Pflanzen wachsen dichtstrauchig oder als Bäumchen und haben kleine, glänzende, myrtenähnliche Blätter, die in der Jugend rot überlaufen sind. Die Blüten erscheinen im Spätsommer, die Staubfäden sind leuchtend karminrot gefärbt.

Auch die anderen großblättrigen Arten, wie *M. excelsa* Soland. ex Gaertn. (*M. tomentosa* A. Rich.) und *M. robusta* A. Cunn. (*M. florida* Hook. f. non (G. Forst.) Sm.), sind zu empfehlen. Alle blühen im Sommer leuchtendrot.

Schmetterlingsblütler

Die dritte Familie, deren Vertreter so typisch sind für die neuholländische Flora, ist die der Schmetterlingsblütler, der *Leguminosae*. Die Angehörigen dieser Familie sind strauchig oder baumartig, selten krautig und fallen durch die Blüten auf, die aber unterschiedlich gebaut sind. Bei der Unterfamilie der *Mimosoideae* sind die Blüten regelmäßig, d. h. aktinomorph, gebaut, und es wirken, da die Blütenblätter sehr klein sind, die Staubfäden. Bei der Unterfamilie der *Lotoideae* finden wir die bekannten Schmetterlingsblüten, die einseitig symmetrisch, d. h. zygomorph, gebaut sind und wo fünf unterschiedliche Blütenblätter zu finden sind. Das oberste, vielfach runde Blütenblatt wird Fahne genannt, es umschließt in der Knospe klappig die anderen Blütenblätter. Es folgen die beiden seitlichen Blüten-

Tafel 17 · Neuholländer III

ol Schönfaden, *Callistemon speciosus*, mit auffallenden roten Flaschenbürsten
om Australheide *Epacris impressa* 'Kingshornii', eine Gartenhybride
or *Epacris brevifolia*, eine reine Australheidenart
ul *Prostanthera rotundifolia*, mit stark würzig duftenden Blättern
ur *Chamaelaucium uncinatum*, in Australien als Zierstrauch in Parkanlagen viel zu finden

Links Geigenkastengummibaum, Wachsblume und andere Kletterer. Bodenbepflanzung mit Usambaraveilchen. Die eigentlich kühleliebende Zimmertanne wird überwintert. (Dr. Jesse)

Tafel 18 · Offenes Blumenfenster

Vorbildliche Pflanzung in Hydrokultur-Kästen. Gummibaum und Fensterblatt bilden die Kulisse, vor der Schefflere, Bromelien und Sansevierien gut wirken. (Interhydro)

blätter, die auch abstehen können und deshalb Flügel heißen. Die beiden restlichen Blütenblätter sind etwas miteinander verwachsen und formen das Schiffchen, in dem die 10 Staubblätter und der Fruchtknoten, aus dem sich später die Hülse entwickelt, eingeschlossen sind.

Acacia, Akazie, Mimose

Eine wichtige Gattung ist *Acacia* Mill., die Akazien und Mimosen, deren 450 Arten die Subtropen und Tropen Afrikas und Australiens bewohnen. Die Akazien sind dornige oder unbedornte, wehrlose Bäume oder Sträucher mit wechselständigen, doppelt gefiederten Blättern. Bei vielen Arten sind die Blattstiele blattartig verbreitert, und man spricht von Phyllodien. Die Akazien gehören zu den *Mimosoideen*, ihre Blüten wirken durch die Staubblätter, die Blütenstände sind kugelig oder walzig. Die afrikanischen Arten bilden jene Schirmkronen, die man von Filmen und Fotografien her kennt, sie sind Pflanzen der Savanne. Einige altweltliche Arten liefern Klebestoff, das »Gummi arabicum«. Die australischen Arten sind die Blütenmimosen der Riviera, sie werden in der Heimat »Wattle« genannt, da die Eingeborenen die Zweige vieler Arten zum Flechten verwenden. Einige Arten liefern auch gutes Bauholz. Nur die Akazienarten Australiens und Polynesiens haben Phyllodien.

Nach der Blattform kann man die Akazien leicht in die Gruppen der doppelt gefiedert-blättrigen und der phyllodientragenden Akazien einteilen. Wichtige und blütenschöne Arten der ersten Gruppe sind die folgenden:

Die australische *A. baileyana* F. v. Muell. bildet Sträucher oder kleine Bäume und blüht im März und April. Die Blätter sind zwei- bis vierpaarig und silbergrau bereift. Die Blütenköpfchen sitzen zu vielen an den stark verzweigten Ästen und sind goldgelb gefärbt.

Die Blütenmimose der Riviera mit gefiederten Blättern ist *A. decurrens* (J. C. Wendl.) Willd., ihre Blätter sind acht- bis fünfzehnpaarig und stark blaugrün bereift. Die Blütenstände sind vielblütige Rispen, die Einzelblüten kugelig und goldgelb. Diese Art braucht viel Platz, um sich gut entwickeln und reich blühen zu können. Am besten gedeiht sie ausgepflanzt im Kalthaus, dicht am Glas gezogen, wo sie im Spätwinter und Frühjahr reich blüht. Auch diese Art stammt aus Australien.

Eine sehr kleinwüchsige und deshalb besonders für die Kultur in kleinen Kalthäusern geeignete Art ist *A. pulchella* R. Br., deren Sträuchlein dicht verzweigt und dornig sind. Die Blätter sind nur einpaarig, die gelben Blütenköpfe sind rund.

Schöne Arten aus der Gruppe der phyllodientragenden Akazien sind die folgenden:

Bei *A. alata* R. Br. laufen die Phyllodien zweizeilig die Zweige herab, so daß diese geflügelt erscheinen. Dieser kleine Strauch sieht mit seinen flachen, bläulichen Zweigen und den achselständigen, gelben Blütenkugeln zur Blütezeit im Spätwinter und Frühjahr allerliebst aus.

Dichtverzweigte, durch Nebenblattdornen dornige Sträucher bildet *A. armata* R. Br. (*A. paradoxa* DC.). Diese Art kann 3 m hoch werden, blüht aber schon als kleine Pflanze. Die Blütenköpfe sind kugelig geformt, leuchtend goldgelb und duften sehr gut.

Die Phyllodien von *A. cultriformis* A. Cunn. ex G. Don sind 2 cm lang, deltaförmig und stark blau bereift. Die gelben Blütenkugeln erscheinen im März und April in achselständigen Trauben, auch hier duften die Blüten gut.

Bei *A. longifolia* (Andr.) Willd. sind die Phyllodien bis 15 cm lang und lanzettlich. Die Blüten erscheinen im Winter und Frühjahr, sie sind walzig, goldgelb gefärbt und riechen unangenehm. Im Schmuck der bis 5 cm langen Blütenwalzen ist auch diese höherwüchsige Art eine Zierde.

Auch *A. melanoxylon* R. Br. besitzt lanzettliche, bis 11 cm lange Phyllodien. Die wohlriechenden Blütenkugeln sind hellweißlichgelb gefärbt und in achselständigen Trauben angeordnet. Diese Art ist in der Heimat ein wichtiger Waldbaum, blüht bei uns aber schon als kleine Pflanze und fällt vor allem durch seine Übergangsblätter auf, die sowohl gefiederte Blattspreiten als auch abgeflachte Blattstiele besitzen, also Phyllodien sind.

Auch eine phyllodientragende Akazie liefert an der Riviera Mimosenschnitt, *A. podalyriifolia* A. Cunn. Hauptblütezeit ist ebenfalls Winter und Frühjahr. Die Phyllodien sind länglich, bis 4 cm lang, die gelben Blütenköpfchen sitzen in bis zwanzigblütigen Trauben in den Achseln der Phyllodien. Es gibt viele Sorten, von denen die meisten sehr gut duften.

Bereits als kleine Pflanze blüht *A. verticillata* (L'Hérit.) Willd. Die Phyllodien sind nadelartig, bis 15 mm lang und stehen in Quirlen um den Zweig. Die Blüten sind walzig angeordnet, hellgelb und erscheinen im Winter und Frühjahr. Wie alle Neuholländer wollen auch Akazien kühl überwintert werden, darum eignen sich selbst die kleinwüchsigen Arten nur sehr bedingt als Zimmerpflanzen. Im Sommer werden sie im Freiland eingesenkt. Nach der Blüte ist zurückzuschneiden, damit die Pflanzen nicht zu groß werden und auch buschig wachsen. Sie blühen am einjährigen Holz und vertragen den Rückschnitt sehr gut. Als Substrate eignen sich torfreiche, sandige Mischungen, wie sie auch für die Myrtengewächse Neuhollands zu empfehlen sind.

Die Vermehrung erfolgt am besten durch Aussaat, die Samen quillt man 24 Stunden in warmem Wasser vor oder badet 1 Stunde in konzentrierter Schwefelsäure, dann wäscht man ab und sät. Bereits die Sämlinge müssen sehr viel pinziert werden, damit sie nicht besig werden. Man zieht lieber weniger Pflanzen auf und gönnt ihnen mehr Raum. Für das kleine Kalthaus eignen sich besonders *A. alata, A. armata* und *A. verticillata*. Die Blütenmimosen der Riviera, von denen es herrliche Sorten gibt, kann man auspflanzen und dicht unter Glas auf Spalier ziehen, sie brauchen aber Kühle, da sie sonst die Knospen abwerfen.

Albizia, Albizzie

Ebenfalls zur Unterfamilie der *Mimosoideen* gehört die Gattung *Albizia* Durazz., deren 50 Arten aber auch in Asien und Mittelamerika beheimatet sind. Alle sind Sträucher oder Bäume mit doppelt gefiederten Blättern und kugeligen oder walzigen Blütenständen.

In Südwestaustralien ist *A. lophantha* (Willd.) Benth. zu Hause. Dieser Strauch erreicht eine Höhe von 2 bis 4 m. Die Blätter sind acht- bis zehnpaarig. Die walzigen Blütenähren sitzen an den Zweigenden und wirken durch die gelblichen Staubfadenbündel. Die Kultur und Vermehrung der Albizzie gleichen der der vorstehend behandelten Akazie.

Chorizema

Ausgesprochen blütenschön sind die Vertreter der Gattung *Chorizema* Labill., die bereits, wie auch alle folgenden, zur höher entwickelten Unterfamilie der *Lotoideen* gehört. Die 15 westaustralischen Arten sind strauchig und besitzen wechselständige, immergrüne Blätter. Die leuchtendroten oder grellorangefarbenen Erbsenblüten sind in end- und achselständigen Trauben angeordnet.

Stellvertretend für die übrigen – alle sind herrliche Pflanzen! – sei *C. cordatum* Lindl. erwähnt. Bereits 10 cm hohe Sämlinge bringen die ersten Blüten. Die dunkelgrünen, irgendwie stechpalmenähnlichen Blätter sind bis 5 cm lang, die 2 cm breiten Blüten sind ausgesprochen zweifarbig: die Fahne ist leuchtend orange, Flügel und Schiffchen sind dunkelrot. Die Blüten stehen in fünf- bis zehnblütigen, lockeren Trauben zusammen.

Wichtig ist auch bei *Chorizema*, daß man regelmäßig pinziert, damit die Pflanzen buschig werden. Man darf jedoch nach Mitte Juli nicht mehr pinzieren, da sich dann bereits die blütentragenden Triebe entwickeln. Kurzfristig kann man blühende Pflanzen auch als Zimmerschmuck verwenden, doch sollte man die Pflanzen nicht zu lange in der Wärme belassen. Nach der Blütezeit, meist Mitte Februar bis April, ist ein Rückschnitt notwendig. Die Vermehrung kann durch Aussaat oder ausgereifte Stecklinge im Juli und August erfolgen.

Clianthus, Ruhmesblume

Herrlich gefärbte Blüten bringen die Arten der Gattung *Clianthus* Soland. ex Lindl., die Ruhmesblumen. Sie sind Kräuter oder Halbsträucher mit unpaarig gefiederten, weißhaarigen oder grünen Blättern und großen, roten oder rotschwarzen, manchmal weißen Blüten aus den Blattachseln. Es sind die folgenden zwei Arten bekannt:

C. puniceus (G. Don) Soland. ist die weniger heikle Art, sie stammt aus Neuseeland und wächst halbstrauchig. Die unpaarig gefiederten, meist mit acht Fiederpaaren versehenen Blätter sind bis 10 cm lang. Die Blüten erscheinen im Frühling und Frühsommer zu wenigen aus den Achseln, sie sind 5 cm lang und dunkelscharlachrot mit weißem Fleck. Weniger schön ist die weiße 'Alba'. In Australien beheimatet ist *C. speciosus* (G. Don) Aschers. et Graebn. (*C. dampieri* A. Cunn.), sie wird in ihrer Heimat »Desert Pea«, Wüstenerbse, genannt. Diese Art ist in der Kultur heikler als die vorige. Diese staudig-halbsträuchige Pflanze blüht einjährig gezogen im August bis Oktober. Kann man sie mehrjährig ziehen, so blüht sie im Frühling. Die weißhaarigen Stengel tragen die vielpaarigen Blättchen, aus den Achseln erscheinen die vier- bis sechsblütigen Dolden. Die Einzelblüten sind 8 cm groß und leuchtend scharlachrot mit schwarz gefärbt. Von dieser Art gibt es einige Sorten, so rosa-, lachsfarbene und weiße, die vor allem in Australien in Kultur sind.

Clianthus puniceus ist leicht zu halten: man überwintert bei 8 bis 10°C, im Frühjahr oder Frühsommer, nach der Blüte, ist ein leichter Rückschnitt ratsam. Während der Sommermonate stellt man sie an einer sonnigen Stelle im Freiland auf.

Clianthus speciosus, die schönere Art, ist gegen stauende Nässe viel empfindlicher und braucht sorgsamere Pflege. Oft können sie nicht überwintert werden und müssen immer als Einjährige gezogen werden. Während des Winters stehen sie bei Temperaturen um 10°C und möglichst trocken, aber nicht staubtrocken. Im Sommer stellt man sie an sehr geschützte Stellen ins Freiland, sie brauchen immer Schutz vor Nässe; die alten Gärtner kultivierten diese Pflanze unter hochgelegten Mistbeetfenstern.

Als Substrat eignen sich für beide Arten humose, aber sandige und durchlässige Mischungen. Man muß regelmäßig verpflanzen, damit sich kein Wurzelfilz in den Töpfen bildet. *Clianthus speciosus* ist gegen Umpflanzen sehr empfindlich und muß bei der Anzucht immer sorgsam etwas wärmer gehalten werden, bis der Verpflanzschock abgeklungen ist. Die Töpfe der Jungpflanzen hält man hier eingesenkt, damit sie nicht zu rasch austrocknen und zu warm werden.

Die Vermehrung erfolgt durch Aussaat und ist bei *C. puniceus* kein Problem. Um dauerhaftere *C. speciosus* zu erhalten, kann man auf *C. puniceus* oder *Caragana arborescens* veredeln. Dabei geht man so vor: Die Samen der Unterlagen werden ausgesät, 14 Tage später sät man bei 18 bis 20°C die Samen von *C. speciosus*. Die Unterlagen werden einzeln getopft, so daß das Hypocotyl ungefähr 2 bis 3 cm lang heraußen ist. Haben sich die Keimblätter von *C. speciosus* voll entwickelt, so werden die Unterlagen von einem Keimblatt her eingespalten und das zugespitzte *Clianthus*-Reis eingesetzt. Man verbindet mit Stopfwolle und hält die Veredlungen bei 20°C, wo sie nach 10 Tagen verwachsen sind. Dann gewöhnt man sie an frische Luft und kann in etwa wie *C. puniceus* weiterbehandeln. Das Wurzelsystem ist wesentlich stärker, doch gilt es auch bei Veredlungen die Nässe von den Blättern fernzuhalten.

Kennedia

Durch ihre großen Erbsenblüten fallen die Arten der Gattung *Kennedia* Vent. auf, die zwölf Arten sind in Australien und auf Tasmanien zu Hause und sind schlingende oder niederliegende Halbsträucher oder Kräuter mit dreiteiligen Blättern und großen, achselständigen Blüten.

K. prostrata R. Br. ist in Australien und auf Tasmanien beheimatet und heißt dort »Running Postman«. Die Pflanzen kriechen am Boden dahin, vom Zentralstamm bilden sich Ausläufer nach allen Richtungen. In den Achseln der kleinen dreiteiligen Blätter sitzen die 2 cm langen, leuchtend scharlachroten Blüten, deren Fahne am Grund gelb gefleckt ist.

»Dusky Coral Pea« heißt *K. rubicunda* (Schneev.) Vent. bei den Australiern. Dieser starkwachsende Schlingstrauch hat weichhaarige Blätter, bis 7 cm lang, und immer zwei Blüten aus den Blattachseln. Die Blüten sind bis 4 cm lang und düsterrot mit braunroten Zeichnungen.

Außer diesen beiden Arten werden von australischen Liebhabern noch andere Arten als Samen angeboten, alle sind kulturwert. Sie werden im Frühjahr angebaut und in durchlässigen, nährstoffreichen Substraten kultiviert. Über Winter hält man sie kühl und etwas trockener. Im Frühjahr topft man um oder setzt nach den Eisheiligen aus, woraufhin ihre Blüten dann von Mai bis Juli erscheinen, sie setzen willig Samen an, der lange keimfähig bleibt. Noch schöner wird die zweite Art, wenn man sie in einem Kalthaus auspflanzt und auf Spalier zieht.

Sophora

Im Spätwinter und Frühling blüht eine herrliche Pflanze Neuseelands, der Inseln Lord-Howe und Juan Fernandez und Chiles, *Sophora tetraptera* J. Mill., die mit unserem Schnurbaum der Parkanlagen verwandt ist. Diese Art ist laubabwerfend, und ihre Blüten erscheinen vor den Blättern. Die Blüten sind 4 cm lang und stehen in zwei- bis achtblütigen Trauben. Nach der Blüte entwickeln sich die unpaarig gefiederten Blätter mit den sitzenden Einzelblättchen.

S. tetraptera fällt durch die großen, goldgelben Blüten sehr auf und blüht bereits als 1,5 m hoher Strauch. Im Winter hält man kühl, damit die Blätter bis zur Blütezeit abfallen, im Sommer, wie alle anderen, im Freien. Während der Wachstumszeit wässert und düngt man regelmäßig, im Winter hält man eher trocken. Die Substrate sollen nahrhaft, aber durchlässig sein. Die Vermehrung geht am besten durch Aussaat.

Templetonia

Am Ende der Schmetterlingsblütler Neuhollands soll noch der Gattung *Templetonia* R. Br. gedacht werden, die mit acht Arten in Australien zu Hause ist. Es sind immergrüne Sträucher oder Halbsträucher mit einfachen Blättern und achselständigen, roten oder gelben Blüten.

Häufig findet man *T. retusa* R. Br. in Kultur. Dieser Strauch wird in der Heimat bis 2 m hoch, blüht bei uns aber schon mit 20 cm! Die lederartigen Blätter sind 2 bis 4 cm lang und keilförmig abgestumpft. Die 3 cm langen Blüten erscheinen im Frühjahr und Frühsommer und sind dunkelscharlachrot gefärbt. Die Kultur von *Templetonia* gleicht der von *Chorizema*.

So rasch mußte der Rundgang durch die Schmetterlingsblütler Neuhollands abgeschlossen werden – dabei gibt es noch eine Fülle weiterer, sehr schöner und reichblühender, kleinwüchsiger Pflanzen dieser Gruppe. Wer Kontakt mit Australien bekommt, versuche, weitere Gattungen zu bekommen und zu ziehen. Aus der Fülle können nur einige empfohlen werden: die verschiedenen, goldgelb blühenden *Cassia*-Arten, die »Bitter Peas«, die *Daviesia*-Arten, mit den gelben Blüten und den immergrünen, meist einteiligen Blättern, das herrliche *Gompholobium latifolium* Sm. mit den schmalen Blättern und den 4 cm großen, goldgelben Erbsenblüten oder die Gattungen *Oxylobium* und *Sphaerolobium*, von denen es viele prächtig blühende Vertreter gibt. Daneben gibt es noch eine Fülle weiterer Gattungen, die man bald kennenlernt, wenn man mit einem australischen Pflanzenliebhaber in Briefwechsel steht. *Aotus, Bossiaea, Brachysema, Dillwynia, Eutaxia, Hardenbergia, Hovea, Pultenaea* und *Swainsona* – alles Namen, hinter denen sich bezaubernde, erbsige und bohnige Neuholländer verbergen!

Billardiera, Billardiere

Die acht Arten der Gattung *Billardiera* Sm. sind auch nur in Australien zu Hause und gehören zu den Klebsamengewächsen, den *Pittosporaceen*. Sie sind kleine, immergrüne Schlinger mit linealischen Blättern und grünlichen oder gelblichen Blüten, denen blaue, zierende Beeren folgen. Häufiger als Saatgut angeboten wird *B. longiflora* Labill. Diese Art ist schwachkletternd. Die Blüten sind 4 cm lang und grünlichgelb gefärbt, die fast kugeligen Beeren sind blau.

Alle Billardieren sind reizende Liebhaberpflanzen, die sich für absonnige Kalthäuser oder auch Wintergärten eignen. Sie sind alle kulturwert, weniger der Blüten als der blauen oder schwarzen Beeren wegen. Während des Winters brauchen sie Temperaturen von 10 bis 15°C, im Sommer kann man sie im Freien aufstellen. Besser ist es aber, sie an ihrem Ort zu belassen, wo man sie auf Spalier ziehen kann.
Vermehrt werden sie durch Stecklinge oder Aussaat. Samen werden von australischen Pflanzenliebhabern wild gesammelt und angeboten.

Blandfordia

Wohl die schönsten Zwiebelpflanzen Australiens und Tasmaniens finden sich in der Gattung *Blandfordia* Sm., man kennt, je nach Auffassung des Botanikers, fünf bis zehn Arten. Die Blätter sind sehr schmal, manchmal am Rand gesägt, die Blüten trichterig oder glockig und meist ausgesprochen zweifarbig, rot u. gelb, gefärbt. Der Wurzelstock ist verdickt und knollig, die Wurzeln fleischig u. weiß.

Als »Large-flowered Christmas Bell« bezeichnen die Australier *B. grandiflora* R. Br., deren Blüten zu zwei bis fünf am Ende der 50 bis 70 cm langen Schäfte stehen. Die Blätter sind 50 cm lang und am Rand etwas gesägt. Die glockigen Blüten sind 6 bis 7 cm lang und innen hellgelb, außen karminrot gefärbt, das Gelb der Innenseite zieht sich auf die Außenseite heraus.
Die gewöhnliche »Christmas Bell« ist *B. nobilis* Sm.; diese Art ist in Ostaustralien ziemlich häufig anzutreffen. Die doldigen Blütenstände tragen bis zu acht, bis 5 cm lange, orangescharlachfarbene, schmale, unten gelbgerandete Glocken.
Blandfordien besitzen einen eigenen Reiz, dafür sind sie leider heikel. Sie wachsen in der Heimat meist in sandig-tonigen Böden und vertragen keine stauende Nässe an ihren fleischigen Wurzeln. Sie gedeihen auch stets in der Nähe von Gebüschen und meiden die Prallsonne. Viel frische Luft, durchlässige, torfig-sandige, mit Torf- oder Holzkohlenbrocken vermischte Substrate lieben sie, genauso wie sie Wurzelstörungen hassen. Man verpflanzt sie deshalb so selten wie möglich, die beste Zeit ist das Frühjahr, nach der Blüte. Im Winter stehen sie im Kalthaus, im Sommer, zusammen mit den anderen Neuholländern, im Freien, halbschattig. Bei starkem Regen muß man sie vor übergroßer Nässe schützen.
Vermehrung durch Aussaat, Samen sind von australischen Pflanzenfreunden leicht zu erhalten.

Boronia, Boronie, Korallenraute

Zu den Rautengewächsen, den *Rutaceen,* gehört die südwestaustralische, seltener ostaustralische Gattung *Boronia* Sm., die Korallenraute. Die Boronien sind immergrüne, kleine Sträucher oder Halbsträucher mit gegenständigen, vielfach zerschnittenen Blättern. Die Blüten sitzen einzeln oder zu mehreren in den Blattachseln oder an den Triebspitzen, sie sind rot, rosa oder braun gefärbt und duften meist sehr gut. Von den 70 Arten sollen nur die folgenden erwähnt werden.

Stark verzweigt wächst *B. elatior* Bartl., die Blätter sind 2 bis 4 cm lang und mehrfach gefiedert. Die dunkelroten Blüten sitzen achselständig.
B. megastigma Nees wächst niedrig, die Blätter

sind sitzend und gefiedert. Die ausgesprochen stark durftenden Blüten sind zweifarbig, innen hellgelb, außen bronzebraun und haben ungefähr 7 bis 8 mm Durchmesser.

Die »Native Rose«, die heimische Rose der Australier, ist *B. serrulata* Sm., deren Blätter trapezförmig sind und an den beiden vorderen Seiten Zähne haben. Die Blüten sind 15 mm groß, sie sitzen zu mehreren am Ende der Triebe, die Blütenfarbe ist leuchtend karminrosa. Wie der Vulgärname sagt, duftet diese Art sehr gut!

Boronien sind herrlich duftende, dabei kleinwüchsige Frühjahrsblüher, die eine wahre Freude für den Kalthaus-Fan sind. Sie brauchen im Winter Temperaturen zwischen 5 und 8° C, im Sommer stehen sie im Freien. Wie die Proteusgewächse sind sie sowohl gegen ein Zuviel als auch gegen ein Zuwenig an Wasser empfindlich. Die Substrate mischt man aus Torf, Heideerde und Quarzsand. Man muß oft pinzieren, damit sie buschig werden, doch nicht später als Mai/Juni, dann legen manche Arten bereits Blüten an.

Die Vermehrung erfolgt durch Aussaat oder Stecklinge im Mai, bei leichter Bodenwärme.

Coprosma

Zu den Krappgewächsen, den *Rubiaceen*, gehört die Gattung *Coprosma* J. R. et G. Forst., deren 60 Arten Neuseeland und Australien bewohnen. Sie sind niederliegende oder aufrechte Sträucher mit kreuzgegenständigen Blättern und kugeligen Früchten, die allerdings nur bei den weiblichen Pflanzen erscheinen, denn fast alle Arten sind zweihäusig.

C. baueri Endl. 'Variegata' ist eine reizvolle weißbunte Pflanze mit 3 bis 6 cm langen Blättern, deren Blattmitte weiß ist.

Eine nette Bodendeckerpflanze für den Liebhaber von Besonderheiten ist die fast winterharte *C. petriei* Cheesem. Die Matten sind nur 5 bis 8 cm hoch, die Blättchen meist 5 mm lang und 1 bis 3 mm breit. Die weiblichen Blüten sind 2,5 cm lange gegabelte Schwänze, sie erscheinen im Mai und Juni und werden gefolgt von den 8 mm großen grünlichweißen, grünen, hellblauen, orangeroten, purpurroten oder weinroten Beeren. Damit sie fruchten, braucht man männliche Pflanzen!

Coprosma baueri ist eine anspruchslose Zimmer- und Kalthauspflanze, die mit ihren weißbunten, glänzenden Blättern gut aussieht, aber auf jeden Fall einen hellen Stand braucht.

C. petriei ist eine nette Alpinenhaus-Pflanze, wenn man sich Beerenfarbformen aus Neuseeland beschaffen kann und auch eine männliche Pflanze besitzt. Diese Art kann leicht geteilt werden, da sie an den Knoten wurzelt. Die erste Art wird durch Stecklinge bei 18° C vermehrt.

Corokia, Zickzackstrauch

Durch den bizarren Wuchs fallen die fünf neuseeländischen Arten der Gattung *Corokia* A. Cunn. auf. Es sind Sträucher oder kleine Bäume mit lederartigen Blättchen und kleinen, gelben Blüten. Die Gattung gehört zu den Steinbrechgewächsen, den *Saxifragaceen*.

C. cotoneaster Raoul, der Zickzackstrauch, wächst kleinstrauchig mit eigenartig im Zickzack hin- und hergebogenen Zweigen. Die spatelförmigen Blätter sind ca. 1 cm lang und unterseits seidig behaart.

Der eigenartigen Wuchsform wegen wird die Pflanze gerne gezogen, sie verlangt kühle Überwinterung, sommers einen Standort im Freien oder bei ganzjähriger Zimmerkultur einen hellen, kühlen Standort. Als Substrat verwendet man Einheitserde. Stecklinge wurzeln gut bei 16° C.

Dianella

Durch die schöne blaue Färbung der Blüten und der Beeren fallen die Arten der Gattung *Dianella* Lam. ex Juss. auf. Die 25 Arten bewohnen den indisch-malaiischen und den australischen Raum und sind

Stauden mit kriechenden Rhizomen und zweizeilig gestellten, immergrünen Blättern. Die Gattung gehört zu den Liliengewächsen, den *Liliaceen*. Die Blüten sind sechsteilig, meist schön blau mit gelben Staubbeuteln, die fleischigen Beeren sind violett- oder reinblau.

Dianella coerulea Sims. ist sehr weit verbreitet und erreicht Australien nur im Nordosten. Die Blätter sind schwertförmig und bis 60 cm lang und 12 bis 15 mm breit. Die kleinen Blüten werden in reichblühenden Rispen getragen und erscheinen im Frühling und Sommer. Diese Art bildet seltener Beeren, wahrscheinlich weil alle Pflanzen ein Klon sind, d. h. vegetativ von einer einzigen Pflanze vermehrt wurden.

Zahlreiche, 60 bis 120 cm lange und 2 cm breite Blätter stehen bei *D. tasmanica* Hook. f. zu einer Rosette zusammen. Die Blüten sind zu großen, vielverzweigten, locker überhängenden Rispen vereinigt. Die leuchtendblauen Beeren sind 2 cm lang. Dianellen sind leicht gedeihende Pflanzen, die im Sommer einen halbschattigen Standort und im Winter Temperaturen zwischen 3 und 10°C lieben. Als Substrat nimmt man Einheitserde, im Winter brauchen sie wenig, im Sommer viel Wasser. Die Vermehrung durch Aussaat ist leicht; man erhält eine Fülle von Arten und Hybriden aus Australien. Später kann man auch teilen.

Epacris, Australheide

Eine herrliche Gattung ist *Epacris* Cav., die Australheide, die zur Familie der Australheidegewächse, der *Epacridaceen*, gehört. Die 40 Arten der Gattung bewohnen Südaustralien und Tasmanien, nur zwei sind in Neuseeland zu finden. Australheiden sind straff aufrechtwachsende Sträucher mit sitzenden oder sehr kurz gestielten, steifen und stechenden Blättern. Die Blüten erscheinen aus den Blattachseln, sie sind glockig oder röhrig und meist lebhaft gefärbt.

Die Pflanzen, die als Reste einer großen Periode der Neuholländer heute in unseren Gärten zu finden sind, gehören fast alle als Sorten zu der sehr variablen Art *E. impressa* Labill., die in Neusüdwales, Victoria und Tasmanien zu Hause ist. Die Hauptblütezeit sind der Winter und das zeitige Frühjahr. Die Blüten sitzen an sehr kurzen Stielen, sie sind zwischen 1 und 3 cm lang und weiß, rosa, rot oder violettrot gefärbt. An der Basis der Glocken sind fünf Höhlungen zu sehen, die dieser Art den Namen gegeben haben.

Daneben sind noch einige andere Arten in Kultur, wie die »Native Fuchsia« der Australier, *E. longiflora* Cav. (*E. grandiflora* Willd., *E. miniata* Lindl.), die breitere, ebenfalls stechende Blätter und einseitig angeordnete Blüten besitzt. Die Blüten sind 3 bis 4 cm lang und ausgesprochen zweifarbig, an der Basis rot, am Kronsaum gelb. Auch botanische Arten, die durch ihre zarte Schönheit wirken, werden hin und wieder kultiviert, so die *E. breviflora* Stapf, mit weißen, dicht gedrängten Blüten und scharf stechenden Blättern. Die Kultur aller Epacrisgewächse – es gibt noch einige Gattungen mit auch fast winterharten Vertretern oder sogar auffälligem Beerenschmuck – ist nicht leicht, doch ohne weiteres durchzuführen, wenn man um die Wünsche dieser Australheiden weiß. Sie sind Moorbeetpflanzen, die in der Heimat Granit- und kalkfreie Sandsteingebiete bewohnen, sie brauchen humusreiche, dabei aber durchlässige und saure Substrate um pH 4,5. Die Gefäße sollen eher flach sein, denn sie sind Flachwurzler. Als gute Erdmischungen empfehlen sich Mischungen aus Weißmoostorf, Heideerde und Quarzsand; für große Pflanzen und kräftig wachsende Arten empfiehlt sich der Zusatz von kalkfreier Grunderde oder, wenn diese sehr schwer zu bekommen ist, der Zusatz von kalkfreiem Ofensetzerton, der in Pulverform gehandelt wird und ein sehr guter Tonmineralspender für heikle Kulturen ist.

Auch die Australheiden werden im Sommer im Freien kultiviert und umgetopft, bevor sie ins Freie kommen. Den Ballen soll man nie zu stark verkleinern, das lieben sie nicht; beim Einpflanzen pflanzt man den Ballen so, daß das Wasser vom Stamm zum Rand abfließen kann, also in der Mitte etwas erhöht, denn sie vertragen keine

Nässe beim Stamm. In regenreichen Sommern kann es notwendig sein, die Pflanzen vor übergroßer Nässe zu schützen. Bei lang anhaltender Trockenheit ist dem Gießen große Aufmerksamkeit zu schenken, denn wie die *Proteaceen* lieben auch die Australheiden gleichmäßige Bodenfeuchtigkeit.

Im Winter stehen die *Epacris* kühl, bei 5 bis 10°C, und hell, die Hauptblütezeit sind der Winter und das Frühjahr. Nach der Blüte schneidet man ältere Pflanzen zurück, kleine läßt man nicht zur Blüte kommen, da sie das zuviel schwächt.

Die wilden Arten kann man durch Aussaat vermehren, doch muß man dann die blühwilligsten Pflanzen auslesen und die blühfaulen entfernen. Die Hybriden und die blühreichen Formen der Arten werden durch Stecklinge vermehrt. Die beste Zeit ist im August, die Bodentemperaturen sollen um 20°C liegen. Sie brauchen lange, oft sechs bis acht Wochen, bis zur Bewurzelung. Nach dem Bewurzeln werden sie sofort pinziert, im darauffolgenden Jahr ebenfalls zweimal, man läßt am besten keine Blüten sich entwickeln. Beim Umtopfen im Frühjahr wird zurückgeschnitten und formiert und dann nicht mehr pinziert, da sich ja nun Blütenknospen entwickeln sollen.

Kultur und Vermehrung der Australheiden gleichen also in groben Zügen der anderer Moorbeetpflanzen, der von Azaleen und Eriken, doch sind die Pflanzen gegen Ungleichmäßigkeiten in jedem Bereich wesentlich empfindlicher. Die Blütenfülle großer Pflanzen entschädigt allerdings reichlich für die Mühe, denn Australheiden sind herrliche Blütenpflanzen, die es selbst mit den schönsten tropischen Blütenpflanzen aufnehmen können. Sie können auch geschnitten werden und halten in der Vase bis drei Wochen.

Am besten wachsen die *Epacris*-Arten und ihre Hybriden aber ausgepflanzt in einem hellen Glashaus, flach unter Glas und mit ausreichender Belüftungsmöglichkeit im Sommer. Dort können ihre flachwurzelnden Wurzeln kriechen und den Boden durchziehen, und die Gefahr einer ungleichmäßigen Wasserversorgung ist gering. In der Vollblüte sieht ein solches Beet, mit Kamelien, Eriken und kleinen Neuholländern unterbrochen, herrlich aus und bereitet auch wenig Arbeit und Heizkosten während des Winters!

Muehlenbeckia

Zu den Knöterichgewächsen gehört die Gattung *Muehlenbeckia* Meissn., die 15 Arten bewohnen die Südhalbkugel und sind windende oder kriechende Halbsträucher oder Sträucher mit wechselständigen, kleinen Blättern. Die Blüten stehen in den Blattachseln und sind klein und unauffällig, zur Reifezeit wird die Blütenhülle fleischig und weiß gefärbt, was dann recht nett aussieht.

M. adpressa (Labill.) Meissn. stammt aus Australien und ist niederliegend oder rankend. Die Blätter sind herz- oder pfeilförmig und 2 bis 5 cm lang.

Aus Neuseeland kommt *M. complexa* (A. Cunn.) Meissn. Diese Art besitzt rundliche, 6 bis 15 mm große Blätter, fadendünne Triebe und klettert stark. Die Blütenhülle ist zur Fruchtzeit weiß und wachsig und kontrastiert schön mit den schwarzen Samen.

Mühlenbeckien sind leicht gedeihende Kalthauspflanzen, die sich auch für kühle Zimmer gut eignen, man kann sie als Ampel ziehen oder Spaliere hinaufklettern lassen. Als Substrat nimmt man Einheitserde. Vermehrung durch Stecklinge, die sehr leicht wachsen, oder Aussaat.

Olearia

Mit 125 Arten ist die Gattung *Olearia* Moench eine der wichtigsten strauchigen Korbblütlergattungen Neuseelands und Australiens. Die immergrünen Blätter sind außerordentlich unterschiedlich geformt und stehen wechselständig. Die kleinen, gänseblümchenähnlichen Blüten erscheinen zu wenigen oder in großen Blütenständen und sind weiß bis violettblau gefärbt.

Von den vielen neuseeländischen Arten hier nur *O. nummarifolia* (Hook. f.) Hook f.: sie überdauert im Alpinenhaus, hat kleine, bis 12 mm lange Blätter und wenigstrahlige Blüten.

Für den Kalthausliebhaber besser geeignet ist eine Art, die nun von der Gattung *Olearia* abgetrennt und zu einer eigenen Gattung gestellt wurde, *Pachystegia insignis* (Hook. f.) Cheesem. (*Olearia i.* Hook. f.). Das »Rock Daisy«, wie diese Art in Neuseeland heißt, kann 2 m Höhe erreichen, ist meist aber 50 bis 80 cm hoch. Die dicken, ledierigen Blätter sind 6,5 bis 16 cm lang und unterseits mit dichtem Haarfilz bedeckt. Die Blattstiele sind 5 cm lang. Aus den feingemusterten, tonnenförmigen Blütenknospen entwickeln sich im Sommer die 7,5 cm breiten, reinweißen Blüten.

Alle Olearien sind leicht zu ziehen, im Sommer stehen sie im Freien, im Winter im Kalthaus, mit den anderen Pflanzen dieser Gruppe. Die Substrate sollen nährstoffreich sein, während der Wachstumszeit brauchen sie reichlich Wasser und Flüssigdüngung. Um buschige Pflanzen zu erzielen, muß oft pinziert werden, besonders in der Jugend. Die Vermehrung kann durch Aussaat wildgesammelten oder Kultursaatguts erfolgen. Es gibt eine Fülle von Hybriden, darum ist Saatgut vom Wildstandort empfehlenswerter. Kopfstecklinge bilden bei 17°C rasch Wurzeln.

Phormium, Neuseeländer Flachs

Durch ihr sansevierienartiges Aussehen fallen die beiden Arten der Gattung *Phormium* J. R. et G. Forst. sehr auf; sie sind Liliengewächse, *Liliaceen*, mit kurzem, verdicktem Erdstamm und schwertförmigen, zweizeilig gestellten Blättern. Die Blüten sind einseitig symmetrisch und stehen gedrängt in großen Rispen, sie sind ornithogam, das heißt, sie werden von Vögeln bestäubt.

Etwas weniger wuchtig ist *P. colensoi* Hook. f. (*P. cookianum* Le Jolis), der in der Heimat »Mountain Flax« genannt wird. Die Blätter sind 1 bis 2 m lang und 3 bis 7 cm breit. Die Blütenschäfte sind bis 2 m hoch, die Blüten sind 7 bis 10 cm lang und orangerot, doch findet man auch tiefrote und licht gelbgrüne Formen.

Bei guter Pflege können die Blätter des »Neuseeländer Flachses«, *P. tenax* J. R. et G. Forst., bis 3 m lang werden, sie sind 5 bis 12 cm breit. Der Blütenstand ist bis 3 m hoch, die Blüten sind 10 cm lang. Auch hier finden sich alle Blütenfarben von Reingelb bis Dunkelrot. Die Kapseln stehen aufrecht, während sie bei der ersten Art hängen.

Von beiden Arten gibt es eine Fülle von Formen, die sich vor allem durch die Blattfarbe – die Arten sind tiefgrün gefärbt – unterscheiden, so z. B. 'Atropurpureum' mit dunkelbronzefarbenen Blättern oder 'Variegatum' mit schmalen weißlichen oder gelblichen Längsstreifen am Blatt. Es gibt auch Zwergformen und solche mit großem Weißanteil in den Blättern, sie sind heikler.

Beide Neuseeländer Flachsarten sind harte und dauerhafte, dekorative und auffällige Pflanzen, die im Sommer im Freien stehen und im Winter im hellen Kalthaus, in Hausfluren oder Wintergärten einen Platz finden. Diese Fresser brauchen nahrhafte Substrate und in der Wachstumszeit sehr viel Wasser und auch Flüssigdüngung. Die Vermehrung erfolgt am besten durch Teilung, doch auch Aussaat führt, vor allem bei den selteneren Formen, die eigentlich immer zu einem gewissen Prozentsatz echt aus Samen kommen, zum Ziel. In der Heimat werden die Blätter dieser Pflanzen zur Herstellung von groben Geweben und als Bindematerial verwendet, ihre Bastfasern mit einer Zugfestigkeit von 80 kp/mm² sind die stärksten des Pflanzenreiches.

Pittosporum, Klebsame

Mit 160 Arten ist die Gattung *Pittosporum* Banks et Soland. ex Gaertn. in den Tropen und Subtropen von Westafrika bis zu den Pazifischen Inseln verbreitet, doch auch in den milderen Teilen Großbritanniens und im Mittelmeergebiet schätzt man die Vorzüge der Klebsamenarten. Sie sind besonders salzfest und daher ideale Untergehölze für Windschutzstreifen an der See. Die Fülle der Arten ist immergrün und strauchig oder baumförmig, die ganzrandigen, lederartigen Blätter, die am Rand manchmal gewellt sein können, stehen wechselständig bis quirlig. Die kleinen Glockenblüten stehen einzeln in den Blattachseln oder in endständigen Doldenrispen. Die Samen sind in eine sehr klebrige Flüssigkeit eingebettet, die der Gattung zu ihrem Namen verholfen hat.

Aus der großen Zahl der kultivierten Arten und Formen kann, obwohl sie sehr dauerhafte und zierende Pflanzen sind, nur ein Bruchteil, die wichtigsten, vorgestellt werden.

P. crassifolium Soland. ex Putterl. ist in Neuseeland beheimatet und kann dort bis 10 m Höhe erreichen. Die verkehrteiförmigen Blätter sind bis 8 cm lang und lederig dunkelgrün. Die 15 mm großen, dunkelrotbraunen Blüten stehen in endständigen Büscheln und erscheinen im Frühjahr und Sommer.

Ein großer Strauch oder kleiner Baum wird auch *P. eugenioides* A. Cunn. in der Heimat, in Neuseeland, wo diese Art »Tarata« genannt wird. Die ovalen, leuchtendgrünen Blätter sind am Rand etwas gewellt und 10 cm lang. Die hellgelben, honigduftenden Blüten stehen in endständigen Doldenrispen und blühen im Frühling. Von dieser Art gibt es eine herrliche cremeweiß panaschierte Form, 'Variegatum'.

Von *P. tenuifolium* Gaertn. gibt es eine Fülle von Sorten. Die bis 7 cm langen Blätter sind hellgrün und am Rand gewellt. Die schokoladepurpurnen Blüten stehen einzeln in den Blattachseln, die Hauptblütezeit ist der Frühling. Die weißbunten, bronzefarbenen oder gelben Blätter der Sorten kontrastieren noch deutlicher mit den schwarzen Zweigen, als es bei der Art der Fall ist.

Im Mittelmeergebiet meistens angepflanzt, findet sich *P. tobira* (Thunb.) Ait. f. aus China und Japan. Die verkehrteiförmigen, lederigen, glänzend dunkelgrünen Blätter stehen in Quirlen, die Blüten erscheinen doldig gehäuft aus den den Trieb abschließenden Quirlen, sie sind cremefarben und duften nach Orangen oder Seidelbast. Auch von dieser Art gibt es eine weißbunte Form, 'Varigatum'.

Die Klebsamen sind ausgesprochen schöne und vor allem dauerhafte Kalthauspflanzen, die durch Belaubung und Blüten, aber auch durch den herrlichen Duft sehr ansprechend sind. Sie stehen im Winter kühl, im Kalthaus, im kühlen Zimmer oder auf Gängen und im Sommer im Freien. Sie brauchen sehr nährstoffreiche Substrate und während der Wachstumszeit viel Wasser und Flüssigdüngung. Sie können sowohl durch Aussaat als auch durch Spätsommerstecklinge leicht vermehrt werden.

Prostanthera

Durch den aromatischen Geruch ihrer Blätter fallen die 40 australischen Arten der Gattung *Prostanthera* Labill. auf, sie gehören wie Rosmarin und Thymus zu den Lippenblütlern, den *Labiaten*, für die diese Duftstoffe typisch sind. Prostantheren sind Sträucher oder Halbsträucher mit gegenständigen Blättern und weißen, violetten oder roten Blüten in achsel- oder endständigen Trauben.

Von den vielen Arten sei nur die oft kultivierte *P. rotundifolia* R. Br. genannt, die 1,5 bis 2 m Höhe im hohen Alter erreichen kann, aber bereits als kleine, 30 cm hohe Pflanze im März bis Mai ihre Blüten bringt. Die kreisrunden Blätter sind 4 bis 6 cm lang, die purpurblauen oder lila Blüten stehen in kurzen, endständigen Trauben.

Auch die anderen Arten dieser rosmarinähnlichen Gattung sind sehr schön und sollten, vor allem wegen der reichen Blüte bereits kleiner Pflanzen, mehr gezogen werden. Nach der Blüte werden sie zurückgeschnitten und nach den Eisheiligen, gemeinsam mit den anderen Kalthauspflanzen, im Freien, an sonniger Stelle, ausgesenkt. Sie vertragen nicht zuviel an Nässe, deshalb sollte man sie vor Dauerregen schützen können. Die Überwinterung erfolgt hell bei 5 bis 10°C. Vermehrung durch Aussaat oder Stecklinge im August.

Stylidium

Eine interessante Gattung ist *Stylidium* Sw.; sie gehört zu den Stylidiumgewächsen, den *Stylidiaceen*, die verwandtschaftlich in die Nähe der Glockenblumengewächse und der Korbblütler gehören. Die Krone der *Stylidium*-Arten ist fünfteilig, die Staubblätter sind mit dem Griffel zu einer Säule verwachsen, die reizbar ist und deutlich sichtbare, rasche Bewegungen vollführt. Die 100 australischen Arten sind Kräuter oder Halbsträucher mit ungeteilten Blättern.

Von australischen Liebhabern erhält man oft Samen von *S. graminifolium* Sw.; diese Art ist in Neusüdwales und Tasmanien zu Hause und hat dichte Rosetten grasartiger Blätter. Es gibt verschiedene Formen, darunter eine, die wesentlich härter ist und im ungeheizten Alpinenhaus durchhält. Die nicht harten Pflanzen haben bis 20 und 30 cm lange Blätter und bis 50 cm hohe Blütentrauben, die härtere Form hat bis 7 cm lange Blätter, ihre Blütentrauben erreichen nur 20 cm. Die Blüten von *S. graminifolium* sind durch ihre Bewegungen sehr interessant und sollen deshalb näher beschrieben werden. Vier der fünf Petalen sind leuchtend rosarot gefärbt, das fünfte, die Lippe, weist nach unten und ist grün und unscheinbar. Die Geschlechtsorgane sind miteinander verwachsen und bilden die Säule, an deren Spitze die zwei fruchtbaren Antheren und die Narbe sitzen. Die Säule ist S-förmig gekrümmt und hängt über die Lippe nach unten. Wenn der Säulengrund berührt wird, so schnellt die Säule urplötzlich nach oben, auf die andere Seite der Blüte. Nach einigen Minuten kehrt sie wieder in die Ausgangslage zurück, und man kann die Bewegung wiederum, und das einige Male hintereinander, induzieren. Darum heißt die Art in Australien auch »Grass Triggerplant«. Die Blütezeit ist der Juli, doch können junge Sämlinge auch zu anderen Jahreszeiten blühen.

Die Kultur ist leicht, zur Vorsicht sollte man aber im Kalthaus überwintern. Als Substrate eignen sich alle durchlässigen, nährstoffreichen Mischungen. Die Vermehrung geht am besten durch Aussaat, die ersten Blüten erscheinen im Jahr nach der Aussaat.

Wegen der Bewegungen und der leuchtendrosafarbenen Blüten, den hellgrünen, grasartigen Blättern und der späten Blütezeit ist die australische »Triggerplant« eine interessante Bereicherung für jedes kleine Kalthaus.

Für jede Kalthausgröße gibt es Neuholländer. Es konnten die herrlichen Erdorchideen Australiens und Neuseelands, die allerdings genauso schwierig wie unsere europäischen sind, nicht erwähnt werden. Ebensowenig die vielen Gattungen der Proteusgewächse, der Myrtengewächse und der Schmetterlingsblütler, die, um sechs Monate im Kalender verschoben, ihre herrlichen Blüten bringen. Sie brächten diese auch bei uns, den Antipoden ihrer Heimat, wenn sich nur mehr Pfleger fänden, die sich dieser Schätze entsinnen würden!

Kappflanzen

Unsere Vorfahren, mit der großen Welt durch Zeitungen, Rundfunk und Fernsehen noch nicht so vertraut wie wir heutzutage, kannten noch nicht so viele Kape! Sie verstanden unter Kappflanzen solche vom Kap der Guten Hoffnung, vom Kap Agulhas, aus der Kapprovinz der Republik Südafrika. Auch im Kapland herrscht, bedingt durch das Zusammentreffen des Moçambique- und des Benguela-Stroms, die warmes und kaltes Wasser bringen, und durch geographische Besonderheiten ein Mittelmeerklima, das dem im Mittelmeergebiet oder in Westaustralien gleicht. Die Kappflanzen haben deshalb gleiche oder ähnliche Ansprüche wie die Immergrünen dieser beiden Zonen.

Eines ist allerdings typisch für das Kapland: die Fülle der Blumenzwiebeln und -knollen, die dort heimisch sind. Während im australischen Gebiet sehr wenige Zwiebelpflanzen zu finden sind, auch im Mittelmeergebiet gibt es im Grunde nicht so viele, stammen wichtige und bekannte Pflanzen dieser Gruppe aus Südafrika. Die Ahnen unserer Gartengladiolen, die Vorfahren der Freesien, die Montbretien, Ixien, Sparaxis und Tigridien, sie alle sind in Südafrika zu Hause. Aus der Fülle dieser Kap-Zwiebel- und -Knollenpflanzen seien einige schöne und wichtige nun erwähnt.

Amaryllis, Belladonnalilie

Zu den Amaryllisgewächsen, den *Amaryllidaceen,* gehört die Belladonnalilie, *Amaryllis belladonna* L. Die Gattung ist monotypisch, das heißt, man kennt nur diese eine Art. Alle sonst als Amaryllis bezeichneten Pflanzen sind Südamerikaner und gehören zur Gattung *Hippeastrum.*

Die 8 bis 10 cm großen, birnenförmigen Zwiebeln bringen im August und September ihre Blütenschäfte. Die großen rosaroten Blüten stehen zu mehreren doldig am Ende der Schäfte. Die Blätter erscheinen erst nach den Blüten, sie sind riemenförmig und überdauern den Winter, um im Frühjahr wieder einzuziehen.

Im Weinbauklima und an geschützten Standorten auch noch in rauheren Klimaten ist die Amaryllis im Freien versuchswert; besser pflegt man sie im Kalthaus oder in einem Mistbeetkasten, der im Winter durch Einpacken mit Laub oder Stroh oder durch eine Heizung frostfrei gehalten werden kann, da dort die Blätter besser den Winter überdauern als im Freien. Sie brauchen nährstoffreiche Substrate und regelmäßige Flüssigdüngung. Von Mai bis August ist ihre Ruhezeit, die mit der Blüte beendet wird. Die Blütezeit läßt sich leider nicht verschieben.

Die Vermehrung erfolgt am besten durch Abnehmen der Nebenzwiebeln, die nach 2 bis 3 Jahren blühen können. Samenanzucht ist möglich, erfordert jedoch Geduld; es dauert 5 bis 7 Jahre bis zur Blüte.

Amaryllis ist mit vielen anderen Gattungen gekreuzt worden, und es gibt sehr interessante und schöne Gattungshybriden, die weitere Verbreitung verdienen. Durch Kreuzung mit *Crinum moorei* entstand × *Crindonna* Ragioneri; von dieser Kreuzung ist nur eine Art bekannt, × *C. memoria-corsi* Ragioneri. Ebenso interessant ist die Kreuzung mit *Brunsvigia josephinae* Ker-Gawl., die als × *Brunsdonna* Tub. gehandelt wird. Seit neuem werden auch Hybriden mit der Gattung *Nerine* gehandelt, die ebenfalls sehr schön und reichblühend sind. Alle diese Versuche haben den Sinn, die fixe Blütezeit der Amaryllis zu brechen und sie auch zu anderen Jahreszeiten in Blüte zu haben. Diese Gattungsbastarde sind sämtlich in den Niederlanden erhältlich.

Lachenalia, Lachenalie

Besonders farbenprächtige Formen und Arten finden wir in der Gattung *Lachenalia* Jacq. f. ex Murr.; es sind wenigblättrige Zwiebelpflanzen mit dicklichen, oft gefleckten Blättern und meist hängenden Blütenglocken, die in Trauben angeordnet sind. Durch die Blütezeit im Februar, März und April sind sie auffällige Pflanzen, die auch gut haltbare Schnittblumen liefern. Sie gehören zu den Liliengewächsen, den *Liliaceen.*

Häufig erhältlich ist die zweiblättrige *L. aloides* (L. f.) hort. ex A. et G. (*L. tricolor* Jacq.). Die Blätter sind bis 25 cm lang und bis 4 cm breit, die Blütenschäfte erreichen 20 cm Höhe. Die Einzelblüten sind bis 3 cm lang, die äußeren Blütenblätter sind nur halb so lang wie die inneren. Von besonderer Wirkung ist die Dreifarbigkeit der Blüten, die scharf gezont gelb, scharlachrot und grün gefärbt sind.

Durch Kreuzung dieser Art mit anderen entstanden die *L.-Aloides-Hybriden,* die in vielen Sorten gehandelt werden, einige der schönsten seien genannt: 'Aurea' hat leuchtend goldgelbe Glocken; 'Nelsonii' blüht goldgelb, die Spitzen der Blütenblätter sind grün gerandet; 'Pearsonii' ist gelb mit rotem Rand gefärbt; 'Quadricolor Conspicua' ist tieforange gefärbt und besitzt gelbrote Zipfel und einen schmalen purpurnen Rand, der mit dem Abblühen verschwindet.

Von den vielen anderen Arten hat noch *L. bulbifera* (Cyr.) hort. ex A. et G. Bedeutung; sie blüht korallenrot mit gelbgrün und purpurn eingefaßt. Alle Lachenalien machen eine ausgeprägte Ruhezeit durch. Im September werden die Zwiebeln, am besten zu mehreren, in Schalen gepflanzt und im Mistbeetkasten aufgestellt. Mit der Verschlechterung des Wetters werden sie ins Glashaus eingeräumt und bei 6 bis 10°C hell aufgestellt. Ein Treiben ist nicht möglich. Nach der Blüte muß man weiter kultivieren, bis die Blätter gelb werden, erst dann werden sie wieder bis zum September vollkommen trocken gehalten.

Die Vermehrung erfolgt am besten durch die reichlich gebildeten Brutzwiebeln oder auch durch Aussaat, wo man die interessantesten Zwischenfarben erzielen kann.

Nerine, Guernseylilie

Ähnlich im Vegetationsrhythmus wie die echte Amaryllis sind die Arten der Gattung *Nerine* Herb.; die Blüte ist im Spätsommer und Herbst, und erst nachher erscheinen die Blätter. Alle 15 Arten sind in Südafrika beheimatet und Amaryllisgewächse, *Amaryllidaceen.*

Bei *N. bowdenii* W. Wats. erscheinen die Blüten spät, im September bis November, aus den flaschenförmigen Zwiebeln. Die Blütenschäfte sind bis 50 cm hoch und tragen sechs bis zwölf hellrosa Blüten. Von dieser Art gibt es einige Sorten, wie 'Pink Triumph'. Diese Art und ihre Sorten wachsen im Sommerhalbjahr und ruhen im Winter. Sie sind deshalb leichter zu ziehen.

Im September und Oktober erscheinen die Blüten der formenreichen *N. sarniensis* (L.) Herb.; die Art blüht kirschrot in zehn- bis zwanzigblütigen Dolden. Besonders schön ist die Varietät *corusca* (Herb.) Bak., die leuchtend scharlachrot blüht. Die früheste und leichteste Art der Gattung ist *N. undulata* (L.) Herb.; ihre Blüten öffnen sich im August und September, die Blütenschäfte sind 30 bis 40 cm hoch und tragen die acht bis zehn Blüten. Die Einzelblüten sind 4 cm groß, hellrosa und mit stark gekrausten Abschnitten.

Leider finden sich diese Herbstblüher immer seltener, nur einige Arten und bestimmte Sorten werden in der letzten Zeit verstärkt im Gartenbau kultiviert, da man durch gewisse Lagerungsmethoden die Blütezeit etwas verschieben kann. In Großbritannien, wo eine eigene Nerine-Society im Rahmen der Royal Horticultural Society besteht, haben diese Zwiebelpflanzen, berechtigterweise, mehr Liebhaber.

Zwiebeln werden meist in der Ruhezeit versandt, im Juli und August. Man pflanzt sie nach dem Erhalt einzeln in kleine Töpfe; nie verwende man zu große Töpfe, bevor sich die Pflanzen eingewöhnt haben. Auch nur die eingewöhnten Nerinen zusammenpflanzen, sie lieben die Enge kleiner Gefäße! Die Substrate sollen humusreich und sandig sein und müssen viele Nährstoffe enthalten. Meist zu Anfang September beginnen sich die ersten Blütenstiele zu regen, und man entfernt von den eingewöhnten Pflanzen die oberste Erdschicht und füllt neues Substrat nach, stellt in Wasser ein und läßt vollsaugen. Verpflanzt wird nur alle drei Jahre. Frischbezogene Zwiebeln muß man sehr vorsichtig wässern, da sie gerne faulen.

Die Wochen danach sind der Höhepunkt des Nerinen-Jahres: zuerst erscheinen die zungenartigen Blütenhüllblätter, rasch strecken sich die Schäfte, und die Blüten öffnen sich. Die Haltbarkeit der Blüten ist mit 3 bis 4 Wochen sehr gut. Wenn die Blütezeit zu Ende geht, entwickeln sich die Blätter. Nun gilt es, gesunde, eingewöhnte Pflanzen gut zu ernähren; man gibt alle zwei Wochen Flüssigdüngungen, damit sich die Zwiebeln bis zum

Beginn der Ruhezeit, im April, wieder mit Reservestoffen anfüllen können. Während der Ruhezeit, von April bis September, gießt man nur selten, gerade daß sie nicht staubtrocken stehen. Die Vermehrung kann durch Abnehmen der Nebenzwiebeln und durch Aussaat erfolgen. Die grünen Samen müssen unmittelbar nach der Reife im Oktober bis Dezember gesät werden, damit sie keimen. Man muß rechnen, daß vier bis fünf Jahre vergehen, bis die Sämlinge blühen. Durch Kontakt mit Nerinen-Liebhabern aus England ist es möglich, Saatgut und Nebenzwiebeln der neuen Sorten zu erhalten, die orangescharlach, dunkelrot, violettpurpur, lachsrosa oder weiß blühen, oft wie mit Goldstaub überpudert!

Vallota, Vallote

Ähnlich wie ein Ritterstern sieht die Vallote aus, nur daß ihre Blütezeit im Sommer liegt. Die Gattung *Vallota* Salisb. ex Herb. umfaßt eine Art, *V. speciosa* (L. f.) Voss (*V. purpurea* (Ait.) Herb.), deren Zwiebeln reichlich Brut bringen. Die Blätter sind linealisch und zweizeilig angeordnet, 40 cm lang und 3 cm breit. Die drei- bis zehnblütigen Dolden stehen an 40 cm hohen Schäften. Die Blüten sind 8 cm breit und kräftig rot gefärbt, die gelben Staubbeutel stechen davon gut ab. Von dieser Art gibt es einige Sorten, doch ist nur 'Major', mit etwas größeren Blüten, im Handel.

Im Gegensatz zu den ähnlich aussehenden *Hippeastrum*, den Rittersternen, braucht die Vallote keine strenge Ruhezeit; sie wird im Winter etwas trockener gehalten, die Blätter dürfen jedoch nicht vollkommen einziehen. Sie brauchen nährstoffreiche, humose und durchlässige Substrate und sollen so selten wie möglich umgetopft werden, da sie Wurzelstörungen überhaupt nicht lieben. Sie sind auch in einem kühlen Zimmer vorzüglich; die schönsten Pflanzen sah ich jedoch im Burgenland in einem Fensterkistchen ausgepflanzt, wo Mitte Juni über 30 Blütenschäfte in einem 1 m langen Kistchen blühten.

Die Vermehrung erfolgt am besten durch Abtrennen der Nebenzwiebeln oder durch Aussaat, hier muß man meist vier Jahre Geduld haben.

Zantedeschia

Aus der schon bei den Zimmerpflanzen für kühle Räume erwähnten Gattung *Zantedeschia* gibt es auch einige knollenbildende Arten, die am besten hier behandelt werden. Im Winter werden die Knollen trocken aufbewahrt, im Frühjahr eingepflanzt, sie blühen im Sommer.

Z. elliottiana (W. Wats.) Engl. (*Calla* e. (W. Wats.) Knight, *Richardia* e. W. Wats.) stammt aus dem südafrikanischen Hochland und wird bis 60 cm hoch. Die pfeilförmigen Blätter sind dunkelgrün gefärbt und weiß gefleckt. Die Spatha ist bis 15 cm lang, leuchtend goldgelb gefärbt und außen grünlich überlaufen.

In den schönen Formen violettpurpurn gefärbt ist *Z. rehmannii* Engl. (*Richardia r. (Engl.) N. E. Br.*) aus Natal. Die Blätter dieser Art sind linealisch-lanzettlich, 35 cm lang und 3 cm breit. Die Spatha ist 6 bis 8 cm lang und weißlichrosa bis violettpurpurn. Vor allem in Neuseeland, wo diese Gattung viel kultiviert wird, gibt es von dieser Art herrliche Formen.

Zwischen diesen beiden Arten wurden in vielen Ländern der Erde Hybriden gezogen, wobei meist *Z. elliottiana* als Mutter und *Z. rehmannii* als Vater diente. Die Hybriden sind in der Form der Spatha, besonders in der ersten Generation, der zweiten Art ähnlich, später spalten auch größere, breitere Spathen heraus. Das Farbenspiel dieser Kreuzungen ist vielfältig, man kennt bereits tieforange, orangerote Töne, weißlich mit rosa Hauch und viele andere Kombinationen bis ins tiefste Purpurrot. Die Kreuzung beider Arten ist leicht; damit es bei *Z. elliottiana* nicht zur Selbstbestäubung kommt, trennt man den pollentragenden Teil rechtzeitig vor dem Platzen der Staubbeutel ab und wirft dann den oberen, stäubenden Teil der Vaterpflanze in den erblühten Kolben und schüttelt. Von der Aussaat bis zur Blüte vergehen zwei bis drei Jahre. In der Jugendentwicklung wird die Ruhezeit eingehalten.

Als Substrat verwendet man sehr nährstoffreiche Mischungen; man kann nach einer Vorkultur auch ohne weiteres an einer sonnigen Stelle auspflanzen und im Herbst wieder herausnehmen.

Im Sommer brauchen sie viel Wasser und Flüssigdüngung. Neben der Aussaat kann man auch Knollen teilen; man wartet ab, bis sich die Augen an den Knollen deutlich zeigen, und zerschneidet in Teilstücke, die man dann in Holzkohle taucht und topft.

Holzige und krautige Kappflanzen

Coleonema

Zu den Rautengewächsen, den *Rutaceen*, gehören die sechs Arten der Gattung *Coleonema* Bartl. et H. L. Wendl., die feine, biegsame, stark duftende, heidekrautähnlich belaubte Zweiglein besitzen. Die Blüten stehen zu mehreren an kurzen Stielen.

Die verbreitetste Art ist *C. pulchrum* Hook. (*Diosma tenuifolia* K. B. Presl. non Willd.), die im hohen Alter 1,5 m Höhe erreichen kann; besser hält man sie jedoch durch Pinzieren kleiner. Die straff aufrechten Triebe tragen nadelförmige, bis 10 mm lange Blättchen und am Ende die rosaroten, fünfteiligen, ungefähr 8 mm breiten Blüten. Die ganze Pflanze strömt einen aromatischen Duft aus. Die Hauptblütezeit ist der Frühling und Frühsommer.

Coleonema wird bei 6 bis 14°C überwintert, je wärmer man sie hält, desto früher erscheinen die Blüten. Im Sommer werden sie an einer sonnigen Stelle im Freien eingesenkt und regelmäßig gedüngt und bewässert. Damit die Pflanzen buschig werden, muß man viel pinzieren. Als Substrat nimmt man eine Mischung aus Torf, Heideerde und Sand. Stecklinge können von März bis September geschnitten werden und wachsen bei 16°C gut an.

Erica, Erika

Eine wahre Leidenschaft hatten die Gärtner und Liebhaber des vorigen Jahrhunderts für die Eriken des Kaplandes. Eriken sind nicht nur kleine Zwergsträucher, wie wir es von den winterharten Arten gewohnt sind, sondern können auch kleine, bis 2 m hohe Bäume werden. Die Blüten erreichen oft 3 cm Länge, bei manchen Arten sind sie behaart, andere wieder sind deutlich verschiedenfarbig, kurzum, es gibt für jeden Geschmack etwas, was bei rund 600 bekannten Arten der Gattung *Erica* L. schließlich auch kein Wunder ist.

Die Blätter der Eriken sind nadelartig und stehen oft quirlig, die Blüten sind röhrig, krug-, glocken- oder tellerförmig. Von den 600 Arten kommen ungefähr 500 in der Republik Südafrika vor, die anderen sind im tropischen Afrika, im Mittelmeergebiet, in den Alpen und auf den atlantischen Inseln zu Hause. Aus dieser Fülle auszuwählen ist schwer, zumal einige Besonderheiten des Reservegartens im Belvedere in Wien so schön sind, daß man sie nicht übergehen kann. Zuerst einige bekannte Arten!

Im Winter und Frühling blüht *E. canaliculata* Andr.; diese Art wächst aufrecht und kann 2 m hoch werden. Die Nadelblätter stehen in Dreierquirlen und sind bis 8 mm lang. Die Blütenkrone ist glockenförmig, kahl und blaßrosa oder weiß gefärbt. Die Blüten der helleren Formen sind meist größer, 3 bis 4 mm ist die Regel.

Eine der bekanntesten Eriken ist *E. gracilis* Salisb., die in den Spezialgärtnereien Mitteleuropas zu Millionen gezogen wird. Diese Art blüht bei uns von September bis November, doch gibt es in der Heimat auch frühjahrsblühende Formen. Die 3 bis 4 mm langen Blüten stehen zu mehreren an der Spitze kurzer Seitenästchen und sind bei der Wildart rosarot, bei den Kulturformen kupferrot, lachsrot, hellrosa oder weiß gefärbt. Die Pflanzen werden meist mit einer Höhe von 40 bis 50 cm gehandelt, doch gibt es auch Kleinware. Diese Art ist die einzige, die handelsgärtnerische Bedeutung besitzt.

In geringen Mengen werden noch die winterblühenden *E. hiemalis* Nichols. gezogen. Der Wuchs dieser Pflanzen ist dichtbuschig und straff aufrecht. Die Blätter sind über 5 mm lang, die Blüten stehen zu 3 bis 8 an kurzen Seitenzweigen, jedoch so dicht, daß dichte, zusammenhängende Scheintrauben entstehen. Die Blüten sind röhrig, gegen den Rand erweitert und ungefähr 2 bis 3 cm lang. Der kelchseitige Teil der Blumenkrone ist weiß, der Randteil rot gefärbt. Trotz der großen Schönheit sind sie leider seltener zu sehen.

Durch die ausgesprochen zweifarbigen Blüten fällt *E. speciosa* Andr. auf. Diese strauchige Art wird bis 150 cm hoch, die Blätter stehen zu dritt quirlig. Die Blüten erscheinen zu mehreren an den Seitenzweigen und sind 2 bis 3 cm lang, röhrig, lebhaft rot und an der Spitze gelblichgrün gefärbt. Die Blütezeit ist der Winter.

Ab Muttertag bis in den späten Sommer blühen die vielen Formen von *E. ventricosa* Thunb., die bis 1,5 m hohe Sträucher werden können. Die Blätter stehen zu viert in Quirlen und sehr dicht, so daß der ganze Trieb eingehüllt ist. Die Blüten erscheinen am Ende der Triebe, sie sind ungefähr 12 mm lang und eiförmig. Gegen die Spitze zu sind sie stark eingezogen, der Bauch der Blüten ist rosarot, die Zipfel sind weiß. Es gibt von dieser Art eine Fülle von Formen, die von reinweiß über rosa bis scharlachrot blühen. Auch niederwachsende, aufrechte und zwergige Formen gibt es, doch hat die Kultur dieser Art handelsgärtnerisch leider keine Bedeutung mehr, wodurch viele Formen verlorengegangen sind.

Aus der Vielzahl weiterer Arten sollen nur noch einige genannt werden. Um die Osterzeit blüht *E. persoluta* L. (*E. subdivaricata* Bergius), von der es auch eine schön weißblühende Form gibt. Auch *E. caffra* L. wurde früher häufiger als »Beigut« in den Moorbeetspezialgärtnereien gezogen. Diese Art blüht im Frühjahr mit 7 mm langen weißen Blüten. Als weitere frühjahrsblühende Art wurde *E. viridipurpurea* L. (*E. mauritanica* L., *E. pelviformis* Salisb., *E. persoluta* Curt. non L., *E. regerminans* Andr.) kultiviert, die bis 80 cm hoch wird und deren rosa Blüten meist zu viert stehen.

Als botanische Besonderheiten werden, meist in botanischen Gärten, noch andere Arten gezogen, die größte Sammlung befindet sich naturgemäß in Stellenbosch, dem größten botanischen Garten der Republik Südafrika; doch auch in Mitteleuropa können schöne Sammlungen – im Botanischen Garten Berlin-Dahlem und im Reservegarten Belvedere in Wien – aus Tradition aufrechterhalten werden.

Bei der Kultur der Eriken ist immer zu bedenken, daß es sich um kalkfliehende Pflanzen handelt. Sie brauchen Substrate mit tiefen pH-Werten, um 4,5, reichlich Torf, kalkfreies Wasser und eine stickstoffbetonte Ernährung. Die Kultur gleicht in etwa der von Azaleen oder Kamelien. Auch die meisten Erikenarten brauchen hohe Temperaturen, um Blütenknospen anlegen zu können. Es darf aus diesem Grund auch nicht zu spät pinziert werden, da sonst keine ausreichend ausgereiften Triebe vorhanden sind, wenn Induktionstemperaturen herrschen.

Alle Kapheiden wollen bei Temperaturen um 10°C überwintern und zu dieser Zeit hell und möglichst luftig stehen. Ab Anfang Mai, sobald die Gefahr der Spätfröste vorbei ist, werden sie im Freiland an nicht zu vollsonniger Stelle eingesenkt, doch gibt es auch Arten, die im Sommer ebenfalls unter Glas gehalten werden müssen, weil sie zu empfindlich sind und die Niederschläge unserer feuchten Sommer nicht vertragen. Im Oktober wird wieder eingeräumt.

Um schöne Exemplare heranzuziehen, ist es auch heute noch zweckmäßig, sich an die Angaben der alten Gärtner des vorigen Jahrhunderts zu halten. Diese zogen viele der Arten in 25 bis 30 cm breiten Halbtöpfen, die unten eine starke Dränageschicht aus Kies, Torfbrocken und Holzkohlenstücken enthielt. Die Stämme wurden so gepflanzt, daß die Basis 2 bis 5 cm höher ist als der Topfrand, dadurch floß das Wasser nie zum Stamm hin, der Feuchtigkeit nicht verträgt. Diese Halbschalen, die mehrere Abzugslöcher hatten, wurden im Sommer in Kies eingesenkt und leicht schattiert. Heute kann man diese Kulturform abwandeln und Eternitschalen verwenden, doch immer empfiehlt es sich, die Stammbasis hochzupflanzen. Es wird oft pinziert oder aber herabgebunden, damit die Pflanzen breit wachsen. Ältere Pflanzen werden nach der Blüte zurückgeschnitten, die Blüten

Tafel 19 · Mittelmeerpflanzen I

ol Rosmarin, *Rosmarinus officinalis,* als Zier- und Gewürzpflanze bekannt
or Diese Kapernart, *Capparis callosa,* stammt aus den Subtropen, ihre Blüten gleichen denen der echten Kaper
ul Buntblättriges großes Immergrün, *Vinca major* 'Variegata', eine prächtige Ampelpflanze
um Duftende Tazette, *Narcissus tazetta,* weiß mit gelbem Krönchen
ur Oleander, *Nerium oleander* 'Variegatum', eine weißbunte Sorte

Tafel 20 · Kappflanzen I (Proteusgewächse Südafrikas)

ol Die riesenblütige *Protea cynaroides*
or Nadelkissen, *Leucospermum nutans*
ml *Protea barbigera*
mr *Protea repens*, die Nationalblume der Republik Südafrika
ul Myrtenblättrige Kreuzblume, *Polygala myrtifolia* 'Grandiflora'
ur *Ochna atropurpurea*, wirkt durch die zierenden Früchte

entwickeln sich nur an den einjährigen Trieben. Die Stecklingsvermehrung ist nicht bei allen Arten gleich leicht oder schwierig, die beste Zeit dafür ist der August. Man braucht Bodenwärme von ungefähr 20°C. Manche Arten wachsen leicht, andere, besonders hartholzige, wachsen besser, wenn man die Stecklinge von den weichen Triebspitzen junger Pflanzen nimmt. In dem einen Jahr ist der Erfolg hochprozentig, im anderen Jahr wachsen kaum 5 Prozent!
Auch für die Kaperiken ist das Auspflanzen in speziellen Häusern sehr zu empfehlen. Man geht so vor, wie es bei den *Epacris*, den Australheiden, beschrieben wurde. Auch Eriken sind herrliche Schnittblumen, die sehr gut wirken und ausgesprochen haltbar sind.

Leonotos, Löwenohr

Eine schöne, altmodische Topfpflanze ist das Löwenohr, *Leonotis leonurus* (L.) R. Br.; es gehört zu den Lippenblütlern, den *Labiaten*. Die 30 Arten der Gattung *Leonotos* R. Br. sind im tropischen oder südlichen Afrika zu Hause.
Das Löwenohr ist eine bis 120 cm hohe, am Grunde verholzende Staude, die lanzettlichen Blätter werden bis 12 cm lang und sind gegenständig angeordnet, wie es sich für einen Lippenblütler eben gehört. Die Blüten sitzen zu mehreren in den Achseln der obersten Blätter, und zwar so dicht, daß sie beinahe quirlig angeordnet erscheinen, sie sind bis 5 cm lang. Die Oberlippe ist groß und weit vorgezogen, die Unterlippe ist klein. Die Blütenfarbe variiert von rötlichgelb bis leuchtend orangerot.
Die Kultur des Löwenohrs gleicht der der Chrysanthemen. Auch diese Pflanze liebt schwerere Substrate und einen luftigen Stand, im Sommer am besten im Freien. Damit sich die Pflanzen gut verzweigen, muß man pinzieren. Die Vermehrung erfolgt durch Aussaat oder Stecklinge, man muß aus den Sämlingen erst gute Typen auslesen. Obwohl das Löwenohr im Herbst – von Oktober bis Dezember – blüht, scheint es keine Kurztagpflanze zu sein. Es kann durch chemische Stauchemittel niedrig gehalten werden.

Leucadendron, Silberbaum

Eine weitere sehr bekannte Gattung ist *Leucadendron* R. Br., der Silberbaum. Fast alle Arten, es gibt 70 in Südafrika, wachsen baumartig und fallen durch die seidenhaarigen Blätter auf. Die Blütenköpfe sind relativ klein und stehen endständig (Proteusgewächse, *Proteacceen*).
Die schönste Art, leider auch sehr schwierig in der Kultur, ist *L. argenteum* (L.) R. Br. Ihre Blätter sind 7 bis 15 cm lang und bis 15 mm breit und dicht mit den Silberhaaren bedekt.
Nicht so schön ist *L. corymbosum* R. Br., dessen Zweige quirlig gestellt sind. Die Blätter sind klein, nur 12 bis 18 mm lang und rötlich. Diese Art blüht leicht, doch sind die Blütenköpfe nur erbsengroß.
Silbrig behaart ist *L. tortum* R. Br. mit quirlig gestellten Zweigen und 10 bis 15 mm langen Blättern. Die gelben Blütenköpfe erreichen 2 cm Durchmesser.
L. corymbosum und *L. tortum* sind recht hart und sehen nett aus, wenn auch ihre Blütenköpfe nicht sehr auffällig sind. *L. argenteum* ist wurzelecht kaum zu halten und muß, nachdem man die Samen ausgesät hat und die Sämlinge eine Höhe von 10 cm erreicht haben, auf eine der beiden oben genannten Arten, die man durch Stecklinge vermehrt, ablaktiert werden. Man macht schräg verlaufende Schnitte bis zu $1/3$ der Stammdicke, ev. mit Gegenzungen, und schneidet das Edelreis erst nach einem Jahr von den Wurzeln ab.

Leucospermum

Häufig als Schnittblume anzutreffen ist *Leucospermum nutans* R. Br.; mit dreieckigen, 2 bis 3 cm langen, ledrigen, blaubereiften Blättern und kugeligen Blüten, aus denen die Griffel weit herausragen. Die Blüten stammen meist aus Südafrika, wo diese Art »Pin-Cushion« genannt wird. Die Farbe der Griffel wechselt, je nach dem Alter der Blüte, von Gelb über Orange zu Rot. Wenn man rote Blüten, die allerdings selten angeboten werden, erhält, kann man Samen als Grundstock für einige Pflanzen ernten.

Ochna

Zu den Ochnagewächsen, den *Ochnaceen*, gehört *Ochna atropurpurea* DC., ein kleiner, bis 150 cm hoher Strauch, der durch seine zierenden Früchte sehr auffällt. Die Blätter sind eiförmig, bis 12 cm lang und fein gezähnt. Die Blüten besitzen fünf Kelchblätter und fünf Blütenblätter, die ersteren sind dunkelpurpurrot, die letzteren gelb gefärbt. Besonders farbschön sind die Früchte, der Kelch ist bleibend und umhüllt die schwarze Steinfrucht.

Ochna ist eine leichtgedeihende Kalthauspflanze, die am besten ganzjährig im Haus kultiviert wird, den Sommer aber an geschützten Stellen gut im Freien verbringen kann. Als Substrat nimmt man Einheitserde, die man eventuell mit Quarzsand streckt. Die Vermehrung durch Aussaat ist leicht.

Polygala, Kreuzblume

Schon die winterharten Kreuzblumen sind eine wahre Zierde jedes Steingartens, noch schöner sind die nicht winterharten Arten des Kalthauses. Die Gattung *Polygala* L. ist mit über 500 Arten in den gemäßigten und wärmeren Klimaten der Erde verbreitet. Die Blüten sind sehr eigenartig gebaut, oft glaubt man Schmetterlingsblütler vor sich zu haben, bemerkt dann aber, daß das nicht ganz zutrifft. Zwei der drei Kelchblätter sind sehr groß, flügelförmig und wie die Blütenblätter gefärbt. Das mittlere der drei Blütenblätter ist gestielt und kahnförmig und sieht dem Schiffchen der Schmetterlingsblütler sehr ähnlich. Vorn an diesem »Schiffchen« ist bei den nicht winterharten Arten ein Bart entwickelt.

Die schönste nicht winterharte Art ist *P. myrtifolia* L., ein Strauch, der bis 1 m hoch wird. Meist wird von dieser sehr vielfältigen Art nur die Form 'Grandiflora' gezogen. Die wechselständigen Blätter sind lanzettlich, 4 cm lang und 8 mm breit. Die Blüten haben einen Durchmesser von 15 bis 18 mm, die Kelchflügel sind hellpurpurrot gefärbt, teilweise geadert und mit weißlichen Strichen versehen. Das »Schiffchen« ist blaßrot, dunkler geadert und trägt am Ende einen auffälligen hellroten Bart. Die Blüten erscheinen reichlich von Februar bis Juni.

Die anderen nicht winterharten Arten, wie *P. oppositifolia* L. oder *P. virgata* Thunb., ebenfalls aus dem Kapland, sind seltener in Kultur. Häufiger ist noch der Bastard zwischen *P. myrtifolia* und *P. oppositifolia*, *P.* × *dalmaisiana* L. H. Bailey, der gegenständige und wechselständige Blätter am selben Sproß tragen kann, in der Blüte aber der *P. myrtifolia* ähnlicher ist.

Auch die südafrikanischen Kreuzblumen lieben einen Sommerstand im Freien, gegen die Mittagssonne geschützt. Große Feuchtigkeit und zu große Gefäße lieben sie nicht, dafür viel Licht zu jeder Jahreszeit. Das Substrat soll aus Torfmull, Heideerde und Quarzsand bestehen und sehr durchlässig sein. Vermehrung ist möglich durch kurze Stecklinge, in Sand und bei Bodenwärme gesteckt, oder Aussaat. Es ist ratsam, die Jungpflanzen zu formieren.

Protea

Schon die Nationalblume der Republik Südafrika weist auf die Besonderheiten der kapländischen Flora hin, ist es doch eine *Protea*, eine Angehörige jener Familie, die wir schon aus Neuholland kennen. Die Gattung *Protea* L. 1771 non 1753 umfaßt je nach Auffassung der Botanik 100 bis 200 Arten, von denen fast alle im Kapland beheimatet sind. Es sind Sträucher oder kleine Bäume mit lederartigen, silberhaarigen oder blaubereiften Blättern und dichten kopfigen Blütenständen, die von leuchtend gefärbten Hochblättern umgeben sind. Leider müssen hier drei Arten genügen.

Wohl die schönste und aufregendste Protea ist die Kingsprotea, *P. cynaroides* (L.) L., die bis 2 m hoch werden kann und reichverzweigt strauchig wächst. Die Blätter sind rundlich bis eiförmig, bis 12 cm lang und dick lederig. Die Blütenköpfe sind 25 cm breit und 20 cm hoch und werden, je nach

der Farbform, von zartrosafarbenen, violetten oder weißen, außen seidenhaarigen Tragblättern umgeben. Innen ist die Fülle der Blüten etwas wattig und wollig anzugreifen.
In der Schönheit kaum der letzten nachstehend ist *P. barbigera* R. Br.; sie wird viel für Schnittzwecke kultiviert und ist deshalb oft in Blumenläden zu sehen, die sie direkt von Südafrika beziehen. Diese Art wird bis 4 m hoch und hat ebenfalls rundliche, blaubereifte Blätter. Die Blütenköpfe sind nur 15 cm im Durchmesser und rot oder weiß gefärbt, innen ist die Fülle der Blüten weißwollig mit einem schwarzen Zentralteil.
Die Nationalblume der Republik Südafrika ist *P. repens* L. non Thunb. (*P. mellifera* Thunb.); diese Art wächst baumartig und wird bis 4 m hoch. Die Blätter sind lanzettlich, 9 cm lang und 1 cm breit. Die Blütenköpfe sind länglich eiförmig und 10 cm lang. Ihre Hüllschuppen sind rosenrot und gelblich gefärbt. Die Blüten scheiden Zucker aus, den man sogar gewerblich genutzt hat, ähnlich wie in Kanada den des Zuckerahorns.
Die Kultur der *Protea*-Arten deckt sich mit der der anderen *Proteaceen*; auch für sie gilt die Grundanleitung, die bei den neuholländischen *Proteaceen* gegeben wurde. Die Vermehrung geht am besten durch Aussaat vor sich; die Samen brauchen sehr lange zum Reifen, bei *P. cynaroides* ein ganzes Jahr, werden dann geputzt und sofort gesät. Mit der ersten Blüte kann man bei sorgsamster Kultur erst nach fünf bis sieben Jahren rechnen. Wenn man keinen Samen ernten will, so entfernt man die Blütenköpfe sofort nach dem Abblühen, die Pflanzen verzweigen sich dann besser. Proteen wachsen äußerst langsam und sind Pflanzen für Geduldige!

Strelitzia, Paradiesvogelblume

Die Gattung *Strelitzia* Ait. gehört zu den Bananengewächsen, den *Musaceen*. Die Pflanzen sind stammlos oder stammbildend, doch haben für den Liebhaber nur die stammlosen Arten Bedeutung. Die Blätter sind derb und lederartig und denen der Bananen sehr ähnlich. Die bunt gefärbten Blüten werden von einer kahnförmigen Spatha umgeben und bestehen aus den drei lanzettlichen Blumenblättern des äußeren Kreises und den beiden pfeilförmig verwachsenen des inneren Kreises.

Die bekannteste Art, sie wird an der Riviera, aber auch in den Gärtnereien Mitteleuropas als Schnittblume gezogen, ist *S. reginae* Ait., die Paradiesvogelblume. Diese Art ist stammlos, die blau bereiften Blätter und die Blüten erreichen ungefähr 1,5 bis 2 m. Die Blütenscheide ist grünlich mit rotem Rand, die äußeren Blütenblätter sind leuchtend orange, die inneren himmelblau. Die Hauptblütezeit ist der Winter und das Frühjahr, doch können die Pflanzen auch zu jeder anderen Jahreszeit blühen.
Niedriger als die letzte Art ist *S. parvifolia* Dryand., sie erreicht 120 cm Höhe und besitzt linealisch-lanzettliche Blätter, *S. reginae* hat länglich-eiförmige. Auch hier sind die Blüten orange und blau gefärbt. Diese Art wird oft in einer sehr interessanten Form angeboten, *S. p.* var. *juncea* Sm., bei der die Blattspreiten vollkommen reduziert sind und die Pflanze nur mehr aus den blaubereiften Mittelrippen der Blätter besteht; sie wächst leider sehr schwach und blüht selten.
Strelitzien wachsen am besten ausgepflanzt oder in großen Kübeln. Sie sind vor allem deshalb interessant, weil sie im Winter gut bei 8 bis 10°C, dabei hell und trocken, gehalten werden können und zu Kakteen und anderen Sukkulenten in der Kultur passen. Im Sommer kann man Pflanzen von *S. reginae* auch zur Dekoration von Terrassen verwenden. Vor allem die sehr kleinwüchsige *S. parvifolia* var. *juncea* ist eine willkommene Abwechslung für den Pfleger von Sukkulenten und bringt, allerdings erst nach zehn bis zwölf Jahren vom Anbau an, regelmäßig ihre zierlichen Blüten, die einen noch mehr staunen lassen über diese Pflanze.
Die Substrate sollen schwer, nährstoffreich und durchlässig sein. In der Wachstumszeit, im Sommer, gibt man regelmäßig einen Dunguß. Man verpflanzt im Frühjahr und schont die fleischigen Wurzeln, wo es nur geht. Auf Wolläuse achten,

die sich auf ihnen gerne ansiedeln! Die Vermehrung erfolgt durch Aussaat der putzigen, orange und schwarz gefärbten Samen oder Abtrennen von Nebentrieben.

Durch Trockenhalten und kühlen Stand kann man die Blütezeit bis in den Sommer hinausziehen, so daß man mit der eigenen Paradiesvogelblumen-Pflanze seine große Freude hat!

Kalthauspflanzen Amerikas

Ungleich kleiner – verglichen mit dem Reichtum Australiens, Südafrikas, auch Asiens und des Mittelmeergebietes – ist die Auswahl an Pflanzen aus den beiden Amerika, die das Kalthaus des Liebhabers schmücken können! Fast scheint es so, als habe die Natur ob der großen Fülle der Bromelien, der Kakteen, der Orchideen und der anderen tropischen Gewächse dieses Kontinents die Bewohner der gemäßigten Klimabereiche vergessen. Daß es unter ihnen auch eine Anzahl herrlicher Vertreter gibt, die man nicht nur ziehen, sondern auch bekommen kann, soll die folgende Auswahl vor Augen führen. Wenige sind es trotzdem, und es ist nicht möglich, sie nach Klimabereichen zu ordnen. Sie entstammen dem Mittelmeerklima Chiles genauso wie den Hochländern Perus und Ekuadors, den Halbwüsten Kaliforniens, Mexicos und der angrenzenden Gebiete. Eines haben sie allerdings gemeinsam: sie sind nicht oder nur sehr bedingt winterhart und lieben eine ähnliche Kultur wie Neuholländer und Kappflanzen: kühl und hell im Winter, sommers im Freien!

Cantua

Zu den Sperrkrautgewächsen, den *Polemoniaceen*, gehört die Gattung *Cantua* J. Juss. ex Lam., deren sechs bekannten Arten die Anden bewohnen. Sie sind kleine immergrüne Sträucher mit meist ungestielten Blättern, die langröhrigen Blüten stehen büschelig am Ende der Triebe.

Die bekannteste Art, *C. buxifolia* J. Juss. emend. Lam., ist ein kleiner Strauch mit bogig überhängenden Zweigen, die ungeteilten Blätter sind eiförmig bis lanzettlich und ungefähr 2,5 cm lang, oft aber auch kleiner. Die Blüten stehen in Büscheln am Ende der Bogentriebe, die lange Kronröhre ist gelb und rot gestreift, der Kronsaum ist außen dunkelrot, innen rosa gefärbt. Die Blüten (Jänner bis März) werden 7 cm lang.

Die peruanische Nationalblume ist einer der schönsten Kalthaussträucher für den Liebhaber! Cantuen werden bei 8°C überwintert, nach der Blüte zurückgeschnitten und im Sommer an einer sonnigen Stelle im Freiland aufgestellt. Damit die Blüten gut zur Wirkung kommen, erzieht man Hochstämmchen. In der Jugend muß man viel pinzieren, damit sich überhaupt ein Astgerüst aufbaut; später entfernt man nach der Blüte die abgeblühten Triebe, es bilden sich über den Sommer wieder neue. Die Vermehrung ist leider nicht leicht, Stecklinge müssen halbhart sein und bewurzeln sich am besten bei 18°C.

Cestrum, Hammerstrauch

Die Gattung *Cestrum L.*, die Hammersträucher, gehört zu den Nachtschattengewächsen, den *Solanaceen*, und umfaßt 200 Arten, die das tropische und subtropische Amerika bewohnen. Die Hammersträucher sind immergrüne Sträucher mit ganzrandigen, eirunden bis lanzettlichen Blättern und endständigen Büscheln röhriger Blüten mit kleinem Kronsaum.

C. aurantiacum Lindl. stammt aus Guatemala, erreicht ungefähr 1 m Höhe und bringt im Sommer und Herbst leuchtend orangegelbe Blütenbüschel in end- und achselständigen Trauben. Aus den Gebirgen Mexicos kommt *C. purpureum* (Lindl.) Standl. (*Habrothamnus elegans* Scheidw. etiam Brongn.), eine höherwüchsige Art, die bis 2 m Höhe erreicht. Die roten, bis 3 cm langen Blüten erscheinen vom Frühjahr bis zum Herbst und sind in endständigen Trugdolden angeordnet.

Hammersträucher sind leichtwachsende und reichblühende Kalthaussträucher, die im Sommer an sehr sonnigen Stellen ausgesenkt gehören. Am besten entwickeln sie sich, wenn sie in tropische Gruppen gepflanzt werden, zusammen mit *Datura, Canna, Erythrina,* und während des Sommers reichlich Wasser und Dünger bekommen, vor allem die zweite Art ist dafür geeignet. Zieht man sie im Topf oder Kübel, so müssen sie oft verpflanzt und viel gefüttert werden, da sie arge Fresser sind. Im Herbst werden die im Freiland ausgepflanzten Pflanzen herausgenommen, stark zurückgeschnitten und bei 6 bis 10°C überwintert. Doch auch Topfpflanzen werden im Winter oder Frühjahr zurückgeschnitten, damit sie wieder frisch antreiben können. Gerne werden Hammersträucher von Läusen befallen. Aussaat ist möglich, doch am besten vermehrt man sie durch halbharte Stecklinge im Frühjahr, die bei 16°C leicht bewurzeln.

Colletia

Die Gattung *Colletia* Comm. ex Juss., zu den Faulbaum- oder Kreuzdorngewächsen, den *Rhamnaceen* gehörig, umfaßt eigenartige, blattlose Sträucher mit kreuzgegenständig angeordneten, abgeflachten Zweigabschnitten, die die Assimilation übernommen haben; die manchmal noch vorhandenen Blätter sind sehr klein. Die Blüten sind klein und unscheinbar. Die 17 bekannten Arten bewohnen das außertropische Südamerika.

C. cruciata Gill. et Hook. erreicht bis 2 m Höhe, meist ist er aber kleiner. Eigenartig durch die abgeflachten Zweige und die kleinen, bald abfallenden Blättchen. Die kleinen glockigen Blüten sind weiß und duften angenehm.

Dieser interessante Strauch kann im kühlen Zimmer, auf Gängen und Veranden genauso wie im Kalthaus gezogen werden. Er verträgt Temperaturen bis 3°C herunter und steht im Sommer sonnig im Freien. Die Erde soll schwer und nährstoffreich sein. Die Vermehrung ist durch Aussaat und Stecklinge möglich. Stecklinge stehen lange, bis sich Wurzeln zeigen. Sowohl Sämlinge als auch Stecklinge brauchen einige Zeit, bis sie die typischen Triebe ausbilden. In der Heimat verkorken die grünen Teile rasch, bei uns behält dieser Strauch lange seine grüne Rindenfärbung.

Crinodendron

Die drei südamerikanischen Arten der Gattung *Crinodendron* Mol. - die Gattung gehört in die ausgefallene Familie der Ölfruchtgewächse, der *Elaeocarpaceen* - sind Sträucher oder kleine Bäume mit immergrünen, gegen- oder wechselständigen Blättern. Die Blüten erscheinen achselständig an langen Stielen, sind laternenförmig und rot oder weiß gefärbt.

C. hookerianum Gay (*Tricuspidaria lanceolata* Miq.) ist einer der schönsten immergrünen Sträucher, aber bei uns leider nur als Kalthauspflanze zu verwenden. Er wird 3 m hoch, im Kübel aber meist weniger. Die immergrünen lanzettlichen Blätter sind gegenständig, aus den Achseln hängen an 3 bis 4 cm langem Stiel die 2,5 cm langen, dunkelroten Laternenblüten. Dieser Chilene hat seine Hauptblütezeit im April und Mai.

Dieser herrliche Kalthausstrauch verlangt Wintertemperaturen von 5 bis 10°C und im Sommer eine Aufstellung an halbschattigem Platz. Die Substrate müssen kalkfrei sein. Die Pflanzen bezieht man am besten aus Großbritannien, wohin die Art 1848 von William Lobb eingeführt wurde. Auguststecklinge wachsen bei einer Temperatur von 16°C recht gut an.

Dendromecon, Baummohn

Zu den Mohngewächsen, den *Papaveraceen*, gehören die beiden Arten der Gattung *Dendromecon* Benth., die Baummohne. Die Gattung ist nahe mit *Romneya* Harv. verwandt, unterscheidet sich aber von ihr durch die ungeteilten, immergrünen Blätter und die gelben Blüten.

Die häufigere der beiden Arten ist *D. rigida* Benth., ein bis 2 m hoher Strauch mit bläulichen, lanzettlichen, ledrigen Blättern und 5 cm großen, vierblütenblättrigen, goldgelben Mohnblüten, die noch ausgesprochen gut duften.

Der Baummohn bewohnt in seiner Heimat, den trockenen Küstenstrichen und den Halbwüsten Kaliforniens, vollsonnige Standorte und zieht durchlässige Böden vor. Deshalb muß die Überwinterung sehr licht und vor allem luftig durchgeführt werden und als Sommerstandort eine heiße Stelle gewählt werden, wo man eventuell Schutz vor Dauerregen geben kann. Trotz dieser Schwierigkeiten ist der Baummohn, vor allem wegen der langen Blütezeit von März bis Juli, ein netter Strauch. Vermehrt wird er durch Aussaat oder Stecklinge mit Ansatz, die im Spätsommer recht gut bewurzeln.

Desfontainea

Eine herrliche Pflanze stammt aus den Anden Südamerikas, von Südchile bis Kolumbien, *Desfontainea spinosa* Ruiz et Pav., die ähnlich wie *Crinodendron* zu behandeln ist und leider auch nur südlich der Alpen und in Irland und Teilen Großbritanniens, im direkten Einflußbereich des warmen Golfstroms, winterhart ist. Pflanzen sind aber in Großbritannien leicht zu bekommen, so daß einem Versuch mit dieser Pflanze nichts im Wege steht.

Desfontainea spinosa gehört zur Familie der Desfontaineagewächse, der *Desfontaineaceen* oder *Potaliaceen* und ist ein spätsommerblühender, immergrüner Strauch, der selten höher als 2 m wird. Die Blätter sind klein, 2,5 bis 5 cm lang, derb und ilexähnlich und unterschiedlichst gezähnt. Die röhrigen Blüten erreichen bei guten Formen 5 cm Länge und erscheinen am Ende kurzer Seitenzweige. Die Färbung dieser Glockenblüten macht die Desfontainea so schön, sie sind leuchtend scharlachrot mit gelbem Rand, meist stehen sie zu zweit, jeweils in den obersten Achseln der gegenständig beblätterten Seitenzweige. Wäre es nicht die geringe Winterhärte, die anderen Wünsche von Desfontainea können wir leicht erfüllen. Sie liebt sauren Boden, durchlässige Substrate und nach der kühlen Überwinterung einen absonnigen Sommerstand. Pflanzen besorgt man aus Großbritannien, doch kann man auch aussäen oder halbreife Stecklinge machen.

Embothrium, Chilenischer Feuerbusch

Ähnlich in den Ansprüchen und in der Blüte ebenso reizend ist auch die nächste Pflanze der südamerikanischen Raritätenauswahl: *Embothrium coccineum* J. R. et G. Forst., der chilenische Feuerbusch. *Embothrium* gehört ebenso wie viele Neuholländer und Kappflanzen zur Familie der Proteusgewächse. Auch die Ansprüche decken sich mit denen der anderen südhemisphärischen Vertreter dieser Familie. In der Heimat ist diese Art in vielen Höhenstufen und auch über ganz Chile verbreitet anzutreffen, es gibt deshalb baumförmige Formen dieser Art genauso wie strauchige. Je größer und je immergrüner die Pflanzen sind, desto weniger hart sind sie.

Die härteste Varietät, in Großbritannien vollkommen hart und deshalb auch für die milderen Gebiete Mitteleuropas zu empfehlen, ist *E. coccineum* var. *lanceolatum* O. Kuntze, die teilweise auch unter dem Namen 'Norquinco Valley' gehandelt wird. Diese Varietät ist nicht immergrün, sondern verliert je nach den Wintertemperaturen mehr oder weniger Blätter im Frühjahr, bei Überwinterung im Kalthaus fast keine. Die Blätter sind länglichoval, beiderseits abgestumpft, glänzend dunkelgrün und bis 8 cm lang. Die scharlachroten Blüten erscheinen in dichten Büscheln entlang der Zweige, die Hauptblütezeit ist der Mai und Juni. Bei der Varietät *lanceolatum* sind die Triebe oft so dicht mit den Blüten bedeckt, daß die Blätter nicht zu sehen sind.

Die Kultur erfordert keine besonderen Vorkehrungen, die Substrate sollen kalkfrei und sehr wasserdurchlässig, dabei aber nicht zu nährstoffarm sein. Im Winter stehen die Pflanzen im Kalthaus oder eventuell im Alpinenhaus, im Sommer wird an einem absonnigen Standort aufgestellt. Zusammen mit *Crinodendron* und *Desfontainea*, *Lapageria* und *Philesia* bildet der chilenische Feuerbusch die Gruppe der herrlichen südamerikanischen Hartlaubgehölze, die in jeder Sammlung eines Kalthausliebhabers zu finden sein sollten.

Feijoa

Ganz anders als andere Myrtengewächse sieht *Feijoa sellowiana* (Berg) Berg (*Acca s.* (Berg) Burret, *Orthostemon s.* Berg) aus. Diese Art, die einzige der Gattung, stammt aus Brasilien und Uruguay und wächst hochstrauchig. Die Blätter sind rundlich, bis 6 cm lang, oberseits dunkelgrün lederig, unterseits weißfilzig. Die Blüten erscheinen im Frühjahr und Sommer einzeln oder zu mehreren aus den Blattachseln. Die vier Blütenblätter sind kahnförmig, und ihre konkave Seite weist nach oben. Die konkave Seite ist leuchtend karminrot, die konvexe bläulichgrau gefärbt. Zwischen den fleischigen, gut duftenden, eßbaren Blütenblättern ragt das Büschel der karminroten Staubfäden heraus, die von den gelben Staubbeuteln gekrönt werden. Die Einzelblüte hat 15 mm Durchmesser und ist 40 mm lang.

Die Kultur der *Feijoa* gleicht vollkommen der anderer hartlaubiger Kalthauspflanzen. Die Überwinterungstemperaturen sollen zwischen 5 und 8°C betragen, im Sommer soll der Aufstellungsort im Freien sonnig liegen. Als Substrat eignet sich mit Quarzsand gestreckte Einheitserde gut. Die Vermehrung erfolgt durch Stecklinge im August oder Aussaat. Samen – sie werden in eiförmigen, eßbaren Beeren gebildet – gibt es nur nach sehr warmen Sommern. Selten ist eine creme- und weißbunte Form, 'Variegata', in Kultur.

Lapageria

Die Nationalblume von Chile ist *Lapageria rosea* Ruiz et Pav., einer der schönsten Schlingsträucher überhaupt, aber von sehr schwieriger Kultur. Er gehört zu den Liliengewächsen, den *Liliaceen*.

Die Lapagerie ist vor allem in Südchile verbreitet und ein drahtiger, 3 bis 4,5 m hoch kletternder Strauch mit immergrünen, ovallanzettlichen bis herzförmigen ledrigen Blättern. Die prächtigen Blüten stehen einzeln oder zu mehreren am Ende von Kurztrieben. Sie bestehen aus 6 ziemlich gleich geformten Blütenblättern und sind bis 7 cm lang und an der Blütenöffnung bis 5 cm breit. Die Textur der Blüten ist fest, sie glänzen etwas, so daß man manchmal meint, aus Wachs gegossene Glocken vor sich zu haben. In der Heimat gibt es eine Fülle von Formen, in Europa wird nur die Art, die rosakarmine Glocken hat, und die weiße 'Albiflora' (*L. r.* var. *albiflora* Hook.) kultiviert. Diese monotypische Gattung – es gibt nur eine Art – verlangt kühlen, feuchten, aber nicht zu feuchten und kalkfreien Boden und Halbschatten oder Schatten. Auf keinen Fall verträgt *Lapageria* hohe Temperaturen oder gar längere Sonnenbestrahlung. Als Substrat eignen sich Mischungen aus Torf, Quarzsand, Heide- oder Moorerde und Holzkohlenstücken, wie überhaupt »wood-ash«, die von den Engländern so bezeichnete Mischung aus Holzasche und Holzkohlenstückchen, ein herrlicher Zuschlagstoff für heikle Pflanzen ist. Durch die große innere Oberfläche scheint Holzkohle sehr ausgleichend zu wirken. Im Sommer gießt man reichlich, läßt nie zu feucht stehen, aber auch nie austrocknen, schattiert und sorgt für kühle, feuchte Luft, die aber nicht stehend sein darf. Im Winter hält man hell, luftig und bei 5 bis 8°C. Immer wieder klingt auch bei dieser Pflanze an, daß sie Gleichmäßigkeit über alles liebt, wie es eben auch für *Proteaceen* oder Kaperiken und *Epacris* typisch ist.

Die Vermehrung ist ein Problem für sich. Aussaat ist noch die gangbarste Methode, Kapseln aus der Heimat zu erhalten, ist nicht immer leicht, da die politischen Verhältnisse auch bei den Gott sei Dank sonst unbeteiligten Pflanzen mitspielen. Erst vor dem Anbau entnimmt man die Samen den Kapseln und sät bei 20°C aus. Nach einem Monat keimen sie, doch nach passablem Wachstum kommt dann die Wartezeit von mehreren Jahren, wo die Lapagerien-Sämlinge ganz einfach trotzen. Topfkultur ist auch in der Jugendphase nicht zu empfehlen, am besten gedeiht diese Schlingpflanze ausgepflanzt.

Die wachsigen, dickfleischigen Blüten belohnen den Pfleger für die viele Mühe, ist er doch immer bemüht, gleichmäßig kühlfeuchte Luft und Schatten im Sommer, viel Licht und Luft im Winter zu geben.

Persea, Avocadobirne

Oft werden Samen der Avocadobirne ausgesät, und man möchte Bescheid wissen, ob es sich überhaupt lohnt, die gekeimten Sämlinge weiterzuziehen. Die Avocadobirne gehört zur Gattung *Persea* Mill. (Lorbeergewächse, *Lauraceen*). Sie heißt botanisch *P. americana* Mill. (*P. gratissima* Gaertn. f.). Die Pflanze ist im tropischen Amerika heimisch und wächst hochstrauchig bis baumförmig. Die Blätter sind lanzettlich und werden bis 40 cm lang.

Während des Winters hält man eine Avocadobirne bei 10 bis 12°C, im Sommer gedeiht sie am besten bei höheren Temperaturen, z. B. im leeren Kalthaus bei den Gurken und Paprika. Im großen und ganzen kann man dieser Pflanze eine gewisse Zierwirkung nicht absprechen. Doch gibt es Pflanzen, die leichter wachsen und vor allem schöner blühen und den Pflegeaufwand ungleich mehr lohnen.

Philesia

Nahe mit *Lapageria rosea* verwandt ist *Philesia magellanica* J. F. Gmel. (*P. buxifolia* Lam. ex Poir.), die die einzige Art der Gattung *Philesia* Comm. ex Juss. ist. Wie *Lapageria* gehört auch diese Pflanze zu den Liliengewächsen, den *Liliaceen*. (In neuerer Zeit werden beide manchmal als eigene Familie, *Philesiaceen*, geführt.)

P. magellanica bewohnt Südchiles und Feuerlands halbschattige Südbuchen-Wälder (*Nothofagus* vertritt dort unsere Rotbuche) und verlangt ebenfalls gleichmäßige Temperatur- und Feuchtigkeitsverhältnisse, um gut gedeihen zu können. Aus diesem Grund finden wir diese Pflanze in manchen Gegenden Großbritanniens und Irlands in herrlichen Exemplaren.

Die Philesie ist ein immergrüner Strauch, der eine Höhe von 30 bis 60 cm erreicht. Wenn er sich wohlfühlt, bildet er durch kurze Ausläufer weite Dickichte. In Mitteleuropa fühlt er sich leider sehr selten wohl! Die wechselständigen Blätter sind lanzettlich, 4 cm lang, am Rande etwas umgerollt, oberseits dunkelgrün, unterseits bläulich, und erinnern an riesige *Andromeda polifolia*-Blätter. Die glockigen Blüten stehen einzeln oder zu mehreren am Ende der Triebe, sie sind 5 cm lang und an der Öffnung 2 cm breit. Die Blütenfarbe ist ein dunkles Karminrot. Es gibt auch eine rosablühende Form, 'Rosea'. Die Blütezeit ist, wie bei *Lapageria*, der Sommer und Herbst. Philesien sind wohl genauso schwierig, wenn nicht noch schwieriger zu kultivieren als Lapagerien. Das Substrat soll humusreich, feucht, gleichzeitig aber durchlässig sein, die Temperatur sollte ganzjährig um 10 bis 12°C schwanken, Verhältnisse, die nicht leicht zu schaffen sind. In der Nähe von großen Wasserflächen, die wie der Pazifik in ihrer Heimat eine gewisse Luftfeuchtigkeit schaffen, in Gebieten, wo auch im Hochsommer nachts regelmäßig der Taupunkt unterschritten wird, wie in manchen Voralpentälern, ist allerdings der Versuch mit diesen Pflanzen gar nicht so abwegig und sollte auf jeden Fall unternommen werden. Winters stehen die Pflanzen am besten in einem Erdhaus, wie überhaupt ein Erdhaus, dessen Fenster sommers über abgenommen werden können und durch Schattenleinen ersetzt werden, besonders wenn winters eine Luftumwälzung für eine Bewegung der feuchten Luft sorgt, ein idealer Platz für ganz heikle Kalthauspflanzen ist. Es ist sinnlos, in Gegenden mit ständig hohen Lufttemperaturen, auch nachts, während des Sommers mit solchen Besonderheiten zu experimentieren. Doch gibt es viele Liebhaber, bei denen es sicher zu kühl ist, sie sollten sich dieser Schätze erinnern! Auch die Vermehrung von Philesia ist schwierig, am besten bezieht man die Pflanzen aus Großbritannien, wo sie manchmal um 50 pence oder 1 Pfund angeboten werden.

Sprekelia, Jakobslilie

Bei weitem nicht so schwierig ist die Jakobslilie zu kultivieren. Die Gattung *Sprekelia* Heist. umfaßt nur eine einzige Art, *S. formosissima* (L.)

Herb. (*Amaryllis f.* L.), sie ist in Mexico und Guatemala beheimatet und wird als Zwiebel regelmäßig gehandelt. Sie gehört zu den Amaryllisgewächsen, *Amaryllidaceen*.

Die Jakobslilie, so genannt, weil ihre zygomorphen Blüten dem Ordenszeichen der Ritter von St. Jakob von Calatrava ähnelt, blüht im Frühjahr und Frühsommer. Die Blüten stehen meist einzeln an den 30 cm langen Stielen und sind 10 cm groß. Sie sind schwarzrot gefärbt und bilden durch Zusammenneigen der beiden unteren Sepalen mit dem unteren Petal eine kurze Röhre; durch dieses Zusammenneigen kommt es auch zur Kreuzform der Blüte. Die schmalen Blätter erscheinen mit oder kurz nach den Blüten. Die Zwiebeln sind schwarzhäutig und länglich-spindelförmig.

Die Kultur der Jakobslilie gleicht der unserer Garten-Amaryllis, der *Hippeastrum-Hybriden*. Nach der Blüte gilt es, die Blätter lange zu erhalten, damit sich die Zwiebel wieder mit Nährstoffen vollpumpen kann. Näheres über die Substrate und die Vermehrung findet man bei den *Hippeastrum-Hybriden* angeführt.

Tibouchina, Tibouchine

Zur relativ ausgefallenen Familie der Schwarzmundgewächse, der *Melastomataceen*, gehört die Gattung *Tibouchina* Aubl., deren 200 Arten im tropischen Amerika, vor allem in Brasilien, beheimatet sind. Es sind Halbsträucher oder Sträucher mit zumeist eirundlichen Blättern und großen, roten, purpurnen oder violetten Blüten.

Als einzige Art findet sich *T. urvilleana* (DC.) Cogn. (*T. semidecandra* hort. non (Schrank et Mark.) Cogn.) häufiger in Kultur. Die Hauptblütezeit dieser prächtigen Pflanze ist der Winter und das Frühjahr. Es ist ein aufrechter, sich selbst bei regelmäßigem Pinzieren sehr schlecht verzweigender Strauch mit gegenständigen, eiförmigen, bis 12 cm langen Blättern. Die Blüten sitzen einzeln oder zu dritt am Ende der Zweige, sie sind bis 12 cm breit und violettblau gefärbt.

Die Tibouchine ist eine schöne Pflanze, die leider nur den Fehler hat, schlecht erhältlich zu sein und lang aufgeschossen zu wachsen. Im Winter hält man bei 8 bis 12°C, im Sommer stehen sie im ausgeräumten Kalthaus oder an einem geschützten Ort im Freien. Die Erde sei humos und durchlässig. Die Vermehrung kann durch Aussaat oder halbharte Stecklinge im Frühling erfolgen. Bei Aussaat muß man erst schöne und reichblühende Pflanzen auslesen, weshalb man nicht zu wenige Exemplare großziehen darf.

Die Tibouchine hat schon Eingang in das Sortiment mancher Gärtnereien gefunden, vor allem seit sie mit chemischen Mitteln zu stauchen ist.

Zephyranthes, Zephirblume

Den Abschluß unserer Amerikatour soll die Gattung *Zephyranthes* Herb. bilden, die zu den Amaryllisgewächsen, den *Amaryllidaceen*, gehört. Diese Zwiebelpflanzen besitzen riemenförmige Blätter und immer einblütige Schäfte, die Blüten sind krokusförmig oder wie kleine Amaryllisblüten geformt und weiß, rosa, purpurn, gelb oder mehrfarbig gefärbt.

Die verbreitetste und auch härteste Art ist die im La-Plata-Gebiet beheimatete *Z. candida* (Lindl.) Herb. Die schwärzlichen Zwiebeln sind klein, die 20 bis 25 cm langen Blätter sind stielrund. Die Blüten erscheinen von Juli bis Oktober, sind reinweiß, 8 cm breit und krokusähnlich. Im Frühling bis Sommer blüht die aus Jamaika, Mexico und Guatemala stammende *Z. grandiflora* Lindl. (*Z. carinata* (Spreng.) Herb.). Bei dieser Art sind die Blätter breiter, bis 1 cm breit, und besitzen eine Längsrinne. Die kleinen Amaryllisblüten sind 6 bis 8 cm lang und 5 cm breit und leuchtend hellrosa gefärbt.

Alle *Zephyranthes* sind dankbar blühende und leichte Zwiebelpflanzen, die in der Heimat feuchte Standorte bewohnen und deshalb nicht vollkommen trocken überwintert werden dürfen. Am besten werden sie in Schalen oder Halbtöpfen gezogen, die winters bei 5 bis 8°C stehen und im Sommer sonnig im Freiland aufgestellt werden.

Als Substrate verwendet man Einheitserde mit Sand oder lockere, humusreiche und dabei durchlässige Mischungen, sie brauchen kräftige Ernährung und lieben zu häufiges Umpflanzen nicht. Vermehren kann man sie durch Abnehmen der Brutzwiebel oder Aussaat. Es sind 55 Arten bekannt, von denen zehn regelmäßig als Saatgut zu bekommen sind, daneben gibt es auch noch einige Bastarde, die für eine Kalthauspflanzensammlung ebenfalls wertvoll sind.

Klein war die Auswahl der amerikanischen Kalthauspflanzen, doch unter ihnen befinden sich einige, die den Vergleich mit den herrlichsten Warmhauspflanzen nicht zu scheuen brauchen, und andere, die an die Aufmerksamkeit ihres Pflegers so große Anforderungen stellen, daß dieser richtig gefordert wird. Das soll ja auch das Ergebnis jeder Pflanzensammeltätigkeit und -kultur sein: Freude mit der blühenden oder gedeihenden Pflanze und das Gefühl, etwas Lebendiges so zu pflegen, daß es diesem gut tut und man auch Ergebnisse seiner Tätigkeit ständig sieht.

Kalthauspflanzen Asiens

Agapetes

Die Gattung *Agapetes* D. Don ex G. Don gehört zu den Heidekrautgewächsen, den *Ericaceen*, und bewohnt mit ungefähr 35 Arten die feuchtkühlen Bergwälder Mittel- und Ostasiens und Australiens, schlägt also eine Brücke zu den Neuholländern. Die Agapetesarten sind immergrüne Sträucher mit am Grunde oft knollig verdicktem Wurzelstock, sie wachsen häufig epiphytisch. Die ledrigen Blätter stehen meist wechselständig, die glockigen, fünfkantigen, wachsartigen, meist roten oder rosa, z. T. gestreiften Blüten stehen in den Blattachseln, sie sind einzeln oder doldig angeordnet. Bei älteren Pflanzen mancher Arten entstehen die Blüten auch scheinbar aus dem Stamm, den alten Blattachseln.

Im Frühjahr blüht *A. buxifolia* Nutt., in Bhutan beheimatet. Die Sträucher erreichen langsam 1 m Höhe, die Blätter sind bis 3 cm lang und 12 mm breit. Die wachsartigen, 3 cm langen, leuchtendroten Blüten sitzen einzeln oder zu zweien in den Blattachseln.

Die aus Westchina stammende *A. serpens* (Klotzsch) Sleum. (*Pentapterygium s.* Klotzsch) wächst bogig überhängend und besitzt bis 15 mm lange, lanzettliche Blätter. Die roten, mit dunkleren Marken verzierten, fünfkantigen, ca. 2 cm langen Blüten hängen einzeln oder zu zweien aus den Blattachseln und zieren die Triebe wie kleine Lampions. Sie gaben der Pflanze den deutschen Namen 'Fünfflügelchen'.

Neben diesen beiden Arten sind noch andere in Kultur, so die seltene *A. variegata* D. Don, die der ersten Art ähnelt, und *A. rugosa* (Hook.) Sleum., die mit der zweiten Art nah verwandt ist. Agapetes sind ausgesprochene Liebhaberpflanzen des Kalthausfreundes, sie brauchen Wintertemperaturen von 8 bis 12°C und sollen im Sommer absonnig im Freien aufgestellt werden. Sie sind kalkfeindlich, brauchen als Substrat Torf, Heideerde und Sand und Regenwasser als Gießwasser. Die Düngung soll stickstoffbetont sein. Man pinziert wenig und wenn, dann nur bis Mitte Mai, da dann die Blüten angelegt werden.

Die Vermehrung ist sehr schwierig, man kann sie durch Stecklinge oder Aussaat vermehren. Die Stecklinge sollen halbhart sein, sie brauchen Bodenwärme und Wuchsstoffe. Die Aussaat des feinen Samens, der im Beerenfleisch eingebettet ist, erfordert große Sauberkeit und Sorgfalt. In Großbritannien werden *A. serpens*, *A. rugosa* und der Bastard beider Arten, 'Ludgvan Cross', gehandelt.

Albizia, Albizzie

Aus Asien stammt auch *Albizia julibrissin* Durazz., die Gattung ist auch in Australien und Mexico beheimatet und umfaßt 50 Arten, alle sind Bäume oder Sträucher mit doppelt gefiederten

Blättern und kugeligen oder walzigen Blütenständen.
A. julibrissin besitzt kugelige Blütenköpfchen in Rosa und ist vom Iran bis nach Japan verbreitet. Bei uns ist diese Art meist strauchartig, in der Heimat wächst sie baumartig. Die Blätter sind vier- bis zwölfpaarig und zeigen, wie viele Schmetterlingsblütler, nächtliche Schlafbewegungen, wobei die Einzelblättchen nach unten klappen. Kultur und Vermehrung gleichen vollkommen der der neuholländischen Akazien, siehe Seite 113.

Camellia, Kamelie

Eine der wichtigsten Kalthauspflanzen, die uns Asien geschenkt hat, ist ohne Zweifel die Kamelie (*Camellia L.* – Teegewächse, *Theaceen*). Auch bei dieser Pflanze gibt es mehr Interessantes zu berichten, als zunächst anzunehmen ist.
Kamelien sind immergrüne Sträucher oder kleine Bäume mit ledrigen, elliptischen bis länglich-eiförmigen, meist gesägten Blättern. Die Wildformen, die 80 Arten bewohnen Ostasien, besitzen meist nur fünf bis sieben Kronblätter, die rot, weiß oder bunt gefärbt sind. Der Teestrauch, *C. sinensis* (L.) O. Kuntze, ist der Lieferant des echten Tees, die Pflanze ist in Kultur sehr heikel und wird aus diesem Grund in der folgenden Aufstellung nicht angeführt. Sie enthält alle jene Arten und Hybriden, die man ohne große Schwierigkeiten aus Großbritannien beziehen kann, wo Kamelien ja, bedingt durch den Einfluß des Golfstromes, in vielen Teilen des Landes winterhart sind.

C. cuspidata (Kochs) Veitch stammt aus Westchina und besitzt längliche, stark zugespitzte Blätter und kleine, cremeweiße Blüten, die in der Größe den Blüten des Pfeifenstrauches, *Philadelphus*, gleichen. Sie ist die härteste Art und kann, guten Schutz vorausgesetzt, im Weinklima an Südwänden im Freien überwintert werden. Die Blütezeit ist der März und April.
C. japonica L. ist die japanische Kamelie, deren Sorte 'Chandleri Elegans' regelmäßig von den Blumengeschäften und Gärtnern angeboten wird. In der Heimat, in Japan und Korea, wird diese Art 15 m hoch und wächst baumförmig. Sie variiert sehr stark, man kennt von ihr schon Tausende Sorten: einfache, halbgefüllte, dichtgefüllte, anemonenblütige und noch viele mehr, in den Farben Rot, Rosa, Weiß und bunte. Die Kamelie neigt sehr zum Mutieren oder, wie der Gärtner es nennt, Sporten, und man kann auf großen Pflanzen bis zu drei »Sorten« beobachten, die spontan entstanden sind. Die Art wurde 1739 nach England und 1760 nach Italien gebracht, gefüllte Sorten bald darauf, die Kamelie wurde sowohl in Japan als auch in China viel gezogen.
Bei einer so großen Sortenzahl ist es schwer, einige zu nennen, doch der wichtigsten sei gedacht: 'Chandleri Elegans' ('Elegans') ist die verbreitetste, sie ist anemonenblütig, meist über 12,5 cm groß, pfirsichfarbig, mit unterschiedlich großen weißen Flecken. – 'Alba Plena' ('Alba Grandiflora') ist eine 10 bis 12,5 cm große, reinweiße Sorte mit strenger, formaler Füllung. – 'Alba Simplex' ist die beste weiße Einfache, mit sehr auffallendem, gelbem Staubfadenbündel. – 'Frau Minna Seidel' ('Pink Perfection') ist kleinerblütig und bringt dichtgefüllte, strenge Blüten in hellstem Rosa. – 'Jupiter' ist die leuchtend scharlachfarbene, einfache bis halbgefüllte, manchmal etwas weiß gefleckte englische Standardsorte. Auch sie hat ein auffälliges Staubfadenbündel. – Var. *rusticana* Kitamura ist die Wildform aus Nord-Hondo mit einfachen roten Blüten, die Staubfäden sind am Grunde nicht zu einer Röhre verwachsen. Die Varietät ist sehr hart, aber auch in Großbritannien nicht immer zu erhalten.
C. reticulata Lindl. stammt aus Westchina und unterscheidet sich von *C. japonica* durch die großen, beiderseits zugespitzten, sehr dicht gesägten und unterseits netzaderigen Blätter. Die Wildform wurde erst 1924 von Georg Forrest in China gesammelt und blühte, aus Samen erzogen, 1932 das erste Mal in England. Gefüllte Formen kannte man aus chinesischen Gärten; die am längsten bekannte Sorte ist 'Captain Rawes' ('Semi-Plena'),

karminrosa halbgefüllt und großblütig, die 1820 von Robert Fortune aus China nach England eingeführt wurde. Die Wildform hat große, 15 cm messende, einfache, rosafarbene Blüten, die viel mehr trompetenförmig sind, bevor sie voll erblüht sind, als man das von *C. japonica* sagen kann.

C. saluenensis Stapf stammt aus dem westlichen Yunnan, ähnelt etwas *C. reticulata*, doch sind die Blätter und auch die Blüten kleiner, bei der Wildform zart hellrosa gefärbt. Die unteren Teile der Staubfäden sind zu einer Röhre verwachsen.

C. sasanqua Thunb. ist auf der japanischen Insel Kiuschu beheimatet, sie ist zarter als *C. japonica* gebaut, hat kleinere Blüten und fällt vor allem auf durch die frühe Blütezeit, November bis März, während die *C. japonica*-Sorten von Jänner bis April blühen. Die Kronblätter von *C. sasanqua* sind nicht miteinander verwachsen und fallen einzeln ab. Von den erhältlichen Sorten sei 'Narumi-gata' empfohlen; sie bringt cremeweiße, am Rand rosa schattierte, duftende Blüten.

Zwischen diesen Arten wurde ein Sortiment von Hybriden erzogen, die die Vorzüge der Eltern verbinden sollten. In vielen Fällen ist das geglückt, und man kann sagen: Kamelien sind wohl die schönsten Blütensträucher des Kalthauses. Folgende Hybriden seien erwähnt:

C. cuspidata × *C. saluenensis*: *C.* Cornish Snow 'Michael' bringt große Mengen kleiner, weißer Blüten. – *C. japonica* × *C. reticulata*: *C.* × *heterophylla* Hu ist meist nur mit dem einfachblühenden, klarrosafarbenen Klon 'Barbara Hillier' im Handel. – *C. japonica* × *C. saluenensis*: *C.* × *williamsii* W. W. Sm. ist wohl die beste Hybride, mit langer Blütezeit und überreichem Blütenflor; die auffälligste Sorte ist 'Donation' mit großen, halbgefüllten, rein hellrosafarbenen Blüten. – *C. japonica* × *C. sasanqua*: *C.* × *vernalis* hort. hat reinweiße, etwas duftende Blüten von Februar bis Mai. – *C. reticulata* × *C. saluenensis* wird in Großbritannien vor allem in zwei Klonen gezogen. 'Inspiration' bringt große, halbgefüllte, dunkelrosa Blüten; 'Salutation' ist höherwüchsig und trägt große, halbgefüllte, hellsilberigrosafarbene Blüten.

Da nun Kamelien bei uns nicht winterhart sind, müssen wir uns damit abfinden! Sie sind wie Eriken und Rhododendron Moorbeetpflanzen, sie alle zeichnen sich durch Gemeinsamkeiten aus. Die Wurzeln sind sehr fein und dringen nicht tief in den Boden ein, sie sind Flachwurzler. Sie lieben saure, humose Substrate, deren pH-Wert um 4,5 liegen sollte. Die Gießwasserqualität muß gut sein, mehr als 10° DH vertragen alle diese Moorbeetpflanzen auf die Dauer nicht. Man muß sich also auf das Sammeln von Regenwasser verlegen! Auch Kamelien lieben stickstoffbedingte Düngung während der Vegetationszeit, das heißt, einen vollwasserlöslichen, guten, ballastarmen Volldünger und dazu Ammonsalpeter oder Kalisalpeter. Man mischt diese Dünger im Verhältnis 2:1 und gibt wöchentliche Flüssigdüngungen mit 3 bis 4 g je Liter. So stickstoffreiche Dünger gibt es nicht zu kaufen, man muß sie selbst mischen. Vor Harnstoff ist abzuraten: die Umsetzung des Harnstoffs geht im Boden zu langsam vor sich, da das Bakterienleben gering, das Substrat zu sauer ist.

Wichtig ist, daß nach der Blüte die Kamelien zurückgeschnitten werden, da sonst nur die Gipfelknospen durchtreiben und sich die Pflanzen nur wenig verzweigen. Während der Sommermonate kann man sie halbschattig, aber nicht kühl, im Freien aufstellen. Ihre Blütenknospen werden optimal bei einer Tagestemperatur von 23° C angelegt, weniger gut um 20° C. Damit sich die Knospen aber weiterentwickeln können, brauchen sie Temperaturen um 12° C. Die Kamelie ist leider keine Zimmerpflanze, denn sie verträgt die hohen Temperaturen und die geringe Luftfeuchtigkeit unserer Wohnräume nicht. Am besten, allerdings langsamer, entwickeln sich die Blütenknospen bei 8 bis 10° C zu Blüten. Die Blüten können jedoch geschnitten werden – Rückschnitt ist ja sowieso notwendig – und als feine, edle und auch bei höheren Temperaturen gut haltbare Schnittblumen Verwendung finden. Das gefürchtete Abstoßen der Blütenknospen hängt nur wenig mit der Änderung der Aufstellungsplätze zusammen, sondern allein mit Lufttemperatur und Luftfeuchtigkeit.

Kamelien sind in großer Auswahl in Großbritannien erhältlich, wo sich eine Fülle von Firmen mit der Kultur dieser Pflanze befaßt. Die Vermehrung erfolgt durch Aussaat, bald nach der Reife, und durch Stecklinge, die man bei 18 bis 20°C, am besten mit Wuchsstoffen, bewurzelt.

Citrus, Zitrone, Orange, Mandarine

Früher wurden Agrumen, Zitrusfrüchte, Arten und Formen der Gattung *Citrus* L. (Rautengewächse, *Rutaceen*) viel kultiviert. Der Grund waren der Duft der Blüten und die Früchte, Orangerien wurden gebaut, eigene Überwinterungsquartiere, wo diese Pflanzen überwintert wurden.
Die ungefähr 16 Arten mit ihren vielen Kulturformen sind heute weltweit verbreitet, doch muß man das Entstehungsgebiet der Gattung im indisch-malayischen Monsungebiet suchen. Die heute erhältlichen Formen sind Sträucher oder Bäume, bedornt oder wehrlos, oft mit breit geflügeltem Blattstiel und eilänglich zugespitzten Blättern.

Die Zitrone, *C. limon* (L.) Burm. f. (*C. limonium* Risso, *C. medica* var. *limon* L.), ist ein kleiner Baum mit stark entwickelten Dornen. Die Blätter sind hellgrün, der Blattstiel ist schwach geflügelt. Die Früchte sind hellgelb, mit zugespitzten Zitzen und saurem Fruchtfleisch.
Die Calamondin-Orange, *C. microcarpa* Bunge (*C. mitis* Blanco), wurde in den letzten Jahren viel gehandelt. Die kleinen Sträuchlein werden 1 m hoch, sie sind unbewehrt, die Blattstiele schwach geflügelt. Die Früchte sind kugelig, feinschalig, haben einen Durchmesser von ungefähr 4 cm und sind leuchtend orange gefärbt. Sie schmecken sauer oder sogar bitter. Die duftenden Blüten sind weiß und erscheinen das ganze Jahr, so daß die Pflanzen, durch ihre Kleinheit noch am ehesten als Zimmerpflanzen geeignet, im Schmuck der Blüten und Früchte sehr schön aussehen. Diese Art kommt auch bei höheren Temperaturen gut durch den Winter.
C. paradisi Macf. (*C. decumana* var. *racemosa* (Risso et Poit.) Roem.) ist die Grapefruit. Diese Pflanze ist die empfehlenswerteste, wenn es gilt, eine Citruspflanze aus Samen zu ziehen. Sie ist nicht bis wenig dornig, die Blätter sind dunkelgrün, die Blattstiele stark geflügelt. Die Grapefruit keimt willig, verzweigt sich bald und bringt bereits nach 2 oder 3 Jahren die ersten weißen, duftenden Blüten. Die Früchte sind groß, rund, hellgelb gefärbt und sauer.
Die Mandarine, *C. reticulata* Blanco (*C. nobilis* Andr. non Lour.), ist ein kleiner, sehr dorniger Strauch bis Baum, die Blätter sind oft nur 3,5 cm lang, der Blattstiel ist kurz und ungeflügelt. Die Früchte sind orange, abgeplattet rundlich.
Die Orange, *C. sinensis* (L.) Pers. (*C. aurantium* var. *sinense* L.), ist ein hoher Strauch bis kleiner Baum mit wenigen oder ohne Dornen, die Blattstiele sind nur schwach geflügelt. Die Frucht ist kugelig und orangefarben.
Von den vielen noch im Handel erhältlichen Agrumen – es gibt noch Hybriden geschlechtlicher Natur und auch Pfropfbastarde – ist keine so gut für die Kultur im Kalthaus geeignet wie die oben genannten. Für die Zimmerkultur eignen sich am besten *C. microcarpa*, die Calamondinorange, und die Grapefruit, *C. paradisi*.
Die Kultur der Zitrusfrüchte ist nicht leicht, die alte gärtnerische Literatur gibt genaue Ratschläge, die hier nur in kurzer Form wiedergegeben werden können. Als Substrate eignen sich am besten Mischungen von Rasenerde, Misterde und scharfem Sand, doch ist eine Mischung aus kräftiger Lauberde, Torfmull und Sand ebenfalls brauchbar. Läßt das Wachstum während des Sommers zu wünschen übrig und sind die Wurzeln gesund, so muß mit flüssiger Düngung nachgeholfen werden, denn es wird nicht jedes Jahr umgepflanzt. Wird in diesem Frühjahr nicht verpflanzt, so nimmt man die obersten 10 cm des Substrates weg und ersetzt es durch neues. Im Winter wollen sie bei 5 bis 8°C stehen, die im Zimmer kultivierten Pflanzen möglichst bei Temperaturen um 15°C; am ehesten verträgt noch *C. microcarpa* hohe Temperaturen. Im Winter soll man reichlich frische Luft geben,

wenn es möglich ist, denn stauende Luft und Wärme rufen zu frühes Wachstum hervor, was man verhindern soll. Wird umgepflanzt, so ist die beste Zeit April/Mai; erst sollen die Gefäße vollgewurzelt sein. Die Wurzelfilze entfernt man mit einem scharfen Messer, die Ballen werden mit einer Maurerklampfe oder ähnlichem gelockert. Der nächstgrößere Behälter wird immer möglichst klein gewählt.

Wassergaben sollen immer sorgsam verabreicht werden, sie lieben alle keine große Bodenfeuchtigkeit, nie Stamm und Blätter benetzen! Rückschnitt ist dann notwendig, wenn sich Triebe kreuzen, die Krone zu dicht oder einseitig ist. Es gelten die Regeln des Obstbaumschnitts: starker Rückschnitt bringt starkes Triebwachstum und wenig Blütenknospen, und schwaches Einkürzen bringt viele kurze, aber knospenbesetzte Triebe. Alle oben aufgezählten Arten blühen fast immer am einjährigen Holz. Werden zu viele Blüten angelegt, so bricht man die überschüssigen aus, damit nicht zu viele Früchte gebildet werden.

Während des Sommers stehen die Pflanzen im Freien, der Aufstellungsort sei geschützt und warm, aber nicht prallsonnig, eingeräumt wird Ende September.

Vermehrt wird durch Aussaat und Veredlung, als Veredlungsunterlage eignen sich Zitronen und *Poncirus trifoliata* Raf., die winterharte Bitterorange. Veredlungsmethoden sind Reiserpfropfen hinter die Rinde und Okulieren. Das Reiserpfropfen führt man im März und April durch: die Unterlagen werden warm gehalten und bespritzt, bis sie in Saft sind und sich die Rinde löst. Ist das Edelreis so stark wie die Unterlage, so kopuliert man, bei dickeren Unterlagen und dünnen Edelreisern pfropft man hinter die Rinde. Okuliert wird im Juli und August, das Verfahren ist dasselbe wie bei Rosen und Obstgehölzen. Wichtig ist, daß die Edelreiser und -augen von fruchtenden Bäumen stammen und auch aus der Region der Blüten und Früchte geschnitten werden – sonst muß man lange auf Blüten und Früchte warten!

Clematis, Waldrebe

Auch nicht winterharte Vertreter der Gattung *Clematis* L. gibt es. Die Waldreben sind Kletterstraucher, selten aufrechte Sträucher oder Stauden, sie gehören zu den Hahnenfußgewächsen, den *Ranunculaceen*. Von den 400 Arten, die die gesamte Erde bewohnen, seien zwei äußerst unterschiedliche, nicht winterharte Arten angeführt.

C. afoliata J. Buchan. stammt aus Neuseeland und hätte eigentlich schon bei den Neuholländern eingefügt gehört, doch paßt sie besser hierher, weil die zweitgenannte Art viel häufiger ist. *C. afoliata* wird ihrem Namen gerecht und zeichnet sich durch das vollkommene Fehlen von sichtbaren oder dauernden Blättern aus. Sie erreicht 3 m Höhe, die Triebe sind ca. 8 mm stark und leuchtend grün gefärbt. Die bis 4,5 cm großen, glockigen Blüten sitzen zu mehreren in den Blattachseln, die noch immer als solche zu erkennen sind, sind hellgelb gefärbt und duften gut. Den Blüten folgen bei den weiblichen Pflanzen (diese Art ist interessanterweise zweihäusig) die typischen weißen Fruchtperücken.

In Mittel- und Westchina ist *C. armandii* Franch. zu Hause, diese Art blüht im April und Mai und ist immergrün. Die dreiteiligen Blätter werden bis 15 cm lang, die Blüten sind bis 6 cm breit und erscheinen aus den Blattachseln. Zwei Formen werden in Großbritannien, neben der Art, gehandelt: 'Apple Blossom' mit rosa Blüten und bronzefarbenem Blattaustrieb, und 'Snowdrift' mit reinweißen Blüten. Beide Formen schlingen wie die Art bis 5 m Höhe.

Diese beiden nicht winterharten Waldreben sind bei bestem Schutz oder in kleinklimatisch sehr günstigen Lagen winterhart; doch wesentlich schöner entwickeln sie sich ausgepflanzt in einem Kalthaus oder einem Vorraum dazu, in einer frostfrei gehaltenen Glasveranda oder ähnlichen Räumen. Dort werden sie auf Spalier oder, bei *C. afoliata*, nur auf einem senkrechten, mit Kokosstricken umflochtenen Draht gezogen.

C. afoliata vermehrt man am besten durch Aussaat, *C. armandii* und ihre Formen durch Veredlung auf *C. vitalba* L. in der üblichen Weise.

Cleyera

Die 20 Arten der Gattung *Cleyera* Thunb. (Teegewächse, *Theaceen*) sind meist immergrüne Sträucher oder Bäume mit wechselständigen Blättern und kleinen, in den Blattachseln sitzenden, unscheinbaren Blüten. Sie sind auf beiden Erdhälften verbreitet.

Wir kultivieren nur die buntblättrige Form *C. japonica* Thunb. 'Tricolor' (*C. fortunei* Hook. f.). Die grünblättrige Art ist in Ostasien weit verbreitet, es handelt sich um einen kleinen Baum oder Strauch mit länglichen, geschwänzten Blättern und weißen, duftenden Blüten. Die buntblättrige Form ist am Rand unregelmäßig creme- bis goldgelb und als Jungpflanze oft rötlich überlaufen. Diese buntblättrige Pflanze läßt sich sehr gut im Kalthaus, aber auch im Zimmer kultivieren und verträgt auch etwas lichtärmere Standorte, wie Gänge und Windfänge. Die Wintertemperaturen dürfen nicht unter 5°C sinken, da sonst Blattrandschäden auftreten. Im Sommer stellt man die Pflanzen ins Freie und stellt sie absonnig bis halbschattig auf.

Vermehrt wird durch Stecklinge, sie bewurzeln gut bei 16 bis 18°C, die Kultur erfolgt in humoskräftigen Substraten. Man muß sie oft stutzen, damit sich verzweigte Pflanzen entwickeln.

Daphne, Seidelbast

Die meisten der 50 eurasiatischen Arten der Gattung *Daphne* L., des Seidelbastes (Seidelbastgewächse, *Thymelaeaceen*), sind winterhart und zieren die Gärten der Gehölzliebhaber genauso wie die der Steingartenspezialisten. Einige Arten sind jedoch nicht winterhart, und eine davon sei genannt, da sie, wie fast alle anderen Seidelbastarten, herrlich duftet.

D. odora Thunb. ist in China und Japan heimisch und wird ein 1 bis 2 m hoher immergrüner Strauch. Die 5 bis 8 cm langen Blätter sind derb ledrig und länglichlanzettlich. Die Blüten bilden zu 10 bis 15 endständige Köpfchen, haben 12 bis 15 mm Durchmesser und sind in der Knospe rosa, geöffnet reinweiß gefärbt. Durch die frühe Blütezeit, von Jänner bis März, fällt dieser gut duftende Blütenstrauch noch mehr auf. Von *D. odora* sind noch zwei Formen in Kultur: 'Alba', mit immer reinweißen Blüten, und 'Aureomarginata', mit cremeweißer Randpanaschüre, diese Form ist interessanterweise sogar härter als die Art und kann im Freien versucht werden.

Die Kultur von *D. odora* und ihrer Formen ist leicht, sie brauchen zum Gedeihen lehmig-humosen, durchlässigen Boden, Wintertemperaturen um 5 bis 8°C und einen absonnigen bis halbschattigen Sommerstandort. Die weißbunte Art ist häufiger anzutreffen und an geschützten Stellen im Freien versuchswert. Die Vermehrung erfolgt durch Stecklinge im August oder Veredlung auf *D. mezereum* L. oder *D. laureola* L. im Frühjahr oder Spätsommer.

Jasminum, Jasmin

Die 200 Arten der Gattung *Jasminum* L. sind in den Tropen und Subtropen der Alten Welt und im Mittelmeergebiet beheimatet. Sie sind immergrüne oder laubabwerfende, aufrechte, vielfach aber kletternde Sträucher mit gegen- oder wechselständigen Blättern. Diese sind meist unpaarig gefiedert, manchmal ist nur das Endblättchen entwickelt, und die Blätter sind scheinbar einfach. Die Blüten stehen in reichblütigen Trugdolden endständig oder seitlich am Trieb, sind vier- bis neunteilig und weiß, gelb oder rosa gefärbt. Eine einzige harte Art wird in unseren Gärten kultiviert: *J. nudiflorum* Lindl., der gelbblühende Winterjasmin aus Nordchina. Die anderen Arten gehören in das Kalthaus oder zumindest ins Alpinenhaus.

Ebenfalls aus China stammt *J. beesianum* Forrest et Diels, der vor allem durch die rosa bis violettroten, duftenden, aber nur 1,5 cm breiten Blüten auffällt, die im Mai und Juni erscheinen. Der Strauch klettert, wird 2,5 bis 3,5 m hoch und hat lanzettliche, bis 5 cm lange, gegenständige, tiefgrüne Blätter, die sommergrün bis halbimmergrün sind. Den Blüten folgen schwarze Beeren, die ebenfalls recht auffallen.

Eine herrliche Art, wiederum stark duftend, ist *J. polyanthum* Franch. aus China. Sie ist richtiggehend schlingend und besitzt fünf- bis siebenteilige Blätter, die Einzelblättchen sind bis 5 cm lang und lanzettlich geformt. Die weißen Blüten sind außen etwas rosa überhaucht und erscheinen in dichten Trauben aus den Blattachseln. Die Hauptblütezeit ist von März bis September. Diese Art wuchert an zusagenden Plätzen geradezu und muß durch einen regelmäßigen Schnitt im Zaum gehalten werden.

Im Alpinenhaus oder in einem geschützten Steinbeet zieht man *J. parkeri* Dunn aus dem Himalaja, der nur 30 bis 40 cm Höhe erreicht und bogig überhängend wächst. Die wechselständigen Blätter sind aus drei oder fünf länglichrunden Blättchen zusammengesetzt. Die gelben, sternförmigen, langröhrigen Blüten erscheinen im Mai und Juni und werden von schwarzen Beeren gefolgt. Die Blüten dieser Art duften, wie auch die von *J. nudiflorum,* nicht.

Auch die anderen kletternden, hier genannten Arten sind an geschützten Mauern versuchenswert, besser ist es jedoch, sie im Kalthaus zu ziehen, da nach einigen durchstandenen Wintern meist jener kommt, der ihnen den Garaus macht. Sie brauchen schwere, nährstoffreiche Erden und helle bis etwas absonnige Standorte. Klettervorrichtungen oder Spaliere, auf denen man sie anbinden kann, sind ebenfalls notwendig. *J. beesianum* ist der härteste und sollte aus diesem Grund, vor allem aber wegen der auffälligen rosa Blütenfarbe, mehr verwendet werden. *J. parkeri* ist hart, doch erscheinen im Freiland oft wenig oder keine Blüten, da diese ebenfalls recht früh angelegt und durch zu tiefe Temperaturen abgetötet werden. Die Vermehrung kann durch Stecklinge – Triebe mit der Spitze in den Boden gesteckt, bewurzeln sich leicht – oder Aussaat erfolgen. Alle die erwähnten Arten und eine Fülle weiterer werden in Großbritannien gehandelt und sind als Duftspender zu empfehlen!

Osteomeles, Steinapfel

Zu den Rosengewächsen, den *Rosaceen*, gehört die Gattung *Osteomeles* Lindl., Steinapfel, von der meist eine Art, *O. schwerinae* Schneid. (*O. anthyllidifolia* Franch. non Lindl.) in Kultur ist. Sie stammt aus Westchina und blüht im Winter und Frühjahr. Die breitwachsenden Sträuchlein werden 1 bis 2 m hoch und wachsen dicht und etwas verworren. Die unpaarig gefiederten Blätter sind etwas grau behaart, die weißen Erdbeerblüten stehen in lockeren Trauben und sind 12 bis 15 mm breit, es folgen blauschwarze Erbsenfrüchte. Die Kultur dieser Art ist leicht, als Substrat verwendet man Einheitserde, im Winter genügen Temperaturen um 5°C, im Sommer wird im Freien aufgestellt. Die Vermehrung kann durch Aussaat oder Stecklinge erfolgen und ist leicht.

Parochetus, Blauklee

Eine schöne blaue Blütenfarbe beschert uns der Blauklee aus dem tropischen Asien und Ostafrika. Die Gattung *Parochetus* Buch.-Ham. umfaßt nur eine Art, *P. communis* Buch.-Ham., und unterscheidet sich von der nahe verwandten Gattung *Trifolium* L. durch die einzeln stehenden Blüten, deren Krone nach der Blüte abfällt, und die freien Blütenblätter. (Schmetterlingsblütler, *Leguminosae.*)

P. communis ist an der Grenze der Winterhärte und sollte besser im Alpinenhaus oder Kalthaus durch den Winter gebracht werden. Die kriechenden Triebe wurzeln an den Knoten, die dreiteiligen Kleeblätter besitzen zum Teil eine dunkle Mittelzone. Die einzelstehenden Blüten sitzen an 5 bis 8 cm hohen Stielen und kommen aus den Blattachseln. Die Fahne ist 2 cm lang und 8 mm breit, himmelblau mit violettem Mittelfleck, die Flügel sind 1 cm lang und weißlichblau.

Tafel 21
Kappflanzen II (Kapperiken)

ol *Erica verticillata*, eine höherwüchsige Art
or *Erica verticillata*, in der Nahaufnahme sind die klebrigen Narben zu erkennen
mr *Erica mollis*
ul *Erica ventricosa*, blüht um den Muttertag
um *Erica regia*
ur *Erica speciosa*

Tafel 22 · Neuholländer IV

ol Stark aromatisch duften die Korallenrauten, hier *Boronia elatior*
or *Boronia megastigma*. In der Nahaufnahme erkennt man die Duftstoffbehälter
u   *Hakea kippestiana*. Das Foto soll für diese Gattung werben

Der Blauklee wird in den unterschiedlichsten Formen gehandelt, doch sind die oft versprochenen enzianblauen Typen nie dabei! Die winterhärtesten Herkünfte sind jene aus Höhenlagen des Himalaja, wo diese Art bis 4300 m ansteigt. Am besten gedeiht der Blauklee an torfigen, halbschattigen Stellen, am Rand eines geschützt angelegten Moorbeets im Freien oder unter den Tischen eines Alpinen- oder Kalthauses; überall bildet er rasch große Matten, und die blauen Blüten erscheinen von Mai bis September. Auch als Ampelpflanze ist der Blauklee gut geeignet, doch muß auch hier das Substrat torfig sein und nie austrocknen. Verwendet man diese reizende, bodendeckende Pflanze im Freien, so tut man gut, im Herbst einige Triebe einzutopfen und im Alpinenhaus oder Kalthaus zu überwintern. So vermehrt man auch, wenn man nicht aussät, was ebenfalls in 6 Monaten zu blühenden Pflanzen führt.

Rehmannia

Zu den Gesneriengewächsen, einer Familie, die uns eine Fülle von wärmeliebenden Pflanzen schenkt, gehört die Gattung *Rehmannia* Libosch. ex Fisch. et Mey., deren sechs Vertreter in China und auf Japan und Formosa beheimatet sind. Alle sind Stauden mit großen, gesägten, stark behaarten, zum Teil sogar drüsig-kleberigen Blättern und fingerhutähnlichen, jedoch mit einem fünfteiligen Saum versehenen Blüten in endständigen Trauben.

Von den nur im Kalthaus zu überwinternden Arten ist *R. elata* N. E. Br. die verbreitetste. Diese Art erreicht bis 1,5 m Höhe, die Blätter sind 20 bis 30 cm lang, an jeder Seite mehrmals gelappt und stark behaart. Die Blüten sind 7 bis 10 cm lang, der fünfteilige Saum ist leuchtend rosapurpurn, der Schlund gelb mit roten Punkten gefärbt. Während der Blütezeit im Frühling und Sommer, meist beginnen sie im März oder April zu blühen, sind gut ernährte Exemplare dieser Art ein prächtiger Anblick!

Nicht so farbenprächtig, dafür niedriger und vor allem härter, ist *R. glutinosa* (Gaertn.) Libosch. (*R. sinensis* (Buc'hoz) Libosch. ex Fisch. et Mey.) aus dem nördlichen China. Diese Art wird nur 30 bis 40 cm hoch, und ihre Grundblätter, die zu lockeren Rosetten zusammenstehen, sind nur 10 cm lang, weit gekerbt und dicht behaart. Die Blüten sind 5 cm lang und haben einen Saumdurchmesser von 3,5 bis 4 cm. Die Blütengrundfarbe ist hellgelblich, die rötlichvioletten Adern und der starke Fleck an der Oberseite der Röhre treten deutlich hervor. Auch die Blüte ist, vor allem außen, stark behaart.

Während die erste Art, zwar Staude, nach der Blüte entfernt wird, kann die zweite, die sich auch durch Ausläufer zu lockeren Rasen entwickelt, weiterkultiviert werden. Die Substrate sollen lehmig-humos und durchlässig sein, der Standort sei hell und sonnig, da dann die Blütenfarben dunkler sind. Die Vermehrung von *R. elata* erfolgt durch Aussaat im März/April, die Temperaturen sollen um 15° C liegen. Die Sämlinge werden pikiert und während des Sommers im Mistbeetkasten oder auf einem geschützten Beet ausgepflanzt. Im Frühherbst werden sie getopft und hell bei 8 bis 10° C überwintert, die ersten Blüten erscheinen im März. Der Endtopf wird für große Exemplare ein 16-cm-Azaleentopf sein. *R. glutinosa* wird durch Wurzelschnittlinge vermehrt und im Alpinenhaus oder im Kalthaus bei 5° C überwintert.

Rhododendron, Alpenrosen

Die über 1000 bekannten Arten der Gattung *Rhododendron* L. (Heidekrautgewächse, *Ericaceen*) sind nur auf der Nordhalbkugel beheimatet, der Verbreitungsschwerpunkt ist allerdings in Südostasien zu suchen. Von den vielen herrlichen Arten, die in den golfstrombeeinflußten Gebieten Großbritanniens und Irlands winterhart sind, hier einige, deren Kultur im Kalthaus möglich und lohnend ist.

Eine wuchtige Art, die in der Heimat baumartig wächst und auch in Großbritannien 10 bis 13 m hoch wird, ist *R. arboreum* Sm., von der es aber auch Formen gibt, die bereits als kleine Pflanzen blühen. Die Blätter sind 20 cm lang und 7 cm breit und eilänglich-lanzettlich. Auf der Unterseite findet man einen hellweißlichen bis zimtbraunen Haarfilz, das Indumentum. Die Blüten stehen in 15- bis 20blütigen Stutzen und sind röhrig-glockig. Die Blütenfarbe ist sehr variabel, man findet alle Töne von Rot über Rosa bis Weiß. Am schönsten und auch am geeignetsten für die Kalthauskultur – sie blühen als kleine Pflanzen und werden nicht so groß – sind die blutroten Formen.

Nicht so groß wird *R. ciliatum* Hook. f., nur 120 bis 150 cm hoch. Die breitelliptischen, mit langen, steifen Haaren berandeten Blätter erreichen eine Länge von 9 cm. Die Blüten stehen zu zwei bis vier zusammen und sind 5 cm lang und weit, die Blütenfarbe ist ein reines Weiß oder helles Violettrosa. Diese Art blüht bereits im März und ist ein Elternteil des bekannten *R. × praecox* Carr.; *R. dauricum* L. ist der andere.

Durch die wachsigen Glockenblüten und die späte Blütezeit fallen die Arten um *R. cinnabarinum* Hook. f. auf, diese Gruppe ist an geschützten Standorten eventuell winterhart. *R. cinnabarinum* selbst erreicht 4,5 m Höhe und ist ein etwas stakiger Strauch mit bis 7,5 cm langen, breiteilanzettlichen, unterseits schuppigen Blättern. Die Blüten stehen bis zu fünf zusammen und sind 5 bis 6 cm lang und röhrig, die Blütenfarbe ist ein leuchtendes Zinnoberrot, wodurch die Blüten denen der herrlichen Südamerikanerin *Lapageria* gleichen. Es gibt jedoch auch andersfarbige Formen, nahe verwandte Arten und Hybriden in allen Farben von Rot, Orange, Rosa und Gelb, die alle durch die mehr oder weniger schlanken, wachsigen Glocken auffallen.

Eine richtige Gewächshausart, die selbst in Großbritannien kaum hart ist, ist *R. dalhousiae* Hook. f., eine etwas stakig wachsende Pflanze mit 15 cm langen, eilänglichen, unterseits stark schülferigen Blättern. Die Blüten stehen zu fünft am Stutz und sind röhrig-glockig, 10 cm lang und 8 cm im Durchmesser, sie duften gut und sind weiß mit rosa Hauch oder gelblich gefärbt.

Die Kultur dieser Arten, und auch der anderen nicht winterharten, aus Platzmangel nicht erwähnten, aber in Großbritannien wohl erhältlichen Arten, gleicht der Kultur der Indischen Azalee, *R. simsii*, Kamelien oder Eriken und *Epacris*. Sie sind humusliebend, feinwurzelig, stickstoffhungrig und brauchen weiches Wasser. Zur Anlage der Blüte dürfte auch bei ihnen eine höhere Temperatur notwendig sein. Am besten gedeihen sie natürlich ausgepflanzt, wie man es in Bremen oder auch in Großbritannien antreffen kann. Die Pflanzen kauft man in Großbritannien oder zieht sie aus Samen. Auch die nicht winterharten Rhododendren brauchen im Winter geringe Temperaturen, zwischen 5 und 10° C, dabei, wie aber auch Eriken und *Epacris*, Luftumwälzung, damit die feuchte Luft nicht steht und Pilzbefall begünstigt. Mit den vielen kleinerwüchsigen Arten läßt sich sicher ein Liebhabergewächshaus gestalten, das allen Anforderungen gerecht wird und bei dem, wie man es zu sagen pflegt, zur Blütezeit »kein Auge trocken bleibt«! Die Energiekosten sind bei weitem nicht so hoch wie bei tropischen Gewächsen – oder anders herum: Bei gleichem Energieverbrauch kann das Gewächshaus viel größer gebaut werden, zum anderen brauchen alle diese erwähnten Moorbeetpflanzen im Sommer warm, da sie die Knospen unter dem Einfluß hoher Temperatur anlegen, was wiederum die Schwierigkeit bei manchen anderen Kalthauspflanzen, vor allem gewissen Orchideengattungen, ist.

Immer wieder muß man also betonen, daß die Pflege von Kalthauspflanzen gar nicht so abwegig ist, haben doch viele von ihnen bei unseren gärtnerischen Vorfahren in dunklen Orangerien gut überwintert. Warum sollen sie es heute nicht in einem Gewächshaus tun, das irgendwo angebaut oder gar nur orangerieartig mit einer senkrechten Glasfläche versehen ist? Doch auch für unsere letzte Gruppe, die Pflanzen des Mittelmeergebietes, gelten diese Überlegungen, waren es doch die ersten Pflanzen, die die primitiven Glashäuser voriger Jahrhunderte gefüllt haben.

Kalthauspflanzen des Mittelmeergebietes

Das Mittelmeergebiet, unter dem hier auch die dem afrikanischen Kontinent vorgelagerten Inselgruppen verstanden seien, besitzt sein typisches Klima mit den regenreichen, aber etwas kühleren Wintern und den trockenen, dafür heißen Sommern. Solche Klimaverhältnisse begünstigen die Entwicklung von Pflanzen mit harten oder behaarten Blättern, die ihnen einen gewissen Verdunstungsschutz während der heißen Jahreshälfte geben, und solcher Pflanzen, die nur kurzfristig über der Erdoberfläche erscheinen, eben wenn es für sie günstig ist: die Zwiebel- und Knollenpflanzen.

Typisch für die Hartlaubvegetation des Mittelmeergebietes sind viele Bäume und Sträucher, die Koniferen, wie Pinie, Aleppokiefer, verschiedene Wacholderarten und die Vielzahl der Eichen. Die Pflanzen werden zu groß, und es lohnt sich nicht, von einem Urlaub Samen oder Jungpflanzen dieser Gruppe nach Hause zu nehmen. Als kleine Pflanzen blühen sie nicht und müssen ja doch zum Tod verurteilt werden, wenn sie nicht mehr ins Winterquartier passen.

Die Auswahl an geeigneten Pflanzen ist im Mittelmeergebiet trotzdem groß, und es kann nur einiger interessanter Vertreter gedacht werden. Dutzende mehr werden jedem aufmerksamen Beobachter bei seinen Fahrten in der Mediterraneis auffallen!

Arbutus, Erdbeerbaum

Die 14 Arten der Gattung *Arbutus* L., sie gehört zu den Heidekrautgewächsen, den *Ericaceen*, finden sich nicht nur im Mittelmeergebiet, sondern auch auf den Kanaren und im atlantischen Amerika. Alle Erdbeerbäume sind immergrüne Sträucher oder Bäume mit in büscheligen Rispen angeordneten, preiselbeerartigen Blüten.

Der gewöhnliche Erdbeerbaum, *A. unedo* L., ist von Spanien bis zur Türkei anzutreffen und bildet an vielen Stellen einen wesentlichen Bestandteil der Hartlaubvegetation. Die Blätter sind bis 10 cm lang, lanzettlich geformt und am Rand gesägt, sie ähneln Lorbeerblättern. Die Blüten erscheinen im Winter, sie sind glockig, weiß und in lichten Büscheln am Ende der Triebe gestellt. Die Beerenfrüchte sind unreif gelb, reif rot gefärbt, etwas warzig und dadurch erdbeerartig. Sie sind eßbar, aber nicht geschmackvoll. In Teilen Italiens und Korsikas wird aus ihnen Alkohol gebrannt. Besonders schön ist die glatte, rotbraune Borke. Leider ist der Erdbeerbaum bei uns nicht hart, kleine Pflanzen sind aber schöne, durch die dunkelgrüne Belaubung und die weißen Blüten auffallende Sträucher. Sie brauchen zur Überwinterung 3 bis 5°C, im Sommer werden sie im Freien als Dekorationspflanzen aufgestellt, wo sie viel Wasser und auch Flüssigdüngung verlangen. Als Substrat verwendet man Einheitserde. Die Vermehrung sollte durch Stecklinge von Blütentrieben erfolgen, diese blühen bereits als kleine Pflanzen. Die Vermehrungstemperatur sei 18°C, die Stecklinge kann man aus dem Mittelmeergebiet, von einem Urlaub, mitbringen oder vom nächsten botanischen Garten erbitten, wo diese Pflanze mit großer Sicherheit in Kultur ist.

Campanula, Glockenblume

Eine schöne Art aus der Gattung *Campanula* L. ist *C. pyramidalis* L. aus Südeuropa. Diese Art ist in vielen Gebieten winterhart, doch kann man diese Glockenblume auch gut in Töpfen kultivieren. Die langgestielten, herz- oder deltoidförmigen Grundblätter stehen zu großen Rosetten zusammen. Im zweiten Jahr werden die bis 1,5 m hohen Blütenschäfte gebildet. Die Einzelblüten sitzen zu mehreren an kurzen Seitenästen und bilden den blauen oder, bei der Form 'Alba', weißen Schellenbaum.

C. pyramidalis gehört frostfrei oder geschützt im Mistbeetkasten überwintert und im späten Frühling ins Freie ausgepflanzt. Die wachsenden Triebe können auch rund gezogen werden, indem man sie auf Drahtreifen heftet; schöner ist jedoch die volle Blütenpyramide im Juni, Juli und August. Vermehrt wird durch Aussaat oder Stecklinge. Der Anbau erfolgt im März bis Mai, es kommt, nach einmaligem Pikieren, eine Pflanze in den Endtopf. Die Substrate sollen kräftig, aber durchlässig sein, es ist ja eine Pflanze des Mittelmeergebietes. Als Steckling nimmt man die zur Blütezeit erscheinenden, nichtblühenden Seitentriebe ab und bewurzelt sie. Bei kräftiger Ernährung blühen sie im folgenden Jahr und ergeben eintriebige, sehr dichte und buschige, schöne Pflanzen, die ansehnlicher sind als die mehrtriebigen, die sich bei der Weiterkultur der abgeblühten Pflanzen entwickeln.

Canarina, Kanarine, Kanarenglockenblume

Besonderheiten, Leckerbissen, für den Pflanzenfreund sind die rübenwurzeligen Kanarenglockenblumen, die Kanarinen. Die vier Arten der Gattung *Canarina*, sie gehört zu den Glockenblumengewächsen, den *Campanulaceen*, sind ausdauernde, fleischigwurzelige Kräuter mit sechszähligen Glockenblüten und Beerenfrüchten. Sie sind auf den Kanaren, den Molukken und im tropischen Afrika zu Hause.

C. canariensis (L.) Mansf. (*Campanula c.* L., *Canarina campanulata* L.) bewohnt die Kanaren und findet sich dort in luftfeuchten Schluchten. Die fleischigen Stengel erreichen bis 3 m Höhe und tragen gegenständige oder zu dritt quirlige Blätter. Der Austrieb erfolgt im Spätsommer und Frühherbst und ist zuerst schön violettblau gefärbt. Die orangeroten Glockenblüten, 5 bis 6 cm groß, erscheinen ab November bis in den Februar hinein, manchmal auch noch länger. Sie sind am Ende der Seitenzweige oder in den Achseln der Blätter angeordnet.

Die Kanarine oder Kanarenglockenblume fällt auf den ersten Anblick gar nicht so auf, erst beim zweiten Hinsehen kann man die Schönheit dieser Orangetöne ganz erfassen! Die Kanarine ist auch deshalb interessant, weil sie nicht nur selten zu erhalten, sondern auch schwierig zu pflegen ist. Sie ist eine Prachtpflanze für den Kalthausliebhaber, der in seinem wärmeren Abteil, wo er Jungpflanzen und ähnliches zieht, 13 bis 15°C halten kann. Man pflanzt mit dem Austrieb im August und September, wenn es notwendig ist, in nährstoffreiche, torfig-sandige Mischung um und stellt die Pflanze an ihren endgültigen Platz, denn nun beginnt sie sehr rasch zu wachsen. Nie das Stützen vergessen! Nach der Blüte – Samen werden leider bei uns selten oder überhaupt nicht angesetzt – zieht die Kanarine ein und beginnt ihre Sommerruhe.

Samen bekommt man von den Kanaren oder kann sie während eines Frühsommer-Badeurlaubs selbst ernten, was die Freude mit dieser Pflanze noch erhöht. Sonst muß man teilen, was natürlich nur geht, wenn man bereits Pflanzen besitzt. Bei den fleischigen Wurzeln ist Vorsicht und Geduld so recht am Platz. Von der Aussaat bis zur Blüte vergehen meist drei Jahre.

Capparis, Kapernstrauch

Die Gattung *Capparis* L., der Kapernstrauch, gehört zu den Kaperngewächsen, den *Capparaceen*, und umfaßt 150 Arten, die alle wärmeren Gegenden der Erde bewohnen. Die Arten sind Sträucher oder Bäume, vielfach mit dornigen Nebenblättern. Die Blüten besitzen vier Kronblätter und zahlreiche, vielfach bunt gefärbte Staubblätter – die Blüten sehen spinnenartig aus.

Der echte Kapernstrauch, *C. spinosa* L., ist ein kleiner, meist dorniger, aber auch unbewehrter Strauch mit rundlichen oder eiförmigen Blättern. Im Frühjahr und Sommer erscheinen aus den Blattachseln die großen, weißen Blüten mit den langen, roten Staubfäden.

Der für den Gewürzliebhaber interessante, aber auch sehr blütenschöne Kleinstrauch wird am besten im Kalthaus ausgepflanzt, doch bringt er auch im Topf seine reizenden Blüten. Topfpflanzen gehören im Sommer vollsonnig ins Freiland ausgesenkt, wo sie reich blühen. Die eingesalzenen Blütenknospen sind die bekannten Kapern. Man kann aber auch die grünen Samenkapseln der Kapuzinerkresse einsalzen und so »falsche Kapern« selbst fabrizieren, denn um die Blütenknospen des echten Kapernstrauchs ist einem meist leid. Vermehren kann man den Kapernstrauch durch Aussaat oder Stecklinge.

Ceratonia, Johannisbrotbaum

Der Johannisbrotbaum, *Ceratonia siliqua* L., gehört zu den Schmetterlingsblütlern und stammt aus der Ostmediterraneis, ist aber heute im gesamten Mittelmeergebiet angepflanzt. Seine Früchte, die »Bockshörndln« der Bayern und Österreicher, sind in der Heimat ein wichtiges Viehfutter. Die Samen stellten früher die Gewichtseinheit der Goldschmiede dar, und ihr Durchschnittsgewicht wurde als »Karat« übernommen. Der Johannisbrotbaum besitzt paarig gefiederte Blätter, die kleinen, gelblichen oder rötlichen Blüten sind männlich oder zwittrig und erscheinen am alten Holz. Die breiten, bis 20 cm langen Hülsen sind eßbar.

Überwintert wird der Johannisbrotbaum im Kalthaus oder kühlen Zimmer, im Sommer steht er im Freiland an sehr sonniger Stelle. Kräftige Erde und reichlich Wasser und Dünger sind Voraussetzung für gutes Wachstum und Blüte. Im kühlen Zimmer kann diese dekorative Pflanze ganzjährig gezogen werden. Die Vermehrung erfolgt durch Aussaat. Will man Hülsen ernten, muß man mehrere Sämlinge aufziehen, damit sicher zwittrige Pflanzen dabei sind.

Cistus, Zistrose

Die 16 bekannten Zistrosenarten, die Arten der Gattung *Cistus* L., bewohnen das Mittelmeergebiet und die Kanaren und gehören zu den Zistrosengewächsen, den *Cistaceen*. Es sind verzweigte, aufrechte oder niederliegende, immergrüne Sträucher mit oft starkem Harzgeruch. Die großen Blüten erscheinen am Ende der Triebe oder an Kurztrieben und besitzen fünf Blütenblätter.

C. albidus L. wächst eher niederliegend und besitzt eiförmige, sitzende, beiderseits weißfilzige, 3 bis 5 cm lange Blätter. Die rosafarbenen Blüten sind bis 6 cm breit und haben gelbe Flecken am Grunde jedes Kronblattes. Seine Heimat ist Südwesteuropa und Nordafrika.

C. creticus L. (*C. villosus* auct. vix L.) ist sehr variabel, er wächst aufrecht, ist nur grauhaarig und bringt purpur- bis rosarote, manchmal auch weiße Blüten mit gelber Mitte. Diese Art ist im gesamten Mittelmeergebiet verbreitet und liefert Ladanumharz, das ähnlich dem Weihrauch duftet. Die schönste Zistrosenart ist *C. ladaniferus* L., sie wächst straff aufrecht und hat lanzettliche, grüne Blätter. Die Internodien und auch die Blätter sind kleberig, die Pflanze liefert Ladanumharz, so daß die gesamte Pflanze bei Berührung duftet. Die Blüten stehen einzeln an Kurztrieben und sind bis 12 cm breit, reinweiß gefärbt und besitzen einen rotbraunen Basalfleck. Diese Form wird oft als var. *maculatus* Dunal bezeichnet, weil diese Art auch mit gelben Flecken zu finden ist. Ihre Heimat ist Südwesteuropa und Nordafrika. Zistrosen sind trotz der kurzen Blütezeit der Einzelblüte – diese lebt oft nicht einmal einen ganzen Tag – herrliche Blütensträucher von außergewöhnlicher Schönheit. Die Hauptblütezeit der meisten Arten ist von März bis Juni, vereinzelte Blüten erscheinen den ganzen Sommer über bei manchen Arten.

Wer einmal eine Blütenknospe von *C. ladaniferus* sich entfalten sah und staunte, wie in knapp einer halben Stunde aus der 1,5 cm großen Knospe die 12 cm breite Blüte sich entfaltete und sie in ihrer ungebügelten, knitterigen Schönheit vor sich sah, dazu mit der Zeit ganz durchdrungen wurde von dem Weihrauchgeruch, den die Pflanzen bei Sonnenschein ausströmen, hat sicher sein Herz an die Zistrosen verloren!

Ihre Kultur ist leicht; man überwintert kühl und eher trocken, sonst befällt Grauschimmel die Triebe, bei 6 bis 15°C, nach Möglichkeit hell. Bereits im Februar und März erscheinen die ersten Blüten. Nach den Eismännern räumt man ins Freie und senkt an sonniger Stelle ein, sie brauchen relativ wenig Pflege, da sie aus der Heimat Sommertrockenheit gewohnt sind. Große Pflanzen von *C. ladaniferus* und seinen Hybriden brauchen schon mehr Pflege, damit viele Knospen angelegt werden, aus denen sich die Blütenkurztriebe entwickeln können. Nach der Blüte kann man zurückschneiden, gegebenenfalls auch im Frühjahr; sie blühen dann weniger, bauen sich aber schöner auf. Besser aber: kleine Pflanzen nachziehen und die großen entfernen!

Auch die bei uns winterharten Cistusarten sind leider weitgehend unbekannt. *C. laurifolius* L. ist, bis auf extremste Lagen, überall in Mitteleuropa winterhart und bringt 4 cm breite, weiße Blüten mit gelbem Herz. Diese Art wächst straff aufrecht und wird ungefähr 1 m hoch. Noch interessanter für den Liebhaber ist *C. nowackianus* Markgraf aus Albanien, der niederliegend wächst und meist wintergrün ist und im Frühling gerne seine Blätter verliert, wenn der neue Durchtrieb da ist. Auch diese Art blüht weiß. In Großbritannien werden viele Hybriden angeboten, die dort winterhart sind. Inwieweit das wahr ist, d. h. auch für Mitteleuropa stimmt, gilt es nachzuprüfen. Die härteste Hybride dürfte 'Silver Pink' sein, ein Zufallssämling zwischen *C. creticus* und *C. laurifolius*. Weitere solche Pflanzen wären für die Steingärten der Liebhaber wichtig, und der Weg ist sicher über Kreuzung zu beschreiten. Voraussetzung dafür ist aber, daß die farblich interessanten, großblütigen Arten in unseren Kalthäusern in Kultur sind, damit man zur Züchtung auf neues Material zurückgreifen kann.

Aussaat ist leicht, fast jedes Korn keimt, man ziehe nicht zu viele Sämlinge auf und pinziere von Anfang an regelmäßig. Besser wenige, aber buschige Pflanzen als viele hohe und besige! Gute Formen oder Hybriden (vielleicht sogar eigener Zucht!) vermehrt man durch krautige oder harte Stecklinge bei 16 – 18° Bodentemperatur.

Convolvulus, Winde

Über 200 Arten – sie bewohnen die gemäßigte und subtropische Zone der Erde – gehören zur Gattung *Convolvulus* L., Winde (Windengewächse, *Convolvulaceen*). Die Winden sind entweder aufrechte oder windende Kräuter oder aufrechte, zuweilen dornige Sträuchlein.

Zur letzten Gruppe gehört auch *C. cneorum* L., die Silberwinde, die einzige Art, die als Kalthauspflanze oder Zimmerpflanze interessant ist. Sie ist in Sizilien und Dalmatien beheimatet und blüht von Frühling bis Herbst. Das aufrechte, mit lanzettlichen, dicht silbergrau behaarten Blättern und rosaroten bis rosaweißen Windenblüten bedeckte Sträuchlein erreicht langsam 1 m Höhe. Die Silberwinde ist im kühlen, hellen Zimmer gut haltbar, sonst aber eine Kalthauspflanze, die sommers vollsonnig im Freien Aufstellung findet. Die Substrate sollen durchlässig und nährstoffreich sein. Man muß oft pinzieren, damit die Pflanzen buschig werden, auch ein Rückschnitt kann von Zeit zu Zeit angebracht sein. Vermehrung durch Stecklinge und Aussaat ist leicht.

Cytisus, Geißklee

Die Gattung *Cytisus* L., sie gehört zur Familie der Schmetterlingsblütler, *Leguminosae,* umfaßt ungefähr 50 Arten, die Mitteleuropa, das Mittelmeergebiet und die Kanaren bewohnen. Die Geißkleearten unterscheiden sich von den nahe verwandten Arten der Gattung *Genista* L. gärtnerisch vor allem durch die dreizähligen Blätter. Die Blüten der meisten Arten sind gelb oder weiß, seltener rötlich gefärbt und erscheinen seiten- oder endständig in Trauben oder Köpfchen, manchmal stehen die Blüten auch einzeln achselständig, vor allem bei den winterharten Arten. Aus der Menge der nicht winterharten Arten und Hybriden können nur zwei genannt werden, einige werden in Großbritannien als winterharte Sträucher gezogen.

C. canariensis (L.) O. Kuntze stammt von den Kanaren und erreicht 2 m Höhe. Die immergrünen, dicht verzweigten Sträuchlein bringen eine Fülle kurzer Trauben leuchtend gelber, duftender Blüten im Frühling und Frühsommer. Bei der häufig gezogenen Varietät *ramosissimus* (Poir.) Bria. ist die sonst zottig behaarte Blattoberseite kahl, die Blättchen sind sehr klein und die Blütentrauben kurz.

Zur selben Zeit des Jahres blüht der in Kultur entstandene Bastard zwischen *C. canariensis* und *C. maderensis* Masf. var. *magnifoliolosus* Briq., *C.* ×

racemosus Marnock ex Nichols., bei dem die gelben Blüten in endständigen, reichblütigen, aber lockeren Trauben erscheinen. Auch diese Pflanze ist immergrün, hat kleine dreizählige, beiderseits seidenhaarige Blätter und kann 2 m hoch werden. Früher wurden die nicht winterharten Geißkleearten wesentlich häufiger gezogen und auch angeboten, sind sie doch schöne, dabei meist gut duftende Topfpflanzen für kühle, helle Zimmer und kleine Kalthäuser. Die Kultur gleicht im Grunde der anderer Kalthauspflanzen: im Winter hält man sie bei 10 bis 15°C, immer möglichst hell, dann werden sie im Mistbeetkasten aufgestellt – sie sind frostempfindlich – und erhalten nach den Eisheiligen einen endgültigen Standort an einer sonnigen Stelle. Als Substrate nimmt man humose, durchlässige Mischungen, doch gedeihen sie auch gut in Einheitserde.

Die Vermehrung erfolgt durch halbharte Stecklinge im Spätsommer oder Frühling, sie bewurzeln sich rasch bei 18°C. Wenn sie ausreichend bewurzelt sind, topft man ein – alle Geißkleearten lieben Wurzelstörung nicht – und pinziert oft, damit sie buschig werden. Nach der Blüte ist ein Rückschnitt notwendig, damit die Pflanzen nicht unten schütter werden. Ähnlich wie bei anderen Kalthauspflanzen werden die Blüten bereits im Sommer angelegt, so daß man nach dem Juli nicht mehr pinzieren sollte. Aus kräftigen Stecklingen lassen sich auch leicht Hochstämmchen ziehen.

Dracaena, Drachenbaum

Fast alle Arten der Gattung *Dracaena* L. sind Zimmerpflanzen, manche bedürfen sogar eines Blumenfensters, um erfolgreich gezogen zu werden. Eine Art, *D. draco* (L.) L., der Drachenbaum der Kanaren, wird besser im Kalthaus gezogen und im Sommer im Freien aufgestellt.

D. draco wächst in der Heimat baumartig und kann bis 18 m Höhe erreichen. Die Pflanzen sind durch ihre ausgeprägte dichotome Verzweigung interessant und vor allem dadurch, daß sie im Gegensatz zu vielen anderen Einkeimblättern ein sekundäres Dickenwachstum besitzen. Die Drachenbäume erreichen auf den Kanaren ein hohes Alter, und es war eine Trauerbotschaft für viele Pflanzenliebhaber, als sie vor einigen Jahren erfuhren, daß der älteste Baum, über 6000 Jahre alt, durch einen Sturm geworfen wurde.

Die Blätter stehen zu dichten Schöpfen zusammen, sind 45 bis 60 cm lang und 3 bis 4 cm breit und graugrün gefärbt.

Der Drachenbaum wird am besten kühl gehalten, obwohl seine Kultur auch bei höheren Temperaturen möglich ist. Man überwintert bei 10 bis 15°C und stellt im Sommer, nach den Eisheiligen, an einer sonnigen Stelle auf. Die Vermehrung erfolgt am besten durch Aussaat, Samen werden regelmäßig angeboten und können auch von einem Urlaub auf den Kanaren mitgebracht werden.

Echium, Natternkopf

Von den ungefähr 40 Arten der Gattung *Echium* L. sind nur wenige allgemein in Kultur. Meist nur als Unkräuter angesehen, werden die einjährigen Arten geduldet, die herrlichen halbstrauchigen und strauchigen Arten der Kanaren sind vielfach unbekannt.

Die Natternkopfarten gehören zu den Boretschgewächsen, den *Boraginaceen*, und besitzen auch die rauhen Blätter, die für viele Vertreter dieser Familie so typisch sind. Die blauen, violetten oder roten, selten auch weißen Blüten sind fünfteilig, röhrig-trichterig und besitzen einen schiefen Saum, sie stehen meist zu Wickeln zusammen, die große zylindrische Blütenstände bilden. Hier je eine blüten- und eine blattwirksame sowie eine strauchig wachsende Art.

Eine der schönsten Arten ist *E. candicans* L. f. von den Kanaren und Madeira, sie blüht im Frühling und Sommer. Die verästelten Sträucher erreichen bis 2 m Höhe, die lanzettlichen, filzigen Blätter sind herrlich grauweißlich. Die Blüten stehen in dichten zylindrischen Blütenständen und sind zuerst purpurn und verfärben sich dann zu blau.

Die verbreitetste strauchige Natternkopfart, sie wird in jedem botanischen Garten gezeigt, ist *E. fastusum* Jacq. von den Kanaren. Auch hier werden die Sträucher bis 2 m hoch, die lanzettlichen Blätter sind mit weißen Haaren bedeckt und am Rande dicht weiß bewimpert. Die keulenförmigen Blütenstände sind bis 15 cm lang und 5 cm breit, die knospigen und frisch sich öffnenden Blüten sind rosa, sie verfärben sich gegen dunkelblau. Besondere Wirkung rufen die roten Staubfäden hervor, die weit aus den ungefähr 1,5 cm großen Blüten heraushängen.

Bereits ohne Blüten ist *E. wildprettii* H. H. W. Pears ex Hook. f. (*E. bourgaeanum* Webb. ex Coincy) sehr auffällig; die schmallinealen Blätter sind bis 40 cm lang, oft noch länger, stehen zu dichten Schöpfen zusammen und sind dicht mit weißen, borstigen Haaren besetzt. Die Blütenstände sind dichte, schlanke Kegel, die je nach dem Alter und dem Entwicklungszustand der Pflanze zwischen 1 und 2 m Höhe erreichen. Die Einzelblüten sind rosa gefärbt, auch bei dieser Art hängen die Staubbeutel weit heraus.

Es gibt noch eine Fülle anderer kanarischer Arten, die ab und zu angeboten werden. Die Vermehrung geht am besten über die Samenanzucht, nur *E. fastuosum* kann auch gut abgesteckt werden. Nach dem Aufgang und Erstarken werden sie einzeln in relativ schwere, aber durchlässige, nährstoffreiche Mischungen gepflanzt und hell und kühl aufgestellt. Sind sie durchwurzelt, so können sie einen Platz im Freien, an sonniger Stelle, erhalten. Die erste Blüte kann schon im Anzuchtjahr erscheinen, meist aber erst im zweiten. Nur *E. wildprettii* läßt sich oft noch länger Zeit. Große Pflanzen werden bei 8 bis 10°C hell überwintert und nach den Spätfrösten im Freien aufgestellt oder sogar ausgepflanzt. Der Winterstandort soll nicht zu luftfeucht sein, da sonst die Blätter leicht von Grauschimmel befallen werden. Ausgepflanzte Exemplare entwickeln sich besonders gut, doch vertragen sie meist das Einpflanzen im Herbst schlecht, besser zieht man sie in Gefäßen und senkt diese ein. Viel Wasser und ausreichende Ernährung sind Voraussetzung für reiches Blühen, die Hauptblütezeit ist das späte Frühjahr und der Sommer. Im Herbst räume man zeitgerecht ein, da sie empfindlich gegen Fröste sind und dann die Überwinterung sehr problematisch wird. Die leichteste Art ist *E. fastuosum*, aus diesem Grund ist auch dieser Natternkopf der verbreitetste der strauchigen Gruppe.

Genista, Ginster

Nahe mit den Geißkleearten verwandt sind die Arten der Gattung *Genista* L., sie besitzen aber einfache Blätter und keine kleeförmigen. Von den 100 in Europa, Nordafrika und Westasien beheimateten, meist rutenästigen, grünzweigigen Arten sind nur wenige nicht winterharte schön genug, um die Mühe der Kultur im Kalthaus zu lohnen. (Schmetterlingsblütler, *Leguminosae*.)

G. aetnensis (Biv.) DC., der Ätnaginster, kommt aus Sizilien und Sardinien und erreicht Höhen über 2,5 m. Die rutenförmigen, grünen Zweige haben die Assimilationsaufgabe übernommen, die einfachen Blätter entwickeln sich selten. Die goldgelben Blüten sind 1,5 cm groß und werden in großen Mengen gebildet. Diese Art wird in Großbritannien viel angepflanzt und wirkt im Juli in ihrer goldenen Fülle überwältigend.

G. monosperma Lam. heißt nun richtig *Retama monosperma* (L.) Boiss. und stammt aus Südspanien, Portugal und Nordafrika, die Hauptblütezeit dieser Art ist im März und April. Die Sträucher werden bis 1,5 m hoch, die einfachen Blätter werden auch bei dieser Art selten ausgebildet, die frischen Triebe sind dicht silberig behaart und geben den Sträuchern einen silberigen Schimmer. Die weißen, duftenden Blüten sind bis 1,5 cm groß und werden in kurzen seitenständigen Trauben gebracht. Es folgen dickfleischige, meist einsamige Hülsen.

Diese beiden Ginster sind schön und vor allem durch ihre Blütezeit interessant; so früh- und so spätblühende winterharte Arten kennen wir weder bei den Ginster- noch bei den Geißkleearten. Die Kultur ist leicht, Überwinterung ist sogar im Alpinenhaus möglich, die Pflanzen vertragen Temperaturen bis −5°C ohne weiteres, wenn ihr Ballen trocken ist; normalerweise wird man bei 5 bis 8°C durchwintern. Im Sommer haben beide Arten einen vollsonnigen Standort im Freien. Die Vermehrung erfolgt am besten durch Aussaat, die Substrate sollen lehmig-humos und durchlässig sein.

Jasminum, Jasmin

Im gesamten Mittelmeergebiet ist eine Jasminart verbreitet: *Jasminum fruticans* L., mit gelben, wenig duftenden Blüten in Büscheln zu ein bis vier am Ende kurzer Triebe. Das Sträuchlein erreicht eine Höhe von 1 m, die Zweige sind grün, kantig und unbehaart. Die sommergrünen Blätter sind ein- oder dreiteilig und eigenartigerweise in Kultur meist nicht abfallend, sondern halbimmergrün, obwohl die Art in der Natur die Blätter meist verliert.

Diese Art ist eine nette Zier des kleinen Kalthauses und vor allem durch die lange Blütezeit, die von Juli bis in den Winter hinein währt, auffallend. Im Sommer steht dieser Jasmin im Freien, sonnig, winters bei 10°C, aber auch tiefere und höhere Temperaturen verträgt er gut. Die Kultur erfolgt in Einheitserde, die Vermehrung durch Stecklinge oder Aussaat. Die schwarzen, etwas trockenhäutigen Beeren sind zierend und enthalten meist einen oder zwei Samen.

Laurus, Lorbeer

Eine sehr bekannte Dekorationspflanze, die schon seit Jahrhunderten in Mitteleuropa kultiviert wird, ist der Lorbeer, *Laurus nobilis* L., der zu den Lorbeergewächsen, den *Lauraceen*, gehört. Der Lorbeer wächst im Mittelmeergebiet großstrauchig oder baumartig und erreicht eine Höhe bis über 10 m. Die lederartigen, länglich zugespitzten Blätter sind ungefähr 10 cm lang und 3 cm breit und enthalten in eigenen Ölbehältern ihre Duftstoffe. Die relativ unscheinbaren Blüten sitzen zu 4 bis 6 gedrängt in den Blattachseln, sie sind zweihäusig. Die länglichen Beeren sind schwarzgrün oder schwarz.

Der Lorbeer ist eine sehr alte Kulturpflanze und in Deutschland wahrscheinlich schon vor 1550 gezogen worden. Bereits die Bibel erwähnt den Lorbeer, und die Griechen, bei denen er dem Apoll geweiht war, wanden aus ihm Siegeskränze und Ehrengirlanden. Auch als Gewürzpflanze kommt dem Lorbeer Bedeutung zu. Von alters her ist das Lorbeerblatt beliebtes Gewürz, vor allem für Fleisch- und Fischgerichte, Suppen und Saucen.

Die Vermehrung durch Stecklinge überläßt man den Spezialgärtnereien, die auch die Pflanzen, in oft jahrelanger Anzucht, zu Pyramiden, Säulen oder Kronenbäumchen formen. Die Überwinterung erfolgt hell bei 2 bis 6°C, möglichst lange in das Frühjahr hinein soll man bemüht sein, die Temperaturen möglichst tief zu halten. Nach den Eisheiligen wird ausgeräumt und sonnig aufgestellt, bis Anfang August düngt man regelmäßig mit Volldüngern, dann muß man damit aufhören, damit das Holz ordentlich ausreift. Geschnitten werden die Lorbeerpflanzen entweder im Spätwinter oder nach Abschluß des diesjährigen Triebes. Verpflanzt wird nur alle drei bis vier Jahre, und auch dann wählt man den neuen Kübel nicht zu groß. Als Substrat nimmt man Mistbeeterde, die man mit Sand und Lehm streckt, doch auch mit Sand vermischte Einheitserde tut ihre Dienste. Je älter die Pflanzen sind, desto schwerer kann die Erde sein.

Wichtig ist eine regelmäßige Bekämpfung der tierischen Schädlinge, die den Lorbeer befallen. Schild- und Wolläuse stellen sich ein, bei trockenem Wetter vielleicht auch Spinnmilben, als sekundäre Erscheinungen tritt dann meist Rußtau auf, da die Pilze auf den zuckerhaltigen Ausscheidungen der Läuse wachsen. Gleichmäßige Wasserversorgung ist ebenso notwendig, da bei Trockenheit Blattfall eintreten kann, der den Wert eines Lorbeers sehr mindert. Alles in allem ist die Kultur eines Lorbeers nicht unbedingt als leicht zu bezeichnen, doch bei Beachtung weniger Dinge ist ein Erfolg leicht möglich!

Kalthauspflanzen

Lotus, Hornklee

Eine einzige Art der Gattung *Lotus* L. sollte unbedingt von jedem Liebhaber versucht werden: der scharlachrote *L. berthelotii* Masf. (*L. peliorhynchus* (Webb) Hook. f.) von den Kanaren!
Die Gattung *Lotus* L. gehört zu den Schmetterlingsblütlern, den *Leguminosen*, und umfaßt ungefähr 150 Arten, die Nordamerika, Europa, vor allem aber das Mittelmeergebiet und die Kanaren bewohnen. Es sind Stauden oder Halbsträucher mit fünfzählig gefingerten Blättern und doldigen Blütenständen in den Blattachseln.

Der kanarische *L. berthelotii* ist eine am Grunde etwas verholzende Staude mit herunterhängenden, verzweigten, dünnen Trieben. Die Blättchen sind sitzend und fadendünn, fünf- bis siebenteilig und hell silbergrau gefärbt. Die Blüten erscheinen einzeln, meist aber zu mehreren aus den Blattachseln, und sind 4 cm lang, die Fahne scharlachrot mit schwarz, die Flügel orangescharlach gefärbt.
Diese Hornkleeart fällt bereits im nichtblühenden Zustand durch die leuchtend silberfarbige Behaarung auf, in der Blüte ist *L. berthelotii* nicht zu übersehen. Die Triebe können bis 2 m herunterhängen und sind vor allem im unteren Teil dicht mit den scharlachroten Blüten besetzt. Die Kultur ist nicht ganz einfach, doch sind es bloß einige Dinge, die es zu beachten gilt. Die Substrate müssen sehr nahrhaft, humusreich, aber durchlässig sein. Einheitserde mit Sand gestreckt eignet sich vorzüglich. Nie dürfen die Pflanzen trocken werden, da sie sofort die einzelnen fadenförmigen Blättchen rieseln lassen. So einer Pflanze kann nur mehr eine Rückschnitt-Kur verschrieben werden. Die Pflanzen gehören ins helle Kalthaus und lieben Temperaturen zwischen 8 und 15°C. Wichtig ist, daß sie hell haben! Jedes Jahr bringen die Pflanzen, bei halbwegs entsprechender Behandlung, im März, April und Mai ihre Blüten.
Die Vermehrung kann durch Stecklinge oder Aussaat erfolgen. Stecklinge kann man im März/April oder September stecken, sie dürfen am Beginn nie welken, da dadurch der Erfolg in Frage gestellt ist. Man steckt gleich in sandige Einheitserde, am besten mehrere Stecklinge, und wählt dazu einen trüben Tag. Mäßig feucht gehalten und bei Temperaturen zwischen 18 und 22°C bewurzeln sich die Stecklinge innerhalb von 2 Wochen. Ist die Witterung nach dem Stecken sehr heiß, so versucht man durch Abdecken mit Seidenpapier, das man feucht hält, die Stecklinge am Welken zu hindern. Nach dem Durchwurzeln des Stecklingstopfes topft man um. Pinzieren ist meist nicht notwendig, da sich dieser Hornklee selbst gut verzweigt.
Im Grunde genommen sind die Anforderungen dieses scharlachfarbenen Schatzes nicht so unerfüllbar: heller Stand, Temperaturen zwischen 8 und 15°C, nie austrocknen lassen und sandige Einheitserde. Am besten ist es, selbst einmal die Pflege von *Lotus berthelotii* zu versuchen!

Myrtus, Myrte

Von den über 100 bekannten Arten der Gattung *Myrtus* L., sie gehört zu den Myrtengewächsen, den *Myrtaceen*, sind die meisten in Amerika beheimatet. Wenige Arten bewohnen Australien und Neuseeland und eine Art, *M. communis* L., das Mittelmeergebiet.

Die Brautmyrte ist ein dichter, bis 3 m hoher Strauch mit immergrünen, eiförmig zugespitzten, bis 3 cm langen Blättern, die beim Zerreiben aromatisch duften. Die weißen Blüten sind 2 cm groß und erscheinen einzeln aus den Blattachseln, die Blütezeit ist von Juni bis zum Herbst. Die Blüten besitzen je fünf Kelch- und Blütenblätter und zahlreiche Staubblätter, die Früchte sind runde bläulichschwarze Beeren.
Die Myrte war bereits in klassischen Zeiten der Aphrodite geweiht und wurde als Symbol des Friedens und der Liebe angesehen. Myrtenkränze

wurden von den Siegern der Olympischen Spiele und den Magistraten zu griechischen, den Dichtern in römischen Zeiten gewunden. Heute ist die Myrte nicht nur im Mittelmeerraum, sondern weit darüber hinaus eine traditionelle Brautblume und wird aus diesem Grunde in verschiedenen Auslesen kultiviert, so die 'Hamburger Brautmyrte' und die 'Königsberger Brautmyrte'.

Myrten sind nicht übermäßig schwierig zu kultivieren, doch lieben sie einen besonders kühlen Überwinterungsstandort, bei 3 bis 6°C, einen sonnigen Freilandstand während des Sommers und während des gesamten Jahres eine gleichmäßige Bodenfeuchtigkeit. Als Substrat verwendet man mit Sand gestreckte Einheitserde oder Mischungen aus Lauberde, Torfmull, Lehm und Sand, der Lehmanteil kann bei alten Pflanzen erhöht werden. Verpflanzt wird möglichst selten, die Myrte liebt Wurzelstörungen nicht. Wichtig ist, daß man sie nicht tiefer topft, als sie stand. Die Vermehrung erfolgt durch Stecklinge im Juni und Juli, die sich bei 18°C Bodentemperatur recht gut bewurzeln. Jungpflanzen muß man oft pinzieren, damit sie buschig werden. Sehr begehrt sind Hochstämmchen, die sich ohne weiteres hochziehen lassen.

Narcissus, Tazette, Jonquille

Von den ungefähr 30 im Mittelmeergebiet und in Mitteleuropa heimischen Arten der Gattung *Narcissus* L. sind einige nicht genügend winterhart und werden besser winters im Kalthaus gezogen.

Die Tazette, *N. tazetta* L., bewohnt Felder, Wiesen und Gariguen im Mittelmeergebiet, doch immer da, wo mehr Feuchtigkeit im Boden vorhanden ist. Diese schwer duftende Narzisse trägt ihre weißen, goldkronigen Blüten zu vier bis fünfzehn in Dolden am Ende der 50 cm langen, etwas abgeflachten Schäfte. Die Blätter sind zur Blütezeit schon gut entwickelt, sie sind 5 bis 15 mm breit und bis 50 cm lang. In der Heimat blüht die Tazette, je nach dem Standort, von November bis April, im Kalthaus meist von Weihnachten bis Mai. Die länglichovalen Zwiebeln liegen in der Heimat tief, so daß sich jeder auf ein anstrengendes Ausgraben vorbereiten muß, der seine Tazette selbst wild sammeln will.

Neben der zweifarbigen Art gibt es noch reingelbe und reinweiße Arten, *N. aureus* Loisel. und *N. papyraceus* Ker-Gawl., die beide im Mittelmeergebiet weit verbreitet sind, aber nur bis 30 cm hohe Schäfte besitzen.

In günstigen Lagen und bei etwas Schutz sind die Jonquillen, *N. jonquilla* L., winterhart, doch auch sie können gut im Kalthaus gezogen werden. Die Jonquillen haben ebenfalls mehrere Blüten doldig angeordnet, doch sind sie, auch bei den gefüllten Formen und nahe verwandten Zwergarten, rein goldgelb gefärbt. Die Blätter sind dunkelgrün und röhrig, irgendwie zwiebelähnlich und ganz anders, als wir es sonst von Narzissen gewohnt sind. Nur eine Ausnahme in der Farbe gibt es, es ist die einblütige, reinweiße und nicht duftende *N. watieri* Maire aus dem Hohen Atlas, diese Art ist aber gut winterhart.

In der Kultur machen die Tazetten und Jonquillen keine Probleme: sie werden zu mehreren in großen Töpfen oder Schalen gezogen, während des Winters bei 3 bis 8°C und hell gehalten und stehen im Sommer sonnig im Freien. Ist das Laub eingezogen, werden sie trockengehalten, bis im Herbst wieder die Blätter erscheinen. Die Substrate sollen eher schwer, dabei aber durchlässig und nährstoffreich sein, damit sich die Zwiebeln immer wieder vollfüllen können und im nächsten Jahr wieder reich blühen. Vermehrung durch Aussaat ist möglich, aber langwierig, besser ist es, Nebenzwiebeln abzunehmen oder sich seinen Grundstock über den Samenhandel zu besorgen oder selbst auszugraben, in manchen Gegenden sind diese beiden Narzissen so verbreitet, daß sie zum Mähen reich die Feldraine säumen.

Nerium, Oleander

Zu den Hundsgiftgewächsen, den *Apocynaceen*, gehört unser bekannter Oleander, *Nerium oleander* L., dessen bis 4 m hohe Sträucher im gesamten

Mittelmeergebiet anzutreffen sind. Die schmallanzettlichen Blätter stehen gegenständig oder zu dritt quirlig und sind bis 15 cm lang und graugrün. Die Blüten erscheinen in endständigen, vielblütigen Trugdolden von Juni bis zum Herbst. Bei den einfachen Sorten sieht man deutlich die fünfteilige Blütenkrone mit den fünf geschlitzten Schlundschuppen, die man bei manchen Enzianen auch findet. Die wilde Form ist rosa und hat 4 cm breite Blüten, Kulturformen haben bis 8 cm breite Blüten in Weiß, Hell- bis Dunkelrot, Gelb und Orange; gefüllte Formen gibt es in denselben Farbtönen. Daneben finden sich noch gefleckte Sorten, wie Rot mit Weiß und auch buntblättrige Formen, wie *N. oleander* 'Variegatum', mit gelbbunten Blättern. Viele Sorten, aber nicht alle, duften besonders abends und nachts. – Einfache Sorten zeigen ab und zu die zylindrischen Kapseln, die beim Aufspringen die mit Flughaaren versehenen Samen entlassen.

Der Oleander ist eine altbekannte und prächtige Kübelpflanze, die bei Temperaturen zwischen 2 und 8°C am günstigsten überwintert wird. Der Winterstandort soll hell sein, doch gelingt bei einiger Umsicht auch die Überwinterung in vollkommen dunklen Räumen. Besondere Sorgfalt ist dem Wässern im Winter zu schenken: nicht übermäßig gießen, aber auch nicht ballentrocken werden lassen, beides wird der Oleander mit Blattfall beantworten. Nach den Eisheiligen räumt man an den sonnigen Sommerstandort. Die Vermehrung durch Stecklinge ist leicht. Wichtig ist, daß man junge Pflanzen regelmäßig pinziert, damit sie buschig werden. Hochstämme werden, nach Erreichen der erwünschten Kronenhöhe, ebenfalls regelmäßig pinziert. Jungpflanzen hält man eher in zügigem Wachstum als alte Exemplare und topft auch jährlich um, alte Pflanzen werden nur alle paar Jahre verpflanzt, wobei man den Wurzelfilz mit einem scharfen Messer entfernt und die Pflanzen wieder in dasselbe Gefäß pflanzt, der Zwischenraum wird fest ausgestopft.

Oleander brauchen während der Wachstums- und Blütezeit reichlich Wasser und Nährstoffe. An sonnigen Standorten werden länger nicht umgepflanzte Exemplare gerne ballentrocken, ohne daß man es bemerkt; solche Pflanzen stellt man in einen großen Untersatz, der mit Wasser oder Düngerlösung gefüllt wird. Selbst große Oleander können ohne Bedenken stark zurückgeschnitten werden, sie treiben erneut willig aus und bauen in zwei Vegetationsperioden wieder schöne Kronen auf.

Neben dem »Blattfall«, der durch Ballentrockenheit oder stauende Nässe hervorgerufen wird, treten beim Oleander eigentlich nur Schildläuse und in deren Folge Rußtaupilze auf. Schildläuse müssen ganzjährig bekämpft werden, da wenige Mutterläuse durch ihre hohe Vermehrungsrate einen großen Oleander verseuchen können. Sehr gut wirken systemische Insektizide, die man über die Wurzeln verabreicht, sie erfassen selbst die verstecketste Laus. Die Präparate in den geeigneten Konzentrationen anwenden und nie auf trockenen Ballen aufbringen, das kann zu Blattfall führen. Auch muß man diese Präparate, das heißt die Wirkstoffe, regelmäßig wechseln, damit es zu keinen Resistenzerscheinungen kommt. Rußtaupilze siedeln sich auf den zuckerhaltigen Ausscheidungen der Schildläuse an. Eine Bekämpfung ist nur durch das Ausschalten der Läuse, eine Entfernung des schwarzen Belags nur durch Waschen möglich.

Olea, Ölbaum

Weniger Zierwert, dafür aber große Bedeutung für die Entwicklung der mediterranen Kulturen hat der Ölbaum, *Olea europaea* L., der zu den Ölbaumgewächsen, den *Oleaceen*, gehört. Die Gattung *Olea* L. umfaßt 40 Arten im tropischen und mittleren Asien, dem Mittelmeerraum, Nord- und Südafrika.

Die Olive oder der kultivierte Ölbaum, *O. europaea* ssp. *europaea* (*O. sativa* Hoffmgg. et Link), ist ein bis 12 m hoher Baum mit grauer Borke und runden Trieben. Die eilänglich-lanzettlichen, gegenständigen Blätter sind oberseits aschgrau und unterseits weiß. Die weißlichen Blüten stehen in kleinen aufrechten Trauben und sind vierteilig aufgebaut. Die Früchte sind elliptisch, grün oder schwarz gefärbt und enthalten einen harten Stein. Das Fruchtfleisch der Kulturform ist ölreich und wird schon von alters her ausgepreßt und für Kochzwecke, für Beleuchtung und für die Körperpflege verwendet.

Die Kulturform hat sich, mit großer Sicherheit in Syrien, aus dem wilden Ölbaum, *O. europaea* ssp. *sylvestris* (Mill.) Rouy (*O. oleaster* Hoffmgg. et Link), entwickelt. Die Ursprungsart ist strauchig bis kleinbaumig und hat kantige Triebe, dornige Zweige und ölarme, eßbare Früchte.

Die Entwicklung der Olivenkultur hängt eng mit der Hochkulturbildung im Mittelmeerraum zusammen, die Kultur des Ölbaums ist zuerst bei der minoischen Kultur sicher nachzuweisen; er wird auch in der Bibel häufig erwähnt, der Ölzweig ist ein Zeichen des Friedens.

Die Kultur des Ölbaums ist nur dem zu empfehlen, der in seinem Kalthaus viel Platz hat, denn außer der geschichtlichen Bedeutung hat der Ölbaum wenig zu bieten, Oliven bringt er bei uns selten, das Laub ist allerdings etwas zierend.

Die Überwinterung erfolgt kühl, der Sommerstandort soll sonnig sein. Die Erde soll lehmig sein. Die Vermehrung erfolgt durch halbharte Stecklinge im Sommer und durch Aussaat, doch schlagen Sämlinge häufig mehr in Richtung dornigem, wildem Ölbaum.

Pistacia, Pistazie

Zu den Sumachgewächsen, den *Anacardiaceen*, gehört die Gattung *Pistacia* L., die jedermann im Mittelmeergebiet auffällt und die wichtige Nutzpflanzen enthält. Die 20 Arten bewohnen neben dem Mittelmeergebiet und dessen Randgebieten Ostasien und die südlichen USA. Die zweihäusigen Pflanzen bilden Sträucher oder kleine Bäume und besitzen meist gefiederte, glatte Blätter. Die Blüten erscheinen in zusammengesetzten Trauben oder Rispen. Drei Arten des Mittelmeergebietes sind leicht im Kalthaus zu ziehen, ergeben, besonders durch ihre Blüte, schöne Dekorationspflanzen und sind als Nutzpflanzen des Mittelmeergebietes interessant.

P. lentiscus L. (*Terebinthus lentiscus* (L.) Moench) ist der im gesamten Mittelmeergebiet heimische Mastixstrauch, der vor allem in der Macchie zu finden ist. Die Blätter sind lederig und immergrün und paarig gefiedert, die Blüten erscheinen in dichten Trauben aus den Blattachseln, vor allem die männlichen Pflanzen wirken durch die roten Staubbeutel. Das Mastix-Harz wird durch Verwunden der Rinde gewonnen, seit klassischen Zeiten ist es zur Festigung des Zahnfleisches und Verhütung von Mundgeruch gekaut worden. Aus dem Harz werden die 'masticha's' erzeugt, oft widerlich süße Zuckerwaren und ein ebenso genannter Likör.

Die Terpentine-Pistazie, *P. terebinthus* L., bewohnt das Areal der vorigen Art, ist jedoch höherwüchsig, laubabwerfend und besitzt unpaarig gefiederte Blätter mit fünf bis neun Blättchen. Der Laubaustrieb dieser irgendwie eschenähnlich belaubten Pflanze ist rotbronze gefärbt und im frühen Frühling sehr auffällig, der starke Geruch dieser Pflanze gibt einen wichtigen Hinweis zur Bestimmung. Die rötliche Rinde produziert bei Verwundung einen gutduftenden Gummi, die häufig anzutreffenden Gallen werden zum Gerben verwendet.

Die echte Pistazie, *P. vera* L., ist in Kleinasien beheimatet und wurde erst in christlicher Zeit in Griechenland kultiviert, diese Pflanze liefert die Pistaziennüsse. Die großen Blätter stehen zu ein bis fünft und sind in der Jugend behaart, die Bäume erreichen bis 10 m Höhe.

Während *P. terebinthus* und *P. vera* rasch Größen erreichen, die sie für die Kultur in einem kleinen Kalthaus ungeeignet erscheinen lassen, ist die immergrüne *P. lentiscus* eine harte, nett belaubte und schön blühende Pflanze für den Kalthausliebhaber. Im Winter hält man bei Temperaturen unter 10°C, im Sommer stellt man vollsonnig auf. Flüssigdüngung erspart oft das Umpflanzen, als Substrat nimmt man eher schwere, aber durchlässige Mischungen. Die Vermehrung durch Stecklinge ist leider schwierig. Durch Aussaat kann man rasch Pflanzen erhalten, doch muß man mehrere Exemplare bis zur Blüte ziehen, um dann die schönen, roten männlichen Pflanzen auszulesen. Hat man mehr Platz, so fügt man seiner Sammlung eine *P. terebinthus* hinzu, die vor allem im Laubaustrieb schön ist!

Punica, Granatapfel

Eine herrliche Kalthauspflanze, von der Zwergformen bereits als ganz kleine Pflanzen blühen können, ist der Granatapfel, *Punica granatum* L. (Granatapfelgewächse, *Punicaceen*). Neben dieser Art, sie ist vom Balkan bis zum Himalaja beheimatet, gibt es noch eine zweite Art dieser Gattung auf der Insel Sokotra.

Der Granatapfel, im Mittelmeergebiet und weltweit in den Subtropen wegen seiner eßbaren Früchte gezogen, wächst baumförmig und erreicht eine Höhe von 5 m. Die sommergrünen Blätter sind lanzettlich und 8 cm lang, sie stehen wechselständig um die oft bedornten Triebe. Die Blüten stehen einzeln oder zu dritt am Ende der Triebe, der Kelch ist fleischig, scharlach gefärbt und dauernd, die fünf bis acht Blütenblätter der Wildform sind etwas ungebügelt und brennend scharlachrot. Es gibt auch gefüllte Formen und solche mit weißen, gelben und gestreiften Blüten, diese auch einfach und gefüllt.

Die Früchte, die Granatäpfel, besitzen eine harte Rinde und ein rosafarbenes, breiiges Fruchtfleisch mit süßsäuerlichem Geschmack, die Kultursorten sind kernlos oder wenigstens kernarm. Bereits seit alttestamentarischen Zeiten wird dieses Fruchtfleisch für erfrischende Getränke verwendet, der Granatbaum selbst als Symbol der Fruchtbarkeit bezeichnet. Aus der Rinde der unreifen Früchte wird Gerbstoff gewonnen, der zum Gerben und für medizinische Zwecke Verwendung fand, die Rinde der Wurzeln wurde abgebrüht und gegen Bandwürmer eingenommen. Viel wichtiger als alle diese nützlichen Dinge ist uns der Schmuckwert der Pflanze, vor allem der zwergig wachsenden und früh blühenden Varietät *nana* (L.) Pers., die bereits mit 15 bis 20 cm Höhe reichlich blüht und kleine Granatäpfel bringt. Doch auch hochwachsende Sorten sind herrliche Kübelpflanzen, vor allem die normal rotblühenden, die den ganzen Sommer ihre schönen Blüten bringen. Wichtig ist die kühle und lichte Überwinterung, da diese sommergrüne Pflanze sonst geil austreibt und nicht so reichlich blüht. Temperaturen um 2 bis 8°C und viel Luft garantieren späten Austrieb. Während des Austriebs schneidet man die dünnen und zu dicht stehenden Triebe heraus. Nach den Eisheiligen wird ausgeräumt und sonnig aufgestellt, nun ist ausreichendes Wässern und Düngen Voraussetzung für kräftiges Holz, an dem sich im darauffolgenden Jahr wieder viele Blüten bilden können. Wichtig ist, daß die Triebe ab August ordentlich ausreifen, man schränkt darum die Wassergaben ein und hört mit der Düngung auf.

Die Vermehrung des Granatapfels ist auf die verschiedenste Weise möglich: man kann aussäen, Samen vom Zwerggranatapfel werden regelmäßig angeboten, bei Fruchtsorten entwickelt sich meist die mehr bedornte Wildlingsform, Steckhölzer von ca. 8 bis 10 cm Länge im Februar schneiden und bei 18°C bewurzeln oder halbreife, krautige Stecklinge schneiden und diese ebenfalls bei 18°C bewurzeln. Jungpflanzen müssen oft pinziert werden, damit sie buschig werden. Als Substrat nimmt man Einheitserde, die man für die kleineren Pflanzen mit Sand streckt.

Wichtig für die erfolgreiche Kultur des Granatapfels ist die kühle, lichte und eher trockene Überwinterung, die einen frühen Austrieb verhindert, und ein sonniger Sommerstandort mit viel Wasser und Dünger, doch nur bis Juli, August; so behandelt, wird man viele Blüten bekommen!

Rosmarinus, Rosmarin

Eine sehr bekannte Pflanze, die auch in der Küche Verwendung findet, ist der Rosmarin, *Rosmarinus officinalis* L., der zu den Lippenblütlern *(Labiaten)* gehört. Der dicht verzweigte, immergrüne Strauch erreicht bis 1,5 m Höhe, die ledrigen Blätter sind bis 35 mm lang und 3 mm breit, der Rand ist nach unten geschlagen. Die Oberseite der Blätter ist rauh und dunkelgrün, die Unterseite ist weißhaarig. Die weißlichblauen Lippenblüten mit den zwei fruchtbaren Staubfäden erscheinen während des ganzen Sommers, vor allem aber im Mai und Juni, in kleinen Büscheln im oberen Bereich der Triebe. Die ganze Pflanze riecht stark und charakteristisch, sie enthält ein Öl, das auch in der Parfümerzeugung verwendet wird. In der Heimat, dem gesamten Mittelmeergebiet, ist der Rosmarin, ähnlich wie auch der echte Salbei, *Salvia officinalis* L., eine geschätzte Bienenweide. Da der Rosmarin auch sehr dürreresistent ist, wird er zur Bepflanzung von Autobahnstreifen und ähnlichem herangezogen, ursprünglich bewohnte er Macchien und trockene Hügel, vor allem in der Nähe des Meeres.

Der Rosmarin, in vielen Gebieten eine wichtige Ansteckstraußblume für Hochzeiten, ist im Alpinenhaus bereits winterhart, hält jedoch im Freien nur in sehr günstigen Lagen und milden Wintern durch. Besser ist es, ihn in einem großen Behälter zu ziehen, diesen während des Sommers sonnig, eventuell gemeinsam mit Sommerblumen verwendet, einzusenken und den Winter über frostfrei zu halten. Als Winterstandort eignet sich jeder nicht zu warme und dabei helle Standort; Gangfenster, kühle Zimmer und lichte Gänge sind ideal.

Die Vermehrung des Rosmarins erfolgt durch halbharte Sommerstecklinge, in der Jugend ist auch bei dieser Pflanze oft zu pinzieren, damit sie buschig wird. Als Substrat nimmt man mit Sand gestreckte Einheitserde. Auch Aussaat ist möglich und gibt relativ schnell ansehnliche Pflanzen.

Ruscus, Mäusedorn

Sehr harte Kalthauspflanzen, die sich auch für die Aufstellung in Gängen und auf kalten Veranden gut eignen, sind die Mäusedornarten, die Arten der Gattung *Ruscus* L., Familie Liliengewächse, *Liliaceen*. Alle Arten sind zweihäusig und vor allem durch die blattartigen Triebe, die Kladodien, ausgezeichnet, auf deren »Blatt«-Fläche die Blüten erscheinen. Die Blüten werden von ein- oder zweisamigen, roten Beeren gefolgt, die sehr zierend wirken. Die holzigen Sträuchlein bilden kurze unterirdische Ausläufer aus, womit sie kleine Dickichte bilden.

Stark stechend ist der eigentliche Mäusedorn, *R. aculeatus* L., der den gesamten Mittelmeerraum bewohnt und ausstrahlend bis Großbritannien vordringt. Diese Art ist bei günstigem Standort und leichtem Schutz auch in Mitteleuropa winterhart und sollte als schattenverträgliche Pflanze viel mehr verwendet werden. Die buschigen Sträuchlein werden 60 bis 90 cm hoch, die dunkelgrünen Kladodien sind bis 2 cm lang, stark zugespitzt und stehen dicht im oberen Bereich der Triebe. Die Beeren sind leuchtend kirschrot und werden oft in reicher Fülle angelegt, Voraussetzung ist, daß beide Geschlechter vorhanden sind. Nicht stechend ist der von Spanien bis zum Balkan heimische *R. hypoglossum* L., dessen Triebe bis 70 cm hoch werden können, meist aber nur 30 cm lang sind. Die Kladodien sind eirund oder elliptisch und stumpf und tragen im April und Mai die kleinen Blüten, aus denen sich bei den weiblichen Pflanzen die wachsigen, roten Beeren entwickeln können. Diese Art ist etwas empfindlicher, doch auch sie ist an günstigen Standorten, Schatten vorausgesetzt, im Freien versuchswert, wo sie oft dichte Teppiche webt. Beide Mäusedornarten, die zweite durch ihre nicht stechenden Kladodien nicht ganz stilecht, sind sehr dauerhafte und kaum umzubringende Pflanzen für Kalthaus, Zimmer und Freiland; sie lieben tiefe Wintertemperaturen, zwischen 2 und 12°C, Schatten und sogar Bodentrockenheit. Die Substrate sollen durchlässig, aber etwas schwerer sein. Die Vermehrung erfolgt am besten durch Teilung oder Abnahme von bewurzelten Ausläufern. Aussaat ist nur für Ausdauernde, da die Beeren, auch sofort nach der Ernte gesät, oft überliegen und die Jugendentwicklung langsam ist.

Getrocknete, gebleichte und oft mit farbigen Styroporperlen verunzierte Zweige von *R. aculeatus* werden aus dem Mittelmeergebiet eingeführt und in der Blumenbinderei verwendet.

Urginea, Meerzwiebel

Selten echt ist die Meerzwiebel, *Urginea maritima* (L.) Bak., in Kultur. Die Gattung *Urginea* Steinh. gehört wie die nahe verwandte Gattung *Scilla* L. zu den Liliengewächsen, den *Liliaceen*, und umfaßt ungefähr 50 Arten, die vor allem in Südafrika beheimatet sind.

Was bei uns unter dem Namen »Meerzwiebel« gezogen wird, ist meist *Ornithogalum caudatum* Ait. aus Südafrika. Die echte Meerzwiebel bewohnt die Küsten des gesamten Mittelmeergebietes und ist nicht zu verwechseln. Im Herbst bis Frühjahr erscheinen aus den unterirdischen, bis 15 cm Durchmesser großen Zwiebeln die lanzettlichen, bis 45 cm langen, steifen, graugrünen Blätter, die im April und Mai wieder einziehen. Die bis 1,5 m hohen Blütenstände erscheinen im August bis Oktober, vor den Blättern, und sehen einer hellgrünlichen Steppenschweifkerze ähnlich. Die unteren Blüten öffnen sich zuerst, und langsam schreitet das Blühen der Traube nach oben. Die Kultur der Meerzwiebel muß sich diesem Vegetationsrhythmus anpassen, im Winter wird gewachsen, im Sommer wird geruht! Im Juni, Juli, nachdem die Blätter eingezogen haben, topft man in durchlässige, nährstoffreiche Substrate um, größere Gefäße sind selten notwendig, es genügt die Erneuerung des Substrats. Dann erscheinen, bei uns in Kultur leider seltener, die Blütenkerzen und danach die graugrünen, sehr zierenden Blätter. Man hält mäßig feucht und sehr hell, ist der Standort nicht so hell, muß man trockener halten, um die Pflanze am Wachsen zu hindern. Im Frühjahr räumt man so früh als möglich hinaus. Beginnen die Blätter zu vergilben, schränkt man das Gießen ein, um wieder umzutopfen und erst mit dem Erscheinen der Blüten oder Blätter wieder zu wässern.

Die Vermehrung durch Aussaat ist eine wahre Sisyphusarbeit, dauert es doch meist 8 Jahre, bis die erste Blüte erscheint. Besser ist es, sich eine Meerzwiebel bei einem Badeurlaub auszugraben und nach Hause mitzunehmen! Aus den Zwiebeln werden gut wirksame Ratten- und Mäuseköder hergestellt, da sie ein starkes Gift enthalten.

Vinca, Immergrün

Auch fast in allen Gebieten Mitteleuropas hart ist eine weitere mediterrane Pflanze, die sich aber vorzüglich für die Kultur im Kalthaus und sogar Zimmer eignet, das große Immergrün, *Vinca major* L. aus der Familie der *Apocynaceen*, der Hundsgiftgewächse. Die Gattung *Vinca* L. beherbergt etwa 12 Arten, die in Europa, Ostasien, den Tropen und selbstverständlich im Mittelmeergebiet heimisch sind. Die meisten Arten sind halbstrauchig, die Blätter stehen gegenständig, die Blüten einzeln blattachselständig. Die fünfteiligen Blüten sind blau, rot oder weiß gefärbt.

V. major bewohnt Südeuropa und Nordafrika und wächst am Boden liegend dahin, ohne allerdings häufig Wurzeln zu machen. Die Spitzen der Triebe dagegen wurzeln gerne an, wenn sie mit dem Boden in Berührung kommen. Die ovalen Blätter sind bis 7,5 cm lang und dunkelgrün. Die blauen, 4 cm messenden Blüten erscheinen von April bis Juni. Neben der grünblättrigen Art wird häufig die weißbunte Form 'Variegata' ('Elegantissima') gezogen, deren Blätter weiß gerandet und manchmal auch gefleckt sind. Diese Form ist genauso wüchsig wie der Typ und blüht auch reich. Daneben finden sich selten gelb gezeichnete Formen, die allerdings schwachwüchsig sind, wie 'Maculata' mit an jungen Blättern besonders auffallendem gelbem Mittelteil und 'Reticulata' mit gelblichen Adern. Andere Blütenfarben sind bei dieser Pflanze eigenartigerweise nicht bekannt, kann doch das Blau des Immergrüns, wie wir es von *V. minor* L. wissen, zu Weiß, Purpurviolett, Rosaviolett und Karminrot abgeändert werden.

Vor allem die weißbunte Form des großen Immergrüns ist eine ausgezeichnete Ampel-, Topf-

Tafel 23 · Tropische Bepflanzung eines vollklimatisierten, als Wintergarten eingerichteten Kleingewächshauses. (K. Krieger)

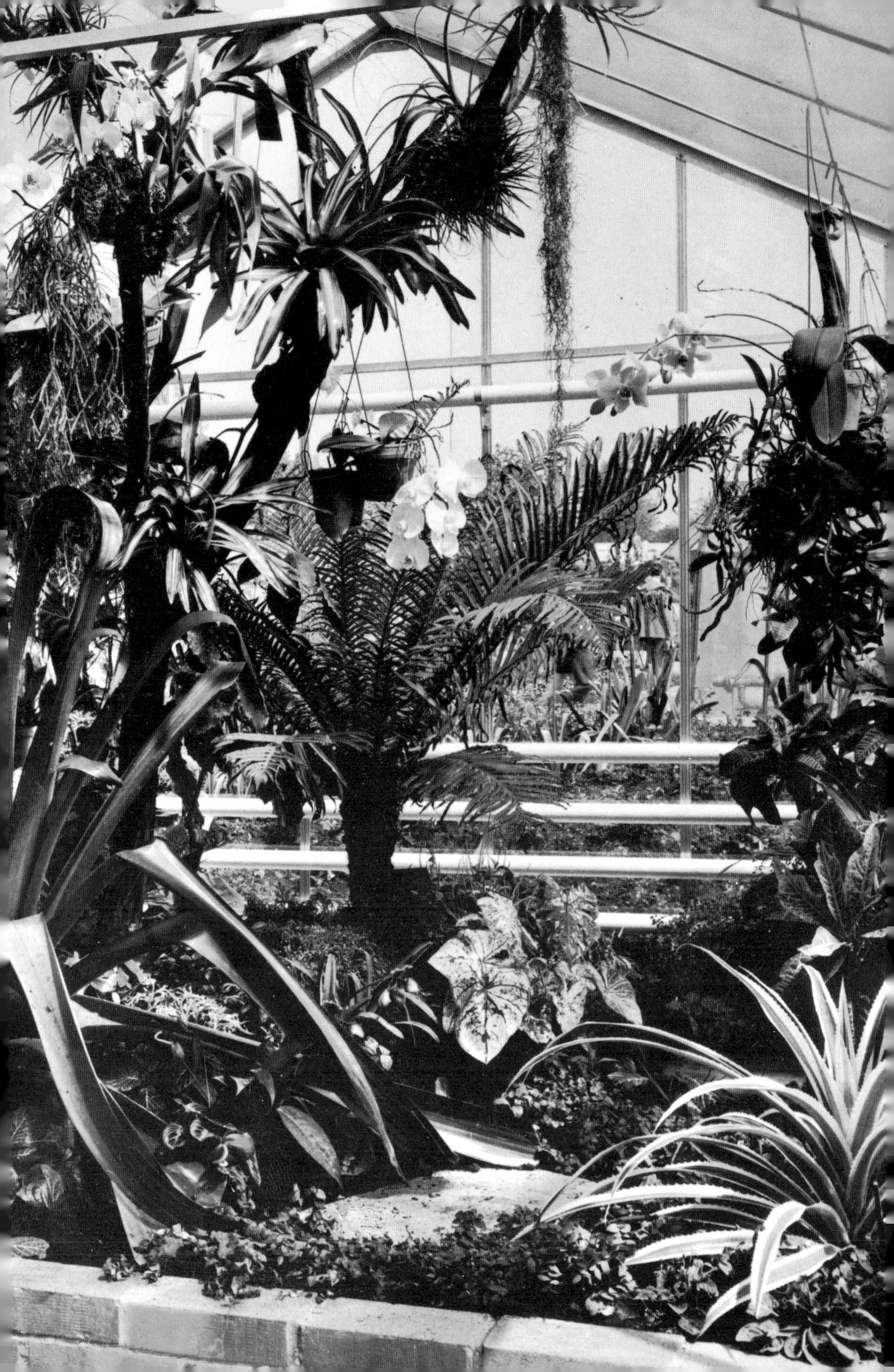

Tafel 24 · Kalthauspflanzen (Asien und Südamerika)

ol Kantue, *Cantua buxifolia*, die Nationalblume Boliviens
or *Agapetes variegata* ist stammblühend
ml Orangegelber Hammerstrauch, *Cestrum aurantiacum*
mr Roter Hammerstrauch, *Cestrum elegans*
ul Fünfflügelchen, *Agapetes serpens*
ur Lapagerie, *Lapageria rosea*, die chilenische Nationalblume

und Fensterkistchenpflanze, die entweder ganzjährig im Kalthaus oder Zimmer oder sommers im Freien, winters im Kalthaus zu ziehen ist. Die Vermehrung erfolgt durch Teilung oder Stecklinge, die sich leicht bewurzeln, man steckt gleich mehrere von ihnen in einen Topf zusammen. Als Substrat eignet sich Einheitserde gut. Will man ganzjährig drinnen ziehen, müssen die Standorte hell, vor allem aber kühl sein. Die blauen Blüten des Immergrüns sehen in Verbindung mit den weißbunten Blättern sehr hübsch aus!

Visnea, Mocanbaum

Den Abschluß unseres weltweiten Streifzugs soll eine Camellienverwandte der Kanaren und Madeiras bilden, *Visnea mocanera* L. f., der Mocanbaum. Diese monotypische Gattung gehört zu den Teegewächsen, den *Theaceen*, und bewohnt in ihrer Heimat kühlfeuchte Bergwälder, in deren Schatten Cinerarie und Kanarine gedeihen.

In der Heimat baumförmig, wächst der Mocanbaum in unseren Kalthäusern meist strauchig. Die lederigen, zugespitzten, bis 6 cm langen Blätter sitzen dicht an den Trieben, in ihren Achseln erscheinen die 1,5 cm breiten, weißen, duftenden Blüten oft in großer Zahl, die Hauptblütezeit ist der Winter und das Frühjahr.

Die Kultur gleicht der der Kamelie, doch können die Pflanzen im Sommer besser im Freien gehalten werden, da für die Blütenknospenanlage nicht so hohe Temperaturen notwendig sind. Die Substrate sollen lehmig-humos sein, sie brauchen nicht so sauer sein, wie es bei der Kamelie notwendig ist. Die Vermehrung erfolgt durch Stecklinge oder Aussaat, in der Jugend muß man, um verzweigte Pflanzen zu erzielen, oft pinzieren. Schildläuse finden sich gerne ein, sie müssen mit den entsprechenden Präparaten bekämpft werden, da sich sonst bald Rußtaupilze ansiedeln und die glänzend grünen Blätter ihre Schmuckwirkung verlieren.

Durch diesen Überblick über die Welt der Kalthauspflanzen soll jedem Pflanzenliebhaber einmal gezeigt werden, daß es eine große Menge leicht zu pflegender Gewächse gibt, die reich blühen oder durch ihre Blätter zieren und nicht die hohen Temperaturen eines Warm- oder Lauwarmhauses benötigen. Fast alle stehen sommers im Freien und brauchen winters Temperaturen, die nicht über 10°C ansteigen müssen.

Wenn man sich etwas in die Welt der Kalthauspflanzen vertieft hat, wird man feststellen, daß die besprochene Fülle nur einen kleinen Abriß des tatsächlich zu Pflegenden darstellt. Es gibt ganz einfach für jeden Geschmack, für jede Glashausgröße eine besondere Gruppe von Kalthauspflanzen. Die richtige Auswahl zu treffen ist oft das größte Problem!

Alle diese Kalthauspflanzen gehören den verschiedensten Familien an, das macht ihre Pflege soviel abwechslungsreicher als die von Kakteen oder Sukkulenten, die wenigen, aber sehr vielgestaltigen Familien angehören. Außerdem ist die Kalthauspflanzenpflege ein ungleich weniger stechendes Hobby als Kakteenpflege!

Sukkulenten

Unter Sukkulenten versteht man Pflanzen, die durch Speicherung von Wasser in der Lage sind, Trockenperioden zu überdauern. Es ist äußerst unterschiedlich, mit welchem Organ sie das Wasser speichern: das eine Mal ist es ein verdickter Sproß, das andere Mal sind es fleischige Blätter, manchmal auch fleischige Wurzeln. Ohne weiteres können auch mehrere Organe die Wasserspeicherung übernehmen. Nicht zu verwechseln mit der eigentlichen Sukkulenz, die helfen soll, Trockenzeiten zu überstehen, ist die Fleischigkeit mancher Blätter halbschattenbewohnender Bodenpflanzen, z. B. bei Peperomia-Arten oder Gesneriengewächsen. Hier dient die fleischige Schicht dazu, um das wenige einfallende Licht zu zerteilen und möglichst vielen chlorophyllhaltigen, assimilierenden Zellen zukommen zu lassen. Es gibt fast keine Pflanzenfamilie ohne sukkulente Vertreter, doch einige Familien stechen hervor, da fast alle ihre Mitglieder sukkulent sind. Und der wohl wichtigsten und interessantesten Familie wollen wir uns zuerst widmen, den Kakteen oder Cactaceen.

Kakteen

In den letzten Jahren ist die Kakteenleidenschaft in Europa noch gewachsen, und viele Tausende Liebhaber befassen sich mit der Kultur dieser Pflanzen. Warum finden Kakteen so viele Anhänger? Leicht ist diese Frage nicht zu beantworten, da es sicher viele Gründe dafür gibt, daß jemand Kakteen sammelt. Die herrlichen Blüten mit ihren oft leuchtenden Farben, die eigenartigen Pflanzenformen und vor allem auch die, vor allem bei Nahbetrachtung, so herrlichen Stachelformen und -farben. Daneben ist die Kultur der Kakteen, wenn man ihre primären Bedürfnisse kennt, nicht schwer und die Auswahl der angebotenen Arten riesengroß.

Die Kakteen sind entwicklungsgeschichtlich noch eine relativ sehr junge Familie; das äußert sich vor allem dadurch, daß einzelne Gattungen noch stark variieren und sich nicht ohne weiteres in von Menschengehirnen erdachte Laden oder Schachteln einordnen lassen! So ist es auch unmöglich zu sagen, wie viele Gattungen und Arten zur Zeit bekannt sind, da die Ansichten selbst der Fachleute hier auseinandergehen. Je nach Auffassung kann man jedoch sagen, daß es ungefähr 200 gute Gattungen mit wenigstens 3000 Arten gibt.

An dieser Stelle muß auch der **Nomenklatur** ein Absatz gewidmet werden. Bei den Botanikern ist heute nicht mehr die Kreuzbarkeit zweier Arten mit daraus hervorgehenden fruchtbaren Generationen für den Artbegriff maßgebend, sondern vielfach etwas, was man als Ermessenssache bezeichnen könnte. Wenn also, ganz einfach gesprochen, acht von zehn Botanikern sagen, dies oder jenes sei eine gute Art, so ist sie es eben. Nun unterscheiden sich die Ansichten der Wissenschaftler aber voneinander, und man kann bei den Botanikern grob drei Gruppen unterscheiden: die Lumpers ziehen viele, sicher ähnliche Pflanzen zu einer Großgattung zusammen, die Splitters zerlegen auch nahe verwandte Arten und führen neue Gattungen ein, die dritte Gruppe versucht den Weg der Mitte zu gehen.

Gerade bei den Kakteen ist es aber für den Liebhaber und Sammler vorteilhaft, mit Kleingattungen zu arbeiten, denn wenn er einen bestimmten Gattungsnamen hört und die angeführte Art nicht kennt, so weiß er wenigstens einiges über Aussehen, Blütenstellung und Behaarung oder Bestachelung der Fruchtknoten usw. Aus diesem Grund sind in der folgenden Aufstellung noch die Kleingattungen verwendet worden, die die Einordnung von unbekannten Arten bekannter Gattungen erleichtern. Dieses Zerlegen und Zusammenziehen geht eigenartigerweise in einer Pendelbewegung vor sich, momentan, ungünstig für den Liebhaber, schlägt das Pendel in Richtung Großgattung.

Bevor wir uns näher mit den wichtigsten Gattungen befassen, ist einiges über das **Aussehen der Kakteen** am Platz. Die Kakteen sind Zweikeimblättrer, Dicotyledonen, und stets staudig oder strauchig bis baumförmig. Die Keimblätter sind bei manchen Gattungen, z. B. bei Opuntien und Peireskien, noch sehr deutlich vorhanden, bei *Mamillaria* finden sich die Keimblätter nur mehr andeutungsweise als kleine Vorwölbungen.

Die Wurzeln bestehen meist aus einer reich verzweigten Hauptwurzel und den daran hängenden Nebenwurzeln; bei hochwachsenden Arten, wo die Wurzeln auch eine gewaltige Haltefunktion zu erfüllen haben, sind oft riesige Pfahlwurzeln ausgebildet, Zwergformen aber bilden nur flache Wurzelfilze aus. Bei einigen Gattungen kennt man regelrechte Wurzelrüben oder auch Knollen, die mit einem ganz dünnen Stielchen mit dem Sproß verbunden sind.

Der Kakteensproß, normalerweise Körper genannt, ist außerordentlich mannigfaltig gebaut, er kann zylindrisch, kugelförmig oder platt sein, aufrecht oder hängend wachsen. Die meisten Gattungen wachsen ständig weiter, andere wieder, wie die Opuntien, bilden Jahrestriebe aus, die die Fähigkeit weiterzuwachsen verlieren, d. h. es müssen wieder neue Austriebe gebildet werden. Die meisten Kakteenkörper besitzen Rippen, deren Zahl von 3 bis 60 schwanken kann, bei einigen Gattungen sind diese Rippen sekundär in Warzen aufgelöst, andere, wie die Peireskia, besitzen vollkommen glatte Körper. In der Mitte des Kakteenkörpers befindet sich der Zentralzylinder, der von den Leitgefäßen und dem Wachstumsgewebe, dem Kambium, umgeben ist. Von den Gefäßbündeln der Zentralachse führen Abzweigungen nach außen, zu den Areolen, den Stachelpolstern. Die Areolen entsprechen entwicklungsmäßig kleinen, extrem gestauchten Sprossen, deren Blätter zu Dornen umgewandelt sind. Aus diesem Grund müßte man eigentlich immer »Dorn« sagen, doch wollen wir bei dem bekannteren »Stachel« bleiben! Der Filz, der die Areole bedeckt, ist eine Bildung der Epidermis, der Oberhaut. Blüten und junge Austriebe erscheinen normalerweise aus den Areolen, doch kann dieser Vegetationspunkt, aus dem die Blüte entsteht, auch in eine Furche oberhalb der Areole rücken, wie bei *Coryphantha*, oder aber sich vollkommen teilen, so daß die Blüten aus den Axillen, den tiefsten Punkten oberhalb der jeweiligen Areolen, erscheinen. Diese Art der Blüteninsertion finden wir bei *Mamillaria*.

Neben der Blüte sind es vor allem die **Stacheln**, die die Schönheit der Kakteen ausmachen, es gibt sie in überwältigender Schönheit und Formenvielfalt. Es gibt winzige, kaum 1 mm lange, bis 30 cm lange Lanzenspitzen, die man allerdings meist nur bei Importen bewundern kann. Die Stacheln können gerade, hakig gebogen oder gedreht oder gewunden sein, spitz und stechend oder stumpf. Der Stachelquerschnitt kann rund, hochoval, flachoval, kantig oder flachgewalzt, die Oberfläche der Stacheln matt oder glänzend sein. Manche Stacheln können wieder behaart oder auch mit winzigen Auswüchsen ausgestattet sein. Die Stachelfarbe ist ein Kapitel für sich, denn von Weiß über Gelb, Rot, Braun bis zum Schwarz findet sich alles. Manche Stacheln sind ausgesprochen zweifarbig und zieren noch mehr. Die Stellung der Stacheln im Areolenpolster hat zu den Ausdrücken Rand- und Mittelstacheln geführt, bei manchen Gattungen ist aber kein Unterschied festzustellen. Mittelstacheln erscheinen oft erst ein oder zwei Jahre, nachdem sich die Randstacheln gebildet haben. Für besonders gebildete Stacheln haben sich Fachausdrücke eingebürgert. Bei den Opuntienverwandten kommen in den Areolen zu Hunderten sehr kleine Stacheln mit Widerhaken und spröder Basis vor, die Glochiden. Sie bohren sich in die Haut ein und brechen sofort ab, wegen der Kleinheit sind sie auch schwer zu entfernen. Hosenstacheln finden sich seltener, bei ihnen ist über dem eigentlichen Stachel eine Haut gebildet, die sich hin und her schieben läßt, besonders ausgeprägt findet sich dieses Merkmal bei *Opuntia tunicata*.

Eine der interessantesten Änderungen des Kakteenkörpers sind wohl **Cristaten**. Unter Cristaten oder Verbänderungen verstehen wir Änderungen des Vegetationskegels zu einer Linie hin. Die Triebe wachsen nicht mehr normal in die Höhe, sondern auch seitlich, es sind faktisch Hunderte und Hunderte Vegetationspunkte nebeneinander. Durch das ständige In-die-Breite-Wachsen stößt die Cristate schließlich an die Unterlage oder die Erde und beginnt dann Windungen zu bilden, da sie ja weiterwachsen muß. Cristatenliebhaberei ist etwas Besonderes und nicht jedermanns Sache; vielen gefällt eine normal gewachsene Pflanze besser. Es gibt Cristaten, die regelmäßig blühen und auch Samen bringen, aus denen wieder eine Fülle von Cristaten erwächst, wenn auch in unterschiedlichen Prozentsätzen. Am besten werden Cristaten veredelt gehalten, da sie hier am besten zur Geltung kommen und auch der Aufbau der Cristataform besser durchgeführt werden kann. Um ein Lossprengen von der Unterlage zu vermeiden, müssen die Enden der Cristaten, wenn sie die Unterlage erreichen, schräg angeschnitten werden, sie bilden dann auch besonders gut weitere Windungen, die ja erwünscht sind. Cristaten sind zwar nicht in jedermanns Augen schön, doch sind sie keine Krankheitserscheinungen. Sie treten oft schon in Aussaaten auf, meist aber verbändern stark wachsende Pflanzen, die sehr gesund sind. Durch Pfropfung auf sehr große Unterlagen erreicht man jedoch keine Cristaten, sondern nur starkes Wachstum, und eventuell platzen die Körper. Die meisten Cristaten blühen selten, doch gibt es auch Ausnahmen.

Eine weitere Sonderwuchsform, bei der allerdings die Erblichkeit ungleich größer ist, ist die Felsenkaktusform; die regellose Seitensproßbildung führt hier zu korallengruppenähnlichen Gebilden. Es gibt Triebe mit dicht aneinander gedrängten Areolen, dann wieder Teile, wo man überhaupt keine Areolen feststellen kann.

Bei diesen beiden Wuchsformen, den Cristaten und den Felsenkaktusformen, können immer wieder normale Sprosse auftreten, die man natürlich herausnehmen muß, um den Bestand dieser bestimmten Wuchsform nicht zu gefährden. Durch ungeklärte Ursachen können sich Cristaten und Felsenkaktusformen auch wieder in eine Fülle von normalen Sprossen auflösen.

Bei manchen Kakteenarten kommt es zu einer dichotomischen Teilung des Scheitelpunktes, so vor allem bei Mamillarien, die in weiterer Folge zu vier, acht, sechzehn Köpfen führen kann. Der Beginn einer solchen dichotomischen Teilung sieht einer Cristatbildung sehr ähnlich, dient aber nur der Ausbildung eines großen Polsters durch bestimmte Arten.

Bei Kakteenaussaaten treten immer wieder chlorophyllose Mutanten auf, die, da sie kein Chlorophyll für die Assimilation besitzen, zum Tod verurteilt sind. Pfropft man diese Sämlinge früh auf grüne, kräftige Unterlagen, so kann man sie am Leben erhalten. In vielen Fällen sind Sämlinge nur zur Hälfte gelb oder rötlich, auch diese pfropft man, und nachdem sie ordentlich gewachsen sind, schneidet man sie so an, daß eine Areole des gewünschten bunten Teils am höchsten steht. Austreibende grüne Areolen werden geblendet und so der Austrieb eines rein gelben oder roten Sprosses gefördert. Auch diese chlorophyllfreien Mutanten sind interessante Objekte für den Sammler.

Die schönste Farbreihe finden wir bei *Gymnocalycium mihanovichii* var. *friedrichii*, wo zuerst eine orangerote Form bekannt wurde; heute gibt es schon gelbe, weiße, rote, lilafarbene und rosaweiße Formen. Schön gelb ist die gelbe Form des *Chamaecereus silvestrii*, mehrere Farben, von rosa bis gelblich, zeigt die chlorophyllose Form von *Reicheocactus pseudoreicheanus*.

Von ungeheurer Vielfältigkeit sind die **Blüten** der Kakteen, schon in der Größe finden sich Unterschiede zwischen 4 mm und 40 cm. Die Kakteenblüten erscheinen meist einzeln aus den Areolen, selten kann eine Areole mehrere Blüten bringen, und sie sind ungestielt. Der unterste Teil der Blüte wird vom Fruchtknoten eingenommen, der vom Perikarpell umschlossen wird. Die Blütenröhre, das Rezeptakulum, ist die Verlängerung des Perikarpells und trägt die Sepalen und die Petalen, die allerdings bei fast allen Arten nicht zu unterscheiden sind. An der Wand der Blütenröhre sind die Staubfäden inseriert, den Teil der Blütenröhre, der unter den untersten Staubfäden liegt, nennt man Nektarkammer, er kann manchmal durch die Verwachsung der Staubfäden untereinander abgeschlossen werden.

Durch das Aufbringen von Blütenstaub auf die Narbe, die Bestäubung, kann es zur Befruchtung und Samenbildung kommen. Viele Kakteenarten sind streng selbststeril, d. h., sie bilden bei Selbstbestäubung keine Samen aus, andere wieder lassen sich leicht selbstbestäuben. In Extremfällen kann es sogar zur Kleistogamie kommen, wie bei *Frailea,* wo die Blüten, ohne sich zu öffnen, Samen bilden können. Die meisten Kakteen sind vormännig, protandrisch, ihre Pollen werden früher reif als die Narben, doch ist auch Protogynie weit verbreitet.

Die Form der Blüten ist ebenfalls unterschiedlich, jedoch hat die überwiegende Zahl der Kakteen radiäre, allseitig symmetrische Blüten, nur wenige haben einseitig symmetrische, zygomorphe Blüten. Eine besondere Bildung der Kakteen sind die Blütenzonen mancher Gattungen, die als Cephalien bezeichnet werden. Echte Cephalien werden bereits im Vegetationsscheitel angelegt und entwickeln sich organisch beim Weiterwachsen der Körper. Von Pseudocephalien spricht man dann, wenn sich bei blühfähigen Areolen eine besondere Haar- oder Borstentracht entwickelt. Bei Pseudocephalien bleiben Körperform und Rippenzahl gleich, bei echten Cephalien werden Rinnen oder Spalten gebildet, die im Querschnitt deutlich sichtbar sind und den Ort des Cephaliums deutlich markieren. Erst nach Ausbildung der Cephalien entstehen die Blüten.

Die Blütenfarben der Kakteen umfassen alle Farben außer Blau, es gibt kräftige, leuchtende Blüten genauso wie zarte Pastelltonblüten. Die Oberfläche der Blütenblätter ist seidig glänzend oder matt. Selbstverständlich sind auch die **Früchte** der Kakteen sehr unterschiedlich, bei vielen kann man die Sproßnatur der Blüte noch deutlich erkennen, sie tragen noch Areolen, manchmal sogar noch kleine Blättchen, wie bei manchen Opuntien; andere Früchte sind schon so deutlich beerenartig, wie bei *Rhipsalis* oder *Mamillaria,* daß man die Sproßnatur mit bestem Willen nicht erkennen kann. Manche Kakteenfrüchte trocknen aus, andere wieder besitzen ein saftiges, meist süßes Fruchtfleisch, das bei einigen Arten auch zum menschlichen Konsum gehört. Auch die Früchte zeigen, wie die Blüten, die unterschiedlichste Färbung, sie können bei manchen Gattungen, z. B. *Mamillaria,* viel auffälliger sein als die Blüte selbst.

Die Samen selbst sind genauso unterschiedlich: Opuntiensamen haben 5 mm Durchmesser, Parodiensamen sind schon staubfein. Die Samen können matt oder glänzend sein und von hellbraun bis tiefschwarz variieren. Manche Arten zeigen einen deutlichen Samennabel, der dann anders gefärbt ist, bei anderen Arten ist der Samennabel weniger gut zu erkennen. Bei der Keimung wird die Samenschale gesprengt, und der Keimling schlüpft heraus, er kann bei Opuntien oder der Gattung Peireskia noch deutlich die beiden Keimblätter tragen, bei den höher sukkulenten und moderneren, d. h. entwicklungsgeschichtlich jüngeren Gattungen sind die beiden Keimblätter als solche oft nur mehr schwer zu erkennen. Zwischen den beiden Keimblättern entwickelt sich der Körper mit den bestachelten Areolen. In der nun folgenden Aufstellung der wichtigsten Gattungen und Arten der Kakteen konnten selbstverständlich nicht alle Vertreter berücksichtigt werden. Einige sind zu selten, andere erreichen Ausmaße, die ihre Pflege für den Liebhaber unmöglich machen, wieder andere sind vielleicht wenig zierend oder blühen erst im hohen Alter. Es wurden aber, obwohl es sich hier nicht um ein Spezialbuch über Kakteen handelt, auch seltenere Gattungen und Arten behandelt, da sie durch ihre Schwierigkeit den fortgeschrittenen Liebhaber reizen!

Aporocactus, Peitschen- oder Schlangenkaktus

Die mexikanische Gattung *Aporocactus* Lem. umfaßt sechs Arten, alle sind reich verzweigte Pflanzen mit schlanken, acht- bis zehnrippigen, hängenden Trieben und roten bis violetten, etwas zygomorphen, tagsüber geöffneten Blüten. Bekannte Arten sind *A. flagelliformis* (L.) Lem. und *A. martianus* (Zucc.) Br. et R., diese und die nahen Verwandten und Bastarde brauchen als Humuswurzeler lockerere, nahrhafte Substrate und sind herrliche Ampelpflanzen. Sie können aber auch auf hohe Unterlagen, z. B. *Eriocereus* oder *Selenicereus,* gepfropft werden. Durch Stutzen fördert man das Verzweigen. Sehr gefährdet durch Spinnmilben! Diese ständig bekämpfen.

Ariocarpus, Wollfruchtkaktus

Die wenigen Arten der Gattung *Ariocarpus* Scheidw. stammen aus Mexico und Texas und besitzen eine große Rübenwurzel und hornige Dreikantwarzen mit sehr kleinen, stachellosen Areolen. Die kleinen Blüten sind weißlichrosa oder gelblich. Die Arten sind sehr empfindlich und dem Anfänger nicht zu empfehlen. Am besten gedeihen sie bei heißem Sommerstand und kühlem Winterstand in sehr mineralreichen Substraten oder gepfropft, das Pfropfen ist ohne weiteres möglich. Man geht den Weg über die Sämlingspfropfung und veredelt dann auf niedere Unterlagen um, so daß diese nicht mehr zu erkennen sind. Die bekannteste Art ist *A. trigonus* (Web.) K. Sch., mit gelblichen Blüten. Auch *Ariocarpus* wird gerne von Spinnmilben befallen, die im wolligen Scheitel älterer Pflanzen gute Verstecke finden und schwer zu bekämpfen sind.

Astrophytum,
Bischofsmütze, Seeigelkaktus, Sternkaktus

Die mexikanische Gattung *Astrophytum* Lem. umfaßt flachkugelige bis zylindrische Pflanzen, deren Körper meist dicht mit schuppenartigen Flockenhaaren besetzt sind. Zwei Arten sind stachellos, die anderen Arten tragen Stacheln. Die gelben Blüten sind trichterförmig und bei manchen Arten am Grund rot gezont. Unbeflockte Arten und Formen lieben einen absonnigeren Standort.

Der Seeigelkaktus, *A. asterias* (Zucc.) Lem. bildet flachkugelige, veredelt auch hochkugelige, graugrüne Körper mit acht sehr flachen Rippen aus. Jede Rippe trägt eine Reihe runder, unbedornter, wolliger Areolen. Die bis 8 cm breiten Blüten sind hellgelb mit rotem Schlund. Von dieser Art werden eine Fülle von Hybriden gehandelt.

A. myriostigma Lem. ist die bekannte Bischofsmütze, die üblicherweise fünf bis acht Rippen besitzt. Die Körper sind dicht beflockt und vollkommen stachellos. Die Blüten sind hellgelb.

Bestachelte Körper mit spärlicherer Beflockung bildet *A. ornatum* (DC.) Web. aus, deren acht Rippen in den Areolen zuerst gelbe, dann braune Stacheln besitzen. Die Blüten sind auch bei dieser Art reingelb.

Durch Kreuzung wurden bei dieser Gattung viele interessante und auch schöne Formen erzogen, die alle pflegewert sind.

Austrocylindropuntia, Südliche Zylinderopuntie

Die Gattung *Austrocylindropuntia* Backbg. umfaßt die südamerikanischen Arten mit zylindrischen Trieben und scheidenlosen Stacheln. Die Triebe können gegliedert oder ungegliedert sein, wichtig ist bei allen trockener, kühler Winterstand, damit sie nicht zu früh treiben und die furchtbaren, dünnen Triebe oder die bekannten Abschnürungen machen. Sie blühen reich bei kühler Überwinterung.

A. clavarioides (Pfeiff.) Backbg., der Negerfinger, bildet kleine Sträuchlein mit keuligen oder hahnenkammartig verbänderten Trieben. Diese Art wächst am besten gepfropft.

Aufrechtwachsende, ungegliederte Sprosse bildet *A. cylindrica* (Lam.) Backbg. Die Triebe sind rhombisch gefeldert, die roten Blüten erscheinen bei kühlem Winterstand regelmäßig. Von dieser Art gibt es eine wüchsige Cristate, die unveredelt gehalten werden kann.

A. verschaffeltii (Cels) Backbg. bringt gegliederte Sprosse, die fast unbedornt sind. Bereits kleine Pflanzen entwickeln, kühlen Winterstandort vorausgesetzt, willig ihre orangen Blüten.

Sehr schön ist noch *A. vestita* (SD.) Backbg. mit weißborstigen Stacheln und roten Blüten.

Aylostera

Die Arten der Gattung *Aylostera* Spegazz. bilden kugelige bis zylindrische Körper aus, die später reich sprossen. Die Rippen laufen spiralig und sind in Warzen aufgelöst. Alle Arten stammen aus Argentinien und Bolivien und sind dankbare, reichblühende Zwergkakteen aus der Rebutien-Verwandtschaft, von der sie sich vor allem durch den mit der Blütenachse verwachsenen Griffel und die höher am Körper erscheinenden Blüten unterscheiden.

Eine nette Neuheit ist *A. albiflora* (Ritt. et Buin.) Backbg., die dichte Rasen und reichlich kleine weiße, außen rosaangehauchte Blüten bildet. Weitere schöne Arten sind *A. deminuta* (Web.) Backbg., die kleinste Art, *A. fiebrigii* (Gürke) Backbg., mit dicht weiß bestachelten Körpern und leuchtend orangen Blüten, und *A. pseudodeminuta* Backbg., mit roten oder orangen Blüten und braunen Stacheln.

Herrliche große Blüten in reicher Fülle bringen die zylindrischen Körper von *A. kupperiana* (Böd.) Backbg., die wenig sprossen und kräftig braun bestachelt sind.

Ein herrlich regelmäßiges Stachelkleid zeigt *A. heliosa* Rausch, die bald große Gruppen bildet und reichlich die orangen Blüten bringt, ein Neufund, der noch weiter verbreitet werden sollte. Daneben ist noch alles kulturwert, was *Aylostera* heißt. Alle lieben kühlen Winterstandort und viel Licht im Sommer, dabei aber etwas Luftfeuchtigkeit, sie sind Hochgebirgskinder.

Aztekium

Die einzige Art dieser Gattung, *Aztekium ritteri* (Böd.) Böd., ist durch die neun- bis elfrippigen, eigenartig gewellten Körper sehr auffällig, wenn auch sehr schwer zu halten und für den Liebhaber keine Anfängerpflanze. Die kleinen rosa Blüten erscheinen an älteren Pflanzen in reicher Zahl im Scheitel. Am besten wird auch diese Art gepfropft gehalten. Die Heimat dieser Pflanze ist Mexico.

Brasilicactus

Die Gattung *Brasilicactus* Backbg., nun im Rahmen des »Lumpings« mancher Autoren wieder zu *Notocactus* gezogen, soll hier aus praktischen Gründen getrennt behandelt werden. Die zwei Arten bilden kugelige, nicht sprossende Körper mit schrägem Scheitel aus. Die Blüten sind kurz und klein und erscheinen in meist großer Zahl aus dem Scheitel.

B. graessneri (K. Sch.) Backbg. ist goldgelb oder, bei der Varietät *albisetus* Cullm., weiß beborstet und bringt grünlichgelbe Blüten. – Dicht weißbeborstet und leuchtend orangerot blühend ist *B. haselbergii* (Hge.) Backbg., die var. *stellatus* hort. ist gelblich bestachelt. – Kultur wie bei *Notocactus*.

Cephalocereus, Greisenhaupt

Die einzige Art der Gattung, *Cephalocereus senilis* (Haw.) Pfeiff., ist in Mexiko beheimatet und erreicht in der Heimat bis 15 m Höhe. Die Säulenkörper sind 20- bis 30rippig und dicht mit den zahlreichen weißen Haaren umgeben. Die Cephalien, die Blühzonen, dieser Art werden erst ab einer Höhe von 6 m gebildet und sind zuerst einseitig, später körperumfassend.

Das Greisenhaupt verlangt viel Licht, hohe Luftfeuchtigkeit und Schutz vor Staub, die Kultur gelingt noch am besten im Cereenkasten, auch im Winter soll die Temperatur, bei spärlichen Wassergaben, nicht unter 15°C fallen. Es gibt bessere weißwollige Säulenkakteen als das Greisenhaupt, vor allem in den Gattungen *Espostoa* und *Oreocereus*.

Cereus, Säulenkaktus

Die Gattung *Cereus* Mill. umfaßt ungefähr 30 südamerikanische Arten, die gewaltige Ausmaße erreichen, trotzdem aber in bestimmten Formen oder als Unterlagen häufig gezogen werden. Die Pflanzen wachsen großstrauchig, die Körper sind wenig rippig und meist bereift. Die nächtlichen weißen Blüten erscheinen ab 2 m Höhe.

Die verbreitetste Säulenkaktusart ist *C. jamacaru* DC. et Pfeiff. aus Brasilien, mit meist unbereiften, sieben- bis achtrippigen, später auch bis zehnrippigen Körpern mit gelblichen bis bräunlichen Areolen und 15 bis 20 Stacheln.

Ebenfalls weit verbreitet ist *C. peruvianus* (L.) Mill., mit siebenrippigen, grau bis blau bereiften Körpern. Die Heimat dieser Art ist unbekannt. Von beiden Arten gibt es Felsenkaktusformen, meist als '*Monstrosus*' gehandelt, die auch blühen können und aus deren Samen eine Fülle anderer Formen ähnlicher Natur entstehen kann. Als Unterlagen sind besonders stachellose Formen dieser oder nahe verwandter Arten in Verwendung, da sie die Edelreiser gut annehmen und nicht so stark verholzen.

Chamaecereus, Zwergcereus

Die einzige Art der Gattung *Chamaecereus* Br. et R., *C. silvestrii* (Speg.) Br. et R., ist im westlichen Argentinien zu Hause. Sie wächst zwergstrauchig und bildet aus den vielen, fingerdünnen, achtrippigen, stark verzweigten Körpern dichte Rasen. Die kurztrichterigen, behaarten Blüten sind tagsüber geöffnet und leuchtendrot gefärbt. Diese Art blüht nur bei sehr kühlem Winterstandort zuverlässig und braucht im Sommer eher einen halbschattigen Standort und humose Mischungen. Bei hellem und vor allem trockenen Sommerstandort ist diese Pflanze regelmäßig von Spinnmilben befallen, die die weichfleischigen Triebe vollständig verkorken lassen.

Cleistocactus

Die 50 Arten der Gattung *Cleistocactus* Lem. bewohnen Südamerika und sind schlanktriebige Sträucher, die sich meist basal verzweigen. Die Bestachelung der Körper ist fein und dicht, so daß die Rippen bei vielen Arten nur undeutlich zu erkennen sind. Die etwas zygomorphen, röhrigen Blüten erscheinen, je nach Art, bereits ab einer Höhe von 50 bis 100 cm.

2 m Höhe erreicht *C. baumannii* Lem., dessen Bestachelung gelblich bis dunkelbraun, manchmal auch weißlich ist. Die roten, S-förmig gekrümmten Blüten erscheinen bereits ab 50 cm Höhe.

Dieselbe Höhe erreicht auch *C. jujuyensis* Backbg., dessen Triebe 4 bis 6 cm dick sind und dicht die gelblichen oder dunkelbraunroten Stacheln tragen. Die hellroten Blüten erscheinen ab 70 cm Körperhöhe.

Der Silberkerzenkaktus, *C. strausii* (Heese) Backbg., ist wegen seiner dichten, schneeweißen Beborstung einer der schönsten Säulenkakteen überhaupt. Die Art erreicht 3 m Höhe, besitzt 25 bis 30 Rippen und 40borstige Areolen. Die 9 cm langen Blüten erscheinen bei 80 cm Wuchshöhe.

Cleistocacteen brauchen nahrhafte Erden und nie zu trockene Substrate; stehen sie winters zu trokken, so stellen sie das Wachstum ein und es muß sich erst wieder ein neuer Basistrieb entwickeln. Sie wachsen besonders gut bei hoher Luftfeuchtigkeit, man überspritzt die Pflanzen des Abends, doch nur mit kalkfreiem Wasser, da sonst die Borsten gräulich werden.

Copiapoa

Diese chilenische Gattung, *Copiapoa* Br. et R., umfaßt anfangs kugelige, später reichlich sprossende oder kurzsäulig werdende Arten, mit einem Wollschopf am Scheitel, aus dem die breittrichterigen, röhrenlosen, gelben Blüten erscheinen. Diese Gattung ist vor allem durch die Körperfärbung sehr auffallend, es gibt reingrüne, stark bemehlte, vor allem aber braun gefärbte Körper in jeder Nuance, so daß Copiapoen bereits ohne Blüten sehr schön aussehen.

Von den vielen Arten seien erwähnt: *C. cinerea* (Phil.) Br. et R., *C. humilis* (Phil.) Hutch., *C. hypogaea* Ritt. und *C. tenuissima* Ritt., daneben noch eine Fülle anderer, die sowohl wurzelecht als auch veredelt gut wachsen und reichlich blühen.

Tafel 25 · Kalthauspflanzen (Asien)

ol Steinapfel, *Osteomeles schwerinae*
or *Rhododendron arboreum*, eine nicht winterharte Art

Herrliche Blütenpflanzen sind die Kamelien:
ml *Camellia japonica* 'Alba Simplex'
mr *C. japonica* 'Hortensis'
ul *C. japonica* 'Satanella'
ur *Clematis armandii*, eine kletternde Waldrebe

Tafel 28 · Mittelmeerpflanzen II

- ol Die Zistrose *Cistus villosus* bringt ungebügelte Blüten
- or Kanarenglockenblume, *Canarina canariensis*
- ml So schön blüht nur der männliche Mastixstrauch, *Pistacia lentiscus*
- mm Mocanbaum, *Visnea mocanera*, mit kleinen Kamelienblüten
- mr Zwerggranatapfel, *Punica granatum* 'Nanum'
- ul *Lotus berthelotii*, die schönste Hornkleeart
- ur Erdbeerbaum, *Arbutus unedo*

Coryphantha

Die Gattung *Coryphantha* (Eng.) Lem. gehört in die Nähe von *Mamillaria,* die Blüten erscheinen aus einer Furche an der Oberseite der Warzen und sind gelb bis rot gefärbt. Die Körper sind kugelig oder zylindrisch, manchmal wenig, bei anderen Arten wieder so dicht bestachelt, daß die Körperfarbe nicht sichtbar ist. Bei der Mehrzahl der Arten überwiegt die gelbe Blütenfarbe.

C. clava (Pfeiff.) Lem. wächst zylindrisch, die Körper sind wenig bestachelt, die Blüten gelb. Sehr schön, aber selten echt zu bekommen ist die kugelige *C. elephantidens* (Lem.) Lem., mit dicken, stumpfen Warzen und 10 cm breiten rosaroten Blüten.

Bei trockenem Stand winterhart ist *C. vivipara* (Nutt.) Eng., deren Verbreitungsgebiet bis Kanada reicht. Die Körper sind rundlich, sprossen jedoch bald und bilden kleine Gruppen, die Blüten sind rosa gefärbt.

Coryphanthen sind lichthungrig und wollen eher trocken gehalten werden; die dickfleischigen, wenig bestachelten Arten lieben mehr Feuchtigkeit und auch humoseren Boden als die stark bestachelten. Im Winter hält man sie sehr trocken. Leider wird diese Gattung, sie ist in Mexico, den USA und Kanada zu Hause, wenig gesammelt, obwohl Blütenfarbe und Körperform der vielen Arten viel Abwechslung bieten. Am besten gedeihen und blühen sie gepfropft; doch auch wurzelecht sind sie leicht zu halten.

Cylindropuntia, Zylinderopuntie

Die Gattung *Cylindropuntia* (Eng.) Knuth emend. Backbg. umfaßt die nördlichen Vertreter der zylindrisch wachsenden Opuntien, von denen alle, allerdings mehr oder weniger ausgeprägt, Hosenstacheln besitzen. Die Triebe wachsen immer abgesetzt, wie es ja auch für die flachtriebigen Opuntien typisch ist.

Die bekannteste Art ist *C. tunicata* (Lehm.) Knuth aus Mexico, deren 5 cm lange Stacheln in deutliche papierene Scheiden eingehüllt sind. Die kleinen Blüten sind gelb, doch gibt es auch eine rosablühende Varietät.

Die Kultur gleicht der von *Opuntia*.

Deamia, Schildkrötenkaktus

Die Gattung *Deamia* Br. et R., von modernen Kakteenbotanikern zu *Selenicereus* gestellt, umfaßt nur eine in Mexico und Kolumbien beheimatete Art: *D. testudo* (Karw.) Br. et R., einen stammwindenden, dreirippig-dünnflügeligen Epiphyten. Er gehört in das Zimmergewächshaus oder den Wintergarten, zusammen mit den anderen Feuchtwärme liebenden Epiphyten aus dem Kakteengeschlecht. Die Triebe wachsen abgesetzt und können auch mehrrippig werden. Die weißen, außen etwas gelblich überhauchten Blüten weisen mit 25 cm Durchmesser eine beachtliche Größe auf, die ungefähr der der Jahrestriebe entspricht. Nur bei entsprechender Temperatur von 20°C und hoher Luftfeuchtigkeit, in humosem Substrat, fühlt sich diese Pflanze wohl und blüht, halbschattig gezogen, reichlich.

Dolichothele

Faßt man die Gattung *Dolichothele* nach (K. Sch.) Br. et R. emend. Backbg. auf, so sind es mamillarienähnliche Pflanzen mit relativ langen Warzen und kleinen bis großen Blüten aus den Axillen. Die weichfleischigen Pflanzen sind eher absonnig zu halten, in ständig feuchten und humosen Substraten.

Kleine Körper, die von dichten Haarstacheln dicht umsponnen sind, besitzt *D. baumii* (Böd.) Werd. et Buxb., deren gelbe Blüten 3 cm groß sind.

Doppelt so große Blüten, bis 7 cm breit, hat *D. longimamma* (DC.) Br. et R., mit langen, dicken Warzen und gelblichen Stacheln. Besonders diese Art ist äußerst spinnmilbenanfällig.

Große Gruppen bildet *D. surculosa* (Böd.) Buxb., ihre Körper haben nur einen Durchmesser von 2,5 cm. Die gelben Blüten erreichen dieselbe Größe und duften nachts stark und angenehm. Nun als eigene Gattung *Pseudomamillaria* geführt wird *D. camptotricha* (Dams.) Tieg. mit dicht verwobenen Stacheln und kleinen, weißlichen, stark duftenden Blüten.

Wichtig ist bei allen Dolichothelen, daß die Spinnmilben ständig unter Kontrolle gehalten werden, da sie die weichkörperigen Pflanzen rasch verunstalten können.

Echinocactus, Igel- oder Kugelkaktus

Die Gattung *Echinocactus* Lk. et O., früher eine riesige Sammelgattung, umfaßt heute nur mehr wenige, kugelige oder zylindrische, oft riesengroße Arten mit kräftigen Stacheln.

Am bekanntesten ist wohl *E. grusonii* Hildm., der Goldkugelkaktus, aus Mexico. In der Jugend sind die später scharfen Rippen noch in Warzen aufgelöst, die Pflanzen können bis 80 cm Durchmesser erreichen und sprossen selten oder nie. Kleine, gelbe Blüten, nur an großen Pflanzen. Noch riesigere Dimensionen erreicht *E. ingens* Zucc., der Riesen-Igelkaktus, der im Alter zylindrisch wird und 2 m hoch werden kann. Die vielen Rippen teilen den blaubereiften Körper, die Areolen tragen acht Randdornen, meist geringelt, und einen kräftigen Mitteldorn.

Diese riesigen Kakteen sind leicht zu kultivieren, doch erreichen sie bald Dimensionen, die für den Liebhaber untragbar sind.

Echinocereus, Igel-Säulenkaktus

Die Gattung *Echinocereus* Eng. umfaßt sowohl niederliegend wachsende als auch aufrechte Arten. Für alle sind jedoch relativ weiche Körper und leuchtend gefärbte Blüten mit grünen Narben typisch. Je grüner und weichfleischiger, desto wahrscheinlicher ist Spinnmilbenbefall, den es zu bekämpfen gilt.

Aus der Fülle der Arten können nur wenige genannt werden. Niederliegend wachsend, mit relativ dicken, fünfrippigen Körpern ist *E. pentalophus* (DC.) Rümpl., diese Art sproßt reich und bildet dichte Rasen. Die 8 cm großen Blüten sind leuchtend lilakarmin gefärbt. Ebenfalls kriechend ist *E. salm-dyckianus* Scheer aus Mexico. Die Stämmchen sind hier dünner und acht- bis neurippig, die langröhrigen Blüten sind gelblichrot, karottenfarbig.

Aufrecht wächst *E. pectinatus* (Scheidw.) Eng. var. *rigidissimus* (Eng.) Rümpl., dessen Körper ungefähr 6 bis 7 cm dick wird. Die Dornen dieser Art, kammartig gestellt, sind verschieden gefärbt und in Zonen angeordnet. Die rosa Blüten sind sehr groß und werden regelmäßig gebildet. Fast kugelförmig wächst *E. pulchellus* (Mart.) K. Sch., bildet aber später dichte Rasen. Die großen Blüten sind weißlichrosa bis rosarot. *E. knippelianus* Liebn. verzweigt sich nicht und kann teilweise fast unbestachelte Formen ausbilden. Seine fünfrippigen Körper sind dunkelgrün, seine Blüten blaßkarminviolett.

Nach der lichtarmen Winterszeit sind die grünkörperigen *Echinocereen* anfällig gegen Sonnenbrand, genauso wie im Sommer gegen Spinnmilben. Alle wollen einen sonnigen Standort und durchlässige, etwas humushaltige Substrate. Die kammförmig bestachelten Arten wachsen besser veredelt.

Echinofossulocactus, Lamellenkaktus

Bis auf eine Ausnahme zeichnen sich alle Arten der Gattung *Echinofossulocactus* Lawr. durch die vielrippigen Körper aus. Die kugeligen Körper tragen 30 bis 60, manchmal auch mehr, schmale, lamellenartige Rippen, die bei vielen Arten eigenartig gewellt sind. Die 30, oft sehr nahe miteinander verwandten Arten sind äußerst variabel und in Mexico beheimatet. Besonders auffallend ist bei vielen Arten der flache, manchmal bis 5 cm lange und aufwärts gerichtete Mittelstachel.

Von den vielen schönen Arten seien nur erwähnt: *E. coptonogonus* (Lem.) Lawr., die Ausnahme mit nur 10 bis 14 Rippen und kleinen, weißen Blüten, *E. lamellosus* (Dietr.) Br. et R., eine grünkörperige Art, bei der die Stacheln den Körper nicht umhüllen; diese Arten wollen etwas absonniger stehen. *E. albatus* (Dietr.) Br. et R. mit dichtem Stachelkleid, das die Rippen verdeckt, verträgt vollste Sonne.

Die Lamellenkakteen bewohnen in ihrer Heimat vielfach Wiesen und Buschwerk und wollen nie ganz austrocknen, sie lieben Wärme und sonnigen Stand, je nach der Körperform etwas unterschiedlich.

Echinopsis, Seeigelkaktus

Gerade bei der Gattung *Echinopsis* Zucc. kommt der Kampf »Sammelgattungen – ja oder nein?« voll zum Tragen. Einige moderne Kakteenbearbeiter ziehen zu *Echinopsis* auch *Lobivia* und *Pseudolobivia*, haben dann große Schwierigkeiten, *Trichocereus* abzugrenzen, müssen – wenn sie ihrer Linie treu bleiben wollen – eine Riesengattung wieder aufleben lassen, die sich für die Gliederung von Sammlungen und für den Liebhaber überhaupt nicht eignet.

Um Sammlungen gliedern zu können und sich vor allem unter einem Gattungsnamen sofort auch irgend etwas vorstellen zu können, eignen sich kleinere Gattungen wesentlich besser. Aus diesem Grund wird hier eine Lanze für Kleingattungen gebrochen und die Gattung *Echinopsis* Zucc. im engsten Sinn aufgefaßt. Die Arten dieser Gattung sind kugelige, bis im Alter oft stark verlängerte Pflanzen mit großteils nächtlichen, weißen oder rosafarbenen, langröhrigen Trichterblüten.

Neben den vielen *Echinopsis*-Hybriden, die gezogen werden, haben einige Arten Bedeutung, aus denen ein Teil dieser Hybriden entstanden ist.

E. calochlora K. Sch. ist hellgrünkörperig, manchmal gibt es auch gelbe Sämlinge, die weißen Blüten sind 15 cm lang und 10 cm breit. Die gelben Stacheln dieser Art sind höchstens 1 cm lang. Sehr kurze Stacheln, die kaum aus dem Areolenfilz herausragen, hat der elf- bis achtzehnrippige *E. eyriesii* (Turp.) Zucc. aus Südbrasilien und Argentinien. Die weißen Blütentrichter sind bis 25 cm lang.

Nur noch in ihren Bastarden kommen drei Arten häufig in unseren Sammlungen vor: *E. multiplex* (Pfeiff.) Zucc., *E. oxygona* (Lk.) Zucc., beide rosarot blühend, und die weißblühende *E. tubiflora* (Pfeiff.) Zucc.; meist ist *E. eyriesii* beteiligt.

Alle *Echinopsis* sind in der Jugend mehr oder weniger kugelig und werden im Alter kurzsäulig, später sogar richtig säulig. Kindel werden fast immer gebildet, vor allem dann, wenn die Überwinterung nicht kühl und trocken genug vorgenommen wurde. Nur so überwintert, bringen sie reichlich Blüten, sonst geht der Saft in eine Vielzahl von Kindel. Alle Arten brauchen nahrhafte Substrate und im Sommer einen sonnigen Standort. Es gibt noch eine Anzahl botanischer Arten, die unverkreuzt in unseren Sammlungen zu finden sind, sie blühen oft schon in jungen Jahren.

Encephalocarpus, Kiefernzapfenkaktus

Diese monotypische Gattung, *Encephalocarpus* Berg., umfaßt nur eine mexikanische Art, *E. strobiliformis* (Werd.) Berg., deren Körperwarzen zapfenähnliche Gebilde formen. Die Pflanzen bilden ähnlich den Ariocarpen Wurzelrüben aus. Die violetten Blüten werden im Scheitel gebildet, die Früchte bleiben in der Pflanze versteckt. Die Kultur dieser Pflanzen ist schwierig, sie gleicht der von *Ariocarpus*. Kultiviert man wurzelecht, so muß das Substrat sehr mineralisch sein; besser geht man den Weg über die Sämlingspfropfung und das tiefe Veredeln. Im Sommer so heiß es nur geht, im Winter trocken halten.

Epiphyllum, Blattkaktus

Die epiphytisch lebenden Arten der Gattung *Epiphyllum* Haw., verkreuzt mit anderen Gattungen, haben das ergeben, was man als 'Phyllokaktus', Blattkaktus, bezeichnet. Die Triebe sind gegliedert, blattartig und zweikantig geflügelt. In den Kerben der »Blätter« sitzen die Areolen, jede kann nur eine Blüte bringen. Die botanischen Arten spielen keine Rolle mehr, durch die Einkreuzung von *Heliocereus* und *Selenicereus* entstanden wunderschöne Hybriden mit Blütendurchmessern von über 25 cm. Die Blütenfarben können von weiß, cremefarben, lachs, rot bis violett variieren, es gibt auch ausgesprochen gelbe und kaffeebraune Sorten, genauso wie zweifarbige. Als Epiphyten lieben sie humusreiche Substrate, deren pH-Wert bei 5 liegen sollte. Während des Winters hält man bei 8 bis 10°C. Ab April wird wärmer und heller gestellt, die Blütenknospen entwickeln sich. Nach der Blüte empfiehlt sich ein Rückschnitt, da ja jede Areole nur eine Blüte bringen kann. Nach dem Rückschnitt kräftig wässern und düngen, halbschattig im Freien aufstellen und im August/September mit dem Abhärten beginnen und etwas trockener und sonniger halten. Alte Sorten blühen überreich, oft fast das ganze Jahr hindurch, je moderner die Sorte, desto schöner zwar die Einzelblüte, desto geringer aber die Gesamtblütenzahl der Pflanzen.

Eriocactus, Wollkaktus

Die Gattung *Eriocactus* Backbg. umfaßt Arten, die zuerst kugelig, später säulig wachsen, mit starker Wollbildung am oft schiefen Scheitel. Die Narben sind niemals rot oder violett wie bei den nahe verwandten *Notokakteen*. Die Heimat der beiden Arten ist Paraguay und Südbrasilien.
Eine imposante Pflanze, von der es auch schöne Cristatformen gibt, ist *E. leninghausii* (Hge. jr.) Backbg., die Goldsäule. Die dreißigrippigen, bis 10 cm dicken und 1 m hohen Säulen sind dicht von den borstenartigen, gelben Stacheln bedeckt. Immer ist der Scheitel schief, außer bei ganz jungen Pflanzen, aus der Scheitelwolle erscheinen die gelben Blüten.
Im Frühjahr verlangt diese Art etwas Schutz vor Prallsonne, ähnlich wie bei den Notokakteen kommt es sonst zu Sonnenbrand, im übrigen ist die Pflege leicht.

Eriocereus

Die Gattung *Eriocereus* (Berg.) Ricc. umfaßt dünntriebige und wenigrippige Anlehnkletterer mit großen, langröhrigen, weißen Blüten, die oft schon an ganz kleinen Pflanzen erscheinen.
E. jusbertii (Reb.) Ricc. ist eine wichtige Unterlage für jene Kakteenfreunde, die wärmer, das heißt um 12°C überwintern können, bei tieferen Temperaturen ist diese Unterlage lange nicht so zuverlässig. Die Triebe erreichen einen Durchmesser von 4 bis 6 cm und sind meist fünfrippig. Diese Art blüht bereits ab 20 cm Höhe und kann manchmal sogar als Unterlage verwendet noch ihre weißen Blüten bringen! Die Heimat dieser Art ist unbekannt, doch scheint sie kein Bastard zu sein, eher stark apomiktisch, da sie auch ohne Bestäubung reichlich Samen bildet.
Nahe verwandt ist *E. bonplandii* (Parm.) Ricc., die aber erst ab 1 m Länge ihre Blüten bringt. Auch diese Art bildet regelmäßig Früchte, die leuchtend rot sind und lange halten. – Beide, bes. Veredlungen, brauchen humosere, durchlässige Substrate und wärmeren Winterstandort!

Erythrorhipsalis, Roter Binsenkaktus

Die Gattung *Erythrorhipsalis* Berg. umfaßt nur eine Art, *E. pilocarpa* (Löfgr.) Berg., die aus Ostbrasilien stammt. Die 5 mm dicken Rundtriebe sind behaart, die weißlichrosafarbenen Blüten stehen endständig und sind 2,5 cm breit. Da die Triebe dieser Art, vor allem aber die Blütentriebe, meist hängen, ist sie am besten als hochgehängte Ampelpflanze zu pflegen, damit man die schönen, meist im Winter erscheinenden Blüten gut betrachten kann. – Die Kultur gleicht der von *Rhipsalis*, dem Binsenkaktus.

Espostoa, Watte-Säulenkaktus

In Nordperu und Südekuador sind die Arten der Gattung *Espostoa* Br. et R. zu Hause, vielrippige Säulenkakteen mit dicht weißbehaarten Trieben und erst im hohen Alter sich bildenden Cephalien, aus denen die Blüten erscheinen.

Bereits weit verbreitet, auch in der Cristataform, ist *E. lanata* (HBK.) Br. et R., deren Triebe bis zu 15 cm Durchmesser und 4 m Höhe erreichen können. Die zwanzig- bis dreißigrippigen Körper sind zart mit Haargespinst umwoben, am Scheitel findet sich kein ausgesprochener Wattebausch. *E. melanostele* (Vpl.) Krainz und *E. nana* Ritt. sind kleinerwüchsig, dichter mit Haaren umwoben und bilden am Scheitel einen Wattebausch.

Herrlich weißbehaarte Säulenkakteen, die wurzelecht unschwer gedeihen, veredelt, vor allem auf *Trichocereus spachianus,* aber selbst schlechte Bedingungen verkraften! Am besten gedeihen sie in einem Cereenkasten, wo ihnen entsprechender Schutz vor Staub geboten werden kann. Sie wollen kräftige, durchlässige Substrate, im Sommer hohe Luftfeuchtigkeit und, außer im Winter, stetige milde Feuchtigkeit im Substrat.

Ferocactus

Die Gattung *Ferocactus* Br. et R. bewohnt die USA und Mexico und umfaßt äußerst verschiedengestaltige Arten, von flachrund oder polsterförmig wachsend bis dicksäulig und gegen 4 m hoch – damit die höchsten Kugelformen – findet sich alles. Gleich sind die gelben oder roten, kurzen, kahlen und beschuppten Blüten, die bei manchen Arten in Kultur selten erscheinen.

Besonders auffallend sind bei den Ferokakteen die Stacheln, die äußerst bunt gefärbt sind und sehr vielgestaltig ausgebildet werden. Die Pflanzen wachsen sehr langsam, man braucht nicht rechnen, die heimatlichen Größen in einem Menschenalter zu erreichen. Sie brauchen nicht veredelt zu werden, wichtig sind durchlässige Substrate und volle Sonne, damit sich die Stacheln kräftig ausfärben.

Bis 3 m hohe Säulen bildet *F. acanthodes* (Lem.) Br. et R., der besonders durch die roten und gelben Stacheln auffällt und schon als relativ kleine Pflanze blühen kann.

Die bekannte 'Teufelszunge' ist *F. latispinus* (Haw.) Br. et R., diese Art wurde als *Echinocactus corniger* DC. bezeichnet und unter diesem Namen weit verbreitet. Sie wächst breitkugelig und ist zwanzigrippig, die sechs bis zwölf geringelten, gelblichen oder roten Randstacheln fallen gegen die vier Mittelstacheln ab, von denen der unterste breit zungenförmig und gehakt ist.

Ebenfalls, aber auch erst im Alter, hohe Säulen bildet *F. wislizeni* (Eng.) Br. et R., mit bräunlicher bis rötlicher, kräftiger Bestachelung. Auch bei dieser Art ist die Bestachelung sehr auffällig.

Frailea

Eine platzsparende Gattung ist *Frailea* Br. et R. aus Südamerika, alle Arten sind ausgesprochen zwergig. Sie bilden kugelige bis etwas gestreckte, teilweise stark sprossende Körper aus, die flach gerippt oder mit kleinen Warzen bedeckt sind. Die trichterigen, gelben Blüten werden nur selten geöffnet, meist bleiben sie kleistogam, das heißt geschlossen, und machen durch Selbstbestäubung oder sogar Apogamie die mützenförmigen Samen. Alle Arten sind leicht zu ziehen, veredelt werden die Körper deutlich höher, doch gedeihen sie wesentlich besser. Besonders interessant sind die braunkörperigen Arten, fast alle grünkörperigen haben unter den Areolen einen sichelförmigen, braunen Fleck.

Wie kleine braune Seeigel sieht *F. castanea* Backbg. aus. Von dieser Art gibt es Formen, die beinahe stachellos sind. Auch die braune Körperfarbe kann sehr veränderlich sein.

Ein typisch grünkörperiger Vertreter, mit braunen Sichelflecken, ist *F. cataphracta* (Dams) Br. et R., wegen der Flecken auch Mondkaktus genannt.

Bei diesen Arten soll man die Samen bald nach der Reife säen, da die Keimfähigkeit rasch abnimmt. Trotz der Selbstbestäubung kommt es zu Variationen aus einer Kapsel, viele Arten sind herrlich gelbborstig und ausgesprochen reizende Zwergpflanzen für den Liebhaber mit beschränktem Raum, dem auffallende Blüten nicht so wichtig sind.

Sukkulenten

Gymnocalycium

Die Gattung *Gymnocalycium* Pfeiff., bereits sehr früh von der großen Sammelgattung *Echinocactus* abgetrennt, umfaßt eine große Anzahl südamerikanischer Kakteen, die sich durch in Scheitelnähe angeordnete, weiße, rote, gelbe oder grünliche, trichterige Blüten auszeichnen, die außen nur mit Schuppen bedeckt, also vollkommen kahl sind. Die Körper bleiben einfach oder sprossen und bilden Gruppen. In der Heimat ziehen sich die Körper während der Trockenzeit so in den Boden hinein, daß die Scheiben oft nicht zu erkennen sind, wie z. B. bei *G. ragonesii* Cast.; in Kultur, vor allem veredelt gehalten, werden die Körper kugeliger. Manche Arten sind sehr stark und verworren bestachelt, andere wieder fast unbestachelt. Einige Arten sind extrem variabel, und es ist mit Importen ohne weiteres möglich, kontinuierliche Reihen zwischen mehreren Arten aufzustellen. Die Nomenklatur dieser Gattung wird erst dann bereinigt werden können, wenn die ganze Vielfalt der Arten am natürlichen Standort erfaßt ist und berücksichtigt werden kann. Von den nun fast 70 guten Arten hier nur einige, doch sind auch alle anderen leicht zu pflegen und selbst bei halbschattigem Standort blühwillig.

Eine kleinbleibende, stark sprossende, schwefelgelb blühende Art ist *G. andreae* (Böd.) Backbg., deren Körper wenig bestachelt und dunkelblaugrün gefärbt sind.

Eine schöne Art, die vor allem durch die bräunlichblauen Körper auffällt, meist schwarz bestachelt ist und weiß blüht, ist *G. asterium* Y. Ito. Zwergig, sonst ähnlich, ist das bereits erwähnte *G. ragonesii* Cast. Beide kommen aus Argentinien. Herrlich dunkelrot mit Metallglanz oder aber auch weiß blüht das neun- bis zwölfrippige *G. baldianum* Speg. aus Argentinien.

G. bruchii (Speg.) Hoss. bildet aus den 2 cm breiten Körpern vielköpfige Gruppen, die Stacheln sind eigenartig verflochten und bedecken den ganzen Körper, die Blüten sind rosa.

Sehr vielgestaltig ist *G. denudatum* (Lk. et O.) Pfeiff., der Spinnenkaktus. Die als typische Art angesehene Form ist fünfrippig und hat dem Körper dicht anliegende Stacheln, meist fünf bis acht, die wie Spinnenbeine aussehen. Die Blüte ist weiß. Bestimmte Formen sind mehrrippig, teilweise auch etwas gehöckert.

Sehr interessant, vor allem durch die verschiedenfarbigen, chlorophyllfreien Mutanten, ist *G. mihanovichii* (Fric et Gürke) Br. et R. var. *friedrichii* Werd.; die Varietät ist graukörperig, rot überlaufen und braun quergestreift, die Blüten sind rosa. Von ihr gibt es orangerote, gelbe, weiße, rote, lilafarbene und rosaweiße Formen, die alle nur auf hohen, chlorophyllhaltigen Unterlagen gepfropft am Leben erhalten werden können und nicht jedermanns Sache sind. Diese Formen bilden teilweise auch Blüten, doch scheinen sie sich nicht zu öffnen; ob Samen gebildet werden, ist mir unbekannt. Sie sprossen teilweise reichlich und werden durch Veredlung der Nebensprosse vermehrt. In Japan, wo diese Pflanzen in großen Mengen gärtnerisch erzeugt werden, ist *Myrtillocactus geometrizans* (Mart.) Cons. die gebräuchlichste Unterlage, doch gedeihen sie auch auf anderen Unterlagen gut. Für die volle Ausfärbung ist ein sonniger Stand unerläßlich.

Weißlichrosa blüht das breitkugelige, blaugrünkörperige *G. multiflorum* Br. et R., von dem es mehrere Varietäten gibt.

Riesenkörperig ist *G. saglionis* (Cels) Br. et R. mit den kurzröhrigen rosafarbenen Blüten.

Haageocereus

Die Gattung *Haageocereus* Backbg. umfaßt meist niederwüchsige, oft sich bald verzweigende Säulenkakteen, die wegen ihrer leuchtenden Stachelfarben gerne gezogen werden und Abwechslung in jede Kakteensammlung bringen. Sie können, im Cereenkasten gezogen, bald blühen, vor allem wenn sie nicht zu kühl überwintert werden. Man kennt ungefähr 50 Arten, die Peru und Chile bewohnen.

H. acranthus (Vpl.) Backbg. ist zwölf- bis vierzehnrippig und locker braun bestachelt. Die Blüten sind grünlichweiß.
Bezüglich der Stachelfarben unwahrscheinlich variabel ist der schlanktriebige H. chosicensis (Werd. et Backbg.) Backbg., von dem es weißliche, gelbliche bis rostbraun bestachelte Formen gibt.
Niederliegend wächst H. decumbens (Vpl.) Backbg., der bereits als kleines Exemplar seine außen braunen, innen weißen Blüten bringt.

Hamatocactus, Hakenkaktus

Die Gattung *Hamatocactus* Br. et R. umfaßt drei mexikanische Arten, mit kugeligen bis etwas verlängerten Körpern und hakigen, aber nicht abgeflachten Mittelstacheln.
Eine willig blühende Pflanze ist *H. setispinus* (Eng.) Br. et R. mit kugeligem, sich später streckendem Körper und großen, gelben Blüten mit roter Mitte, die bereits an jungen Pflanzen erscheinen und gut duften.
Diese Art will halbschattigen, jedenfalls aber nicht vollsonnigen Stand, wie so viele weichfleischige Kakteen. Besonders in durchlässigen und zugleich nährstoffreichen Substraten erweist sie sich als ein guter Dauerblüher.

Heliocereus

Die vier Arten der Gattung *Heliocereus* (Berg.) Br. et R. sind dünntriebige Anlehnkletterer aus Mexico und Guatemala.
H. speciosus (Cav.) Br. et R. ist die bekannteste Art, die Triebe sind vierrippig und aufrecht oder hängend. Die großen, tagsüber geöffneten Blüten sind prächtig karminrot mit violetter Mitte. Diese Art wurde sehr viel in die Gattungen *Epiphyllum* und *Selenicereus* eingekreuzt und hat den Grundstein für die modernen Blattkakteen-Hybriden geliefert.
Als Humuswurzler braucht diese Art humose, durchlässige, dabei aber ständig mäßig feuchte Substrate und reichlich Wasser bei sonnigem bis etwas absonnigem Stand.

Hylocereus

Die urwaldbewohnenden, reichverzweigt wachsenden, epiphytischen Arten der Gattung *Hylocereus* Br. et R. besitzen drei- bis vierflügelige Körper und riesige, bis 30 cm große, nächtliche Blüten. Ihre Heimat ist Mittel- und Südamerika.
Die prächtigste Art ist sicherlich *H. purpusii* (Weingt.) Br. et R., mit bläulich bereiften Trieben und 25 cm großen Blüten; die äußeren Blütenblätter sind feurig karminrot, die mittleren goldgelb und die inneren weiß gefärbt.
Am besten gedeihen *Hylocereen* in nahrhafter, humoser Erde ausgepflanzt, nur die bereiftkörperigen Arten lieben Sonne, sonst eher Halbschatten. Im Sommer feucht gehalten, wollen sie winters trocken stehen. Wenn man sie mit *Selenicereus* vergleicht, wachsen sie eher langsam.

Leptocladodia

Die kurzsäulig wachsenden, teilweise gruppenbildenden Arten der Gattung *Leptocladodia* Buxb. wurden früher zu *Mamillaria* gestellt. Ihre Stachelbilder sind besonders reizvoll, eine Art ist leicht zu ziehen und zu vermehren.
Die Anfängerart *L. elongata* (DC.) Buxb. bildet bis zu 20 cm lange und 3 cm dicke Triebe, deren Bestachelung von weißlich über gelb zu braun variieren kann. Die Körper verzweigen sich reichlich und bilden große Polster.
Einzelne Säulen bildet *L. microhelia* (Werd.) Buxb., deren Stachelräder wohl das auffallendste auf dem Stachelgebiet sind. Zuerst bilden sich die Randstacheln, erst bei älteren Pflanzen und bei verschiedenen Varietäten auch Mittelstacheln.
Leptocladodien wachsen recht gut in durchlässigen Substraten und in voller Sonne. *L. elongata* wird durch Stecklinge leicht vermehrt, *L. microhelia* muß angebaut werden und kann auch veredelt gehalten werden, da sie dann schneller wächst. Sie blühen reich aus der oberen Partie der Körper, sehen aber zu jeder Zeit des Jahres gut aus. Die Stachelkränze dieser Art wirken wie kleine Sonnen, kontrastreich betont durch die dunklen Mittelstacheln.

Leuchtenbergia, Prismenkaktus

Die monotypische *Leuchtenbergia principis* Hook. aus Mexico sieht mit ihren, bis 12 cm langen, blaugrünen Dreikantwarzen wenig einem Kaktus ähnlich. Die Pflanzen bilden Rübenwurzeln und kurze, dicke Stämme aus, so daß sie im großen und ganzen, abgesehen von den papierartigen, 10 cm langen Stacheln, eher Agaven ähneln. Die gelben Blüten entstehen aus den Areolen der jüngsten Warzen. Um gut zu gedeihen, braucht diese Art volle Sonne und im Winter absolute Trockenheit. Kultiviert man wurzelecht, so muß der Boden sehr mineralisch sein, doch kann man auch pfropfen und so die Jugendentwicklung beschleunigen. Samen werden regelmäßig angeboten, doch dauert es gut seine zehn Jahre, bis man die ersten Blüten erwarten kann.

Lobivia, Lobivie

Die Gattung *Lobivia* Br. et R. umfaßt wohl die schönsten kleinkörperigen Kakteen. Über 100 Arten sind bekannt, von vielen gibt es Formen in allen Lobivienfarben, von weiß über gelb zu rot und violett, teilweise mit anders gefärbtem Hymen, einer hautartigen Verwachsung der inneren Blütenwand, aus der die oberen Staubblätter entspringen. Alle Arten sind für kühle Überwinterung sehr dankbar, da sie dann reicher blühen. Sie gedeihen besonders gut veredelt, da sie dann schneller wachsen und vor allem wesentlich reicher Blüten bringen. Auch empfindliche Arten, die auf eigenen Wurzeln grobe Behandlungen nicht durchstehen, können so ohne weiteres gezogen werden. Die folgenden sind nur eine kleine Auswahl aus der Vielfalt.

Eine neuere Art ist *L. caineana* Card., mit kurzzylindrischem Körper und rosa Blüten. Diese Art ist in der Einstufung noch ungewiß und ist vielleicht keine Lobivie.

Lange nicht wiederentdeckt, bis sie Rausch wieder nach Europa brachte, war die echte *L. cinnabarina* (Hook.) Br. et R., mit flachen, kinnhöckerigen Körpern und bis 8 und 10 cm großen, karminroten Blüten.

Säulige, sich stark verzweigende, dicht und kurz bestachelte Körper und 5 cm breite gelbe Blüten bringt *L. densispina* (Werd.) Backbg., die vielleicht auch zur variablen *L. famatimensis* (Speg.) Br. et R. gehört.

L. famatimensis (Speg.) Br. et R. stammt aus Nordargentinien und macht zylindrische, dicht kammförmig bestachelte Körper. Von dieser Art gibt es viele Formen, in allen Lobivienfarben und mit verschiedenen Stachelfarben.

Einzelne Körper, die erst relativ spät sprossen und stark bestachelt sind, besitzt *L. haageana* Backbg.; die Blüten sind bis 7 cm breit, gelb oder rot gefärbt und besitzen einen dunklen Schlund. Bald sprossend ist *L. hertrichiana* Backbg., mit 10 cm breiten Körpern und 6 cm breiten feuerroten oder fleischfarbenen, hellschlundigen Blüten.

Eine der schönsten Lobivien ist zweifellos *L. jajoiana* Backbg., mit einzelnen Körpern und weinrosa oder tomatenroten, bei der Varietät *nigrostoma* (Krzgr. et Buin.) Backbg. gelb gefärbten Blüten mit schwärzlich lackartig glänzendem Schlund und Hymen.

Eine rasenförmig wachsende Art ist *L. pentlandii* (Hook.) Br. et R., der Typus der Gattung. Die Blüten dieser Art sind schmaltrichterig und öffnen sich nie ganz, die Blütenfarbe ist orangerötlich, doch kennt man eine Reihe von anders gefärbten Varietäten.

L. saltensis (Speg.) Br. et R. bildet bei Erreichen des blühfähigen Alters stark verlängerte und wirr durcheinanderstehende Mittelstacheln aus. Die Blüten sind glänzend rot mit dunkler Mitte. Eine seltene Art, die wenig bekannt ist.

Gedrücktkugelige Körper bildet *L. tiegeliana* Wessn. aus, die Blüten der Art sind leuchtend violett, die Varietät *distefanoiana* Cullm. et Ritt. hat kammförmige Randstacheln, der Mittelstachel fehlt.

Nach den neuesten Vorstellungen mancher Botaniker (siehe S. 171) soll auch die Gattung *Lobivia* zu *Echinopsis* eingezogen werden, was angesichts der deutlichen Unterschiede und vor allem wegen

Tafel 29 · Kakteen III

ol *Neochilenia andreaeana*
om *Hylocereus purpusii,* ein Nachtblüher
or *Copiapoa humilis*
ml *Neochilenia kunzei*
mm *Rhipsalis cassutha*
mr *Erythrorhipsalis pilocarpa,* zwei Humuswurzler
l   *Echinocereus viereckii*
ul Kiefernzapfenkaktus, *Encephalocarpus strobiliformis*
ur *Aztekium ritteri*

Tafel 30 · Kakteen IV

Kein Kaktus gleicht dem anderen, ein Sammelgebiet ohne Grenzen!

- ol   *Echinopsis eyriesii*
- or   *Ferocactus wislizenii*
- ml   *Gymnocalycium asterias*
- mr   *Astrophytum myriostigma*
- ul   *Echinocactus grusonii*
- ur   *Ferocactus refractensis*

des leichteren Erkennens von Pflanzen auf Grund des Gattungsnamens ein Unsinn ist. Dieses vielfache Umkombinieren der botanischen Namen verunsichert bloß den Liebhaber, statt ihn davon zu überzeugen, daß die Autorennamen einfach zum botanischen Namen dazugehören!

Lophophora, Schnapskopf, Rauschgiftkaktus

Die Arten der Gattung *Lophophora* Coult. enthalten Rauschzustände hervorrufende Alkaloide; diese Wirkung war und ist den Indianern Mexicos und des Südwestens der USA seit langem bekannt. Die Pflanzen sind weichfleischig und graugrün gefärbt und besitzen eine starke Rübenwurzel. Die wenigen Rippen tragen auf den Areolen dichte, pinselartige Haarbüschel und keine Stacheln.

Die bekannteste Art ist *L. williamsii* (Lem.) Coult., die bei mäßig feuchtem Sommerstandort und Trockenheit im Winter oder gepfropft regelmäßig ihre rosafarbenen, 3 cm breiten Blüten bringt. – Die Kultur gleicht am ehesten der von *Ariocarpus*, sie ist jedoch wesentlich leichter.

Mamillaria, Warzenkaktus

Eine der größten Gattungen der Kakteenfamilie ist *Mamillaria* Haw., es sind ungefähr 300 bis 400 Arten und eine Fülle von Varietäten und Formen bekannt. Aus den oft verdickten Wurzeln erhebt sich der kugelförmige oder zylindrische Körper, oft werden richtige Gruppen oder sogar Rasen gebildet. Die Körperoberfläche ist in spiralig angeordnete Warzen aufgelöst, diese können im Querschnitt rund oder kantig sein. Die Areolen sitzen an der Warzenspitze, die Blüten erscheinen in Kränzen oder aber auch zu wenigen aus den Axillen, dem zweiten Vegetationspunkt am Grunde der Oberseite der Warzen. Die kleinen Blüten sind kahl, und es folgen meist leuchtend gefärbte Beeren. Manche Arten führen Milchsaft, der bei Verletzung austritt.

Die Stacheln sind äußerst vielgestaltig geformt, man findet Arten mit Hakenstacheln, vor allem aber auch gefiederte, eine Besonderheit, die diese Mamillarien doppelt begehrenswert macht.

Die folgenden Arten können naturgemäß nur eine sehr beschränkte Auswahl darstellen. Im Grunde genommen sind alle Mamillarien pflegewerte Gesellen, die mit Ausnahme der weichfleischigen grünkörperigen Arten sonnigen Stand und Standardpflege brauchen. Weichfleischige Arten wollen etwas absonnigeren Stand und dürfen nicht zu extrem austrocknen. Im Winter hält man sie trocken, eine Voraussetzung für reiches Blühen im darauffolgenden Jahr.

Eine der leichtesten Arten, sie trägt neben borstigen Haaren Hakenstacheln in den Areolen, ist *M. bocasana* Poselg., sie bildet rasch dichte Gruppen und bringt willig die gelblichrosafarbenen Blüten, denen 4 cm lange, hellkarminrote Früchte folgen. Kugelige Körper mit 5 bis 6 cm Durchmesser bildet *M. elegans* DC., die 30 weißen Randstacheln und die ein bis zwei weißen, etwas braungespitzten Mittelstacheln umweben den Körper und kontrastieren herrlich mit den karminroten Blüten.

8 cm dicke, zylindrische Körper, die dicht mit langen weißen Stacheln bedeckt sind, hat *M. geminispina* Haw., die kleinen Blüten sind karminrosa gefärbt.

Dichte, langhaarige, weiße Pelze entwickelt *M. hahniana* Werd., der Effekt wird von weißen Areolenstacheln und weißen Axillenhaaren hervorgerufen. Die Blüten sind purpurrot.

Bei Verletzungen milcht die grobwarzige *M. magnimamma* Haw. stark, die Körper sind zuerst kugelig und dann zylindrisch und bis 10 cm dick. Die cremefarbenen bis rosafarbenen Blüten werden willig angelegt, es können mehrere Kränze nacheinander blühen.

Interessant durch die dichotomische Teilung im Scheitel ist *M. parkinsonii* Ehrenb., mit wolligen Axillen und 20 bis 30 weißen, borstenförmigen Randstacheln und zwei schwarzbraun gespitzten Mittelstacheln.

Herrlich ist *M. pennispinosa* Krainz im Schmuck der 20 grauweißen, feingefiederten Randstacheln, die den 5 cm dicken Körper vollkommen bedecken. Der Mittelstachel ist rotbraun, hakig und ungefähr 1 cm lang. Die Blüten sind hellgelblichrosa. Diese Art ist kleinkörperig und bildet eine Rübenwurzel. Sie wächst gut veredelt.

Große Gruppen bildet *M. plumosa* Web., eine Art, die ähnlich der vorigen weichfleischig ist und gefiederte Stacheln trägt. Sie will im Winter nicht zu trocken stehen, wenn man die Temperaturen über 12° C halten kann, bei tieferen Temperaturen hält man auch diese Art trockener.

Eine leicht gedeihende, stark sprossende und rasenbildende Art, die auch bei ungünstigem Stand blüht und fruchtet, ist *M. prolifera* (Mill.) Haw., von der es verschiedene Formen mit Stachelfarben von Braun über Gelb zu Weiß gibt. Die Blüten sind gelblich, die Beeren dunkelrot.

Zylindrische Körper, die sich oft dichotom verzweigen, bildet *M. rhodantha* Lk. et O., die Länge und Farbe der Rand-, vor allem aber der Mittelstacheln ist sehr variabel. Die feurig karminroten Blüten stehen in Kränzen. Von dieser Art werden oft Cristaten angeboten.

Eine Neuentdeckung der letzten Jahre ist *M. theresae* Cutak., mit zwergigen Körpern, meist braunrot gefärbt, und gefiederten, weißen Randstacheln. Die Blüten erscheinen eher in der Körpermitte, sind bis 4 cm lang und fast ebenso breit und leuchtend violettpurpurn gefärbt. Diese Art wächst veredelt sehr leicht, ist jedoch weichfleischig. Also auf saftige Unterlagen pfropfen.

Eine Allerweltsart hingegen ist *M. zeilmanniana* Böd., deren Areolen weiße Haare und vier Mittelstacheln tragen, von denen einer gehakt ist. Sproßt basal und bildet rasch große Gruppen. Bildet rosa oder weiße Blüten in Kränzen.

Daneben gibt es noch eine Fülle weiterer Arten, willig gedeihende, ebenso wie heikle. Besonders bei den Mamillarien ist man auf die Fachliteratur angewiesen.

Mediolobivia, Mediolobivie

Die Gattung *Mediolobivia* Backbg. umfaßt stark sprossende Zwergkakteen, deren Körper mit zierlichen Warzen bedeckt sind oder deren Rippen stark in solche geteilt sind. Die trichterigen Blüten sind behaart und beborstet. Bei einigen Arten ist der Griffel, ähnlich wie bei *Aylostera*, unten etwas mit der Röhre der Blütenachse verwachsen. Alle Arten blühen reich und sind herrliche Sammelobjekte für den Liebhaber, sie stammen aus Bolivien und Nordargentinien.

Etwas größere, gewarzte Körper haben *M. aureiflora* Backbg., *M. elegans* Backbg. und *M. kesselringiana* Cullm., mit orangegelben, leuchtend hellgelben und bläulichroten Blüten.

Walzenförmige Körper mit in Warzen aufgelösten Rippen besitzen *M. conoidea* (Wessn.) Krainz und *M. schmiedcheniana* (Köhl) Krainz, beide Arten blühen gelb.

Stark gestreckte, zierliche Körper mit sehr deutlich erkennbaren Rippen haben *M. euanthema* (Backbg.) Krainz, *M. eucaliptana* (Backbg.) Krainz, *M. pectinata* (Backbg.) Backbg., *M. pygmaea* (R. E. Fr.) Backbg. (M. haagei (Frič et Sch.) Backbg.) und *M. ritteri* (Wessn.) Krainz, alle in den verschiedensten Rottönen, oft mehrfarbig gezont mit pastellfarbigen Abstufungen.

Mediolobivien können nicht genug empfohlen werden, sie gedeihen gut wurzelecht, besser jedoch tief veredelt, da sie dann noch mehr blühen.

Melocactus, Melonenkaktus

Die Gattung *Melocactus* (Tourn.) Lk. et O. umfaßt großkörperige, rundliche bis etwas zylindrische Kakteen mit deutlichen Rippen und kräftigen Stacheln. Erreichen sie das blühfähige Alter, so stellt der Körper das Wachstum ein und bildet ein scheitel-, das heißt endständiges Cephalium, das sich kerzenförmig weiterentwickelt. Die Blüten sind klein und mamillarienähnlich, die Beerenfrüchte meist rot gefärbt.

Sämlinge von Melonenkakteen sind oft gar nicht

so heikel, sie dürfen nur nicht zu kühl überwintert werden. Geduld ist am Platz, da sich die Cephalien erst bei alten Pflanzen entwickeln, die Körper aber nicht so extrem zierend sind. Die für den Liebhaber geeignetste Art dürfte *M. peruvianus* Vpl. sein.

Neochilenia, Neochilene

Die Gattung *Neochilenia* Backbg. wurde für chilenische, d. h. westandine, äußerst verschiedenkörperige Pflanzen mit stets offentrichterigen, weißlichen, gelben oder rötlichen Blüten aufgestellt, deren Blütenröhren deutlich bewollt oder behaart sind.

Seidig hellscharlach und gelb gerandet sind die Blüten von *N. andreaeana* Backbg. mit dem 5 cm dicken graugrünen Körper.

Dunkel- bis schwarzgrüne Körper mit kinnhökkerigen Rippen und blaßrosafarbenen Blüten besitzt *N. jussieui* (Monv.) Backbg., der Typus der Gattung.

N. kunzei (Först.) Backbg. bringt hellgelbe Blüten aus höckerig kerbtem Körper.

Eine auffällige Art ist *N. napina* (Phil.) Backbg., die graugrünen oder rötlichschwarzen Körper sind in rundliche Warzen aufgelöst, die Dornen sind anliegend, die Blüten hellgelb.

Neochilenen sind langsamwachsende, aber sehr dauerhafte, nicht leicht umzubringende Pflanzen, die vor allem gepfropft regelmäßig ihre herrlichen Blüten bringen.

Notocactus, Buckelkaktus

In der Gattung *Notocactus* (K. Sch.) Berg. emend. Backbg. finden wir kugelige bis kurzsäulige, manchmal auch sprossende Pflanzen mit niederen, durch Querteilung oft gehöckerten Rippen. Die Blüten entstehen dicht am Scheitel, sind gelb oder rot gefärbt, besitzen einen roten Griffel und sind behaart und schwach beborstet. Manche Arten öffnen erst nachmittags ihre Blüten.

N. apricus (Arech.) Berg. ist kleinbleibend und dicht mit roten Stacheln umhüllt, die gelben Blüten erreichen 8 cm Durchmesser.

Glänzendgrüne, flachkugelige Körper mit eingedrücktem, unbedorntem Scheitel besitzt *N. concinnus* (Monv.) Berg., die großen gelben Blüten erscheinen schon an kleinen Pflanzen. Wegen der frischgrünen Körper etwas empfindlich gegen Sonnenbrand.

Größere Körper bildet *N. herteri* (Werd.) Buin. et Krzgr., die purpurrosafarbenen Blüten erscheinen bei größeren Exemplaren willig.

Bekannt als sicherster Blüher ist *N. ottonis* (Lehm.) Berg., mit flachkugeligen, grünen Körpern und glänzend gelben, großen Blüten. Auch hier ist Schutz vor Sonnenbrand angebracht!

Durch die lilafarbenen, immer nachmittags sich öffnenden Blüten fällt *N. rutilans* Daen. et Krainz auf, dessen Körper herrlich bestachelt ist, so daß die Oberhaut nirgends sichtbar ist.

Äußerst vielgestaltig ist der zuerst kugelige, später zylindrische *N. scopa* (Spreng.) Berg., mit den herrlichen Stachelkleidern in Weiß, Gelb und Rot, von allen gibt es auch sehr schöne Cristaten. Die gelben Blüten erscheinen aus dem Scheitel.

N. submammulosus (Lem.) Backbg. wächst rundkörperig und sproßt selten, die Stacheln, besonders aber die Mittelstacheln, sind sehr kräftig und schräg nach unten und oben gerichtet. Die Blüten sind gelb.

Neu ist *N. uebelmannianus* Buin. mit *Gymnocalycium*-Körpern und weinroten oder blutroten Tönen, ähnliche Körper besitzt der gelbblühende Verwandte, *N. crassigibbus* Buin., beide Arten besitzen grüne Körper und brauchen etwas Schutz vor Sonnenbrand.

Die Buckelkakteen wurden deshalb so ausführlich besprochen, weil es kaum willigere Blüher und Wachser unter den Kakteen gibt als in dieser Gattung. Sie wachsen und blühen auch halbschattig gehalten noch gut und sind deshalb besonders für den Pfleger ohne Sommerquartier im Garten geeignet. Zusammen mit *Gymnocalycium* können sie noch ohne weiteres an einem Nordost-Fenster gezogen werden, wo sonst kaum Kakteen fortkommen, geschweige denn blühen.

Sukkulenten

Opuntia, Feigenkaktus

Opuntia (Tournef.) Mill. ist im Kakteenreich eine noch ziemlich primitive Gattung, denn sie besitzt noch, wenn auch nur kurzlebige, Blätter. Opuntien haben gegliederte Sprosse, das heißt, jedes Jahr werden neue Triebe angelegt. Die Sprosse selbst sind scheibenförmig und auf der ganzen Oberfläche mit Areolen bedeckt. Die Blüten sind ebenfalls noch reichlich primitiv, sie zeigen die Sproßnatur der Blüten noch deutlich, besitzen ebenfalls noch Blätter, die erst während der Fruchtreife abfallen. Die Samen sind groß und brauchen ziemlich lange, oft über ein Jahr, bis zur Keimung.

Von den vielen Arten sollen nur wenige genannt werden, es gibt wesentlich interessantere Gattungen für den Liebhaber, vor allem die Größe ausgewachsener Pflanzen macht Schwierigkeiten! Aus diesem Grund werden nur kleine oder sehr reich blühende Arten genannt.

O. albata n. n. wird seit einigen Jahren viel gezogen, es handelt sich wahrscheinlich um eine glochidenlose Mutante der weißstacheligen *O. microdasys*. Die Blüten dieser kleingliederigen Art erscheinen willig und sind hellgelb gefärbt.

Herrlich blaugrün oder lila überlaufen sind die länglichrunden Glieder von *O. azurea* Rose var. *macrocentra* Eng., die orangen Blüten erscheinen schon an weniggliedrigen Pflanzen.

Sehr verbreitet, doch reichlichst mit Glochiden versehen, ist *O. microdasys* (Lehm.) Pfeiff., die Art hat fuchsrote Glochidenbüschel, die var. *albispina* Fobe ex Backbg. schneeweiße Glochiden, die genauso leicht abbrechen wie die der Art!

Die Opuntien des Mittelmeergebietes, meist von einem Urlaub heimgebracht, sind wenig für den Liebhaber zu empfehlen. Meist handelt es sich um *O. ficus-indica* (L.) Mill., diese Art wird recht groß und blüht selten.

Bei allen Opuntien sind ein kühler Winterstand und Trockenheit während des Winters unabdinglich notwendig, da es sonst zum frühen Austrieb kommt; diese Triebe sind meist zylindrisch und können sich nie zu ordentlichen Scheiben entwickeln. Große Pflanzen erhalten entsprechend kräftige Substrate, sonst wählt man die für die anderen Kakteen verwendeten Mischungen. Wegen der Glochiden Opuntien immer wegfern ziehen!

Oreocereus, Berg-Säulenkaktus

In der Gattung *Oreocereus* (Berg.) Ricc. finden wir, ähnlich wie bei *Espostoa*, herrlich behaarte Säulenkakteen, die sich wesentlich besser für die Pflege eignen als das Greisenhaupt. Sie sind am besten im Cereenkasten zu pflegen, doch können sie veredelt ohne weiteres mit den anderen Kakteen mitgepflegt werden, sofern man die weißen Haare vor Staub schützt und nicht mit zu kalkhaltigem Wasser überspritzt.

Zehnrippige Körper, die bis 1,5 m hoch werden können, besitzt *O. hendriksenianus* Backbg., die Areolen sind stark filzig und tragen neben den hornfarbenen Stacheln noch Haare, die je nach der Form in der Farbe zwischen Weiß und Schwarz schwanken können.

Einen Meter Höhe erreicht *O. neocelsianus* Backbg., der Typus der Gattung. Die Haare können in der Farbe zwischen Weiß und Braun schwanken, die Stacheln sind äußerst unterschiedlich gefärbt, man unterscheidet mehrere Dornvarietäten.

Wohl der herrlichste *Oreocereus* ist *O. trollii* (Kupper) Backbg., sein Körper ist dicht mit weißen Haaren umgeben, aus denen die anfangs leuchtend braunroten, später gelben bis braunroten Mittelstacheln herausragen.

Oreocereen sind Hochgebirgspflanzen und lieben einen deutlichen Temperaturunterschied zwischen Tag und Nacht und hohe Luftfeuchtigkeit. Gerne haben sie es, wenn im Sommer nächtlicher Tau fällt, aus diesem Grund gedeihen sie im Voralpenklima besonders gut und bilden prächtige wattige Säulen.

Parodia, Parodie

Die Gattung *Parodia* Speg. enthält die schönsten Kugelkakteen Südamerikas. Es sind einfache oder sprossende, kugelige bis zylindrische, dicht bestachelte Pflanzen, bei manchen Arten ist einer der vier Mittelstacheln hakig ausgebildet. Die Blüten erscheinen aus dem Scheitel, sie sind gelb, orange oder rot gefärbt. Die Blütenröhre ist kurz, zierlich beschuppt, mehr oder weniger wollig und nach oben hin teilweise borstig. Die Samen sind ausgesprochen fein und können deshalb beim Auflaufen manchmal Schwierigkeiten machen.

Bis jetzt sind ungefähr 100 Arten bekannt, die in Bolivien, Argentinien, Paraguay und Brasilien beheimatet sind, nur wenige können erwähnt werden, doch alle sind empfehlenswert. Parodien blühen bereits als verhältnismäßig kleine Pflanzen, und zwar gedeihen und blühen die meisten Arten gepfropft noch besser.

Immer am frühesten blüht *P. chrysacanthion* (K. Sch.) Backbg., die Körper sind dicht mit goldgelben Stacheln eingehüllt. Kleine, gelbe Blüten. Eine größer werdende Art, die 20 cm Höhe erreichen kann, ist *P. maassii* (Heese) Backbg., mit frischgrünem Körper und Spiralrippen. Ein Mittelstachel ist kräftig gehakt, die Blüten sind mäßig groß und kupferig gelbrot.

Sehr verbreitet ist *P. microsperma* (Web.) Speg., mit kugeligen, später zylindrischen Körpern, glasighellen Randstacheln und rotbraunen Mittelstacheln, einer davon gehakt. Die Blüten sind leuchtend orangefarben.

Kugelige, von äußerst unterschiedlich gefärbten Stachelkleidern eingefüllte Körper besitzt *P. mutabilis* Backbg., die Blüten sind hell- bis dunkelgelb.

Reinweiße Stacheln besitzt die zuerst kugelige, später längliche *P. nivosa* Frič ex Backbg., die leuchtendroten Blüten kontrastieren herrlich mit dem blendenden Stachelkleid.

Ebenfalls rotblühend, doch aus weißwolligem Scheitel heraus, ist *P. schwebsiana* (Werd.) Backbg., die Körper werden im Alter länglich, ein Stachel ist gehakt.

Von der normalerweise gelbblühenden *P. setifera* Backbg. gibt es auch eine rotblühende Varietät *rubriflora,* deren Blüten besonders leuchtend gefärbt sind.

Bei den meisten Parodien erscheinen die Blüten schon an zwei- bis dreijährigen Sämlingen, sie wollen durchlässige, eher nährstoffreiche Substrate, gleichmäßige Feuchtigkeit und kühle, trockene Überwinterung.

Peireskia, Peireskie

Lange hielt man die Gattung *Peireskia* (Plum.) Mill. für die Urform der Kakteen, heute nimmt man an, daß es sich um eine konservative und normalen Pflanzen sehr ähnelnde Sonderform der *Cactaceen* handelt. Die Peireskien haben zylindrische Stämme, die Laubblätter sind elliptisch zugespitzt und tragen in den Achseln normale Areolen, aus denen sich beim Älterwerden kräftige Stacheln entwickeln. Die Pflanzen sind Kletterer, die mit Hilfe ihrer Stacheln in anderen Pflanzen hinaufwachsen. Die Blüten werden in reichblütigen Blütenständen angelegt, sie sind weißlich, gelblich oder rosa gefärbt; es folgen gelbe Früchte, die nach Entfernen der Areolen eßbar sind und angenehm säuerlich schmecken. Die bekannteste Art ist *P. aculeata* (Plum.) Mill., die auch vielfach als Unterlage für Oster- und Weihnachtskakteen empfohlen wird. Für diesen Zweck eignen sich aber andere Kakteen besser, wie *Selenicereus* oder *Eriocereus*. Schön ist die Varietät *godseffiana* (Sand.) Knuth mit gelblichen Blättern und purpurnen Blattunterseiten.

Pcircskiopsis

Für die rasche Heranzucht von Raritäten ist die Sämlingspfropfung unbedingt notwendig, und die besten Unterlagen für diesen Zweck liefern uns die Arten der Gattung *Peireskiopsis* Br. et R.; auch diese Gattung besitzt noch Blätter, diese sind jedoch schon deutlich sukkulent, die in den Achseln sitzenden Areolen tragen bereits Glochi-

den, die diese Gattung in die verwandtschaftliche Nähe der Opuntien einreihen.
Die wichtigste Art für die Sämlingspfropfung ist *P. spathulata* (O.) Br. et R.; man hält die Mutterpflanzen gespannt und feucht und ernährt sie reichlich, damit sie kräftig wachsen. Die Stecklinge brauchen nicht abzutrocknen, wie es sonst bei Kakteen notwendig ist, man steckt am besten gleich in 6 cm große Plastiktöpfe, in denen man die Pflanzen gleich für die Veredlung belassen kann. Nach zwei Wochen sind sie bewurzelt und werden abgehärtet. Für Sämlingspfropfungen braucht man immer wachsende *Peireskiopsis*, da nur die ganz weiche Triebspitze der Unterlage ein klagloses Verwachsen garantiert.

Pelecyphora, Beil- oder Asselkaktus

Zwei Arten der Gattung *Pelecyphora* Ehrenb. sind bekannt, beide sind in Mexico beheimatet. Die Pflanzen sind zuerst kugelig, dann keulig, sprossen teilweise und bilden große Wurzelrüben. Die Warzen sind seitlich zusammengedrückt, beilförmig, die Stacheln sind kammförmig. Die Blüten erscheinen aus dem Scheitel.
P. aselliformis Ehrenb. ist die häufigere Art, ihre Blüten sind 3 cm breit und leuchtend karminviolett gefärbt.
Wurzelecht ist der Asselkaktus nicht immer leicht zu ziehen, die Substrate sollten dann eher mineralisch sein. Besser ist zu pfropfen, während des Sommers eher mäßig feucht und im Winter kühl und sehr trocken zu halten.

Pilosocereus

Die Gattung *Pilosocereus* Byl. et Rowl. wird zur Zeit noch eifrig von den Fachleuten untersucht und zur Freude der Liebhaber auf fünf neue und drei alte Gattungen aufgeteilt werden! Wir wollen sie hier im alten Sinn behandeln. Es sind hochwüchsige, eher wärmebedürftige Säulenkakteen aus tropischen Gebieten Amerikas, die sekundär Cephalien, also Pseudocephalien bilden, aus denen die Blüten erscheinen. Pseudocephalien nennt man solche Bildungen, die durch verstärkte Ausbildung von Wolle, Haaren oder Borsten aus den Areolen entstehen, wenn diese blühfähig werden, es sind also keine primär angelegten Blühzonen, Cephalien, wie bei anderen haarigen Säulenkakteen oder *Melocactus*.
Die beiden wichtigsten Arten sind *P. palmeri* (Rose) Byl. et Rowl. und *P. sartorianus* (Rose) Byl. et Rowl., die Identität der zweiten Art mit *Pilocereus houlletii* Lem. ist uns bis jetzt noch etwas unklar. Beide stammen aus Mexico, die Stacheln sind bei der ersten Art braun, bei der zweiten strohfarben, die Blüten beider Arten sind rosafarben.
Daneben gibt es noch andere Arten, für alle gilt jedoch, daß sie winters eher wärmer, d. h. bei ungefähr 15°C gehalten werden, nachts kann die Temperatur auf 10°C absinken, aber nicht tiefer. Beim Einhalten dieser Temperaturen und kräftiger Ernährung blühen sie bereits als 1,5 bis 2 m große Exemplare und bilden auch reichlich Samen, wenn kreuzbestäubt werden kann.

Pseudolobivia, Pseudolobivie

Nach den neuesten Pendelbewegungen der Nomenklatur gehören ja alle diese Gattungen zu *Echinopsis*, doch wir verwenden hier noch die praktische und alle Übergänge zwischen *Echinopsis* und *Lobivia* umfassende Gattung *Pseudolobivia* Backbg.
Pseudolobivien sind ohne Zweifel etwas Uneinheitliches, wir finden hier schlank trichterblütige Tagblüher genauso wie kurztrichterige Nachtblüher. Die Blüten sind kleiner und schlanker als bei *Echinopsis* und besitzen leuchtende Farben; blühen sie weiß, so öffnen sich die Blüten des Nachts und dauern den ganzen Tag, oder sie blühen nur des Tags. Es gibt hier auch hakenstachelige Arten, die es in der Gattung *Echinopsis* nicht, wohl aber bei den Lobivien gibt.
Die Gattung *Pseudolobivia* enthält einige der schönsten, vor allem aber sehr robuste Arten, so daß ihnen mehr Aufmerksamkeit geschenkt werden sollte.

P. ancistrophora (Speg.) Backbg. ist der Typus der Gattung, mit flachrunden, 8 cm breiten Körpern, gehakten Mittelstacheln und geruchlosen, schlanken, weißen Trichterblüten.

Besonders schön ist *P. aurea* (Br. et R.) Backbg. mit zuerst kugeligen, später verlängerten Körpern und dichter Bestachelung. Die 9 cm langen und 8 cm breiten gelben Blüten öffnen sich flach. Eine herrliche karminrote Blütenfarbe hat die kugeligkörperige *P. kermesina* Krainz, deren Mittelstacheln fast hakig zum Körper hingebogen und sehr hart sind.

Ebenfalls flachkugelig ist *P. kratochviliana* (Backbg.) Backbg., mit weißen, relativ kurzröhrigen Blüten.

Viele schöne Arten sind noch zu erwähnen, wie die hakenstachelige *P. ferox* (Br. et R.) Backbg. mit weißen oder die *P. toralapana* (Card.) Backbg. mit bläulichroten oder orangen Blüten. Pseudolobivien sind sowohl mit Lobivien als auch mit *Echinopsis* kreuzbar, doch sollten unbedingt genaue Aufzeichnungen geführt werden, denn Kakteensammlungen sind in jedem Fall kleine botanische Gärten.

Rebutia, Rebutie

Von den Zwergkakteen sind wohl die Angehörigen der Gattung *Rebutia* K. Sch. die dankbarsten. Es sind plattkugelige, weichfleischige, am Grunde reich sprossende Pflanzen mit niedrigen, in Warzen aufgelösten, spiraligen Rippen und meist borstigen Stacheln. Die Blüten bilden sich aus dem unteren Teil des Körpers und sind unbehaart und unbeborstet, nur zierlich beschuppt. Die ungefähr 20 Arten sind in Nordargentinien und Bolivien zu Hause.

R. marsoneri Werd. ist in Nordargentinien zu Hause und besitzt rotbraune oder gelbliche Borstendornen. Die Blüten sind gold- oder orangegelb. Von dieser Art gibt es viele Formen.

Eine kleine, stark sprossende Art ist *R. minuscula* K. Sch., mit reinroten Blüten, die schon an Sämlingen erscheinen.

Sehr formenreich ist *R. senilis* Backbg., der Körper trägt lange weiße Borsten. Die Blüten können hellrot, violettrot, orange oder goldgelb sein.

Besonders großkörperig und reichblühend ist *R. wessneriana* Bewg. aus Nordargentinien.

Daneben gibt es noch eine Anzahl anderer Arten und viele Varietäten, auch schon eine Fülle von Hybriden, darunter selbst solche mit weißen Blütenfarben. Alle sind pflegewert und gedeihen am besten in nahrhafter, durchlässiger, mäßig feuchter Mischung, im Winter stehen sie kühl und trocken. Rebutien versagen nur bei trockenem Sommerstand oder warmen Winterquartieren.

Rhipsalidopsis, Osterkaktus

Die Gattung *Rhipsalidopsis* Br. et R. umfaßt zwei Arten und die aus ihnen hervorgegangene Hybride. Es sind epiphytisch auf Bäumen oder terrestrisch in Felsspalten wachsende Humusbewohner mit zweiflügeligen, selten mehrflügeligen Sprossen und regelmäßigen Blüten, deren Blütenblätter nicht in mehreren Quirlen angeordnet sind. Die Arten stammen aus Südbrasilien, der Bastard ist zuerst bei Gräser in Nürnberg gekreuzt worden.

R. gaertneri (Rgl.) Moran ist eine kräftig wachsende Pflanze mit 8 cm langen und bis 2,5 cm breiten Gliedern, die seitlichen Areolen sind kurzborstig, die Scheitelareolen tragen oft sehr lange Borsten. Die Blüten erscheinen zu mehreren aus dem Scheitel, sind bis 7 cm groß und leuchtend scharlachrot gefärbt.

R. rosea (Lagerh.) Br. et R. ist wesentlich schwächer im Wuchs, die Glieder sind 5 cm lang und 0,8 cm breit. Die rosa gefärbten Blüten erscheinen meist einzeln aus den Scheitelareolen und haben einen Durchmesser von 3 cm. Die Glieder dieser Art können selten auch mehrflügelig sein.

Durch Kreuzung beider Arten erzielte Gräser in

Nürnberg *R.* × *graeseri* (Werd.) Moran, der in jeder Beziehung intermediär ist und in vielen Sorten, in den verschiedensten Farben, gezogen wird.

Osterkakteen sind, wie schon ihr Name sagt, typische Frühjahrsblüher, die, um Blüten anlegen zu können, tiefe Temperaturen brauchen. Sie werden während des Sommers und Herbstes in kräftigem Wachstum gehalten. Im Winter hält man sie bei Temperaturen unter 10° C, sie vertragen bis 5° C ohne weiteres, und im Kurztag, am besten also in einer Waschküche oder einem ähnlichen Raum, wo neben dem Tageslicht kein künstliches Licht gegeben wird. Haben diese Bedingungen auf ausgewachsene Glieder 30 Tage eingewirkt, so kann man wärmer und in einen längeren Tag stellen, Temperaturen um 15° C sind ideal, die Tage werden sowieso natürlich länger. So gehalten, werden Osterkakteen überreich blühen, wie ich es selbst an meinen eigenen Pflanzen Jahr für Jahr erlebe. Nach der Blüte werden die Pflanzen zurückgenommen, da sie ja sonst Größen erreichen, die nicht mehr tragbar sind, umgepflanzt, Einheitserde ist ideal, und bei reichlichem Gießen und Düngen – sie vertragen bis 5 g Dünger je Liter Wasser bei feuchtem Ballen – wieder großgezogen und im Herbst wieder kühl gestellt.

Hochstämmchen erzielt man am besten durch Veredlung auf Peireskien oder Opuntien, wählt man *Selenicereus* oder *Eriocereus*, so darf winters die Temperatur nicht zu stark absinken.

Rhipsalis, Ruten-, Binsen- oder Korallenkaktus

Die 60 Arten der Gattung *Rhipsalis* Gärtn. sind nicht nur auf dem amerikanischen Kontinent beheimatet, sondern kommen auch in Afrika, auf Madagaskar und Ceylon vor. Es sind epiphytische, äußerst unterschiedlich geformte Pflanzen, die hängen oder mit Hilfe von Luftwurzeln klettern. Die Triebe können dünnzylindrisch, kantig oder aber auch blattartig verbreitet sein. Die weißen Blüten werden einzeln oder zu mehreren an den seitlichen Areolen gebildet, die nahe verwandte Gattung *Rhipsalidopsis* bringt die Blüten immer nur scheitelständig. Bei vielen Arten folgen den Blüten die weißen, schleimig-durchscheinenden Beeren, die gleichfalls sehr zierend sind. Selten haben die Beeren auch rote oder sogar schwarze Farbtöne. Das Vorkommen von *Rhipsalis* in Afrika, auf Madagaskar und Ceylon hat zu verschiedenen Vermutungen Anlaß gegeben. Man nimmt an, daß britische Seeleute, die weißbeerige Zweige als Weihnachtsschmuck sehen, diese verbreiteten. Von den vielen Arten zunächst einige zylindrischkörperige.

Aus Brasilien stammt *R. capilliformis* Web. mit reich verzweigten, 2 bis 3 mm starken Langtrieben, an denen sich in großer Fülle kurze, 2 bis 3 cm lange Kurztriebe entwickeln. Die Blüten sind weiß. Sowohl Amerika als auch Afrika und Ceylon bewohnt *R. cassutha* Gärtn., mit stricknadelstarken Trieben.

Flache, blattartige Triebe besitzen *R. houlletiana* Lem., mit grob gezähnten Gliedern, und *R. pachyptera* Pfeiff., mit leicht gekerbten Gliedern. Bei beiden Arten sind die Blüten eher gelblich. Als tropische Epiphyten haben *Rhipsalis* in ihrer Kultur nichts mehr mit normalen Kakteen gemein. Sie sind Humuswurzler, lieben Torf und Sphagnum, alten Orchideenpflanzstoff, und werden in Pflanzenvitrinen oder geschlossenen Blumenfenstern hängend oder auf Epiphytenbäumen ausgepflanzt kultiviert. Man muß ihnen hohe Luftfeuchtigkeit und viele Düngergaben bieten, sonst machen sie nicht weiter.

Schlumbergera, Weihnachtskaktus

Die Gattung *Schlumbergera* Lem. emend. Moran umfaßt zwei Arten, welche beide in Brasilien beheimatet sind. Es sind Epiphyten oder Bewohner von Humusansammlungen in Felsen, mit zweikantig geflügelten Gliedern und mehretagig ausgebildeten Blüten.

S. russelliana (Gardner) Br. et R. besitzt gekerbte, ungefähr 6 bis 7 cm lange und 1,5 cm breite Glieder. Die Blüten sind regelmäßig, die Blütenblätter in mehreren Kreisen etagig angeordnet, der Pollen ist violett. Die Blüten werden beim Unterschreiten einer bestimmten Temperatur, der kritischen Temperatur, primär angelegt. Diese Art ist relativ unempfindlich gegen die gefürchtete Fusarium-Krankheit.

S. truncata (Haw.) Moran (*Zygocatus t.* (Haw.) K. Schum., *Epiphyllum t.* Haw.) besitzt gezähnte Glieder, die größer sind als die der ersten Art. Die Blüten sind zygomorph, einseitig symmetrisch, die Blütenblätter ebenfalls in mehreren Etagen angeordnet. Der Pollen ist gelb. Die Blüten werden primär beim Unterschreiten einer gewissen Tageslänge, der kritischen Tageslänge, angelegt, diese Art ist also eine Kurztagpflanze. Sie ist anfällig gegen Fusarium.

Beide Arten sind recht selten in Kultur, da bereits im vorigen Jahrhundert intensiv gekreuzt wurde; die heute als Weihnachtskakteen gezogenen Pflanzen sind Bastarde dieser beiden Arten. Die Hybridart hat den Namen *S.* × *buckleyi* (Haw.) Moran und kann in ihren extremen Formen nahe an die Elternarten herankommen.

Man kann auf Grund des äußeren Erscheinungsbildes einer modernen Weihnachtskakteen-Sorte gleich sagen, wie sie sich bezüglich ihrer Blütenanlage verhalten wird. Sieht die Sorte mehr *S. russelliana* ähnlich, z. B. 'Noris' oder die alte 'Le Vesuv', so werden die Blüten mehr mit tiefen Temperaturen angelegt, die Tageslänge wird nicht so eine Rolle spielen. Sorten, wie 'Königer's Weihnachtsfreude', die *S. truncata* ähneln, reagieren mehr auf Kurztagbedingungen.

Im großen und ganzen könnte man folgendes sagen: Unsere heutigen Weihnachtskakteen-Sorten sind Hybriden zwischen einer Tieftemperaturpflanze und einer Kurztagpflanze, und sie reagieren auf beide Faktoren. Unter 12°C und über 30°C können überhaupt keine Blüten angelegt werden. Je höher die Temperatur in diesem Schwankungsbereich steigt, desto kürzer muß der Tag werden, damit noch Blüten angelegt werden können.

Blüten anlegen, d. h. induzieren, können nur ausgewachsene Glieder; aus diesem Grund hat das herbstliche Trockenhalten schon irgendeinen Sinn, nämlich einen Triebabschluß herbeizuführen. Wirken dann jedoch keine induzierenden Komponenten, d. h. ein entsprechendes Temperatur-Tageslängen-Paar ein, so kann trotz ärgster Trocknis keine Blüte angelegt werden.

Wenn er diese Tatsachen beachtet, kann der Gärtner, ebenso wie beim Osterkaktus, jederzeit blühende Weihnachtskakteen haben. Sind die Glieder zuwenig ausgereift, so werden sie einfach zurückgenommen, denn in einem Scheitel eines Gliedes stecken ca. 60 Austriebsanlagen, die Knospen oder Triebe bringen können.

Während des Sommers hält man Weihnachtskakteen, in Einheitserde gepflanzt, feucht und düngt regelmäßig mit Düngerlösungen, die 3 Gramm eines vollwasserlöslichen, guten Volldüngers pro Liter enthalten. Gegen August oder September zu hält man etwas trockener, um den Triebabschluß zu unterstützen. Als Humuswurzler dürfen sie aber nie ganz trocken haben! Dann kann man sie entweder natürlich zur Blüte kommen lassen oder »steuern«, was am besten durch Verdunkeln mit schwarzer Folie geschieht. Diese wird um 17 Uhr über die Pflanzen gezogen und um 7 Uhr wieder abgenommen. Ungefähr 2,5 Monate nach Beginn des Verdunkelns wird die Vollblüte eintreten, am besten eignet sich für diese Prozedur 'Königer's Weihnachtsfreude'. Will man die Blüte verzögern: wärmer stellen und nicht verdunkeln.

Die Sortenfülle ist sehr groß, nur wenige sollen genannt werden: 'Königer's Weihnachtsfreude' ist eine Truncata-Sorte mit hellorangefarbenen Blüten, sie blüht ungesteuert im Oktober; 'Andenken an Rudolf Zenneck' ist dunkelkarminrot, ebenfalls eine Truncata-Sorte; die alten 'Le Vesuv' und 'M. Edouard André' sind typische Russelliana-Sorten, die mehr tiefere Temperaturen brauchen, beide blühen lilakarmin. Die Gräser'sche 'Noris' ist ebenfalls eine Russelliana-Sorte, sie hat typisch abgerundete Knospen und etwas gestauchte Blüten, die Blütenfarbe ist tief lilakarmin. Wir hatten ungefähr 150 Sorten in Prüfung, doch gibt es ungefähr doppelt so viele.

Sukkulenten

Beginnt man Weihnachtskakteen zu sammeln, so muß man auch um die Gefahren solcher Sammeltätigkeit Bescheid wissen. Fusarium schleppt man sich oft ein, doch diese Pilzkrankheit, die sich durch Welken der Pflanzen und durch Absterben einzelner Pflanzenpartien und später der ganzen Pflanze äußert, kann man mit den modernen Pilzgiften bekämpfen. Viruserkrankungen hingegen, die sich durch eingesunkene Flecken auf den Gliedern und im schlimmsten Fall durch verkrüppelte Blüten äußern, kann man nicht bekämpfen. Solche Pflanzen müssen, und seien es noch so schöne Sorten, erbarmungslos entfernt werden, um die Sammlung nicht zu gefährden. Das Tauschen von Weihnachtskakteen geht ja sehr leicht, da man sie ohne Schwierigkeiten durch Gliedstecklinge vermehren kann, die in Briefumschlägen versandt werden können. Unsere schönste Sorte, eine weiße mit violettem Rand, kam so von Australien nach Österreich!

Selenicereus, Königin der Nacht

Die Gattung *Selenicereus* (Berg.) Br. et R. umfaßt dünntriebige, mit Luftwurzeln kletternde Kakteen mit fünf- bis siebenkantigen Körpern. Die riesengroßen Blüten sind nächtlich und währen immer nur eine Nacht, sind aber so schön, daß sich die Pflege in jedem Fall lohnt.

Von den vielen Arten seien nur drei erwähnt. Die Königin der Nacht ist *S. grandiflorus* (L.) Br. et R., auf Jamaika und Kuba beheimatet. Die Triebe sind 2 cm dick, die Blüten haben einen Durchmesser von 30 cm, die äußeren Blütenblätter sind bräunlichorangegelb, die inneren rein weiß. Die Blüten duften nach Vanille. Die Pflanzen enthalten ein Alkaloid, das in der Herzmedizin Verwendung findet, darum wird diese Art auch als Heilpflanze gebaut.

S. macdonaldiae (Hook.) Br. et R. besitzt 1,5 cm dicke Triebe und 35 cm große Blüten, die äußeren Blütenblätter sind rötlich oder orange, die inneren wieder weiß. Diese Art blüht auch willig, wenn sie in kleineren Gefäßen gezogen wird.

Die Prinzessin der Nacht ist *S. pteranthus* (Lk. et O.) Br. et R. aus Mexico. Die Triebe sind 3 cm dick, die Triebscheitel weißwollig. Die duftlosen Blüten sind ebenso wie bei den anderen Arten gefärbt und 30 cm groß.

Selenicereen sind Fresser und Freunde warmer Umgebung. Im Blumenfenster, im warmen Abteil eines Kleingewächshauses, dicht unter dem Glas oder an irgendwelchen Gestellen gezogen, sind sie eher lichthungrig, meiden aber pralle Sonne, entwickeln sich gut und bringen ihre Blüten in reicher Fülle. Nie wollen sie so trocken stehen oder so mineralische Substrate wie ihre anderen Kollegen! Reichlich Wasser und Dünger im Sommer und Überwinterungstemperaturen um 15°C tuen ihnen gut.

Solisia, Solisie

Die Gattung *Solisia* Br. et R., nun schon zu *Mamillaria* gezogen, umfaßt nur eine Art, *S. pectinata* (Stein) Br. et R., aus Mexico. Es ist eine kleinkugelige, milchsaftführende Pflanze mit seitlich zusammengedrückten, gestutzten Warzen, die weiße, kammförmige Stacheln tragen. Die rosaweißlichen Blüten erscheinen aus den in der Körpermitte gelegenen Axillen.

Solisien sind herrliche Pflanzen, die schon ohne Blüten ihre ganze Schönheit zeigen. Wurzelecht machen sie Schwierigkeiten, man hält sie am besten tief gepfropft, sie können dann auch sprossen und mit der Zeit kleine Gruppen bilden. Sämlingspfropfung ist sehr lohnend.

Sulcorebutia, Sulcorebutie

Die Gattung *Sulcorebutia* Backbg. umfaßt kleine bis mittelgroße, selten große Kugelkakteen, die meist stark sprossen. Die Pflanzen besitzen Rübenwurzeln, die Rippen sind in spiralig gestellte Warzen aufgelöst, die verlängerte, strichförmige Areolen tragen. Zuerst sind die Pflanzen pektinat, kammförmig bestachelt, später entwickeln sich oft sehr derbe Mittelstacheln. Die Blüten erscheinen meist aus der Körpermitte und sind breit beschuppt, sehen also *Gymnocalycium*- oder *Weingartia*knospen ähnlich, während die Blüten rebutienähnlich sind.

Eine sehr interessante, vielgestaltige Gattung, von der es viele Arten und Formen gibt, die alle Sammelwert besitzen. Die Kultur gleicht der von Lobivien oder Rebutien, veredelt wachsen sie rascher und blühen reicher.

Durch die Sammeltätigkeit der Wiener Kakteenleute Rausch und Zecher hatten wir die Möglichkeit, eine Sammlung dieser Zwergkakteen anzulegen, die bereits im nichtblühenden Zustand jedes Sammlerherz höher schlagen läßt. Die Blütenfarben selbst sind sehr variabel, man kennt rote, gelbe und violettrote Töne.

Von manchen Arten sind extreme Stachelvarianten gesammelt worden, so z. B. von *S. totorensis* (Card.) Ritt.; von dieser Art, die normalerweise hell- bis dunkelbraun gefärbte Stacheln besitzt, gibt es leuchtend fuchsrot und schwarz bestachelte Typen.

Die Nomenklatur dieser Pflanzen ist noch äußerst verworren, da über sie noch zu wenig gearbeitet wurde, es gibt wahrscheinlich ungefähr 30 Arten mit über doppelt so vielen Varietäten, denn manche Arten sind äußerst vielgestaltig.

Die kleinkörperigen Arten sprossen gern und können so vermehrt werden, die großkörperigen, die zu *Weingartia* hinüberleiten, sprossen wenig und sind deshalb schwer zu vermehren.

S. arenacea (Card.) Ritt. hat herrlich regelmäßig bestachelte, sprossende Körper und goldorangefarbene Blüten.

Noch kräftiger bestachelt, ganz hart anzugreifen, ist *S. candiae* (Card.) Backbg., mit gelben Blüten.

Dünne Bestachelung, fast schon an eine *Rebutia* gemahnend, besitzt *S. glomerispina* (Card.) Backbg., mit weniger stark verlängerten Areolen und violettroten Blüten.

S. kruegeri (Card.) Ritt. ist dicht anliegend pectinat bestachelt und bringt goldgelb bis orange, am Rand manchmal rot geflammte Blüten.

Der Typus der Gattung ist *S. steinbachii* (Werd.) Backbg., mit zuerst pektinater, später nachkommender Mittelbestachelung und scharlachroten Blüten.

Dunkelpurpurne Blüten bringt *S. totorensis* (Card.) Ritt., es gibt schöne Stachelvarietäten. Viele Arten gäbe es noch zu erwähnen, vor allem die herrliche *S. rauschii* Frank mit den ganz dicht anliegenden, meist schwarzen Kammstacheln, den grünen, bronzefarbenen und violettroten Körpern und den violetten Blüten; oder *S. hoffmanniana* (Backbg.) Backbg., die von Backeberg zuerst zu *Lobivia* gestellt wurde, mit den orangeroten, zweifarbigen Blüten – und noch viele andere mehr.

Wegen ihrer meist kleinen Körper sind sie ideal für den Liebhaber, der nur beschränkt Platz zur Verfügung hat. Veredelt sind sie leicht zu ziehen, wie wir selbst bestätigen können, obwohl auch bei uns erst kürzlich das »Sulcorebutien-Fieber« ausgebrochen ist!

Tephrocactus, Kugelopuntie

Die Gattung *Tephrocactus* Lem. emend. Backbg. ist nach den neuesten Forschungen der Botaniker wieder zu *Opuntia* zu stellen, wir wollen aber die so andersgestaltigen, oft hochandinen Kugelopuntien abtrennen, weil sie doch so gänzlich verschieden von den Scheibenopuntien sind.

Tephrocacteen bilden stark verzweigte Triebe oder sogar richtige Kolonien aus, die Körper sind verkürzt zylindrisch bis kugelig und teilweise mit langen, papierdünnen Stacheln besetzt.

T. alexanderi (Br. et R.) Backbg. bildet niedere, dichte Kolonien aus graugrünen, kugeligen Gliedern, die dicht mit Stacheln bedeckt sind.

T. diadematus (Lem.) Lem. hat eiförmige, graugrüne Glieder mit kurzen Stacheln und großen, bis 10 cm langen, weichen Papierstacheln.

Sukkulenten

T. glomeratus (Haw.) Speg. ist bei trockenem Winterstand beinahe winterhart, leider haben die Glieder die Fähigkeit, aus der Luft Feuchtigkeit aufzunehmen, so daß sie doch keine zu tiefen Temperaturen ertragen, ein Hindernis, daß z. B. auch die Alpinenhauskultur von *Oreocereus* oder *Oroya* unmöglich macht. Die eiförmigen Glieder sind 1,5 cm dick und 3 cm lang, die Areolen tragen große, braune oder helle Einzelstacheln.

Tephrocactus liebt im Sommer Standorte, wo die Temperatur nachts tief absinkt und auch reichlich Tau fällt. Hält man sie im Herbst trocken, können sie die ersten Fröste überstehen. Blüten sieht man leider relativ selten. Die Substrate müssen durchlässig sein. Die dichtweißwolligen Arten der Hochanden werden auf schwache Unterlagen gepfropft, da sonst der herrliche Haarschmuck zuwenig kräftig und dicht ausgebildet wird.

Thelocactus

Die Gattung *Thelocactus* Br. et R. umfaßt mexikanische und südtexanische kugelige bis kurzzylindrische Kakteen, deren Rippen sich in deutliche Warzen gliedern. Die großen, weittrichterigen Blüten erscheinen scheitelnah und tragen außen nur Schuppen, aber keine Haare oder Stacheln. Thelokakteen sind empfehlenswert, sie sind auch ohne Blüten sehr schön, besonders wenn sich bei sonnigem Stand das Stachelkleid gut ausbilden kann. Obwohl sie wurzelecht gut gedeihen, können sie ohne weiteres auch veredelt gehalten werden, sie blühen dann meist reicher.

Einzelkörperig, kugelig bis kurz zylindrisch wächst *T. bicolor* (Gal.) Br. et R., die Purpurblüte breitet sich flach aus, besonders ansprechend in der Bestachelung ist die Varietät *tricolor* K. Sch. mit roten Stacheln. – Die schönste Blüte, die bis 10 cm breit sein kann, hat *T. schwarzii* Backbg., dessen Randstacheln deutlich rot-gelblich zweifarbig sind.

Trichocereus

Die Gattung *Trichocereus* (Berg.) Ricc. umfaßt strauchige bis baumförmige, manchmal niedere Gruppen bildende Säulenkakteen Südamerikas. Die Blüten erscheinen seitlich oder öfter scheitelnah und sind am Fruchtknoten locker bis dicht behaart. Die Blüten sind nächtlich, bei manchen Arten mehrere Nächte geöffnet.

T. macrogonus (SD.) Ricc. ist der Typus der Gattung und bildet 8 cm dicke, blaugrüne Stämme mit stumpfen Rippen. Die Blüten sind weiß.
Die beste Pfropfunterlage in den Augen mancher Sammler ist *T. spachianus* (Lem.) Ricc., sie wird zwar gerne ausgesogen und hart, doch hält sie tiefe Wintertemperaturen und schlechte Behandlungen durch. Die Pflanzen werden bis 2 m hoch, besitzen 10 bis 15 Rippen mit vielen bräunlichgelben bis braunen Stacheln.
Nur bis 60 cm Höhe erreicht *T. strigosus* (SD.) Br. et R., diese Art verzweigt sich willig und hat viele bis 5 cm lange Stacheln. Die 20 cm langen Blüten sind weiß bis zartrosa und erscheinen gerne an älteren Pflanzen.
Trichocereus stellt uns einige der besten Unterlagen, die wir für unsere Raritäten so bitter notwendig haben. Wenn auch *T. spachianus* nicht immer ideal ist, auch *T. macrogonus*, *T. pachanoi*, *T. bridgesii* und *T. schickendantzii* können Verwendung finden. Die Vermehrung kann durch Aussaat oder durch Stecklinge erfolgen. Bei säuliger wachsenden Arten kann man die Köpfe beim Veredeln immer wieder abstecken, manche *Trichocereen* sind in der Jugend mehr echinopsisähnlich, wie *T. (Helianthocereus) pasacana*, diese kann man leider nicht mehr abstecken.

Uebelmannia

Bei der Gattung *Uebelmannia* Buin. dürfte es sich um die interessanteste Gruppe unter den Neufunden bei den Kakteen handeln. Erst vor acht Jahren wurde die wohl schönste Art, *U. pectini-*

fera Buin., in Brasilien entdeckt, wo sie, zuerst kugelig, später säulig wachsend, in mit saurem Humus gefüllten Felsspalten wächst. Der fünfzehnrippige Körper ist schwärzlichbraun gefärbt und überzieht sich später mit weißen, wachsartigen Schüppchen. Die scharfkantigen Rippen tragen dicht gestellte Areolen, die senkrecht stehenden Mittelstacheln bilden einen Kamm. Nachdem die Pflanzen geblüht hatten, stellte sich heraus, daß es sich um eine unbekannte neue Gattung handelte. Inzwischen wurden noch weitere Arten gefunden, doch ist *U. pectinifera* die schönste. Übelmannien kommen aus einem sommerregenreichen, luftfeuchten Gebiet und brauchen durchlässige, sehr saure Substrate und regelmäßiges tauartiges Befeuchten.

Die Vermehrung hat ihre Probleme, vor allem deshalb, weil diese Gattung im erwachsenen Zustand unter der Haut Schleim- und Gummibehälter entwickelt; diese stehen kranzförmig und machen das Veredeln großer Pflanzen unmöglich. Sämlinge lassen sich veredeln, da sie diese Behälter noch nicht ausgebildet haben. Nimmt man Köpfe ab und bewurzelt sie, was möglich ist, so treibt der Stumpf, im Gegensatz zu anderen Kakteen, nicht sehr willig aus.

Weingartia, Weingartie

Die Gattung *Weingartia* Werd. umfaßt einzelkörperige oder sprossende Arten, zum Teil mit Halsrübenwurzeln, d. h., die Rübenwurzeln sind mit einem dünnen Hals mit dem Körper verbunden. Die Heimat ist Südbolivien und Nordargentinien. Diese Gattung kann, zumindest bei einigen Arten, mehrere Blüten gleichzeitig aus einer Areole entwickeln. Die Blüten selbst, meist gelb oder orange, besitzen nur Schuppen, ähnlich *Sulcorebutia* oder *Gymnocalycium,* und werden meist scheitelfern angelegt.

Alle Arten, soweit erhältlich, sind wurzelecht meist kugeliger als veredelt gezogen. Sie brauchen gleichmäßige Feuchtigkeit im Sommer und trockene Überwinterung.

Winterocereus

Erst 1958 wurde die einzige bekannte Art der Gattung *Winterocereus* Backbg. (*Winteria* n. n., *Hildewintera* Ritt.) in Bolivien entdeckt.

W. aureispinus (Ritt.) Backbg. unterscheidet sich von allen anderen Säulenkakteen durch die doppelte Blumenkrone: die äußeren Blütenblätter sind lanzettlich und orangegelb, die inneren kurzen weiß gefärbt und legen sich um die Staubfäden. Die Pflanze wächst überhängend, die goldgelb bestachelten, sechzehn- bis siebzehnrippigen Körper verzweigen sich willig und bringen eigentlich das ganze Jahr die 5 cm breiten und 6 cm langen Blüten.

Diese Neueinführung hat sich in den letzten Jahren sehr gut bewährt und blüht und wächst wurzelecht wie auch gepfropft gleich gut. Man pflanzt sie in Ampeln oder stellt sie auf das Hängebrett oder pfropft auf eine hohe Unterlage (der am wenigsten schöne Weg!). In der Pflege gleicht diese Art den normalen Kakteen: sommers mäßig feucht, winters trocken und kühl.

Unterbringung, Pflege und Vermehrung

Kakteenliebhaberei ist kein außergewöhnliches Hobby, so daß Sie bald in Ihrer näheren Umgebung einen Liebhaber finden werden, der ebenfalls Kakteen pflegt. Aber auch die Kakteen-Gesellschaften Ihres Landes können Ihnen über das Ihnen nächstgelegene Mitglied Bescheid sagen.

Die Unterbringung der Kakteen

Am wenigsten ideale Bedingungen findet der Liebhaber vor, der seine Pflanzen ganzjährig im Zimmer ziehen muß. Nur nach Osten, Süden oder Westen gerichtete Fenster, sofern sie nicht zu stark beschattet sind, eignen sich für die Pflege. Bei ungünstigen Lichtverhältnissen, wie einem teilweise beschatteten Ostfenster, wählt man Gattungen, die bei weniger Licht zufriedenstellend wachsen und blühen, wie Gymnocalycien und Notocacteen. An schattigen Fenstern gedeihen auch noch Blattkakteen jeder Art halbwegs zufriedenstellend. Wichtig ist, daß die Fenster sommers geöffnet werden, damit unsere Kakteen viel frische Luft bekommen. An Ost- und Westfenstern kann man die Pflanzen, in Plastiktöpfen gepflanzt, auch uneingesenkt halten. An Südfenstern wird man unbedingt einfüttern müssen, man verwendet Torf oder Bimskies. Bei zugigem Stand und hohen Temperaturen entwickeln sich die Spinnmilben gut, besonders auf weicherfleischigen Arten. Wir dürfen die Bekämpfung dieses Schädlings nicht vergessen!

Das größte Hindernis für die Zimmerkultur, das sonst möglich ist, sind die Temperaturen während des Winters. Kakteen lieben Wintertemperaturen um 10°C, bei höheren Temperaturen kommt es zum Austrieb, der dann aus Lichtmangel vergeilt und unschöne Pflanzen verursacht. Im Winter können wir die Sammlung also besser an lichtarmen Plätzen, an Gangfenstern, in Kellern, unterbringen, wenn die Temperatur hinhaut!

Wer mehr Geld für sein Hobby ausgeben kann, baut sich einen Kakteenkasten, der vor das Fenster gesetzt wird. Hier können winters die Temperaturen gehalten werden, indem man wechselweise nach außen oder innen lüftet. Solche Kakteenkästen haben abnehmbare Fenster, die sommers entfernt werden, eine Schattiermöglichkeit und eine Wanne aus Aluminiumblech, Zinkblech oder glasfaserverstärktem Polyester (alles kann man in Eigenregie verbauen), worin die Kakteentöpfe eingefüttert werden. Man kann aber, wenn der Kasten entsprechend isoliert ausgeführt wird, auch auspflanzen. Seitlich zieht man höher werdende Cereen, wie *Cleistocactus,* oder man zieht einen *Winterocereus* hinauf. Zumeist wird man jedoch Zwergkakteen pflegen, von denen viele auf den Quadratmeter gehen, wie Rebutien, Aylosteren, Mediolobivien oder Sulcorebutien.

Wesentlich leichter hat es ein Pfleger, der über einen Garten verfügt. Er kann **Mistbeetkästen** und **Cereenkästen** aufstellen und hat, vorausgesetzt, daß die Überwinterungsmöglichkeiten gut sind, die besten Bedingungen für die Kakteenpflege. Zwei Standorte während des Sommers kommen in Frage, für die kleineren Arten das Mistbeet, für die höheren Arten der Cereenkasten.

Mistbeete haben üblicherweise eine Breite von 1,45 m, da käufliche Fenster 1 m × 1,5 m groß sind, und eine durch ganze Meter teilbare Länge. Am besten besorgt man sich aus Stahlblechprofilen hergestellte und verzinkte Mistbeetfenster, die für zwei genormte Scheiben 48 cm × 147 cm gedacht sind. Für die Mistbeetpflege gibt es drei Alternativen: 1. man senkt Töpfe und Schalen aus, 2. man kultiviert in größeren Behältnissen, Kistchen oder ähnlichem oder 3. man pflanzt aus. Jede dieser Möglichkeiten hat ihre Vor- und Nachteile.

Senkt man Töpfe oder Schalen aus, so braucht man unkrautfreies Einfüttermaterial, z. B. Torf, Schlacke oder Bimskies. Man kann jede Pflanze sofort herausnehmen, genau betrachten, fotografieren, bestäuben usw., hat allerdings durch die vielen Töpfe, die ja winters eingeräumt und jedes Frühjahr wieder ausgeräumt werden müssen, viel Arbeit. Wählt man die zweite Methode – für unsere Zwergkakteen haben wir das so gemacht –, so verwendet man Kistchen, die nicht größer als 40 mal 60 cm und mindestens 8 bis 10 cm tief sind. Sonst wird die Angelegenheit zu schwer und unhandlich. Man kann schnell aus- und einräumen, allerdings kann man keine Einzelpflanzen extra herausnehmen, auch beim Bestäuben hat man oft seine Schwierigkeiten. Wir verwenden für Zwergkakteen, Rebutien, kleine Lobivien, Fraileen, Aylosteren, Mediolobivien und Sulcorebutien von der Verpackungsindustrie hergestellte Polystyrolkistchen mit 2 cm Wandstärke im Format 25 cm × 45 cm, 9 cm tief; größere Dimensionen sind bei diesem Material nicht zu empfehlen, ebensowenig wie dünnere Wandstärken. In ihnen kultivieren wir auch Erdorchideen, Zwiebel- und Knollenpflanzen, die nicht ganz hart sind, und wir finden sie sehr praktisch. Bei der dritten Möglichkeit, dem Auspflanzen, ist der Zuwachs am größten, doch muß man im Herbst wieder eintopfen oder wenigstens in Kistchen einschlagen – wiederum zusätzliche Arbeit!

Wegen der leichteren Betreuung können einfache Mistbeetkästen empfohlen werden, in Ost-West-Richtung angelegt. Um die Mistbeetkästen leichter betreuen zu können, kann sich jeder geschickte Bastler Ideen einfallen lassen. Man kann die Fenster auf Winkeleisenrahmen, die ungefähr 20 cm Luft zwischen Kastenkonstruktion und Fenster lassen, rollbar anbringen, man läßt dann immer einen Meter unbeschickt und kann jederzeit durch Wegrollen jede Fensterfläche betreuen. Man kann die Fenster aber auch senkrecht zur Kastenachse wegrollen und in ein Winkeleisenprofil einrasten lassen, das am parallel dazu angelegten Mistbeetkasten montiert ist. Jede dieser Methoden hat Vor- und Nachteile. Hochgebirgsarten wird man gegen den Herbst zu ohne Glasschutz kultivieren, um sie abzuhärten und vor allem den nächtlichen Tau einwirken zu lassen. Cereenkästen sind nichts anderes als mit seitlichem Glas- oder Plastikschutz versehene, hochgelegte Mistbeetfenster, mit einem Wort eine Art von Miniaturglashaus. Am besten werden Cereenkästen aus Winkeleisen gefertigt und die Seitenwände, die ja abnehmbar sein müssen, mit planem glasfaserverstärktem Polyester oder PVC-Folie bespannt.

Der Sprung vom Cereenkasten zum zerlegbaren, mit Mistbeetfenstern abgedeckten Sommergewächshaus ist nicht weit. Die Industrie bietet heute Verbindungsstücke für Dachlatten an, aus denen man ohne Schwierigkeiten kleine Gewächshäuser errichten kann, die mit Mistbeetfenstern oder Folien, die eventuell verstärkt sein können, abgedeckt werden. Diese Konstruktionen sind nicht schneedrucksicher und müssen im Winter wieder abgebaut werden.

Der nächste Schritt ist das richtige **Kleingewächshaus,** das an die Heizung des Hauses angeschlossen ist oder selbst eine Heizung besitzt. Hier kann sich der Liebhaber austoben, er wird meistens sein Gewächshaus zur Überwinterungszeit randvoll haben und im Sommer nur Raritäten darin ziehen, alles andere kommt in Mistbeetkästen. Ob es sich bei dem Gewächshaus um ein angebautes Pultdachhaus oder um ein Giebelgewächshaus handelt, hängt von den Möglichkeiten des Besitzers ab. Pulthäuser leiden entweder unter der Lage – südseitig erhitzen sie sich, ost- oder westseitig gelegen sind sie zu finster – oder aber darunter, daß die Lüftung nicht so funktioniert, wie man es sich wünscht. Meist ist es auch etwas zu dunkel, weil die Gebäudewand, an die man anbaut, eben Licht wegnimmt. Im Winter sind solche Lean to-Gewächshäuser, wie der Engländer sie nennt, günstiger, weil die Gebäudewand wärmt.

Giebelgewächshäuser können sehr gut in Eigenregie hergestellt werden, wenn man den Weg des Erdhauses geht und in den Boden hineinbaut. Die Konstruktion kann ganz aus Holz, gemischt oder ganz aus Stahl oder Aluminium sein, je nachdem mit welchem Werkstoff man besser umgehen kann. Preislich sind die Unterschiede heute nicht mehr so kraß, nachdem die Holzpreise stark angezogen haben. Hat die Liebhaberei ein Maß erreicht, daß man schon von Manie sprechen könnte – als fortgeschrittener Liebhaber hört man dieses Wort nicht gerne –, so wird es besser sein, sich mit einer gut eingeführten Gewächshausfirma in Verbindung zu setzen und ein 6-m-Gewächshaus zu bauen. Zwei Seitentische mit je 1 m, zwei Wege zu ungefähr 90 cm Breite und ein Mittelbeet für Cereen mit ca. 220 cm Breite sind ideal. Man lasse sich dann auch von einem Erwerbsgärtner über die besten Firmen beraten, um Heizung und Regelung von Heizung, Lüftung und eventuell Schattierung in Auftrag zu geben. Als üblicherweise mehr mit dem Rechenstift arbeitender Pflanzenproduzent weiß der Erwerbsgärtner Vorteile und Mängel einzelner Firmen sofort zu sagen. Immer denke man daran, daß die beste Heizung versagen könnte, und sorge für Ersatzmöglichkeiten, und seien sie noch so primitiv. Bereits durch Anbrennen von gewöhnlichen Stearinkerzen kann man 5 bis 8°C abfangen. Selten wissen selbst Fachleute um solche primitive Methoden, die aber oft das Leben vieler Pflanzen retten können.

Kakteen, die sommers im Mistbeetkasten oder unbeheizten Gewächshaus stehen, werden im Winter an kühlen, wenn möglich hellen Stellen überwintert. Die idealen Sommertemperaturen betragen tagsüber 25 bis 35°C, nachts 15 bis 20°C. Im Winter brauchen Kakteen, bis auf jene aus tropischen Gegenden, Temperaturen während des Tags von 10 bis 15°C, des Nachts kann die Temperatur bis auf 5°C absinken. Je dunkler Kakteen überwintert werden – wir überwintern auf den Hängebrettern eines Überwinterungsraumes mit senkrechten Glaswänden und festem Dach –, desto tiefer müssen die Temperaturen liegen, am besten immer unter 10°C, damit es ja zu keinen vorzeitigen Austrieben kommt. Man muß an solchen Standorten auch sehr trocken halten, um das zu verhindern.

Substrate, Gießen und Düngen

Kakteen gedeihen, man sieht es an den Berichten von Liebhabern in Zeitschriften und an den Angaben in der Literatur, in vielen **Substraten**, sofern diese sauer sind. Die besten Mischungen enthalten verwittertes Urgestein, Granit oder Gneis (der Verwitterungsgrad ist richtig, wenn das Gestein in der Hand zerbröselt), Bimskies, ein vulkanisches Produkt, das leider nicht überall erhältlich ist, alten, feinkrümeligen Torf, gewaschenen Quarzsand und kalkfreien Lehm. Daneben kann als hervorragender Bestandteil Perlite beigefügt werden, ein gepufftes, wasserhaltendes Silikat, das übergroße Nässe verhindert, eine milde, dauernde leichte Feuchte aber fördert; und schließlich als rein künstliches Produkt Hygromull, ein Erzeugnis der BASF, ein Formaldehyd-Harnstoffschaum, der ebenfalls dauernde leichte Feuchte fördert, sich aber gleichzeitig zersetzt und langsam Stickstoff freigibt.

In welchen Mengenverhältnissen man diese Produkte miteinander mischt, hängt vom Pfleger ab; seine Gießgewohnheiten, sein Arbeiten mit der Pflanze, werden hier eine Rolle spielen. Man kann Kakteen in reinem Granitgrus ziehen, hat aber dann Schwierigkeiten mit der milden Bodenfeuchte. Bimskies bewährt sich sehr, die ganz feinen und die über erbsengroßen Bestandteile werden ausgesiebt, man kann bis zu 50 Vol.-% geben. Auch Perlite kann bis zu 30 Vol.-% gegeben werden. Leicht verschlämmende Lehme mit zu feiner Struktur sollten nicht verwendet werden. Des Interesses wegen erwähnen wir hier die Mischung, in der wir alle unsere Pflanzen, egal ob Hochalpine, Neuholländer oder Kakteen, ziehen. Es steht jedem frei, diese auch einmal zu versuchen, doch ist sie primär für Alpenpflanzen höchster Lagen entwickelt worden. Wir mischen drei Volumenteile Weißmoostorf, einen Teil Lehm, einen Teil gewaschenen Quarzsand, einen Teil Perlite und einen Teil zerkleinertes Hygromull. Dünger werden dann je nach Bedarf in der Form von Mineraldüngern oder in organischer Form beigesetzt. Alle diese Komponenten sind im Handel erhältlich, nur der Lehm muß besorgt werden, und das ist der Vorteil unserer Mischung. Sie ist für Kakteen geeignet, doch darf nicht angestaut werden, d. h., es darf kein Wasser in Wannen, in denen das Substrat sich befindet, hochgestaut werden. Dann vernäßt diese Mischung zu sehr. Zum Anstauen empfehlen wir das Beimischen von 40 bis 50 Vol.-% Bimskies. Für kalkliebende Pflanzen, wie manche Erdorchideen, wird 50 Vol.-% Muschelgrit, ein Mahlprodukt tertiärer Muscheln, das Hühnern gegeben wird, empfohlen.

Ein besonderes Kapitel ist das **Gießen**! Wichtig ist vor allem, die Härte seines Wassers zu kennen. Kakteen lieben saures Milieu und gedeihen, von wenigen Ausnahmen abgesehen, am besten bei einem pH-Wert von 5,5. Wichtig ist für die meisten Arten im Sommer eine milde Feuchte, die durch Beimischung von bestimmten Komponenten zum Substrat eher erreicht wird als durch ständiges Wässern. Sind die Gießwässer zu hart, so muß man durch Zusatz von Säuren, es kommen vor allem Phosphorsäure, Salpetersäure und Oxalsäure in Betracht, die Wässer auf einen pH-Wert von 5,5 bringen. Um den Säuregrad festzustellen, nimmt man Indikatorpapiere.

Kakteen, die oft genebelt werden, weil sie es für ihr Wohlbefinden brauchen, aber ein weißes Stachel- oder Haarkleid besitzen, sind besonders sorgfältig zu behandeln. Am besten nimmt man zum Betauen Regenwasser oder Wasser, das über einen Zweisäulen-Austauscher gelaufen ist, also vollkommen entsalzt ist.

Tafel 31 · Sukkulenten I

Bei den Agaven verbinden sich die jüngsten Blätter zu einem Kegel:

    ol   *Agave cernua*
    or   *A. victoriae-reginae*

Die Herzblätter der Aloen stehen frei
Hochwüchsige Arten:

Niederwüchsige Arten:

ml   *Aloe ferox*
mr   *A. arborescens*

ul   *A. aristata*
ur   *A. zanzibarica*

Tafel 32 · Kakteen V

ol	*Parodia schwebsiana*
om	*Thelocactus bicolor*
or	*Mamillaria bocasana*
ml	*Parodia setifera* var. *rubriflora*
mm	*Eriocactus leninghausii*
mr	*Parodia malyana*
ul	*Notocactus submammulosus*
um	*Gymnocalycium denudatum*
ur	*Mamillaria rhodantha*

Humuswurzler, also Blattkakteen und Selenicereen, können in Einheitserde oder auch in reinem Torfmull gezogen werden. Epiphyten, *Hatiora, Erythrorhipsalis* und *Rhipsalis,* kultiviert man in Orchideenpflanzstoff, eventuell in etwas verrottetem, der natürlich entseucht werden muß, oder torfreichen, aber luftdurchlässigen Mischungen. Auch Kakteen leben nicht nur von der Luft! Düngung ist auch bei ihnen unerläßlich notwendig, allerdings brauchen Kakteen weniger Stickstoff als andere Pflanzen. Man kann fertige Kakteendünger kaufen oder aber Volldünger mit mineralischem Phosphor- und Kalidünger strecken und so den Stickstoffgehalt senken. Spurenelemente sind für Kakteen notwendig, darum greife man lieber zu guten, vielleicht etwas teureren Düngern als zu billigen, die wenig, oder in nicht sehr stabiler Form angeboten, Spurenelemente enthalten.

Blattkakteen und Humuswurzler bekommen normale Volldüngergaben, da sie wesentlich mehr Stickstoff brauchen als ihre stark sukkulenten Vettern.

Vermehrung

Kakteen können durch Aussaat, Stecklinge oder Veredlung vermehrt werden.

Aussaat von Kakteen bringt uns rasch in den Besitz von vielen Pflanzen, vor allem aber solchen, die als ausgewachsene Pflanzen nicht oder nur sehr teuer im Handel erhältlich sind.

Kakteensamen brauchen nach der Ernte eine gewisse Samenruhe, die von der Art und Gattung abhängt und unterschiedlich lange dauern soll. Am günstigsten dürfte eine neunmonatige bis einjährige Ruhe sein. Rebutien keimen besser, wenn sie rasch nach der Ernte ausgesät werden, auch bei Fraileen dürfte das so sein. Manche Kakteensamen behalten ihre Keimfähigkeit länger, und man weiß von manchen Arten, daß sie nach 20 Jahren noch gekeimt sind.

Der Zeitpunkt der Aussaat ist von den Möglichkeiten des Pflegers abhängig. Ein Gewächshauspfleger kann bereits im Dezember–Jänner mit den Aussaaten beginnen, da in einem Gewächshaus die Lichtverhältnisse ungleich günstiger sind. Wir haben einen kühlen, relativ lichtarmen Winterstandort zur Verfügung und keine speziellen Vorrichtungen, wie einen beheizbaren und belichtbaren Saatkasten, deshalb säen wir erst Mitte Mai bis Anfang Juni im Alpinenhaus aus. Das Endergebnis ist natürlich ein vollkommen anderes: unsere Sämlinge sind klein, die von Jänner-Aussaaten können bei manchen Arten schon im darauffolgenden Jahr blühen, unsere frühestens im dritten Jahr.

Als Saatgefäße wählt man meist kleine Plastiktöpfe mit 6 cm Durchmesser. Sie werden mit dem Standardsubstrat gefüllt und oben mit einer 3 mm starken Lage gewaschenen Quarzsandes abgedeckt, aufgestellt und mit einer Chinosol- oder Albisal-Lösung desinfiziert. Viele Mischungen werden empfohlen, der Erfolgt hängt, ähnlich wie beim Substrat für die erwachsenen Pflanzen, immer vom Pfleger ab. Dann wird ausgesät. Der Aufstellungsort der Saattöpfe kann nun verschieden sein. Man kann in Vermehrungskästen im Gewächshaus, in Zimmersaatkästen, die eigens beheizbar und belichtbar sind, aufstellen oder auch nach der Aussaat in kleine Plastikbeutel einstellen und diese mit Vorhangklemmen an einem Draht des Gewächshauses oder am Fenster aufhängen. Letztere Methode hat den großen Vorteil, daß sich der Wasserkreislauf relativ ungestört und geschlossen vollzieht, man also nicht gießen muß und das gefährliche Verkrusten der Oberfläche der Saatgefäße nicht eintreten kann.

Im darauffolgenden Jahr wird pikiert; man pikiert lieber enger, denn Kakteen lieben, wie die meisten Jungpflanzen und Jungtiere, die Berührung mit dem Artgenossen. Als Gefäße nimmt man Polystyrol-Saatkistchen, die uns die Industrie in zwei genormten Größen, 20 × 30 cm und 15 × 20 cm, herstellt.

Nach zwei- bis dreimaligem Umpikieren kommen die Jungpflanzen in Töpfe oder werden in größere Styroporkistchen eingepflanzt.

Auch bei der **Stecklingsvermehrung** sind Frühling und Sommer die günstigste Zeit. Stecklinge werden mit einem scharfen Messer geschnitten und so zugespitzt, daß die Wurzeln direkt aus den Leitgefäßen in den Boden eindringen können. Die Stecklinge entwickeln so mehr und kräftigere Wurzeln. Nach dem Stecklingsschnitt muß bei sukkulenten Arten zugewartet werden, bis die Schnittstelle vernarbt ist, was ungefähr drei Wochen dauert. Während dieser Zeit muß der Steckling lagerichtig stehen, da die wurzelinitiierenden Wuchsstoffe immer nach unten wandern und sich bei liegenden Stecklingen nicht dort ansammeln würden, wo sie später benötigt werden.

Blattkakteen werden anders abgesteckt. Beim Oster- und Weihnachtskaktus werden die Glieder durch drehende Bewegungen abgetrennt und sofort gesteckt. *Epiphyllum*, Blattkaktus, wird so geschnitten, daß der Schnitt durch das breiteste Mittelstück des Triebes geführt wird; es wird etwas zugespitzt, damit auch hier die Wurzeln klagloser herauskommen können.

Kindel, die sich bei vielen Arten bilden, werden entweder als Stecklinge behandelt, d. h. angeschnitten und nach dem Abheilen gesteckt – es bilden sich so meist mehr Wurzeln – oder sofort gesteckt. Bei Zwergkakteen sind hier die Erfolge meist gut.

Die **Veredlung** ist eine wichtige Vermehrungsart, doch ist das Veredeln überhaupt eine besondere Form der Kultur, bei der die Vorteile gewisser bekannter Unterlagen für die Kultur von Pflanzen, die als heikel bekannt, genutzt werden.

Viele Kakteenfreunde wettern gegen das Pfropfen von Arten, die auch wurzelecht gedeihen, wenn auch nicht gut oder nur bei besonderer Behandlung. Wer nun Raritäten in seiner Sammlung mitkultivieren möchte und sich nicht um ihre besonderen Ansprüche kümmern kann, weil vielleicht Kakteen nur ein Nebenhobby sind, wählt selbstverständlich die Veredlung, weil er dann gute Erfolge erwarten kann, und nimmt eine gewisse Unnatürlichkeit der Veredlung in Kauf.

Oder wer schon älter ist und bei manchen Pflanzen noch Blüten erleben möchte, wähle gleichfalls die Veredlung, weil sie fast immer eine größere Blühwilligkeit mit sich bringt.

Muß ich unter schlechten Bedingungen überwintern, so werde ich gleichfalls veredeln. Die Unterlagen, die ich verwenden kann, sind unempfindlicher und halten mehr aus als Wurzeln heikler Arten, um nur die Wurzel als Beispiel zu nehmen. Es sprechen also viele Gründe für die Veredlung, und man kann sie nicht grundsätzlich ablehnen, man muß aus der Fülle der Möglichkeiten die richtige auswählen. Bei den sukkulenten Kakteen könnte man verschiedene Pfropfungen unterscheiden, wobei die Veredlungsmethode immer dieselbe ist, mit waagrechtem Schnitt.

Zuerst soll die Veredlungsmethode ganz kurz beschrieben werden. Wichtig ist, daß sowohl Unterlage als auch Edelreis in Trieb sind, die ideale Zeit für die Pfropfung wird also der Sommer sein. Eher kann noch das Edelreis nicht im Trieb sein, wenn ich eine sehr saftige Unterlage wähle. Die Unterlage wird geköpft und der Rand etwas abgeschrägt, die Areolen werden also entfernt. Sinkt die Schnittfläche der Unterlage sofort nach dem Schneiden wannenförmig ein, so ist sie zuwenig in Trieb und kann nicht verwendet werden. Auch das Edelreis wird waagrecht geschnitten, in manchen Fällen vielleicht auch etwas abgekantet, aufgesetzt und durch leichtes Schieben und Drehen auf der Unterlage so hingebracht, daß sich die Leitgefäße wenigstens zum Teil berühren. Dann wird mit den verschiedensten Vorrichtungen das Edelreis auf die Unterlage gepreßt. Man kann Gummiringe verwenden oder mit dreieckigen Glasplatten beschweren, deren eine Spitze am Pfröpfling liegt, die beiden anderen auf Töpfen, hier kann ein Gewicht aufgelegt werden, das man auf der Glasplatte hin- und herschieben kann. Bei Pfropfungen auf stehende Cereen wird man zwei gleichschwere Bleistücke mit Gummi verbinden und über das Edelreis legen. Jeder hat seine eigenen Methoden, die zum Ziel führen.

Nachdem das Prinzip der Veredlung erklärt ist, können die einzelnen Pfropfungen ganz kurz erläutert werden.

Bei der normalen Veredlung ist die Unterlage zwischen 5 und 20 cm hoch, die höheren Unterlagen eignen sich besonders für Cristaten oder chlorophyllfreie Mutanten, die ja auf die Assimilationsfläche der Unterlage angewiesen sind.

Eine Sonderform ist die Wurzelstuhlpfropfung, bei ihr ist die Unterlage kürzer als 5 cm, man will nur bessere, widerstandsfähigere Wurzeln, nicht aber eine unschöne Veredlung.

Eine weitere Sonderform ist die Hochpfropfung, bei der auf stehende, 1 bis 3 m hohe Cereen gepfropft wird. Hier entwickeln sich die Pflanzen gut und bilden eine horride Bestachelung; sie müssen allerdings dann abgenommen werden und bewurzelt oder normal gepfropft werden, da das Wachstum bei der Hochpfropfung rasch nachläßt. Besonders Sämlingspfropfungen wird man gerne hoch veredeln, um rasch zu großen Pflanzen zu kommen.

Die interessanteste Sonderform der Veredlung ist die Sämlingsveredlung, vor allem auf *Peireskiopsis spathulata* oder ganz wüchsige Cereen-Sämlinge. Sämlinge werden, sobald sie die ersten Areolen zeigen, auf die sehr gut treibenden Unterlagen gepfropft. Meist muß man auf einzelne Leitbündel aufsetzen und darf nicht in die Mitte der Unterlage veredeln. Besonders auf *Peireskiopsis* ist das Wachstum unwahrscheinlich schnell; man kann nach zwei Jahren Körper mit 5 cm Durchmesser auf normale Unterlagen umveredeln oder eventuell hochpfropfen, damit die Körper ihre Blühfähigkeit erreichen. Für die Sämlingspfropfung nimmt man Rasierklingen und keine Messer. Beschweren muß man in den seltensten Fällen, da die Verwachsung innerhalb von wenigen Stunden vor sich geht. Wichtig ist, daß man in den jüngsten Teil der Unterlage hineinveredelt, die für eine normale Veredlung vollkommen ungeeignet, weil zu weich, wäre.

Neben der waagrecht geschnittenen Veredlung kennt man noch die Spaltveredlung, die bei *Rhipsalidopsis* (Osterkaktus) und *Schlumbergera* (Weihnachtskaktus) durchgeführt wird, wenn man Hochstämmchen erzielen will.

Welches sind nun die besten Unterlagen? Für die normale Veredlung und ihre Sonderformen, ausgenommen Sämlingspfropfung, eignen sich vor allem *Trichocereus spachianus, T. macrogonus, T. pachanoi, T. bridgesii* und *T. schickendantzii*. Alle diese Unterlagen vertragen tiefe Wintertemperaturen. *T. spachianus* trocknet gerne ein und wird ganz aufgesogen, die Edelreiser sind dann oft schwer zu bewurzeln, weil unten direkt ein Loch ist und man nicht anschneiden kann. Verwendet man *Eriocereus jusbertii*, so darf die Wintertemperatur nicht unter 12°C fallen. Kleine *Cereus*-Arten sind gute Unterlagen, weniger *Echinopsis*-Kindel, die nur als kurzfristige Ammen fungieren können. Für die Wurzelstuhlveredlung eignet sich gut *Trichocereus (Helianthocereus) pasacana,* der in der Jugend echinopsisähnlich wächst.

Für die Sämlingsveredlung ist *Peireskiopsis spathulata* ideal, doch kann man auch junge Cereen mit 3 bis 10 cm Höhe verwenden.

Beim Spaltpfropfen nimmt man *Peireskia aculeata,* besser aber *Selenicereus macdonaldii* oder *Eriocereus jusbertii,* auf denen das Wachstum wesentlich flotter vor sich geht.

Krankheiten und Schädlinge

Bei den Aussaaten können, vor allem weil sie im Fruchtfleisch mancher Kakteen ideale Nährböden vorfinden, oft Vermehrungspilze auftreten. Es sind dies verschiedenste Arten, die eine individuelle Bekämpfung verlangen würden. Besser ist die vorbeugende Entseuchung der Gefäße, des Substrates und der Samen mit chinolinhaltigen Desinfektionsmitteln.

Bakterielle und pilzliche Kakteenfäulen treten meist nur bei schlechten Umweltbedingungen auf. Oft kann man durch einen Stecklingsschnitt noch einen Teil der Pflanze retten; besser ist es fast, sie zu entfernen.

Viruskrankheiten treten unserer Erfahrung nach vor allem bei *Schlumbergera* auf. Inwieweit rembrandtartige Blütenfärbungen, die wir bei Lobivien und Aylosteren beobachtet haben, und das wahllose Sprossen mancher Sulcorebutien, die nie in der Lage sind, große Köpfe zu machen, auch auf Virosen beruhen, ist unbekannt.

Tierische Schädlinge treten immer wieder auf, es können nur einige genannt werden. Schild- und Blattläuse lassen sich mit systemischen Mitteln gut bekämpfen, größte Schwierigkeiten macht normalerweise die weiß bemehlte Wurzellaus, die nur durch mehrmaliges Gießen mit Kontaktgiften bekämpft werden kann.

Daneben ist es vor allem die Spinnmilbe, die bei trockenem Wetter und Zug, besonders an weichfleischigen Arten, großen Schaden anrichten kann. Auf sie ist zu achten, da sie Kakteenkörper verkorken läßt und unansehnlich macht. Man bekämpft sie mit speziellen Akariziden.

Daneben kommt es in letzter Zeit vermehrt zu Nematodenbefall, zu einem Befall durch bodenbewohnende, knapp 1 mm große, meist aber kleinere, freilebende, aber auch zystenbildende Fadenwürmer, die äußerst schwer zu bekämpfen sind. Besteht der Verdacht auf Älchenbefall, so ruft man am besten, falls die Sammlung groß genug ist, einen Fachmann des Pflanzenschutzdienstes oder einer gärtnerischen Schule an und fragt um Rat. Die Mittel mit nematizider Wirkung sind äußerst giftig und deshalb mit größter Vorsicht anzuwenden!

Mittagsblumengewächse

Diese Familie, die *Aizoaceen*, sind neben den Kakteen die interessantesten Sukkulenten, die wir in Kultur haben.

Es sind sukkulente Kräuter, Stauden oder Sträucher, bei denen meistens allein die Blätter fleischig sind; diese können gegenständig, aber auch wechselständig angeordnet sein. Der Kelch ist vier- bis fünf-, manchmal auch mehrteilig, die Blütenblätter sind zahlreich, die Früchte fast in allen Fällen hygroskopische Kapseln, nur selten haben sich aus ihnen, wie bei *Carpobrotus*, Beeren entwickelt. Die Kapseln öffnen sich bei der Befeuchtung durch Quelleisten, und die Samen werden vom Regen ausgewaschen. Die vielen Arten bewohnen vor allem Südafrika und strahlen in andere Gebiete der Erde, vor allem nach Arabien, Australien, Amerika und ins Mittelmeergebiet, nur aus.

Die Mittagsblumengewächse besitzen schöne, teilweise auch sehr gut duftende Blüten, faszinieren den Liebhaber aber vor allem durch die Formenfülle ihrer Gestalten. Sie sind Blattsukkulenten und erreichen bei einigen Arten einen so hohen Grad der Sukkulenz, daß ein Blattpaar zu einem kugeligem Gebilde verwächst. Auch die Blattformen in dieser Familie bieten reiche Abwechslung, besonders bemerkenswert ist die Anpassung an die Umgebung. Die Blätter ahmen die Gesteine ihrer Umgebung oft so täuschend nach, daß sie kaum oder nicht zu erkennen sind.

Es gibt unter den Mittagsblumengewächsen genauso wie bei den Kakteen willige Wachser und solche, die gewisse Schwierigkeiten in der Kultur bereiten, was natürlich vielfach noch mehr reizt und die Pflege dieser Sukkulenten so beliebt macht. Ein weiterer Vorteil der hochsukkulenten Vertreter dieser Gruppe ist der, daß sich von ihnen noch mehr Pflanzen auf der Flächeneinheit unterbringen lassen als bei den Kakteen. Die Körpervielfalt entschädigt für die geringe farbliche Abwechslung, die die Blüten zu bieten haben. Diese Gruppe der Sukkulenten ist wie keine andere für die Nahbetrachtung geeignet und macht dem Pfleger das ganze Jahr über relativ wenig Arbeit, aber viel Freude.

Zuerst soll auch hier eine kurze Aufstellung die wichtigsten Gattungen und einige ihrer Vertreter vorstellen. Die Fülle ist hier ebenso groß wie bei den Kakteen und ein Studium der Spezialliteratur unumgänglich notwendig, wenn man sich richtig in dieses Gebiet verbeißt!

Argyroderma

Die Gattung *Argyroderma* N. E. Br. umfaßt stammlose, hochsukkulente Pflanzen mit rasenförmigem Wuchs oder nur einsprossigen Trieben. Die Blätter stehen zu zwei bis vier kreuzgegenständig und sind kurz und dick und mit einer weißlichen bis graugrünen, ungefleckten Haut bedeckt. Die Blüten stehen einzeln, sie sind ungestielt oder kurz gestielt und rosa oder gelb, selten weiß gefärbt.

A. densipetalum L. Bol. wächst eintriebig, die 2 cm langen Blätter sind lang miteinander verwachsen, die Blüten 2,5 cm groß und rosa.

Die bekannteste Art ist *A. octophyllum* (Haw.) Schwant.(*A. testiculare* hort. non (Ait.) N. E.,

Br.), die meist unter dem Synonym gezogen wird. Die 3 cm langen Blätter stehen zu zwei bis vier, sind blaugrün gefärbt und kontrastieren gut mit den 2 cm großen, gelben Blüten, deren Blütenblätter etwas spiralig verdreht sind. Die Kultur von *Argyroderma* gleicht der von *Lithops*.

Carpobrotus, Hottentottenfeige

Die Gattung *Carpobrotus* N. E. Br. umfaßt Halbsträucher mit langen, niederliegenden, zweikantigen Trieben und säbelförmig gebogenen, dreikantigen, dicken Blättern. Die Blüten stehen einzeln an 5 cm langen Stielen und sind rot oder gelb gefärbt. Die feigenähnlichen Früchte sind saftig und bei einigen Arten eßbar, daher auch der manchmal verwendete deutsche Name 'Hottentottenfeige' für diese Gattung. Zwei Arten sind im Mittelmeergebiet verwildert und werden oft als junge Pflanzen mitgebracht.

C. acinaciformis (L.) L. Bol. hat kantige, bis 1,5 m lange Triebe, im Querschnitt dreieckige Blätter, die an der Spitze, von der Seite betrachtet, breiter sind als an der Basis und 12 cm große, leuchtend karminpurpurrote Blüten, die nachmittags geöffnet sind.
Ebenso häufig findet sich an felsigen, sandigen Plätzen, besonders am Meer und als Befestigungspflanze an Straßenböschungen *C. edulis* (L.) N. E. Br., mit an der Basis breiteren Blättern und 10 cm großen hellila, gelben oder orangen Blüten.
Die Pflanzen gehören sommers ins Freie, winters ins Kalthaus. Vermehrung durch Stecklinge.

Conophytum

Die Gattung *Conophytum* N. E. Br. umfaßt zwergige, hochsukkulente Pflanzen mit polsterförmigem Wuchs, die sich von allen anderen Gattungen durch die winterliche Hauptwachstumszeit unterscheiden. Die Triebe bestehen aus kleinen, fleischigen Körpern, die durch Verwachsung der gegenständigen Blätter entstanden sind. Die Körper sind unterschiedlichst geformt und können kegelig, kugelig, eiförmig oder auch fast zylindrisch sein, sie haben auf der Oberseite einen durchgehenden Spalt oder sind eingekerbt. Die Körperfarbe variiert von Grün bis Braunrot, auf den Körpern finden sich Punkte oder Linien, manchmal durchscheinende Fenster. Die Körperoberfläche ist normal glatt, kann aber bei manchen Arten auch rauh oder warzig, selten sogar behaart sein. Die einzeln stehenden Blüten entstehen seitlich aus dem Körper und sind weiß, gelb, gelbbraun, lachs, rosa oder violett gefärbt. Die Hauptblütezeit ist der Sommer, am Ende ihrer winterlichen Vegetationszeit.
Die 300 bekannten Arten sind ausgesprochene Liebhaberpflanzen, zumal sie so klein sind, daß man Hunderte an einem lichten Ort unterbringen kann.

C. grandiflorum L. Bol. ist ein Vertreter jener Gruppe, die bereits im Juni mit dem Wachstum beginnt. Die Körper sind eilänglich, zweilappig, 5 cm hoch und 3 cm breit, ihre Oberfläche ist blau bis blaugrün gefärbt und groß durchscheinend punktiert, die 5 cm breiten Blüten dunkelgelb. Erst im September beginnen die echten Conophyten mit dem Wachstum, zu ihnen gehört *C. minutum* (Haw.) N. E. Br., die Rasen bildet; die Körper sind birnförmig, 12 mm hoch und 10 mm breit. Die Farbe der Körper ist blaugraugrün, die der 15 mm breiten Blüten rosalila.

C. ursprungianum Tisch. gilt als die schönste Art. Diese polsterbildende Art hat breit verkehrt kegelige, 2 cm hohe und 1,5 cm breite Körper. Die 15 mm breiten Blüten sind weiß.
Die Vermehrung kann außer durch Aussaat auch durch Abtrennen von Körpern bei den polsterbildenden Arten erfolgen. Alle sind herrliche Pflanzen, die winters hell und kühl stehen müssen. Sommers wird bei den meisten Arten trocken gehalten. Allein durch das richtige Einschieben der Ruhezeit wird die Anlage der Blüten gefördert, sonst gibt es nie Blüten.

Sukkulenten

Delosperma

In der Gattung *Delosperma* N. E. Br. finden wir rasenbildende oder aufrechte, locker verästelte Arten mit runden, halbrunden oder abgeflachten Blättern, deren Oberfläche kahl, papillös oder lang stachelig ist. Die Blüten stehen einzeln oder locker trugdoldig und sind tagsüber geöffnet. Die Blütenfarbe variiert von Weiß bis Rot, Gelb, Bronze- oder Kupferfarben.

Eine alte Zimmerpflanze ist *D. pruinosum* (Thunbg.) J. Ingram (*D. echinatum* Schwant.), meist unter dem Synonym bekannt. Das Sträuchlein wächst dichtbuschig bis 30 cm hoch, die Blätter sind eiförmig bis halbkugelig, 13 mm lang und 7 mm breit und dick, saftgrün gefärbt und mit großen, borstig zugespitzten Papillen besetzt. Die einzeln stehenden Blüten sind 15 mm groß und weiß oder gelblich gefärbt.

Interessant ist eine weitere Art, *D. cooperi* (Hook. f.) L. Bol., die einzige winterharte Mittagsblume unserer Breiten. Der niederliegende Halbstrauch, der im Winter immer bis zum verzweigten Strunk abstirbt, treibt im Sommer bis 40 cm lange Triebe, die sich reich verästeln. Die Blätter sind 5 cm lang, ihre Oberfläche ist leicht papillös, so daß das Blatt in der Struktur schlangenhäutig aussieht. Die 5 cm großen Blüten sind purpurrot und werden reichlichst gebildet. Die Blütezeit währt von Ende Juni bis zum Frost.

Alle Arten gehören im Winter ins Kalthaus, sommers ins Freiland. *D. pruinosum* ist eine gute Zimmerpflanze und braucht kühlen, hellen Stand. Vermehrung: Stecklinge oder Aussaat.

Drosanthemum

Weitverbreitete Sommerzierden unserer Bauernhäuser liefert die Gattung *Drosanthemum* Schwant., in Bayern und Tirol weit verbreitet. Alle Arten sind robuste, aufrechte Sträucher oder wachsen niederliegend und verzweigt. Die Blätter sind kreuzgegenständig angeordnet, dreikantig bis stielrund im Querschnitt und dicht mit glitzernden Papillen besetzt. Die Blüten stehen endständig an kurzen Seitentrieben und sind von weiß bis rot gefärbt, manche besitzen weiße oder schwarze Staminodien, Umwandlungsprodukte der Staubblätter, und sind im Schmuck der bis 5 cm breiten Blüten noch schöner.

Locker verästelt aufrechtwachsend ist *D. bellum* L. Bol., mit halbstielrunden, sehr stark papillösen Blättern und 5 cm großen, gelbrosafarbenen Blüten, deren Mitte weiß ist.

Niederliegend, kriechend wächst *D. floribundum* (Haw.) Schwant. mit gekrümmten, zylindrischen, 14 mm langen, hellgrünen Blättern und sehr zahlreich an Seitentrieben erscheinenden, 2 cm großen, hellrosa Blüten. Diese Art wächst rasch, sie ergibt auch schöne Ampelpflanzen.

D. hispidum (L.) Schwant. ist eine der schönsten Arten, sie wächst aufrecht strauchig und erreicht 60 cm Höhe und 1 m Breite. Die 25 mm langen Blätter sind zylindrisch geformt und hellgrün bis rötlich gefärbt und glitzern von den Papillen. Die glänzenden, tief purpurroten Blüten sind 3 cm groß. Alle *Drosanthemum*-Arten, und es gibt noch viele andere schöne, sind leicht zu ziehen, im Sommer stehen sie im Freiland oder sind im Fensterkasten ausgepflanzt, im Winter gehören sie ins Kalthaus oder kühle Zimmer. Sie werden durch Stecklinge und durch Aussaat vermehrt.

Faucaria, Tigermaul

Die Vertreter der Gattung *Faucaria* Schwant. sind hochsukkulente, sehr kurzstämmige Pflanzen, deren Blätter zu vier bis sechs sehr gedrängt kreuzgegenständig am Ende kurzer Triebe angeordnet sind. Die Blätter, am Grunde etwas verwachsen, sind im Querschnitt dreikantig und an den Rändern mit kräftigen, oft lang begrannten Zähnen besetzt. Die großen, sitzenden Blüten sind meist gelb, aber auch rosa oder weiß gefärbt und erscheinen von August bis November. Sie sind nur nachmittags geöffnet.

Graugrüne Blätter, die an den Rändern neun bis zehn kräftige, zurückgebogene, haarfein gespitzte Zähne besitzen, hat die bekannte *F. tigrina* (Haw.) Schwant., ihre Blüten sind 5 cm groß und goldgelb gefärbt.

Grüne Blätter mit wenigen, kräftigen Zähnen hat *F. tuberculosa* (Rolfe) Schwant., auch ihre Blüten sind gelb.

Faucarien gehören in eine Sukkulentensammlung, sie nehmen zwar mehr Platz ein als Conophyten oder *Lithops*, doch sind ihre Gestalten sehr schön. Leider sind viele Arten bastardiert im Handel. Sie werden durch Aussaat und Stecklinge vermehrt. Ihre Wachstumszeit ist der Sommer, sie beschließen sie mit der Blüte, im Winter wollen sie kühl und trocken stehen.

Glottiphyllum, Zungenblatt

Auch die Arten der Gattung *Glottiphyllum* N. E. Br. sind hochsukkulente Pflanzen mit mehr oder weniger zweizeilig gestellten oder schief kreuzgegenständigen, dichtstehenden Blättern. Blätter im Querschnitt halbrund oder rund oder schief zungenförmig, stumpf oder spitz und sehr dickfleischig. Die Blüten erscheinen seitenständig und sind gelb, eine Ausnahme weiß, gefärbt.

G. fragrans (SD.) Schwant. besitzt schief zungenförmige, 8 cm lange und 2,5 cm breite Blätter. Die 8 bis 10 cm großen, glänzend goldgelben Blüten duften herrlich nach Maiglöckchen.

Schief kreuzgegenständig angeordnete, schief zungenförmige, 7 cm lange Blätter hat *G. praepinguae* (Haw.) N. E. Br., die Blüten sind gelb und 5 cm groß. Diese Art blüht am reichsten, sie sollte in keiner Sammlung fehlen.

Zungenblätter haben eine kurze Wachstumszeit im Frühjahr, während der anderen Zeit sollen sie trocken stehen. Da sie selbststeril sind, sind sie sehr häufig als Bastarde in Kultur. Reine Arten werden besser durch Stecklinge vermehrt, sonst sät man aus und läßt sich von der Vielfalt überraschen. Immer wenig gießen und darauf achten, daß sie nicht in den Untergrund durchwurzeln können, sie werden sofort mastig!

Lampranthus

In der Gattung *Lampranthus* N. E. Br. finden wir eine Reihe herrlicher, kulturwerter Arten. Alle sind Halbsträucher mit aufrechtem oder ausgebreitet-niederliegendem Wuchs und dreikantigen oder walzigen Blättern. Die Blüten stehen einzeln oder zu mehreren end- oder achselständig, sind groß oder mittelgroß und weiß, gelb, rosa oder violett gefärbt. Auch hier leider nur einige Arten:

L. blandus (Haw.) Schwant. wächst aufrecht und wird 50 cm hoch. Die hellgraugrünen, 3 bis 5 cm langen Blätter sind fein durchscheinend punktiert. Die 6 cm breiten Blüten sind blaß rosenrot gefärbt. Besonders in bäuerlichen Gegenden weit verbreitete Zimmerpflanze.

Nur 30 cm hoch wird *L. brownii* (Hook. f.) N. E. Br., mit 1 cm langen, graugrünen Blättern. Die 2 cm großen Blüten sind beim Erblühen ausgesprochen zweifarbig, oben orangegelb, unten gelb, später auf beiden Seiten hellrot. Eine kleinerblütige Art mit überreicher Blütenfülle.

Vor allem in Süddeutschland ist *L. conspicuus* (Haw.) N. E. Br. weit verbreitet. Diese Art erreicht 45 cm Höhe und hat 7 cm lange, grüne Blätter und 5 cm große, purpurrote Blüten.

Ebenfalls kleinerblütig, wie *L. brownii*, ist *L. glomeratus* (L.) N. E. Br. mit 30 cm Höhe. Die Blätter werden bis 2 cm lang und sind dreikantig, die Blüten 2,5 cm groß, violettrosa oder purpurn gefärbt und erscheinen in großen Mengen.

Bis 60 cm Höhe erreicht *L. haworthii* (G. Don) N. E. Br., ihre 4 cm langen, im Querschnitt halbrunden Blätter sind dicht hellgrau bereift. Die 7 cm großen Blüten sind lichtpurpurn gefärbt.

Niederliegend wächst *L. spectabilis* (Haw.) N. E. Br., ihre dreikantigen Blätter sind 5 bis 8 cm lang. Die 7 cm breiten Blüten sind leuchtend purpurrot, mit weißlichen oder rötlichen Staubfäden. *Lampranthus* werden im Sommer im Freien oder im Fensterkistchen gezogen, in die man sie nach den Eismännern pflanzt. Im Spätsommer steckt man die Stecklinge für das nächste Jahr ab und läßt die alten Pflanzen vom Frost zerstört werden. Junge Pflanzen sind immer blühfreudiger als alte, deshalb immer wieder neu abstecken und wenig Raum beanspruchende Jungpflanzen im Kalthaus oder kühlem Zimmer überwintern.

Lithops, Lebender Stein, Hottentottenpopo

Die Gattung *Lithops* N. E. Br. ist sicherlich die interessanteste für den Sammler, enthält sie doch die schönsten zwergigen Mimikryarten der Sukkulenten. Der Name, *Lithops,* kommt aus dem Griechischen und setzt sich aus lithos, Stein, und opsis, Aussehen, Ähnlichkeit zusammen, und es sind ja auch genau: steinähnliche Pflanzen, pflanzliche Steine, lebende Steine!

Bei dieser Gattung, die selbstverständlich einen hohen Sukkulenzgrad besitzt, sind immer zwei Blätter zu einem Körperchen verwachsen. Die Körperchen bilden üblicherweise einen umgekehrten Kegel mit annähernd flacher Endfläche, die vielfach mit Falten, Punkten, Linien und teilweise mit durchscheinenden Fenstern versehen ist. Durch diese Fenster fällt das Licht ein, das Blattgrün ist nämlich mehr an den Mantelflächen des Kegels angeordnet. Die Pflanzen ähneln täuschend ihrer Umgebung, und man glaubt, es handele sich bei ihnen um Mimikrypflanzen.

Die Blüten erscheinen meist gegen Ende des Sommers, nach der Wachstumszeit, sie sind groß, gelb oder weiß gefärbt, öffnen sich meist nur am Nachmittag und können gut duften. Von den vielen Arten können auch hier nur wenige genannt werden. Die größten Sammlungen Europas finden sich in den Niederlanden, wo in verschiedenen Instituten wissenschaftlich über *Lithops* gearbeitet wird.

L. aucampiae L. Bol. hat sienabraune bis mattbraune Endflächen, die mehr oder weniger gefenstert sind. Diese klumpenbildende, großkörperige Art blüht gelb im September.

Ebenfalls klumpenbildend ist *L. bella* N. E. Br., mit starkgewölbten, bräunlichgelben bis ockerfarbenen, dunkel gezeichneten Endflächen, die Haut ist körnig rauh. Die duftenden, weißen Blüten erscheinen im September.

Zu vier bis sechs stehen die Körper von *L. bromfieldii* L. Bol. zusammen, ihre Endflächen sind buckelig und ockerbraun oder dunkelolivgrün gefärbt. Auf den Endflächen finden sich reichlich Fenster und braune Linien. Die Blüten sind groß, 4 cm im Durchmesser, und gelb gefärbt.

Dichte Rasen bildet *L. karasmontana* (Dint. et Schwant.) N. E. Br., von der es viele Varietäten gibt. Die Endflächen sind eben oder etwas gewölbt, grubig-runzelig und meist bräunlich bis ockerfarbig. Die großen, weißen Blüten erscheinen im Oktober und November.

Ebenso variabel ist die ein- bis zweikörperige *L. leslei* (N. E. Br.) N. E. Br., mit den 4 cm langen und 3 cm breiten Endflächen. Die Färbung ist sehr unterschiedlich, man findet graugelbe, kaffeebraune und rostbraune Töne genauso wie hellbraune oder grüne. Darauf befinden sich eine netzige Zeichnung und dunkel grünbraune Flecken und Furchen. Die goldgelben Blüten erscheinen im September.

Auch wenigkörperig wächst *L. pseudotruncatella* (Berg.) N. E. Br., mit blaß bräunlichgrauen oder blaßgrauen Endflächen mit verästelten Zeichnungen und Punkten. Die goldgelben Blüten erblühen im September und Oktober.

Eine Sammlung von *Lithops* ist etwas Herrliches, und es ist ein großes Glück, daß diese Pflanzen ihre Wachstumszeit im Sommer und ihre Ruhezeit im Winter haben. Alle Arten lieben, wie eigentlich alle Mittagsblumengewächse, sehr durchlässigen, etwas humosen Boden und während der Wachstumszeit milde Feuchtigkeit. Im Winter, während der Ruhezeit, soll die Temperatur nicht unter 12°C fallen, da sich im Winter innerhalb des Körperchens das nächstjährige bildet und für diese Umschichtung etwas Temperatur notwendig ist. Während des Winters wird trocken gehalten, erst im Laufe des Aprils wird wie-

Tafel 33 · Kakteen VI

Beliebte Sammelobjekte sind die zwergigen, hochandinen Kugelkakteen:

ol	*Aylostera muscula*	ml	*Sulcorebutia hoffmanniana*	ul	*Lobivia leucomella*
om	*Rebutia wessneriana*	mm	*Lobivia saltensis*	um	*L. tiegeliana*
or	Weißblühende *Rebutien-Hybride*	mr	*Sulcorebutia krahnii*	ur	*L. caineana*

Tafel 34 · Sukkulenten II

ol Sicheldickblatt, *Crassula flacata (Rochea f.)*
or Fallschirmblüten der rankenden Leuchterblume, *Ceropegia sandersonii*
mr Bärtiges Dickblatt, *Crassula barbata*
ml *Euphorbia obesa* wächst kugelig
ul Die Medusenhaupt-Wolfsmilcharten, wie *Euphorbia caput-medusae*, verkörpern einen besonderen Typus
ur *Euphorbia trigona* bildet säulige Körper

Tafel 35 · Sukkulenten III

Schöne regelmäßige Rosetten bilden:
ol   *Echeveria elegans*
or   *Aeonium arboreum*
ml   *Sedum rubrotinctum*, eine nicht winterharte Fetthenne

Die Gattung *Kalanchoë* ist vielgestaltig:
mr   *K. daigremontiana*
um   *K. Tomentosa*
ur   *K. tubiflora*
ul   *Senecio kleinia*, eine sukkulente Art der Kreuzkräuter

Tafel 36 · Sukkulenten V

Durch Anpassung an gleiche Lebensbedingungen entwickeln sich gleiche Körperformen. Hier »konvergente« Säulenkörper von:

ol	*Euphorbia cactiformis,* eine Wolfsmilch	ml	Zungenblatt, *Glottiphyllum gragrans*
om	*Cleistocactus hyalacanthus,* ein Säulenkaktus	mr	Lebender Stein, *Lithops karasmontana* var. *opalina*
	Mittagsblumengewächse werden viel gesammelt:	ul	Silberhaut, *Argyroderma densipetala*
or	Hottentottenfeige, *Carpobrotus acinaciformis*	ur	Lampranthus haworthii

der gegossen, und zwar am besten durch Tauchen, damit die Papierhüllen der alten Körperchen, die die neuen noch umgeben, nicht zu feucht werden und in Fäulnis übergehen.

Alle hochsukkulenten Mittagsblumengewächse, wie auch Kakteen, sind besonders empfänglich auf das Anstauen, da sich dabei die Körperfarben, bei den Kakteen die Bestachelung, viel schöner und leuchtender entwickeln.

Die Vermehrung erfolgt fast ausschließlich durch Aussaat, bei klumpenbildenden Arten auch durch vorsichtige Teilung. Bei der Aussaat geht man so vor wie bei den Kakteen. Nicht zu früh pikieren – sie lieben es nicht – und bereits im ersten Winter eher auf der trockenen Seite halten. Die meisten Arten ziehen sich in den Boden hinein, besser ist es jedoch meist, sie so zu pflanzen, daß die Hälfte des Körperchens unter, die andere über dem Erdniveau steht. Manche Pfleger ziehen die Pflanzenkörper überhaupt nur über dem Boden.

Lithops sind selbststeril, und man sollte als verantwortlicher Liebhaber besser weniger Arten und dafür mehr Einzelpflanzen je Art ziehen, damit Kreuzbestäubung – man kann meist dem Bestäuben nicht widerstehen – nicht vorkommt, weil immer mehrere Pflanzen nicht nur derselben Art, sondern auch derselben Varietät blühen. Andere Gattungen, wie *Glottiphyllum* oder *Faucaria* sind schon total verkreuzt, man muß dies bei *Lithops* zu verhindern versuchen.

Pleiospilos, Lebender Granit

Auch die Gattung *Pleiospilos* N. E. Br. umfaßt hochsukkulente Arten, stammlose Rasenbildner mit ein bis zwei, seltener auch drei bis vier Paaren kreuzgegenständiger, sehr dicker Blätter, die oberseits flach und unterseits sehr stark gewölbt sind. Die Blattfarbe ist graugrün oder dunkelgrün mit durchscheinenden Punkten. Die sitzenden oder kurz gestielten Blüten erscheinen von August bis Oktober und sind gelb oder orange gefärbt.

P. archeri L. Bol. hat grasgrüne, 2,5 cm lange und 2 cm breite Blätter und sitzende, fein duftende, goldgelbe Blüten.

Die bekannteste Art ist *P. bolusii* (Hook. f.) N. E. Br., mit einem Blattpaar. Die Blätter sind oberseits oft breiter als lang, ihre Länge kann 7 cm betragen, ihre Unterseite zieht sich kinnartig über die Oberseite vor. Die Blattfarbe ist rötlich braungrün, die Blüten sind 6 bis 8 cm groß und goldgelb.

Eine schöne, aber schwierige Art ist die spätblühende *P. nelii* Schwant., mit sehr stark gerundeten, halbkugeligen Blättern. Die Blüten werden bei uns wohl angelegt, kommen aber nicht zum Aufblühen. Sie sind groß und hellorangefarbig. Wesentlich leichter zu ziehen und auch reichblühend ist *P. simulans* (Marl.) N. E. Br., mit einem Blattpaar, die Blattlänge kann 8 cm, die Breite 7 cm erreichen. Die Blätter liegen am Boden auf und sind nie kinnartig vorgezogen, wie bei *P. bolusii*. Die Blätter sind rötlichgrün bis braungrün mit vielen Punkten. Die gelben, hellgelben und auch orangen Blüten durften fein nach Kokosnuß.

Diese herrlichen Sukkulenten wachsen, mit Ausnahme von *P. nelii*, ganz gut und blühen als erwachsene Pflanzen regelmäßig. Man überfüttere sie nicht, da nur hungrig und vor allem trocken gehaltene Exemplare eine schöne Körperfarbe bekommen. Auch hier ist kühl und trocken zu überwintern. *Pleiospilos* können nur durch Aussaat vermehrt werden.

Ruschia, Ruschie

Die Gattung *Ruschia* Schwant. ist die artenreichste der ganzen Familie, auch finden sich hier strauchige Mitglieder genauso wie solche mit hoher Blattsukkulenz. Die achsel- oder endständigen Blüten sind rosa, rot, violett oder weiß gefärbt und erscheinen im Sommer. Zwei strauchige Arten leichtester Kultur seien erwähnt.

R. tumidula (Haw.) Schwant. wird bis 60 cm hoch und verzweigt sich stark. Die dreikantigen Blätter sind 2,5 cm lang und 4 mm breit, sie sind am Grunde geschwollen. Die Blüten sind 2 cm breit und rosa.

Ebenso hoch wird *R. umbellata* (L.) Schwant., mit 7 cm langen und 6 mm breiten, frischgrünen Blättern. Die Blüten erscheinen in großer Zahl, sind 3 cm breit und weiß gefärbt.

Ruschien können es nicht mit *Lampranthus* aufnehmen – diese Gattung bietet mehr Abwechslung in den Blütenfarben –, sie sind aber trotzdem liebenswerte Pflanzen von leichtester Kultur, ähnlich der von *Lampranthus*.

Titanopsis

Mit der Gattung *Titanopsis* Schwant. wollen wir unseren kurzen Streifzug durch das Reich der Mittagsblumengewächse beschließen. *Titanopsis* sind berühmte Mimikrypflanzen, deren keulenförmige Blätter in dichten Rosetten zusammenstehen und an den Endflächen weiße, gelbliche oder rötliche Warzen besitzen, so daß sie dem Tuffstein ihrer heimatlichen Umgebung vollkommen gleichen. Die mittelgroßen Blüten sind gelb oder orange gefärbt.

T. calcarea (Marl.) Schwant. war die erstentdeckte Art, sie besitzt rötlich grauweiße Warzenflächen, blüht goldgelb, fast orangefarbig. Gelbbraune Warzen hat *T. schwantesii* (Dtr.) Schwant., ihre Blüten sind hellgelb gefärbt.

Titanopsis keimen leicht und wachsen rasch zu passablen Pflanzen heran. Sie erhalten magerste Erde mit Kalkzusatz und müssen im Winter vollkommen trocken gehalten werden, was meist zu einigen Verlusten führt. Hält man feucht, so gehen die Pflanzen meist alle ein, sie verlieren auch ihre schöne Gestalt. Die Wintertemperaturen sollen um 10° C liegen, sie stehen auch winters so hell wie möglich.

Zur Pflege der Mittagsblumengewächse

Dieser kurze Überblick über die Mittagsblumengewächse muß genügen, es sollte nur die Mannigfaltigkeit dieser Familie herausgestellt werden. Die angeführten Arten kann man am zweckmäßigsten in hochsukkulente und in strauchige teilen, je nachdem richtet sich die Behandlung der Pflanzen.

Für die hochsukkulenten Arten ist das wichtigste, daß die Ruhezeit streng eingehalten wird. Bei den angeführten hochsukkulenten Gattungen sind nur die Arten der Gattung *Conophytum,* aber wiederum nicht alle, Winterwachser, alle anderen sind Sommerwachser. Am besten ist es, alle Arten individuell zu behandeln und von Art zu Art zu entscheiden, wann die Ruhezeit zu beginnen ist. Als Substrat eignen sich die Kakteengemische gut, besondere Mischungen werden zwar empfohlen, doch dürfte jeder durchlässige, nicht zu nahrungsarme Boden genügen. Als speziellen Zuschlagsstoff empfehlen Fachleute Thomasmehl, das ja Phosphor und Kalk, dabei eine Menge von Spurenelementen, in den Boden bringt. Auch hochsukkulente Mittagsblumen wollen flüssig gedüngt werden, doch genügt eine monatliche Gabe eines phosphor- und kalibetonten, guten Volldüngers.

Vermehrt werden die sukkulenten Arten vor allem durch Aussaat. Die meisten Gattungen sind selbststeril, darum darf man nicht überrascht sein, wenn aus manchen Samenpaketen tolle Mischungen entstehen. Auch sie werden in 6-cm-Plastiktöpfchen gesät und wie die Kakteen behandelt. Nicht zu früh pikieren, auch bei ihnen ist es so, daß sie enger stehend besser gedeihen.

Wegen der unterschiedlichen Ruhezeit ist es günstiger, viele, vor allem aber die noch heikleren Gattungen und Arten (sie können in der Fachliteratur nachgeschlagen werden) in Doppeltöpfen zu ziehen. Man pflanzt sie in einen kleinen Topf, sehr sandig durchlässig, und füttert diesen Topf in einen größeren so ein, daß zwischen den beiden Töpfen ein Raum von zwei Fingern Breite entsteht. Dieser Raum wird mit einem eher groben Sand, gemischt mit Sumpfmoos, gefüllt. Das Verhältnis Sand zu Moos ändere man nach dem Wasserbedarf der Pflanzen, es soll ungefähr 4 zu 1 sein. Dann gießt man nur in den Zwischenraum und nie in den Topf.

Eine andere Methode ist die Kultur in kleinen, viereckigen Schalen (viereckig wegen der besseren Platzausnützung), in die man Arten mit ähnlichen Ansprüchen oder besser noch eine einzige Art pflanzt. Bei Bedarf stellt man die Schalen in Wannen ein und staut an. Größere Sammlungen, die allerdings ähnliche Kultur verlangen, kann man auch in flutbare Behälter pflanzen. Die Mischungen müssen beim Tauchen oder Fluten immer sehr durchlässig sein; viel Bimskies oder Perlite als Zuschlagsstoffe sind zu empfehlen, damit die leichte Bodenfeuchte überwiegt.

Die strauchigen Arten sind ungleich leichter zu ziehen, sie werden im Sommer ins Freie oder in das Fensterkistchen gepflanzt und den Winter über, kühl und trocken, im Kalthaus gehalten. Noch besser ist es, von den strauchigen Arten im Sommer Stecklinge zu machen und nur diese zu überwintern. Junge Pflanzen blühen meist reicher und brauchen auch weniger Überwinterungsraum als alte.

Es gibt einige Arten, die unterirdische Rüben bilden, die man im Herbst herausnimmt und ähnlich Dahlien oder *Mirabilis* in Torf einschlägt und überwintert. Die empfehlenswerte *Delosperma sutherlandii* (Hook. f.) N. E. Br., mit 15 cm hohen Trieben und 6 bis 7 cm breiten violettrosa Blüten, ist leider schwierig zu erhalten, doch sehr empfehlenswert.

Allen strauchigen Arten genügt als Substrat mit Sand gestreckte Einheitserde und zur Düngung normaler, wasserlöslicher Volldünger. (Siehe »Düngung« und »Substrate«, Kapitel »Pflege«.)

Sukkulenten verschiedener Familien

Eine große Anzahl anderer wichtiger Sukkulenten gehört weder zu den Kakteen noch zu den Mittagsblumengewächsen. Auch ihrer muß gedacht werden, sind doch viele bekannte Pflanzen darunter, die zum Teil sogar als Zimmerpflanzen eine Bedeutung besitzen. Diese Gruppe umfaßt Hunderte und aber Hunderte Mitglieder. Auch hier können nur einige typische erwähnt werden.

Aeonium

Die Gattung *Aeonium* Webb et Berth. wird zu den Dickblattgewächsen, den *Crassulaceen*, gezählt. Es sind ausdauernde oder nur einmal blühende, monokarpe, Rosettenhalbsträucher oder -stauden, die riesigen, flachen Hauswurzarten ähneln. Heimat: vor allem Kanarische Inseln.

Ae. arboreum (L.) Webb. et Berth. (*Sempervivum a.* L.) ist in Marokko beheimatet und wächst strauchig bis 90 cm Höhe. Die dichten, flachen Blattrosetten sind bis 15 cm breit, die Blätter sind 5 bis 7 cm lang und bis 2 cm breit. Der dichte Blütenstand trägt 1,5 cm breite, gelbe Blüten. Von dieser Art, die im Mittelmeergebiet häufig verwildert anzutreffen ist, gibt es rotblättrige und weiß panaschierte Formen, die recht ansprechend sind.

Die Kultur von Äonien ist leicht, sie werden im kühlen Zimmer oder im Kalthaus überwintert und nach den Eisheiligen ins Freie geräumt, wo man sie, zusammen mit anderen Sukkulenten, einsenkt. Sie brauchen wenig Pflege; da sie von ihrer Heimat sommerliche Niederschläge nicht gewöhnt sind, braucht man sie nicht einmal zu gießen. Vor den ersten Frösten nimmt man sie heraus, läßt sie abtrocknen und überwintert kühl und trocken.

Die Vermehrung dieser Art und ihrer Formen erfolgt durch Stecklinge. Monokarpe Arten, wie *Ae. tabulaeforme* (Haw.) Webb et Berth., müssen ausgesät werden.

Sukkulenten

Agave

Die Gattung *Agave* L. gehört zu den Agavengewächsen, den *Agavaceen*, und umfaßt ungefähr 300 Arten, die im südlichen Nordamerika, Mittelamerika und dem nördlichen Südamerika beheimatet sind. Die Blätter stehen in Rosetten und die jüngeren bilden, im Gegensatz zur Gattung *Aloe*, einen kegelförmigen Mittelteil, man kann also nicht ins Zentrum der Rosette schauen.

A. americana und *A. ingens* wurden bereits bei den Kalthauspflanzen mit tropischer Wirkung besprochen. Hier nun die besseren, meist schöneren, oft vor allem kleinbleibenden Arten:
Die Drachenbaumagave, *A. attenuata* SD., ist in Mexico zu Hause und besitzt einen 8 bis 10 cm dicken Stamm. Die Rosette besteht aus 10 bis 15 Blättern, die bis 70 cm lang und 20 cm breit, grau gefärbt und glatt sind.
A. cernua Berg. ist der vorigen Art ähnlich, doch sind die Rosetten vielblättrig, bis 35blättrig, und 60 cm lang und 15 cm breit. Die Blätter sind grün und hellgrau bereift. Diese Art sproßt, im Gegensatz zur vorigen, sehr stark.
Aus Nordost-Mexico stammt *A. ferdinandi-regis* Berg., diese Art bildet immer nur Einzelrosetten aus. Die dreieckigen, zugespitzten Blätter sind dunkelgrün und zeigen beiderseits weiße Linien. Die breiten Hornränder sind grau bis schwarz, der Endstachel ist groß und kräftig.
Seitlich sprossend ist *A. filifera* SD. aus Mexico. Ihre Rosetten sind stammlos und bestehen aus zahlreichen, 25 cm langen, zugespitzten Blättern. Die steifen, grünen Blätter tragen zwei bis drei weiße Linien und einen hellen Hornrand, der lange weiße Fäden absplittert.

Die schönste Agave ist zweifellos *A. victoriae-reginae* T. Moore, ebenfalls in Mexico beheimatet. Die Rosetten bleiben meist eintriebig, selten werden Ausläufer gebildet, und bestehen aus vielen, bis 30 cm langen Blättern. Diese sind bis 7 cm breit und am Ende zu einer gerundeten Spitze verschmälert. Die Blätter sind dunkelgrün und tragen beiderseits eine weiße Zeichnung. Der Endstachel ist kurz.
A. attenuata und *A. cernua* gehören zu den robusteren Arten, die im Sommer im Freiland stehen und im Kalthaus oder Keller bei ungefähr 6°C durchwintert werden. Sie werden durch Stecklinge oder Abnahme der Kindel vom Blütenstand oder durch Aussaat vermehrt.
Die anderen drei Arten, wohl die schönsten Agaven, gehören in die Hand des Sukkulentensammlers, der sie bei 12°C hell, zusammen mit Kakteen, überwintern kann. Alle drei Arten können, neben der Kindelvermehrung bei *A. filifera*, nur durch Aussaat vermehrt werden. Als Substrate verwendet man für diese Arten nicht die schweren, nährstoffreichen Mischungen, wie man sie für die beiden großen Arten (*A. attenuata* und *A. cernua*) gebrauchtt, sondern Substrate wie für Kakteen oder Mittagsblumen.

Aloe

Die Gattung *Aloe* L. gehört zu den Liliengewächsen, den *Liliaceen*, und ist mit ungefähr 200 Arten vor allem in Afrika verbreitet, nur wenige Arten strahlen nach Arabien und ins Mittelmeergebiet aus. Aloen sind stammbildende oder stammlose Sträucher oder Bäume mit fleischigen, rosettig stehenden, selten zweizeilig angeordneten oder zerstreuten Blättern, die am Rand oft dornig sind. Der Saft aller Aloen, früher medizinell verwendet, ist ausnahmslos bitter. Bei dieser Gattung sieht man in das Herz der Pflanzen hinein und kann sie so leicht von den Agaven unterscheiden.

Eine der häufigsten Arten und eine bekannte und beliebte Zimmerpflanze ist *A. arborescens* Mill., sie ist in Südafrika sehr weit verbreitet und äußerst variabel. Die baumartigen, dicht verzweigten Sträucher erreichen bis 3 m Höhe, die Blattrosetten sind nicht allzu dicht. Die Blätter sind schwertförmig, bis 60 cm lang und bis 7 cm breit. Die oberseits rinnigen Blätter besitzen nach vorne gerichtete Randstacheln, die bis 5 mm lang sein können und 5 bis 20 mm auseinander stehen. Von dieser schon vor 1700 kultivierten Pflanze gibt es eine Fülle von Formen, die in der Verzweigung, der Länge und Bestachelung der Blätter immens variieren können.

Dichte, hundertblättrige Rosetten bildet *A. aristata* Haw., eine Zwergart, die immer stammlos wächst. Die bis 12 cm langen Blätter sind oberseits flach, unterseits etwas gekielt und tragen, besonders unterseits, kurze, weiche, weiße Höckerstacheln, die sich zu Bändern ordnen. Der Blattrand ist mit dicht stehenden, weißen Zähnen besetzt.

Bis 3 m hoch wird *A. ferox* Mill. (*A. supralaevis* Haw.), deren Stämme sich fast nie verzweigen. Die 45 bis 70 cm langen Blätter stehen zu dichten, fleischigen Rosetten zusammen. Die 15 cm breiten Blätter sind beiderseits mit vielen Hornstacheln besetzt, der Rand ist ebenfalls hornig bestachelt.

Einen einfachen oder verzweigten Stamm besitzt die 30 cm breite, rosettige *A. mitriformis* Mill. vom Kap. Ihre Blätter sind 15 cm lang und 5 bis 8 cm breit und dunkelgrün gefärbt. Die weißgelblichen, hornigen Randstacheln stehen mäßig dick. Aus Sansibar kommt *A. zanzibarica* Milne-Redhead (*A. concinna* Bak.) mit den lockeren Rosetten 15 cm langer, hellgrüner, weiß gefleckter Blätter. Die Blüten dieser Art sind, wie die der meisten Aloen, rot und 2,5 cm lang. Diese schöne, kleine Art ist im Winter gegen große Wassergaben empfindlich.

Eine wichtige, oft im Handel erhältliche Art ist *A. variegata* L., mit stengellosen, vom Boden an dicht beblätterten Trieben. Die Blätter sind lanzettlich, 12 cm lang und 3 cm breit und auf dunkelgrünem Grund mit Querbändern aus weißen Flecken geziert. Diese Art ist, ähnlich wie auch *A. aristata*, wegen ihrer Kleinheit für die Zimmerkultur besonders geeignet.

Aloen sind leichtwachsende Topf- oder Kübelpflanzen, die im Sommer im Freien, im Winter im Kalthaus bei 6 bis 8°C stehen. Kleinere Arten, vor allem *A. aristata* und *A. variegata*, werden gerne im Zimmer gehalten, da alle Aloen die trockene Luft nicht überheizter Wohnräume gut vertragen. Auch *A. arborescens* ist, trotz der Größe, die diese Pflanze erreicht, oft anzutreffen.

Als Substrat nehme man bei den großen Arten mit Sand gestreckte Einheitserde, sonst eine durchlässige Sukkulentenmischung, wie sie bei den Kakteen angegeben wurde.

Die Vermehrung erfolgt bei vielen Arten durch Abnehmen von Kindeln oder Stecklingen, die während des Sommers sehr rasch Wurzeln machen, manche Arten, wie *A. aristata* und *A. variegata*, müssen ausgesät werden. Das Saatgut stammt vielfach aus dem Mittelmeergebiet, und man erhält in vielen Fällen nicht reines, sondern Hybriden-Saatgut. Seltene Arten, deren es ja noch die Menge gibt, deshalb lieber durch Stecklinge oder sonstwie vegetativ vermehren!

Bowiea

Die Gattung *Bowiea* Harv. umfaßt zwei afrikanische Arten, die durch ihren interessanten Aufbau auffallen. Aus einer großen, oberirdisch wachsenden, grünen Zwiebel entsteht im Spätwinter und frühen Frühjahr der hochrankende, grüne Sproß, der vollkommen blattlos ist. Erst wenn die weißlichgrünlichen Blüten erscheinen, erkennt man, daß es sich um ein Liliengewächs, eine *Liliaceae*, handelt.

Als einzige Art wird meist *B. volubilis* Harv. ex Hook. f. (*Schizobasopsis v.* (Harv. ex Hook. f.) Macbr.) gezogen, die aus Südafrika stammt. Nach der Wachstumszeit, sie ist meist im Mittsommer zu Ende, zieht die Pflanze wieder ein, und die Töpfe mit den Zwiebeln werden trocken und kühl, aber nicht dunkel aufgehoben. Als Substrat nimmt man mit Sand gestreckte Einheitserde. Umgetopft braucht bei erwachsenen Pflanzen nur alle drei Jahre zu werden. Man düngt während der Wachstumszeit wöchentlich flüssig und deckt so den Nährstoffbedarf dieser interessanten Pflanze. Ist man im Besitz eines Kakteen- oder sonstigen Kalthauses, so pflanzt man seine Bowiea, die man leicht aus dem schwarzen Samen erziehen kann, in das Tischbeet aus und läßt sie dort jahrelang ungestört.

Ceropegia, Leuchterblume

Die Gattung *Ceropegia* L. – sie wurde bei den Zimmerpflanzen für kühle Räume bereits erwähnt – ist äußerst vielgestaltig. Uns interessieren hier nur die sukkulenten Vertreter.
C. sandersonii Decne. ex Hook. f. stammt aus Südafrika und blüht im Sommer und Herbst. Diese sukkulente Schlingpflanze hat einen stielrunden, 6 mm dicken, windenden Stengel und herzeiförmige, 5 cm lange und 3,5 cm breite Blätter. Die Blüten stehen zu zwei bis vier und haben eine 7 cm lange Krone, die oben plötzlich erweitert und von einem fallschirmartigen Dach bedeckt ist. An den Rändern sitzen weiße Haare, die sich bei jedem Luftzug bewegen.
Noch interessanter wächst *C. stapeliiformis* Haw., ihre kräftigen, 1,5 cm dicken, fast blattlosen Sprosse können sowohl kurz gestaucht wachsen als auch bis 1,5 m hoch schlingen. Der mehrblütige Blütenstand kann immer wieder neue, 7 cm lange Blüten bringen. Die Blütenröhre, 3 cm lang und schlank, ist außen weiß oder grünlich-weiß mit schwarzpurpurnen Flecken gefärbt; die aus dreieckigem Grund linealischen Zipfel, 4 cm lang, sind frei und am Grund weiß, an der Spitze dunkelpurpurbraun.
Beide Arten sind Kalthauspflanzen, die klettern oder hängen wollen, damit sie sich wohlfühlen. Wintertemperaturen um 10 bis 12° C genügen vollauf, am besten zieht man sie ausgepflanzt zusammen mit Kakteen oder anderen Sukkulenten.

Vermehrung durch Samen oder Stecklinge; die Stecklinge von *C. stapeliiformis* werden nur flach aufgelegt, sie schlagen dann an der Unterseite Wurzeln.

Cissus, Klimme

Daß die Gattung *Cissus* DC. – sie wurde bei den blattschmückenden Pflanzen für kühle Räume bereits erwähnt – auch sukkulente Vertreter besitzt, wissen wenige. Und doch gibt es zwei dieser Weinrebengewächse, dieser *Vitaceen*, die sukkulent sind und stark schlingen.
Eine Art wollen wir nennen: *C. quadrangularis* L. (*C. cactiformis* Gilg), sie bewohnt Afrika, Arabien und Indien. Diese mächtige Liane hat vierkantige Triebe, die bei den Knoten mehr oder weniger eingezogen sind. Dort finden sich auch die kleinen, vergänglichen Blätter, die bald abfallen und dem 2 bis 4 cm starken Sproß die Assimilationsaufgabe überlassen. In einem unserer Häuser hat diese Art in zwei Jahren 15 m lange Triebe gebildet. Sie braucht zu gutem Gedeihen eher feuchtwarme Bedingungen und einen etwas absonnigen Stand. Am besten zieht man sie in einem offenen Blumenfenster oder im Gewächshaus unter der Glashaut. Man muß allerdings für Rankgerüste sorgen und regelmäßig aufbinden, denn sehr klimmfreudig ist *C. quadrangularis* nicht. Zu guter Entwicklung braucht diese Pflanze auch kräftige Substrate und viel Wasser. Die Vermehrung erfolgt leicht durch Stecklinge.

Cotyledon

Die Gattung *Cotyledon* L. gehört zu den Dickblattgewächsen, den *Crassulaceen* und umfaßt ungefähr 50 Arten, die vor allem in Südafrika zu Hause sind. Alle sind fleischige Sträucher oder Halbsträucher mit gegen- oder wechselständigen dickfleischigen Blättern und fünfzähligen, weitbauchigen Blüten.

Ein 1 m hoher Strauch wird *C. orbiculata* L. aus Südafrika. Seine Blätter sind verkehrt eirund, dickfleischig und stark weißgrau bereift, oftmals rot gerandet. Die hängenden, roten Blüten stehen in 25 cm hohen Trugdolden.
Ebenfalls aus dem Kapland stammt die schöne *C. undulata* Haw., die im Wuchs der vorigen Art gleicht, aber dick weißbereifte, rautenförmige, am Rand stark gewellte Blätter besitzt.
Die *Cotyledon*-Arten sind herrliche Zimmerpflanzen für kühle Räume und ideal für den Sammler von Sukkulenten. Sie werden kühl und trocken überwintert. Substrat: mit Sand gestreckte Einheitserde. Vermehrung durch Stecklinge.

Crassula, Dickblatt

Die Gattung *Crassula* L. umfaßt äußerst vielgestaltige Arten, wir finden in ihr einjährige und krautig oder strauchig ausdauernde Landpflanzen ebenso wie Wasserpflanzen. Die Blätter sind stets gegenständig angeordnet, dick und fleischig, und häufig am Grunde verwachsen. Die relativ kleinen Blüten stehen oft in reichblütigen Trugdolden oder Köpfen zusammen, so daß sie dadurch auffallen. Die Wasserpflanzen und Feuchtigkeitszeiger sind über die ganze Erde verbreitet, die sukkulenten Arten finden sich überwiegend in Südafrika. Man kennt ungefähr 300 Arten. Auch hier nur einige wenige.

C. arborescens (Mill.) Willd. wird ein bis 3 m hoher Baum oder Strauch, der sich reich verzweigt und flache, verkehrt eiförmige, fleischige, weißgrau bereifte Blätter mit rotem Rand trägt. Die in endständigen Rispen angeordneten weißen Blüten erscheinen bei uns selten. Weitverbreitete Pflanze und wichtige Zimmerpflanze!

Eine zierliche, herrliche Art ist *C. barbata* Thunb., die dichten, halbkugeligen Rosetten haben einen Durchmesser von 4 bis 5 cm. Die Blätter sind nach einwärts gebogen und am Rand mit langen, abstehenden, weißen Haaren besetzt. Die Blütentriebe sterben ab, bilden jedoch am Grunde Kindel. Während der Sommerruhe schließt sich diese Art zur Kugel zusammen.

Eine der am reichsten blühenden Arten ist *C. cooperi* Regel, eine kleine, kaum über 10 cm hohe, polsterbildende Rosettenstaude. Die Blätter sind flach und 1,5 cm lang, hellgrün gefärbt und dunkel gepunktet. Die hellrosa Blüten erscheinen im Frühjahr und sind in kurzen, gestielten Trugdolden vereint.

Kräftige, wenig verzweigte Halbsträucher bildet *C. falcata* (DC.) H. Wendl. (*Rochea f.* DC.). Die fleischigen Blätter sind bis 15 cm lang und stellen sich mit der Spreite senkrecht. Die leuchtendroten Blüten kontrastieren gut mit den weißgrauen Blättern, sie erscheinen im Sommer in großen Trugdolden.

Ganz ungewohnt ist das Bild, das *C. lycopodioides* Lam. bietet. Dieser Halbstrauch bildet aufrechte, schlanke, vierkantige Sprosse, die von den dachziegelig gestellten Blättern dicht eingehüllt sind. Diese und die nahe mit ihr verwandten Arten sind sehr vielgestaltig, die Durchmesser der Triebe variieren von 4 bis 8 mm. Eine reizende kleine Pflanze, die in keiner Sammlung fehlen sollte!

C. portulacea Lam. ist in vielen Gebieten häufiger als *C. arborescens* in Pflege. Die fleischigen Blätter sind rundlich, glänzend grün und rot gerandet. Diese Art blüht häufiger in Kultur.

Einer der schönsten Frühjahrs- und Sommerblüher unter den Sukkulenten und deswegen auch als Zimmerpflanze weit verbreitet ist *C. schmidtii* Regel. Die unteren Blätter bilden Rosetten, die oberen sind entfernter am Blütenstiel angeordnet, sie sind oberseits flach, unterseits halbrund zugespitzt, grün gefärbt und stark rot überlaufen. Die 5 mm großen rosaroten Blüten stehen an 10 cm hohen Stielen rispig.

Schlankstengelig wächst *C. spathulata* Thunb., ihre Sprossen laufen gerne niederliegend kriechend weiter. Die entferntstehenden Blätter sind breit herzförmig und ungefähr 10 mm groß. Ihr Rand ist fein gekerbt. Die fleischroten Blüten erscheinen zahlreich in endständigen, lockeren Trugdolden. Diese Art ist als Ampelpflanze sehr zu empfehlen.

Alle Dickblattarten sind anspruchslose Zimmerpflanzen, die durchlässige, sandige Substrate und einen kühlen Winterstandort brauchen. Nur *C. barbata* bedarf einer sorgfältigeren Pflege und wächst am besten in einer Sukkulentensammlung, gemeinsam mit Kakteen oder Mittagsblumengewächsen. Die Vermehrung erfolgt durch Kopfstecklinge, doch auch Blattstecklinge bringen rasch gute Jungpflanzen, oder Aussaat.

Cyphostemma

Die Gattung *Cyphostemma* (Planch.) Alston gehört ebenfalls zu den Weinrebengewächsen, den *Vitaceen*, und beherbergt wohl die auffälligsten Gestalten unter den Sukkulenten. Die Pflanzen werden im ausgewachsenen Zustand nahe 3 m hoch und an der Basis 1 m dick und sehen mit ihren weißen Rinden und den verzweigten Seitenästen in der Ruhezeit Gespenstern ähnlich. In der Wachstumszeit entwickeln die Pflanzen ein- bis mehrteilige Blätter und rundrispige Weinblütenstände, denen rote oder gelbe Beerenstände folgen.

Die bekannteste Art ist *C. juttae* (Dint. et Gilg) Desc., sie erreicht die oben angegebenen Ausmaße bereits an der Riviera und in manchen botanischen Gärten. So wie die Bundesgärten in Wien–Schönbrunn auf ihre alten *Fockea* stolz sind, weist der Kieler Botanische Garten mit Recht auf die einmalige, 500 Jahre alten Pflanzen von *Cyphostemma* hin. Solch alte Gewächshauspflanzen sind eben einmalig.

Die Vermehrung dieser sukkulenten Weinverwandten erfolgt durch Aussaat leicht. Sie werden nicht rasch zu groß, so daß sie jedem Liebhaber empfohlen werden können. Als Substrat nimmt man durchlässige Sukkulentenmischungen. Im Sommer läßt man sie besser im Haus, kann sie aber auch ins Freie stellen, im Winter werden sie luftig bei 10 bis 12° C gehalten. Es gibt noch eine Reihe weiterer Arten, die alle kulturwert sind.

Echeveria, Echeverie

Die Gattung *Echeveria* DC. umfaßt stammlose Stauden oder kurzstämmige, verzweigte Halbsträucher mit zu Rosetten gestellten, fleischigen Blättern. Die Blätter können flach oder stielrund, grün, weiß bereift oder gerötet sein und sind stets ganzrandig. Die Blütenstände entstehen stets seitlich und sind einseitswendige Wickeltrauben oder gabelästige Trugdolden. Über 150 Arten, von denen einige bereits im Alpinenhaus hart sind, bewohnen die Südstaaten der USA, Mittelamerika und das nördliche Südamerika.

Auch bei dieser interessanten Gattung können nur wenige Arten genannt werden. Viele von ihnen sind Kurztagpflanzen, d. h. sie legen ihre Blüten bei Unterschreiten einer bestimmten, kritischen Tageslänge an; die Mehrzahl gehört allerdings zu den Kurzlangtagpflanzen, die für die Entwicklung der Blüten zuerst eine kritische Tageslänge unterschreiten, später eine andere kritische Tageslänge überschreiten müssen, um die entwickelten Knospen fertig ausbilden zu können.

Im Frühjahr blüht die mexikanische *E. agavoides* Lem., diese Art ist stammlos und bildet meist nur einzelne Rosetten breit dreieckiger, allmählich zugespitzter Blätter. Die Blattfarbe ist hellgrün bis schwach hellgraugrün. Die orangeroten, gelbgespitzten Blüten werden in 30 cm hohen Blütenständen angelegt.

E. derenbergii J. A. Purp. stammt ebenfalls aus Mexico und blüht im April bis Juni. Die 3 bis 6 cm großen Rosetten stehen an langen, niederliegenden Stämmchen und bringen Seitensprosse aus den alten Blattachseln. Die breitspateligen Blätter sind rundlich abgestutzt, besitzen ein Stachelspitzchen und sind weißgrau mit rötlichen Rändern gefärbt. Die Blütensprosse werden 6 cm lang und tragen fünf rotgelbe, innen reingelbe Blüten.

Von November bis April blüht *E. fulgens* Lem. (*E. retusa* Lindl.), auch diese Art stammt aus Mexico. Die niederen Halbsträucher tragen die 20 cm breiten Rosetten verkehrteiförmiger bis spateliger Blätter, die grau bereift sind und wellige Ränder haben. Die Blütenstände werden bis 50 cm hoch und tragen die 1,5 cm langen Blüten in reichblütigen, trugdoldigen Rispen.

Im Herbst blüht die mexikanische *E. gibbiflora* DC., dieser Halbstrauch wird bis 30 cm hoch. Die Rosetten erreichen einen Durchmesser von 30 bis 40 cm, die Blätter sind verkehrteiförmig, verschmälern sich in einen Stiel und sind beiderseits graugrün gefärbt und trübrot überlaufen. Die kräftigen Blütentriebe werden 70 cm hoch und tragen hellrote, weißbereifte Blüten.

Von April bis Juni blüht *E. glauca* Bak. aus Mexico. Die 10 cm breiten Rosetten sind flach schalenförmig und bilden zahlreiche Nebenrosetten aus. Die verkehrtlanzettlichen Blätter sind dünn und laufen in eine abgerundete, mit einer Stachelspitze versehene Spitze aus. Die Blätter sind leuchtend

Tafel 37 · Sukkulenten V

ol Den bauchigen Blüten verdanken die *Gasteria*-Arten ihren Namen

or *Gasteria archeri*, darunter *G. armstrongii*

Haworthien sind ein vielgestaltiges Volk:
ul *Howarthia tortuosum*, mit gewendelten Blattreihen
ur *H. cymbiformis*, darunter *H. reinwardtii*

Tafel 38 · Orchideen I

Leicht zu kultivieren sind die bodenbewohnenden Arten der asiatischen Gattung Pleione:

ol *Pleione limprichtii*
or *Pleione yunnanense*, dahinter *P. formosana* 'Alba'
ml *Pleione formosana* 'Rawinsky Form'
mr *Pleione formosana* 'Pricei'
ul *Pleione forrestii*, eine seltene Art
ur *Pleione pogonioides*

hellgrau und kontrastieren herrlich mit den tieforangeroten, gelbgespitzten Blüten, die zu 20 an den bis 30 cm hohen Blütenstielen stehen.

E. harmsii Macbr. (*E. elegans* (Rose) Berg. non Rose), besser unter dem zweiten Namen bekannt, ist ein vielästiger, bis 50 cm hoher Strauch mit an den Triebenden gehäuften lanzettlichen, grünen, weichbehaarten Blättern. Herrlich sind die 3 cm großen, fünfkieligen, scharlachroten, gelbgespitzten Blüten, die zu ein bis zwei an den 10 cm langen Blütensprossen stehen.

E. setosa Rose et Purp. blüht wie die vorige Art im Frühjahr und Sommer. Die Pflanze bildet keine Stämme, die keuligen, beiderseits gewölbten, lang weiß behaarten Blätter bilden dichte Rosetten. Die leuchtendroten, gelbgespitzten Blüten stehen langgestielt auf schlanken Stengeln.

Alle Echeverien sind von leichtester Kultur und werden in der letzten Zeit wieder vermehrt verwendet. Früher stellten die stammlosen Arten einen wichtigen Grundstock für die blattbunten Teppichbeete dar, heute sind sie billige, dabei aber reichblühende und pflegeleichte Topfpflanzen, die viel aushalten und auch große Warenhausketten durchlaufen können. Als Zimmerpflanzen sind sie nur dann ideal, wenn sie kühl den Winter verbringen können; dabei lieben sie auch Trockenheit. Im Sommer kann man sie im Freiland verwenden, sogar auspflanzen.

Die Vermehrung erfolgt durch Aussaat – es gibt eine Menge Hybriden, die als Saatgut angeboten werden und eigentlich alle schön sind – und durch Blattstecklinge. Die Blätter werden für diesen Zweck abgebrochen, es darf nichts am Sproß stehenbleiben, kurz übertrocknet und dann flach gesteckt. Am Grund bilden sich die Jungpflanzen, die das Blatt aussaugen, so daß man es, wenn die Jungpflanzen pikiert werden, leicht wegputzen kann. Als Substrat nimmt man in allen Fällen mit Sand gestreckte Einheitserde.

Euphorbia, Wolfsmilch

Die sukkulenten Arten der Gattung *Euphorbia* L. sind ein ebenso vielseitiges Kapitel wie manche Kakteengattungen, und es ist nur möglich, einen kurzen Überblick über die Vielfalt zu geben. Fast alle sukkulenten Arten sind im Dreieck Südafrika – Kanarische Inseln – Arabien beheimatet, auch bei diesen Arten tritt bei Verletzung der giftige Milchsaft aus.

Die Blüten der Wolfsmilcharten sind sehr kompliziert gebaut: sie stehen in zwittrigen Scheinblüten, Teilblütenständen, die man Cyathien nennt. Diese bestehen aus männlichen Einzelblüten, deren Staubblätter zahlreich sind, und einzeln stehenden weiblichen Blüten, die dreifächerig sind und später in drei Teilfrüchte zerfallen. Männliche und weibliche Blüten sind von einer gemeinsamen, becher- oder kreiselförmigen Hülle umgeben. Der Saum der Hülle ist vier- bis fünfspaltig und trägt vier oder fünf halbmondförmige, walzenförmige oder zweikörnige Drüsen.

Aus einem kurzzylindrischen Hauptstamm, dessen Oberfläche teilweise mit grünen Warzen bedeckt ist, entspringen strahlig abstehende Seitenäste, die ebenso mit grünen Warzen bedeckt sind, so könnte man am einfachsten *E. caput-medusae* L., die Medusenhauptwolfsmilch, beschreiben. Diese Art ist in Südafrika beheimatet, ihr Hauptstamm kann bis 20 cm dick werden, die Seitenäste, 2,5 bis 4 cm dick, werden bis 40 cm lang. Nur aus Samen erzogene Pflanzen wachsen so regelmäßig, Stecklingspflanzen sind meist einseitig. Ebenfalls aus Südafrika stammt *E. coerulescens* Haw., sie gehört zu jener Gruppe, die Nebenblattdornen rechts und links vom Blatt ausbilden. Diese Art verästelt quirlig und besitzt vier- bis sechskantige Triebe, die stark nach Jahrestrieben eingeschnürt sind. Die Triebe sind in der Mitte des Jahrestriebes ungefähr 5 cm dick und grau mit bläulichem Schimmer gefärbt. Die kräftigen Dornpaare sind 1,5 cm lang, zuerst braun und später grau gefärbt.

Bei *E. fimbriata* Scop. sind sterile Blütenstiele zu Dornen umgewandelt. Diese Art, ebenfalls aus dem Kapland, wird 70 cm hoch und besitzt zylindrische, 3 cm dicke, sieben- bis fünfzehnkantige Stämme und Äste. Die Rippen der Sprosse sind in sechseckige Felder geteilt, die Blüten und Dornen entspringen den Furchen zwischen den gehöckerten Warzenfeldern.

Im tropischen Ostafrika und in Natal ist *E. grandicornis* Goeb. beheimatet. Diese Art trägt ebenfalls paarige Stipulardornen. Die dreikantigen Stämme und Äste sind 10 bis 20 cm breit und in regelmäßigen Abständen eingeschnürt und dadurch gegliedert. Die Sprosse sind zuerst grün und dann grau gefärbt, die Dornenpaare sind sehr kräftig und bis 7 cm lang. Diese Art ist sehr auffallend, braucht aber eine etwas höhere Temperatur.

E. grandidens Haw. stammt aus dem östlichen Kapland. In der Heimat werden die Pflanzen bis 10 m hoch. Die Stämme, zuerst sechskantig, werden im Alter zylindrisch, tragen quirlig die drei- bis vierkantigen Äste erster Ordnung. Die Äste zweiter Ordnung sind dreikantig und zum Teil spiralig gedreht. Die Kanten der Sprosse sind buchtig gezähnt, mit braunschwarzen Dornpaaren.

E. mauritanica L., in Süd- und Südwestafrika zu Hause, ist ein reichverzweigter, kahler Strauch mit bleistiftstarken, grünen Ästen. Die Blätter sind nur kurzlebig an den wachsenden Ästen zu sehen und sind 1 cm lang. Sie hinterlassen beim Abfallen eine deutliche Narbe.

Der Christusdorn, *E. milii* Desmoulins, ist eine bekannte Zimmerpflanze, vor allem in ländlichen Gebieten. Die stark bedornten Sträucher können bis 2 m hoch werden. Die Äste sind 5 bis 15 mm stark, schwach kantig oder fast rund, die Blattbasen tragen an beiden Seiten der Basis einen 1 bis 1,5 cm langen Dorn. Die Blätter, sie fallen nach ungefähr einer Vegetationsperiode ab, sind stumpf eirund bis länglich spatelig geformt und erreichen eine Länge von 7 cm. Die Cyathien stehen in wiederholt gegabelten Trugdolden zu vier bis vielen beisammen und sind jeweils von zwei gefärbten Hochblättern umgeben. Es gibt verschiedenste Formen und Varietäten, da diese Art sehr variabel ist. Neben der Varietät *milii* sollen noch erwähnt werden: var. *imperatae* (Leandri) Ursch et Leandri, eine dünntriebige, bis 50 cm hohe, reich verästelte Form der milii-Sippe; wahrscheinlich identisch ist die Sorte 'Aalbäumle'; var. *roseana* J. Marn.-Lap. wird 1 m hoch und blüht weißlichgelb und var. *tananarivae* Leandri wird bis 2 m hoch und hat gelbe, rot gerandete Hochblätter.

Der Christusdorn legt seine Blüten ebenfalls von Temperatur und Tageslänge abhängig an. Im Langtag werden Blüten nur bei Temperaturen unter 15°C angelegt, im Kurztag hört das vegetative Wachstum auf und es werden Blüten gebildet, und zwar um so schneller, je wärmer die Pflanzen stehen. Aus diesem Grund ist die Hauptblüte dieser Art im März und April. Die kritische Tageslänge wird bei uns meist Mitte Oktober unterschritten. Man kann den Christusdorn durch hohe Wintertemperaturen früher in Blüte haben, doch ist die Dichte des Farbstoffs lichtabhängig, und zu früh angelegte Blüten sind sehr blaß. Aus diesem Grund überwintert man besser kühl und trocken, da auch die Triebe nicht so vergeilen. Die Vermehrung erfolgt durch Stecklinge und ist jederzeit möglich, die Bewurzelungstemperaturen liegen zwischen 22 und 25°C, also ziemlich hoch. Ältere Pflanzen soll man, damit sie sich gut verzweigen, stutzen. Als Substrat nimmt man mit Sand gestreckte Einheitserde. Der ideale Standort für diese Pflanze sind heiß besonnte Südfenster, wo sie sich sehr wohl fühlen. In Süddeutschland und Österreich sieht man sie häufig auf Reifen gezogen, ähnlich den Passionsblumen. Sie sind in vielen Gebieten, besonders in ländlichen, oft in Pflege und werden als Christusdorn auch in diese Form gebracht, obwohl sie als Bewohner von Madagaskar, als Madegassen, sicher keine Rolle in der Leidensgeschichte Christi gespielt haben. Eine der schönsten hochsukkulenten Arten ist *E. obesa* Hook. f. aus dem Kapland. Die Körper dieser Art sind fast kugelig oder eiförmig, 8 bis 12 cm hoch und ebenso breit und besitzen normalerweise acht Rippen. Die Hauptfarbe des Körpers ist blaßgrün oder graugrün mit waagrecht verlaufenden, hellroten Querlinien und bogig aufsteigenden Längslinien. Die Blütenstände kommen aus den Rippen, die Art ist zweihäusig, um Samen zu erhalten bedarf es also männlicher und weiblicher Pflanzen.

Wahrscheinlich aus Angola stammt *E. trigona* Haw., ihre dreikantigen Stämme sind mit weißlichen Bogenmalen verziert. Die 5 cm langen Blätter sind etwas fleischiger als die anderer Arten und halten relativ lange am Stamm.

Die Heimat von *E. undulatifolia* Janse ist unbekannt, wahrscheinlich kommt diese Art aus Indien. Die Sprosse sind bis 12 cm dick, fünfrippig und bis 3 m hoch. Die großen, fleischigen Blätter sind bis 18 cm lang und 6 cm breit und am Rande etwas gewellt. Die Dornpaare sind klein und schwarzbraun.

Die Kultur der sukkulenten Euphorbien gleicht der der anderen Sukkulenten, und man wird manche Konvergenz finden, da sie sich ja ebenso an Trockenheit angepaßt haben. Sie sind in den größeren Arten ideale Zimmerpflanzen für helle, mäßig kühle Räume. Als Überwinterungstemperatur lieben alle 6 bis 10° C, nur die *E. grandicornis* will wärmer stehen.

Euphorbien können wie Kakteen durch Aussaat, Stecklinge oder Veredlung vermehrt werden. Bei der Samenzucht ist zu beachten, daß die Wolfsmilcharten Schleuderfrüchte besitzen, man muß die fast reifen Früchte also einbeuteln. Samenanzucht ist sehr lohnend, da die entstehenden Pflanzen nicht nur schnell, sondern vor allem auch regelmäßig wachsen. Einige seltene Arten, die in der Republik Südafrika unter Schutz gestellt wurden und nur eintriebig wachsen, können nur so vermehrt werden. Manche Arten, vor allem die hochsukkulenten, sind zweihäusig, was es zu beachten gilt. Junge Sämlinge besitzen teilweise noch besser entwickelte Blätter, eine Form des Atavismus.

Stecklinge werden während der warmen Jahreszeit gesteckt. Man versucht nach dem Schnitt die ausfließende Milch zum Stocken zu bringen, was am besten durch Abwaschen in Wasser und Tauchen in Holzkohle, feinen Sand oder Wuchstoffpuder geschieht. Stecklinge von Arten, wo jeder Trieb einer bestimmten Ordnung an der Pflanze eine bestimmte Rippenzahl hat, brauchen oft lange, bis sie die hohen Rippenzahlen der Stämme gebildet haben.

Veredlung ist ein Notbehelf, aber unumgänglich notwendig für sehr heikle Arten, die es ja auch gibt; und vor allem für die seltenen Cristaten, zum Beispiel von *E. obesa*, die fast noch absonderlicher als Kakteencristaten sind. Unterlage und Edelreis werden geschnitten, man versucht die Blutung zu stoppen, läßt etwas antrocknen, schneidet nochmals nach und veredelt. Cristaten sind oft schwer zu vermehren.

Fockea

Die Gattung *Fockea* Endl. gehört zu den Seidenpflanzengewächsen, den *Asclepiadaceen*, die sechs bekannten Arten sind in den Sukkulentensteppen Südafrikas, von Angola bis zur Karru-Wüste, beheimatet. Fockeen sind Stammsukkulenten, deren Stämme zu riesigen Knollen umgebildet sind, aus denen die dünnen, windenden oder aufrechten Triebe entstehen. Die Blüten stehen einzeln oder zu mehreren in den Blattachseln. Fockeen sind zweihäusig.

Für die österreichischen Pflanzenliebhaber ist besonders eine Art bedeutend, *F. crispa* (Jacq.) K. Schum., ist es doch jene Pflanze, die seit 1785 in den Bundesgärten in Wien-Schönbrunn in Kultur ist. In der Heimat werden die Knollenstämme bis 3 m im Durchmesser groß und sind zum Großteil in der Erde verborgen. Die Schönbrunner Pflanzen haben Knollendurchmesser von 20 bis 30 cm, die Oberfläche der Stammknollen ist grubig-warzig, ihre Farbe ist braungraurötlich. Aus den Knollen entwickeln sich die windenden Triebe, die die gegenständigen, dunkelgrünen, ledrigen und am Rand gewellten, 2 bis 3 cm langen Blätter tragen. Die Blüten kommen zu drei bis fünf aus den Blattachseln und sind 2,5 cm groß und grün gefärbt. Die Samenkapseln gleichen Ceropegienkapseln. Die Samen haben Haarkrone. Fockeen sind interessante, schöne und vor allem ausdauernde Pfleglinge, die nicht zu viel Platz brauchen, wenn man an die nun bald zwei Jahrhunderte alten Pflanzen in Wien denkt. Sie wollen hell stehen und bekommen eine durchlässige

Sukkulentenmischung, die viel Sand und Schotter enthält. Die Stammknollen können wahrscheinlich genausogut im Boden eingebettet werden. Im Sommer wird wenig bewässert, im Winter bei 10 bis 12°C vollkommen trocken gehalten. Die Vermehrung erfolgt durch Samen, der meist aus der Heimat eingeführt wird, aber auch bei uns reift und keimt. Die einjährigen Sämlinge haben bereits kleinkarottengroße Knollen und sehen putzig aus!

Gasteria, Gasterie

Die Gattung *Gasteria* Duval gehört zu den Liliengewächsen, den *Liliaceen*. Die 70 bekannten Arten sind ausschließlich in Südafrika beheimatet. Die Blätter der Gasterien sind in vielen Fällen zweizeilig, aber auch rosettig gestellt und fleischig. Die Oberfläche der Blätter ist vielfach weißfleckig oder weißwarzig, der Rand ist nie gezähnt. Von allen anderen sukkulenten Liliengewächsen unterscheidet sich *Gasteria* durch die bauchigen, hängenden Blüten.

Eine Zwergart ist *G. armstrongii* Schönl., sie hat nie mehr als vier bis sechs Blätter, die dicht gedrängt genau zweizeilig stehen. Die Blätter sind dick, dunkelgrün, runzelig, dicht gehöckert.
Bei *G. carinata* (Mill.) Duval, stehen die Blätter spiralig, sie sind 15 cm lang und 5 cm breit und tragen erhabene weiße Punkte in unregelmäßigen Querreihen.

Die bekannteste Art ist *G. verrucosa* (Mill.) Duval, ihre zungenförmigen Blätter stehen streng zweizeilig und sind von weißen, stark erhabenen Warzen rauh.
Die Vermehrung erfolgt leicht durch Blattstecklinge oder Teilung, bei Samenvermehrung hat man eine Fülle von Bastarden zu erwarten. Sonst gleicht die Kultur der von *Aloe*.

Haworthia, Haworthie

Die 200 bekannten Arten der Gattung *Haworthia* Duval, sie gehört ebenfalls zu den Liliengewächsen, den *Liliaceen*, sind ausschließlich im Kapland, in Südafrika zu Hause. Es sind niedrige oder halbstrauchige Pflanzen mit kurzen oder fehlenden Stämmen. Die rosettigen, dicht gestellten Blätter, sie stehen zwei-, drei- oder mehrreihig, sind kurz und fleischig. Sie können von Warzen erhaben sein, aber auch glasige Flecken besitzen, durch die das Licht eintreten kann. Alle sind relativ kleine Pflanzen, so daß sie für den Liebhaber besonders bedeutungsvoll sind.

H. cuspidata Haw. (*H. cymbiformis* Berg. non (Haw.) Duval) wird in unseren Kulturen meist unter dem Synonym gezogen. Diese reichlich sprossende Art hat 5 bis 7 cm breite Rosetten. Die Blätter sind verkehrt keilförmig, laufen in eine steife Spitze aus und sind graugrün gefärbt, an der Oberseite nur bei der Spitze durchscheinend.
Bei *H. cymbiformis* Haw. sind die Blätter an beiden Seiten mehr oder weniger durchscheinend und die Blätter sind oberseits hohl und unterseits stark gewölbt. Sie sind saftig graugrün gefärbt und von etwas miteinander verbundenen Längslinien durchzogen.
H. fasciata (Willd.) Haw. besitzt dreieckig-lanzettliche Blätter, die 5 cm lang und 12 mm breit sind. Diese sind glänzend grün, oberseits warzenlos, unterseits mit ziemlich großen, weißen, zu Querreihen verbundenen Warzen.
Beiderseits mit großen, weißen, stark erhabenen Warzen bedeckte Blätter hat *H. margaritifera* (L.) Haw., ihre Rosettenblätter sind 7 bis 8 cm lang und am Grund 3 cm breit. Sehr ähnlich ist *H. papillosa* (SD.) Haw., die Blätter sind länger zugespitzt und die Warzen größer.
H. reinwardtii (SD.) Haw. bildet deutliche Stämme aus, die dicht mit den lanzettlichen, 3 bis 5 cm langen, in dichten Spiralen angeordneten und sich zum Stamm krümmenden Blättern bedeckt sind. Die Blattoberseite ist glatt, die Unterseite trägt unterschiedliche Mengen von Warzen,

die sich zu regelmäßigen Mustern ordnen können. Eine sehr variable Art!
Bei *H. tortuosa* Haw. stehen die Blätter stark spiralig in drei Reihen um den Stamm. Die Blätter sind 4 bis 5 cm lang und dicht mit kleinen, gleichfarbigen Warzen bedeckt.
Auch die Haworthien sind schöne Sammelobjekte, die mehr Beachtung verdienen. Ihre Kultur gleicht der von den kleinen Aloen oder Gasterien.

Die undurchsichtigen Arten bekommen gern Sonnenbrand, meist nur im Frühjahr, man muß also etwas Schatten geben. Auch manche Kakteen zeigen dieses Verhalten. Die durchscheinendblättrigen Arten brauchen das ganze Jahr gleichmäßige Feuchtigkeit, wie diese überhaupt bei den kleineren Arten dieser verschiedenen Liliengewächse zu empfehlen ist! Als Substrat verwendet man auch hier mit Sand gestreckte Einheitserde.

Kalanchoë

Die Gattung *Kalanchoë* Adans., im modernen Sinn aufgefaßt mit Einschluß von *Bryophyllum* Salisb. und *Kitchingia* Bak., umfaßt kräftige, aufrechte oder hängende Stauden oder Halbsträucher mit gegenständigen, fleischigen Blättern, die manchmal Brutknospen tragen können. Die vierteiligen Blüten stehen aufrecht oder hängen und sind weiß, gelb, rot oder violett gefärbt und stehen in meist vielblütigen Trugdolden. Die 250 Arten bewohnen, bis auf wenige Ausnahmen, die Tropen der Alten Welt und vor allem Madagaskar.

Aus Südmadagaskar stammt *K. beharensis* Drake, die bis 3 m Höhe erreichen kann. Ihre Blätter werden bis 20 cm lang und 10 cm breit, sind oberseits hohl, rückseitig stark gewölbt und am Rand grob doppelt gekerbt. Die ganze Blattspreite ist stark grauwachsig gefärbt, und dadurch wirkt diese Pflanze so.
Zu den Brutblättern gehört *K. daigremontiana* Hamet et Perr. aus Südwestmadagaskar. Diese kräftige Pflanze kann bis 1 m hoch werden, ihre Blätter sind 5 cm lang gestielt und lang dreieckig zugespitzt. Die grauen Blätter sind braunrot gefleckt und tragen an den gekerbten Rändern viele Brutknospen.
Interessant für die Kreuzung der modernen Hybriden war *K. pumila* Bak., ebenfalls aus Madagaskar, mit grauen Blättern und rotvioletten Blüten. Durch Einkreuzung dieser Art, die ihre Blüten durch tiefere Temperaturen bedingt anlegt, wurden die violetten Farbtöne in die modernen *K. Blossfeldiana*-Hybriden eingeführt.
Eine herrliche Art ist *K. tomentosa* Bak., mit den sitzenden, langovalen, dicht weißfilzigen Blättern, die an den Blattenden braun gefärbt sind. Die Pflanzen werden bis 50 cm hoch, die Blätter bis 7 cm lang.
Die zweite, weit verbreitete Brutblattart ist *K. tubiflora* (Harvey) Hamet, wie alle bis jetzt genannten ebenfalls madegassisch, sie erreicht 1 m Höhe. Die Blätter sind fast zylindrisch, bis 10 cm lang und 6 mm breit und grau mit braunen Flecken gefärbt. An der Blattspitze finden sich die 4 bis 8 Kerben, in denen die Brutknospen angelegt werden.
Die Kultur der Kalanchoën ist leicht; sie wollen luftig und eher sonnig gehalten werden und brauchen eine durchlässige Mischung, die bewährte, mit Quarzsand gestreckte Einheitserde tut gute Dienste. Die besten Ergebnisse erzielt man bei Wintertemperaturen von 15°C, *K. pumila* und *K. tomentosa* brauchen tiefere Temperaturen von 10 bis 12°C; die erste, um überhaupt Blüten anlegen zu können, die zweite, um nicht zu stark in die Länge zu gehen. Die Vermehrung erfolgt durch Aussaat, Kopfstecklinge oder Abnahme der Kindel bzw. der Brutknospen, die von den Brutblattarten gebildet werden.
Besonders die Brutblattarten sind ideale Pflanzen für Kinder, aber auch Erwachsene, die miterleben wollen, wie etwas Lebendiges sich vor ihren Augen wandelt. Es ist so herrlich einfach, aus den Brutknospen wieder kleine Pflanzen zu ziehen, die problemlos – Zimmertemperatur und hellen Stand allerdings vorausgesetzt! – wieder zur nächsten brutknospenspendenden Generation heranwachsen.

Sukkulenten

Pachyphytum

Die Gattung *Pachyphytum* Link, Klotzsch et Otto ist nahe verwandt mit *Echeveria,* von der sie sich durch die lockereren Rosetten und die beiden häutigen Schüppchen beiderseits der Staubblätter unterscheidet. Die wenigen Arten stammen aus Mexico.

Häufig anzutreffen ist *P. compactum* Rose; ihre Stämmchen werden ungefähr 10 cm hoch. Die abstehenden, zylindrisch zugespitzten Blätter sind grau bereift, etwas kantig und zeigen ein Muster, das ähnlich wie bei den Agaven von der Stellung der Blätter im Sproßscheitel herrührt.
Noch schöner ist *P. oviferum* J. A. Purp., mit eiförmigen oder ovalen, etwas flachgedrückten, dick weiß bereiften Blättern.
Alle Pachyphyten dürfen nicht berührt werden, da sonst der Reim abgeht, deshalb Vorsicht beim Hantieren. Es gibt schöne Bastarde mit Echeverien, × *Pachyveria* Haage et Schmidt. Die Arten wie Echeverien halten und vermehren.

Pachypodium

Die Gattung *Pachypodium* Lindl. hat in der letzten Zeit an Bedeutung zugenommen, nachdem vor allem von den madegassischen Arten mehrere auch für den Liebhaber erreichbar geworden sind. Pachypodien sind Stammsukkulenten mit keulig verdickten Stämmen und zusätzlich oft knollenförmigen Wurzeln. Die ungestielten Blätter sind spiralig angeordnet und tragen am Grunde Stacheln, die nach dem Abfallen der Blätter stehenbleiben. Die endständigen Blüten erscheinen nur bei manchen Arten auch in Kultur regelmäßig, sie sind groß und gelb, weiß oder rosa gefärbt und ähneln in gewisser Weise Oleanderblüten. Die 20 bekannten Arten bewohnen die Sukkulentensteppen Afrikas, von Angola bis Südafrika, und Madagaskar. Sie gehören zu den Hundsgiftgewächsen, den *Apocynaceen.*
Es werden einige Arten genannt, weil sie auffällig und interessant sind und auch als Samen oder Pflanzen zur Zeit erhältlich sind, sogar der Versandhandel hat sich ihrer bereits angenommen und handelt manche Arten als »Stern der Steppe«; die Buren, weniger poetisch, nennen eine Art »Klumpfuß«! Die blühwilligste Art dürfte *P. rosulatum* sein, wo bereits 10 cm hohe Pflanzen blühen können.

P. geayi Cost et Bois stammt aus Südwestmadagaskar und erreicht dort 8 m Höhe, die ästigen Kronen sind stark dornig. Die langlinealischen Blätter sind rückseits grau behaart und bei großen Pflanzen bis 40 cm lang. Die Blüten sind weiß und erscheinen bei uns nicht.
Tonnenförmige Stämme, bis 60 cm breit und bis 6 m hoch, bildet *P. lameri* Drake, ebenfalls in Madagaskar beheimatet. Die Blätter sind deutlich heller grün als bei der vorigen Art und rückseits unbehaart oder schwach behaart. Von dieser Art gibt es eine Cristataform: der Hauptsproß wächst normal, die Nebensprosse aber verbändert.
Der »Klumpfuß«, *P. namaquanum* Welw., ist in Südafrika zu Hause und wird 1,5 bis 1,8 m hoch. Im oberen Bereich ist der walzige Stamm dicht mit in Spiralreihen angelegten Dornen besetzt. Die Blätter stehen schopfig am Ende des Triebs, der meist unverzweigt ist, und sind 12 cm lang. Die Blüten erscheinen relativ häufig, sind matt rötlichbraun gefärbt, innen mit gelben Flecken.
P. rosulatum Bak. ist äußerst variabel, die typische Art wird 0,5 bis 1,5 m hoch und besitzt eine unregelmäßige, bis 1 m große Sproßknolle, aus der sich die reichverzweigte Astkrone entwickelt. Die Blätter sind bis 10 cm lang und 2,5 cm breit, oberseits grün, etwas nach unten gerollt und unterseits filzig behaart. Die 7 cm breiten, gelben Blüten werden in 30 cm hohen Blütenständen angelegt.
Als weitere Art ist noch *P. saundersii* N. E. Br. erhältlich, ihr Stamm ist kegelförmig, die stark bedornten Äste werden bis 1,5 m hoch. Die Blätter sind fast sitzend angeordnet und eiförmig, mit scharf gesägten Rändern. Die wachsartigen Blüten sind weiß und rosa gestreift.

Pachypodien sind eher für die ganzjährige Gewächshauspflege geeignet, sie wachsen im Winter und Frühjahr und ruhen im Sommer und Herbst. Sie lieben Wintertemperaturen von 12 bis 15°C und mäßige Feuchtigkeit, im Sommer werden sie eher trockener gehalten. Sie sind nur bedingt als Zimmerpflanzen geeignet, wenn man helle Plätze bieten kann, wo die Temperaturen im Winter die angegebenen Werte nicht überschreiten. Für den Kakteenliebhaber, der Besonderheiten zieht, die ja meist auch bei höheren Temperaturen überwintert werden müssen, sind Pachypodien ideal; sie kommen im Winter aufs Hängebrett, gemeinsam in eine Schale eingefüttert, dort haben sie es hell und warm, weil die warme Luft aufsteigt, und können gesondert etwas feucht gehalten werden, was ja Kakteen winters nicht lieben. Einige der Arten werden vom Versandhandel angeboten.

Sedum, Fetthenne

Die Gattung *Sedum* L. umfaßt auch eine Anzahl nicht winterharter Arten, die zumeist aus dem wärmeren Amerika stammen. Diese Dickblattgewächse, diese *Crassulaceen*, sind wie Kalanchoë zu behandeln und ergeben gute Zimmerpflanzen für kühle Räume. Sie werden durch Kopfstecklinge, Blattstecklinge oder Aussaat vermehrt. Als Arten seien nur *S. pachyphyllum* Rose und *S. rubrotinctum* R. T. Clausen (*S. guatemalense* hort.) genannt, die sich ähneln.

Senecio, Kreuzkraut

Daß es in der Gattung *Senecio* L., sie gehört zu den Korbblütlern, den Kompositen, auch sukkulente Arten gibt, wundert manchen Liebhaber sicher. Doch, wie schon einmal gesagt, viele Familien enthalten sukkulente Vertreter!

S. kleinia (L.) Less. (*Kleinia neriifolia* Haw.) ist auf den Kanaren zu Hause und wird im Alter bis 2 und 3 m hoch. Der verästelte Strauch hat gegliederte Triebe, die leicht brechen. Die Einzelglieder sind bis 40 cm lang, weiß bereift und tragen in der Jugend am Ende der Triebe langelliptische, 15 cm lange und 1 bis 2 cm breite, graugrüne Blätter. Ganz anders sieht *S. radicans* (L. f.) Schultz Bip. aus. Diese im Kapland heimische Art wächst rasig am Boden kriechend, ihre Stengel sind fadenförmig, dafür sind die Blätter stielrund, beiderseits zugespitzt und stark fleischig, sie werden bis 3 cm lang und 8 mm dick. Die Blütenköpfe stehen einzeln oder zu zweit an dünnen Blütenstielen und sind weiß oder rosa gefärbt.

Sukkulente Kreuzkräuter oder Kleinien, wie man auch gerne zu ihnen sagt, sind leichte Zimmerpflanzen, die leider keine höheren Temperaturen als 15°C vertragen. Sie wachsen in mit Sand gestreckter Einheitserde gut und werden durch Stecklinge, die man ganzjährig machen kann, vermehrt, *S. radicans* ist eine reizende Ampelpflanze!

Stapelia, Stapelie

Die Gattung *Stapelia* L. gehört zur Familie der Seidenpflanzengewächse, der *Asclepiadaceen*, die ungefähr 100 Arten sind in Süd-, Südwest-, einige auch in Ostafrika beheimatet. Die Triebe sind kleine vierkantige, fleischige Stämmchen, die neuen Triebe treiben aus der Basis aus. Die Blättchen sind nur sehr kurzlebig und fallen bald ab. Herrlich, wenn auch stark nach Aas stinkend, sind die fünfzipfeligen Blüten, die am Grunde, um die ebenfalls fünfteilige äußere Nebenkrone, meist runzelig oder schwielig sind. Die Blüten sind häufig ausgesprochen kontrastfarbig oder mit langen Haaren bedeckt. Der üble Geruch lockt Fliegen an, die die Bestäubung durchführen, die Blüten bleiben mehrere Tage geöffnet. Eigentlich gibt es keine unschönen Stapelien, da die Blüten, besonders für die Nahbetrachtung geeignet, kleine Kunstwerke sind und bei den meisten Arten auch reichlich erscheinen.

Sukkulenten

Bis 20 cm hohe Stämmchen bildet *S. gigantea* N. E. Br. aus Südafrika und Rhodesien, sie werden bis 3 cm dick. Die wahrhaft riesigen Blüten, 35 cm im Durchmesser, sind tief geteilt, gelb mit roten, welligen Schwielen und roten Haaren.

Eine äußerst vielgestaltige Art ist *S. hirsuta* L. aus dem Kapland, diese Art hat schlanke, 1,5 cm dicke und 20 cm hohe Stämmchen, die weich behaart sind. Die Blüten sind 10 bis 12 cm groß, dicht mit roten Haaren bedeckt und schmutzig rot und gelblich gefärbt.

Sehr bekannt ist *S. variegata* L., mit den 10 cm hohen Stämmchen, die dichte Rasen bilden. Von August bis Oktober erscheinen die 8 cm großen, hellgelben, braungefleckten Blüten. Eine sehr variable Art, von der es viele Formen gibt.

Eine richtige Liebhabergattung! Wo findet man sonst noch die Fülle gezeichneter Blüten, die herrlichen Farben – allerdings, man darf keine empfindlichen Geruchsnerven besitzen! Sie werden hell und so trocken, daß gerade die Triebe nicht schrumpfen, überwintert und nach den Eisheiligen am besten dicht unter Glas in einem Mistbeetkasten eingesenkt. Im Herbst muß man sie durch Trockenhalten zum Abschluß zwingen, damit sie im Winter nicht faulen.

Stapelien brauchen kräftige Erden: Einheitserde mit viel Sand und zusätzlich noch organische Grunddüngung oder wöchentliche Flüssigdüngungen bis Mitte August sind notwendig! Auch jährlich umpflanzen und dabei die ältesten Sprosse wegnehmen (ev. Stecklinge); sie blühen immer an den jüngsten. Als Kulturgefäße sind Schalen gut geeignet, man gibt auch kräftige Scherbeneinlagen, da sie unter stehender Nässe sehr leiden. Im Frühjahr etwas schattieren.

Die Vermehrung der Stapelien kann durch Stecklinge oder Aussaat erfolgen. Die gut abgetrockneten, abgetrennten alten Sprosse bewurzeln sich in Sand-Torf-Gemischen bei etwas Wärme rasch. Samen werden wie Kakteensamen behandelt.

Testudinaria, Elefantenfuß

Zu den Yamswurzelgewächsen, den *Dioscoreaceen*, gehört die Gattung *Testudinaria* Salisb., eigenartige Sukkulenten aus dem Kapland. Die Sprosse sind zu oberirdischen Stammknollen ausgebildet, die groß und fleischig und mit erhabenen Korkwarzen bedeckt sind. Aus diesen Stammknollen entwickeln sich alljährlich die schlingenden Triebe mit den meist herzförmigen Blättern. Die Blüten sind klein und unscheinbar, die Samen breit geflügelt.

Die verbreitetste Art ist *T. elephantipes* (L'Herit.) Lindl., ihre Stammknolle erreicht in der Heimat bis 1 m Durchmesser und ist mit sechs- bis siebenkantigen Korkwarzen bedeckt. Die Pflanze ist ein Spätsommer-Herbst-Winter-Wachser, schlingt durch Nachbarn ohne Schaden anzurichten und zieht im Frühjahr wieder ein. Die Blätter sind herzförmig-dreieckig und 5 cm breit.

Testudinarien, es gibt noch andere Arten, wachsen am besten ausgepflanzt in einem Sukkulentengewächshaus. Auf einem Tisch, wo noch andere Sukkulente ausgepflanzt sind oder Töpfe oder Schalen ausgesenkt sind, ist der rechte Ort für diese nette Pflanze. Sie begnügen sich mit 10 bis 12° C und halten es mit dem Wachs- und Ruherhythmus nicht so genau; ist es zu kalt und im Herbst davor sehr trocken gewesen, so treiben sie erst im Frühjahr aus und wachsen dann brav.

Tradescantia, Kahnblättrige Tradeskantie

Zu den Tradeskantiengewächsen, den *Commelinaceen*, gehört die Gattung *Tradescantia* L., doch nur wenige Arten dieser amerikanischen Gattung sind richtige Sukkulenten.

T. navicularis Ortgies stammt aus Peru und ist eine ausläufertreibende Staude, deren gestauchte Triebe, von oben betrachtet, den Papierschiffchen ähneln, die man als Kind gefaltet hat. Während der Wachstumszeit strecken sich die Triebe; in der Ruhezeit, im Winter, sind die Sprosse extrem gestaucht, so daß die 1 bis 2 cm langen, gefalteten Blätter dicht aneinander zu liegen kommen und den »Schiffchen«-Effekt noch verstärken. Diese sukkulente Tradeskantie ist wie andere Sukkulenten zu behandeln, sie wird bei 10° C überwintert, liebt sandige Substrate und wird durch Stecklinge vermehrt.

Orchideen

Wenige Pflanzen haben den Menschen so gereizt wie die tropischen Orchideen. Selbst heute, im Zeitalter des Flugzeuges, des Näheraneinanderrückens der Kontinente, wird der Hauch der tropischen Ferne beim Nennen des Wortes »Orchidee« fühlbar!
Orchideen sind in den seltensten Fällen Zimmerpflanzen im engeren Sinn, doch können sie in der Vitrine oder im geschlossenen Blumenfenster ein Heim finden und gedeihen und blühen. Die folgenden Zeilen sind nur als Einführung in das vielfältige Reich der Orchideen gedacht, Fachliteratur und vor allem die Vereine, die sich mit der Orchideenkultur befassen, helfen am besten weiter.

Die Familie der *Orchidaceen* gehört zu den einkeimblättrigen Pflanzen und umfaßt ungefähr 25 000 Arten, die die gesamte Erde bewohnen; selbst im engeren mitteleuropäischen Raum sind 55 Arten zu finden. Nur in Wüstengebieten und gegen die Pole finden sich keine Orchideen. Nach der Lebensweise kann man zwei Gruppen unterscheiden: auf anderen Pflanzen aufsitzende (epiphytische) Arten und bodenbewohnende (terrestrische) Arten. Vor allem in den Tropen streben die Orchideen, gemeinsam mit vielen anderen Pflanzen, zum Licht und gedeihen epiphytisch; sie sind aber in keinem Fall Parasiten, es gibt keine einkeimblättrigen Schmarotzerpflanzen. In den Subtropen nimmt die Zahl der terrestrischen Orchideen zu, in den gemäßigten Zonen finden sich nur mehr solche.
Für jede dieser Gruppen ist in vielen Fällen ein bestimmtes Aussehen charakteristisch. Viele epiphytische Orchideen – sie müssen ja oft große Feuchtigkeitsschwankungen ertragen – verfügen über sukkulente, fleischige Blätter, die meisten aber besitzen Pseudobulben, später immer Bulben genannt, verdickte Stengelteile, in denen sie Wasser speichern können. Die Wurzeln dieser Epiphyten sind mit einer besonderen Schicht, dem Velamen radicum, ausgestattet, mit dem sie Feuchtigkeit aus der Luft entnehmen können. Die terrestrischen Orchideen haben meist fleischige Wurzeln oder sogar Knollen, mit denen sie, falls sie nicht immergrün sind, ungünstige Zeiten überdauern können.
Die Sprosse können bei Orchideen verschieden gebaut sein. Entwickelt sich nach der Keimung ein ständig sich nach oben verlängernder Sproß und erscheinen die Blüten, zumeist in Trauben, seitlich, so spricht man von monopodialen Orchideen, z. B. *Vanda* oder *Phalaenopsis*. Entwickelt sich der Sproß determiniert, d. h., beschließt er sein Wachstum nach einer gewissen Zeit, um an der Basis wieder auszutreiben und in kurzer oder längerer Entfernung wieder einen Sproß auszubilden, so spricht man von sympodialen Orchideen. Die Blüten können bei den sympodialen Arten endständig, z. B. *Cattleya* oder *Paphiopedilum*, oder seitenständig, z. B. bei *Cymbidium*, erscheinen.
Die verdickten Stengelteile, die Bulben, können ein- oder mehrteilig sein und kugel-, keulen- oder spindelförmige Gestalt haben. Die Bulben können einjährig sein, wie bei *Pleione*, normalerweise sind sie aber mehrjährig. Auch ihre Größe schwankt, bei manchen botanischen Orchideen sind sie wenige Millimeter groß, bei anderen hingegen 3 m lang.
Die Blätter können ebenfalls einjährig oder ausdauernd sein, im letzteren Fall sind sie oft stark fleischig und besitzen eine derbe Haut, die vor Wasserverlusten schützt. Üblicherweise sind die Blätter parallelnervig und oval, länglich oder riemenförmig, doch gibt es auch genetzaderige Orchideen, wie die heimische *Goodyera* oder die herrlichen, buntblättrigen, tropischen *Macodes*. Die Blattfarbe ist je nach Art hell- bis dunkelgrün, doch gibt es auch blaubereifte, helladrige oder gescheckblättrige Arten.
Die Blüten stehen in der Regel in Trauben, manchmal in Ähren oder Rispen. Die Orchideenblüten selbst sind als Monokotylen-Blüten auf der Dreizahl aufgebaut; es finden sich jedoch typische Umwandlungen, die auf die starke Verflechtung der Orchideen mit den sie bestäubenden Insekten zurück-

zuführen sind. Die Blüten sind stets einseitig symmetrisch, und der Griffel ist mit dem einen oder den zwei vorhandenen Staubblättern zur Säule oder Columna verwachsen.
Bei den Gattungen mit einem Staubblatt sind die drei äußeren Blütenblätter, die Sepalen, einander gleich; zwei der inneren Blütenblätter, der Petalen, ähneln den äußeren; das dritte ist zur Lippe, zum Labellum, umgewandelt und dient den blütenbesuchenden Insekten als Landeplatz. Ursprünglich war die Lippe nach oben gerichtet, doch durch eine Drehung um einen gestreckten Winkel, meist vom Fruchtknoten durchgeführt und von der Fachwelt als Resupination bezeichnet, wurde die Lippe nach unten gerichtet. Der Blütenstaub der Orchideen ist zumeist durch Eiweißfäden verbunden und bildet Plättchen, die Pollinien.
Gattungen mit zwei Staubblättern haben einen geringfügig anderen Aufbau. Auch hier ist eines der Petalen zu einer Art Lippe umgewandelt, die aber als Schuh bezeichnet wird. Die beiden, dem Schuh näheren Sepalen sind zumeist verwachsen und stehen, wenn man von vorne auf die Blüte blickt, hinter dem Schuh. Das dritte Sepal ist vergrößert und wird als Fahne bezeichnet. Neben den beiden fruchtbaren Staubblättern findet sich ein drittes, unfruchtbares, es bildet das Schildchen oder Scutellum. Die Drehung (Resupination) erfolgt bei diesen Gattungen, es handelt sich um die Frauenschuhverwandten, durch Überkippen der Knospen, was man bei der Blütenentwicklung gut beobachten kann.
Der Fruchtknoten der Orchideen ist unterständig und wird aus drei Fruchtblättern gebildet. Orchideen bilden sehr kleine Samen, die fast immer ohne Nährgewebe, Endosperm, sind. Nur wenige Gattungen besitzen noch ein Endosperm, so *Bletilla*, *Sobralia* oder *Disa*.
Das Besondere der Orchideensamen ist die Tatsache, daß sie in der Natur auf die Infektion ganz bestimmter Pilze angewiesen sind, um keimen zu können. Nachdem der Samen gequollen ist, muß die Pilzinfektion erfolgen, da sich sonst der Embryo nicht weiterentwickelt. Dabei ist das Zusammenleben von Orchideensamen und Pilz alles andere als friedlich: der Pilz versucht, den gequollenen Samen aufzufressen, und wird vom Embryo bekämpft. Ist der Embryo in seiner Abwehrkraft zu schwach, so wird er abgetötet, drängt er den Pilz ganz hinaus, kann er sich nicht weiterentwickeln. Von dem Eiweiß, das in der Kampfzone gespalten wird, baut sich der Orchideenembryo weiter auf, zugleich führt ihm der Pilz neben Wasser noch andere Aufbaustoffe zu. Der französische Botaniker Noel Bernard erkannte 1904 zuerst dieses Verhalten und legte den Grundstein für die symbiotische Keimung, wo die Sämlinge unter kontrollierten Bedingungen vom isolierten Pilz infiziert wurden. 1922 konnte der Amerikaner L. Knudson eine Methode vorlegen, die die Pilze, wenigstens bei den meisten tropischen Orchideen, überflüssig machte. Er säte auf Nährböden aus, die vollkommen keimfrei waren und den Orchideensamen das boten, was sie von den Pilzen erhielten, Nährstoffe, verschiedene Zucker und zur Festigung Agar-Agar, ein Rotalgengel. Heute gibt man noch andere Zusätze, doch ist das System im Grund gleichgeblieben. Die geschlechtliche Vermehrung der Orchideen ist also nicht so leicht durchzuführen, und soll deshalb auch nicht besprochen werden.

Allgemeine Kulturbedingungen

Auch hier führen viele Wege zum Ziel, im Folgenden sollen kurz die wichtigsten Faktoren aufgeführt werden, die bei der Orchideenkultur wichtig sind.
Die **Temperatur** spielt bei den Orchideen eine große Rolle, man unterteilt sie in Warmhausarten, die tagsüber 23 bis 25°C und nachts um 20°C brauchen, in Temperierthausarten, die im Sommer tagsüber zwischen 18 und 20°C, nachts 16 bis 18°C und im Winter tagsüber 16 bis 18°C und nachts 14 bis 16°C benötigen, und Kalthausarten, die im Sommer tagsüber um 16 bis 18°C, nachts 13 bis 15°C und im Winter tagsüber um 13°C und nachts um 8 bis 10°C lieben. Die hohen Tempera-

turen bereiten uns, trotz der Kosten, kein Problem, fast unmöglich ist es aber, die Sommertemperaturen der Kalthausarten so stark abzusenken, wie diese es bräuchten. Durch Mattenkühlungen, die Luft wird durch berieselte Matten durchgefiltert, große Wasserbecken, reichliches Aufspritzen (Verdunstungskälte) und Berieselung der Glasflächen, bei Gewächshäusern, läßt sich die Temperatur absenken. Eine ideale Möglichkeit bietet sich dem Vitrinenpfleger, wenn er Bastler ist: er kann einen ausgeschlachteten Kühlschrank anbauen und seine Vitrine kühlen, wie ich es von einem Wiener Liebhaber weiß.

Der nächste Faktor, die **Luftfeuchtigkeit,** spielt ebenfalls eine entscheidende Rolle, sie soll während der Wachstumszeit zwischen 45 und 80 % RF schwanken. Durch Aufspritzen und große, offene Wasserflächen läßt sich dies ganz gut erreichen. Im Winter, die wenigsten Orchideen wachsen dann, kann die Luftfeuchtigkeit tiefer sein. Frische Luft brauchen alle Orchideen, auch die wärmeliebenden, solange es keine Zugluft ist. Nie soll die Luft dumpf, abgestanden sein, da, besonders beim Neuaustrieb, Orchideen hier sehr empfindlich sind.

Wieviel **Licht** brauchen Orchideen? Während des Winters ist im allgemeinen kein Schatten notwendig, ab Februar muß bei empfindlichen Arten mit dem Schattieren begonnen werden, Verbrennungen können sonst die Folge sein. Im Herbst, September bis Oktober, wird mit dem Schattieren wieder aufgehört, bei manchen Arten, deren Bulben dann besser ausreifen, früher. Schattiermöglichkeiten gibt es viele; am idealsten ist natürlich eine Methode, bei der die Wärme außerhalb des Kulturraums anfällt und vielleicht sogar weggeführt wird, mit anderen Worten eine Flüssigschattierung mit farbigem Wasser. Diese Methode ist leider selbst für große Gewächshäuser nicht immer praxisreif. Rollbare Schattenmatten aus Latten oder Rohr, aus Kunststoffgewebe oder schwenkbare Jalousien sind ebenfalls gut, sie können im Sommer mit einer Schattenfarbe kombiniert werden.

Allgemeine Regeln für die Lichtbedürftigkeit gibt es nicht, bulbentragende Arten brauchen im allgemeinen mehr als solche ohne Bulben. Viel Licht brauchen *Dendrobium* oder *Cattleya,* auch die *Oncidium*-Arten, weniger Licht ist für die Frauenschuhgruppe und die *Odontoglossum*-Arten angebracht.

Das **Gießen** ist das schwierigste und doch wieder nicht so schwer. Orchideen lieben es in den seltensten Fällen dauernd feucht, es wird also dann gegossen, wenn das Substrat ausgetrocknet ist. Durch erhöhte Luftfeuchtigkeit kann man hier regulierend eingreifen. Die Häufigkeit des Gießens hängt noch von anderen Faktoren ab. Verwendet man viel Farnwurzel, muß man öfter gießen, als wenn man viel Torfmoos nimmt. Werden neue Triebe mit neuen Wurzeln angelegt, so ist mehr Wasser notwendig als bei Triebabschluß. Terrestrische Arten lieben eine etwas höhere und vor allem gleichmäßigere Feuchtigkeit als ihre epiphytischen Kollegen. Bulbentragende Orchideen brauchen weniger Wasser, sie können speichern, als solche ohne Speichergewebe. Während der Ruhezeit wird wenig oder nicht gegossen, desgleichen werden frisch umgepflanzte Orchideen eher sparsam bewässert. Durch regelmäßiges, reichliches Spritzen kann man an sonnigen Tagen ein zusätzliches für die Orchideen tun und ihnen so günstige Lebensbedingungen geben. Das Wasser sollte auf keinen Fall zu alkalisch sein und über 15°DH haben, da sich dann rasch Algen und Pilze ansetzen, die auf der einen Seite das Austrocknen des Pflanzstoffes, auf der anderen dessen Wiederbefeuchtung verhindern. Regenwasser empfiehlt sich in Gebieten, wo man es ohne große Verschmutzung durch Industrie auffangen kann. Heute werden auch Orchideen regelmäßig **gedüngt**! Man verwendet zu diesem Zweck, bei gut wachsenden Pflanzen, Lösungen guter Mehrnährstoffdünger von 1 bis 2 ⁰/₀₀. Zeigen sich, bei gutem Wasser, auf den Blättern Verfärbungen des Blattgrüns zu Gelb oder Braun, ist eine Untersuchung auf das Verhältnis der Nährstoffe zueinander und der Spurenelemente zu empfehlen. Das tritt beim Liebhaber, der ja öfter umpflanzt, eher seltener auf, vor allem wenn er geriebenen Rinderdung beifügt, der für viele Arten, vor allem die terrestrischen, sehr gut geeignet ist.

Damit sind wir beim **Verpflanzen** angelangt! Der Zeitpunkt sollte immer so gewählt werden, daß die Pflanzen kurz darauf in den Trieb gehen können. Die meisten Arten besitzen mehrjährige Bulben, sie werden verpflanzt, wenn der Trieb bei sympodialen Orchideen über den Rand des Gefäßes kriecht oder die Behältnisse zu klein werden. Arten mit einjährigen Bulben, z. B. Pleionen, werden jährlich verpflanzt. Als Pflanzstoff werden die unterschiedlichsten Komponenten verwendet, zumeist in Mischungen. Torfmoos oder *Sphagnum* ist ein wichtiger, Farnwurzeln von *Polypodium* oder *Osmunda* ein zweiter bedeutender Bestandteil des Substrats. Dazu kommt noch Buchenlaub, Rasenerde, aufgedüngter Torfmull, trockener, geriebener Rinderdung, diverse Borken und schließlich neben Sand die Fülle der künstlichen Komponenten, wie Styroporflocken, Harnstoff-Aldehyd-Kunstharzschäume und ähnliches. Gibt man viel Moos, so wird man nicht so feucht halten müssen, aber bald zum Umpflanzen gezwungen sein, da Moos sehr rasch verrottet. Durch Osmundawurzeln trocknen Substrate sehr rasch aus und verrotten langsam.

Die *Pflanzgefäße* können sehr unterschiedlich sein: Tontöpfe, Kunststofftöpfe, Epiphytenkörbchen aus vierkantigen Hartholzleisten oder aus Kunststoff und nicht zuletzt die Kultur am Farn- oder Korkblock bieten sich an. Beim Verpflanzen wird der Wurzelballen gesäubert, und bei sympodialen Orchideen werden vielfach die alten Bulben entfernt. Man beläßt nur fünf Jahre und läßt den Rest zur Vermehrung auf der Seite. Man pflanzt so, daß die Triebe Platz haben, sich in den nächsten Jahren zu entwickeln. Der Pflanzstoff wird fest angedrückt; bei leicht eingefülltem Material muß bald nachgestopft werden, da die Verrottung bei den oft hohen Temperaturen rasch vor sich geht.

Als typische alte Mischungen gilt für epiphytische Arten: je ein Teil Sphagnum, Osmundawurzel und Buchenlaub; und für terrestrische Arten je ein Teil Sphagnum, Osmundawurzel, Buchenlaub, Torfmull, Quarzsand und etwas weniger trockener Rinderdung. Styropor kann bei terrestrischen Arten das Substrat lockern, Rindenstücke können gut bei epiphytischen Arten beigefügt werden.

Die **Vermehrung** durch Aussaat oder Meristemkultur bleibt auch heute dem Gärtner oder fortgeschrittenen Liebhaber überlassen; wir müssen uns mit der Teilung und der Abnahme von Jungpflanzen begnügen. Vor allem sympodiale Orchideen können leicht geteilt werden, sie verzweigen sich von selbst, oder man nimmt die älteren Teile, die wie oben erwähnt weggeschnitten werden, und schlägt sie ein und läßt sie bei hohen Temperaturen austreiben. Frauenschuhverwandte lassen sich ebenfalls gut teilen, doch sollte man nie stärker teilen, als die großen Pflanzen von selbst zerfallen. Von hochwachsenden monopodialen Gattungen, wie *Vanda* oder *Angraecum*, kann man die Köpfe abschneiden und eintopfen, der verbliebene Strunk treibt dann wieder aus. Bei manchen Gattungen bilden sich Kindel oder Jungpflanzen an den verschiedensten Teilen der Pflanzen. *Dendrobium* bildet oft im oberen Bereich der langspindeligen Bulben Jungpflanzen, auch manche *Epidendrum*. *Phalaenopsis* bilden im Blütenstandsbereich Kindel. *Pleione* bildet an der Spitze der Bulben junge Bulben, die pikiert werden und dazu beitragen, die Art weiterzuvermehren.

Übersicht über die wichtigsten Orchideen

Selbstverständlich können aus der Fülle nur wenige Gattungen und Arten ausgewählt werden, eine Ausnahme soll die Gattung *Pleione* bilden, da ihre Vertreter in meinen Augen sehr willige und interessante Pflanzen sind.

Die vielen kleinblumigen Gattungen – sie werden meist als »botanische« Orchideen bezeichnet –, die so gut am Block gedeihen und so wenig Platz brauchen, müssen leider unberücksichtigt bleiben.

Angraecum

Die Gattung *Angraecum* Bory umfaßt 50 monopodiale Arten, die in Afrika und auf Madagaskar beheimatet sind. Sie leben epiphytisch, brauchen es warm und hell und machen keine ausgesprochene Ruhezeit durch.

Eine großwüchsige Art ist *A. sesquipedale* Thou., mit weißen Blüten und langem Sporn, sehr gut duftend. Kleinerwüchsig und ebenfalls weißblühend ist *A. eburneum* Bory.

Brassavola

Die 15 Arten der Gattung *Brassavola* R. Br. sind von Mexico bis Brasilien verbreitet, es sind sympodiale Epiphyten mit zylindrischen Bulben und Blättern und weißen Blüten. Sie wollen warm, nicht zu hohe Luftfeuchtigkeit und eine leichte Ruhezeit nach der Blüte.

Bekannte Arten sind *B. flagellaris* Rodr. mit lang-ausgezogenen, gelblichen Sepalen und die kleine, reichblühende *B. perrinii* Lindl. mit den 8 cm breiten Blüten. Beide Arten haben ungeteilte, deltoidförmige Lippen. Die *B.*-Arten mit zerschlitzten Lippen werden nun zur Gattung *Rhyncholaelia* Schlecht. gestellt (R. *digbyana* (Lindl.) Schlecht.).

Catasetum

Die Gattung *Catasetum* L. C. Rich. ex Kunth umfaßt ungefähr 115 amerikanische Arten. Es sind sympodiale, bulbentragende Pflanzen, die überwiegend epiphytisch wachsen. Die Bulben sind länglich, die Blätter gefaltet. Interessant ist diese Gattung vor allem durch die unterschiedliche Verteilung der männlichen und weiblichen Blüten, sie finden sich auf verschiedenen Pflanzen oder erscheinen oft hintereinander an einer Pflanze. In Kultur bilden sich meist nur männliche Blüten, die zwei antennenartige Fühler haben, bei deren Berührung die Pollen ausgeschleudert werden.

Sie brauchen es warm und hell und eine strenge Ruhezeit bis zum Erscheinen des neuen Triebes. Dann reichlich gießen und düngen! Weit verbreitet ist *C. fimbriatum* Lindl. aus Brasilien.

Cattleya

Die 40 epiphytischen Arten der Gattung *Cattleya* Lindl. sind in Amerika zu Hause und gehören mit Recht zu den begehrtesten Orchideen. Sie wachsen sympodial, besitzen spindelförmige Bulben und ein bis mehrere Blätter. Die großen Blüten erscheinen in Trauben aus Scheiden zwischen den Blättern. Sie brauchen es temperiert und hellen, luftigen Stand, bei beginnendem Neutrieb kann man die Luftfeuchtigkeit erhöhen, im Sommer stehen sie hell, aber nicht prallsonnig. Im Herbst gibt man zum Ausreifen wieder volles Licht, auch im Winter, während der Ruhezeit, geringere Luftfeuchtigkeit verhindert das frühe Austreiben der Bulben und das Steckenbleiben der Blüten.

In jeder Weise aus dem Rahmen fällt *C. citrina* (Llave et Lex.) Lindl., sie wächst hängend, hat rundliche Bulben und zwei bis drei blaugrüne Blätter. Diese Mexicanerin ist eine Kalthauspflanze und bringt ihre tulpenartigen gelben Blüten im Frühjahr. Sie läßt sich gut zusammen mit Kakteen ziehen!

Temperiert wollen es *C. aurantiaca* (Batem. ex Lindl.) P. N. Don mit kleinen orangen Blüten, *C. bowringiana* Veitch mit reichblühenden Trauben zartrosafarbener, 8 cm großer Blüten, *C. dowiana* Batem. mit hellgelben Blütenblättern und purpurvioletter, gelbgeäderter Lippe, *C. guttata* Lindl. mit kleinen, eigenartig grünbraunen, rot punktierten Blüten mit rosaroter Lippe, *C. labiata* Lindl., die typische Cattleyenblüte, mit rosa Blütenblättern und roter, gelb geäderter Lippe, und *C. trianae* Lind. et Rchb. f. mit ähnlichen Blüten wie die letzte Art.

Die Fülle der Hybriden ist unüberschaubar, es gibt auch schöne Gattungskreuzungen, in denen bis zu vier Gattungen vereint sind.

Orchideen

Coelogyne

Die Gattung *Coelogyne* Lindl. umfaßt 130 epiphytische oder terrestrische Arten, die von Indien bis Neuguinea beheimatet sind. Es sind sympodiale, bulbentragende Pflanzen, deren unterschiedlichst geformte Bulben ein bis zwei Blätter tragen. Bulben und Blätter sind im Gegensatz zur nahe verwandten Gattung *Pleione* D. Don immergrün. Der lockere, traubige Blütenstand ist aufrecht oder hängend. Coelogynen lieben es temperiert bis kalt und sind eher anspruchslose Pflanzen, die stärkerwüchsigen Arten brauchen den aufgebesserten terrestrischen Kompost. Im Sommer brauchen sie es mäßig feucht, im Winter eine nicht zu strenge Ruhezeit.

Die bekannteste Art ist *C. cristata* Lindl. mit zweiblättrigen, ovalen Bulben und weißen, gelblippigen Blüten. Diese Art hält bei kühlem, hellem Stand ganz gut im Zimmer, ist aber für beheizte Räume ungeeignet. Langherabhängende, schlaffe Blütentrauben haben *C. flaccida* Lindl. und *C. massangeana* Rchb. f., beide blühen gelblich-bräunlich. Herrliche grüne, schwarz gezeichnete Blüten in übergeneigten Schäften besitzt *C. pandurata* Lindl. aus Borneo. Eine prächtige Kreuzung mit Blut dieser Art ist *C. × burfordense* hort., auch sie blüht im Sommer.

Cymbidium

Die Gattung *Cymbidium* Sw. umfaßt etwa 50 Arten, die sich von Madagaskar bis Japan finden. Von dieser sympodialen, bulbentragenden Gattung, die zumeist terrestrisch wächst, werden heute praktisch nur mehr Hybriden gezogen, die ihre 8 bis 15 cm breiten Blüten in lockeren, aufrechten Trauben bringen. Die Blütenfarben variieren von Weiß über Rosa, Gelb und Rötlich zu Braun, oft ist die Lippe kontrastfarbig, grüne Blüten kennt man ebenfalls. Sie besitzen schmallanzettliche Blätter, die die Bulben außen verdecken, die Wurzeln sind im gesunden Zustand weiß und dickfleischig.
Sie sind Kalthauspflanzen, die im Sommer im Freien oder im tiefen Kasten stehen und es dort schattig und feucht haben. Im Herbst stellt man sie sonnig und beläßt sie im Freien, bis der erste Wasserreif das Ende der schönen Jahreszeit anzeigt. Vorher wird auch, nach Abschluß der Bulbenausbildung, etwas trockener gehalten. Beides, das Trockenhalten und die Kälteeinwirkung im Freien, führen zum sicheren Blütenansatz. Als Substrat nimmt man die terrestrische Mischung, die noch mit Dünger aufgebessert wird, Flüssigdüngung im Sommer ist ebenfalls ratsam. Verpflanzt wird so selten wie möglich, das lieben sie nicht, keine zu großen Gefäße! Braunfleckige Blätter treten bei zu warmen und geschlossenen Bedingungen, aber auch bei Virusbefall auf. Cymbidium sind nicht für die Zimmerkultur geeignet, sie gehören kühl und eher luftfeucht überwintert. Für den Liebhaber mit beschränkten Platzverhältnissen gibt es schon prächtige Zwergsorten in verschiedensten Farben.

Dendrobium

Eine Riesengattung mit 1000 bekannten Arten ist *Dendrobium* Sw., das Hauptverbreitungsgebiet ist das tropische Asien mit Ausstrahlungen bis Japan und Neuseeland. Die Gattung wächst fast ausschließlich epiphytisch und sympodial, die Bulben stehen meist dicht beieinander und sind langspindelig und in der Regel vielblättrig. Manche Arten werfen ihre Blätter nach einer Vegetationsperiode ab. Die Blüten erscheinen einzeln entlang der Bulbe oder in zumeist hängenden Trauben, selten sind diese aufrecht.
Sie brauchen warme Kultur und eine Ruhezeit, während der sie vollkommen trocken und temperiert stehen wollen. Mit dem Gießen wartet man so lange zu, bis der Neutrieb einige Zentimeter hoch ist, dann wird feuchter und hell, warm und doch luftig gehalten.

Schöne Arten sind *D. fimbriatum* Hook. mit hohen Bulben und orangegelben Blüten, *D. nobile* Lindl. mit 45 cm hohen Bulben und rosaroten Blütenblättern und weiß, rosa gerandeter und schwarz geäugter Lippe, *D. phalaenopsis* Fitzg., die bekannte Schnittblume, mit 70 cm hohen Bulben und mehrblütigen, aufrechten Trauben dunkelpurpurner bis weißer Blüten, *D. pierardii* Roxb. mit hängenden Bulben und rosaroten Blüten am Stamm oder *D. thyrsiflorum* Rchb. f. mit keulenförmigen, 40 cm hohen Bulben und dichten, hängenden gelb-orangen Blüten.

Epidendrum

Die Gattung *Epidendrum* L. umfaßt mehr als 750 epiphytische, sympodial wachsende Arten, die ausschließlich Amerika, von Florida bis Bolivien, bewohnen. Die Arten bilden ein-, mehr- oder vielblättrige Bulben und ähneln so kleinen Cattleyen oder Dendrobien. Die Blütentrauben entstehen seitlich oder endständig. Auch von *Epidendrum* gibt es Gattungsbastarde, so mit *Sophronites* Autor.

Besonders auffällig sind *E. ciliare* L. mit weißen, zerschlitzten Blüten und *E. vitellinum* Lindl. mit leuchtend orangefarbenen Blüten, die erste Art kommt aus dem tropischen Amerika, die zweite aus Mexico.
Die mexikanischen Epidendren brauchen Kalthauspflege, die anderen Arten werden lauwarm oder warm gehalten. Als Substrat nimmt man eine Epiphytenmischung, man pflanzt in Töpfe oder auf den Block. Je nach der Ausbildung der Bulben eine mehr oder weniger strenge Ruhezeit einhalten. Besonders Arten mit reich beblätterten Bulben brauchen es gleichmäßig feucht. Manche Arten liefern billige Schnittblumen.

Gongora

Die 25 bekannten Arten der Gattung *Gongora* Ruiz et Pav. sind von Mexico bis Peru und Brasilien zu Hause. Es sind epiphytische Orchideen mit eiförmigen, meist zweiblättrigen Bulben. Die Blüten werden in hängenden Trauben angelegt. Die verbreitetste Art ist *G. galeata* (Lindl.) Rchb. f. aus Mexico, mit bräunlichgelben Blüten. Sie wird temperiert gezogen und während der Wachstumszeit mäßig feucht und schattig gehalten. In der winterlichen Ruhezeit hält man hell und trocken. Die Blüten erscheinen meist im Sommer, Zimmerkultur ist möglich.

Laelia, Laelie

Die Gattung *Laelia* Lindl. umfaßt 35 Arten, die epiphytisch wachsen und in den tropischen Teilen Amerikas beheimatet sind. Sie sind sehr nahe mit den Cattleyen verwandt, doch besitzen sie acht statt vier Pollinien. Ihre Kultur gleicht vollkommen der der Cattleyen, es gibt auch viele Kreuzungen, die × Laeliocattleyen.

Einblättrige Bulben besitzt die mexikanische *L. anceps* Lindl., sie blüht im Winter und besitzt 12 cm breite violettrosige oder weiße Blüten.
Ebenfalls aus Mexico stammt *L. gouldiana* Rchb. f. mit langgestreckten Trauben rosasterniger Blüten. Besonders schön ist *L. pumila* Rchb. f. aus Brasilien, sie besitzt einblättrige Bulben und wird nur 10 cm hoch. Die Blütenblätter sind zumeist hellrosa, die Lippe ist heller und besitzt einen schwarzroten Rand.

Eine herrliche Art ist *L. purpurata* Lindl. aus Südbrasilien. Auch sie hat einblättrige Bulben und drei- bis fünfblütige Trauben. Die Einzelblüten sind bis 20 cm groß, die Blütenblätter sind weißlich oder rötlich, die Lippe ist leuchtend purpurrot im vorderen Teil. Die Blütezeit ist der Sommer. Im Winter blüht *L. rubescens* Lindl. (*L. acuminata* Lindl.) mit weißen oder rosafarbenen Blüten, deren Lippe im Grund gelb und schwarzrot gescheckt ist, so daß eine Art Auge entsteht.

Lycaste

Die 35 Arten der Gattung *Lycaste* Lindl. wachsen epiphytisch, selten auch terrestrisch und sind in gebirgigen Teilen des tropischen Amerika zu Hause. Sie besitzen große eiförmige Bulben mit ein bis drei Blättern, die denen der Schildblume, *Aspidistra,* ähneln. Die großen Blüten entstehen einzeln an kräftigen Stielen am Grund der letzten Bulbe.

Lycasten sind Kalthausorchideen, die es im Winter hell und im Sommer halbschattig lieben. Sie verlieren mit Beginn der Ruhezeit die Blätter, die Ruhezeit soll nicht zu streng eingehalten werden. Die Substrate sollen nährstoffreich sein und eher terrestrischen Ansprüchen genügen. Auch Flüssigdüngung ist angebracht.

Schöne Arten sind *L. aromatica* Lindl. mit 6 cm breiten, orangegelben, stark gewürzig duftenden Blüten, diese Art stammt aus Mexico. Wuchtiger, mit 15 cm breiten hellrosa Blüten ist *L. virginalis* (Scheidw.) Lind. (*L. skinneri* (Batem.) Lindl.) aus Guatemala.

Miltonia, Miltonie

Zur Gattung *Miltonia* Lindl. gehören 20 Arten, die in Brasilien und Kolumbien beheimatet sind. Es sind Epiphyten mit ein- bis dreiblättrigen, flachgedrückten Bulben und wenigblütigen Trauben. Die oft riesigen, bis 15 cm und mehr messenden Blüten erinnern durch ihre Zeichnung an Stiefmütterchen.

Die heute gehandelten Miltonien sind fast ausschließlich Hybriden kolumbianischer Arten mit weißen, violetten, rosa oder roten Blüten, oval bis rund im Umriß, mit gelber, roter oder brauner Zeichnung im Lippenbereich. Die Blüten halten geschnitten fast nicht, an der Pflanze aber bis zu sechs Wochen. Diese Pflanzen werden im Winter temperiert, im Sommer kühl gehalten. Sie vertragen reichlich Feuchtigkeit im Substrat, das durchlässig, dabei aber nährstoffreich sein sollte, nicht aber auf Jungtrieben und Blüten. Die Blüten dürfen nicht gespritzt werden, da sie sonst braunfleckig werden. Kleben die Blätter zusammen oder sind sie zickzackig gefaltet, so mangelt es im Sommer an Kühle. Im Winter gibt man Licht, sommers zieht man halbschattig.

Große Pflanzen neuerer Hybriden sind ein herrlicher Anblick im Frühjahr, besonders auffällig sind die beinahe schwarzgeaugten Spielarten. Reine Arten besitzen oft zarte, sternförmige Blüten und wirken dadurch gänzlich anders.

Odontoglossum, Zahnzunge

Die Gattung *Odontoglossum* H. B. K. umfaßt 90 epiphytische Arten der höheren Gebirge des tropischen Amerika. Die zusammengedrückten Bulben tragen meist ein oder zwei Blätter, am Grunde der Bulbe können sich auch noch einige Blätter finden. Die Blüten erscheinen seitlich aus der Bulbe in aufrechten oder hängenden Trauben oder Rispen.

Odontoglossen sind Kalthauspflanzen, die gut nur unter ihresgleichen oder zusammen mit nahe verwandten Gattungen gedeihen. Wichtig sind Kühle und Schatten im Sommer, Licht im Winter und ganzjährig gleichmäßige Bodenfeuchtigkeit. Als Substrat nimmt man epiphytische Mischungen. Manche Arten gedeihen auch temperiert und sind dann für kühle Zimmer geeignet.

Bekannte Arten sind: *O. bictoniense* (Batem.) Lindl. mit den straff aufrechten Blütentrauben, bis 1 m hoch, und den 5 cm breiten, braungelben Blüten mit violettrosafarbener Lippe. Diese Art blüht im Herbst und Winter. Im späten Frühjahr blüht *O. citrosmum* Lindl. aus Mexico, hier sind die weißen, bis 7 cm breiten und nach Zitrone duftenden Blüten in hängenden, vielblütigen Trauben angeordnet. *O. crispum* Lindl. ist in der kolumbianischen Heimat schon fast ausgerottet. Diese außergewöhnlich schöne Art besitzt 10 cm breite, am Rand gekrauste, weiße, rosa oder rote

Tafel 39 · Orchideen II

ol *Laelia rubescens*
om *Cattleya luteola*
or *Cymbidium-Hybride*
ml *Oncidium splendidum*
mm *Miltonia-Hybride*
ul *Epidendrum vitellinum*
um *Phragmopedium x sedenii*
ur *Brassavola microphylla*

Tafel 40
Wärmeliebende Blattpflanzen I

Bessere Pflegebedingungen brauchen:
ol   *Alocasia korthalsii*
or   *Anthurium crystallinum*

Die Kolbenfadenarten und -formen sind leicht zu ziehen:
ml   *Aglaonema crispum (A. roebelinii)* ist wuchtig
mr   *A. costatum*, eine heiklere Art
ul   *A. commutatum* var. *maculatum (A. marantifolium)*
ur   *A. commutatum* var. *robustum* 'Treubii'

Blüten mit den unterschiedlichsten Zeichnungen. Vielfach als Kreuzungspartner verwendet, ist diese frühjahrsblühende Art heute in vielen Hybriden eingekreuzt zu finden. Eine herrliche, lang haltende Schnittblume!

Eine sehr bekannte Topfpflanze ist *O. grande* Lindl. aus Guatemala. Die flachen Bulben tragen zwei bis drei Blätter, die bis 20 cm breiten Blüten stehen bis zu sechs in Trauben. Die Sepalen sind gelb mit brauner Querbänderung, die Petalen sind zur Hälfte gelb, an der Basis braun, die Lippe ist weißlich oder hellgelb und dicht braun gefleckt. Die Blütezeit ist der Herbst und Winter. Diese Art hat die größten Blüten der Gattung, die auffällige Färbung hat in England zum Namen 'Clown-Orchid' geführt. Bei geschicktem Pfleger auch für Zimmerkultur. Zumeist wird diese Art dem Wildstandort entnommen.

Oncidium

Die riesige Gattung *Oncidium* Sw. umfaßt 350 epiphytische Arten, die von Mexico und den vorgelagerten Inseln bis nach Paraguay beheimatet sind. Sie sind äußerst verschieden gestaltet: man findet Arten mit kleinen, von zahlreichen Blättern umgebenen Bulben genauso wie solche mit kurzen dicken Bulben, auf denen sich ein einziges, oft sehr stark fleischiges Blatt findet. Die Blüten stehen in Trauben oder Rispen und sind meist gelb und braun gefärbt, die Lippe ist geigenförmig und steht rechtwinklig von der Säule ab.

Arten mit dünneren Blättern brauchen weniger Licht und gleichmäßigere Feuchtigkeit, solche mit sukkulenten Blättern lieben es hell und eine ausgeprägte Ruhezeit. Die Arten stellen die unterschiedlichsten Temperaturansprüche; von den angeführten Arten gehört *O. kramerianum* warm, die anderen temperiert gezogen, doch gibt es auch Kalthausarten. Als Substrat nimmt man ausgeprägten Epiphytenpflanzstoff; die Blockkultur bewährt sich vor allem bei den kleinen Arten.

Die folgende kleine Auswahl ist sehr subjektiv. *O. bicallosum* Lindl. stammt aus Guatemala und gehört zum kleinbulbigen, sukkulentblättrigen Typ, die Trauben oder Rispen sind bis 50 cm hoch, die Blüten erscheinen im Sommer und Herbst und sind 6 cm breit und gelb-braun gefärbt. Ähnlich, nur größerblütig ist die herrliche Art *O. splendidum* A. Rich. mit bronzefarbenen, fleischigen Blättern und größeren, gelb-braunen Blüten. Beide halten geschnitten sehr gut. Im Frühjahr bis Sommer blüht in dichten Rispen *O. sphacelatum* Lindl. aus Guatemala. Diese Art hat dünnere Blätter, mehrere je Bulbe, von hellgrüner Farbe, reichlich erscheinende Luftwurzeln und bis 150 cm lange, dichte Rispen. Die Blüten sind bis 3 cm groß und gelb-braun gescheckt.

Nur für das Warmhaus ist *O. kramerianum* Rchb. f. zu brauchen, diese Art stammt aus Ekuador und Kolumbien. Auch sie hat kleine Bulben und fleischige, schwarzgrün marmorierte Blätter. Die bis 15 cm hohen Blüten stehen an 75 cm hohen Trauben und sind schmetterlingsähnlich geformt. Das obere Sepal und die beiden Petalen sind schmallinealisch und 8 cm lang, sie stehen wie Fühler von der runden, aus unteren Sepalen und der Lippe gebildeten Blüte weg. Diese Blütenteile sind orange mit braunen Flecken gefärbt, die Lippe ist im Zentrum hellgelb gefleckt.

Als einzige Kalthausart sei *O. ornithorhynchum* H. B. K. erwähnt. Sie wächst zwergig, blüht hellrosa und bringt zumeist zu Winteranfang die duftenden Blütchen, gedeiht gut am Block.

Paphiopedilum, Frauenschuh

Die Gattung *Paphiopedilum* Pfitz. umfaßt 50 Arten, die in Asien zu Hause sind. Sie strahlen nach Norden bis China, nach Süden bis Java und nach Osten bis Neuguinea aus. Es sind terrestrische oder epiphytische Pflanzen ohne Bulben; die immergrünen, in der Knospenlage gefalteten Blätter bilden zu sechs bis acht den Jahrestrieb, aus dem dann die Knospen entwickelt werden. Durch einen Nebentrieb wird dann das Wachstum der Pflanze im darauffolgenden Jahr fortgesetzt. Die Blüten, die typischen Frauenschuhblüten, entstehen durch eine andersgeartete Umbildung der einzelnen Blütenblätter, sie ist zu Beginn dieses Abschnittes, bei den Blütenformen, erläutert.

Pflanzen dieser Gattung werden von den Gärtnern oft als Cypripedien bezeichnet, doch haben sie mit der Gattung *Cypripedium* L. nichts zu tun. Diese zirkumpolare Gattung – sie umfaßt mit wenigen Ausnahmen nur winterharte Arten – ist nur sommergrün und hat ihre Blätter in der Knospenlage gerollt. Ein bekanntes Beispiel für diese Gattung bildet der heimische Frauenschuh, *C. calceolus* L., der sich in kalkreichen Gegenden noch häufig findet.

Da Paphiopedilen keine Bulben besitzen, bedürfen sie auch keiner Ruhezeit, sie werden gleichmäßig feucht gehalten. Die Arten lieben fast alle Halbschatten, am meisten die buntblättrigen Arten, die auch immer Warmhauspflanzen sind. Sonst gibt es sowohl Kalt-, Temperiert-, als auch Warmhausarten bei dieser Gattung. Der Pflanzstoff wird, wegen der terrestrischen Wachstumsform, sehr mit Torf und Styropor vermischt. Viele Warmhausarten lieben ein lockereres Substrat, sie müssen auch jährlich umgetopft werden, weil durch die gleichmäßige Feuchtigkeit und die hohe Temperatur der Pflanzstoff rasch verrottet. Man teilt nur, wie sie auseinanderfallen! Die Töpfe seien lieber zu klein als zu groß. Da die Blütenstiele der tropischen Frauenschuharten dicht behaart sind, können Schnecken keinen Schaden anrichten.

Viele Arten und noch mehr Hybriden werden gezogen, die folgenden Arten sollen nur zeigen, was es alles gibt. *P. callosum* (Rchb. f.) Pfitz. stammt aus Hinterindien und hat hellgrün-dunkelgrün gefleckte Blätter. Die Fahne ist weiß mit rotbraunen Streifen, die Petalen stehen schief herunter, sie sind grün und besitzen die typischen schwarzen Randwarzen, der Schuh ist purpurbraun. Diese Art liebt Wärme und Schatten. Temperiert liebt es *P. fairieanum* (Lindl.) Pfitz. mit den aufgebogenen Petalen und der gestreiften Fahne. Die Lippe ist bräunlichgrün und rot geädert.

Eine Kalthausart ist *P. insigne* (Wall. ex Lindl.) Pfitz. aus Nordindien. Die Blätter dieser Art sind reingrün, die Fahne ist an der Basis gelbgrün und wird gegen die Spitze weiß, sie ist verschieden stark braun gepunktet. Die Petalen sind gelbgrün mit brauner Zeichnung, die Lippe ist glänzend gelbgrün gefärbt und braun getuscht. Von dieser Art gibt es viele Formen, die Blütezeit ist von Oktober bis Jänner. Diese harte Art kann im Sommer schattig im Freien gezogen werden, auch im kühlen Zimmer ist die Kultur möglich, nicht jedoch in einem bewohnten Raum!

Zur Niveum-Gruppe, sie umfaßt Zwergarten mit weißen, oft gepunkteten Blüten mit warmer Kultur, gehört *P. niveum* (Rchb. f.) Pfitz. mit graugezeichneten Blättern und reinweißen, fein rötlich gepunkteten Blüten. Schön ist auch das temperierte *P. spicerianum* (Rchb. f.) Pfitz. mit grünen Blättern. Die Fahne ist weiß, an der Basis grün und trägt einen purpurnen Längsstreifen. Die beiden Petalen sind am Rand gewellt und bräunlichgrün, die Lippe ist bräunlich mit violettem Hauch. Die Blütezeit ist von Oktober bis Februar.

Phalaenopsis, Malaienblume

Die Gattung *Phalaenopsis* Bl. umfaßt 40 Arten, die monopodiales Wachstum zeigen, dabei faktisch stammlos sind und epiphytisch von Indien bis Neuguinea und Australien vorkommen. Die stumpfovalen Blätter sind bis 50 cm lang, manchmal gefleckt, die schmetterlingsähnlichen Blüten stehen in seitenständigen Trauben oder Rispen und sind weiß, rosa, gelb oder bunt gefärbt. Besonders wichtig für die Pflanzen sind die flachen, irgendwie nacktschneckenähnlichen Wurzeln, von denen immer nur zwei je angelegtem Blatt entwickelt werden und die für die Lebensfähigkeit der Pflanzen große Bedeutung besitzen; sie kriechen am Substrat dahin.

Phalaenopsis sind Warmhauspflanzen, die schattig gezogen werden. Als Substrat nimmt man Epiphytenmischung, als Gefäße Töpfe oder Körbchen. Früher hat man auf die Blätter großen Wert gelegt und sie geschont, indem man die Pflanzen hängend zog, sie gedeihen jedoch auch so recht gut. Die Pflanzen können oft zweimal im Jahr blühen und müssen deshalb zusätzlich durch Flüssigdüngung ernährt werden; man nimmt 1 bis 2 g eines vollwasserlöslichen Düngers und verabreicht in zwei- bis dreiwöchentlichen Abständen kräftige Gaben.

Zumeist sind bei dieser Gattung Hybriden in Kultur, die von *P. amabilis* Bl. und *P. schilleriana* Rchb. f. abstammen. Sie sind weiß oder hellrosa gefärbt und besitzen auf der Lippe verschiedentliche Zeichnungen in Braun, Gelb oder Rot. Durch die Einkreuzung von *P. mannii* Rchb. f. hat man in der letzten Zeit auch schöne hellgelbe Hybriden erzielt. Bunte Malaienblumen kommen immer mehr als Topfpflanzen in Mode.

Eine nette Zwergart ist *P. amboinensis* J. J. Sm. mit braunen, gelb gefleckten Blüten, die im Dezember/Januar erscheinen.

Sehr schön ist auch *P. stuartiana* Rchb. f., bei der die unteren Teile der unteren Sepalen und die Lippe dicht braunrot gefleckt sind.

Phragmipedium

Die Gattung *Phragmipedium* Rolfe umfaßt zwölf südamerikanische Frauenschuharten, deren Lippen breit eingebörtelte Ränder besitzen. Zumeist erscheinen mehrere Blüten an einem Schaft, die Blüten sind geschnitten nicht haltbar. Die Kultur gleicht der von Paphiopedilen, sie lieben es temperiert, halbschattig und feucht.

Die auffälligste Art ist wohl *P. caudatum* (Lindl.) Rolfe mit gelbgrünen Blüten an hohen Schäften. Die verlängerten Zipfel der zwei Petalen werden bis 50 cm lang. Besonders häufig findet sich die Gartenhybride *P.* × *sedenii* Rchb. f. (*P. schlimii* × *P. longifolium*) mit rosa Blüten.

Pleione

Die Gattung *Pleione* D. Don ist zweifellos die wichtigste für den Liebhaber, weniger wegen der Schönheit – es gibt schönere –, aber wegen der Einfachheit der Kultur, es gibt kaum leichtere, dabei aber großblütige Orchideen. Pleionen sind nahe mit den Coelogynen verwandt, unterscheiden sich jedoch dadurch, daß ihre Bulben immer nur einjährig sind. Auch die Blätter, eines oder zwei, je nach der Art, fallen nach der Wachstumszeit ab. Selbstverständlich sind auch die Wurzeln nur einjährig. Der Vegetationsrhythmus der Pleionen verläuft in etwa so: Im Herbst, Winter oder Frühling erscheinen seitlich aus den Bulben die ein bis drei Blütentriebe, die einzeln oder zu zweit die bis 8 cm breiten Blüten mit den tütenförmigen, gefransten Lippen tragen. Nachher, bei den Herbstblühern, oder gleichzeitig entwickeln sich die Blätter, an der Basis die neuen Wurzeln, nachdem die Wurzeln der alten Bulbe schon im Laufe des vorhergegangenen Jahres abgestorben sind. Auch nichtblühende Pflanzen entwickeln zu der ihnen bestimmten Zeit ihre Austriebe, die an der Basis die Wurzeln bilden. Haben die frischen Wurzeln das Substrat durchzogen, so muß auch bei dieser Gattung mit einer flüssigen Düngung nachgeholfen werden. Die neuen Bulben entwickeln sich, die alten sterben ab, bei manchen Arten trocknen sie ganz ein und fallen weg, bei anderen werden sie braun, bleiben aber straff und glänzend und schrumpfen erst spät im Herbst ein. Im Laufe des Spätsommers und Herbstes fallen die Blätter ab, und die Wurzeln sterben ab, die Pflanzen beginnen mit der Ruhezeit, die wieder mit dem Beginn des Austriebes endet.

In der Kultur kann man deutlich zwei Gruppen unterscheiden. Schwieriger ist ohne Zweifel die der herbstblühenden Arten, die mehr epiphytisch veranlagt sind und auch ein lockereres Material verlangen. Sie werden nach dem Abblühen bei 12 bis 14°C gehalten, mäßig feucht, damit die Wurzeln intakt bleiben, und erhalten beim Einsetzen des Wachstums höhere Temperaturen, sie gedeihen am besten temperiert und auch vorzüglich am Block.

Die zweite Gruppe umfaßt die frühjahrsblühenden Arten, sie sind alle einblättrig, lieben Mischungen aus Torf, Moorerde, Sand, Sphagnum, trockenem, geriebenem Kuhmist und Styroporflocken. Sie werden kühl, bei 5°C überwintert, im Laufe des Winters umgepflanzt, blühen April und Mai und stehen dann am besten an einer halbschattigen Stelle im Freien. Sie sind die leichtesten Orchideen überhaupt, von denen eingangs die Rede war. Manche Arten haben in Wien und München nachweislich –20°C ausgehalten, bei trockenem Stand, so daß man ihnen wirklich allerhand zumuten kann.

Viele Pleionen werden angeboten, die folgende Übersicht soll die Pflege und die Wahl beim Kauf erleichtern. Bulbillen vieler Formen kann man bei anderen Liebhabern eintauschen.

Die früheste aller Arten ist die oktoberblühende *P. maculata* (Lindl.) Lindl., sie ist in der Indischen Union (Assam, Sikkim), Bhutan, Birma und Thailand beheimatet. Diese zweiblättrige Art besitzt eigenartige Pseudobulben mit einer deutlichen Taille, so als ob eine Acht um ihre senkrechte Achse rotierte. Die Bulbenfarbe ist ein helles Grün mit wenigen Flecken. Die Blüten und später die Austriebe sind von eigenartigen, hellgrünen Niederblättern umgeben, meist fünf, die eine Art dicke fleischige Raupe bilden. Die Blüten sind reinweiß, auf der Lippe finden sich gelbe, vor allem aber auffällige rote Punkte.

Knapp danach, von Oktober bis November, blüht *P. praecox* (Sm.) D. Don aus China, der Indischen Union (Assam, Sikkim), Nepal und Birma. Hier sind die Bulben zusammengedrückt rundlich, meist mit einer deutlichen flachen Fläche an der Oberseite, aus der der blatttragende Stummel aufragt. Auch diese Art ist zweiblättrig. Bei schlechten Bedingungen, auch wenn sie frisch importiert sind, besitzen die Bulben eine Taille. Sie sind grün und stark rot gefleckt, die Austriebe sind schlank, rötlich, die Niederblätter sind warzig gefleckt, aber nicht raupig aufgeblasen. Diese Art steht in ihren Blütenmerkmalen außerhalb der Regel: die Blüten besitzen einen kurzen sackartigen Sporn, die mittlere Lippenschwiele, diese fünf Schwielen sitzen wie die Kämme auf der Lippenoberseite, ist nach der Unterseite der Lippe zahnartig ausgezogen. Als einzige Art duftet sie, mitunter sehr stark, fast unangenehm. Die Blütenfarbe ist ein helles, fast gleichförmiges Violettrosa, nur auf der Innenseite der Lippe finden sich einige etwas dunklere Flecken. *P. praecox* ist äußerst variabel, und es finden sich die verschiedensten Formen, meist mit Artnamen bestückt, im Handel. Die schönste Form ist 'Wallichiana', sie ist besonders wüchsig und großblütig, auch die Form 'Uniflora' ist großblütig, mittelgroße Blüten bringen die Formen 'Grandiflora' und 'Major', die erstere darf nicht mit der gleichnamigen Art verwechselt werden, die nicht in Kultur ist. Die kleinsten Blüten bringt die Art selbst. *P. praecox* hat wesentlich schmälere Blütenblätter und wirkt daher sterniger als die sonst ähnlichen frühjahrsblühenden Arten.

Sehr nahe mit der letzten Art verwandt ist *P. lagenaria* Lindl., sie besitzt dieselbe Bulben- und Austriebsform, hat aber stärker gefleckte Lippenvorderteile. Sie ist aus diesem Grund in den neueren Zusammenfassungen der Gattung mit *P. praecox* vereinigt. *P. maculata* und *P. praecox* bilden keine Bulbillen.

Das Bindeglied zwischen den herbst- und frühjahrsblühenden Arten ist die einblättrige *P. humilis* D. Don aus der Indischen Union (Sikkim), Nepal und Birma, sie blüht im Jänner. Obwohl sie eine einblättrige Art ist, gleicht ihre Pflege den herbstblühenden, zweiblättrigen Arten, sie ist also etwas heikler. Die Bulben sind sehr typisch geformt, lang und schlank flaschenförmig, auch die seitlich angeordneten Knospen sind lang und dünn. Hier verrotten die Verbindungsglieder zwischen den einzelnen Bulbenjahrgängen nicht so rasch, es bleibt an der Basis der Bulbe ein harter Strunk, ein Teil der Sproßachse, erhalten. Wie alle einblättrigen Arten bilden sich auch bei dieser Art Bulbillen, Jungbulben, an der Spitze der alten Bulbe. Meist bilden sich viele kleine Bulbillen, die sehr schlecht aufzuziehen sind, manchmal findet sich jedoch eine größere, deren Weiterkultur glückt. Diese Art bringt, so wie die Herbstblüher, ihre Blüten vor dem Blattaustrieb, sie sind weiß und besitzen in der Lippe eine leichte bräunliche Strichelung.

Die nun folgenden Arten blühen, je nach der Temperatur, bei der sie gehalten werden, von März bis Mai, mit dem Blattaustrieb zusammen. Die wichtigste Sammelart ist zweifellos *P. bulbocodioides* (Franch.) Rolfe, von der eine Fülle von Kleinarten gezogen wird, die – sie sind zumeist Klone – wirklich deutlich unterschieden werden können; sie sollen deshalb getrennt behandelt werden. Die Sammelart ist in China, sowohl auf dem Festland, als auch auf Taiwan, beheimatet und bewohnt feuchte Felsenspalten in der Bergregion. Die unterschiedenen Kleinarten lassen sich in zwei Gruppen trennen, in die Festlandsarten mit kleineren Bulben und zumeist 2 n = 80 Chromosomen und die Taiwan-Arten mit größeren Bulben und immer 2 n = 40 Chromosomen. Die wichtigste Art des Festlandes ist *P. limprichtii* Schlecht. aus Szechuan, jene Art, die –20 °C in Wien und München durchgehalten hat. Die Bulben sind dunkelgrün, ovalzugespitzt bis rundlichzugespitzt und 2 bis 2,5 cm hoch. Die Blüten stehen meist einzeln, gutentwickelte Bulben können jedoch zwei bis drei Blüten bringen. Die Blüten sind kurzgestielt, 7 cm breit und lilarosa gefärbt. Die Lippe ist etwas heller im Ton und dicht bräunlichrosa gefleckt. Diese Art vermehrt sich gut durch Bulbillen, die an der Spitze der alten Bulben entstehen und relativ groß werden. Seit neuestem wird in Großbritannien eine 'Pale Form' mit kleineren und lichteren Blüten angeboten, von der ich nicht weiß, ob es sich um eine Wildaufsammlung oder einen in Kultur entstandenen Sport handelt. Soweit man das absehen kann, stammen alle Pflanzen dieser Art von einer einzigen Pflanze her, sind also ein Klon.

Sehr nah verwandt, aber durch die dunkelrot gefleckte Lippe deutlich unterschieden ist *P. pogonioides* (Rolfe) Rolfe aus Hupeh, besonders auffällig durch den Kontrast zwischen Blütenblättern und Lippe.

Die Inselgruppe schart sich um die *P. formosana* Hayata und die *P. pricei* Rolfe, die lange Zeit als gute Arten aufgefaßt wurden, was sich aber nach einem Massenimport von Taiwan 1958 nicht mehr aufrechthalten ließ, nachdem sich alle Zwischenformen gefunden hatten. Die folgende Einteilung ist eine rein gärtnerische, aber praxisbezogene und hat keine botanische Fundierung.

Reingrüne, große, bis 4,5 cm hohe Bulben von flaschenförmiger oder kreiselförmiger Gestalt hat *P. formosana*. Von dieser Kleinart werden vor allem zwei Formen gezogen: 'Blush of Dawn' besitzt hellrosa Blütenblätter und eine weißliche Lippe mit gelblichen Lippenflecken, 'Polar Sun' hat meist kreiselförmige Bulben, vor allem aber kleinere und reinweiße Blüten mit gelben Flekken. Daneben gibt es auch noch weiße und rosa Formen mit senffarbenen, also hellbraunen Flekken.

Hellbraune, sehr große Bulben besitzen Übergangsformen zwischen *P. formosana* und *P. pricei*, die Blüten sind zumeist rosa mit gelbbraunen Flecken. Da sie vor allem aus dem Import von 1958 stammen, der vom Engländer Rawinsky durchgeführt wurde, bezeichnen wir sie provisorisch als 'Rawinsky Form', wohl wissend, daß es sich noch um ein Klongemisch handelt. Diese Form wird sowohl in Österreich und in Deutschland als auch in der Schweiz angeboten und wächst sehr gut.

Dunkelbraune, kleinere Bulben besitzt *P. pricei*, hier sind die Blüten etwas kleiner, die Blütenfarbe etwas stumpfer und die Lippen immer senffarben gepunktet. Von dieser Kleinart sind sowohl Klongemische, aus der Rawinsky-Aufsammlung, als auch Klone im Handel. Die wichtigste Klonsorte ist die wüchsige, sehr schöne 'Oriental Grace', daneben finden sich noch 'Oriental Jewel', 'Oriental Splendour', die zarteste und kleinste, und 'Serenity' im Handel. Diese vier Klone sind einander sehr ähnlich, der beste ist zweifellos 'Oriental Grace'.

Auch die Inselgruppe bildet reichlich große Bulbillen auf den ausgewachsenen Bulben aus, durch die sie sehr leicht vermehrt werden können, überhaupt sind diese Formen leicht zu ziehen, wenn sie auch nicht so frosthart sind wie *P. limprichtii* oder *P. pogonioides*, denn sie dürfen nie frieren! Nun noch drei Arten, die seltener, dafür aber nicht weniger schön sind! Sie gehören nicht zum

Konglomerat um *P. bulbocodioides,* sondern sind gute Arten.

P. yunnanensis (Rolfe) Rolfe stammt aus Yunnan und bildet flache, deutlich einseitige Bulben aus, auf der ausgebauchteren Seite findet sich der Haupttrieb, der zumeist die Blüte bringt. Die Bulben wachsen etwas stärker unterirdisch als bei den anderen Arten, wichtig für die Kultur. Typisch sind die hochstieligen, irgendwie langbeinigen Blüten mit der scharlachroten Lippe, ähnlich *P. limprichtii,* aber doch gänzlich anders. Eine seltene, weil heikle Art.

Das Kleinod unter den Pleionen ist *P. forrestii* Schlecht. aus China (Yünnan) und Birma. Die Bulben dieser Art sind ähnlich denen von *P. limprichtii,* oft aber deutlich größer. Das Frappierende sind die hellgelben, rotgepunkteten Blüten, die denen von *P. limprichtii* sehr ähneln. Diese Art ist rar, heikel, schön, alles was man von einer Pflanze verlangen kann!

Den Abschluß soll die späteste *Pleione* bilden, *P. hookeriana* (Lindl.) B. S. Williams aus Indien, Nepal, Bhutan, Thailand und Laos, sie blüht Ende Mai bis Anfang Juni mit vollentwickelten Blättern. Bei dieser Art sind die Bulben eiförmig und die Knospen kurz und breit, die Bulbenfarbe ist purpurrotgrünlich. Die Blüten sind die kleinsten der Gattung, die Lippe ist groß, im Verhältnis zu den Blütenblättern, und breit aufgeschlagen, so daß man die Säule deutlich sieht. Die Blütenfarbe ist zumeist weiß, seltener rosa angehaucht, auf der Lippe finden sich ein großer, zentraler senfgelber Fleck und purpurbräunliche Strichelungen. Diese Art, obwohl einblättrig, ist etwas anders als die anderen einblättrigen Arten zu behandeln, nicht ganz so wie die herbstblühenden Arten, alles bedingt durch die gänzlich andere Blütezeit.

So leicht die vegetative Vermehrung dieser Pflanzen ist, so schwierig ist die Samenanzucht. Doch sind die ersten schönen Bastarde bereits erzogen, am bekanntesten P. 'Versailles' aus *P. formosana* × *P. limprichtii,* und bei einer Frühlingsschau in England 1974 konnten schon ganze Schalen mit Kreuzungen bewundert werden. Hoffentlich gelingt es auch bei dieser Gattung, Verbesserungen zu erzielen. *P. forrestii* oder *P. yunnanensis* könnten sich ruhig leichter ziehen lassen!

Hoffentlich ist der Leser auf den Geschmack gekommen, die Bildtafel wird auch das ihrige dazu beitragen. Möge er sich bald an die Kultur von Pleionen herantrauen. Es wäre zu bedauern, wenn diese herrlichen Pflanzen nicht bei vielen Pflanzenfreunden zu Gast wären!

Stanhopea

Die 50 Arten der Gattung *Stanhopea* Frost ex Hook. sind in Mittel- und Südamerika zu Hause und wohl die kuriosesten Orchideen, die wir ziehen. Die Pflanzen wachsen epiphytisch, sind sympodial und besitzen einblättrige Bulben. Die mehrblütigen Blütenstände wachsen senkrecht nach unten, aus diesem Grund müssen Stanhopeen in Körbchen gezogen werden. Die Blüten sind groß, die Lippe ist zweiteilig und sehr fleischig, sie bildet zusammen mit der Säule komplizierte Kriechgänge für die bestäubenden Insekten. Zumeist sind die Blüten irgendwie gefleckt, vor allem aber stark, oft fast unangenehm, duftend.

Stanhopeen sind von leichtester Kultur, sie gedeihen temperiert und halbschattig gut, werden in der Wachstumszeit mäßig feucht und im Winter nicht zu trocken gehalten. In sommerwarmen Gegenden kann man sie gut auf Bäumen aufhängen, jedoch nur solange es entsprechend warm ist. Wichtig sind Gefäße, die die Entwicklung der Blütenschäfte nicht behindern, eine ausreichende Ernährung, hohe Luftfeuchtigkeit und Halbschatten.

Eine einzige Art soll für viele erwähnt werden: *S. insignis* Frost ex Hook. stammt aus Peru und ist gelb mit violett gefärbt, auch diese Art duftet stark.

Stanhopeen werden viel zuwenig gezogen, was schade ist, da große Pflanzen durch Form und Duft der Blüten außerordentlich wirken! Leider reizte *Stanhopea* auch die Züchter wenig, so daß es wenige Hybriden gibt, obwohl es gerade bei so leicht gedeihenden Orchideen viele Liebhaber gäbe.

Trichopilia

15 kleinwüchsige Arten umfaßt die Gattung *Trichopilia* Lindl., sie sind von Mexico bis Peru beheimatet. Sie wachsen sympodial, bilden abgeplattete, einblättrige Bulben und hängende, zumeist ein- oder zweiblütige Blütenstände, diese aber oft in reicher Zahl. Die Blütenblätter sind einander fast gleich und oft gedreht, die Lippe ist groß und trichterförmig, am Rand oft gefranst. Sie brauchen einen hellen Standort, temperiert oder kalt, je nach Art, und sorgfältiges Gießen, vor allem im Winter und im Austrieb wenig. Auch am Block gedeihen sie vorzüglich.

Kalte Bedingungen liebt *T. fragrans* Lindl. mit grünlichweißen, gewellten Blütenblättern und weißer, gelbgefleckter Lippe. Wohl die schönste der verbreiteten Arten ist *T. suavis* Lindl. et Paxton aus Costa Rica. Hier sind die weißen Blüten stark duftend, und die Lippe zeigt rosa Tupfen und einen großen, gelben Fleck. Bekannt ist auch *T. tortilis* Lindl. mit hellrosabräunlichen, stark gedrehten Blütenblättern und weißer, hellbraunrot getupfter Lippe. Die beiden letzten Arten lieben es temperiert bis warm.

Vanda

Die Gattung *Vanda* Jones umfaßt 45 Arten, die die Monsungebiete von Indien bis Neuguinea bewohnen. Es sind Epiphyten mit monopodialem Wuchs, die Blätter können flach oder auch rund sein und stehen zweizeilig angeordnet. Die mehrblütigen Rispen erscheinen seitlich. Die Blütenblätter sind untereinander eher gleich, die Lippe ist sehr klein und unauffällig. Vanden sind Warmhauspflanzen mit relativ hohen Ansprüchen an Licht und Luftfeuchtigkeit. Bis zur Blüte wollen sie feuchter, die Hauptblütezeit ist der Sommer, später trockener stehen. Als Substrat nimmt man Epiphytenmischungen, wählt kleine Töpfe, topft sparsam um; Luftwurzeln, diese sind dick und besitzen ein starkes Velamen, werden in das Substrat eingeleitet.

Da die Jugendentwicklung dieser Gattung und auch der anderen nahe verwandten Monopodialen und ihrer Kreuzungen sehr lange dauert, haben sich typische Zentren für diese Gruppe in Südostasien und auf Hawaii gebildet, wo diese Pflanzen unter leichtem Schutz im Freien gezogen werden. Sie sind nämlich allesamt herrliche Schnittblumen und werden viel importiert.

Schön ist die blaue *V. coerulea* Griff. ex Lindl. oder die weißgrundige, dicht violettrosa oder bräunlich gepunktete *V. tricolor* Lindl.; ganz aus dem Rahmen fällt *V. teres* Lindl. mit walzenförmigen, rundlichen Blättern und rosafarbenen, auf der Lippe gezeichneten Blüten. Diese letzte braucht es sehr hell und trocken, damit sie blüht.

Vanilla, Vanille

Die Gattung *Vanilla* Mill. umfaßt 65 Arten, die Asien, Afrika und Amerika bewohnen. Es sind starke Kletterer mit fleischigen Blättern, doch gibt es auch blattlose Arten, wo der Sproß die Assimilationsaufgabe übernommen hat. Die kleinen Blüten stehen zu mehreren blattachselständig. Die wichtigste Art ist *V. planifolia* Andr. aus dem tropischen Amerika, ihre Früchte, fermentiert, ergeben die Vanillestangen. Sie gedeiht temperiert bis warm, entlang des Glases gezogen, recht gut, braucht aber eine kräftige Ernährung und blüht erst als große Pflanze. Bei künstlicher Bestäubung setzen die 10 cm breiten, hellgelblichen, duftenden Blüten gut Früchte an; sie öffnen sich in der Früh und schließen sich vormittags wieder.

Zygopetalum

Die 20 Arten von *Zygopetalum* Hook. sind Epiphyten mit sympodialem Wachstum und eiförmigen, mehrblättrigen Bulben. Liebt nährstoffreichere, durchlässige Mischungen, ganzjährig feucht, halbschattig, temperiert.

Die wichtigste Art ist *Z. mackaii* Hook., mit gleichen, gelblichgrünen, purpurbraun gefleckten Blütenblättern und weißer, violett gefleckter Lippe. Sie blüht im Herbst und Winter. Bei Sorgfalt auch für Zimmerkultur geeignet.

Bromelien

Langsam, aber sicher setzen sich die Bromelien, die Ananasgewächse, auch bei den Liebhabern immer mehr durch. Das hat die verschiedensten Ursachen. Zum einen ist die Auswahl unter den Bromelien sehr groß, gibt es doch über 2000 Arten, zum anderen gibt es die unterschiedlichsten Pflanzengrößen; Riesen mit 2 m Durchmesser, die nur in den großen Gewächshäusern von botanischen Gärten gezogen werden können, genauso wie 5 cm große Zwerge, die schon in einem geklebten Vollglasaquarium einen idealen Pflegeraum haben. Außerdem gibt es von der Kultur her die verschiedensten Gruppen; solche, die Trockenheit lieben und mit Kakteen und Sukkulenten zusammengezogen werden, genauso wie solche, die am besten im geschlossenen Blumenfenster gehalten werden müssen.
Allen gemeinsam aber ist das tropische, das besondere Aussehen, das manche Liebhaber schon so in den Bann gezogen hat, daß sie sich fast ausschließlich mit Bromelien befassen!
Einem großen Mangel ist ebenfalls abgeholfen worden, dem Mangel an Literatur. Das zweibändige Buch »Bromelien für Zimmer und Gewächshaus« (s. Literaturnachweis) kann dem fortgeschrittenen Liebhaber am besten Auskunft geben.
In diesem Rahmen sollen die Bromelien etwas ausführlicher behandelt werden, als es sonst in einem Buch für Zimmerpflanzen geschieht. Der Grund dafür liegt darin, daß immer mehr auch heiklere, insbesondere atmosphärische Bromelien angeboten werden, vor allem aber darin, daß dieses Buch immer wieder darauf hinweisen soll, was es an Pflanzenschätzen gibt. Das geht bei den Bromelien gerade noch und ist eigentlich nur bei den Orchideen unmöglich!
Bromelien sind einkeimblättrige Pflanzen, und sie besitzen daher auch typische, d. h. auf der Dreizahl aufgebaute Blüten. Auf die drei Kelchblätter folgen die drei Blütenblätter, dann in zwei Kreisen je drei Staubblätter und zum Schluß der durch Verwachsung von drei Fruchtblättern gebildete ober- oder unterständige Fruchtknoten.
Die Blüten stehen normalerweise zu endständigen Blütenständen zusammen, die Bromelien verlieren mit der Ausbildung der Blütenstände die Fähigkeit weiterzuwachsen und sterben ab, Kindel oder Seitentriebe übernehmen die Weiterführungsfunktion.
Diese Blütenstände untergliedern sich in einen blütenlosen Teil, den Schaft, der sehr lang sein, aber auch fehlen kann, und den mit den Blüten besetzten Teil, die Infloreszenz. Die Einzelblüten stehen in den Infloreszenzen meist in Trauben oder Ähren, es finden sich Deckblätter, oft bunt gefärbt und teilweise mit einer gänzlich anderen Verteilung, zweizeilig, in deren Achseln die Einzelblüten angeordnet sind. Die Schäfte sind äußerst unterschiedlich ausgebildet, auf ihnen finden sich Hochblätter. Der Übergang von den Laubblättern zu den Hochblättern kann allmählich erfolgen, die Hochblätter selbst können in diesem Fall gegen die Infloreszenzregion hin immer kleiner oder immer größer werden. Der Übergang von den Hochblättern zu den Deckblättern der Blütenregion kann so schleifend vor sich gehen, daß man genau schauen muß, wo die Blüten sich finden, um ein Blatt richtig ansprechen zu können. Der Übergang von den Rosetten- zu den Hochblättern kann aber auch sehr plötzlich erfolgen, die Schäfte sind dann deutlich von der beblätterten Region der Rosetten zu unterscheiden. Bei manchen Gattungen verlängert sich der Schaft nicht, die Blüten sitzen in den Blattrosetten. Die zentralen Rosettenblätter können sich manchmal verfärben und die Lockfunktion der Hoch- und Deckblätter übernehmen, man spricht dann von Herzblättern.
Bromelien sind mit wenigen Ausnahmen ausdauernde Pflanzen, die also mehrere Jahre leben. Aus dem Samen entwickelt sich der beblätterte Sproß; die Sproßachse ist entweder gestaucht, die Laubblätter stehen dann rosettig, oder verlängert, die Blätter sind mehr oder weniger weit voneinander entfernt. Nach Erlangung der Blühreife beschließt dieser Sproß sein Wachstum mit der Ausbildung des Blüten-

Tafel 41 · Orchideen III

Die Formenvielfalt der Orchideen ist unerschöpflich:
- ol *Odontoglossum grande*
- or *Phalaenopsis stuartiana*
- ml *Vanda caerulea*
- mr *Lycaste cruenta*
- ul *Dendrobium nobile*
- ur Frauenschuh, *Paphiopedilum spicerianum*

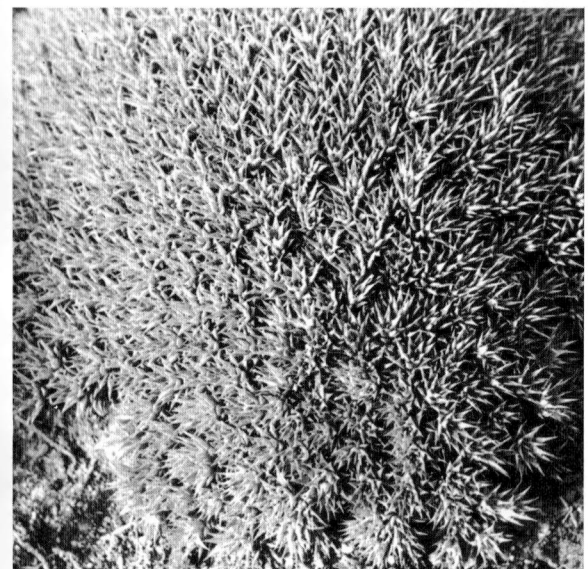

Tafel 42 · Bromelien I

Atmosphärische Tillandsien werden gerne gesammelt:
ol *Tillandsia aeranthos*
or *T. juncea*
ur *T. albida*

Bodenbewohnend (terrestrisch) und trockenheitsliebend sind:
ml *Albromeitiella brevifolia*
ul *Dyckia sulphurea*

Tafel 43 · Bromelien II

Höhere Temperaturen und größere Luftfeuchtigkeit lieben:
ol   *Guzmania lindenii*
or   *G. monostachya*
ml   *Vriesea saundersii*
mr   *V. hieroglyphica*

Härter sind:
ul   Lanzenrosette, *Aechmea fasciata*
ur   *Nidularium innocenti* 'Striatum'

Tafel 44 · Orchideen IV

Orchideenblüten müssen nicht immer bunt sein.
Auch mit Braun, Grün und selbst Schwarz zaubert die Natur:

ol *Stanhopea insignis*
or *Trichopilia suavis*
ml *Catasetum fimbriatum*-Form
ul *Coelogyne x burfordense*
ur *Gongora galeata*

standes und stirbt dann, nach der Samenreife, ab. Dieses Absterben geht nicht plötzlich vor sich, sondern langsam, denn die im abgeblühten Sproß enthaltenen Inhaltsstoffe wandern in die Erneuerungssprosse ab, die in den Blattachseln der Mutterpflanze entstehen und das Leben dieses Individuums weitererhalten. Normalerweise, vor allem bei den rosettigen Bromelien, entwickeln sich die Erneuerungssprosse an der Basis der Mutterpflanze zu mehreren, sie werden dann als Kindel bezeichnet. Bei Gattungen mit verlängerten Sproßachsen kommt es häufig zur Ausbildung von zwei oder gar nur einem Erneuerungssproß. Eigenartige Verzweigungsformen sind die Folge.

Nach ihrer Wuchsform kann man die Bromelien in drei Gruppen unterteilen, die selbstverständlich untereinander durch Übergänge verbunden sind. Die erste Gruppe umfaßt stark **xerophytische Bromelien**, d. h. an Trockenheit angepaßte Gattungen, die sich durch dichtblättrige Rosetten, oft stark bedornt, und ein stark entwickeltes Wurzelsystem auszeichnen. Hier hat die Wurzel neben der Haltefunktion auch die den Wurzeln typische Aufnahmefunktion für Wasser und darin gelöste Nährstoffe. Die Blätter sind vielfach stark bestachelt, es finden sich auch polsterbildende Gattungen.

In die zweite Gruppe zieht man am besten die **zisternenbildenden Bromelien** zusammen, jene also, die durch den dichten Zusammenschluß der basalen Partien ihrer rosettig gestellten Blätter Wasservorratsbehälter ausbilden. In der Zisterne finden sich spezielle Saugschuppen, die die Wasser- und Nährstoffaufnahme durchführen, die Wurzeln, oft nur schwach entwickelt, haben überwiegend Haltefunktionen zu erfüllen. In diese Gruppe gehören auch die teilweise xerophytischen Gattungen, wie *Ananas* oder *Billbergia nutans*, die keine deutlich ausgebildeten Zisternen bilden. Pflanzen des Urwaldbodens, die ständig eine hohe Luftfeuchtigkeit zur Verfügung haben, nehmen Wasser durch die Saugschuppen auf und bilden keine Zisternen aus; *Cryptanthus* ist hier die wichtigste Gattung.

In die dritte Gruppe gehören die **atmosphärischen Bromelien**, ausschließlich Arten der Gattung *Tillandsia*, die nur kurzfristig in der Jugend Wurzeln besitzen, später aber vollkommen wurzellos sind. Sie nehmen Wasser aus der Luft auf, zu diesem Zweck sind die Blätter dicht mit Saugschuppen besetzt, so daß die Pflanzen im trockenen Zustand weiß erscheinen, befeuchtet aber grün.

Xerophytische Bromelien

Die Gattungen dieser Gruppe sind Erdbewohner mit stark entwickeltem Wurzelsystem, das der Wasser- und Nährstoffaufnahme und dem Festhalten im Boden dient. Die oft stark bestachelten Rosettenblätter besitzen eine schmale Spreite, die wenig vertieft ist und worin sich deshalb kein Wasser ansammeln kann. Das von den Wurzeln aufgenommene Wasser wird besonderen Wasserspeichergeweben des Blattes zugeführt. Die vorhandenen Saugschuppen können Wasser noch nicht aktiv aufnehmen und der Pflanze zuführen, sie dienen – wie bei vielen anderen xerophytischen Pflanzen Haargebilde – als Verdunstungsschutz.

Die Gattungen dieser Gruppe werden mit Kakteen und Sukkulenten gemeinsam gezogen und stehen in sandigem Substrat. Die Vermehrung erfolgt durch Aussaat oder durch Teilung, bei einigen Arten ist beim Hantieren besondere Vorsicht geboten, damit man sich an den Blattrandstacheln nicht verletzt.

Abromeitiella

Die Gattung *Abromeitiella* Mez ist mit zwei Arten in den Hochanden Argentiniens und Perus beheimatet. Die Pflanzen bilden breite Kugelpolster aus, die aus zahlreichen Einzelrosetten zusammengesetzt sind. Die gelblichgrünen Blüten sitzen einzeln oder zu wenigen auf dem Polster. *A. brevifolia* (Griseb.) Castell. ist die verbreitetere Art, ihre grauen, stechenden Rosetten erreichen einen Durchmesser von 4 cm. Die Pflanzen sind trotz des heimatlichen Vorkommens nicht so hart, daß sie im ungeheizten Alpinen-Haus überwintern könnten.

Dyckia

Die nach dem Kakteensammler Graf Salm-Reifferscheidt-Dyck benannte Gattung *Dyckia* Schult. f. umfaßt 80 Arten, die überwiegend in den Trockengebieten Brasiliens beheimatet sind. Die starren, harten, an der Spitze stechenden und am Rand stachelbewehrten Blätter sind zumindest unterseits silberweiß, vielfach aber auf beiden Seiten beschuppt und treten zu dichten, kleinen bis sehr großen Rosetten zusammen. Die kleinrosettigen Arten sind trotz der bewehrten Rosetten ideale Zimmerpflanzen für zentralbeheizte Räume, werden aber sowohl für diesen Zweck als auch für die Auflockerung von Kakteensammlungen viel zuwenig verwendet. Die gelben bis roten Blüten stehen in Trauben, Ähren oder Rispen.

Von den kleineren Arten sind sehr zu empfehlen *D. brevifolia* Bak., mit bis 35 mm breiten grauen Blättern, *D. cinerea* Mez., mit bis 50 cm breiten Rosetten aus breiten Blättern, und die besonders schöne *D. fosteriana* L. B. Smith mit schmalen, stark bewehrten, grau gefärbten Blättern, die zu 20 cm breiten Rosetten zusammenstehen und selbst wieder größere Polster bilden.

Hechtia

Die Gattung *Hechtia* Klotzsch umfaßt 30, einander oft sehr ähnliche Arten, die vor allem Mexico bewohnen. Die stark bewehrten Blätter bilden dichte Rosetten. Mit einer Ausnahme sind die Hechtien zweihäusig; man findet also weibliche und männliche Pflanzen. Die Kultur gleicht der von *Dyckia*. *Hechtia* ist selten in Kultur.

Die verbreitetste Art ist *H. argentea* Bak., mit 30 cm langen, silberweiß beschuppten Blättern und eher unscheinbaren, weißlichen Blüten in lockeren Rispen. Empfehlenswert sind noch *H. glomerata* Zucc., die in mediterranen Gärten in einer nichtblühenden Form gezogen wird, und die schön rosablühende *H. rosea* E. Morr. ex Bak., die durch die eigenartige Blütenfarbe auffällt.

Pitcairnia

Die Gattung *Pitcairnia* L'Hérit. ist mit ihren 180 Arten die zweitgrößte der Familie der Bromeliengewächse. Es gibt bezüglich der Wuchsform die unterschiedlichsten Vertreter, alle zeichnen sich aber durch starke Wurzelentwicklung und funktionsuntüchtige Saugschuppen aus, so daß sie am besten in dieser Gruppe erwähnt werden, obwohl sie nicht für die Kultur zusammen mit Sukkulenten geeignet sind. Die Blätter stehen gehäuft oder rosettig um die Sproßachse und sind kurz und stachelig bis linealisch oder schwertförmig. Die einseitig symmetrischen Blüten stehen zumeist in Trauben und sind von krautigen, oft gefärbten Deckblättern umgeben. Wegen der kurzen Haltbarkeit der Blütenstände sind die Pitcairnien nicht stark verbreitet, obwohl sie sehr hart sind und als Zimmerpflanzen geeignet wären. Man kultiviert sie in sandiger Einheitserde und vermehrt durch Teilung oder Aussaat.

Häufig angeboten werden *P. corallina* Lind. et André aus Kolumbien, mit dimorphen Blättern, äußeren unbestachelten und inneren bestachelten, die inneren bis 1 m lang und 10 cm breit, Schaft und Blüten leuchtend korallenrot, und *P. flammea* Lindl. mit gleichartigen, 1 m langen und 3 cm breiten Blättern und feuerroten Blüten.

Zur Gattung *Pitcairnia* gehört auch die einzige afrikanische Bromelie: *P. feliciana* (A. Chev.) Harms et Mildbr. aus Westafrika. So wie bei *Rhipsalis cassutha*, der einzigen in Afrika und auf Madagaskar beheimateten Kakteenart, ist nicht geklärt, durch welche Umstände diese Pflanze nach Afrika gelangt ist.

Puya

Die Gattung *Puya* Mol. umfaßt 100 terrestrische, trockenheitsliebende Arten, die ihre Hauptverbreitung in den Anden Südamerikas haben. Es sind meist stammbildende, selten stammlose Pflanzen mit dichten Blattrosetten glatter oder dorniger Blätter. Die Blütenstände sind wie die Rosetten hinsichtlich der Größe sehr verschieden und schwanken zwischen 10 cm und 7 m Höhe. Die oft sehr ansehnlichen Blüten sind weiß, gelblich, grünlich, blau oder violett gefärbt und werden von Vögeln bestäubt. Bis auf *P. raimondii*, die hapaxanth oder monokarp, also einmalfruchtend ist und keine Nebentriebe macht, bilden die anderen Arten Kindel aus. Die Kultur erfolgt gemeinsam mit Sukkulenten, viele Arten werden sehr groß und brauchen lange bis zur Blüte.

Viele der *Puya*-Arten sind riesige Pflanzen, so die 12 m hohe *P. raimondii* Harms, die sich bestenfalls als Jungpflanze halten läßt, deren Samen aber oft angeboten werden und recht billig sind. Die niedrigeren Arten, wie *R. spathacea* (Griseb.) Mez oder *P. venusta* Phil. ex Bak. mit 40 bis 80 cm hohen Blütenständen oder die zwergigen *P. humilis* Mez oder *P. volcanica* Cast. mit 15 bis 30 cm hohen Blütenständen werden sehr selten, wenn überhaupt angeboten, sie blühen blau. Manchmal kann man Saatgut solcher Arten über Kakteensammler erhalten, wie diese Puyen ja auch ideal für die Kultur gemeinsam mit Kakteen wären.

Zisternenbromelien

In dieser Gruppe findet sich das, was man normalerweise unter Bromelien versteht: rosettig angeordnete Blätter stehen so zusammen, daß aus den basalen Blatteilen Zisternen, Wasservorratsbehälter, gebildet werden. Die Gattungen dieser Gruppe haben vor allem aber ein weniger umfangreiches, mehr auf die Haltefunktion hin entwickeltes Wurzelsystem und funktionstüchtige Saugschuppen, die sich entweder nur im Trichterbereich oder auch am Blatt befinden.

Eine Reihe von Vertretern dieser Gruppe besitzt noch ein stärker entwickeltes Wurzelsystem, keine eigentlichen Zisternen, sondern nur einen grubig vertieften Teil im Basisbereich des Blattes. Die Saugschuppen sind bereits in großer Zahl angelegt und können Wasser aufnehmen, obwohl der überwiegende Teil über die Wurzel in die Pflanze eintritt. Diese bereits höher entwickelten terrestrischen Formen werden durch die Gattungen *Acanthostachys*, *Ananas* oder *Cryptanthus* in diesem Buch vertreten. Die anderen Gattungen sind richtige Zisternenbromelien, die sich nur durch die Konsistenz und Färbung der Blätter unterscheiden. Als allgemeinen Hinweis kann man geben, daß die dünnerblättrigen, wenig bewehrten und unbeschuppten Arten feuchtere und wärmere, dabei aber schattige Bedingungen lieben; die hartblättrigen, bewehrten und beschuppten Zisternenbromelien sind nicht so anspruchsvoll bezüglich Wärme und Luftfeuchtigkeit und lieben lichtere Standorte.

Acanthostachys

Die Gattung *Acanthostachys* Klotzsch ist mit einer einzigen Art, *A. strobilacea* (Schult. f.) Klotzsch, von Brasilien bis Argentinien verbreitet. Die Pflanzen sind stammlos und bilden wenigblättrige Rosetten, die Blätter sind schmal, am Rand bestachelt und unterseits beschuppt. Der Blütenstand ist eine 5 cm lange Ähre, die in Form und Farbe an eine kleine Ananasfrucht erinnert. Die Früchte sind genießbar und schmecken süß, sie halten lange an den Pflanzen.

Die Stachelähre, so der Kunstname auf deutsch, ist eine leichte Pflanze, die temperiert sowohl epiphytisch, in Körbchen, als auch terrestrisch, gut gedeiht. Als Substrat nimmt man humose, durchlässige Mischungen. Die Vermehrung erfolgt durch Teilung.

Aechmea, Ächmea oder Lanzenrosette

Die Gattung *Aechmea* Ruiz et Pav. umfaßt 150 bis 180 Arten, die vor allem in Brasilien beheimatet sind und dort als Epiphyten in tropischen Wäldern, aber auch in Trockengebieten zu finden sind. Die gedrängt stehenden Blätter sind meist stachelig gesägt und bilden eine weittrichterige bis engröhrige Rosette, sie sind oft mit Schuppenquerbändern oder Flecken versehen und an der Spitze breit gerundet, aber in eine Stachelspitze ausgezogen. Die Hoch-, Deck- und Kelchblätter sind meist bunt gefärbt und oft derbloderig, die Hochblätter können hinfällig sein. Der unterständige Fruchtknoten entwickelt sich zu einer oft bunt gefärbten Beere, wodurch die Zierwirkung sehr lange andauert.

A. chantinii (Carr.) Bak. ist wohl die schönste Ächmea. Die 40 cm langen und 6 cm breiten Blätter sind dunkelgrün und beiderseits grau quergebändert. Der Blattrand ist mit 4 mm langen, braunen Stacheln besetzt. Der Blütenstand trägt unter der verzweigtährigen Infloreszenz leuchtendrote aufrechte Hochblätter, die in die sehr großen, ausgebreiteten bis umgeschlagenen Tragblätter schleifend übergehen. Die Kelch- und Blütenblätter sind gelb. In der letzten Zeit wird diese Art häufiger angeboten, nachdem man sie auch in Peru entdeckte und Saatgut einführen konnte. Die nun gezogenen Pflanzen sind schon aus Kultursaatgut entstanden.

Die bekannteste Art dieser Gattung ist *A. fasciata* (Lindl.) Bak., mit 50 cm langen und 6 cm breiten, grünen, dicht einheitlich oder gebändert beschuppten Blättern. Hochblätter und Trag- und Deckblätter sind rosa und bilden zusammen mit den rosa Kelchblättern und den blauen Blütenblättern die bekannten, lange haltbaren Blütenstände dieser Art. Es gibt auch eine panaschierte Form, 'Variegata', die nur durch Kindel vermehrt werden kann. *A. fasciata* ist selbststeril und nimmt Bestäubungen nur am frühen Vormittag gut an.

30 bis 40 cm lange und 6 cm breite, grüne Blätter besitzt *A. fulgens* Brongn., hier wirken vor allem die Kelchblätter und die leuchtend scharlachrot gefärbten Beeren der zusammengesetzt ährigen Infloreszenzen.

Sehr ähnlich der vorigen Art ist *A. miniata* (Beer) hort. ex Bak., mit 45 cm langen und 5 cm breiten, grünen Blättern und 10 cm langen, zusammengesetzt ährigen Infloreszenzen. Auch hier sind die Spindeln der Blütenregion, die Kelchblätter und die Beeren dunkelrot. Von beiden Arten gibt es unterseits rotviolett beblätterte Formen, die als 'Discolor' bezeichnet werden.

Bei *A. orlandiana* L. B. Smith wirken vor allem die Blätter, sie sind 35 cm lang und 4 cm breit und hellgrün, mit dunkelvioletten Querbändern. Blütenstand und Blätter im Blütenstandsbereich sind rot gefärbt, Kelch- und Blütenblätter sind weißlich. Diese Art wirkt vor allem im nichtblühenden Zustand und eignet sich sehr gut für die Pflege an Epiphytenstämmen, die sie mit den unbeblätterten Basalteilen der Erneuerungstriebe umspinnt. Als letzte Art der Gattung sei *A. weilbachii* Didr. ex Liebm. erwähnt; sie bildet 40 bis 60 cm lange, 4 cm breite glänzend dunkelgrüne Blätter aus. Die Blütenstände sind rosa bis rot gefärbt, die Blätter dieses Bereichs sind rot. Die Kelch- und Blütenblätter sind lila.

Die schuppengebänderten Ächmeen sind bessere Zimmerpflanzen als die grünrosettigen. Beide Gruppen lieben Temperaturen um 18°C, die im Sommer ruhig höher ansteigen können, und eine erhöhte Luftfeuchtigkeit, hier sind die grünblättrigen Arten bedürftiger. Zum Gießen muß Regenwasser verwendet werden. Die Düngung erfolgt bei diesen Bromelien sowohl über die Wurzel als auch die Zisterne, man verwendet Düngerlösungen von 1 bis 2%. Die Kindel nimmt man erst ab, wenn sie schon fast die Größe der Mutterpflanzen erreicht haben. Als Substrat dient Einheitserde oder TKS, die man mit Quarzsand und Polystyrolflocken mischt.

Ananas

Die Gattung *Ananas* Mill. umfaßt fünf Arten, die Brasilien, Guayana und Paraguay bewohnen. Es sind bodenbewohnende Rosettenpflanzen mit stachelig gesägten Blättern und zapfenartigen Blütenständen. Die Früchte verwachsen mit den Basalabschnitten der Tragblätter zu einer großen, fleischigen Sammelfrucht, der Ananas. Sie wird von der Spindel durchwachsen und deshalb von einem Blattschopf gekrönt, er kann aber auch fehlen. Drei Arten finden gelegentlich den Weg zum Liebhaber.

Die echte Ananas, *A. comosus* (L.) Merr. wird selten in der grünblättrigen Ursprungsform gezogen, es sei denn, man hat sie von einer Frucht abgesteckt und bei 25°C bewurzelt; meist finden sich buntblättrige Formen, so die verbreitete 'Variegatus' mit grün, weißlichgelb und rötlich gestreiften Blättern, die bis 1,5 m breite Rosetten bilden. Bei dieser Art bedecken die Tragblätter zur Reifezeit die Früchte kaum.

Häufiger, und Mitte der siebziger Jahre die verbreitetste Zierananas, ist *A. sagenaria* (Arr. Cam.) Schult. f. (*A. bracteatus* Roem. et Schult.), in einer unbenannten panaschierten Zwergform. Bei dieser Art bedecken die Tragblätter zur Reifezeit die Früchte, sie sind dazu noch leuchtendrot gefärbt, so daß diese zwergigen Ananaspflanzen besonders in der Fruchtzeit reizend aussehen.

Als Bodenbewohner macht die Ananas keine besonderen Schwierigkeiten. Sie liebt ganzjährige Temperaturen um 18 bis 20°C, eine gleichmäßige, etwas erhöhte Luftfeuchtigkeit und ein humoses, durchlässiges Substrat. Die Vermehrung der abgeblühten Pflanzen erfolgt durch Kindel der basalen Rosettenblätter, durch Achselsprosse, die unterhalb der Frucht ausgebildet werden, oder aber man verwendet den abgeschnittenen Blattschopf.

Billbergia, Billbergie oder Zimmerhafer

Die 60 Arten der Gattung *Billbergia* Thunb. bewohnen Amerika von Südmexico bis Nordargentinien, wobei der Verbreitungsschwerpunkt in Brasilien zu suchen ist; es sind zumeist epiphytische, selten terrestrische Arten. Die zum Teil sehr harten Blätter treten zu trichterigen oder engröhrigen Rosetten zusammen, sie sind unterseits oft dicht beschuppt, häufig sind die Schuppen in Bändern angeordnet. Der Blattrand ist meist bestachelt. Die Blütenstände sind in der Regel hängend und zeichnen sich durch große, rote oder rosa gefärbte, aber sehr wenig haltbare Hochblätter aus. Die Blüten sind meist bläulich oder grünlich und entfalten sich oft nachts, die Früchte sind Beeren.

Die wichtigste Art für die Zimmerkultur ist *B. nutans* H. Wendl. aus Brasilien und Paraguay. Die schmallinealen, bis 60 cm langen Blätter sind am Rand bestachelt, die obersten 20 cm meist ausgenommen, und stehen zu 12 bis 15 zu den trichterigen Rosetten zusammen. Der Blütenstand ist zuerst aufstrebend, dann überhängend, die vergänglichen, rosenroten Hochblätter sind 5 cm lang, die Blüten grün und blau mischfarbig. Diese terrestrische Art gedeiht unter allen Bedingungen und braucht Einheitserde, sie wird durch Teilung oder Aussaat vermehrt.

Eine herrliche, harte Art ist *B. saundersii* hort. Bull ex Dombr. aus Brasilien. Fünf bis sechs Blätter stehen zu einer kurz röhrenförmigen Rosette zusammen, sie sind bis 40 cm lang und 3,5 cm breit und oberseits grün, unterseits rotbraun gefärbt. Die Blattflächen sind durchscheinend weißlich gefleckt und unterseits gebändert, der Blattrand ist braun bestachelt. Der übergebogene Schaft ist mit karminroten Hochblättern besetzt, die Blüten sind gelbgrün mit blauen Spitzen. Zu den großen Billbergien gehört *B. zebrina* (Herb.) Lindl., hier bilden die vier bis sechs Blätter eine bis 1,2 m hohe, röhrenförmige Rosette. Die Blätter sind 120 cm lang und 8 cm breit, am Rand bestachelt, dunkelgrün und auf der Unterseite grau quergebändert, richtig zebrastreifig. Der Schaft hängt aus dieser Röhre heraus und ist mit rosafarbenen Deckblättern besetzt. Die Blüten sind grünlichgelb gefärbt. Der gesamte Blütenstand ist dicht mit weißem Puder bestreut. Daneben gibt es noch eine Fülle weiterer Röhrenbillbergien, die alle sehr harte Zimmerpflanzen ergeben, aber bei uns selten gezogen werden; in den USA sind sie sehr begehrte Pflanzen, vor allem die hart und reich blühenden Hybriden. Alle diese wollen im Sommer 16 bis 18°C und im Winter um 14 bis 16°C, vertragen aber auch höhere Temperaturen. Als Substrat nimmt man Einheitserde (siehe »Substrate«). Die Gefäße seien eher flach.

Cryptanthus, Versteckblüte

Die 20 Arten umfassende Gattung *Cryptanthus* Otto et A. Dietr. besteht aus kleinen, stengellosen, dem Boden aufliegenden Rosettenpflanzen mit bandförmigen, fein gezähnten, unterseits beschuppten und stark gewellten Blättern. Die weißen Blüten sitzen in stark verkürzten Blütenständen in der Rosettenmitte. Aus den Achseln der Rosettenblätter entstehen zahlreiche Kindel, die sich bei entsprechender Größe herausschieben, abfallen und bewurzeln. Aus diesem Grund findet man bei Cryptanthen immer die Tendenz, größere, den Boden bedeckende Bestände zu bilden.

Es gibt neben den Arten – nur wenige können erwähnt werden – auch viele Bastarde, die die Vorzüge der Eltern vereinen. Alle Cryptanthen sind in Brasilien zu Hause, wo sie halbschattige bis sonnige Plätze in Wäldern bewohnen.

C. beuckeri E. Morr. hat 10 cm lange und 4 cm breite Blätter, die auf grünem Grund weiß marmoriert und bräunlichrosa getönt sind, unterseits finden sich viele graue Schuppen. *C. bivittatus* (Hook.) Regel besitzt auf der grünen Blattfläche zwei helle Längsstreifen, der Blattrand ist gewellt und dicht gesägt. Von *C. bromelioides* Otto et A. Dietr. ist meist nur die 'Tricolor' in Kultur, deren grüne Blätter rahmweiße Längsstreifen besitzen und meist, vor allem im jugendlichen Zustand, rötlich überhaucht sind.

Eine der schönsten Arten ist *C. fosterianus* L. B. Sm., ihre Blätter sind 30 cm lang und 4 cm breit. Die Blätter sind am Rand gewellt und dicht bestachelt, oberseits rötlichbraun mit grauen Schuppenbändern, unterseits dicht grauschuppig gefärbt. Ähnlich durch die Schuppenbänder an der Oberfläche geziert ist *C. zonatus* (Vis.) Beer; die Art hat grüne Blattoberflächen, die Sorte 'Fuscus' besitzt braunrote Blätter, die Blattunterseiten sind weißlich dichtschuppig. Die Form *C. zonatus* 'Zebrinus' sieht *C. fosterianus* besonders ähnlich. Die Form 'Viridis' ist grünblättrig.

Cryptanthen bewohnen keine tropischen Regenwälder, wie Fittonien oder Maranten, sondern eher trockene Buschwälder, man kann sie terrestrisch und epiphytisch ziehen, besser gedeihen sie aber in Erdkultur. Als Substrat nimmt man humusreiche Mischungen, die mit Sphagnum und Styroporflocken versetzt werden. Sie wollen eher sonnige und helle Standorte, aber keine pralle Sonne. In der hellen Jahreszeit wachsen sie, brauchen dann gleichmäßig feucht, Düngung und Temperaturen zwischen 20 und 25°C, im Winter vertragen sie bis 18°C herunter. Als ideale Pflegebehältnisse eignen sich geschlossene Blumenfenster, Vitrinen oder geklebte oder mit Rahmen versehene Aquarien. Sie gedeihen befriedigend bei ausreichender künstlicher Beleuchtung (ca. 200 W/qm) und können als Unterpflanzung für atmosphärische Tillandsien verwendet werden.

Guzmania, Guzmanie

Die Gattung *Guzmania* Ruiz et Pav. umfaßt 80 bis 90 Arten, die von Peru bis zu den Westindischen Inseln beheimatet sind. Sie bewohnen epiphytisch tropische Regenwälder, aus diesem Grund sind sie auch weicher im Blatt und anspruchsvoller an Lufttemperatur, Luftfeuchtigkeit und lieben Schatten. Sie können erfolgreich nur in Vitrinen – es gibt leider wenige kleine Arten – oder geschlossenen Blumenfenstern gezogen werden.

Guzmanien bilden Trichterrosetten, ihre Blätter sind stets ganzrandig und teilweise besonders schön gezeichnet. Die Blütenschäfte tragen im oberen Bereich meist leuchtend gefärbte Hochblätter, die dann in die ebenso gefärbten Trag- und Deckblätter des Blütenbereiches übergehen. Manche Arten besitzen keine auffallend gefärbten Hochblätter, sondern wirken durch die Kombination von roten Tragblättern und gelben Kelch- und Blütenblättern.

G. donnell-smithii Mez hat grüne, 40 cm lange und 3 cm breite Blätter und längliche Blütenstände, die Tragblätter sind rot, die Kelch- und Blütenblätter gelb. *G. lindenii* (André) Mez ist eine der blattschönsten Arten, mit 70 cm langen und 7 cm breiten Blättern, die gelblichgrün, fast weißlich gefärbt sind und eine braungrüne, in waagrechten Bändern angeordnete Strichelzeichnung aufweisen.

G. lingulata (L.) Mez ist eine herrliche, weit verbreitete, formenreiche Art mit grünen Blättern und roten Hoch-, Trag- und Deckblättern und weißlichen oder gelblichen Blüten. Sehr verbreitet ist *G. minor* Mez, die kleiner als die vorige Art, ihr aber sehr ähnlich ist. Die Hochblätter können bei dieser Art scharlachrot bis orange oder lachs gefärbt sein. Ebenfalls häufig angeboten wird *G. monostachya* (L.) Rusby, mit 30 cm langen und 2,5 cm breiten, blaßgrünen Blättern. Hier sind die basalen Tragblätter grün mit braunen Streifen, die oberen leuchtendrot, die Blüten weiß. *G. musaica* (Lind. et André) Mez ist ähnlich wie *G. lindenii* gefärbt, eine herrliche Pflanze, die auch nichtblühend sehr wirksam ist. Die Tragblätter sind rot, die Blüten gelb gefärbt. Als letzte Art soll *G. zahnii* erwähnt werden, die häufig zu erhalten ist. Hier sind die Blätter zugespitzt und bis 60 cm lang, auf der Oberseite dunkelgrün, auf der Unterseite bräunlich gefärbt. Die Hochblätter sind rötlich, die Trag- und Deckblätter und die Blüten leuchtendgelb.

Guzmanien besitzen so wie Vrieseen und Tillandsien geflügelte Samen, doch ist die Aufzucht an hohe Temperaturen gebunden, weil ja schon erwachsene Pflanzen ein geschlossenes Blumenfenster oder eine Vitrine brauchen.

Neoregelia, Neoregelie

Die Gattung *Neoregelia* L. B. Sm. umfaßt 40 Arten, die, überwiegend epiphytisch, Brasilien, Kolumbien und Peru bewohnen. Die Arten zeichnen sich durch abgerundete, mit kurzer Stachelspitze versehene, meist bewehrte Blätter aus, die als bunte Herzblätter den vollkommen sitzenden Blütenstand umgeben. Die unter Wasser angelegten, einfachen oder zusammengesetzten Blütenstände senden immer nur einzelne, sich weit öffnende Blüten über die Wasseroberfläche.

Die Arten der nahe verwandten Gattung *Nidularium* besitzen meist verschmälerte Blätter, die spitz zulaufen, stets zusammengesetzte Blütenstände und sich wenig öffnende Blüten. Aus dem Fruchtknoten entwickeln sich bei beiden Gattungen Beeren, in der Kultur werden sie jedoch meist durch Kindel vermehrt, vor allem weil viele panaschierte Formen, die nicht samenstet fallen, verbreitet sind und Beeren auch nicht so gerne angelegt werden. Die Samenaufzucht dieser sehr willigen Gattung ist dem etwas besser ausgerüsteten Liebhaber zu empfehlen; die verschiedensten Arten und Formen werden vom Fachhandel geführt.

Die wichtigste Art ist wohl *N. carolinae* (Beer) L. B. Sm. (*Nidularium meyendorfii* Regel), bei der die 40 cm langen und 3 cm breiten Blätter zu 12 bis 15 stehen und bis 60 cm breite Rosetten bilden. Die Blätter sind glänzendgrün, die Herzblätter leuchtendrot mit bläulichem Schimmer. Die Blüten sind tiefviolett gefärbt, an der Basis weiß. Besonders schön und viel verbreitet ist die gelblichweiß längsgestreifte, etwas rot überhauchte Form 'Tricolor'.

Bis 90 cm breite Rosetten bildet *N. concentrica* (Vell.) L. B. Sm., hier sind die Blätter dunkelgrün, etwas lila gefleckt, die Herzblätter lilafarben und der Blattrand lang schwarz bestachelt. *N. marmorata* (Bak.) L. B. Sm. besitzt 60 cm breite Rosetten, die 40 cm langen und 8 cm breiten Blätter sind grün gefärbt und unregelmäßig braunrot gefleckt. Die rote Fleckung bildet sich nur bei genug Licht aus. Ebenso groß wird *N. spectabilis* (T. Moore) L. B. Sm., mit oberseits dunkelgrünen, etwas braun überhauchten Blättern, mit lebhaft rotviolettem Spitzenfleck. Die Blüten sind blau.

Daneben werden noch andere Arten angeboten, so *N. princeps* (Bak.) L. B. Sm. und deren Form 'Marechalii' oder *N. sarmentosa* (Regel) L. B. Sm.

mit ihrer Form 'Chlosticta', die der *N. marmorata* sehr ähnelt.

Alle diese Neoregelien sind als Zimmerpflanzen, gute Pflegebedingungen vorausgesetzt, gut geeignet, weil sie harte, irgendwie ächmeenartige Blätter haben und niedere Luftfeuchtigkeit gut vertragen. Rascher wachsen sie im Blumenfenster, wo sie neben dem hellen, aber unbesonnten Standort auch die höhere Luftfeuchtigkeit haben. Im Winter ruhen sie und brauchen 16 bis 18°C, im Sommer soll die Temperatur über 20°C ansteigen. Als Substrat eignen sich die bei Ächmea erwähnten Mischungen. Kindel lieber erst spät abnehmen. Aussaat nur für den fortgeschrittenen Liebhaber, eine Anzahl von Arten und Formen werden im Fachhandel angeboten.

Nidularium, Nestrosette

Die nahe der Gattung *Neoregelia* verwandte Gattung *Nidularium* Lem. umfaßt 25 Arten aus Ostbrasilien. Äußerlich sehen sich beide sehr ähnlich, die Unterschiede wurden bei *Neoregelia* aufgezeigt. Die verbreitetsten Arten und Formen sind die folgenden.

N. billbergioides (Schult. f.) L. B. Sm. bildet aus den bis 40 cm langen, frischgrünen Blättern 50 cm große Rosetten, die Blütenschäfte dieser Art sind lang und heben die Blüten hoch über das Wasser der Zisterne. Die Tragblätter bilden einen zitronengelben, selten roten Kelch, aus dem die weißen Blüten herausragen. Wichtiger ist *N. fulgens* Lem., mit stark bewehrten, bis 30 cm langen, dunkelgrünen Blättern und leuchtendroten Herzblättern. Die Blätter sind meist dunkler marmoriert, die Blüten blau.

Eine der verbreitetsten Arten ist *N. innocentii* Lem., mit oberseits schwarzvioletten, unterseits dunkellilaroten Blättern, roten Herzblättern und weißen Blüten. Von dieser sehr variablen Art werden viele Formen gezogen, so 'Paxianum' mit grünen Blättern und breitem, weißem Mittelstreifen oder 'Striatum' mit hellgrünen Blättern und mehreren Längsstreifen. 'Lineatum' ist ähnlich, doch sind die Tragblätter im Gegensatz zur vorigen Form, wo sie rötlich purpurn sind, nur an der Spitze hellrot gefärbt.

Für Nidularien gilt Ähnliches wie für Neoregelien, doch sind die Blätter meist etwas weicher und die Pflanzen deshalb wärme- und luftfeuchtigkeitsbedürftiger. Auch vertragen sie weniger Licht, müssen also mehr schattiert werden. Kultur und Vermehrung sonst wie bei *Neoregelia*.

Tillandsia, Tillandsie

Von der Riesengattung *Tillandsia* L., sie umfaßt 400 Arten, sollen hier nur zwei Arten besprochen werden: *T. cyanea* Lind. (*T. lindenii* E. Morr. non Regel, *T. morreniana* Regel) und *T. lindenii* Regel (*T. lindeniana* Regel, *T. lindenii* E. Morr. var. *regeliana* E. Morr.). Beide haben, wegen der nomenklatorischen Schwierigkeiten, die sie verursacht haben, bei manchen Pflegern einen schlechten Ruf, heute scheint das gelöst zu sein.

T. cyanea bildet aus den schmalen, bis 30 cm langen, dunkelgrünen und an der Basis rot gestreiften Blättern dichte Rosetten, die kurzen, bis 15 cm langen Schäfte tragen das aus den rosa bis roten Deckblättern aufgebaute zweizeilige Schwert. Die großen, bis 6 cm breiten Blüten sind leuchtend dunkelblau, bei der Varietät *tricolor* (André) L. B. Smith haben die Blütenblätter an der Basis einen weißen Fleck.

T. lindenii unterscheidet sich von der vorigen Art durch den langen Blütenschaft und die immer weißgeaugten, bis 8 cm breiten Blüten.

Die Kultur gleicht der der anderen Trichterbromelien. Diese Tillandsien sind zwar im Zimmer zu ziehen, gedeihen aber wesentlich besser in einer Vitrine oder einem geschlossenen Blumenfenster. Die Vermehrung erfolgt durch die Kindel, die sich hier in dichtem Kranz bilden.

Tafel 45 · Bromelien III

Durch Blätter und Blüten fallen die Ananasgewächse auf:

ol Weißbunte Ananas, *Ananas comosus* 'Variegatus'
or *Aechmea weilbachii*
ml *Nidularium carolinae*
mr *Aechmea fasciata*
ul *Cryptanthus zonatus* var. *fuscus*
ur *Guzmania minor*

Tafel 46
Wärmeliebende Blattpflanzen

Blattbegonien waren und sind beliebte Zimmerpflanzen:

- ol *Begonia foliosa*
- or Runzelblatt-Begonie, *B. crispula*
- ml *B. heracleifolia*
- mr 'Iron Cross'-Begonie, *B. masoniana*
- ur *B. manicata* 'Aureo-maculata' mit den typischen
- ul Manschetten am Blattstiel, knapp unter der Blattfläche

Vriesea, Vriesee

Die Gattung *Vriesea* Lindl. umfaßt ungefähr 150 Arten, die mit dem Verbreitungsschwerpunkt Brasilien in Süd- und Mittelamerika heimisch sind. Diese Gattung ist mit *Tillandsia* sehr nah verwandt, doch besitzen die Blütenblätter an der Basis Schuppen. Die für uns wichtigen Arten bilden Trichterrosetten aus, die Blätter sind nie gezähnt oder bestachelt, grün oder bunt gefärbt und relativ weich. Diese Gattung bildet Kapseln mit Flugfrüchten aus. Die gelben, weißen oder grünen Blüten stehen in blattlosen Ähren, die Deckblätter stehen zweischneidig, sind bunt gefärbt und bilden die typischen Schwerter.

V. carinata Wawra, eine kleinwüchsige, hellgrünblättrige Art mit stark gekielten Deckblättern, die unten rot, gegen die Spitze zu gelb oder grünlichgelb sind, wird fast immer mit der unauffälligeren *V. psittacina* (Hook.) Lindl. verwechselt, deren Deckblätter klein und ungekielt sind. Die kleinen, rot-gelben Schwerter von *V. carinata* sind sehr zierend, die Pflanze ist klein und deshalb gut für Vitrinen geeignet.
V. gigantea Gaud. (*V. tessalata* (Lind.) Morr.) und *V. hieroglyphica* (Carr.) Morr. sind zwei großwüchsige Arten, die durch die herrlich gezeichneten Trichter und nicht durch die Blüten auffallen. Bei der ersten Art sind die Blätter ober- und unterseits auf hellgrünem Grund gelbgrün genetzt, bei der zweiten Art befindet sich auf grünem Grund eine bräunliche, unregelmäßige Querbänderung, die mit Phantasie wie aus verschwommenen Schriftzeichen zusammengesetzt erscheint. Beide Arten bilden bis 1 m breite Trichterrosetten und blühen eher unscheinbar.
Graue Rosetten mit rötlichen Punkten hat *V. saundersii* (Carr.) Morr., die Trichter werden bis 45 cm im Durchmesser. Die rundlichen, gelblichen Blütenschwerter werden bis 60 cm hoch. Die wichtigste Art ist zweifellos *V. splendens* (Brongn.) Lem., mit bis 40 cm breiten Rosetten und 1 m hohen Schwertern. Die weichen Blätter sind grün und rotbraun oder dunkelviolett quergebändert. Die Deckblätter sind dachziegelig, leuchtendrot und bilden das bis 60 cm lange und 6 cm breite Schwert. Die Blüten sind gelb und ragen heraus.
Daneben gibt es eine Fülle von *Vriesea*-Hybriden, oft schon so verkreuzt, daß die Herkunft nicht mehr anzugeben ist. Es sind sowohl Auslesen mit bunten als auch solche mit grünen Blättern im Handel, sowohl mit einfachen als auch mit verzweigten Schwertern.
Vrieseen sind wegen der eher weichen Blätter keine Zimmerpflanzen im engeren Sinn, sie fühlen sich am wohlsten bei erhöhter Luftfeuchtigkeit und auch höherer Temperatur. Auch Sonne vertragen sie nicht zu viel, eher mögen sie es halbschattig oder absonnig. Nur für kurzfristige Aufenthalte im Zimmer kann man sie empfehlen, oder man riskiert, daß man sie nachher entfernen muß, was aber bei solch herrlichen Pflanzen eher schade wäre. Als Substrat nimmt man Torf, Sand, Sphagnum und Styropor oder ähnliche durchlässige, aber humose Mischungen. Bei dieser Gattung erfolgt die Ernährung schon fast ausschließlich über die Trichter, die Wurzeln sorgen für den Halt der Pflanze. Regenwasser und eher mäßige Düngung, 1 bis 2 g je Liter, während der Wachstumszeit, sind erforderlich.
Die Vermehrung erfolgt durch Abnehmen der Kindel oder Aussaat. Die Aussaat ist nur dem gut ausgerüsteten Liebhaber möglich, der hohe Temperaturen und gleichmäßiges Licht bieten kann, z. B. in einem Kleingewächshaus, sie ist aber sehr lohnend.

ATMOSPHAERISCHE BROMELIEN

In dieser letzten Gruppe werden jene Tillandsien zusammengefaßt, die sowohl auf der Unter- als auch der Oberseite mit Saugschuppen besetzte Blätter besitzen und ausschließlich epiphytisch wachsen. Diese Tillandsien besitzen oftmals keine Wurzeln mehr, sie werden nur mehr in der Jugend, bei der Keimung, entwickelt, sie verspreizen sich mit den Blättern auf ihren Trägerpflanzen oder schlingen sich sogar mit den Blattspitzen, die sie eindrehen können. Die Blütenstände sind äußerst verschiedengestaltig, doch eigentlich immer sehr zierend, Samen werden bei manchen Arten sehr gut gebildet. Da fast alle der 400 bekannten Arten der Gattung *Tillandsia* L. so wachsen, wie es eben beschrieben wurde, fällt die Auswahl schwer. Das Sammeln von atmosphärischen Bromelien hat in den letzten Jahren einen großen Aufschwung genommen, und es gibt Liebhaber, die Hunderte Pflanzen ziehen. Diese Fachleute mögen über die nun folgende, natürlich willkürliche Auswahl nicht ungehalten sein!

T. aeranthos (Loisel.) L. B. Smith ist eine der dankbarsten Arten, die Rosetten grauer Blätter sind bis 15 cm breit und bilden zu mehreren dichte Gruppen. Die überhängenden Blütenstände zeigen purpurrote Deckblätter. *T. albida* Mez et Purp. ist langstammbildend und besitzt herrlich weiße Blätter. Die einfache Ähre ist schlank und wenig auffallend. Eine der kleinsten Tillandsien ist *T. bryoides* Griseb., mit moosähnlichem Aussehen und grauer Blattfarbe, die zwergigen Blüten stehen einzeln und sind gelblich. Eine sehr variable, aber nette, dabei anspruchslose Art ist *T. capillaris* Ruiz et Pav., ihre Blätter stehen zweizeilig und sind 1 bis 4 cm lang. Die Blüten stehen einzeln oder zu zweit und sind grünlichgelb. *T. duratii* Vis. ist eine stammbildende Art, deren Blätter sich einrollen und um andere Pflanzen klammern, sie machen das auch ohne Reiz, im Gegensatz zu anderen Kletterern. Die blauen Blüten sind bis 2,5 cm groß. Herrliche, dicht silbergrau beschupppte Rosetten mit 20 cm Durchmesser bildet *T. gardneri* Lindl.; ihre Blüten sind in kleinen Schwertern angeordnet, die zu mehreren zusammenstehen.

Eine herrliche Art ist *T. ionantha* Planch., bei dieser Art bilden die grauen Blätter eine dichte, 10 cm große oder kleinere Rosette. Zur Blütezeit verfärben sich die Herzblätter rot und kontrastieren gut mit den violetten, in einer einfachen Ähre angeordneten Blüten. *T. juncea* (Ruiz et Pav.) Poir. sieht wie ein graues Gras aus. Die blauen Blüten stehen in wenigblütigen Ähren. Rasch dichte Klumpen aus den grauen, rosettigen Blättern bildet *T. stricta* Soland., der überhängende Blütenstand ist dicht mit den karminroten Deckblättern besetzt, die blauen Blüten fallen im Kontrast dazu sehr auf. Diese mexikanische und mittelamerikanische Art ist wegen der geringen Größe für Vitrinen geeignet.

Sehr bekannt ist *T. usneoides* L., die von den südlichen Staaten der USA bis nach Argentinien und Chile zu finden ist. Diese Art hat dünne, schlängelnd hin- und hergebogene Triebe und kleine graue Blätter. In der Heimat sollen die Pflanzen bis 8 m herunterhängen. Das 'Lousiana Moss' der Südstaaten, dort auf allen möglichen Unterlagen gedeihend und ein Unkraut, das sich sogar auf den Drähten der Überlandleitungen ansiedelt, hat kleine gelbgrüne, einzeln stehende Blüten.

Die atmosphärischen, grauen Tillandsien gedeihen leicht, wenn man um ihre Ansprüche weiß. Die Haupterfordernisse sind Trockenheit und Sonne, gegossen wird durch Betauen oder Tauchen mit Regenwasser, dem man ab und zu Volldünger zusetzt. Sie brauchen weder Gefäße noch Substrat, denn sie werden blank am Korkblock oder schöner auf alten Rebstöcken gezogen und hängend kultiviert. Die Vermehrung erfolgt durch Teilung oder Aussaat. Die Teilstücke oder groß genug herangewachsene Sämlinge werden mit Nylonfaden oder Kunststoffdamenstrumpfbändern auf die Unterlage geheftet. Die Aussaat erfolgt auf Zweigbündeln von Nadelhölzern, z. B. *Thuja* oder *Juniperus,* oder auf Farnblöcken, zum Zusammenbinden der Zweige nimmt man Kupferdraht. Nach dem kräftigen Besprühen haften die Samen mit ihren Haaren fest auf der Unterlage, diese werden dann etwas absonniger aufgehängt und regelmäßig getaucht und besprüht. Wichtig ist, daß das Wasser sauer ist, damit sich Algen nicht entwickeln können. Nach drei oder vier Jahren stehen die Sämlinge meist so dicht, daß umgepflanzt werden muß.

Sind die Kulturbedingungen halbwegs ideal, so finden sich bald die ersten Sämlinge auf den Pflanzen selbst oder sogar in den Kapseln, in Büscheln, ein Erfolg, der sicher zu weiteren Versuchen anspornt!

Insektivoren

Die Bezeichnung Insektivoren klingt simpel, und doch sind die Gewächse dieser Gruppe mit die interessantesten Pflanzen, hochentwickelte Spezialisten. Als Fleischfresser, Karnivoren, werden sie bezeichnet, obwohl sie sich immer nur an Insekten oder ähnlichen kleinen Tieren »vergreifen«; sie tun es gezwungenermaßen, denn sie bewohnen Standorte, wo ihnen wenig Stickstoff zur Verfügung steht: saure Hochmoore, sumpfige Wiesen oder Astgabeln, hoch in der Krone von Bäumen. Um nun ihren Speiseplan aufzubessern, haben sie die unterschiedlichsten Mechanismen entwickelt, kleine Tiere zu fangen, zu verdauen und den Stickstoff des tierischen Eiweißes in ihren Stoffwechsel einzubauen. Bei manchen geht der Tierfang so langsam vor sich, daß man ihn nur im Zeitraffer beobachten kann, andere Insektivoren sind so flink, daß man ihre Bewegungen in Zeitlupe zerdehnen muß, um darauf zu kommen, wie sie es anstellen. Alle aber sind schöne, wenn auch manchmal sehr heikle Pfleglinge. Einige werden immer wieder angeboten, so daß ihre Aufnahme in diesem Buch unumgänglich ist! Die folgenden Zeilen stellen die Fülle der Insektivoren vor, auch hier nach ihren botanischen Namen geordnet, Kulturanleitungen finden sich bei jeder Gattung.

Aldrovanda, Wasserfalle

Die Gattung *Aldrovanda* L. gehört zu den Sonnentaugewächsen, den *Droseraceen,* und umfaßt nur eine Art, *A. vesiculosa* L., die wärmere Gewässer der gesamten Erde, mit Ausnahme von Amerika, bewohnt. Es ist eine kleine, untergetaucht wachsende Pflanze, wurzellos, mit quirlständigen Blättern, deren Blattflächen blasenartig aufgetrieben sind, vier lange Wimpern tragen und auf Reize durch Zusammenklappen reagieren. In gut belichteten Aquarien, in kalkfreiem Wasser, gedeiht die Wasserfalle gut, sie braucht allerdings entsprechende Kleinkrebse zur Ernährung. Im Herbst bilden sich Überwinterungsknospen, die frostfrei aufgehoben werden und im Frühjahr rasch neue Pflanzen ergeben. Als Überwinterungsgefäß verwendet man kleine Aquarien.

Cephalotus

Auch die Gattung *Cephalotus* Labill., sie gehört zu den Cephalotusgewächsen, den *Cephalotaceen,* umfaßt nur eine Art, *C. follicularis* Labill., die im südlichen Westaustralien beheimatet ist.
Eine reizende, zwergige Pflanze mit zweierlei Blättern, einerseits kurzgestielte Spatelblätter, andererseits Kannenblätter, mit einem kleinen Deckel versehen. Die Kannen liegen dicht am Boden auf, sind ungefähr 4 cm hoch und außerordentlich bunt gefärbt: Karminrot ist die Grundfarbe, weiß und grün sind die Mündungsringe, die Kannen sind mit herablaufenden Flügelleisten geziert. Im Inneren der Kannen, die so glatt sind, daß gefangene Tiere nicht wieder herausklettern können, wird eine verdauende Flüssigkeit ausgeschieden.
Cephalotus ist als Abschluß der Insektivoren-Liebhaberei gedacht, nicht nur weil die Pflanzen sehr schwer zu bekommen sind, sondern weil sie auch heikel sind. Am besten zieht man sie in kleinen Töpfen, in sandig-humoser Erde, senkt sie in große Schalen aus, die mit brockigem Torf gefüllt werden, dem Holzkohle zugesetzt wurde. Die Oberfläche wird mit lebendem *Sphagnum* abgedeckt. Als Deckel wird eine Käseglocke aufgesetzt, gelüftet wird durch untergelegte Hölzchen. Als Standort empfiehlt sich ein heller Platz im Kalthaus. Die Vermehrung durch Aussaat ist schwer, es wird auf Torf ausgesät und nicht abgedeckt. Teilung und Blattstecklinge setzen bereits Pflanzen voraus.

Darlingtonia, Kobrapflanze

Die Gattung *Darlingtonia* Torr. gehört zu den Schlauchpflanzengewächsen, den *Sarraceniaceen,* und umfaßt eine einzige Art, *D. californica*

Torr., die feuchte Gebirgswiesen Nordkaliforniens und Südoregons bewohnt.

Die Kobrapflanze besitzt einen kurzen Wurzelstock, von dem sich die smaragdgrünen Schlauchblätter erheben. Diese sind an der Spitze übergewölbt und zeigen darunter die Mundöffnung, vor der ein zweispaltiges Anhängsel herunterhängt. Im oberen überwölbten Teil finden sich weiße oder silberige Fensterflecken. Durch Honigabsonderungen angelockt, kriechen Insekten durch die Mundöffnung in die Schlauchblätter, fliegen immer wieder zu den Fenstern auf, bis sie ermüdet in den Verdauungssaft fallen, wo sie zersetzt werden. Die einzelstehenden Blüten befinden sich am Ende des 25 bis 30 cm langen, blattlosen Schaftes, sind fünfteilig und grüngelb bis braunrot gefärbt.

Der ideale Kulturraum für die Kobrapflanze ist ein kalter Kasten oder ein kaltes Gewächshaus, die eben frostfrei gehalten werden können. Unten soll eine Wanne aus Beton oder Blech angebracht sein, in der ständig Wasser steht. Die Pflanzen werden in kleinen Töpfen gezogen, als Substrat nimmt man sauren Torf, Sphagnum und geriebenen, trockenen Kuhmist, eventuell Styropor. Die Töpfe stehen auf umgedrehten Schalen, damit sie nicht im Wasser stehen, die Zwischenräume werden mit einem porösen, kalkarmen Material gefüllt, Blähton gröberer Körnung ist ideal, oben deckt man mit lebendem Sphagnum ab. Immer soll der Kulturraum so ausgebildet sein, daß sich die Luftfeuchtigkeit gut hält; man baut also im Gewächshaus rundherum einen Kasten oder bildet den Mistbeetkasten als tiefen Kasten aus, die Wände entlang stellt man Torfsoden auf, nagelt Moos an oder sorgt sonst irgendwie für hohe Luftfeuchtigkeit. Im Sommer öffnet man Mistbeetkästen bei Regenwetter ganz, schließt die aber bei heißer Witterung, um die Luftfeuchtigkeit zu erhalten.

In einem ostseitigen Blumenfenster, das durch Einbauten geschlossen gemacht und entsprechend vorbereitet wurde, gelingt die Kultur ebenfalls gut, nicht aber im Zimmer. Zur Erziehung einer hohen Luftfeuchtigkeit kann man bei kleinen Räumen käufliche Defensoren anschließen, die sich automatisch regeln, anderenfalls sorgt man für große Blech- oder Asbestzementwannen, die man ständig mit kalkfreiem Wasser füllt. Eine Heizung ist für diese Pflanzen nicht notwendig, eher noch, bei zu absonnigem Standort, eine zusätzliche Belichtung.

Die Vermehrung erfolgt durch Aussaat im Herbst, man sät auf Torf-Sphagnum-Gemische. Jungpflanzen hält man drei Jahre bei 18°C.

Dionaea, Venusfliegenfalle

Dionaea Ellis gehört zu den Sonnentaugewächsen, den *Droseraceen*. Die einzige Art, *D. muscipula* Ellis, findet sich nur auf feuchten Heiden und Sphagnummooren Carolinas, USA.

Die grundständigen Blätter bilden Rosetten aus, die Blätter bestehen aus einem verbreiterten Blattstiel und der zweiklappigen Blattfläche, die am Rand steif bewimpert ist und auf jeder Klappe drei Borsten besitzt. Berühren Insekten die Borsten, so klappen die Blätter blitzschnell zusammen und schließen das Insekt ein; es geht zugrunde und wird von Verdauungsfermenten, die von den Blättern ausgeschieden werden, verdaut. Ist das Insekt aufgesogen, so öffnen sich die Klappenblätter wieder, und die trockene Chitinhülle wird vom Wind weggeweht. Die Klappenblätter sind so groß, daß sie, allerdings mit Mühe, Kohlweißlinge verzehren können – eine beachtliche Leistung! Die Klappenblätter dürfen allerdings nicht zu oft unnütz gereizt werden, weil sie sich sonst nicht mehr öffnen und assimilieren können; das Leben der Pflanze würde überhaupt gestört.

Im Winter ziehen die Pflanzen ein und bilden nur aus Blattstielen bestehende Blätter, im Frühjahr entwickeln sich dann wieder Klappenblätter. Die weißen Blüten stehen in Doldentrauben.

Die Kultur gleicht der von *Darlingtonia*, der Kobrapflanze, doch bietet sich für diese niedrigere Pflanze als Kulturraum noch das geklebte Vollglasaquarium an. Nie dürfen die Pflanzen allerdings direkt im Wasser stehen. Nicht zu sonnig halten! Venusfliegenfallen werden wie Kobrapflanzen regelmäßig angeboten.

Drosera, Sonnentau

Die Gattung *Drosera* L. umfaßt 85 Arten, die überwiegend auf der Südhalbkugel zu Hause sind. Sie gehören zu den Sonnentaugewächsen, den *Droseraceen*. Die ausdauernden Kräuter haben rosettige oder stengelständige, einfache oder geteilte Blätter, die dicht mit rotgefärbten Drüsen besetzt sind. Diese scheiden ein klebriges, verdauendes Sekret aus. Setzt sich ein Insekt, angelockt durch die wie Tautropfen erscheinenden Drüsen, auf das Blatt, so bleibt es kleben. Durch diesen Reiz bedingt, krümmen sich alle Drüsen eines Blattes zu dem gefangenen Insekt hin und schließen es ganz mit dem klebrigen, verdauenden Sekret ein. Ist das Tier verdaut, so gehen die Drüsen in ihre Ausgangslage zurück. Diese gestielten, beweglichen Drüsen nennt man Tentakel, analog zu Drüsen bei Tieren.

Winterharte Sonnentauarten

Die heimischen Sonnentauarten sind ebenfalls recht nette Gesellen, sie gedeihen zumeist auf Sphagnummooren und sehen durch ihre roten Blätter zierend aus. Im Winter bilden sie eine Überwinterungsknospe aus, die sich im Frühjahr wieder zu den Rosetten auswächst. Die verbreitetste Art Mitteleuropas ist *D. rotundifolia* L. mit kreisrunden, langgestielten Blättern, seltener sind *D. anglica* Huds. (*D. longifolia* L.) mit linealischen Blättern und *D. intermedia* Hayne (*D. longifolia* auct. non L.) mit verkehrteiförmigen Blättern. Die Lebensräume (Biotope) der beiden letztgenannten Arten sind besonders gefährdet.

Nicht winterharte Sonnentauarten

Aus Ostaustralien und Neuseeland stammt *D. binata* Labill. (*D. dichotoma* Banks et Soland. ex Sm.) mit rosettig gestellten, langgestielten Blättern, die am Ende einfach, doppelt oder, seltener, auch vielfach gegabelt sind. Jeder Gabelteil ist linealisch und dicht mit braunroten Drüsenhaaren besetzt. Die Pflanzen verzweigen sich stark aus den Wurzeln und bilden Gruppen, sie ziehen im Winter ein, werden zurückgeschnitten und kühl überwintert.

D. capensis L. stammt aus Südafrika und bildet Stämme und keine Rosetten, die Blätter sind linealisch-spatelig und besitzen einen gleich langen oder längeren Blattstiel, sie sind dicht rot bedrüst. Hier sind die Blüten, im Gegensatz zur ersten Art, die weiß blüht, purpurrosa.

Die kleinste Art, die wir ziehen, ist *D. pygmaea* DC. aus Australien und Neuseeland; sie ähnelt der heimischen *D. rotundifolia,* doch sind die Rosetten nur bis 3,5 cm breit. Die weißen Blüten stehen einzeln an haardünnen Stielen.

Herrliche, regelmäßige Rosetten bildet *D. spathulata* Labill., die Südostasien, Australien und Neuseeland bewohnt. Die Blätter sind spatelig, die Rosetten bis 8 cm breit, die Blüten weiß.

Sowohl die winterharten als auch die nicht winterharten Sonnentau-Arten sind sicherlich die einfachsten Insektivoren, sie sind besonders für die Bepflanzung von kleinen Aquarien geeignet. Sie brauchen allerdings helle, sonnige Standorte, viel Luft und gleichzeitig höhere Luftfeuchtigkeit, um gut zu gedeihen. Als Substrat nimmt man reinen Torfmull, die Zwischenräume zwischen den Töpfen füllt man mit lebendem Sphagnum aus. Die Kulturtemperaturen sollten nicht zu hoch sein, besonders im Winter; sommers vertragen alle auch 18 bis 20°C.

Das Wasser sollte möglichst kalkarm sein, damit das Sphagnum gut gedeiht. Nicht zuviel Spritzen, das lieben Sonnentaupflanzen nicht so sehr. Die Vermehrung durch Aussaat ist leicht: Man sät auf Torf und deckt nicht ab, pikiert mehrere Male, setzt in Schalen und dann einzeln. Sie keimen auch reichlich um die Mutterpflanzen.

Die winterharten Arten gedeihen nicht nur im Freien, in Torf, in voller Sonne, sondern auch sehr gut mit den nicht winterharten Arten zusammen.

Drosophyllum, Taublatt

Die Gattung *Drosophyllum* Link gehört ebenfalls zu den Sonnentaugewächsen, den *Droseraceen,* und umfaßt eine Art, *D. lusitanicum* (L.) Link.

Sie ist in Spanien, Portugal und Marokko zu Hause und bewohnt dort lichte, aber nicht prallsonnige Stellen zwischen Zistrosen, *Cistus,* und Stechginster, *Ulex.*

Das Taublatt ist ein holziger Halbstrauch mit 25 cm langen, linealischen, dicht mit unbeweglichen Drüsen besetzten Blättern, die bei Wärme honigartig duften. Die fünfteiligen Blüten sind hellgelb, ähneln aber den Blüten des Sonnentaus. *Drosophyllum* ist anders als *Drosera* zu ziehen: die Pflanzen brauchen hellen, aber nicht vollsonnigen, kühlen Stand und geringe Bodenfeuchtigkeit. Um sie erfolgreich zu ziehen, gibt es die unterschiedlichsten Methoden, die alle darauf hinauslaufen, die empfindlichen Wurzeln nicht zu verletzen. Man baut in Schalen, pikiert in Töpfe, die man auf andere Töpfe aufstellt oder etwas einsenkt; oder man pikiert in kubische Torfklötze drei oder vier Pflanzen, die Klötze stellt man auf große Töpfe. Man kann auch sofort in solche Torfklötze aussäen. Alle diese Maßnahmen verhindern Wurzelstörung und übergroße Feuchtigkeit. Saatgut läuft gut auf, jedoch nicht so gut wie das von *Drosera*-Arten.

Heliamphora, Sumpfkrug

Die Gattung *Heliamphora* Benth. gehört zu den Schlauchpflanzengewächsen, den *Sarraceniaceen,* und umfaßt vier Arten, die in bergigen Gebieten des nördlichen Südamerika zu Hause sind. Auch bei diesen Pflanzen sind die rosettig gestellten Blätter zu nach oben geöffneten Kannen umgebildet, die Insekten fangen und ertränken.

Als einzige Art wird *H. nutans* Benth. gezogen. Ihre Schläuche können bis zu 30 cm hoch werden, übersteigen normalerweise aber kaum 15 cm.

Der Sumpfkrug ist heikel, die Kultur gleicht in etwa der von *Cephalotus,* doch brauchen die Pflanzen temperiert bis warm und eine höhere Glocke oder einen Verschlag, da sie größer werden.

Nepenthes, Kannenstrauch

Die Gattung *Nepenthes* L. ist die einzige der Kannenstrauchgewächse, der *Nepenthaceen,* sie umfaßt 70 Arten und viele Hybriden. Die Heimat der Gattung sind luftfeuchte, warme Wälder, wo die Arten epiphytisch wachsen, von Madagaskar bis zu den Australien vorgelagerten Inseln, das Hauptverbreitungsgebiet ist der Malaiische Archipel.

Kannensträucher sind kletternde Epiphyten mit eigenartig geformten Blättern: der Blattstiel ist blattartig verbreitert, der Blattgrund stielartig verschmälert, das Blatt in eine mit einem Deckel versehene Kanne umgebildet. Die Kannen sind sehr zierend, Deckel und Mundsaum sind oft anders, vielfach rot, gefärbt, auf dem Kannenkörper finden sich Flecken und Flügelleisten. Am Deckel und Mundsaum sitzen Honigdrüsen, die Insekten anlocken. Die Tiere fallen in die Kannen hinein und können nicht herausklettern, da diese im oberen Bereich eine wachsige Gleitschicht besitzen. Drüsen im unteren Bereich scheiden Fermente aus, die die gefangenen Tiere verdauen, die Spaltprodukte werden dann von der Pflanze aufgenommen. Die große Zeit der Kannensträucher ist vorbei; früher wurden sie viel gezogen, doch auch heute werden im Handel einige Arten und Hybriden angeboten.

Leicht gedeiht die kleinkannige *N. gracilis* Korth. aus Sumatra und Borneo; einen grünen Mundsaum besitzt die braunrotkannige *N. distillatoria* L.; eine weite Verbreitung, von Südchina bis Australien, hat *N. mirabilis* (Lour.) Druce (*N. phyllamphora* Willd.) mit variablen, hellgrünen bis rötlichen Kannen. Noch schöner sind manche Hybriden, die bis 40 cm lange, leuchtendrot gefärbte Kannen besitzen können.

Kannensträucher brauchen die Bedingungen des warmen, geschlossenen Blumenfensters oder des warmen Kleingewächshauses, um gut und befriedigend zu gedeihen. Sie wollen lichten, aber nicht vollsonnigen Stand, frische Luft und hohe Luftfeuchtigkeit. Als Gefäße werden allgemein Holzkörbchen verwendet, doch gedeihen sie, bei entsprechender Dränage, auch in Tontöpfen. Als Substrat nimmt man Orchideensubstrate, die mit

Holzkohlenstücken, geriebenem Kuhmist und Quarzsand versetzt werden; man pflanzt jährlich um, denn sie lieben saure Substrate über alles. Die Temperaturen sollen um 20°C gehalten werden. Kannensträucher machen nur am Grund der Triebe schöne Kannen. Aus diesem Grund werden sie, nach dem Einwurzeln, nach dem Verpflanzen im Frühjahr zurückgeschnitten. Den erscheinenden Trieben nimmt man nach sechs bis acht Blättern den Kopf. Damit sich die im Laufe des Sommers bildenden Kannen auch gut ausfärben, hält man sie ab August lichter, sonniger. Die Vermehrung durch Stecklinge ist nicht leicht. Die Stecklinge gewinnt man beim Rückschnitt, steckt sie durch das Abzugsloch eines verkehrt stehenden 6-cm-Tontopfes, stopft mit Sphagnum aus und hält sie bei 25 bis 30°C. Robuste Hybriden gedeihen auch normal gesteckt recht gut!

Pinguicula, Fettkraut

Zu den Wasserschlauchgewächsen, den *Lentibulariaceen*, gehört die Gattung *Pincuicula* L., deren 40 Arten Europa, Nordasien und Nordamerika und die Gebirge von Mexico, Kolumbien und Chile bewohnen. Es sind niedrige Stauden mit in Rosetten stehenden, ganzrandigen, fleischigen Blättern, die am Rande eingerollt sind. Auf der Oberfläche befinden sich kleine, einen klebrigen Saft absondernde Drüsen. Läßt sich ein Insekt auf dem Blatt nieder, so klebt es fest, andere Drüsen sekretieren eiweißspaltende Fermente und verdauen die gefangenen Tiere. Die in eine zweiteilige Ober- und eine dreiteilige Unterlippe gegliederten, veilchenähnlichen Blüten sitzen einzeln auf blattlosem Schaft.

Die in Mitteleuropa heimischen Arten sind nur für die Freilandkultur geeignet. Obwohl sie schön sind, trifft man sie selten, da sie doch etwas heikel sind. *P. alpina* L., das Alpenfettkraut, blüht weiß, das gemeine Fettkraut, *P. vulgaris* L., blüht violett.

Wichtiger für die Kultur im Kalthaus ist die wüchsige westeuropäische Art *P. grandiflora* Lam., deren dunkel geflecktte, violette Blüten knapp 3 cm groß sind. Diese Art zieht im Winter, wie auch die beiden anderen Arten, zu einer wurzellosen Knospe ein, aus der im Frühjahr Blätter und Blüten sich entwickeln. *P. grandiflora* bildet an der Basis der absterbenden Blätter eine Fülle von kleinen Bulbillen, die man extra pikiert und die helfen, diese herrliche Pflanze zu vermehren. Selbstverständlich kann das großblütige Fettkraut auch im Freien gezogen werden.

Herrliche Pflanzen sind die nicht winterharten Arten, allen voran die mexikanische *P. caudata* Schlechtend. (*P. bakeriana* hort. ex Sander) mit den großen, breitblättrigen Rosetten und den 4 bis 5 cm großen, rosapurpurnen Blüten. Gänzlich anders sieht die auch aus Mexico stammende *P. gypsicola* T. S. Brandeg. aus; sie besitzt schmale Blätter, die zu vielen dichte Rosetten bilden, und große, violette Blüten.

Diese Arten gehören temperiert bis warm gepflegt, sind relativ leicht, solange man bei trübem Wetter ihre Blätter nicht naß macht. Während des Winters bilden sie, wenn auch nicht so ausgeprägt, Überwinterungsknospen aus, sie werden dann bei 10°C und nicht zu feucht gehalten. Als Substrat nimmt man Mischungen aus Torf, Sand und Heideerde. Die Vermehrung kann durch Blattstecklinge erfolgen, es bilden sich dann kleine Bulbillen am Basalende; oder man sät aus. Das Saatgut ist fein und die Aufzucht nicht leicht. *Pinguicula* besitzen, so wie *Cyclamen*, obwohl sie Zweikeimblättrer sind, nur ein Keimblatt!

Sarracenia, Schlauchpflanze

Neun Arten und viele Hybriden umfaßt die Gattung *Sarracenia* L., die zu den Schlauchpflanzengewächsen, den *Sarraceniaceen,* gehört. Die Gattung ist in feuchten und sumpfigen Gebieten des östlichen Nordamerika zu Hause, hat sich aber in Europa an zwei Stellen, in der Schweiz bei Montreux und auf Irland, angesiedelt. Auch hier sind die Blätter rosettig gestellt und zu Schläuchen umgewandelt, deren nach oben gerichtete Mundöffnung durch eine Art Deckel oder Schild seitlich geschützt wird. Die fünfteiligen Blüten stehen einzeln an blattlosen Stielen und erinnern an Lampions, da sie hängen.

Die beiden härtesten Arten sind die gelbgrün- bis grünschlauchige *S. flava* L. aus den östlichen USA mit gelben Blüten und die dunkelgrün- bis rotschlauchige *S. purpurea* L. mit roten Blüten. Die zweite Art ist die verbreitetste überhaupt und bewohnt das gesamte östliche Nordamerika, sie ist auch jene Art, die in Europa Fuß gefaßt hat. Daneben gibt es eine Fülle von herrlichen Hybriden, die aber oft nicht leichter zu ziehen sind. Die Kultur der Schlauchpflanzen gleicht vollkommen der der *Darlingtonia*. Diese Kühle liebenden Sumpfpflanzen nicht zu warm halten!

Utricularia, Wasserschlauch

Die Gattung *Utricularia* L. gehört zu den Wasserschlauchgewächsen, den *Lentibulariaceen,* und ist mit über 200 Arten überwiegend in tropischen Gebieten zu Hause. Wasserschläuche sind Wasser- oder Landpflanzen ohne Wurzeln mit äußerst unterschiedlich geformten Blättern, von denen manche Vorrichtungen zum Fang von Tieren tragen. Diese sind blasenförmig und mit Reusen versehen, sie stehen unter Unterdruck. Berührt ein Tier – bei den wasserbewohnenden Arten zumeist Kleinkrebse, bei den bodenbewohnenden Bodentiere – die empfindlichen Haare, so wird es eingesogen, kann durch die Reusen nicht mehr nach außen und wird dann verdaut. Die Blüten stehen in lockeren Trauben, sind löwenmaulartig in eine Ober- und Unterlippe gegliedert und gelb, weiß, blau, violett oder rosa gefärbt.

In Mitteleuropa sind vor allem der kleine Wasserschlauch, *U. minor* L., in Torfstichen und Moorwasserlöchern, und der gemeine Wasserschlauch, *U. vulgaris* L., in stehenden Gewässern, Teichen und Gräben, verbreitet. Die Sprosse sind meist schwimmend, bestimmte Partien können auch im Schlamm wurzeln, die Blätter sind fein zerteilt und mit den Fangblasen besetzt. Im Herbst bilden sich Winterknospen, die am Grund der Gewässer überwintern. Die Blütenstände erheben sich senkrecht über das Wasser und tragen die gelben Löwenmaulblüten. – Diese Arten zieht man in kühlen, hellen Aquarien, wo sie bei ausreichender Ernährung auch gut blühen. Der Fang von Krebschen läßt sich gut beobachten und ist besonders für Kinder eine Sensation!

Während in den gemäßigten Zonen die Wasserschläuche immer Wasserpflanzen sind, bewohnen sie in den Tropen alle Bereiche. *U. alpina* L. (*U. montana* Jacq.) findet sich in den Gebirgen Mittel- und Südamerikas und besitzt oberirdische, eiförmig-lanzettliche, 15 cm lange Blätter und unterirdische, verzweigte Sprosse mit Knollen und Fangblasen, die letzteren übernehmen auch die Haltefunktion. Die Blüten sind 4 cm groß, weiß mit gelbem Gaumen.

U. coerulea L. (*U. uliginoides* Wight) stammt aus Indien, wächst terrestrisch in Sphagnum. Die oberirdischen Blätter sind grasartig und 5 cm lang, die unterirdischen Sprosse sind fadenförmig und mit den Schläuchen besetzt. Die kleinen Blüten sind purpurviolett.

Aus Brasilien stammt die schönste Art, *U. reniformis* St.-Hil., auch sie kriecht im Sphagnum mit den unterirdischen, haarförmigen, mit Schläuchen besetzten Trieben und bildet bis 10 cm breite, nierenförmige, oberirdische Blätter. Die Blütenschäfte werden bis zu 50 cm hoch und tragen die 4 cm großen rosabläulichen Blüten.

Diese wärmeliebenden Arten sind nicht immer leicht zu ziehen. Epiphytische Arten, wie *U. alpina*, werden in einer Mischung von Farnwurzeln, Torfbrocken, Holzkohle und lebendem Sphagnum gezogen. Auch die nicht epiphytische *U. reniformis* wächst so passabel. Die terrestrischen Arten zieht man in einer Mischung von Torf und Holzkohle, die man mit lebendem Sphagnum abdeckt.

Die Standorte sollen hell, aber nicht vollsonnig sein, die Luftfeuchtigkeit hoch. Auch diese Insektivoren sind herrlich für kleine geschlossene Blumenfenster mit hoher Luftfeuchtigkeit!

Blumenzwiebeltreiberei im Zimmer

Blumenzwiebeln bringen im Winter reiche Blüte und leuchtende Farben in die Wohnung. Weihnachtstazetten, Hyazinthen, Maiglöckchen und Tulpen werden im Herbst oder Spätherbst gekauft, in Töpfe getopft bzw. auf Wasser gestellt und bei Zimmertemperatur, 18–20°C, zur Blüte gebracht. Sie halten wesentlich länger, wenn man ihnen alsdann tiefere Temperaturen, zwischen 12 und 15°C, bieten kann. Krokus, Lilien und Glücksklee wurzeln bei diesen tieferen Temperaturen von 12–15°C nicht nur ein, sondern müssen bei ihnen auch angetrieben werden. Nach dem Verblühen werden alle diese getriebenen Zwiebeln und Knollen weitergepflegt, denn man kann sie im Garten auspflanzen, sind sie doch, mit Ausnahme des Glücksklees, der allherbstlich hereingenommen werden muß, winterhart!

Bei 18–20°C anzutreiben

Am leichtesten gedeihen **Weihnachtstazetten** (*Narcissus tazetta* L., 'Paperwhite' oder 'Cragford'), die erste Sorte ist reinweiß, die zweite weiß mit gelber Krone. Beide gedeihen gut auf Kies aufgesetzt und können sofort hell gestellt werden. Ihre Blüten duften schwer.

Ebenfalls gut duftende Blüten bringen die **Hyazinthen** (*Hyacinthus orientalis* L.), von denen es viele Sorten gibt. Für eine erfolgreiche Treiberei empfehlen sich vor allem die weißen, blauen und rosafarbenen Sorten; vor den roten sei gewarnt, sie gedeihen schlecht. Wichtig ist, daß Hyazinthen dunkel gehalten werden, bis die Blüten Farbe zeigen. Die Temperatur darf bis zur reichlichen Wurzelbildung nicht über 13°C ansteigen, da sonst die große Gefahr besteht, daß sich das Laub übermäßig stark entwickelt und die Blütenschäfte abreißen. Nur für Weihnachten braucht man präparierte Zwiebeln, später genügen normale, immer wähle man aber schwere Qualitäten. Die Wasserkultur ist bei Hyazinthen besonders leicht und lohnend.

Die dritte wunderbar duftende Pflanze dieser Runde ist das **Maiglöckchen**, *Convallaria majalis* L., deren Eiskeime zu jeder Jahreszeit getrieben werden können, meist aber nur im Herbst und Winter zu bekommen sind. Die Keime werden in Torf oder Sägespäne eingelegt und etwas mit Moos abgedeckt.

Eine große Bedeutung für den Gärtner haben die **Tulpen**, der Liebhaber wird als Topfpflanzen andere Sorten wählen müssen und zu einfachen oder gefüllten frühen Tulpen oder den Wildarten und Hybriden von *Tulipa fosteriana* Irving und *T. kaufmanniana* Regel greifen. Tulpen sollten auch bei Temperaturen um 13°C oder sogar tiefer einwurzeln können, bevor wir sie treiben. Frühe Tulpen, so vielleicht die einfache rote 'Brilliant Star', wird man etwas verdunkeln müssen, damit sie nicht zu kurz bleiben.

Bei 12–15°C anzutreiben

Bei den **Krokus** wähle man reine und klare Farben, ja keine gestreiften, sie wirken nicht, die blauen und weißen Töne sind Sorten mit *Crocus vernus*-Blut, der gelbe Gartenkrokus hat *C. flavus* West (*C. aureus* Sibth. et Sm.) als Vorfahren.

Von den **Lilien**, sie sind besonders feuchtigkeitsempfindlich und brauchen Dränage, eignen sich nur aufrechtblühende Schalenlilien aus der Gruppe der asiatischen Hybriden, die beste ist die orangerote 'Enchantment'. Lilien nie vor dem 15. Februar zu treiben beginnen, erst ab diesem Zeitpunkt reicht die Lichtmenge aus, damit intakte Blüten gebildet werden. Man topft sie im Herbst ein oder nach dem Erhalt im Spätwinter. Lilien sind sehr lichthungrig!

Der vierblättrige **Glücksklee**, *Oxalis deppei* Lodd. ex Sweet, muß erst sechs Wochen vor dem Silvesterfest gelegt werden, auch er braucht neben Kühle einen sehr hellen Stand, damit er nicht zu lang wird. Die Blätter schlafen des Nachts, also nicht erschrecken, wenn sie einmal hängen.

Zimmerpflanzen für beheizte Räume

Blattpflanzen für die Zimmerkultur

Obwohl blühende oder fruchtende Pflanzen wesentlich mehr auffallen als nicht blühende, muß man doch immer wieder feststellen, daß die meisten Pflanzenpfleger unter Zimmerpflanzen Gewächse verstehen wie Gummibaum, Fensterblatt oder Sansevierie.
In diesem Kapitel sollen neben den Standardblattpflanzen auch viele weitere erwähnt werden, die ohne besondere Hilfsmittel im Zimmer gepflegt werden können und ohne große Schwierigkeiten erhältlich sind. Nur ab und zu wird auf Pflanzen hingewiesen, die nur nach großen Bemühungen zu ergattern sind. Bei der Riesenzahl von Blattpflanzen, die sich für die Zimmerkultur eignen, war eine Auswahl notwendig, und es wurde der Gesichtspunkt des Marktsortimentes gewählt: Gattungen, die in den letzten Jahren verstärkt gezogen werden, wurden ausführlicher behandelt als andere.
Aus diesem Grund wurden auch die Kolbenfaden-Formen, die Dieffenbachien und die Gummibäume ausführlich behandelt, hat sich doch in den Niederlanden, wo Statistik auf diesem Gebiet betrieben wird, ihr Umsatz gewaltig gesteigert. Nur die Bormelien können da noch mithalten.
Gibt es in einer sonst leicht zu ziehenden Gattung, zum Beispiel bei *Ficus*, den Gummibäumen, eine Art – hier ist es *F. aspera* 'Parcelli' –, die bessere Bedingungen braucht, d. h. Kultur im geschlossenen Blumenfenster, so wird sie trotzdem hier angeführt, um die Gattungen nicht aufzusplittern.
Wie vieles im Leben – manche meinen sogar alles – subjektiv und relativ ist, so auch diese Teilung in Zimmerpflanzen und Pflanzen für Vitrinen und geschlossene Blumenfenster. Der eine wird die leichteren Pflanzen nicht weiterbringen, sei es, daß seine Wohnung wirklich zu ungünstig ist, oder daß er nicht sieht, was seine Pflanzen brauchen; ein anderer wird die als heikler hingestellten Gewächse leicht weiterbringen und sich fragen, wieso sie hier als empfindlich hingestellt sind. Auch mancher gärtnerische Fachmann wird vielleicht Grund finden, sich aufzuregen, doch sollte er nicht alles zu streng messen. Mir erscheint eben manches als schwer zu kultivieren, was anderen als leicht erscheint. Und natürlich auch umgekehrt!

Adiantum, Frauenhaarfarn

Die Gattung *Adiantum* L., Frauenhaarfarn, gehört zu den Adiantumgewächsen, den *Adiantaceen*, und bewohnt mit etwa 200 Arten überwiegend die tropischen Zonen der Erde. Die Rhizome sind bei den Gewächshausarten meist kurzkriechend und aufsteigend, die Wedel meist doppelt gefiedert. Die Sporen finden sich unter zurückgeschlagenen Auswüchsen der Blattränder. Von den vielen in Kultur befindlichen Arten finden sich in den Farnspezialbetrieben meist die folgenden:

A. hispidulum Sw. (*A. pubescens* Schkuhr) bewohnt die Tropen der Alten Welt und besitzt ein dünnes, weithin kriechendes Rhizom. Die fußförmig geteilten und dann gefiederten Blätter werden bis 35 cm hoch und sind lederig dunkelgrün. Im Austrieb sind sie rötlich gefärbt und sehr zierend. Diese Art ist nicht so empfindlich gegen Ballentrockenheit wie die folgenden Arten und Formen und sollte mehr gezogen werden.
Wohl die wichtigste und formenreichste Art ist *A. raddianum* Presl (*A. cuneatum* Langsd. et Fisch.) aus dem tropischen Amerika. Die gedrängten Rhizome sind kurz- und aufsteigendkriechend, die Wedel zwei- bis mehrfach gefiedert und im

Umriß dreieckig, die bis 40 cm lange Wedelfläche wird von dem schwarzen, drahtigen Blattstiel getragen. Obwohl eigentlich alle Formen sehr wüchsig und widerstandsfähig sind, muß doch besonders auf ihre Empfindlichkeit gegen Ballen- und starke Lufttrockenheit hingewiesen werden. Die Blättchen sind sehr dünn, sie trocknen unter der Flamme eines Streichholzes und entzünden sich sofort, so daß bei unregelmäßiger Wasserversorgung oft Blattfall die Folge ist.

Wichtige Formen sind 'Fragrantissimum' ('Fragrans'), mit großen, dunkelgrünen Wedeln und 'Brillantelse', mit hellgrüner Wedelfarbe, die Wedeln halten besonders lange ihre rosarote Jugendfarbe bei. Diese beiden Formen werden durch Aussaat der Sporen vermehrt. Sterile Formen, die nur durch Teilung vermehrt werden können, sind 'Goldelse', zuerst rosafarben, später gelblichgrün, oder 'Matador', hellgrün und großwedelig. Die sterilen Formen werden besonders gerne von den schnittgrünerzeugenden Gärtnereien verwendet, da die schnittreifen Wedel unterseits nicht die braunen Sporenhäufchen besitzen.

Eine Form für den Liebhaber von Besonderheiten und guten Pflegemöglichkeiten ist 'Gracillimum', mit besonders feinen Wedeln. Diese Form ist wärmebedürftiger und nässeempfindlich und muß in der Pflanzenvitrine oder dem geschlossenen Blumenfenster gezogen werden.

Die dritte wichtige Art ist *A. tenerum* Sw. aus dem tropischen Mittelamerika. Diese Art ist der vorigen ähnlich, doch wird sie noch größer und robuster. Es wird vor allem die Form 'Scutum Roseum' gezogen, die größere Einzelblättchen als die Sorten der vorigen Art besitzt und in der Jugend besonders kräftig rosa gefärbt ist.

Alle diese Frauenhaarfarne sind herrliche Zimmerpflanzen, die Temperaturen von 18 bis 20°C, torfige und durchlässige Substrate, wie Einheitserde oder brockige Humuserden, und einen nicht zu sonnigen Stand lieben. Nie wollen sie ballentrocken werden, nie brauchen sie viel Düngung. Am besten gedeihen sie, wenn man ihnen eine etwas erhöhte Luftfeuchtigkeit bieten kann. Will man die Wedel der Frauenhaarfarne für den Schnitt verwenden, sie ergeben wohl das schönste Schnittgrün, das uns zur Verfügung steht, so müssen die Wedel nach dem Ernten, Reißen oder Schneiden durch Eintauchen in heiße Zuckerlösung präpariert werden, da sie sonst nicht haltbar sind!

Aglaonema, Kolbenfaden

Die Gattung *Aglaonema* Schott gehört zu den Aronstabgewächsen, den *Araceen*, und ist mit 40 bis 50 Arten im Malaiischen Archipel und Hinterindien beheimatet. Aglaonemen besitzen aufrechte Stämme und eiförmig lanzettliche bis länglich lanzettliche Blätter mit langem, langscheidigem Blattstiel. Die Mittelrippe ist an der Blattoberseite flach und nicht rinnig, wie bei den südamerikanischen Dieffenbachien. Die Blüten, die wie bei allen *Araceen* aus Spatha und Kolben bestehen, sind fortsatzlos, d. h., nach den weiblichen und männlichen Blüten, welche dicht gedrängt hintereinander am Kolben stehen, kommt kein ohne Blüten versehenes Anhängsel.

Die Nomenklatur der Aglaonemen ist verworren. Eine der vielfältigsten Arten ist *A. commutatum* Schott, von der einige Varietäten und Formen in Kultur sind. *A. commutatum* var. *maculatum* (Hook. f.) Nicols. (*A. marantifolium* Bl. var. *maculatum* Hook. f.) wird in den Gärten meist als *A. marantifolium* gezogen. Diese Varietät hat länglich lanzettliche Blätter, 30 cm lang und 8 cm breit, deren Blattfläche grün ist, Teile zwischen den Nerven sind aber fleckig aschgrau.

Daneben ist noch die Varietät *robustum* (Rosenb.) Nicols. (*A. robustum* Rosenb.) in mehreren Formen in Kultur. Die verbreitetste und härteste ist 'Treubii', mit länglich ungleichseitigen, geschwänzten Blättern, die 30 cm lang und 10 cm breit werden können. Die Blattspreite ist auf dunkelgrünem Grund unregelmäßig aschgrau gefleckt. Diese harte Form ist schattenverträglich und neben der rein grünblättrigen *A. modestum* die empfehlenswerteste. An anderen Formen finden wir 'Pseudobracteatum', mit stärker aufgehellten Blättern, hellgrüner Grundfarbe und gelblichen Flecken; 'Silver King', eine etwas kräftigere 'Treubii', mit wesentlich vermehrter aschgrauer Zeichnung und etwas, im Verhältnis zur Länge, breiteren Blättern.

Die robusteste Art ist die reingrüne *A. modestum* Schott ex Engl. (*A. simplex* L. H. Bailey non Bl.). Diese Art hat bis 20 cm lange Blattstiele und bis 25 cm lange, am Grund stumpfe, oval zugespitzte, bis 9 cm breite Blätter, die oberseits deutlich die vier bis fünf aufsteigenden Seitennerven zeigen. Ganz niedrig, nur 10 cm hoch, wächst *A. costatum* N. E. Br.; sie ist auch etwas heikler als die anderen Arten. Ihre ovalen bis oval zugespitzten Blätter sind 20 cm lang und 10 cm breit und besitzen einen sehr kurzen Blattstiel. Die Blätter sind leuchtend frischgrün und herrlich weiß gescheckt.

Die wuchtigste Art, die außer durch die Blätter auch durch reichlich orangefarbenen Beerenschmuck wirkt, ist *A. crispum* (Pitcher et Manda) Nicols. (*A. roebelinii* Pitcher et Manda). Sie wird meist unter ihrem Synonym gezogen und ist mit ihren 30 cm langen und 15 cm breiten, deutlich breitrunden und damit von den anderen Aglaonemen abstechenden Blättern eine auffallende Erscheinung. Die Blätter sind dunkelgrün mit Silbergrau überlegt gefärbt und etwas blasig nach oben gewölbt. Die Spathen sind unscheinbar grünlich, herrlich orangerot sind die 1 cm langen Beeren. Ein Erlebnis ist es, zu beobachten, wie sich die grünen Beeren über feinste Gelbnuancen ins Orangerote umfärben!

Die Kolbenfadenarten sind, bis auf *A. costatum*, sehr leicht in der Kultur. Alle gedeihen gut in Einheitserde und werden durch Aussaat (*A. crispum*), Kopf- und Stammstecklinge vermehrt.

Aploleia

Die zu den Tradeskantiengewächsen, den *Commelinaceen*, gehörende Gattung *Aploleia* Raf. ähnelt der Gattung *Tradescantia*, doch erscheinen die Blüten in großen, endständigen Blütenrispen, und die Blätter sind deutlich härter anzugreifen. Als einzige Art dieser frisch ausgegrabenen Gattung ist *A. multiflora* (Mart. et Gal.) H. E. Moore in Kultur. Dieser Mittelamerikaner wächst niederliegend oder hängend, die länglich lanzettlichen Blätter sind 9 cm lang und 2,5 cm breit und haben einen deutlich gewellten Rand. Die Blätter sind hellgrün und beiderseits kurzhaarig, so daß sie sich samtig anfühlen. Nur wenn sie in großen Behältern, als wuchtige Ampel, gezogen wird und entsprechende Luftfeuchtigkeit erhält, entwickelt diese liebenswerte Tradeskantienverwandte ihre endständigen, reichblütigen Blütenstände. Die Blüten strömen einen starken Veilchenduft aus – einer meiner Eindrücke aus der Lehrzeit in den Rothschildschen Gärten in Wien. Am besten gedeiht diese Art als Ampel gezogen, man wird sie regelmäßig etwas zurücknehmen, um dem Verzweigen nachzuhelfen und von Zeit zu Zeit die gesamte Ampel erneuern. Als Bodendecker in großen Wintergärten oder offenen Blumenfenstern ist sie zu verwenden, doch ist sie bald zu 'invasiv'. Die Vermehrung durch Stecklinge ist genauso leicht wie bei Tradeskantien, doch hat *Aploleia* im ganzen gesehen eben ein Bedürfnis nach höherer Temperatur! Die Arten dieser Gattung werden oft auch als *Callisia* gezogen.

Asparagus, Zierspargel

Neben den für die Kultur im kühlen Zimmer geeigneten Zierspargelarten gibt es Arten, die höhere Temperaturen lieben. Auch bei ihnen sind die eigentlichen Blätter rückgebildet oder zu Dornen umgebildet. Die Assimilationsfunktion wird von den blatt- oder borstenartigen Kladodien, umgewandelten Sprossen, übernommen.

Die bekanntere Art ist, nun umbenannt, *Asparagus setaceus* (Kunth) Jessop (*A. plumosus* Bak.) aus Südafrika. Dieser kletternde, ästige Halbstrauch mit den drahtigen Wurzeln hat einen stielrunden, grünen Hauptstengel, von dem die zahlreichen Äste und Zweige abstehen. Die Stengelblätter sind in nach unten gerichtete Dornen umgebildet. Die Kladodien sind borstenförmig, sie stehen zu sechs bis zwölf gehäuft und sind 3 bis 5 mm lang. Von dieser Art gibt es viele Formen, doch wird im allgemeinen nur 'Nanus', eine Jugendform, die erst sehr spät schlingt, angeboten. Dieser schöne Zierspargel braucht gleichmäßige Temperaturen, vor allem aber gleichmäßige Bodenfeuchtigkeit, weil er die Kladodien bei Trockenheit sofort fallen läßt und die Schönheit der Pflanze dann dahin ist. Die Vermehrung erfolgt durch Aussaat und ist leicht, doch brauchen Jungpflanzen von *A. setaceus* hohe Temperaturen, über 25°C, um zügig zu wachsen. Für den Gärtner, aber auch den Liebhaber, liefert dieser Zierspargel das schönste Schnittgrün, darum werden die rankenden Formen, die es von dieser Art auch gibt, so selten angeboten, obwohl sie im Blumenfenster gut zu verwenden wären.

Eine weitere Art, heute selten gezogen, aber sehr schön anzusehen, ist *A. asparagoides* (L.) W. T. Wight (*Medeola a.* L.). Diese staudige Art stammt auch aus dem Kapland und besitzt breite, blattartige Kladodien, meist herzförmig und 3 cm lang und knapp 2 cm breit. *Medeola*, wie die alten Gärtner sagten, schlingt bis 2 m hoch und wurde früher für die Schnittgrünerzeugung gezogen. Man ließ die Triebe an Fäden hinaufwachsen und schnitt dann Grün und Faden gemeinsam ab und verarbeitete es. Auch diese Art wird durch Aussaat vermehrt; da die Pflanzen viel Licht brauchen, ist es oft günstiger, alljährlich im Jänner neu anzubauen und die Pflanzen im November wegzuwerfen.

Asplenium, Streifen- oder Nestfarn

Mit ungefähr 700, in allen Zonen der Erde beheimateten Arten ist die Gattung *Asplenium* L. die größte und unterschiedlichste Gattung der Farne, sie gehört zu den Streifenfarngewächsen, den *Aspleniaceen*. Das meist kurzkriechende Rhizom trägt rosettig die ungeteilten oder mehrfach gefiederten Wedel. Die Streifenfarne bewohnen alle Lebensräume, sie finden sich sowohl terrestrisch als auch epiphytisch, *A. nidus* ist einer der größten Epiphyten, die wir kennen.

Zwei Arten sind für uns bedeutungsvoll. *A. dimorphum* Kunze stammt von den Norfolk-Inseln, von wo auch die Zimmertanne zu uns gekommen ist. Die 25 cm langen Blattstiele tragen die bis 75 cm langen und 40 cm breiten, dreifach gefiederten Wedel. Die Blättchen sind schief rautenförmig, bis 4 cm lang und 2 cm breit und am Rande unregelmäßig doppelt gesägt. Die Blättchen sind außerordentlich verschieden gestaltet, je nachdem ob sie unfruchtbar oder fruchtbar sind, die fruchtbaren sind nur ganz schmal. Das Interessanteste sind die Kindel, die in großer Zahl auf der Oberfläche der Wedel gebildet werden. Sie können leicht abgenommen werden und wachsen, ausreichende Wärme vorausgesetzt, rasch zu Pflänzchen heran; die erwachsenen Pflanzen brauchen 16 bis 18°C.

Bekannter ist *A. nidus* L. (*A. nidus-avis* hort.), der Nestfarn. Am kurzen, aufrechten Rhizom entwickeln sich die bis 1 m langen und bis 20 cm breiten Blätter. Interessanterweise ist die Blattbreite von der gebotenen Lichtintensität abhängig: Je schmaler die Blätter im Verhältnis zur Länge sind, desto weniger Licht steht ihnen zur Verfügung. Die Art *A. nidus* ist im tropischen Asien heimisch und dürfte nach neueren Untersuchungen englischer Botaniker nicht in Kultur sein, wir ziehen zumeist die Varietät *australasicum* Hook., die aus dem extratropischen Australien, den Norfolk-Inseln, Lord-Howe-Inseln und Neukaledonien eingeführt wurde und sich von der tropischen Art durch die gekielte Mittelrippe und die aufrechter gestellten Blätter unterscheidet.

Wie bei anderen Farnen muß man die Vermehrung des Nestfarns in der Regel dem Gärtner überlassen, die Sporenanzucht ist nur dem gut ausgerüsteten Liebhaber möglich. Die Temperaturen sollten beim Nestfarn um 20°C liegen, er verträgt als baumaufsitzender Epiphyt hohe

Lichtmengen und kann ohne weiteres fast sonnig gezogen werden, genügend Bodenfeuchtigkeit, vor allem aber Luftfeuchtigkeit vorausgesetzt. Für beide Arten eignen sich Einheitserde oder Mischungen aus Torf, brockiger Lauberde und Sand gut. Jungpflanzen, so man solche erhält oder wie bei *A. dimorphum* selbst abnehmen kann, werden immer humoser gehalten.

Begonia, Begonie, Schiefblatt

Die Gattung *Begonia* L. gehört zu den Schiefblattgewächsen, den *Begoniaceen*. Sie umfaßt ungefähr 1000 Arten und eine nicht bestimmbare Fülle von Hybriden und deren Formen. Begonien sind Kräuter oder aufrechte Halbsträucher, einige krautige Arten bilden Rhizome oder Knollen, andere wieder schlingen oder hängen. Die Blätter sind meist zweizeilig angeordnet, fast immer ungleichsseitig, eben schief, und sehr vielgestaltig: ganzrandig, gelappt oder geteilt. Die Blattoberfläche kann glatt, gekräuselt oder warzig sein, manchmal sitzen auf den Warzen noch lange Haare.
Die Blüten der Begonien sind einhäusig, es gibt männliche Blüten, zumeist mit zwei äußeren und zwei inneren Blütenblättern; hat eine Begonie gefüllte Blüten, so sind meist die männlichen Blüten gefüllt. Die weiblichen Blüten besitzen einen unterständigen Fruchtknoten, welcher meist drei-, selten zwei- oder vierfächerig ist, was man außen an den Flügeln des Fruchtknotens deutlich erkennen kann. Die weiblichen Blüten haben meist fünf Blütenblätter. Die männlichen und weiblichen Blüten stehen trugdoldig immer in den Blattachseln.
Die Fülle der blattschönen Begonien wird hier für den kleinen Rahmen in *Begonia-Rex-Hybriden*, Rhizombegonien und Strauchbegonien unterteilt, wobei die hängenden Begonien in der letzten Gruppe angeführt werden.

Begonia-Rex-Hybriden

An der Entstehung der heutigen Rex-Begonien sind viele Arten beteiligt, die alle aus Ostasien stammen. Es ist wenig sinnvoll, aufzuzählen, welche Arten das sind, vor allem deshalb, weil sich die Fachleute bis heute nicht einig sind, welche von den, vor allem aus Assam, eingeführten Pflanzen wirklich echte Arten sind. Diese Begonien dürften bereits bei ihrer Einführung um die Mitte des vorigen Jahrhunderts teilweise Bastarde gewesen sein.
Heute unterscheidet man drei Gruppen von Rex-Begonien, die allerdings auch durch fließende Übergänge miteinander verbunden sind. Die erste Gruppe, die Rex-Klasse, umfaßt großblättrige, am Blattrand gewellte bis gekerbte Sorten und Formen, deren Blätter meist dunkle, vor allem rote und violette Farben zeigen und nur schmal silbern gebändert sind. Das andere Extrem sind die Begonien der Diadema-Klasse mit kleinen, sehr stark gelappten Blättern mit helleren Farben und weitreichender silberner Zeichnung.
Die dritte Klasse umfaßt das Übergangsfeld, mittelgroßblättrige Sorten und Formen mit schwacher Lappung und helleren Farben.
Moderne Rex-Begonien zeigen die unterschiedlichsten Blattfarben, man findet vom Purpurrot, fast Schwarzrot bis zum lichten Rosarot alle Übergänge, desgleichen bei den violetten Farbtönen; die silberigen Zeichnungen können sich auf wenige Flecken beschränken oder beinahe die gesamte Blattfläche einnehmen. Auch das Grün ist unterschiedlich dicht und umfaßt verschieden große Partien des Blattes.
Die Ausbildung der Blätter ist bei den Rex-Begonien tageslängenabhängig, sie bilden ihre Blätter nur unter Langtagbedingungen aus; im Winter, wenn Kurztagbedingungen herrschen, machen die Rex-Begonien eine Ruhepause durch, während der sie geringere Wassermengen, tiefere Temperaturen und keine Düngung verlangen. Im Sommer lieben sie einen absonnigen bis halbschattigen Standort, möglichst gleichmäßige Temperaturen im Schwankungsbereich zwischen 15 und 22°C und, wenn möglich, erhöhte Luft-

feuchtigkeit. Das ist der Grund, warum Rex-Begonien früher in den Erd- und Pulthäusern so gut wuchsen.

Vermehrt werden sie durch Blattstecklinge oder Keilstecklinge, die man aus den Blattflächen der Blätter, entsprechend ihrer Nervatur, schneidet. Seit neuestem werden auch F1-Rex-Begonien ('Colorvision') als Saatgut angeboten, aus dem eine bunte Palette herrlich gefärbter Sämlinge erwächst. Die schönsten werden ausgesucht und vegetativ weitervermehrt.

Als Substrate eignen sich Einheitserde und alle selbstgemischten, nährstoffreichen und humose Erden.

Rhizombegonien

Rhizombegonien, mit extrem kleinen Internodien, so daß die Blätter alle grundständig zu entstehen scheinen, wurden früher viel mehr als heute gezogen. Sie entsprechen in der Kultur und Vermehrung den Rex-Begonien, doch sind einige wesentlich härter und widerstandsfähiger als jene. Von den vielen Arten und Hybriden können nur einige genannt werden.

Aus Mexico stammt *B. heracleifolia* Cham. et Schlechtend., diese Art hat bis 30 cm lange, behaarte, unter der Blattspreite beschuppte Blattstiele und 20 cm lange, im Umriß fast kreisförmige, handförmig sieben- bis neunspaltig geteilte Blätter. Die Blattoberseite ist dunkelgrün mit helleren Nerven, die Unterseite rot mit grünen Nerven. Von dieser Art gibt es mehrere Formen, alle sind gute und zierende Zimmerpflanzen.

Ebenfalls aus Mexico kommt *B. hydrocotylifolia* Otto, eine niedrige Art mit 7 cm langen Blattstielen und 7 cm langen, fast kreisförmigen, am Grund tief herzförmig eingeschnittenen, ganzrandigen Blättern. Die Blätter sind oberseits kahl, unterseits gegen den Rand etwas rotfilzig. Diese kleine Art, von der es viele Hybriden gibt, ist ebenfalls sehr zu empfehlen.

Auch die mexikanische *B. manicata* Brongn. wird viel gezogen, sie fällt sofort durch die roten, den blattspreitennahen Teil des Blattstieles manschettenartig umhüllenden Schuppen auf. Die eiförmigen, grobgezähnten und gezähnten Blätter werden bis 25 cm lang und 20 cm breit. Die erhabenen Nerven der Blattunterseite tragen gefranste Schuppen. Besonders die gelbgefleckte Form 'Aureo-maculata' wird viel gezogen.

Erst 1952 wurde *B. masoniana* Irmsch. (*B.* 'Iron Cross') aus China eingeführt. Diese auffällige Art hat sich aber so schnell verbreitet, daß sie schon zu den Standardbegonien gehört. Die ungleichseitig eiförmigen Blätter sind 17 cm lang und 12 cm breit und am Rand doppelt gezähnt. Die Blattoberfläche ist durch kleine, kegelige Erhebungen, die ein rotes Haar tragen, runzelig. Die Blattoberseite ist hellgrün gefärbt und besitzt entlang der Hauptnerven dunkelbraune Streifen, die sich zum Blattrand hin etwas verbreitern und kreuzförmig aussehen. Die Kultur gleicht der der kleineren Rex-Begonien.

Ebenfalls weit verbreitet ist der Bastard aus *B. heracleifolia* und *B. incarnata*, *B.* × *pseudophyllomaniaca* Lange; diese Art wächst schon aufrechter und leitet zur nächsten Gruppe über. Die 25 cm langen und 17 cm breiten Blätter sind eiförmig zugespitzt und mehrfach dreieckig, zugespitzt gelappt. Die Stengel und Blätter tragen kleine Adventivblättchen oder -knospen, dadurch ist diese rosablühende Pflanze recht auffallend.

Alle diese Rhizombegonien lieben dieselbe Behandlung wie Rexbegonien, sind gegen Besonnung aber nicht so empfindlich, mit Ausnahme von *B. masoniana*, und ertragen im allgemeinen auch schlechtere Pflegebedingungen als die vorige Gruppe.

Strauchbegonien

Diese strauchigen Arten und Hybriden bilden aufrechte oder hängende Sprosse aus und unterscheiden sich so im Aussehen deutlich von den beiden anderen Gruppen. Aus der Fülle der aufrechten Strauchbegonien hier nur einige.

Die brasilianische *B. metallica* W. G. Sm. wächst stark verzweigt und ist überall dicht weißborstig. Die Blattstiele sind bis 12 cm lang, die eiförmig lang zugespitzten Blätter sind bis 12 cm lang und

9 cm breit. Der Blattrand ist unregelmäßig großzähnig oder sogar wenig lappig. Die Blätter glänzen oberseits metallisch, die Blattfläche ist dumpfgrün, die Umgebung der Nerven dunkelgrün. Blattunterseite sind die Adern purpurn gefärbt. Eine harte Art, die auch tiefe Temperaturen bis 12 oder 15°C gut verträgt.

Sehr verbreitet und in vielen Fällen so reichblühend, daß sie schon als halbe Blütenbegonien anzusehen sind, sind die *B.-Corallina-Hybriden*, im Volksmund mancherorts Forellenbegonien genannnt, weil ihre Blätter silbern getupft sind. Die bekanntesten Sorten sind die ganzrandige, etwas gezähnte 'Luzerna' und die gelapptblättrige 'Président Carnot'. Beide wachsen strauchig und erreichen 2 m Höhe ohne weiteres. Die Blätter sind länglich, bis 30 cm lang und 13 cm breit, oberseits dunkelgrün mit zahlreichen silberigen Flecken, bei manchen nahe verwandten Sorten auch Ringen, unterseits braunrot. Die reichblühenden Blütenstände hängen aus den Blattachseln und bringen eine Fülle langlebiger rosafarbener Blüten.

Noch selten anzutreffen ist die herrliche *B. serratipetala* Irmsch. aus Neuguinea, doch sieht man sie jetzt schon öfter. Die Blätter, länglich eiförmig und ca. 8 cm lang, sind glänzend dunkelgrün gefärbt und am Rand fein fiederspaltig. Die Blattoberseite ist dicht rot gepunktet. Braucht etwas höhere Temperaturen!

Der größte Nachteil der Strauchbegonien ist wohl, daß sie bei ungünstigen Bedingungen gerne vom echten Mehltau befallen werden und dann ihre Blätter von unten nach oben rieseln lassen. Auch die Rhizombegonien bekommen Mehltau, doch wird das Fehlen einzelner Blätter nicht so schmerzlich bemerkbar. Hier hilft nur, die Blätter nicht zu benetzen und Temperaturen und Bodenfeuchtigkeit recht konstant zu halten.

Die Vermehrung dieser aufrechten Arten erfolgt durch Kopf- oder Stammstecklinge. Zu groß gewordene Corallina-Hybriden können ohne Bedenken zurückgenommen werden.

Die wichtigste Ampelbegonie ist *B. limmingheiana* C. Morr. (*B. liminghii* K. Koch, *B. glaucophylla* Gower), vielfach noch unter dem letzten Namen gezogen. Der schlaffe, hängende Stengel trägt die eiförmigen bis länglichen, 12 cm langen und 5 cm breiten Blätter. Die Blütenstände sind kurz und vielblütig, die Blüten sind hellrot bis korallenrot gefärbt.

Diese Ampelbegonie wird durch Stecklinge vermehrt, die man zu mehreren in kleine Töpfe steckt. Man pflanzt dann gleich viele Triebe zu einer Ampel zusammen, damit diese von Anfang an buschig aussieht. Einige Triebe nimmt man immer etwas zurück, damit sie sich verzweigen. Länger als zwei bis drei Jahre sollte man Ampelbegonien nicht zu pflegen versuchen, da sie dann unschön werden.

Etwas heikler und besser im offenen, vielleicht sogar im geschlossenen Blumenfenster zu ziehen ist *B. foliosa* H. B. K. aus Kolumbien. Diese Art wächst zuerst aufrecht, um sich aber dann stark zu verzweigen und überzuhängen. Die kleinen Blättchen sind 1,5 cm lang und 8 mm breit, wenigzähnig und besitzen am Blattstielgrund bleibende, große Nebenblätter. Die Blätter sind oberseits dunkel-, unterseits hellgrün. Die kleinen Blüten ́sind weiß und stehen zu wenigen. Diese herrliche Ampel wird ihre volle Schönheit nur bei hoher Luftfeuchtigkeit und Halbschatten zeigen. Die Stecklingsvermehrung ist leicht, man steckt gleich mehrere Stecklinge zusammen.

Auch für die Ampelbegonien sind humusreiche Substrate am besten, Einheitserde hat sich gut bewährt, doch gedeihen sie auch in reinem, aufgedüngtem Torf sehr gut.

Blechnum, Rippenfarn

Die Gattung *Blechnum* L. umfaßt ungefähr 200 terrestrische Arten, die überwiegend tropische und subtropische Gebiete der südlichen Erdhalbkugel bewohnen, in der gemäßigten Zone sind nur verhältnismäßig wenige Arten anzutreffen. Die Gattung *Blechnum* gehört zur Familie der Rippenfarngewächse, der *Blechnaceen*. Von dieser Vielzahl sind nur zwei Arten als Zimmerpflanzen wichtig.

Tafel 47 · Wärmeliebende Blattpflanzen II

Dieffenbachien werden immer beliebter:

ol *Dieffenbachie maculata (D. picta)*
or *D. maculata* 'Julius Roehrs'
ml *D. bausei*

mr *D. maculata* 'Jenmanni'
ul *D. amoena* 'Tropic Snow', eine großwüchsige Sorte
ur *D. 'Exotica'*, eine harte Sorte

Tafel 48 · Insektivoren

ol *Cephalotus follicularis,* Australien
or Gabeliger Sonnentau, *Drosera binata*
ml Nierenblättriger Wasserschlauch, *Utricularia reniformis*
ul *Drosera spathulata,* Australien
ur *Drosera capensis,* Südafrika

Die beiden für uns interessanten Arten sind die einzigen stammbildenden Farne, die dem Liebhaber empfohlen werden können, sind doch die anderen Arten entweder zu groß oder zu wärmebedürftig. Die aufrechten, schuppigen, schwarzen Stämme können bis zu 1 m Höhe erreichen und tragen im Kranz die einfachgefiederten Wedel. Es wird immer ein Kranz sterile und ein Kranz fertile Wedel angelegt, diese können sich auch in der Form unterscheiden.

Die wichtigste Art für den Liebhaber ist *B. gibbum* (Labill.) Mett.(*Lomaria gibba* Labill.), ihre Stämme werden 1 m hoch. Die Wedel sind bis 1 m lang und 20 cm breit und im oberen Drittel am breitesten, die fertilen sind schmäler und zeichnen sich vor allem durch die schmalen Blättchen aus, die faktisch vollkommen aus Sporenlagern bestehen.

Nur bis 50 cm hohe Stämme bildet *B. brasiliense* Desv. aus Brasilien und Peru, dafür sind die Wedel bei 1 m Länge bis zu 30 cm breit und mit wesentlich breiteren Blättchen bedeckt. Die sterilen und die fertilen Wedel unterscheiden sich nicht sehr stark. Das Besondere dieser Art ist die bronzeartige Jugendfärbung der Blätter, die sehr lange anhält und außerordentlich ziert.

Wie bei den anderen Farnen ist auch hier das größte Problem der Zimmerkultur die Feuchtigkeit: Beide Arten sind sehr empfindlich gegen Ballentrockenheit und zu geringe Luftfeuchtigkeit, unachtsame Pflege und zentralbeheizte Räume sagen ihnen nicht zu. Als Substrat verwendet man Einheitserde oder torfige, durchlässige Mischungen, die Temperaturen sollen um 18° C schwanken. Bei gleichmäßiger Bodenfeuchtigkeit ist die Kultur gar nicht so schwierig!

Callisia, Callisie

Die Gattung *Callisia* L. umfaßt amerikanische niederliegende, kriechende oder auch strauchig wachsende Tradeskantiengewächse, *Commelinaceen*, mit verzweigten, oft aber dicht gedrängten Blütenständen und weißen, kleinen, vielfach duftenden Blüten.

Am Boden kriechend oder schlaff hängend wächst *C. elegans* Alexander (*Setcreasia striata* hort., *Tradescantia* 'Quicksilver' hort. angl.). Sie sieht einer Tradeskantie wenig ähnlich, bei hängender Kultur biegen sich die Triebspitzen wenig oder nicht auf, sondern hängen schlaff, auch sind die Triebe wesentlich dicker und fleischiger als bei dieser Gattung. Die bis 7 cm langen Blätter sind hellgrün gefärbt und dicht weiß gestreift. Diese Art ist ein guter Bodendecker für Blumenfenster und eine schöne Ampelpflanze, verträgt aber wesentlich weniger Sonne als Tradeskantien und muß deshalb immer halbschattig gezogen werden. Die Vermehrung von *C. elegans* durch Stecklinge ist leicht.

Ganz anders sieht *C. fragrans* (Lindl.) Woods. (*Spironema f.* Lindl., *Rectanthera f.* (Lindl.) Degener) aus. Diese Art ist eine kräftige Staude, die 2 m Höhe erreicht und deren Blätter zu mehr oder weniger dichten, bis 50 cm breiten Schöpfen zusammenstehen. Die einzelnen Blätter sind bis 30 cm lang und 6 cm breit und besitzen einen langscheidigen Blattgrund. Bereits in früher Jugend beginnt die Pflanze an langen Ausläufern Nebensprosse zu treiben. Kaum hat sich ein richtiger Stamm entwickelt, setzt diese Ausläuferbildung ein. Die großen Blütenstände entwickeln sich ständig; während sie bei *C. elegans* dicht gedrängt erscheinen, stehen hier die kleinen, nach Veilchen oder Hyazinthen duftenden Blüten locker. Diese Art braucht viel Platz für ihre Entwicklung und ist am besten ausgepflanzt in einem Blumenfenster oder größeren Gefäß untergebracht, wo sie sich gut entwickelt und auch bald blüht. Die Vermehrung von *C. fragrans* erfolgt durch Abnahme der Kindel.

Beide Arten sind wesentlich empfindlicher als Tradeskantien und wollen, vor allem die erste, nie trocken stehen. Auch die Temperaturen dürfen nicht allzuviel schwanken, da es sonst zu braunen Blattspitzen kommt. Die duftenden Blüten vor allem der letztgenannten Art sind ein Erlebnis!

Chamaedorea, Bergpalme

Die 130 Arten der Palmengattung *Chamaedorea* Willd. sind in den gebirgigen Teilen Mexicos und des tropischen Mittel- und Südamerikas zu Hause. Es sind kleine Palmen, richtige Zimmerpflanzen, mit rohrähnlichen Stämmen und zumeist einfach gefiederten Blättern; manche Arten beschränken sich allerdings auf ein schwalbenschwanzartiges Blatt, das aus der Verwachsung zweier Fiedern entsteht. Die Blütenstände entwickeln sich aus den Blattscheiden oder unter dem Blattschopf, die Pflanzen sind zweihäusig. Die einfachen oder rispigen Blütenstände der weiblichen Pflanzen verfärben sich bei der Reife der Beeren, diese werden meist schwarzglänzend, ins Orangerote, wodurch fruchtende Pflanzen sehr auffallen.

Die bekannteste Art ist *C. elegans* Mart. (*Neanthe bella* O. F. Cook, *Collinia e.* (Mart.) Liebm.) aus Mexico, ihre Stämme erreichen bis 2 m Höhe. Die bis 80 cm langen Blätter stehen etwas zweizeilig, zu acht bis zehn, zu Schöpfen vereinigt. Sie sind einfach gefiedert, mit beidseitig je ungefähr 14 Blättchen. Die Blütenstände entstehen entweder dicht unter dem Blattschopf oder kommen aus den Blättern, sie erscheinen bereits an kleinen Pflanzen.

Diese und auch die anderen Arten werden am besten als Tuffs gepflegt, man besorgt sich Pflanzen, bei denen mehrere Sämlinge zusammengepflanzt sind. Einzelpflanzen wachsen zwar meist rascher, doch sind die nackten Stämme nicht allzu attraktiv. Außerdem hat man bei Tuffs immer die Chance, daß männliche und weibliche Pflanzen vorhanden sind und es die orangen Fruchtstände mit den schwarzen Beeren gibt. Nach der Jugendphase, während der Bergpalmen höhere Temperaturen um 20°C lieben, kann man bei Temperaturen von 14 bis 22°C kultivieren. Sie brauchen einen absonnigen bis fast schattigen Standort. Als Substrat nimmt man Einheitserde. Die Vermehrung erfolgt durch Aussaat, auch der selbst geerntete Same keimt gut. Palmen haben einen starken Wurzelvoraus und müssen sorgsam und ohne Abbrechen des Samens getopft werden.

Chlorophytum, Grünlilie

In den Tropen der Alten und Neuen Welt sind die 100 Arten der Gattung *Chlorophytum* Ker-Gawl. verbreitet. Es sind Stauden mit kurzem, oft Ausläufer entsendendem Stamm und meist fleischigen Wurzeln. Die weißen Sternblüten, die Gattung gehört zu den Liliengewächsen, den *Liliaceen*, stehen dicht oder lockerer an einfachen oder verzweigten Schäften.

Die verbreitetste Art ist *C. comosum* (Thunb.) Jacques, von der vor allem die Form 'Variegatum' gezogen wird. Diese Südafrikanerin hat weiße, fleischige Büschelwurzeln und lineal-lanzettlich beblätterte Blattschöpfe. Die Blätter sind bis 40 cm lang und 2,5 cm breit. Der Blütenstand verlängert sich mit fortschreitender Blühdauer von zuerst 60 cm auf über einen Meter, wird dann überhängend und beginnt neben Blüten und Fruchtkapseln viele junge, bereits bewurzelte Pflanzen zu bilden.

Daneben wird seit kurzem eine zweite Art, *C. bichetii* (S. Karrer) Backer, gezogen, die sich durch nicht ausläufertreibende Sprosse, dünnere Blätter und weiße Panaschüre auszeichnet. Diese Art, sie stammt aus Java, schien zuerst unempfindlicher, hat sich aber in der Zwischenzeit als nur für luftfeuchte Blumenfenster geeignet erwiesen. Sie tendiert noch stärker zu den Blattspitzenbräunungen, die auf Unregelmäßigkeiten in der Wasser- und Düngerversorgung zurückzuführen sind und auch beim normalen *C. comosum* häufig, vor allem in sehr lufttrockenen Räumen, auftreten. Als Kultursubstrat nimmt man Einheitserde, die man bei der Vermehrung durch Kindel oder Teilung mit etwas Sand streckt. Außer schattigen Orten ist der Grünlilie jeder Platz recht, die Temperaturen können kurz unter 15°C absinken.

Cyperus, Zypergras

Die 600 Arten der Gattung *Cyperus* L., sie gehört zu den Riedgräsern, den *Cyperaceen*, bewohnen alle Gebiete der Erde und finden sich vor allem an feuchten Stellen und an Gewässern. Es sind Stauden mit einfachen, meist dreikantigen Stengeln, die Blätter am Blattgrund sind bei den uns interessierenden Arten zu Schuppen verkümmert, dafür findet sich unterhalb des Blütenstandes eine laubige Blätterhülle.

Die für uns wertvollste Art ist *C. alternifolius* L., sie ist auf Madagaskar und den Maskarenen beheimatet und wird 1,5 m hoch. Die runden bis dreikantigen Halme tragen eine Laubkrone, deren Blätter 25 cm lang und 1 cm breit sind und wechselständig stehen. Die panaschierte Form 'Variegatus' darf nicht zu mastig gehalten werden, da sie sonst gerne in die Stammart zurückschlägt.

Wesentlich niedriger wird *C. diffusus* Vahl, dessen Heimat in den Tropen zu suchen ist, aber nicht genau bekannt ist. Die bis 80 cm hohen Halme tragen eine wenig-, dafür aber breiterblättrige Laubkrone. Es ist nicht ganz sicher, ob die bei uns unter diesem Namen gezogene Art, sie wird meist nicht höher als 60 cm, mit der echten *C. diffusus* Vahl identisch ist.

Beide Arten sind leichtgedeihende Zimmerpflanzen, die kräftige, nährstoffreiche Substrate und viel Wasser brauchen. Man zieht sie am besten in einem ständig mit Wasser gefülltem Untersatz oder in Hydrokultur. Beide vertragen auch tiefere Temperaturen, vor allem winters, bis zu 10°C, gedeihen aber bei höheren Temperaturen sichtlich besser. Auch in Terrarien oder sommers in Gartenteichen sind sie, besonders kleine Jungpflanzen, am Platz. Zur Vermehrung bestutzt man die Laubkrone und steckt sie in reinen Sand, es entwickeln sich aus den Achselknospen reichlich Jungpflanzen. Oder man sät aus.

Cycas, Palmfarn

Die Gattung *Cycas* L. gehört zu den Palmfarngewächsen, den *Cycadaceen,* und ist mit acht Arten im tropischen Afrika, Asien, Australien und der angrenzenden Inselwelt heimisch. Es sind zweihäusige, stammbildende Pflanzen, man findet also männliche und weibliche Pflanzen. Die Stämme sind mit den Resten der Blätter und mit Schuppen bedeckt und enthalten im Innern stärkereiches Sagomehl. Die in der Jugend eingerollten Wedel strecken sich zu großen, hartblättrigen, einfach gefiederten Gebilden. Die weiblichen und männlichen Blüten entstehen in Zapfen, die weiblichen stehen zumeist endständig und werden nachher vom Stamm durchwachsen. Unter den Zapfenschuppen finden sich freiliegend, wie bei den Nadelgehölzen, die Eizellen. Die männlichen Zapfen werden meist in der Mehrzahl ausgebildet und stehen an kurzen Seitenästen. Die männlichen Gameten sind noch begeißelt, Palmfarne sind ihrer Organisation nach sehr primitive Pflanzen, ihre Blütezeit war das Mesozoikum.

Von den vielen Arten findet man bereits im Mittelmeergebiet häufig *C. revoluta* Thunb. angepflanzt, die ursprünglich im südöstlichen Asien zu Hause war. Die Wedel erreichen bis 2 m Länge, meist schwankt die Länge aber zwischen 50 und 100 cm. Die schmalen, harten Blättchen stehen dicht an der Spindel und werden zum Grund des Wedels zu immer kleiner.

Dieser Palmfarn hält ungünstige Bedingungen aus, doch sollte er zum optimalen Gedeihen bei höheren Temperaturen gehalten werden. Überwintert wird bei 12 bis 15°C, jedoch luftig und nicht zu dunkel. Im Frühjahr, zu Beginn des Triebes, stellt man wärmer, Temperaturen von 18 bis 20°C sind gut, jedoch nicht unbedingt notwendig. Mit dem Gießen sei man sparsam, überhaupt winters. Als Erdmischung verwendet man Mischungen aus Torfmull, Lauberde und Quarzsand; kann man getrocknete Kuhfladen beimischen, so ist das gut.

Die Vermehrung der Palmfarne ist in keinem Fall leicht, von unserer Art erhält man regelmäßig

Saatgut im Handel, das bei 30°C Bodentemperatur auszusäen ist. Alte Pflanzen bilden Nebensprosse, die zuerst einen kugelförmigen Stamm bilden, diese kann man abtrennen, in sandige Mischungen topfen und bei 25°C bewurzeln. *Cycas revoluta* kann auch während des Sommers im Freien gezogen werden, doch werden die Blattschöpfe an einem wärmeren, luftigen Platz des Hauses schöner und kräftiger.

Andere Arten und Gattungen werden als Saatgut angeboten, doch benötigen sie fast in allen Fällen hohe Temperaturen und im Alter viel Platz.

Didymochlaena, Didymochlaene

Die Gattung *Didymochlaena* Desv. gehört zu den Schildfarngewächsen, den *Aspidiaceen*, und umfaßt nur eine pantropisch verbreitete und sehr variable Art: *D. trunculata* (Sw.) J. Sm. (*D. lunulata* (Van Houtte) Desv.). Die ovalen, doppelt gefiederten Wedel werden von einem beschuppten Blattstiel getragen und erreichen 40 bis 50 cm Länge. Die lederigen, fast sitzenden, ungleichseitigen, etwas gezähnten Blättchen stehen dicht. Dieser Farn, der bei 16 bis 18°C gut gedeiht, wird von einigen Farngärtnereien angeboten und hat sich für die Kultur im Zimmer recht gut bewährt. Auch bei dieser Pflanze ist die regelmäßige Bodenfeuchtigkeit das Wichtigste, da bei Ballentrockenheit sofort die Blättchen abgeworfen werden. Als Substrat nimmt man Einheitserde oder ähnliche Mischungen, ein Dungguß ist während der Wachstumszeit ab und zu zu empfehlen. Die Vermehrung durch Sporen ist Gärtnersache.

Dieffenbachia, Dieffenbachie

Die Gattung *Dieffenbachia* Schott umfaßt 30 äußerst vielgestaltige Arten, die in Südamerika beheimatet sind. Die Pflanzen sehen denen der Gattung *Aglaonema* sehr ähnlich, die Unterschiede sind vor allem im Blütenbau, aber auch an den Blättern zu finden. Die weiblichen Blüten, die ebenfalls in einem fortsatzlosen Kolben stehen, stehen locker und nicht dicht und sind mit unfruchtbaren Staubblättern untermischt. An der Blattoberseite ist die Mittelrippe meist rinnig eingesenkt. Sonst sind die beiden Gattungen einander recht ähnlich. Es sind aufrechte Stauden oder Halbsträucher mit länglichen bis eirunden Blättern, die grün, meist aber grün mit gelb oder weiß gefleckt sind. Von den vielen Arten und vor allem Sorten, die bei uns in Kultur sind, seien die wichtigsten genannt.

Die wichtigste Art ist zweifellos *D. maculata* (Lodd.) G. Don (*D. picta* Schott), besser unter dem Synonym bekannt. Diese eher dünnblättrige Art stammt aus Brasilien und bildet bis 1 m hohe Stämme. Die breitelliptischen Blätter sind bis 40 cm lang und 10 cm breit und auf hellgrünem Grund unregelmäßig weiß gefleckt. Eine weitverbreitete Mutante dieser Art ist 'Julius Roehrs', die 1936 in den USA entstand. Bei ihr ist die gesamte Blattfläche, mit Ausnahme der dunkelgrünen Mittelrippe und des grünen Blattrandes, hellgelblichgrün und etwas dunkler gefleckt. Diese Form dunkelt nach, wenn die Blätter älter werden, und schlägt vor allem gerne in die Art zurück, wenn auch nicht vollkommen, so doch fleckenweise auf den Blättern. Die Form 'Jenmanni' hat wesentlich schmälere Blätter, sie soll aus Guyana stammen. Die glänzendgrünen Blätter zeigen milchweiße Bänder zwischen den Seitennerven und Flecken zwischen den Bändern.

Von *D. maculata* kommen jährlich neue Sorten auf den Markt, die teilweise noch nicht auf ihre Tauglichkeit geprüft sind. Ein Sport von 'Julius Roehrs', 'Pia', bleibt ständig hell.

Die wichtigste Handelsform ist keiner bekannten Art zuzuordnen, sie heißt 'Exotica' und ist neben *D. maculata* die härteste. Die Blätter sind wesentlich kleiner als bei der vorigen Art und gegen die Spitze zu schmäler und in eine deutliche Granne ausgezogen. Sie sind härter anzufassen und stark gelblichweiß auf dunkelgrünem Grund gefleckt. Seit neuestem ist auch eine andere Art, *D. amoena* hort., häufiger zu sehen. Es ist eine riesenwüchsige Pflanze mit bis 2 m hohen Stämmen und breiteirunden Blättern, die bis 60 cm lang und 25 cm breit werden können. Die reine Art ist dunkelgrün gefärbt und zeigt nur eine leichte Fleckung der Blattspreite, schöner und deshalb stark im Vormarsch begriffen ist 'Tropic Snow', mit stark weißgezeichneten Blättern und dunkelgrüner Mittelrippe und grünem Rand. Diese Art und ihre Form sind in mancher Beziehung noch härter als *D. maculata* und *D.* 'Exotica', vor allem aber erreichen sie Dimensionen, die diese beiden nie erreichen können. Man verwendet *D. amoena* deshalb als wuchtige Schalenpflanze für große Eternitgefäße oder die Hydrokultur, als lebende Trennung in einem großen Blumenfenster oder Wintergarten, kurzum überall dort, wo Wuchtigkeit am Platz oder sogar notwendig ist. Das Lichtbedürfnis entspricht in etwa dem der beiden anderen wichtigen Dieffenbachien; *D. amoena* kommt vielleicht mit etwas weniger Licht aus, weil ihre Spreite grüner ist.

Als letzte Dieffenbachie soll noch *D.* × *bausei* hort. Chiswick *(D. maculata* × *D. weirii)* genannt werden. Die Blätter werden etwa so groß wie die von *D. maculata,* sind aber deutlich schmäler, ihre Farbe ist größtenteils gelblichgrün, dunkelgrüne Punkte stehen zerstreut auf der Spreite und fließen zum Teil zu einem Rand zusammen. Kleine weiße Punkte finden sich vereinzelt auf der ganzen Blattfläche.

Dieffenbachien sind schöne und nicht heikle Pflanzen, von denen es für jeden Größenwunsch Formen gibt. Wer kleine Pflanzen braucht, wählt *D.* 'Exotica', Riesenpflanzen bildet *D. amoena*. Sie brauchen Licht, sind also nicht für den Schatten in Winkeln oder ähnlichen Plätzen geeignet. Man kultiviert sie in Einheitserde oder Torfkultursubstraten, daneben brauchen sie regelmäßige Flüssigdüngung und reichlich Wasser, um zeigen zu können, was in ihnen steckt.

Vermehrt werden Dieffenbachien gärtnerisch durch Kopf- und Stammstecklinge. Die zweite Methode ist für den Liebhaber üblicherweise zu kompliziert, er wählt vielleicht statt dessen überhaupt das Abmoosen, das auch gutgeht.

Dracaena, Drachenbaum

Die uns interessierenden Arten der Gattung *Dracaena* L., die Gattung gehört zur Agavenfamilie, den *Agavaceen,* sind im tropischen und subtropischen Afrika beheimatet. Alle Drachenbäume sind Bäume oder Sträucher mit holzigem Stamm und sekundärem Dickenwachstum und orangefarbigen Wurzeln. Die Blüten werden in endständigen, vielblütigen Rispen angelegt und duften oft gut.

Die härteste Art für die Zimmerpflege ist zweifellos *D. fragrans* (L.) Ker-Gawl. mit ihren grünen Blättern und den vielen buntblättrigen Formen. Die Art wird bis 6 m hoch und ist relativ locker mit den 45 bis 90 cm langen und 12 bis 15 cm breiten Blättern besetzt, welche schlaff halb überhängen. Die Blütenrispen können schon bei 2 m hohen Pflanzen erscheinen, sie blühen nachts und duften ausgesprochen gut. Obwohl der reingrünblättrigen Art der Zierwert nicht abzusprechen ist – sie ist besonders leicht zu ziehen –, sind es vor allem die buntblättrigen Formen, die den Liebhaber reizen. Ein gelblichgrünes Mittelband auf den Blättern, das von dunkelgrünen, schmalen Streifen und einem breiteren dunkelgrünen Randteil eingefaßt wird, hat die Form 'Massangeana', sie ist beinahe so leicht wie die grünblättrige Art. Schwieriger, der Chlorophyllgehalt der Blätter ist schon sehr klein, ist 'Victoria', die breite, leuchtendgelbe Seitenstreifen und einen grünen Mittelstreifen besitzt. Diese Form vergrünt nie und ist die schönste dieser Art.

Von *D. deremensis* (N.E.Br.) Engl. wird die grüne Form nie gezogen, sondern nur weißbunte Formen. Diese Art wird bis 5 m hoch, ihre Blätter sind schmallanzettlich und 50 cm lang und 5 cm breit. Die wichtigsten Formen sind: 'Bausei' hat einen reinweißen Mittelstreifen und beiderseits breite, grüne Randstreifen, die Blätter sind oft stark überhängend und im Verhältnis zur Länge etwas breiter als bei den folgenden Formen; 'Warneckii' hat einen breiten, weißlichgraugrünen Mittelstreifen, der von schmalen, grünen Randstreifen eingefaßt ist und reinweiße Linien trägt, die meist gegen den grünen Rand zu stehen; diese Form ist sehr variabel, und aus ihr entstanden in der letzten Zeit zwei weitere Formen, die ihr im Altersblatt gleichen, deren Jugendblätter aber gelblichweiß bzw. goldiggrün überlaufen sind: 'Ernest de Schrijver' und 'Flandria'. Diese beiden Formen sind nur schön, wenn sie in gutem Wachstum sind, da nur dann die jungen Blätter die genannten Färbungen zeigen; sie sind also besser für den Wintergarten oder das offene Blumenfenster geeignet.

Neben diesen etwas größerwüchsigen Arten und deren Formen sind noch einige kleinere Arten in Kultur. Aus Madagaskar kommt *D. marginata* Lam., diese Art kann unter günstigsten Bedingungen 2 m Höhe erreichen. Die Blätter sind schmal lineallanzettlich, bei 40 cm Länge kaum 1,5 cm breit, glänzend dunkelgrün gefärbt und braunrot gerandet. Sehr schön ist die Form 'Tricolor', die im grünen Teil weißlichrosa Streifen aufweist. Diese Art braucht etwas günstigere Bedingungen, kommt aber bei einem guten Pfleger auch als Topfpflanze gut davon; die panaschierte Form gehört in das geschlossene Blumenfenster oder in ein offenes, das von einem versierten Pfleger betreut wird.

Aus dem Kongo stammt *D. godseffiana* hort. Sander, deren Blätter in der Zeichnung irgendwie an eine *Aucuba japonica* erinnern. Die Triebe sind dünn und drahtig, die Blätter stehen zu drei bis fünf eng beisammen, fast quirlig, sie sind eirund zugespitzt, 10 cm lang und 5 cm breit. Die Blattfarbe ist ein glänzendes Grün mit zahlreichen, unregelmäßigen Flecken geziert. Diese Art bringt bereits als kleine Pflanze die grünlichgelben, in kleinen Büscheln angeordneten, sehr gut duftenden Blüten, denen rote Beeren folgen können. Diese Art wird meist in kleinen Exemplaren als Schalenware angeboten, es sind dann in der Regel mehrere Stecklinge zusammengepflanzt. Bei einiger Umsicht ist die Pflege von *D. godseffiana* ohne besondere Vorkehrungen möglich.

Eine weitere kleinerblättrige Art ist *D. sanderiana* hort. Sander, ebenfalls im Kongo beheimatet. Sie wächst schlank aufrecht, die Blätter sind nur 15 bis 25 cm lang und bis 3 cm breit. Die Blattfarbe ist Grün mit weißlichem Silbergrau und Weiß, die chlorophyllfreien Zonen überwiegen. Als Substrat verwendet man Einheitserde oder aufgedüngten Torf. Der Liebhaber wird zu groß gewordene Pflanzen abmoosen oder einfach zurückschneiden, sie verzweigen sich allerdings nicht so gut wie z. B. Gummibäume. Gärtnerisch werden sie durch Kopfstecklinge vermehrt; Stammstecklinge sind möglich, doch sind die ersten Blätter eines frisch austreibenden Triebes noch klein und meist nicht so gut gefärbt, weshalb die Gärtner oft zwar Stammstecklinge einlegen, von den sich bildenden Austrieben aber dann die Köpfe abstecken. Bei *D. godseffiana* wachsen Stammstecklinge relativ leicht. Die Temperaturen bei der Stecklingsvermehrung sollen zwischen 25 und 30°C liegen, sind also fast immer außer der Reichweite des Liebhabers.

Ficus, Feigenbaum, Gummibaum

Die Gattung *Ficus* L. gehört zu den Maulbeergewächsen, den *Moraceen,* und umfaßt milchsaftführende Bäume, Sträucher oder Kletterer mit wechselständigen, ganzrandigen Blättern. Die abfallenden Nebenblätter – botanisch Stipeln genannt, es sind zwei, die aber in manchen Fällen verwachsen sind – schützen das junge Blatt. Die männlichen und weiblichen Blüten sind vom fleischig gewordenen Fruchtboden umschlossen und bilden die bekannten Feigen, die allerdings bei uns in der Kultur nicht bei allen Arten ausgebildet werden. Die Gattung ist äußerst umfangreich, man kennt ungefähr 2000 Arten, die Asien, Afrika und Australien bewohnen. Eine Art, *Ficus carica* L., der gemeine Feigenbaum, findet sich bereits in Südeuropa und Nordafrika. Von den vielen Sorten dieser Art sind nur wenige für mitteleuropäische Verhältnisse geeignet. Zu empfehlen sind u. a. die 'Frühe Horn'sche Feige', die 'Braune von Ischia' und die 'Weiße Marseiller'. Aus dem Riesensortiment der bei uns kultivierten Arten können leider nicht allzu viele gebracht werden. Sie werden hier nach Kletterpflanzen, dem handelsgärtnerisch wichtigen Gummibaum und botanischen Arten gegliedert.

Kletternde Feigenbäume

Die beiden kletternden Arten, welche wir kultivieren, sind Jugendformen, ähnlich wie wir es beim Efeu kennengelernt haben. Wenn die Bedingungen günstig und die Pflanzen entsprechend alt sind, so verlassen sie die juvenile Phase und treten in die adulte, generative ein. Ihre Blätter werden größer, härter, ihr Wuchs wird aufrecht, und eines Tages bilden sich dann in den Blattachseln die kleinen runden Feigen.

Der wichtigste Kletter-Ficus ist *F. pumila* L. (*F. stipulata* hort. non Thunb.) aus Japan, China und Australien. Die fadendünnen Zweige bilden an der lichtabgewandten Seite Haftwurzeln aus, mit denen an Baumstämmen, Wänden und selbst Glasflächen geklettert wird. Wenn sich die Pflanzen wohl fühlen, nehmen sie bald größere Flächen ein. Die immergrünen Blätter sind kurz gestielt, 3 cm lang und 2 cm breit, etwas blasig aufgetrieben und im Vergleich zu anderen Immergrünen sehr dünn. Das ist auch der Grund, warum der Kletter-Ficus so gerne vertrocknet und seine dürren Blätter dann rascheln läßt! Die Altersform hat bis 8 cm lange und 4 cm breite, hart- und dicklaubige Blätter und bringt birnförmige, zuerst grüne, später braune Feigen. Von der Jugendform, die sehr variabel ist, gibt es einige Kulturformen, wie 'Minima' mit ganz kleinen, dünnen Blättern und 'Variegata' mit panaschierten Blättern.

Zugespitzte, etwas größere Blätter hat *F. radicans* Desf., dessen Heimat unbekannt ist. Die Blattbasis ist im Gegensatz zu voriger Art symmetrisch. Auch hier gibt es eine schöne, weißbunte Form, 'Variegata', die manchmal sogar ganz weiße Blätter bringen kann.

Beide Kletterfeigen sind gute Zimmerpflanzen, jedoch ist *F. pumila* zweifellos der robustere, der Temperaturen von unter Null bis 30°C gut verträgt und auch bald die nette Altersform bildet, vorher eine Fülle von Übergangstrieben. Beide Feigen sind sehr empfindlich gegen Ballentrockenheit, was man unbedingt beachten muß. Soviel sie sonst aushalten mögen, Ballentrockenheit macht ihnen rasch den Garaus. Das muß man auch bei der Stecklingsvermehrung, wobei mehrere Triebe gleich in einem größeren Topf zusammengesteckt werden, beachten. Werden diese Stecklinge nicht bei ständig feuchter, gespannter Luft gehalten, so welken sie und trocknen gleich ihre Blätter weg. Auch als Ampelpflanzen sind sie schön, am schönsten jedoch an Mauern kletternd und dicht alles überspinnend. Von *F. radicans*, der meist in der weißbunten Form gezogen wird, sieht man die Altersform selten.

Gummibaum

F. elastica Roxb. ist das, was man gemeinhin unter Gummibaum versteht. Er stammt aus Hinterindien und dem Malaiischen Archipel, wo er eine Höhe von 25 m erreicht und aus der Krone Stützwurzeln bildet, was man bei uns nur selten beobachten kann. Die Blätter sind in der Knospe gerollt und von den beiden miteinander verwachsenen, roten oder grünen Nebenblättern umgeben. Das kurz gestielte Blatt ist elliptisch, die Spitze etwas geschwänzt, lederartig und oberseits dunkel-, unterseits hellgrün gefärbt. Es gibt eine Fülle von Formen, die wichtigsten seien genannt.

'Decora' ist eine Sämlingsauslese mit besonders breiten, schräg aufgerichteten, dunkelgrünen Blättern. Von ihr gibt es zweifellos mehrere Typen im Handel, die an der Farbe des Nebenblattes unterschieden werden können. Eine geflecktblättrige, noch relativ chlorophyllreiche Mutante dieser Form ist 'Schrijveriana', die Blattspreiten sind hellgrün und dunkelgrün gefleckt, zeigen aber keine oder fast keine reinweißen oder reingelben Stellen.

Unter der Beziehung 'Variegata' faßt man am besten die unterschiedlichen Panaschüren der Art zusammen; diese haben immer schmale Blätter und reinweiße oder reingelbe Blattränder oder Blattmitten. Weil der Chlorophyllgehalt ihrer Blätter geringer ist, werden in Notzeiten die weißen oder gelben Teile gerne »vergessen«, sie werden nicht mit Nahrung versorgt, und es gibt braune Blattspitzen und -ränder.

Eine besonders schöne Form sah ich unter der Bezeichnung 'Djakarta', eine Miniaturform von

'Decora' mit herrlichem Zwergwuchs. Soviel ich aber erfuhr, wächst sie zu langsam, um sich im Handel durchsetzen zu können, obwohl viele Liebhaber gerne einen etwas teureren, dafür langsamer wachsenden Gummibaum hätten.

Der Gummibaum braucht nährstoffreiche, humose Substrate und regelmäßige Wässerung und Düngung. Das Verstellen von Platz zu Platz taugt ihm sicher nicht, noch weniger allerdings mag er plötzliches Absinken der Temperatur, wie es bei geöffneten Fenstern u. ä. häufig vorkommen kann. Er läßt dann seine Blätter hängen und verliert die Fähigkeit, sie wieder aufzurichten.

Wird der Gummibaum zu groß, so schneidet man ihn ab (wenn man es übers Herz bringt), oder man moost ab und schneidet dann noch etwas tiefer zurück. Bei guten Pflegebedingungen bilden sich meist drei Austriebe. Das Abmoosen hat den Vorteil, daß die Folgeblätter nicht zu klein werden, was bei der Stecklingsvermehrung bei nicht idealen Bedingungen meist der Fall ist. Gärtnerisch wird der Gummibaum durch Kopf- und Stammstecklinge vermehrt, und zwar bei Temperaturen um 25°C und hoher Luftfeuchtigkeit. Der Austrieb der Stammstecklinge ist lichtabhängig, aus diesem Grund werden diese immer im Frühjahr, mit steigender Tageslänge, geschnitten. Damit die ersten, kleinen Blätter bei den Stammstecklingen nicht so stören, dreht man den Trieb oft halbkreisförmig und topft tiefer ein, wodurch die kleinen Blätter ins Substrat kommen.

Botanische Feigenbäume

Auch hier trennen wir nicht ganz exakt nach Zimmerkultur und Kultur im geschlossenen Blumenfenster, um die *Ficus*-Übersicht möglichst vollständig und kompakt zu haben.

F. aspera G.Forst. 'Parcelli' (*F. parcelli* Veitch ex Cogn. et Marchal) ist eine der schönsten panaschierten Pflanzen, die es gibt, doch müssen die Temperaturen über 18°C gehalten werden können. Die kurz gestielten Blätter sind 20 cm lang und breit herzförmig zugespitzt. Der Rand, sonst immer glatt, ist bei dieser Art buchtig gekerbt. Die oberseits rauhen, unterseits weichhaarigen Blätter sind reich grün und weiß marmoriert. Das Schönste sind wohl die zahlreichen, 2 bis 3 cm langen Feigen, die weiß-grün-rosa längsgestreift sind. Wenn man diese Art winters nicht über 18 bis 20°C halten kann, so hält man kühler, es fallen dann die Blätter ab, man schneidet zurück und treibt die Pflanze im März bei hohen Temperaturen wieder an; doch auch winters dürfen bei kühler Haltung die Temperaturen nicht unter 15°C fallen.

Der Banyanbaum ist *F. bengalensis* L., er kommt wild nur am Südfuß des Himalaja und in den Gebirgen Südindiens vor, ist jedoch als heiliger Baum der Inder viel angepflanzt. Die Bäume werden bis 30 m hoch und bilden sehr breite Kronen, die durch sich verdickende Luftwurzeln getragen werden. Die flaumighaarigen Blätter sind länglichoval, an der Basis rund und bis 25 cm lang. Die Blattstiele und der junge Sproß sind rotfilzig behaart, verkahlen aber später. Diese Art fruchtet bei uns nie, ist aber relativ leicht zu halten und verträgt viel Schatten.

Von den kleinblättrigen Arten wohl die eleganteste ist *F. benjamina* L. aus Indien. Die in den Tropen baumartig wachsende Art kann auch bei uns 4 bis 6 m hoch werden und fällt durch die überhängenden Zweige und die bis 12 cm langen, eiförmigen, geschwänzten Blätter auf, die oberseits dunkel-, unterseits heller grün sind. Eine herrliche Dekorationspflanze für große Räume, die auch in kleinen Gefäßen große Dimensionen erreichen kann, vorausgesetzt, daß immer fleißig gegossen und gedüngt wird. Diese Art ist auch in Hydrokultur leicht zu ziehen.

Aus dem tropischen Afrika stammt der auch bei uns reich fruchtende *F. cyathistipula* Warb. mit den verkehrt eiförmigen, in eine deutliche Spitze ausgezogenen Blättern, die ledrig und dunkelgrün sind und 25 cm lang werden können. Die runden Feigen werden zu mehreren in Büscheln angelegt und sind etwas grubig.

Selten, doch sieht man sie hin und wieder, selbst an kleineren Exemplaren, bildet *F. lyrata* Warb. (*F. pandurata* Sander non Hance), der Geigenkasten-Gummibaum, seine grobgrubigen Feigen aus. Die riesigen Blätter dieser westafrikanischen

Tafel 49 · Offenes Blumenfenster mit eingesenktem Beet. Der Kleinblättrige Gummibaum (*Ficus benjamina*) beherrscht die Pflanzung von Medinilla, Kroton, Syngonium, Maranten und Bromelien. (Rosenberg)

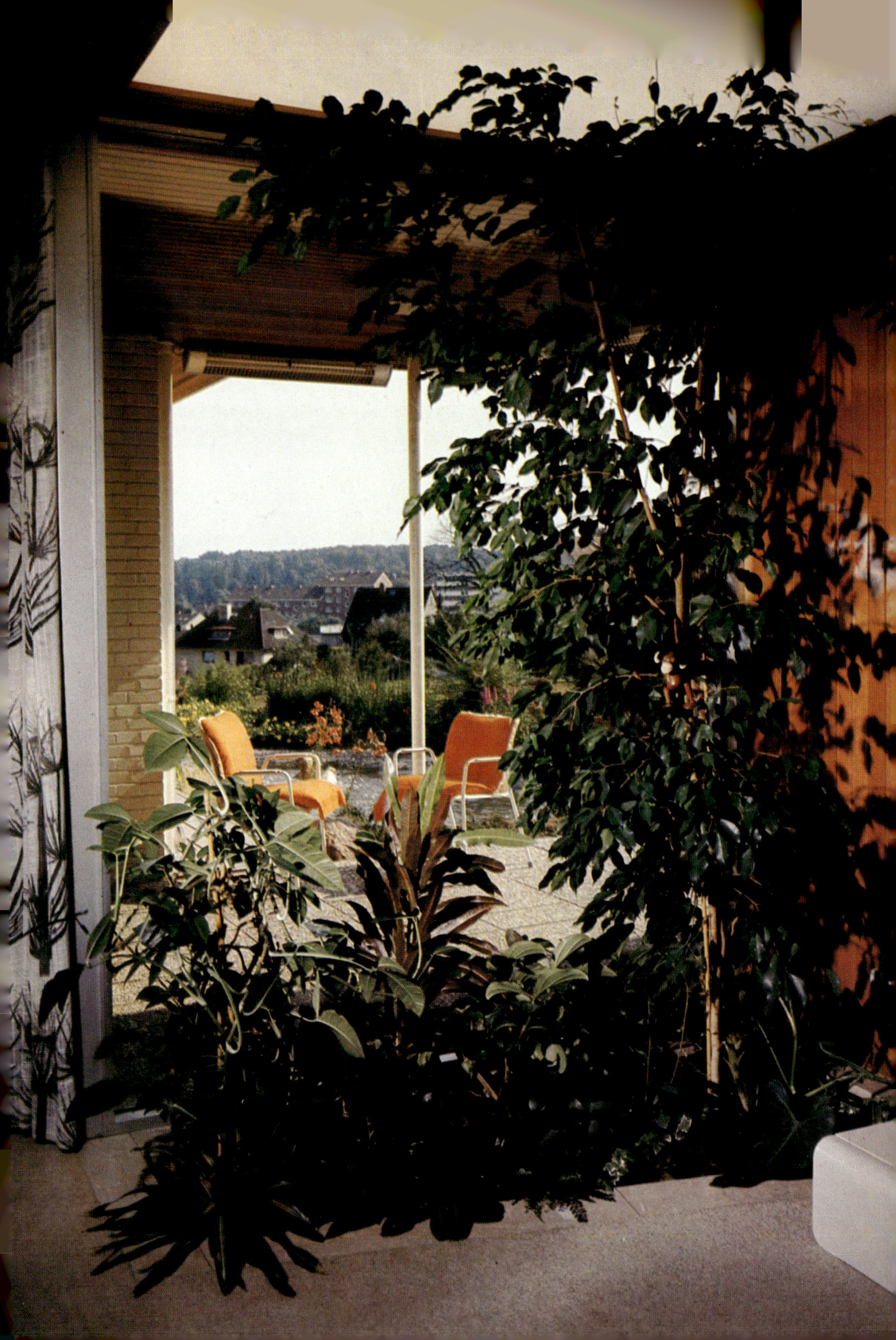

Tafel 50 · Wärmeliebende Blattpflanzen III

Drachenbaumarten und -formen gibt es in reicher Auswahl:
- ol   *Dracaena deremensis* 'Warneckii'
- or   *D. deremensis* 'Bausei'
- ml   *D. fragrans* 'Victoria' ist hochwüchsig
- mr   *D. sanderiana* dagegen ist kleinbleibend
- ul   Bunte Klimme, *Cissus discolor*
- ur   Fingeraralie, *Dizygotheca elegantissima*

Tafel 51
Wärmeliebende Blattpflanzen IV

Gummibäume kann man nie genug haben!

ol	*Ficus elastica* 'Aureomarginata', eine empfindliche Art
or	*F. elastica* 'Schreijveriana' ist härter
ml	Kletterfeige, *F. pumila*
mr	*F. macrophylla*, eine anspruchsvolle Art
ul	*F. aspera* 'Parcelli' ist wärmeliebend
ur	Geigenkasten-Gummibaum, *F. lyrata*. Feigen bilden sich selten

Tafel 52
Wärmeliebende Blattpflanzen V

Zwei schöne Drachenbäume:
ol   *Dracaena deremensis* 'Ernest de Schrijver'
or   *D. marginata* 'Tricolor'

m   Palmfarn *Cyas revoluta*, mit goldgelbem weiblichen Blütenstand

Zwei Gewächse mit prächtig zierenden Blättern:
ul   *Acalypha-Wilkesiana-Hybride* 'Obovata'
ur   *Acalypha-Wilkesiana-Hybride* 'Musaica'

Art können bis 60 cm Länge erreichen und sind breit verkehrt eiförmig und leierförmig ausgerandet. Sie sind dick und lederartig und dunkelgrün mit hellerer Aderung gefärbt. Auch diese Art ist im Zimmer leicht zu ziehen.

Oft werden Sämlinge des *F. macrophylla* Desf. als *F. elastica* angeboten, doch erkennt man diese australische Art – sie ist sehr hart und gedeiht leicht – sofort an den nicht verwachsenen Nebenblättern. Die Blätter sind deutlich kleiner und dünner als beim gewöhnlichen Gummibaum, ihr Rand meist etwas wellig. Diese Art verzweigt sich wesentlich besser als *F. elastica* und sollte dort verwendet werden, wo man eine reichgarnierte Pflanze benötigt und auch ausreichend Raum zur Verfügung hat. Diese Art ist gegen Zugluft nicht empfindlich, wesentlich härter und dauernder als der gewöhnliche Gummibaum und für Sonderzwecke, in großen Dielen, sehr zu empfehlen. Von dieser Art findet man an der Riviera bereits große Bäume, das zeigt deutlich, daß wir es mit einer Pflanze zu tun haben, die einfach mehr aushält! Nicht richtig ist es allerdings, einem Käufer einen *F. macrophylla*, der durch Aussaat vermehrt wird, für einen *F. elastica* auszugeben, was leider hin und wieder vorkommt!

Mehr Wärme verlangt der in Ostindien und auf Ceylon beheimatete *F. religiosa* L., der herzeiförmige Blätter mit einer langgeschwänzten Spitze besitzt. Die kleinen, meist reichverzweigten Bäumchen sehen kanadischen Hybridpappeln irgendwie ähnlich, bei Luftzug bewegen sich die interessant geformten Blätter an den langen Stielen hin und her. Diese Art braucht einen wärmeren Stand und entsprechend Raum, um sich gut entwickeln zu können.

Eine Zwergart, von der vor allem die weißbunte Form eine herrliche Zimmerpflanze ist, ist der australische *F. rubiginosa* Desf. (*F. australis* Willd. non hort.), sie erreicht nur 2 bis 3 m Höhe und wächst verzweigt-buschig. Die elliptisch-länglichen Blätter sind 10 cm lang und 4 cm breit und dunkelgrün lederartig und glänzend. Die Blattunterseite der jungen Blätter und die jungen Sprosse sind rostwollig, verkahlen jedoch bald. Die panaschierte Form, 'Variegata', ist breit weiß gerandet, der grüne Mittelteil ist fiederig zerschnitten. Eine gute und dauernde Art, die allerdings langsam wächst, aber auch mit kühlen Plätzen Vorlieb nimmt, diese sogar fast bevorzugt. Die weißbunte Form will etwas wärmer stehen, verzweigt sich aber auch gut und wird buschig und nett.

Ebenfalls wärmer stehen will *F. triangularis* Warb. aus dem tropischen Afrika, eine reizende Zwergart, die sich reich verzweigt. Die Blätter sind verkehrt dreieckig, etwas abgerundet, lederig und 5 cm lang. Besonders schön sind die etwas über erbsengroßen Feigen, die zuerst grün, später orangebraun gefärbt sind und in großer Zahl erscheinen.

Die botanischen Arten, es gibt ihrer noch mehr, sind alle etwas unterschiedlich in den Temperaturansprüchen; alle wollen sie aber schwere, nährstoffreiche Substrate und regelmäßige Düngung. Während der kühlen Jahreszeit machen alle Feigenbäume eine Ruhepause durch, während der sie nicht wachsen und etwas weniger gegossen werden wollen.

Bei einer so wichtigen Zimmerpflanze muß man auch kurz auf Schädlinge und Krankheiten eingehen. Schildläuse und Spinnmilben saugen auf der Unterseite der Blätter und am Sproß, besonders die Spinnmilben rufen die typische weißliche Verfärbung hervor, die wir bei jedem Spinnmilbenbefall kennen. Beide werden am besten mit systemischen Präparaten bekämpft, vielleicht auch durch Abwaschen. Daneben treten noch Weichhautmilben auf, besonders bei den kletternden Arten, und Blasenfuß.

Das Vergilben, Braunschwarz- und Braunfleckigwerden und Abfallen der Blätter ist zumeist auf schlechte Wurzeltätigkeit, bedingt durch kalten Fuß oder stauende Nässe, zurückzuführen. Vom Blattrand ausgehende Flecken und Trockenstellen muß man zu großer Lufttrockenheit, unregelmäßiger Wasserversorgung oder kurzfristiger Ballentrockenheit zuschreiben. Im Frühjahr tritt manchmal Sonnenbrand auf.

Die vielfach zu beobachtenden Korkwucherungen sind auf zu niedere Temperaturen, vorübergehende Unterkühlung, starke Temperaturschwankungen oder Bodennässe zurückzuführen. Die parasitäre Brennfleckenkrankheit, hervorgerufen durch den Pilz *Gloeosporium*, ist Gott sei Dank selten, bei ihr treten gezonte Flecken mit dunkler Randzone und punktförmigem Sporenlager auf. Sie entsteht nur bei feuchtwarmem Stand und gleichzeitigen Temperaturschwankungen, also vor allen in Glashäusern, die nachts ungenügend erwärmt werden.

Howeia, Kentie, Lord-Howe-Palme

Die Palmengattung *Howeia* Becc. (*Howea* Benth. et Hook.) umfaßt zwei Arten, welche die Lord-Howe-Inseln im Pazifik bewohnen. Es sind hochwerdende, stammbildende Fiederpalmen, die sowohl für Dekorationen als auch als Zimmerpflanzen ihre Bedeutung haben.

H. belmoreana (C. Moore et F. v. Muell.) Becc. (*Kentia b.* C. Moore et F. v. Muell.) ist die niedererwüchsige Art, sie erreicht in der Heimat bis 7 m Stammhöhe. Die Fiederblätter sind kurz gestielt und wachsen aufrechter als bei der zweiten Art.

Bis 3 m lange Fiederblätter bildet *H. forsteriana* (C. Moore et F. v. Muell.) Becc. (*Kentia f.* C. Moore et F. v. Muell.), bei dieser Art sind die Blattstiele lang, die unteren und mittleren Blätter eines Schopfes stehen waagrecht oder hängen. Die Wachstumsform der Wedel ist erst bei größeren Pflanzen zu erkennen, bei jüngeren muß man auf die Länge der Blattstiele sehen oder die Schuppen und Punkte suchen, die es bei *H. forsteriana* auf der Blattunterseite zu finden gibt. Die Blättchen stehen zu 50 bis 60 zu beiden Seiten der Mittelrippe.

Kentien sind beliebte Zimmerpflanzen, die bei günstigem Stand gewaltige Größen erreichen können, meist pflanzt man sie nicht einzeln, sondern in Tuffs. Als Substrat nimmt man mit Sand gestreckte Einheitserde für jüngere und schwerere Substrate für ältere Exemplare. Jüngere Pflanzen gedeihen am besten bei Temperaturen von 18 bis 20°C, ältere vertragen bis 12°C und kurzfristig noch tiefere. Als Dekorationspflanzen sind sie ideal, denn sie vertragen viel von den Belastungen, die ihnen als solche oft zugemutet werden. Der Standort sei nicht zu schattig.

Vermehrt wird durch Aussaat, sie wird am besten dem Gärtner überlassen. Schildläuse treten oft in großen Mengen auf, sie müssen wohl oder übel mit modernen Phosphorinsektiziden oder Sommerölen bekämpft werden.

Jacaranda

Die Gattung *Jacaranda* Juss. gehört zu den Bignoniengewächsen, den *Bignoniaceen,* und ist mit 50 Arten in den amerikanischen Tropen zu Hause. Es sind Bäume, Sträucher und auch Stauden mit gegenständigen, meist doppelt gefiederten Blättern. Die blauen oder violetten Glockenblüten stehen in end- oder achselständigen Rispen. Bei uns wird nur *J. mimosifolia* D. Don (*J. ovalifolia* R. Br.) selten angeboten. In Brasilien wird diese Art bis 20 m hoch, bei uns selten höher als 2 bis 3 m. Das farnähnliche Laub, die Blätter sind fein doppelt gefiedert, ist hellgrün gefärbt und macht diese Pflanzen zu netten Zimmerpflanzen, allerdings nur solange sie klein sind. Jacaranden haben die »Angewohnheit«, das Laub entweder im Herbst oder im Winter abzuwerfen und dann wieder auszutreiben, wodurch das herrliche Laub nur auf kleine Partien der Pflanzen beschränkt bleibt. Blüten soll man nur in den Tropen sehen, doch hatten auch wir schon das Glück, die blauen, 5 cm langen und 3 cm breiten Glocken an einer 2 m hohen Pflanze zu sehen.

Man vermehrt durch Aussaat, und zwar im Spätwinter, um eine möglichst lange Vegetationszeit vor sich zu haben. Die Aussaattemperatur soll über 20°C liegen, nach dem Aufgehen topft man einzeln oder zu zweit, als Substrat eignet sich mit Sand gestreckte Einheitserde gut. Bevor man sie ins Zimmer nimmt (die Anzucht muß in einem warmen Kleingewächshaus erfolgen), müssen sie bei 15 bis 18°C luftig abgehärtet werden. Auch im Zimmer darf die Temperatur nicht unter 14°C fallen, sie lieben einen eher absonnigen Standort.

Livistona, Livistonie

Die 25 Arten der Palmengattung *Livistona* R. Br. finden sich im tropischen Asien, im Malaiischen Archipel, auf Neuguinea und in Ostaustralien. Es sind robuste, hochwerdende Fächerpalmen mit großen, meist bis zur Mitte eingeschnittenen Blättern. Die gewölbten Blattstiele sind in der Regel bewehrt.

Von zwei Arten wird Saatgut angeboten oder sind Pflanzen erhältlich. *L. australis* (R. Br.) Mart. (*Corypha a.* R. Br.) stammt aus Australien und besitzt als erwachsene Pflanze Fächerblätter bis zu 2 m im Durchmesser. Diese sind dunkelgrün und bis zur Mitte in 40 bis 50 Zipfel geteilt. Die langen Blattstiele besitzen zwei Stachelreihen. Daneben gibt es noch *L. chinensis* (Jacq.) R. Br. ex Mart. (*Lantania borbonica* hort. non Lam.), die aus Südchina stammt, ebenso große Fächerblätter bringt und nur bis zur Mitte des Blattstiels bewehrt ist.
Beide Livistonien sind als kleinere Pflanzen gute Zimmerpalmen, die bei Temperaturen von 14 bis 16°C, aber auch bei höheren Temperaturen, entsprechend Licht vorausgesetzt, gut gedeihen.

Man kultiviert sie in Einheitserde, größere Pflanzen brauchen einen extra Lehmanteil. Große Pflanzen beanspruchen viel Platz.
Die Vermehrung erfolgt durch Aussaat. Die Samen werden für 24 Stunden in warmem Wasser eingequollen und dann bei 25°C ausgesät. Manche keimen rasch, andere brauchen länger, doch mit Geduld wird man auch von zehn Korn genügend Pflanzen erziehen können. Palmen machen fleischige Wurzeln, sie sollen bald getopft werden. Dabei dürfen Keimling und Samen nicht getrennt werden. Die Wurzeln sind viel weiter in ihrer Entwicklung als der Trieb, man nennt das den Wurzelvoraus; aus diesem Grund wird man Palmen im allgemeinen bald nach dem Keimen in tiefe Töpfe, sogenannte Rosentöpfe, topfen.

Monstera, Philodendron

Die 30 Arten der Gattung *Monstera* Adans., sie gehört zu den Aronstabgewächsen, den *Araceen*, sind im tropischen Amerika beheimatet. Die Pflanzen klettern oder entsenden wenigstens Luftwurzeln und besitzen lanzettliche, längliche oder herzförmige, in der Jugend ungelochte, im Alter gelochte oder fiederspaltige Blätter. Die zwittrigen Blüten stehen an einem fortsatzlosen Kolben, die Beeren sind zu einer walzigen Sammelfrucht verbunden, die sich bei der Reife von selbst trennt.

Die wichtigste Art ist *M. deliciosa* Liebm. aus Mexico. Der starke Stamm verholzt und entsendet eine Menge Luftwurzeln nach dem Boden. Die Blätter sind in der Jugend herzförmig und ganzrandig, später werden sie bei zunehmender Größe mehrmals durchlöchert und fiedrig gelappt. Die Blätter können auch bei Zimmerkultur bis 80 cm lang und 60 cm breit werden. Der rauhe, langscheidige Blattstiel wird bis 50 cm lang. Blüten erscheinen schon an kleinen Pflanzen, Voraussetzung ist, ebenso wie für die Zahl der Löcher, die gebotene Lichtmenge. Der Blütenschaft wird bis 15 cm, die Spatha bis 25 cm lang, sie ist reinweiß gefärbt. Der Kolben ist zur Reifezeit ungefähr 20 cm lang und 5 cm dick, seine Fläche ist deutlich sechseckig gewabt. Unreif sind die Kolben grün, reif violett gefärbt, sie duften dann sehr stark nach Ananas, sind eßbar, hinterlassen aber durch den Raphidengehalt, die kleinen nadeligen Oxalatnadeln der *Araceen*, ein Brennen auf Zunge und Rachen. Sie können aber zur Bowlenherstellung verwendet werden.
Die Form 'Borsigiana', es dürfte sich um eine Jugendform handeln, wächst wesentlich schlanker, hat kleinere, nicht so stark gelochte, sondern meist nur gelappte Blätter und längere Internodien. Die Blattstiele sind im Gegensatz zur Art glatt.
Der »Philodendron«, wie diese Pflanze noch vielfach genannt wird, ist eine der dauerndsten Zimmerpflanzen überhaupt. Erreicht sie zu große Dimensionen, so köpft man sie; die vielen Luft-

wurzeln bilden eingepflanzt sofort Bodenwurzeln aus, und die Pflanzen wachsen meist ohne Schwierigkeiten weiter, vielleicht sind die nächsten beiden Blätter etwas kleiner. Als Substrat nimmt man Einheitserde, doch auch in Hydrokultur gedeiht sie gut. Wichtig ist ausreichende Versorgung mit Wasser und Nährstoffen und viel Licht, denn je mehr Licht man bietet, desto größer und löcheriger werden die Blätter und um so stämmiger der Wuchs.

Die Temperaturspanne, die eine Monsterapflanze verträgt, ist recht groß; zwischen 8 und 30° C lebt sie, doch Gedeihen kann man bei Zimmertemperaturen am ehesten erwarten.

Gärtnerisch werden *Monstera* durch Kopf- oder Stammstecklinge oder durch Aussaat vermehrt. Aussaat des frischen Samens, den man von guten Samenfirmen leicht erhält, führt zu einwandfreier Keimung, doch brauchen die Jungpflanzen, wie kaum bei anderen Kulturen, ständig mehr Raum. Im Winter gesät, wird sie im Herbst schon 60 bis 80 cm hoch und für die Zimmerpflege gut geeignet. Die Stammstecklinge, man erkennt die austriebsfähigen Augen an der nabelähnlichen Einsenkung, werden in ein warmes Vermehrungsbeet eingelegt und treiben dann aus.

An Schädlingen und Krankheiten finden sich ähnliche, wie beim Gummibaum erwähnt. Das Braunwerden der Lappenenden ist auf unregelmäßige Wasserversorgung, vor allem auf stauende Nässe im Wurzelbereich zurückzuführen. *Monstera* verträgt auch mehr Schatten, doch können die Blätter dann ganz einfach nicht so groß und so schön gelocht werden!

Microcoelum, Kokospälmchen

Nur zwei Arten umfaßt die Palmengattung *Microcoelum* Burret et Potzt. (*Glazovia* Mart. ex H. Wendl. non Bur.), es sind kleine Fiederpalmen, die im tropischen Südamerika beheimatet sind. Die wichtigere Art ist *M. weddelianum (H. Wendl.) H. E. Moore (Cocos w.* H. Wendl., *Syagrus w.* (H. Wendl.) Becc., *Glazovia martiana* Glaz. ex Drude, *M. martianum* (Glaz. ex Drude) Burret et Potzt). Um ihren botanischen Namen richtig festzustellen, waren lange Irrgänge zu durchstreifen. Diese Zwergpalme ist im tropischen Brasilien heimisch und bildet bis 1,5 m hohe und 3 cm dicke Stämme, die mit verwobenen Fasern bedeckt sind. Bei alten und großen Pflanzen werden die Fiederblätter bis 1 m lang und darüber, zu beiden Seiten der Mittelrippe finden sich bis 50 Fiederblättchen.

Das Kokospälmchen ist eine viel angebotene Zimmerpflanze, aber nicht leicht weiterzubringen. Die Temperaturen sollten nie unter 20° C fallen, wichtig ist die hohe Luftfeuchtigkeit. Man stellt in wassergefüllte Untersätze, am besten gelingt die Kultur in einer Vitrine oder in einem abgeschlossenen Blumenfenster, sie ist allerdings bei Sorgfalt auch im Zimmer möglich. Bekommt man eine Pflanze, so ist sofort zu prüfen, ob ein Abzugloch im Topf vorhanden ist, denn vielfach werden die kleinen Palmen in Spezialtöpfen ohne Loch geliefert. Als Substrat verwendet man Mischungen aus Torf, Quarzsand und etwas Lauberde oder Heideerde, humos-sandig und durchlässig ist die Parole. Sie stehen zwar im wassergefüllten Untersatz, doch so, daß das Wasser nicht ins Substrat staut. Entweder man gibt Dränage, oder man stellt auf Kiesel oder ähnliches. Große, in Zimmerkultur alt gewordene Pflanzen sieht man selten, sie zeugen von großem Einfühlungsvermögen ihres Pflegers und verdienen unsere uneingeschränkte Bewunderung!

Die Vermehrung aus dem eingeführten Saatgut verlangt hohe Temperaturen um 30° C. Der versierte Liebhaber schafft auch das, doch überläßt man sie am besten den Spezialgärtnereien.

Microlepia, Microlepie

Die Farngattung *Microlepia* K. B. Presl umfaßt 45 Arten in den Tropen der Alten Welt, sie gehört zur Familie der Dennstädtiengewächse, der *Dennstaedtiaceen.* Die kriechenden Rhizome sind meist behaart und tragen die drei- bis vierfach gefiederten Wedel.

Am Markt wird von manchen Farnspezialgärtnereien *M. speluncae* (L.) T. Moore angeboten. In den gesamten Tropen der Alten Welt ist diese Art zu Hause. Die Blattstiele sind 30 bis 50 cm lang, der gesamte Wedel kann bei idealen Bedingungen bis 2 m lang werden, seine Form ist dreieckig, er ist drei- bis vierfach gefiedert. Die Einzelblättchen sind selbst wiederum fiederspaltig oder tief gesägt, so daß ausgewachsene Pflanzen trotz der Größe zierlich wirken.

Microlepien-Wedel sind leider sehr weich, das bedeutet, daß die Pflanzen ständig gleichmäßig mit Feuchtigkeit versorgt werden müssen, da sonst kleine Blättchen oder wachsende Wedelteile eintrocknen. Als Substrat verwendet man Einheitserde, der Standort sei absonnig. Da diese Art eine geringe Bedeutung hat, wird die Sporenvermehrung nur von den Farnspezialbetrieben durchgeführt.

Nephrolepis, Nierenschuppen- oder Schwertfarn

Die Gattung *Nephrolepis* Schott, die Nierenschuppenfarne oder Schwertfarne, gehören zu den Oleandragewächsen, den *Oleandraceen,* und sind mit 30 Arten pantropisch verbreitet. Die aufrechten Rhizome tragen die bei den reinen Arten meist einfachgefiederten Wedel und sind zumeist in der Lage, Ausläufer zu treiben, durch die auch unfruchtbare Kultursorten leicht vermehrt werden können.

N. cordifolia (L.) K. B. Presl (*N. tuberosa* Hook.) ist in einer Kulturform, 'Plumosa', sehr verbreitet. Diese Art ist in den Tropen häufig und wächst sowohl terrestrisch als auch epiphytisch. Die Ausläufer bilden in der Erde große Knollen, die als Speicherorgane dienen, und auch Kindel, wenn sie an die Luft gelangen. Die Blattstiele sind kurz, die Wedel 60 cm lang und 6 cm breit, bei der Art einfach gefiedert. Die Blättchen sind ungleichseitig rautenförmig geformt, die Form 'Plumosa' hat die äußere Hälfte der Blätter nochmals gefiedert. Diese Form fällt echt aus Sporen, ist daneben ein sehr haltbares Schnittgrün und wird aus diesen Gründen viel gezogen. Bei Liebhabern sieht man diese Art leider selten.

Die wichtigere Art ist *N. exaltata* (L.) Schott, die keine Knollen, dafür aber längere Wedel bildet. Diese Art ist einfach gefiedert, hat aber eine Fülle von Formen gebracht, die mehrfach gefiedert oder fiederschnittig sind. Es gibt auch zwergige Formen, bei denen die Wedel die Länge von 60 bis 80 cm nicht erreichen. Alle diese Formen können echt aus den Kindeln vermehrt werden, die sich an den Ausläufern bilden, daraus erklärt sich die große Bedeutung dieser Art.

Die wichtigsten Formen: 'Bostoniensis' entstand 1895 in den USA und ist die Stammform aller anderen Sports, sie ist einfach gefiedert, aber zierlicher geformt und dunkelgrün gefärbt. Eine doppelt gefiederte, schmalwedelige Form ist 'Hillii', ihre Wedel sind schwer und hängen deshalb leicht über, etwas anspruchsvoller. 'Rooseveltii' ist ebenfalls einfach gefiedert, die Blättchen sind aber mehr oder weniger gewellt und geöhrt, wichtige und gut gedeihende Form. 'Rooseveltii Plumosa' besitzt die gleichen guten Eigenschaften, doch sind die Enden der Fiedern eingeschnitten und gekraust. Ebenfalls aus der 'Rooseveltii' entstand 'Teddy Junior', mit einfach gefiederten Wedeln, deren Blättchen etwas gewellt sind. Diese Form bildet kürzere Wedel und kompaktere Pflanzen aus. Dreifach gefiederte Wedel bringt 'Whitmannii', die Wedel sind breit und schwer und gegen übergroße Feuchtigkeit empfindlich. Diese Sorte bringt immer wieder, als Rückmutation, die Wedel der 'Bostoniensis' einzeln hervor.

Die Nierenschuppenfarn-Formen sind herrliche Zimmerpflanzen, die für die verschiedensten Zwecke verwendet werden können. Als Topfpflanzen für ungünstigste Stellen, Temperaturen von 16 bis 18°C vorausgesetzt, eignen sich vor allem die einfachgefiederten Formen, für günstigere Standorte – an schattigen Stellen in offenen Blumenfenstern – verwendet man gekrauste Sorten. Mehrfach geteilte Sorten, wie 'Whitmannii', entwickeln sich am besten als Ampelpflanzen oder auf Epiphytenstämmen in großen, eventuell geschlossenen Blumenfenstern, wo ihre Wedel nie naß werden.

Als Kultursubstrate verwenden wir für den Nierenschuppenfarn Einheitserde oder Torfkultursubstrat. Die Vermehrung durch Sporen, wie sie bei *N. cordifolia* 'Plumosa' und einigen *N. exaltata*-Formen durchgeführt wird, muß man dem Gärtner überlassen, wohl aber kann man entsprechend große Kindel, sie sollten 10 cm hoch sein, von den Ausläufern abtrennen und extra topfen. Immer aber müssen die Jungpflanzen kräftige Wurzeln geschlagen haben, damit die Abnahme der Kindel zu einem sicheren Erfolg führt!

Peperomia, Zwergpfeffer

Zu den *Piperaceen,* den Pfeffergewächsen, gehört die Gattung *Peperomia* Ruiz et Pav., deren 600 bekannte Arten fast ausschließlich das tropische Amerika bewohnen. Sie sind Stauden, meist etwas sukkulent, deren Blätter wechselständig, selten aber auch rosettig, gegenständig oder wirtelig angeordnet sind. Die zwittrigen Blüten stehen zu kolbenartigen Blütenständen zusammen.

Sie bewohnen fast ausschließlich den tropischen Urwald und dessen Randzonen, selten wachsen sie auch epiphytisch, und ihre Sukkulenz dient nur zur Zerstreuung des sparsam einfallenden Lichtes auf möglichst viele chlorophyllhaltige Zellen. Ähnliches finden wir auch bei den Gesneriengewächsen, z. B. beim Usambaraveilchen.

Die Fülle der bekannten Peperomien ist groß. Selbst das Sortiment in manchen Schulgärten, in denen der gärtnerische Nachwuchs herangebildet wird, ist noch zu groß, geschweige denn das von botanischen Gärten. Wir müssen uns etwas einschränken und teilen die Peperomien, ähnlich wie bei der Gattung Ficus, in Hängepeperomien, gärtnerisch wichtige und weniger bedeutende botanische Arten.

Hängepeperomien

Die rundblättrige Hängepeperomie, *P. glabella* A. Dietr., ist die häufigere. Ihre schlanken Triebe wachsen zuerst aufrecht, können dann aber das Gewicht nicht mehr tragen und beginnen zu hängen. Die Blätter sind 3 bis 4 cm lang und eiförmig, die Spitze abgestumpft oder sogar etwas eingezogen, die Basis etwas leierartig ausgerandet. Die Blätter sind mittelgrün, meist ist die Mittelrippe rötlich gefärbt. Es gibt auch eine schöne hellgelbbunte Form, 'Variegata'.

Etwas asymmetrische, 4 bis 5 cm lange Blätter besitzt *P. serpens* (Sw.) Loud. (*P. scandens* Ruiz et Pav.), sie haben einen herzförmigen Grund und sind in eine etwas geschwänzte Spitze ausgezogen. Auch von dieser Art gibt es eine panaschierte Form. *P. serpens* wächst von Anfang an hängend. Beide Hängepeperomien sind ideale Zimmerpflanzen, die sich am Rand eines Blumenfensters, in einer Schale oder in einer Ampel wohl fühlen und gut gedeihen.

Handelsgärtnerisch wichtige Peperomien

Die bekannteste Peperomie ist *P. obtusifolia* (L.) A. Dietr. (*P. magnoliifolia* (Jacq.) A. Dietr., *P. tithymaloides* (Vahl) A. Dietr.); von ihr gibt es einige Formen. Diese Art wächst deutlich aufrecht, ihre Blätter sind gestielt und meist elliptisch bis verkehrt eiförmig, bis 12 cm lang und 5 cm breit. Mehrere gelbbunte Formen sind im Handel; Formen mit großflächiger Panaschüre werden am besten unter dem Begriff 'Variegata' zusammengefaßt, die mit punktartiger unter 'Green Gold'. Daneben gibt es noch eine weißbunte Form.

Obwohl erst knapp 30 Jahre in Kultur, hat sich *P. caperata* Yuncker rasch durchgesetzt. Die kleinen Blätter sind rosettig gestellt und sofort an der runzelig-furchigen Oberfläche zu erkennen. Von dieser Art sind drei Sorten im Handel. Die heikelste und schwachwüchsigste ist 'Variegata', eine schöne, fast ganz weißgelbe Panaschüre, für den Liebhaber von weißbunten Pflanzen ein Muß. Etwas stärker wächst 'Little Fantasy', eine ausgesprochene Schalenpflanze, die Blätter sind nur bis 2,5 cm lang, die Pflanzen blühen bereits als kleine Exemplare. Große Pflanzen, deren Blütenkolben häufig verbändert sind, bildet 'Emerald Ripple'; sie wird gerne als Topfpflanze gezogen, weil sie kräftig wächst und etwas darstellt.

Schon zur nächsten Gruppe leitet *P. argyreia* (Miq.) E. Morr. (*P. arifolia* Miq. var. *a.* (Miq.) Hook. f.) über. Auch bei dieser Art stehen die

Blätter rosettig, sie sind schildförmig und lang zugespitzt, fast geschwänzt. Die Blattstiele sind rot, die Blätter dunkelgrün und zeigen zwischen den Nerven silberne Streifen. Diese Art wächst im Alter zwar höher, bleibt aber schön.

Botanische Peperomien

Ähnlich der *P. obtusifolia* ist *P. clusiifolia* (Jacq.) Hook. (*P. obtusifolia* (L.) A. Dietr. var. *c.* (Jacq.) C. DC.), jedoch sind die Blätter ungestielt, wesentlich fleischiger und kräftig lilarot überhaucht. Der Blattrand ist noch stärker gerötet.
Sehr nett ist die quirlblättrige *P. fraseri* C. DC. (*P. resediflora* Lind et André) mit den rundlichherzförmigen Blättern und den verzweigten, reinweißen, duftenden Blütenständen.
In der letzten Zeit mehr verbreitet wird *P. griseo-argentea* Yuncker (*P. hederifolia* hort.). Auch diese Art wächst rosettig, die rundlichen bis eiförmigen Blätter sind deutlich zweifarbig: oberseits braunsilbern, unterseits hellgrün. Die Blattstiele sind hell und rot gestrichelt. Besonders schön ist die seltene Form 'Variegata', bei der das Chlorophyll der Palisadenzellen, also in der Blattmitte, fehlt, die Außenhaut aber weiterhin braunsilbern bleibt; die chlorophyllfreien Teile der Blätter sind deshalb leuchtend rosa gefärbt. Daß die Peromienblätter nicht immer kahl sein müssen, zeigt uns die nette *P. incana* (Haw.) A. Dietr. aus Brasilien. Diese Art wächst aufrecht und ist halbstrauchig, die rundlichen Blätter sind 5 cm lang und ebenso breit und, wie auch der Sproß, dicht weißwollig behaart.

Die einzige Art, die durch Aussaat vermehrt wird, ist *P. maculosa* (L.) Hook. (*P. eburnea* hort.). Die Pflanze wächst rosettig, die bis 15 cm lang gestielten Blätter sind eiförmiglanzettlich und bis 20 cm lang. Sie bilden einen Winkel von ungefähr 75° zu den Blattstielen, die aufrecht bis schräg stehen. Die Blätter sind dunkelgrün und um die Mittelrippe etwas silbern, sie machen diese Art zu keiner Schönheit! Interessant ist, daß gekauftes Saatgut schlecht aufgeht, da es nur kurz keimfähig ist, sich aber unter großen Pflanzen, besonders in Kies oder auf Torf, bald Hunderte Jungpflanzen einfinden.
Peperomien sind liebenswerte Pfleglinge, die selten Schwierigkeiten machen. Man bietet ihnen humusreiche Mischungen, Zimmertemperaturen und eher einen absonnigen Platz, volle Sonne lieben sie, bis auf *P. incana*, nicht so sehr. Sie lassen sich leicht vermehren durch Kopf- oder Stammstecklinge, vor allem notwendig bei panaschierten Formen, oder auch durch Blattstecklinge. Ideale Versuchsobjekte in dieser Hinsicht sind die Blätter von *P. obtusifolia*. Grüne Sorten kann man auch leicht durch Blattstecklinge vermehren, bei bunten Blättern treibt meist ein grüner Trieb, seltener ein weißer Trieb aus. Manchmal tauchen dann Pflanzen auf, die halb grün und halb weiß sind, die schönen Panaschüren aber nie. Die Vermehrungstemperaturen liegen um 22°C, als Substrat nimmt man Sand-Torf-Gemische.
Wahrscheinlich finden Sie im nächsten botanischen Garten noch eine Fülle anderer Arten. Wenn eine dabei ist, die Ihnen gefällt, bitten Sie um einen Steckling.

Philodendron, Baumfreund

Die Gattung *Philodendron* Schott corr. Schott bewohnt mit ungefähr 250 Arten die amerikanischen Tropen, sie gehört zu den Aronstabgewächsen, den *Araceen*. Die kultivierten Arten sind strauchige, kurz- oder langsprossige oder kletternde Pflanzen, alle bilden sproßbürtige Luftwurzeln aus, mit denen sich die kletternden Arten an der Unterlage festhalten. Die Blätter sind äußerst unterschiedlich gestaltet, sie können einfach, gelappt, geteilt oder fiederschnittig sein, ihre Größe schwankt zwischen 10 cm und 1 m. Die Spathen erscheinen meist achselständig und sind weiß, rot oder gelb gefärbt, der fortsatzlose Kolben ist ungefähr so lang wie die Spatha. Blüten legen besonders gerne solche Pflanzen an, die mit ihren Kletterwurzeln an Baumstämmen oder Mauerwerk angewachsen sind; dies scheint unserer Ansicht nach jedenfalls die beste Methode zu sein, um Blüten zu Gesicht zu bekommen.

Aufrechtwachsende Philodendren

Die wichtigste Art dieser Gruppe ist zweifellos *P. selloum* K. Koch aus Brasilien und Uruguay. Der aufrechte Stamm wird bis 10 cm dick und 1,5 m hoch, auch er bildet Luftwurzeln aus. Die Blattstiele werden bis 1 m lang, die Blätter, doppeltgefiedert oder lappig zerteilt, werden bis 100 cm lang und 70 cm breit. Diese Blattgrößen erreicht man allerdings erst bei alten, ausgepflanzten Exemplaren. Die Jugendblätter sind zuerst vollkommen ungeteilt, später lappig.

Nicht ganz so große Blätter bringt der sonst sehr ähnliche, venezuelanische *P. pinnatifidum* (Jacq.) Kunth.; diese Art besitzt die durchscheinenden Blattflecken nicht, die für *P. selloum* typisch sind. Interessant wegen der aufgeblasenen, bis 4 cm dicken Blattstiele ist *P. martianum* Engl. (*P. cannifolium* Mart.). Diese niedrigwüchsige Art hat bis 50 cm lange und 20 cm breite hellgrüne Blätter, deren Mittelrippe ähnlich aufgedunsen ist wie der Stiel.

Kletternde Philodendren

Eine leichtgedeihende Art ist *P. elegans* Krause, dessen Blätter zuerst lineallanzettlich sind, mit wenigen Zacken, später aber groß eiförmig sind, mit tief fiederschnittiger Teilung. Die Blätter können bis 70 cm lang und 50 cm breit werden. Die Pflanze ist zunächst stark kletternd; kommt sie einmal ins blühfähige Alter, so werden die Internodien kürzer. Die Spathen sind leuchtend karminrot und kontrastieren mit dem dunklen Grün der Blätter, ein herrlicher Anblick!

In der letzten Zeit hat *P. erubescens* K. Koch et Aug. sehr an Bedeutung zugenommen, vor allem wohl deshalb, weil wüchsige neue Sorten auf den Markt kamen. Diese ebenfalls stark kletternde Art hat ungeteilte, lang pfeilförmige Blätter, die in der Jugend tief karminrot, später braungrün gefärbt sind. Die Blätter werden bis 40 cm lang und 18 cm breit. Die verbreitete Sorte 'Burgundy' ist im Austrieb noch kräftiger rot gefärbt und behält die rote Tönung bis ins hohe Alter.

Ebenso geformte Blätter besitzt *P. ilsemannii* hort. Saund., doch sind sie unregelmäßig weiß oder grauweiß gefleckt und gespritzt. Wahrscheinlich ist diese Art nur eine besonders auffällige Jugendform des in Mexico heimischen *P. sagittifolium* Liebm.

Eine herrliche Art, ebenfalls mit ungeteilten Blättern, doch nur für die Kultur im geschlossenen Blumenfenster geeignet, ist *P. melanochrysum* Lind. et André (*P. andreanum* Devans.). Von dieser Art ist sowohl die Jugendform als auch die Altersform in Kultur; beide unterscheiden sich etwas voneinander, gemeinsam ist ihnen die samtig bronzegrüne Blattfarbe, sie sehen dabei noch wie mit Goldstaub überpudert aus. Die Jugendform, als *P. melanochrysum* gezogen, hat kurze Internodien und 15 cm lange eiherzförmige Blätter. Die Altersform, als *P. andreanum* bezeichnet, hat bis 15 cm lange Internodien und 60 cm große, pfeilförmige oder schmalherzförmige, in eine Spitze ausgezogene Blätter. Beide sind herrliche Kletterer mit sehr auffälligen Blattfarben.

Auch bei der Standardzimmerpflanze, dem *P. scandens* K. Koch et Sello, sind die Unterschiede zwischen Jugend- und Altersform groß. Die Art stammt von den Westindischen Inseln und klettert stark. Die Blätter der Jugendform sind herzförmig und bis 15 cm lang und 9 cm breit, die der Altersform sind dicklederig und breitherzeiförmig, 30 cm lang und 20 cm breit. Von der Jugendform gibt es eine panaschierte Form, 'Variegata', bei der meist nur eine Blatthälfte bunt ist, diese ist dann wesentlich kleiner als die grüne. Diese Standardzimmerpflanze braucht wohl keine weiteren Empfehlungen, sie verträgt, außer zu tiefen Temperaturen, eigentlich alles, was man einer Zimmerpflanze zumuten kann.

Fünfteilige oder fünflappige Blätter besitzt *P. squamiferum* Poepp. aus Brasilien. Die roten, runden Blattstiele, sie werden bis 40 cm lang, sind dicht mit in der Jugend roten, später grünen Schuppen besetzt. Die Blätter werden bis 45 cm lang und 25 cm breit.

In meinen Augen das schönste *Philodendron* ist *P. verrucosum* Mathieu (*P. daguense* Lind.); allerdings ist auch es, wie *P. melanochrysum*, nur für die Pflege im warmen Blumenfenster, wo ihm Luftfeuchtigkeit und entsprechende Temperatur

Links: Blumenfenster in Hydrokultur mit Fingeraralie, Nidularium, Zypergras, Grünlilie und Kleinblättrigem Gummibaum.
Rechts: Pflanzenkasten in Hydrokultur mit Kleinblättrigem Gummibaum, Sansevierie, Nidularium und Spathiphyllum.

Tafel 53 · Blumenfenster und Vitrine

Unten: Vitrine in bestem Pflegezustand, mit künstlicher Beleuchtung. Geigenkastengummibaum und Fensterblatt beherrschen die Szene mit Bromelien, Sansevierien und anderen wärmeliebenden Grünpflanzen. (Fotos Interhydro)

Tafel 54
Wärmeliebende Blattpflanzen VI

Schraubenbäume werden unterschiedlich groß:
ol   *Pandanus veitchii,* großwüchsig
or   *P. pacificus,* kleinwüchsig

Peperomien, Pfeffergesicht oder Zwergpfeffer genannt:
ml   *Peperomia serpens* wächst hängend
Aufrecht wachsende Peperomien:
mr   *P. caperata* 'Emerald Ripple'
ul   *P. argyreia*
ur   *P. obtusifolia* 'Green Gold'

geboten werden können, geeignet. Die Triebe klettern nicht allzu stark, die bis 50 cm langen Blattstiele sind dicht mit smaragdgrünen Borsten besetzt. Die herzförmigen, bis 50 cm langen Blätter sind auf der Oberseite um die Adern dunkelolivgrün, fast bronzebraun und dazwischen und besonders am Rand leuchtend smaragdgrün gefärbt und fast samtig schimmernd. Diese herrliche Farbkombination ist nur bei den frisch entfalteten Blättern so brillant, sie nimmt beim Altern der Blätter an Wirkung ab, doch wird sie auch dann noch Staunen und Bewunderung hervorrufen! Die angeführten Arten, außer *P. martianum*, *P. melanochrysum* und *P. verrucosum*, sind für die Zimmerpflege gut geeignet, wenn ihnen gute Bedingungen geboten werden. (Nur der anspruchslose *P. scandens* macht hier eine Ausnahme.) Gleichmäßige Temperatur, etwas Luftfeuchtigkeit, gleichmäßige Feuchtigkeit im Substrat und ausreichende Ernährung sind notwendig, um diesen Pflanzen zu gutem Gedeihen zu verhelfen. Wer regelmäßig nach ihnen schaut, wird selbst an ungünstigeren Orten Erfolge erzielen, z. B. mit *P. selloum* in großen, relativ wenig beheizten Dielen und Treppenaufgängen. Zugluft vertragen sie allerdings nicht sehr gut.

Will man auf Baumstämme hinaufklettern lassen, so ist besonders, wie auch für Epiphytenbäume, die grobborkige, dauerhafte Robinie am geeignetsten. An ihr können sich die Wurzeln richtig festklammern, und dies führt dann meist, wenn auch noch genügend Licht zur Verfügung steht, zur Blütenanlage.

Phlebodium, Goldtüpfelfarn

Zur Gattung *Phlebodium* (R. Br.) J. Sm. gehört nur eine Art: *P. aureum* (L.) J. Sm., die früher als *Polypodium aureum* L. bekannt war, die Gattung gehört zu den Tüpfelfarngewächsen, den *Polypodiaceen*.

Der Goldtüpfelfarn ist in Südamerika beheimatet und bildet dicke, weit kriechende Rhizome aus, die dicht mit langen, weichen, goldbraunen Schuppen bedeckt sind. Die gelblichen, bis 50 cm langen Blattstiele tragen das riesengroße, 1 m lange und 30 bis 50 cm breite Blatt, das tief fiederspaltig oder an der Basis gefiedert ist. Die Blatteinschnitte sind bis 5 cm breit und tragen auf der Wedelunterseite die goldgelben Sporenhäufchen. Neben der starkwachsenden, grünblättrigen Art finden sich die bekannteren, stark blau bereiften Formen 'Glaucum' und 'Glaucum Crispum', die etwas schwächer wachsen und bräunliche Rhizombeschuppung besitzen; 'Glaucum Crispum' zeigt eingeschnittene und geschlitzte Blatteinschnitte.

So nett diese Art als kleine Pflanze ist, beim Größerwerden stellt sie gewaltige Platzansprüche. Am besten pflanzt man sie in Körben oder auf Epiphytenbäume, wo man von unten auf die blauen Unterseiten mit den gelben Sporenhäufchen sehen kann und man die Pflanzen auch nicht zu stark überspritzt, was sie nicht so lieben. Die Vermehrung ist durch Teilung möglich; die Sporenaussaat ist leicht, doch wird sie am besten den Farnspezialbetrieben überlassen.

Pilea, Kanonierblume

Die so kriegerisch benannte Gattung *Pilea* Lindl., obwohl zu den Nesselgewächsen, den *Urticaceen*, gehörig, ist vollkommen harmlos; ihre 200 Arten bewohnen den tropischen Raum der Erde und fehlen nur in Australien. Es sind ausdauernde, zuweilen etwas oder auch stärker kriechende Pflanzen mit gegenständigen Blättern und dichtköpfigen oder lockerrispigen, oft auf die obersten Blätter wie aufgebügelt erscheinenden Blütenständen. Die männlichen Blüten haben der Gattung zu ihrem deutschen Namen verholfen: Werden ungeöffnete Blütenknospen an heißen Tagen überspritzt, so öffnen sich die dem Öffnen am nächsten urplötzlich, die Staubfäden schnellen elastisch zurück, und der ausgeschleuderte Pollen steigt wie kleine Pulverdampfwölkchen auf.

Auch hier kann man viele Arten in Kultur finden; sie alle sind, vielleicht mit Ausnahme von *P. repens*, leicht zu ziehen.

Die bekannteste Art ist *P. cadierei* Gagnep. et Guill. aus Ostasien. Die Pflanzen werden bis 40 cm hoch und sehen noch am nesselähnlichsten von der ganzen Verwandtschaft aus. Die Blätter sind elliptisch-eiförmig und zugespitzt und bis 10 cm lang und 5 cm breit, sie sind oberseits dunkelgrün und mit vier Reihen silberner Flecken geziert, unterseits hellgrün gefärbt. Die gelblichrosa Blüten erscheinen in den Achseln der obersten Blätter und sind dichtköpfig angeordnet. Sehr leicht zu kultivieren!

Eine schöne Art ist *P. involucrata* (Sims.) Urb., mit rundlichen, braunen Blättern und rosagelblichen Blütentellern. – Weit ausläufertreibend ist die grünblättrige *P. nummulariifolia* (Sw.) Wedd. aus dem tropischen Amerika.

Wohl die schönsten Blätter hat *P. repens* Liebm. (*P.* 'Moor Valley') aus Südamerika. Die Blätter sind eiförmig zugespitzt und bis 12 cm lang, ihre Oberfläche besteht aus lauter braunen, kegeligen Erhöhungen und heller gefärbten Zwischenräumen. Der Rand des Blattes ist smaragdgrün.

Ebenfalls aus Südamerika stammt *P. spruceana* Wedd.; diese Art bildet kurze Ausläufer aus. Die runden Blätter, bis 8 cm lang und 6 cm breit, werden durch vom Grund ausgehende Adern in vier sichelförmige Zonen geteilt. Diese sind durch Queradern furchig, die beiden innern zeigen eine silberne Zeichnung, sonst ist das Blatt braunrot gefärbt. Diese schöne Art geht im Zimmer recht gut, weniger als Topfpflanze, besser in Schalen oder ähnlichen Gefäßen verwendet.

Außer *P. cadierei*, die auch tiefere Temperaturen, bis 8° C, verträgt, wollen die Pileen gleichmäßige Temperaturen, etwas Luftfeuchtigkeit und gleichmäßige Bodenfeuchtigkeit. Die Substrate sollen humos und durchlässig sein, Einheitserde mit Sand gemischt ist ein gutes Kultursubstrat. Die Vermehrung erfolgt durch Stecklinge oder Abnahme der Ausläufer und ist leicht.

Piper, Pfeffer

Die Gattung *Piper* L. bewohnt mit ihren über 700 Arten die gesamten Tropen. Es sind verholzte Kletterer oder aufrechte Sträucher mit wechselständigen, herzförmigen Blättern. Die Blüten stehen in kurzen Kolben. Es gibt bei den Pfefferarten viele schöne Pflanzen, die jedem Liebhaber empfohlen werden können.

Der härteste Pfeffer ist *P. nigrum* L., er ist im tropischen Asien beheimatet und liefert den schwarzen und den weißen Pfeffer. Seine herzförmigen Blätter sind reingrün gefärbt.

Meist etwas schildstielige, herzförmige Blätter besitzt der herrliche *P. ornatum* N. E. Br. aus Celebes. Die glänzende Blattoberseite zeigt zahlreiche rosafarbene, später weißlichrosa Flecken, die Unterseite ist rotgefleckt.

Herzförmige Blätter besitzt *P. sylvaticum* hort. non Roxb., dessen Heimat unbekannt ist. Die bis 20 cm großen Blätter – die von *P. ornatum* werden nur 14 cm, jene von *P. nigrum* gar nur 8 cm lang – sind dunkelgrün und dicht mit sehr kleinen, weißlichen Flecken übersät.

Der grünblättrige Pfeffer ist in der Kultur ähnlich leicht wie *Philodendron scandens*, die beiden anderen wollen etwas bessere Pflegebedingungen, gleichmäßige Wärme, etwas Luftfeuchtigkeit und ausreichende Wasser- und Nährstoffversorgung. Als Substrat nimmt man Einheitserde, vermehrt wird durch Stecklinge.

Pityrogramma, Gold- und Silberfarne

Zu den *Hemionitidaceen* gehört die Gattung *Pityrogramma* Link, die Gold- und Silberfarne, so genannt wegen der weißen oder gelben Bemehlung auf der Wedelunterseite. Diese Farne bilden stark gestauchte Rhizome aus, die Wedel sind einfach bis dreifach gefiedert, meist festlederig und ergeben deshalb für die oft lufttrockenen Räume gut geeignete Pflanzen. Die 40 Arten bewohnen überwiegend Amerika, einige finden sich auch in Afrika und auf Madagaskar.

Der Silberfarn, *P. argentea* (Willd.) Domin (*Ceropteris a.* (Willd.) Kuhn, *Gymnogramma a.* (Willd.) Mett.), stammt aus Südafrika und besitzt glänzend rotbraune Blattstiele, einfach gefiederte, bis 25 cm lange Wedel und eine dichte weiße Bemehlung auf der Wedelunterseite.

Dicht goldgelb bemehlte Unterseiten zeigt der Goldfarn, *P. sulphurea* (Sw.) Maxon (*Ceropteris s.* (Sw.) Fée, *Gymnogramma s.* (Sw.) Desv.) von den Antillen. Auch seine Blattstiele sind bräunlich, die ledrigen Wedel zwei- bis dreifach gefiedert und bis 40 cm lang.

Die Gold- und Silberfarne, es gibt noch andere Arten in Kultur, sind durch ihre ledrigen Wedel und die Bemehlung an trockene Standorte angepaßt und können bei Temperaturen von 15 bis 18° C gezogen werden, sie vertragen sehr sonnigen Stand. Man soll sie nicht spritzen, das lieben sie nicht. Ältere Pflanzen sind lange nicht mehr so schön; wenn man die Möglichkeit hat, junge Pflanzen zu erhalten, ist das günstig. Als Substrat verwendet man Einheitserde oder ähnliche Mischungen. Leider ist auch bei dieser Gattung die Anzucht aus Sporen schwierig.

Platycerium, Geweihfarn

Die Geweihfarne gehören zur Gattung *Platycerium* Desv., die mit 20 epiphytischen Arten Australien, Südindien, Madagaskar und Afrika, eine Art findet sich in Südamerika, bewohnen, die Gattung gehört zu den Tüpfelfarngewächsen, den *Polypodiaceen*.

Die Geweihfarne sind in vieler Hinsicht interessant. Da sie als lichthungrige Aufsitzerpflanzen die höchsten Astgabeln bewohnen, zeigen sie Anpassungen an xerophytische Umgebungen, die ihnen in der Zimmerkultur sehr zustatten kommen. Geweihfarne besitzen zwei verschiedene Blatt-Typen, die haploiden Nischen- oder Schuppenblätter umschließen das Rhizom und entsprechen vergrößerten Vorkeimen. Die Nischenblätter können bei manchen Arten zu geweihartigen Fortsätzen ausgezogen sein. Die eigentlichen Blätter zeigen den diploiden Chromosomensatz der aus einer Zygote entstandenen Farnpflanze. Diese eigentlichen Blätter sind kurzgestielt und wiederholt dichotom gegabelt, sie können aufrecht oder hängend wachsen, oft richtet sich die untere Partie auf und die obere Partie hängt. An den eigentlichen Blättern bilden sich auch die Sporenflächen, sie sind stets auf bestimmte Regionen des Blattes beschränkt und lassen keine Sporenhäufchen erkennen; diese sind zu einer einheitlichen sporenerzeugenden Fläche verschmolzen. Aus den Sporen entwickelt sich der schildförmige Vorkeim, der bei manchen Arten sehr groß und auch alt werden kann, bevor es zur Nischenblatt- bzw. Fruchtblattbildung kommt.

Die wichtigste Art für das Zimmer ist zweifellos *P. bifurcatum* (Cav.) C. Chr. var. *bifurcatum* (*P. alcicorne* hort. non (Sw.) Desv. nec (Willem.) Tard.) aus dem tropischen Australien. Die Nischenblätter sind flach, rund, mit etwas gelapptem Rand und erreichen bis 20 cm Durchmesser, sie sind sternfilzig behaart, verlieren den Sternfilz aber bald und werden braun. Die fruchtbaren Blätter sind deutlich gestielt, mehrmals fächerförmig geteilt, die Endlappen sind in 4 cm breite, bis 20 cm lange Lappen geteilt. Der untere Teil der Blätter steht schräg ab, der obere hängt herunter. In der Jugend sind auch die Blätter dicht sternfilzig, sie verkahlen im Alter. Die braunen Sporenlager sitzen an den Endteilen der Blätter.

Aus dem tropischen Asien und Australien stammt *P. grande* (Fée) J. Sm. ex K. B. Presl. Die Nischenblätter laufen oben in geweihartige Lappen aus, sie können bei idealem Stand einen Durchmesser von 1,5 m erreichen. Die fruchtbaren Blätter werden bei dieser Art, die eine sehr lange Jugendphase durchlaufen muß, erst im Alter von sechs bis sieben Jahren gebildet. Sie hängen nach unten, sind dünnledrig und werden bis 2 m lang, die Sporangienfläche wird als nierenförmige Fläche zwischen der ersten Gabelung der fertilen Blätter angelegt.

Ebenfalls noch häufiger wird *P. hillii* T. Moore (*P. bifurcatum* var. *hillii* (T. Moore) Domin) angeboten, dieser Art ähnelt *P. bifurcatum*, wächst aber mit den fertilen Blättern noch aufrechter und ist im ganzen etwas stärker befilzt. Daneben werden ab und zu noch andere Arten und Formen angeboten, die alle zu empfehlen sind. Wer *P. grande* pflegen kann, ist auch in der Lage, andere Arten zu kultivieren. Besonders reizend sind die madegassische *P. madagascariense* Baker mit den irgendwie eingesunkenen Flächen zwischen den Adern der Nischenblätter oder die herrlich weißfilzige, fast kreideweiße *P. willinckii* T. Moore (*P. sumbawense* Christ) aus Java.

Geweihfarne sind Fresser, sie brauchen kräftige Ernährung und regelmäßige Feuchtigkeit, um sich gut zu entwickeln. Die Pflanzen werden so gezogen, daß die Nischenblätter den halbierten Topf, das Orchideenkistchen umwachsen können. Hinter die abgestorbenen Nischenblätter werden Düngetorfbrocken oder Kuhfladen gesteckt, die sich zersetzen und gleichmäßig Nährstoffe an die Pflanze abgeben. Da die Pflanzen bei Zimmerkultur sehr einseitig wachsen, muß die Aufhängevorrichtung alle zwei bis drei Jahre neu angebracht werden, damit sie nicht zum Licht kippen. Ist der Nischenblattkörper groß genug, so kann man starke Drahtstäbe durch ihn durchstecken und daran die Aufhängung befestigen. Geweihfarne wollen einen hellen, doch leicht beschatteten Platz. Sehr lichtbedürftig sind die weißfilzigen Arten, wie *P. willinckii*. Die Sporenanzucht ist langwierig, sie gehört in die Hände des Farngärtners.

Rhaphidophora, Scindapsus, Efeutute

Seit kurzem ist der gute alte *Scindapsus aureus* Engl., nachdem seine Blüten genau untersucht werden konnten, in die Gattung *Rhaphidophora* Hassk. gestellt worden, was seiner Genügsamkeit und Brauchbarkeit als Zimmerpflanze aber keinen Abbruch tut.

R. aurea (Lind. et André) Birdsey (*Scindapsus a.* (Lind. et André) Engl.) ist auf den Salomoninseln beheimatet. Ähnlich wie bei vielen anderen Aronstabgewächsen ist auch hier ein großer Unterschied zwischen der Jugend- und der Altersform festzustellen. Die Blätter der Jugendform sind dünn, 10 cm lang und 7 cm breit und herzförmig bis eiförmig zugespitzt geformt. Die Blätter der Altersform sind oval, selten etwas zugespitzt und bis 60 cm lang und 40 cm breit. Sowohl die Jugend- als auch die Altersform haben hellgrün gefärbte Blätter, die reichlich mit goldgelben Streifen und Flecken versehen sind. Die reinweiß gezeichnete Form 'Erich Gedalius' ist wesentlich schwachwüchsiger.

Die Kultur dieser Pflanze gleicht *Philodendron scandens*.

Rhoeo

Die Gattung *Rhoeo* Hance ex Walp. ist monotypisch, sie enthält also nur eine Art. *R. spathacea* (Sw.) Stearn (*R. discolor* (L'Hérit.) Hance ex Walp.) ist in Mittelamerika zu Hause, heute aber in den Tropen weltweit verbreitet. Sie ist eine kräftige Staude mit gestauchter Sproßachse und deshalb fast rosettig gestellten Blättern. Diese sind bis 35 cm lang und 7 cm breit, steif und schräg nach oben gerichtet, unterseits meist dunkelrot, oberseits dunkelgrün gefärbt. Die kleinen, weißen Blüten werden zu vielen zwischen den häutigen, muschelförmigen Hochblättern angelegt, die in den Achseln der Blätter stehen. Es gibt auch eine schöne Panaschüre, 'Vittata', deren Blätter oberseits gelb längsgestreift sind.

Diese ansehnliche Blattpflanze, in den botanischen Instituten wegen der interessanten Chromosomenringe viel vermehrt, findet sich beim Liebhaber erstaunlich wenig, obwohl sie leicht zu ziehen und sehr dauerhaft ist. Die Pflanzen brauchen kräftige, nährstoffreiche Substrate und regelmäßige Flüssigdüngungen. Die Vermehrung erfolgt durch Aussaat (es kann wegen des Chromosomenbaues immer nur ein bestimmter Prozentsatz der Samenanlagen keimfähigen Samen bilden), durch Kopfstecklinge oder Abnahme der kleinen Seitensprosse, die sich nach dem Köpfen der Pflanzen in reicher Zahl bilden. Die gelbbunte Form ist eine schöne Pflanze und wert, daß man nach ihr sucht! Sie wird von den Gärtnern selten angeboten, weil die Blätter beim Verpacken leicht knicken.

Sansevieria, Bogenhanf

Die Gattung *Sansevieria* Thunb. gehört zu den Agavengewächsen, den *Agavaceen*, und umfaßt 60 Arten, die bis auf wenige Arten im tropischen Asien, in Afrika zu Hause sind. Aus dem kurzen, manchmal lange Ausläufer treibenden Wurzelstock entwickeln sich die zu (vielfach nicht kenntlichen) Rosetten zusammengestellten steifen, fleischigen Blätter, die im Querschnitt flach oder rund sind. Die Blüten werden in gestreckten oder kopfig gedrängten Rispen angelegt, sind weiß gefärbt, öffnen sich des Nachmittags und in der Nacht und duften sehr gut.

Im Querschnitt zylindrische Blätter hat *S. cylindrica* Boj. aus dem tropischen Westafrika. Die bis 2 cm dicken und 150 cm langen zylindrischen Blätter sind stark zugespitzt und entwickeln sich zu drei bis vier am kriechenden Rhizom. Die Blätter sind quer, hell- und dunkelgrün gebändert. Die Blüten sind reinweiß und werden in gestreckten Rispen getragen, sie sind sehr wohlriechend.

Wahrscheinlich aus Südafrika stammt *S. grandis* Hook. f., die bis 60 cm lange Ausläufer bildet, an deren Ende die vier oder fünf Blätter sitzen. Diese sind 30 bis 60 cm lang und 8 bis 15 cm breit, elliptisch oder breitlanzettlich. Die Blattfarbe ist ein stumpfes Bläulichgrün mit kaum sichtbaren Querbändern, der Blattrand ist bräunlichrot und hart. Diese Art wird wegen der langen Ausläufer gerne in Orchideenkörbchen gezogen, sie wächst aber von Natur aus sicher nicht epiphytisch.

Noch wuchtiger ist *S. metallica* Gér. et Labr. (*S. guineensis* Bak. non (L.) Willd.), deren Blätter zuerst aufrecht, später aber schräg seitwärts bis fast waagrecht liegend wachsen. Die Blätter sitzen zu mehreren an den Rhizomen und werden bis 1,5 m lang. Die Blattfarbe ist ein dunkles Olivgrün mit helleren Bändern und Flecken, der Blattrand ist leuchtend rotbraun. Diese Art, ähnlich wie *S. cylindrica*, braucht viel Platz, um richtig zur Wirkung zu kommen, da die Blätter groß werden und seitlich hinauswachsen!

Die verbreitetste Sansevierienart ist *S. trifasciata* Prain (*S. guineensis* Gér. et Labr. non (L.) Willd.) aus dem tropischen Westafrika. Die Blätter sitzen bei Jungpflanzen zu ein bis zwei, später bis zu sechs am bis 3,5 cm starken Rhizom. Sie sind 30 bis 150 cm lang und 2,5 bis 7 cm breit, linearlanzettlich und laufen in eine kräftige, pfriemliche Spitze aus. Sie stehen straff aufrecht und verschmälern sich meist von der Mitte allmählich in einen konkav rinnigen Stiel. Die Blattfarbe ist ein helles Grün, das mit tief schwarzgrünen Bändern quergezeichnet ist. Der Blütenschaft ist kürzer als die Blätter, die grünlichweißen oder -gelben Blüten öffnen sich auch tagsüber, duften aber abends und nachts wesentlich stärker als tagsüber.

Von dieser Art gibt es viele Formen, die wichtigste ist wohl 'Laurentii'. Sie wurde 1903 bei Stanleyville gefunden und besitzt entlang der Blattränder breite, goldgelbe Randstreifen. Mehrere breite, weißlichgelbe Längsstreifen hat die Form 'Craigii', sie wächst deutlich schwächer als 'Laurentii'. Ab 1947 wurde die in der Gärtnerei Hahn in Pittsburg aufgetretene Mutante 'Hahnii' verbreitet, sie besitzt dieselbe Zeichnung wie die Art, unterscheidet sich von ihr aber durch den rosettig-trichterigen Aufbau ihrer Blätter. Es werden mehr Blätter je Rhizomende gebildet, und diese legen sich bromelienähnlich zusammen. Von dieser Sorte gibt es bereits neue Mutanten: die 'Golden Hahnii' ist goldgelb längsgestreift, die 'Silver Hahnii' wächst etwas kräftiger, und es fehlen die dunklen Zeichnungen der Art. Diese Form könnte eventuell auch zu einer anderen Art gehören, genauso wie die gelegentlich zu sehende 'Moon Shine', die der 'Silver Hahnii' ähnelt, aber wesentlich kräftiger wächst.

Außer den hier genannten Sansevierien gibt es natürlich noch eine Fülle anderer Arten in Kultur, die aber oft sehr schwer zu benennen sind, da die Nomenklatur der botanischen Arten etwas verworren ist. Schön und auch meistens namensecht ist *S. arborescens* Cornu, die Stämme bildet und im Aussehen schon sehr einer Dracaene ähnelt. Die Sansevierien sind wohl die besten Zimmerpflanzen, vor allem auch für zentralbeheizte Räume, wenn man um ihre Pflegebedingungen weiß. Sansevierien lieben eher Trockenheit, besonders dann, wenn die Temperaturen sich eher im unteren Bereich, in der Nähe des Sansevierien-Minimums, bewegen. Bei 10 bis 12°C gehaltene Pflanzen dauern nur durch, wenn sie vollkommen trocken gehalten werden. Werden solche Pflanzen gegossen, so kommt es zum gefürchteten Kippen der Blätter durch eine Blatt- und Stammgrundfäule, die also nur physiologisch durch Feuchtigkeit bei zu tiefen Temperaturen bedingt ist. Höhere Temperaturen, 20 bis 25°C, sind Sansevierien lieber, sie vertragen dann auch mehr Wasser und vor allem Düngung, die sie bei kühlem Stand meist nicht verkraften. Im Frühjahr kann es zu scharf abgegrenzten Flecken auf den Blättern kommen; es ist ein einfacher Sonnenbrand, den man durch einen absonnigeren Stand zu dieser Zeit verhindern kann. Die Korkwucherungen auf den Blättern sind auf zu kühlen Stand und gleichzeitig zu hohe Boden-, vor allem aber Luftfeuchtigkeit zurückzuführen.

Sansevierien lieben Temperaturen über 15°C, wenig Wasser und wenig Düngung, vor allem wenig Stickstoff. Die Substrate sollen durchlässig sein, man streckt Einheitserde mit Sand. Vermehrt werden die Arten ohne Panaschüren durch Blattstecklinge oder Teilung, die bunten Arten nur durch Teilung, da bei ihnen aus Blattstecklingen entweder nur grüne oder, sehr selten, zweifarbige, aber nie gerandete Formen entstehen. Falls man die beerenartigen Früchte ernten kann, ist auch Aussaat möglich, doch werden Früchte selten angesetzt.

Wie werden Blattstecklinge gemacht? Man teilt ein Blatt ganz einfach der Länge nach in 5 bis 7 cm lange Stücke, die man nach dem Abtrocknen in Sand-Torf-Gemische steckt. Die ersten Pflänzchen sind nach einem oder zwei Monaten zu erwarten. Nie zu mastig halten, mastige Sansevierien fallen viel lieber um, ihre Blätter sind zu weich und aufgeschwemmt!

Schefflera, Schefflere

Die Gattung *Schefflera* J. R. et G. Forst. gehört zu den Araliengewächsen, den *Araliaceen*, die 150 bekannten Arten bewohnen die Tropen. Es sind kahle, aralienähnliche Sträucher oder kleine Bäume mit wechselständigen, handförmigen Blättern. Die Blütenstände ähneln denen von *Fatsia,* der Zimmeraralie.

Als einzige Art kann *S. actinophylla* (Endl.) Harms (Brassaia a. Endl.) empfohlen werden, sie stammt aus Australien und erreicht dort 40 m Höhe, bei uns ist sie aber nur 1 bis 2 m hoch. Die handförmigen Blätter bestehen zuerst aus drei, später fünf und dann aus sieben bis 15 Teilblättchen, je nach dem Alter der Pflanze. Die Teilblättchen sind gestielt und schmal eirund, lederig glänzend und bis 30 cm lang.

Die Pflege gleicht der der Zimmeraralie, *Fatsia,* Mindesttemperatur aber 12°C!

Setcreasea, Blut-Tradeskantie

Die Gattung *Setcreasea* K. Schum. et Sydow umfaßt wenige staudige Tradeskantiengewächse, *Commelinaceen,* aus Mexico und Texas.

Als einzige Art ist bei uns *S. purpurea* Boom in Kultur. Diese bis 40 cm hohe Staude besitzt länglich zugespitzte, bis 18 cm lange Blätter, die zerstreut um den Trieb stehen. Die ganze Pflanze ist herrlich purpurviolett gefärbt, die Blüten stehen endständig, zwischen Hochblättern angeordnet, und sind rosarot.

Die Kultur und Vermehrung dieser Pflanze ist leicht, ähnlich *Zebrina.* Als Substrat nimmt man Einheitserde, die Temperaturen sollen sich zwischen 12 und 22°C bewegen, vermehrt wird durch Stecklinge. Durch die ausgefallene Farbe sehr auffallend! Einige Liebhaber verwenden die Blut-Tradeskantie als wirksame Fensterkastenpflanze.

Syngonium, Fußblatt

Kletterpflanzen, ähnlich der *Rhaphidophora* oder *Philodendron scandens,* enthält die mittel- bis südamerikanische Gattung *Syngonium* Schott. Die Pflanzen führen Milchsaft, ihre Blätter sind in der Jugend pfeilförmig und im Alter fußförmig fünf- bis neunfach geteilt.

Aus Mittelamerika und Westindien stammt *S. podophyllum* Schott, dessen Blätter außerordentlich variabel sind. Die Jugendform hat pfeilförmige oder grundseits nur leicht geöhrte Blätter, die Altersform zeigt fünf-, sieben-, neun- und elfteilige Blätter. Eine Jugendform mit sehr schön graugrün gezeichneten Blättern ist 'Albolineatum'. Ähnlich variabel sind die Blätter des *S. vellozianum* Schott. (*S. auritum* Vell.), dessen Altersform allerdings nur drei- oder fünffach geteilte, glänzendgrüne, etwas dickliche Blätter besitzt. Pflege und Vermehrung gleichen der von *Philodendron scandens* oder *Rhaphidophora aurea*.

Tetrastigma, Kastanienwein

Die 100 Arten der Gattung *Tetrastigma* Planch. sind in Südostasien, den pazifischen Inseln und in einer Art in Australien zu Hause. Im Gegensatz zu allen anderen Weinrebengewächsen, *Vitaceen*, hat diese Gattung vierteilige Narben. Alle Arten sind Schlingsträucher, öfter aber mächtige Lianen mit drei- oder fünf-, selten siebenzähligen handförmigen Blättern und einfachen oder verzweigten Ranken. Die Blüten stehen in achselständigen, zuerst irgendwie blumenkohlähnlichen, dichten Trugdolden.

Wir ziehen als wuchtige Schlingpflanze mit großem Raumbedürfnis *T. voinerianum* (Baltet) Pierre et Gagnep. (*Vitis v.* Baltet), die in Ostasien zu Hause ist. Die handförmig-fünfteiligen Blätter stehen an 25 cm langen Stielen und sind 30 cm lang und 45 cm breit. Der Rand der Blättchen ist grobgesägt, sie sind oberseits glatt und dunkelgrün, unterseits filzig behaart und mit einer Fülle von Ausscheidungen der Perldrüsen besetzt. Diese Ausscheidungen sind Kugeln von ungefähr 0,3 bis 0,5 mm Durchmesser. Ähnliche Perldrüsen finden wir noch bei den Pfefferarten, der Gattung *Piper*, beim Fleißigen Lieschen, *Impatiens*, und selbstverständlich bei anderen Weingewächsen, vor allem bei der Gattung *Cissus*, aber auch bei *Rhoicissus*. Diese Perldrüsen ähneln den Eiern der Spinnmilben, sind aber etwas größer.

Am besten entwickelt sich der Kastanienwein, wenn er ausgepflanzt wird oder in großen Kübeln stehen kann, doch kann man ihn nicht für beschränkte Raumverhältnisse empfehlen, da er bei Wohlergehen bis 5 und 6 m lange Jahrestriebe bildet. In kleinen Gefäßen kümmert diese mächtige Liane. Der große Vorteil dieser Pflanze ist, daß sie an warmen Orten auch recht schattig stehen kann und trotzdem zufriedenstellend gedeiht. Als Substrat nimmt man Einheitserde. Vermehrt wird durch Stecklinge, doch müssen Bewurzelungstemperaturen von 25 bis 30°C gegeben werden, damit Bewurzelung und Austreiben des Auges rasch vor sich gehen.

Zebrina, Zebrakraut

Die Gattung *Zebrina* Schnizl. umfaßt wenige mexikanische Arten, die im Aussehen den Zimmer-Tradeskantien sehr ähneln, sie sind ja auch Tradeskantiengewächse, *Commelinaceen*. Die rosagefärbten Blüten sitzen in zwei einfachen, endständigen Wickeln zwischen zwei laubblattähnlichen Hochblättern. Zwei Arten finden sich häufig bei uns in Kultur.

Z. pendula Schnizl. hat kahle Blätter mit roter Grundfarbe und zwei silbernen Längsstreifen auf der Oberseite der Blätter. Die Sorte 'Quadricolor' wächst schwächer und fällt durch die verschieden breit weißgebänderten Blattoberseiten auf. Die weißen Bänder sind oft rosa überhaucht und überdecken die zwei silbernen Längsstreifen. *Z. purpusii* Brückn. wächst etwas gedrungener, ist stämmiger, hat behaarte, stark rot gefärbte Blätter ohne jede Zeichnung. Die Rotfärbung der vorigen Art ist stark vom Kulturzustand abhängig. Die Sorte 'Minor' ist deutlich kleiner im Laub, stärker behaart und weniger gerötet.

Die Pflege dieser Pflanzen gleicht der von Tradeskantien, doch darf die Temperatur nicht lange unter 12 bis 14°C sinken.

Blattpflanzen für Vitrine und geschlossenes Blumenfenster

Obwohl eine Anzahl der hier genannten Pflanzen bei intensiver Betreuung auch ohne Vitrinen und geschlossene Blumenfenster weiterkommen können – wohler fühlen sie sich in den genannten »Behausungen«. Was ist für die Pflanzen dieser Pflegegruppe notwendig? Hohe Luftfeuchtigkeit und gleichmäßige, etwas über Zimmertemperatur liegende Wärme. Das erste kann man, ohne Möbeln und sonstigen Einrichtungsgegenständen zu schaden, nicht im Zimmer bieten, das zweite, ständig angeboten, wäre für den Menschen nicht immer angenehm, vor allem aber zu kostspielig.

Was ist eine Vitrine?

Eine Vitrine oder ein Zimmergewächshaus ist eine von natürlichem Tageslicht durch künstliche Beleuchtung unabhängig gemachte, teilweise sogar bewegliche Blumenbehausung. Die käuflichen Vitrinen sind vielfach kostspielig, der Selbstbau stellt hohe Anforderungen an den Bastler. Vitrinen sind, ganz ähnlich wie bewegliche Möbelstücke, in der Größe so abzustimmen, daß sie bei Umzügen aus der Wohnung weggebracht werden können. Sie bestehen zumeist aus einem Unterteil, der als Schrank ausgebildet ist; in ihm kann ein Teil der technischen Hilfsmittel untergebracht werden; darauf folgt die Pflanzenwanne, zumeist hängt sie über einer Wasserfläche. Auf dem Unterteil mit Pflanzenwanne steht der Glaskasten; er muß so gestaltet sein, daß man die Pflanzen in der Vitrine leicht pflegen kann. Den Abschluß nach oben bildet die Beleuchtung.

Funktionstüchtige Vitrinen, in denen wirkliche Besonderheiten gezogen werden, sind selten. Fragt man den Besitzer solcher Zwergparadiese nach dem Entstehen, so erfährt man in der Regel, daß das Wissen um die Einrichtung der Vitrine, die Wahl und Behandlung der Pflanzen und ähnliches erst durch bittere Erfahrung der Pfleger gewachsen ist. Man kann zwar allgemeine Richtlinien und Gedanken über diese Pflegeräume äußern – daß eine Vitrine aber auf Anhieb funktioniert, ist selten.

Die Heizung der Vitrine ist nur durch elektrischen Strom möglich, es bietet sich vor allem eine Widerstandheizung an; solche Drähte, in bestimmte Kunstharze eingegossen, sind zu erhalten; sie können auch in die Wasserwanne direkt verlegt werden. Außerdem kann man mit Kleinspannungen arbeiten, sie haben den Vorteil, daß bei Zwischenfällen nichts passieren kann. Die Heizung wird in vielen Fällen zwischen der Wasserwanne und der Pflanzwanne verlegt sein; durch die Schlitze zwischen den einzelnen Pflanzwannen und den Randschlitz strömt die warme, feuchtigkeitsbeladene Luft empor. Frische Luft tritt von unten zur Heizung zu; um stehende Luft zu vermeiden, muß oben die feuchte Luft abgesogen werden, meist reicht der kleinste Typ eines handelsüblichen Ventilators dazu. Saugt man nicht ab, so muß man für sehr groß dimensionierte Luftauslässe sorgen. Wichtig ist die Beleuchtung; bei Leuchtstofflampen wählt man eine Mischung zwischen weißen und tageslichtfarbigen Röhren, als Leistung muß man ca. 200 Watt pro Quadratmeter rechnen. Unter den Röhren werden die bekannten Blendengitter verlegt, sie strahlen das Licht nach unten und dienen gleichzeitig zum Aufhängen von kleinen Ampeln. Sosehr Quecksilberdampflampen – es gibt sie schon mit 200 W Leistung – zu empfehlen sind, bringen sie doch andere Probleme mit sich. Der Wärmestau im oberen Bereich muß durch gute Lüftung entfernt werden, Asbestkabel sind für die Aufhängung notwendig, Spannungsausgleicher und Kondensatoren sind unumgänglich, will man mit diesem Lampentyp seine Freude haben.

Zumindest sollten Lufttemperatur und Beleuchtung vollautomatisch geregelt sein. Für die Lufttemperatur ist eine Regelung Heizung ein-aus und Absaugen ein-aus zu empfehlen, die Beleuchtung regeln wir über eine Zeituhr. Wir belichten zusätzlich bei Tag und verlängern in die Nacht je nach der üblichen Rhythmik, die im Hause herrscht, am Abend soll man sich ja an den Pflanzen erfreuen können.

Das geschlossene Blumenfenster

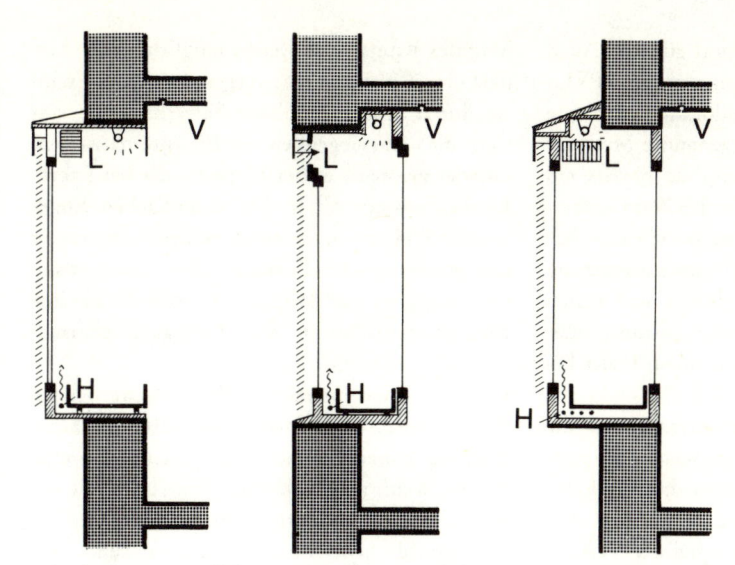

Links ein Beispiel für ein offenes, Mitte und rechts Beispiele für geschlossene Blumenfenster. Alle drei mit Pflanzenwanne, Heizung (H), Lüftung (L) und Beleuchtung. (Nach Kuno Krieger, Ratgeber für den Blumenfreund)

Als idealer Baustoff für Vitrinen bietet sich heute Aluminium an, das in den verschiedensten Legierungen und Profilen im Handel ist.

Wir sprachen immer vom Heizen. Es gibt natürlich auch spezielle Zwecke, für die eine solche Vitrine gekühlt werden muß; mit einem ausgeschlachteten Kühlschrank und Erfindergeist haben technisch begabte Pflanzenliebhaber auch das geschafft; ihre kühleliebenden Orchideen, die *Maxillaria*-Arten, *Masdevallia* und *Odontoglossum*, danken es ihnen mit gutem Gedeihen und reicher Blüte.

Das geschlossene Blumenfenster

ist eine Weiterentwicklung dessen, was als offenes Blumenfenster oder kleiner Wintergarten begonnen wurde. Wichtig bei jeder Neuplanung ist die Frage, ob das Blumenfenster flächengleich mit der Außenwand oder mit der Innenwand abschließen soll. Bei späten Entschlüssen oder nachträglichem Einbau wird man die erste Form wählen, bei ihr ragt das Blumenfenster in den Raum. Bei früh genug geäußerten Wünschen kommt es zum Erker-Blumenfenster mit etwas Seitenlicht, der besseren Lösung. Gedanken mache man sich auch über verschiedene Maße. Die Breite des Blumenfensters darf normalerweise 70 cm nicht überschreiten; je niedriger die Abschlußmauer zum Raum gemacht wird, desto größer ist die Wirkung der Pflanzen. Sie wachsen sowieso in Richtung Licht, nach außen; ist die Abschlußmauer hoch, wird man nur im Stehen einen günstigen Blickwinkel auf die Pflanzen haben. Niedere Abschlußmauern bieten nicht nur dem Beschauer einen besseren Blick auf die Pflanzen, höhere Fensterflächen gewähren den Pflanzen auch mehr Licht von oben.

Eine weitere Frage betrifft die Mächtigkeit des Substrates; bei optimaler Pflege läßt sich schon mit 20 cm Substrattiefe Herrliches erreichen, der Einbau von Heizung und anderen Hilfsmitteln ist leichter möglich, da sicher noch unter den Wannen Platz bleibt. Das andere Extrem ist ein bodengleiches oder beinahe bodengleiches Blumenfenster mit extrem tiefer Substratauflage; eine solche Lösung ist bei nicht unterkellerten Räumen denkbar und bringt, wie ich an meinem offenen Blumenfenster sehe, kräftigstes Wachstum.

Eine gewisse Größe sollten Blumenfenster aber auch nicht unterschreiten, einen Hinweis geben die modernen Normfenster mit einem Innenmaß von 125 cm Breite und 150 cm Höhe.

Auch beim Blumenfenster kann man auf verschiedene Heizungen zurückgreifen. Bei rechtzeitig geplanten Fenstern ist der Anschluß an die häusliche Heizung möglich, das erspart viel Sorgen. Elektrische Widerstandheizungen gibt es mit

Thermostaten zu kaufen, sie sind günstig. Auch Kleinspannung über Transformator, mit PVC-ummantelten, verzinkten Stahldrähten, ist eine gute Lösung. Besonders letztgenannte Methode erlaubt individuelle Gestaltung, da bereits ein 500-Watt-Trafo ohne weiteres 5 bis 7 qm ausheizen kann. Da die Kleinspannung Basteleien möglich macht, kann man zusätzlich eine Luftheizung zum Abtauen der Scheibe einbauen und neben dem Fenster eine kleine Vermehrung mit großer Bodenwärme anlegen – alles von einem Trafo, bei einigem Geschick vollautomatisch.

Besonders wichtig für Blumenfenster ist die Schattierung. Sie kann durch Jalousien, die zwischen den Doppelscheiben angeordnet sind, am einfachsten und zweckmäßigsten geschehen. Automatisierung ist allerdings nur bei der Verstellung des Kippwinkels leicht möglich. Auch hier darf eine Lüftung nicht vergessen werden; wird sie durch einen Ventilator bewerkstelligt, läßt sich die Angelegenheit leicht automatisieren, schwieriger wird es bei Klappen, die bei Erker-Blumenfenstern oft in den Seitenflächen eingebaut sind. Hier würden nur der kleine Kompressor und pneumatische Lüftungsstäbe Automatisierung bringen, eine Möglichkeit, von der bei den Kleingewächshäusern eher Gebrauch gemacht wird.

Die Industrie verwendet für ihre Zwecke vielfach Bauelemente, von denen Branchenfremde keine Ahnung haben, immer wieder entdeckt man Neues, wenn man sich von Liebhabern mit viel Ambition und Bastlergeist hergestellte Vitrinen und geschlossene Blumenfenster ansieht.

Acalypha

Die Gattung *Acalypha* L. gehört zu den Wolfsmilchgewächsen, den *Euphorbiaceen*, und umfaßt ungefähr 450 Arten, daneben noch eine große Anzahl von Hybriden, die in den Tropen und Subtropen weit verbreitet sind. Es sind äußerst vielgestaltige Kräuter, Sträucher oder Bäume, deren Blätter wechselständig stehen und meist eirund und stark gezähnt sind. Die Blüten bilden lange und kurze, wurstförmige Blütenstände, die aus den Blattachseln entstehen. Eine Art, *A. hispida*, ist blütenschön, die anderen zieren durch bunte Blätter.

Diese buntblättrigen Acalyphen gehören alle zu den *A.-Wilkesiana-Hybriden*. Die Ursprungsart ist auf den Südseeinseln beheimatet, die blattschönen Formen werden heute weltweit als Gartenpflanzen, vor allem in den Tropen, gezogen. Auch wir ziehen einige, so vor allem 'Marginata', mit großen olivbraunen, rosa gerandeten Blättern, 'Musaica', mit nesselartigen, bunt bronzegrün, rot und orange gescheckten Blättern und 'Obovata', mit verkehrt eiförmigen, abgerundeten Blättern, die jung olivgrün mit orangegelbem Rand, im Alter bronzegrün mit karminrosafarbenem Rand gefärbt sind.

Diese auffallend buntblättrigen Gewächse sind in einem geschlossenen Blumenfenster oder Glashaus leicht, manchmal sogar im Zimmer, weiterzubringen. Wichtig sind gleichmäßige Temperatur um 20°C, erhöhte Luftfeuchtigkeit und ein nährstoffreiches Substrat. Nur der frische Austrieb ist schön, darum muß man bemüht sein, sie immer im Wachstum zu haben, sie werden auch regelmäßig entspitzt, damit sie sich verzweigen und viele Triebe bringen. Die Vermehrung erfolgt durch Stecklinge bei 20 bis 25°C.

Wenn diese buntblättrigen Acalyphen ausgepflanzt werden können, entwickeln sie sich rasch zu herrlichen Pflanzen, die auch einen kräftigen Rückschnitt, falls sie zu groß geworden sind, gut überdauern. Neben den farbprächtigen Blättern enttäuschen die rosabraunen Blütenwürste.

Acanthus, Bärenklau

Die Gattung *Acanthus* L. gehört zu den Bärenklaugewächsen, den *Acanthaceen*, und umfaßt distelartige Kräuter oder Sträucher mit grund- oder am Stengel gegenständigen Blättern und weißen, violetten oder blauen Blüten, die einzeln in den

Achseln gegen- oder wechselständiger, manchmal großer und dorniger Deckblätter sitzen. Von den nichtwinterharten, wärmeliebenden Arten soll nur eine Art, *A. montanus* (Nees) T. Anders., erwähnt werden. Sie ist im tropischen Westafrika zu Hause und blüht im Winter. Die bis 2 m hohen Sträucher sind immergrün und besitzen waagrecht abstehende, dicke, dunkelgrüne, fiederspaltige, bis 30 cm lange Blätter, die oberseits auffallend höckerig sind und auf jedem Höcker einen langen Stachel sitzen haben. Die Blätter sind außerdem noch weiß geadert und an den Rändern stark gewellt. Die rosageaderten, weißen Blüten erscheinen in endständigen Rispen. Die Deckblätter sind rotbraun geadert und sehr stachelig.

Diese Art ist sehr schön und leicht zu ziehen, wahrscheinlich sieht man sie wegen ihrer Stacheln so selten! Sie will hell, aber nicht sonnig stehen und braucht eine kräftige Erdmischung. Die Vermehrung geschieht durch Kopf- und Stammstecklinge, sie brauchen Bewurzelungstemperaturen von 25°C. Auch Aussaat ist möglich, Samen werden leider selten angeboten.

Alocasia, Alokasie

Zu den Aronstabgewächsen, den *Araceen*, gehört die Gattung *Alocasia* (Schott) G. Don. Manche der 70, im tropischen Asien und auf Neuguinea beheimateten Arten sind wohl die buntesten Warmhauspflanzen; weniger ihre auffälligen Farben sind es, die sie schön machen, sondern die dezenten Zusammenstellungen und die Silberfarbe, die so oft bei ihnen vorkommt. Alle sind Kräuter mit unter- oder oberirdischem Stamm und schildförmigen oder pfeilherzförmigen Blättern.

A. korthalsii Schott bewohnt Borneo. Die grünen Blattstiele sind 40 cm lang. Die Blätter sind schildstielig herzpfeilförmig und 20 cm breit und 35 cm lang. Sie sind dunkelolivgrün, fast bronzeviolett gefärbt und besitzen breite silberne Adern. Einen knolligen Wurzelstock besitzt *A. metallica* (Otto) Schott (*A. cuprea* (K. Koch et Bouché) K. Koch). Ihre Blätter werden ebenfalls 35 cm lang und sind schildstielig herzförmig-oval. Die Blattfarbe ist oberseits ein metallisches Kupfer, unterseits ein kräftiges Violett. Die hervortretenden Adern sind dunkler gefärbt.

Die buntblättrigen Alokasien sind schöne, aber ausgesprochen schwierige Pfleglinge. Sie machen im Winter eine leichte Ruhezeit durch, während der sie bei 18 bis 22°C gehalten werden. In der Wachstumszeit wollen sie hohe Wärme, 25°C und bei Sonne auch darüber, hohe Luftfeuchtigkeit, Schatten und ja keine Zugluft. Auch sie gedeihen, wie manche blattschöne Orchideen, besser in eigenen Kästen oder Abteilungen in einem Kleingewächshaus oder in einer Vitrine, die mit einer dementsprechenden Zusatzheizung ausgestattet ist. Auf jeden Fall nur bei idealen Bedingungen auspflanzen, sie lieber in Töpfen halten, wo man vor allem die Bodenfeuchtigkeit viel individueller regulieren kann, wenn die Bedingungen nicht so ideal sind. Auch im Winter werden sie eher sparsam gewässert, fast trocken gehalten. Die Vermehrung erfolgt durch Abnahme der Ausläufer, Kopfstecklinge und Zerschneiden der Stämme, Aussaat ist ebenfalls möglich. Bei schlechten Kulturbedingungen, und die sind leicht zu erreichen bei diesen heiklen Kostkindern, stirbt mit jedem Blattneuzuwachs ein altes, als Ausgleich dafür, ab!

Anthurium

Auch die Gattung *Anthurium* Schott gehört zu den Aronstabgewächsen, den *Araceen*. Es sind aufrechte, stammlose oder mit Stämmen versehene Pflanzen, sehr selten kletternd, mit immergrünen, ledrigen, ganzen oder gelappten und geteilten Blättern und einer, bei den blattschmückenden Arten, relativ kleinen und unscheinbar gefärbten Spatha, die Blüten sitzen an einem geraden oder gewundenen Kolben. Die 500 Arten, einige von ihnen sind auch blütenwirksam, bewohnen das tropische Amerika.

Herrliche Blätter besitzt *A. crystallinum* Lind. et André aus Kolumbien, dessen Stamm kurz und dick ist. Der lange Blattstiel trägt die herzförmige, bis 50 cm lange und 35 cm breite Spreite, die tief dunkelgrün gefärbt ist und samtartig glänzt. Die Blattnerven sind in der Jugend hellrosa, später silberig gesäumt.

Ebenfalls aus Kolumbien stammt das noch größerblättrige *A. veitchii* Mast., dessen Blätter aus herzförmigem Grund langgestreckt sind und bei 25 cm Breite über 1 m Länge erreichen können. Die Blätter sind in der Jugend braunrot gefärbt und etwas metallisch glänzend, später werden sie dunkelgrün und verlieren etwas von ihrem Glanz. Beide Arten sind wegen ihrer Größe wenig für kleine Blumenfenster geeignet, eher noch *A. crystallinum*. Auch für beschränkte Raumverhältnisse eignet sich das ungleich weniger schöne, dafür aber kletternde *A. scandens* (Aubl.) Engl., mit grünen, länglich-lanzettlichen, 12 cm langen und 5 cm breiten Blättern. Auffällig ist der 5 cm lange, dicht mit erbsengroßen Beeren besetzte Fruchtstand. Die Beerenfarbe variiert von durchscheinendem Weiß über Reinweiß bis zum auffallenden Violett. Diese Art stammt aus dem tropischen Amerika und kann auch in der Blattform sehr veränderlich sein.

Die buntblättrigen Anthurien sind schöne Pflanzen für warme Wintergärten und große geschlossene Blumenfenster. Sie verlangen zu ihrem guten Gedeihen Wärme, hohe Luftfeuchtigkeit und reichliche Ernährung. Im Winter machen sie eine leichte Ruhezeit durch, während der sie etwas trockener gehalten werden. Im Frühjahr, wenn sie zu treiben beginnen, schüttet man sie etwas mit einer Mischung von Torf und getrockneten Kuhfladen hügelig an, denn die Nahrungsaufnahme geschieht hauptsächlich durch jährlich sich bildende, knapp unter der Substratfläche kriechende Wurzeln. Muß man umpflanzen, dann ebenfalls im Frühjahr. Anthurien brauchen durchlässige, humusreiche Substrate, Mischungen aus brockigem Torf, Sphagnum, Kiefernborke und trockenen Kuhfladen, zusätzlich noch mit organischen Düngern versetzt, sind ideal. Wenn man umpflanzt, kann man die abgeschnittenen unteren Sproßteile gleich in die Vermehrung einlegen, bei 25 bis 30°C machen sie Wurzeln und entwickeln bald kleine Sprosse. Sonst ist Samenvermehrung am Platz, die allerdings auch diese hohen Temperaturen verlangt. Auf die Samenanzucht wird noch bei den blühenden Anthurien eingegangen, das dort Gesagte gilt sinngemäß auch für die buntblättrigen Arten.

Caladium, Kaladie

Die Gattung *Caladium* Vent. gehört auch wie die vorstehend behandelten Gattungen *Alocasia* und *Anthurium* zu den Aronstabgewächsen, den *Araceen,* und umfaßt Knollenpflanzen mit sommergrünen, langgestielten, schild- oder pfeilförmigen Blättern. Von den 16 bekannten Arten des tropischen Amerika ist keine in Kultur, wir ziehen ausschließlich Bastarde, die *Caladium-Bicolor-Hybriden.*

Das Sortiment umfaßte früher viele Sorten, heute werden nur noch wenige oder nur mehr Mischungen angeboten. Man kennt Sorten mit Blättern in den unterschiedlichsten Farben, von herzeiförmig bis pfeilförmig. Die Grundfarbe der Blätter kann grün oder rosa sein, die Flächen zwischen den Adern weiß, rosa oder rot; aus diesen Farben ergibt sich schon eine Menge von Kombinationen, die noch dadurch vermehrt werden, weil es auch Sorten gibt, die gefleckt sind und dadurch auch dreifarbig sein können. Weiterhin kennen wir Sorten, wo die Flächen um die Einmündungsstelle des Blattstieles anders gefärbt sind als die gesamte Blattspreite.

Kaladien, auch Buntwurz genannt, sind herrliche Pflanzen, die am besten bei gleichmäßig hohen Temperaturen und hoher relativer Luftfeuchtigkeit gedeihen. Kaladienknollen werden, in trockenem Torfmull eingeschlagen, bei Temperaturen über 18°C überwintert. Im Februar oder März werden sie in durchlässige, humusreiche Substrate – mit Sand gestreckte Einheitserde eignet sich vorzüglich – eingetopft und bei Temperaturen von 20 bis 22°C gehalten, die sie die gesamte Vegetationszeit über brauchen. Kaladien sind große Fresser, sie müssen wöchentlich flüssig gedüngt werden, oder man fügt dem Substrat organische Dünger bei, die bei den hohen Kulturtemperaturen ständig Nährstoffe abgeben. Neben den hohen Temperaturen brauchen sie auch hohe Luftfeuchtigkeit, doch dürfen die Blätter nicht besprizt werden. Sonne vertragen sie nicht, die Farben sind aber kräftiger, wenn man sie hell zieht.

Die Vermehrung kann erfolgen durch Abtrennen von Seitenknöllchen, Ausschneiden der jungen Sprosse, wenn diese ungefähr 15 cm hoch sind und Wurzeln machen; man bewurzelt im Vermehrungsbeet. Aussaat ist ebenfalls möglich. Die weiblichen Blüten werden früher reif, die Bestäubung gelingt am besten des Morgens; die Spatha wird vorher entfernt. Die Samen muß man sofort nach der Reife aussäen, denn es müssen bis zum Herbst überwinterungsstarke Knöllchen gebildet werden.

Calathea

Die Gattung *Calathea* G. F. W. Mey. gehört zu den Marantengewächsen, den *Marantaceen*, sie ist ganz nahe mit der Gattung *Maranta* verwandt. Es sind Stauden mit grundständigen Blättern, selten werden beblätterte Triebe gebildet, die meist außerordentlich schön gezeichnet sind. Die kopf- oder zapfenförmigen Blütenstände sind zumeist im Laub versteckt. Die Blüten besitzen ein blumenblattartiges Außenstaminodium und einen dreifächerigen Fruchtknoten; bei *Maranta* finden sich zwei Staminodien und ein einfächeriger Fruchtknoten. Es gibt eine große Fülle von Arten, 130 bewohnen das tropische Amerika, und eine Anzahl von Hybriden oder Formen, die sich nicht ohne weiteres zuordnen lassen. Kataloge tropischer Gärtnereien zeigen einem erst, welche Formen- und Farbenfülle es gibt.

Die schönste Art, die leicht zu erhalten ist, ist *C. makoyana* E. Morr., mit breitlänglichen, gestielten Blättern, die oberseits beim Austrieb hellgrün sind und beiderseits der Mittelrippe ovale, dunkelgrüne Flecken zeigen. Die Unterseite der Blätter zeigt dasselbe Muster in Rot. Junge Blätter dieser Art sind sehr durchscheinend, daß man das ganze Adernsystem sieht, sie sehen besonders im Gegenlicht sehr reizvoll aus.
Leichter zu ziehen als die vorige Art ist *C. lancifolia* Boom (*C. insignis* hort. non O. G. Petersen), die selbst im offenen Blumenfenster noch fortkommt. Am 15 cm langen Blattstiel sitzt das linearlanzettliche, wellige Blatt, das in der Blattmitte gelblichgrün, gegen den Rand zu dunkelgrün gefärbt ist. Beiderseits der Mittelrippe finden sich abwechselnd lange und kurze, dunkelolivgrüne Flecken aneinandergereiht. Die Blattunterseite ist rot.
Daneben finden sich selten noch andere Arten, neben blattwirksamen gelegentlich auch Arten mit auffälligen Blüten wie die herrliche *C. crocata* mit den orangen Zapfenblütenständen und den dunkelgrünen, unterseits aber roten Blättern.
Die Kultur der Marantengewächse ist nicht leicht, sie sind Pflanzen des Urwaldbodens, werden weder von der Sonne noch von heißen Luftbewegungen getroffen. Sie gehören in das geschlossene Blumenfenster oder in die Pflanzenvitrine, was natürlich nicht ausschließt, daß manche Liebhaber mit ihnen auch in der Wohnung erfolgreich zurechtkommen. Wohler fühlt sich so eine Urwaldbodenpflanze, wenn die Luftbewegungen gering sind und die relative Luftfeuchtigkeit hoch ist. An die Temperatur werden gar nicht so extreme Anforderungen gestellt: sommers tagsüber 18 bis 22°C, in der Nacht kann die Temperatur bis 16°C fallen, winters darf sie tags bis 16°C und nachts bis 14°C fallen, wenn auch die anderen Faktoren entsprechend angepaßt werden, vor allem weniger gewässert wird.
An das Substrat werden keine bestimmten Anforderungen gestellt, es muß humusreich, durchlässig für Luft und Wasser und nährstoffreich sein. Mischungen aus brockigem Torfmull, Heideerde, Quarzsand und, bei heiklen Arten,

Holzkohlenstückchen können ein ideales Substrat ergeben; doch für die wenig heiklen, oben genannten Arten wird es Einheitserde auch tun. Die Vermehrung erfolgt durch Teilung im Frühjahr. Von den Maranten kann man auch Stecklinge machen.

Cissus, Bunte Klimme

Auch eine buntblättrige Warmhauspflanze finden wir in der Gattung *Cissus* L., deren Mitglieder schon bei den Blattpflanzen für kühle Räume und bei den Sukkulenten Erwähnung gefunden haben.
C. discolor Bl. stammt aus Java und wächst bei zusagenden Bedingungen außerordentlich rasch. Die Triebe können mit ihren Ranken klettern, aber auch hinabhängend gezogen werden. Die herzförmiglänglichen Blätter sind etwas gesägt und samtig violettpurpurn gefärbt; die zwischen den Adern erhabenen Flächen sind gegen den Rand zu silbergrau marmoriert und längs der Hauptrippe olivgrün. Die gelblichen Blüten stehen in kurzen, dichten, achselständigen Trugdolden. Diese Pflanze stellt keine besonderen Ansprüche; etwas Wärme, erhöhte Luftfeuchtigkeit und nährstoffreiche Substrate, Einheitserde ist ideal. Vermehrt wird durch Stecklinge.

Cochliostema, Schneckenfaden

Zu den Tradeskantiengewächsen, den *Commelinaceen,* gehört die Gattung *Cochliostema* Lem., sie umfaßt nur eine einzige Art, die im tropischen Amerika zu Hause ist.
C. odoratissimum Lem. (*C. jacobinianum* K. Koch et Lind.) ist ein großer Epiphyt, dessen rosettig angeordnete Blätter bei 30 cm Breite 1,5 m Länge erreichen können. Allerdings bringen die Pflanzen schon an kleineren Exemplaren die duftenden, zart pastellfarbenen Blüten. Diese stehen in Wickeln, die rispig zum Gesamtblütenstand angeordnet sind. Die großen Deckblätter sind hellrosa, die Kelchblätter und die am Rand dicht langbehaarten Blütenblätter hellblau. Die gesamte Blüte hat einen Durchmesser von 5 cm.

Der Schneckenfaden ist leider ein seltener Gast, selbst in botanischen Gärten, obwohl er zu seinem Gedeihen nur konstante Temperaturen, zwischen 18 und 22°C schwankend, und erhöhte Luftfeuchtigkeit braucht. Die Pflanzen – sie sehen dem Vogelnestfarn, *Asplenium nidus,* ähnlich – sind herrlich blatt- und blütenwirksam zugleich. Die Blüten können ganzjährig erscheinen, meist jedoch kommen sie Sommer und Herbst. Die Vermehrung kann nur durch Samen erfolgen, der nach künstlicher Bestäubung meist willig angesetzt wird.

Codiaeum, Wunderstrauch, Kroton

Die Gattung *Codiaeum* A. Juss. gehört zu den Wolfsmilchgewächsen, den *Euphorbiaceen,* und umfaßt 14 Arten, die den malaiischen Raum und die pazifischen Inseln bewohnen. Es sind Bäume oder Sträucher mit wechselständigen, gestielten Blättern, die meist ganzrandig sind.
Wir ziehen nur die Formen einer Varietät, *C. variegatum* (L.) A. Juss. var. *pictum* (Lodd.) Muell. Arg., die sich durch besonders bunte und äußerst unterschiedlich geformte Blätter auszeichnen. Diese können eiförmig bis lanzettlich, dreilappig oder dünn riemenförmig sein, daneben können die Blattspreiten noch in sich gedreht sein, oder es fehlt ganz einfach ein Stück der Spreite, und dort findet sich nur die Mittelrippe, so daß die Blätter abgeschnürt erscheinen. Die Blattfarben variieren von Grün, Rot, Gelb, Orange bis zu Braun und Schwarz, sie sind unterschiedlichst gezont und gefleckt: manchmal läuft die Zeichnung parallel zu den Adern, bei anderen Formen ist sie nur scheckig oder sogar nur punktartig in der Grundfarbe verteilt. Eine weitere Auffälligkeit dieser Pflanze ist die unterschiedliche Farbe der Blätter im Jugend- und Altersstadium; zuerst herrschen grüne und gelbe Töne vor, später rote und braungrüne. Es gibt natürlich auch Sorten, die immer gleich gefärbt sind.
Kroton brauchen hohe Temperaturen, viel Licht und viel Luftfeuchte, um ihre Blattfarben gut ausbilden zu können. Die Handelsgärtner früherer Zeiten hatten eigene Krotonhäuser, die im

Sommer nie gelüftet wurden, damit die Temperaturen hoch anstiegen; heute liegen die Anzuchtgebiete in den Tropen, und die abgemoosten Stecklinge werden mit dem Flugzeug zu uns gebracht. Es ist deshalb fast nie möglich, diese Farbdichte wieder zu erreichen, weil eben die Pflanzen unter tropischer Sonne erwuchsen, die wir ihnen nicht bieten können. Aus diesem Grund sollen Kroton warm – sie vertragen bis 35°C ohne weiteres –, nie aber unter 18°C im Sommer und bei Temperaturen um 16°C im Winter gezogen werden. Licht und hohe Luftfeuchtigkeit führen zur besten Färbung.

Kroton werden durch Stecklinge vermehrt oder in den Tropen durch Abmoosen, die Bewurzelungstemperaturen liegen bei 25 bis 30°C. Als Kultursubstrat hat sich Einheitserde bewährt.

Cordyline, Keulenlilie

Die Gattung *Cordyline* Comm. ex Juss. gehört zu den *Agavaceen,* den Agavengewächsen. Von den 20 afrikanisch-asiatisch-australischen Arten wurden zwei bereits früher besprochen; es bleibt hier nur eine tropische Art über.

C. terminalis (L.) Kunth ist von Vorderindien bis zu den pazifischen Inseln beheimatet und wächst halbstrauchig. Der Sproß erreicht eine Stärke von 6 bis 15 mm und ist dicht mit den 15 cm lang gestielten, 50 cm langen und 10 cm breiten, lanzettlichen Blättern besetzt. Die Blattfarbe ist ein dunkles Grün, meist aber ein leuchtendes Rot, in dem weiße, grüne oder anders gefärbte Streifen eingestreut sind. Diese Art blüht bereits als relativ kleine Pflanze, die Blütenrispen sind 30 cm lang, dreieckig; den 1 cm langen, weißlichen oder rötlichen Blüten folgen rote Beeren. Eine verbreitete, hochwachsende Zwergform ist 'Red Edge'.

Die rotblättrige Keulenlilie ist keine Zimmerpflanze! Sie gehört in das Blumenfenster, in dem Temperatur und Luftfeuchtigkeit hochgehalten werden können, sie verträgt Temperaturschwankungen und trockene Luft eben nur schlecht. Die Sommertemperaturen liegen bei 20 bis 25°C, die Wintertemperaturen zwischen 18 und 20°C, dann fühlen sich diese Art und ihre vielen Sorten wohl. Besonders auch die Luftfeuchtigkeit muß hoch sein, damit die Blätter nicht schwarzspitzig werden. Schlecht sind besonders nasse Kälte und hohe Luftfeuchtigkeit bei niedrigen Temperaturen. Die *Cordyline terminalis* kann bei den Formen durch Stecklinge vermehrt werden; oder aber durch Aussaat, Samen werden vom Samenfachhandel angeboten. In jedem Fall braucht es Temperaturen um 30 bis 35°C. Zu hohe Pflanzen, in einem geschlossenen Blumenfenster bereits eingewöhnt, werden am besten abgemoost!

Dipteracanthus, Ruellie

Zu den Bärenklaugewächsen, den *Acanthaceen,* gehört die Gattung *Dipteracanthus* Nees emend. Bremek., mit einem Teil jener Pflanzen, die früher zur Gattung *Ruellia* L. gehörten: behaarte Kräuter oder Sträucher mit ganzrandigen, gegenständigen Blättern und fünfteiligen, trichterigen, fast symmetrischen Blüten.

Blattschön, und nicht zu schwierig in der Kultur, ist *D. portellae* (Hook. f.) Boom (*Ruellia p.* Hook. f.) aus Brasilien, ein weich behaartes, bis 30 cm hohes Kraut mit elliptisch-eiförmigen Blättern, die bis 7 cm lang sind. Die Blätter sind samtig braun gefärbt und besitzen ein weißes Band in der Blattmitte, das die Hauptnerven entlang ausstrahlt. Die einzelnstehenden Blüten sind trichterig, 4 cm lang und 2,5 cm breit und rosa gefärbt. Diese reizende Warmhauspflanze braucht Vitrinen- oder Blumenfensterpflege, wächst leicht in Einheitserde, wird durch Stecklinge vermehrt und verlangt 20°C und Schatten.

Dischidia, Urnenpflanze

Die Gattung *Dischidia* R. Br. gehört zu den Seidenpflanzengewächsen, den *Asclepiadaceen,* und beherbergt sehr interessante Epiphyten, die gemeinsam mit Orchideen oder Bromelien, aber auch anderen wärmeliebenden Pflanzen in Vitrinen oder geschlossenen Blumenfenstern zu ziehen sind.

Die bekannteste Art ist *D. rafflesiana* Wall., die in Vorderindien und Australien zu Hause ist. Das Interessante an den Dischidien ist, daß sie äußerst verschiedengestaltige Blätter besitzen, die normalen Laubblätter sind rund oder eiförmig, manchmal auch lanzettlich, und fleischig. Daneben werden Taschenblätter gebildet, die meist ein Vielfaches größer sind als die gewöhnlichen Laubblätter, an der Oberseite eine Öffnung besitzen, mit denen Wasser gesammelt wird. Die Wurzeln wachsen in die Taschen hinein und entnehmen Wasser und darin gelöste Nährstoffe. Die Pflanzen werden am besten auf Farnklötzen, Farnstämmen oder Robinienästen mit Strumpfabschnitten festgebunden und mit atmosphärischen Orchideen, weniger mit atmosphärischen Tillandsien, mitgezogen. Sie brauchen zu gutem Gedeihen hohe Luftfeuchtigkeit, häufiges Übersprühen mit weichem Wasser, auch mit schwachen Düngerlösungen, und einen lichten, aber nicht sonnigen Standort. Bei den meisten Arten läßt sich der Übergang von den normalen Laubblättern zu den Taschenblättern gut verfolgen. Die Blüten sind oft auffällig scharlachrot gefärbt, so bei *D. pectenoides* H. H. W. Pears; sie sind allerdings klein, blühen ja fast nicht auf, kommen aber durch Wochen hindurch, es folgen die typischen *Asclepiadaceen*-Kapseln. Vermehrung durch Aussaat der behaarten Samen, ähnlich den atmosphärischen Tillandsien, oder Teilung.

Im Schmuck der 5 bis 10 cm großen Taschenblätter und der 5 mm großen Blüten sind Dischidien etwas Besonderes und damit in den Augen eines Liebhabers auch Schönes! Es ist etwas Eigenartiges um Schönheit bei Pflanzen – ich sehe es an mir selbst immer wieder: je rarer und je schwerer eine Pflanze zu kultivieren ist, desto geringere Ansprüche stelle ich an ihre Schönheit.

Dizygotheca, Fingeraralie

Vielen Liebhabern ist die Gattung *Dizygotheca* N. E. Br. ein Begriff, sie gehört zu den Araliengewächsen, den *Araliaceen*, einer Familie, bei der die meisten Arten Jugend- und Altersformen bilden. So ist es auch bei dieser Gattung, und man kann nicht genau sagen, wie viele Arten – die meisten sind auf den pazifischen Inseln zu Hause – es gibt. Die Gattung umfaßt immergrüne, unbewehrte Sträucher oder kleine Bäume mit gefingerten Blättern.

Auch die bekannte Fingeraralie, *D. elegantissima* (Veitch) Vig. et Guill. (*Aralia e.* Veitch), ist eine Jugendform und stammt aus Neukaledonien. Die Stämme sind einfach und werden bis 3 m hoch, die sieben- bis elfzähligen Blätter sind olivgrün, mit rötlichem Mittelnerv, und besitzen einen starken Glanz. Die Einzelblättchen werden bis 15 cm lang und 2 cm breit und sind am Rand rötlich gezähnt. Auch die Blattstiele und der jugendliche Sproß sind zweifarbig: hier finden sich gelbliche Flecken auf dunkelolivbraunem Grund.

Die Kultur der Fingeraralie setzt ein geschlossenes Blumenfenster voraus, nur dort können die hohen Luftfeuchtigkeitswerte erreicht werden, die die Pflanze liebt. Die Temperatur kann zwischen 16 und 30°C schwanken. Sie liebt regelmäßiges Gießen und Flüssigdüngung und im Sommer mehrmaliges Einnebeln mit kalkfreiem Wasser. Als Substrat verwendet man Einheitserde, nie darf man aber vergessen, zusätzlich Flüssigdünger zu geben, sonst verhungern Fingeraralien. Gerne werden sie von Schildläusen heimgesucht, die bei den vielen Winkeln dieser Pflanze nicht durch Abwaschen, sondern mit systemischen Insektengiften bekämpft werden müssen.

Frisches, gut keimfähiges Saatgut wird heute aus der Heimat eingeflogen, und man kann Fingeraralien ohne größere Schwierigkeiten ziehen.

Fittonia, Fittonie

Zu den Bärenklaugewächsen, den *Acanthaceen*, gehört die Gattung *Fittonia* Coem., die beiden bekannten Arten sind in Peru zu Hause. Es sind Kräuter mit niederliegenden, weichzottig-wolligen Stengeln und gegenständigen, eiförmigen, meist bunt geaderten Blättern.

Dunkelgrüne Blätter mit karminrotem Adernetz hat *F. verschaffeltii* (hort. ex Lem.) Coem., ihre Blätter sind elliptisch bis eiförmig und 7 bis 10 cm lang. Die weitverbreitete Form 'Argyroneura' hat

Tafel 55
Wärmeliebende Blattpflanzen VII

Bessere Pflegebedingungen brauchen:
ol *Fittonia verschaffeltii*
or *F. verschaffeltii* 'Argyroneura'
ml Pisonie, *Heimerliodendron brunonianum* 'Variegatum'
ul *Hoffmannie ghiesbreghtii*

Die Maranten sind Urwaldbewohner:
mr *Maranta leuconeura* 'Tricolor'
ur *M. leuconeura* 'Kerchoveana'

Oben links: Kleingewächshaus mit Warmhauspflanzen, wie Bromelien und Orchideen, darunter *Phalaenopsis* und *Cattleya*. – Oben rechts: Kakteenhaus in sehr gutem Kulturzustand. Links vorn verschiedene Warzenkakteen, dahinter behaarte Säulenkakteen. Die Besitzerin zeigt blühende Mediolobivien. (florabild)

Tafel 56 · Kleingewächshäuser

Unten links: Achteckiges Kleingewächshaus, geeignet zur Anzucht von Jungpflanzen und zur Aufstellung von wärmeliebenden Gewächsen, wie Stechapfel oder Passionsblumen, die keine Prallsonne vertragen. – Unten rechts: Kleingewächshaus, genutzt zur Überwinterung von Fuchsien, Hibiscus, Granatapfel und anderen Grün- und Blütenpflanzen.

dunkelgrüne Blätter mit silbernem Adernetz. Bei der seltener anzutreffenden Form 'Pearcei' ist die Aderzeichnung hellkarminrot auf mittelgrünem Grund. Diese Form hat eine blaugrüne Blattunterseite.

Die schwefelgelben, kleinen Blüten sitzen in den Achseln der vierzeilig angeordneten Deckblätter und sind recht nett, aber nicht allzu auffallend. Fittonien sind herrliche Buntblattpflanzen, vor allem deshalb, weil sie kleinwüchsig sind und sehr gut gedeihen. Sie sind gegenüber Temperaturschwankungen nicht so empfindlich, allerdings lieben sie schon Temperaturen von 20 bis 25°C bei Tag; sie können aber nachts ohne weiters auf 16°C abfallen. Auch vertragen Fittonien Schatten sehr gut, so daß sie für die Bepflanzung der Innenseite eines Wintergartens oder eines geschlossenen Blumenfensters ideal geeignet sind. Auch unter Epiphytenbäumen, größeren und kleineren, sind sie als Unterpflanzung gut geeignet, weil sie gegen Tropfenfall fast unempfindlich sind. Gerne werden sie angefressen, vor allem Schnecken, aber auch Asseln können an ihnen genüßlich schaben und nagen und sie unansehnlich machen! Als Substrat eignet sich Einheitserde am besten. Fittonien sollten unbedingt ausgepflanzt werden, sie gedeihen dann ungleich besser, weil die niederliegenden Triebe doch ab und zu wieder Wurzeln schlagen und so die Pflanze besser ernährt wird. Vermehrt wird durch Stecklinge, die zu jeder Jahreszeit wachsen, am leichtesten wächst die Form 'Argyroneura'.

Heimerliodendron, Pisonie

Die Gattung *Heimerliodendron* Skottsb. gehört zu den Wunderblumengewächsen, den *Nyctaginaceen*. Es sind strauchige bis baumartige Pflanzen, die auch teilweise bei der alten Gattung *Pisonia* L. verblieben sind, mit wechselständigen verkehrt eiförmigen Blättern und kleinen, glockenförmig-zylindrischen, fünfzähnigen Blüten.
Als einzige Form ziehen wir *H. brunonianum* (Endl.) Skottsb. 'Variegatum' (*Pisonia b.* Endl. 'Variegata'), die gelblichbunte Blätter besitzt. Die Art ist im tropischen Amerika beheimatet und nicht in Kultur. Die wechselständigen Blätter sind bis 18 cm lang und 8 cm breit, sie sind elliptisch bis eiförmig zugespitzt, teilweise verkehrt eiförmig und zugespitzt. Die Blattstiele sind bis 3 cm lang. Die Panaschüre der Form ist unregelmäßig großflächig und dunkelgrün, hellgrün und gelblich gefärbt. Die röhrigen, gelblichweißen Blüten sehen den Blüten der *Bougainvillea* sehr ähnlich, doch fehlen die farbigen Hochblätter. Die Kultur dieser Buntblattpflanze schien am Anfang einfacher, sie wurde erst vor wenigen Jahren mehr verbreitet. Heute wissen wir, daß sie für die Zimmerpflege nicht gut geeignet ist und besser im geschlossenen Blumenfenster gedeiht, obwohl ein Kulturerfolg auch ohne weiteres im Zimmer möglich ist. Als Substrat verwendet man Einheitserde, die etwas mit Sand gestreckt wird; stauende Nässe führt zu Randflecken, die die Pflanze unschön machen. Die Vermehrung erfolgt durch Stecklinge, die bei 25°C Bodenwärme rasch und gut bewurzeln.

Hoffmannia, Hoffmannie

Zu einer selteneren Pflanzenfamilie unter den Zimmerpflanzen, den Krappgewächsen, den *Rubiaceen*, gehört die Gattung *Hoffmannia* Sw., deren 50 bekannte Arten in Mittel- und Südamerika beheimatet sind. Es sind Kräuter oder Sträucher mit kreuzgegenständigen oder wirteligen, meist schön gefärbten Blättern und kleinen Blüten in Trauben, denen längliche Beeren folgen.
Die verbreitetste Art ist *H. ghiesbrechtii* (Lem.) Hemsl. (*Higginsia g.* (Lem.) Hook.) aus Mexico und Guatemala. Die scharf vierkantigen, schwach geflügelten Sprosse bauen einen bis 1,5 m hohen Halbstrauch auf. Die länglichlanzettlichen, 30 cm langen und 10 cm breiten Blätter stehen kreuzgegenständig. Sie sind ganzrandig, laufen in den geflügelten Blattstiel herab und sind oberseits samtig rötlicholivgrün, unterseits purpurrot gefärbt. Die gelben Blüten stehen als gedrängte Blütenbüschel in den Blattachseln. Weiß gescheckte und marmorierte Blätter besitzt die Form 'Variegata', die an die Art aber nicht herankommt, da sie immer irgendwie viruskrank aussieht.

Die Hoffmannien – es gibt noch andere schöne Arten – sind Blattpflanzen für das feuchtwarme und absonnige Blumenfenster, im Zimmer sind sie zum Tode verurteilt. Kultiviert werden sie in humosen, durchlässigen Substraten, mit Sand gestreckte Einheitserde ist vorzüglich geeignet. Die Vermehrung kann ganzjährig durch Stecklinge erfolgen, die bei 30°C Bodenwärme rasch Wurzeln schlagen. Früher wurden Jungpflanzen für die Schalenbepflanzung verwendet.

Laportea, Maulbeer-Brennessel

Zu den *Urticaceen*, den Nesselgewächsen, gehört die Gattung *Laportea* Gaudich., deren 50 bekannte Arten in den Tropen der ganzen Erde verbreitet sind. Es sind Stauden, Sträucher oder Bäume mit wechselständigen, oft großen, mit Brennhaaren besetzten Blättern; die Brennhaare verursachen starke Schmerzen. Die männlichen und die weiblichen Blüten werden an einer Pflanze, aber in getrennten Blütenständen angelegt, die Früchte sind Beeren.

Häufig ist *L. moroides* Wedd. in Kultur, eine sehr interessante, dabei schöne Pflanze, die durch ihre Brennhaare auffällt. Diese Brennhaare verursachen eine Quaddelbildung auf der Haut, die etwas schmerzhafter ist als bei der Brennessel. Die kleinen Sträucher besitzen breiteiherzförmige, gesägte Blätter, deren Basis fast schildförmig ist, die Blätter sind weichhaarig und, wie der Sproß, dicht mit Brennhaaren besetzt. Die Blüten bilden sich achselständig, die Früchte sind maulbeerartig und rot gefärbt und halten lange an den Pflanzen, oft bis zu einem halben Jahr.

Der Brennhaare, aber auch der Kulturansprüche wegen, ist die Maulbeer-Brennessel nur für geschlossene Blumenfenster und Wintergärten geeignet. Sie ist im Schmuck ihrer Früchte recht zierend, doch auch die großen Blätter sind auffallend. Die Sämlinge tauchen bald überall auf, es ist deshalb besser, die Früchte, bevor sie abfallen und von den Ameisen verbreitet werden, zu ernten. Manche Personen sind besonders empfindlich gegen das Gift der Brennhaare, so daß es zu schweren Entzündungen der gebrannten Hautteile kommt, Vorsicht ist deshalb am Platz. Ist man nicht empfindlich gegenüber den Eiweißgiften dieser Brennessel, so wird man als interessantes Phänomen beobachten können, daß die Stellen, wo die Quaddeln sich befanden, noch bis vier Wochen nach dem Brennen zu schmerzen beginnen, wenn sie mit Wasser in Berührung kommen. Das ist für das Brennen mit *Laportea*-Brennhaaren typisch. Besonders pigmentarme, rothaarige oder hellhäutige Menschen sind sehr empfindlich.

Manihot, Maniok-, Tapioka-Strauch, Cassava

Die Gattung *Manihot* Mill. umfaßt ungefähr 160, vor allem in Brasilien beheimatete Arten, sie gehört zu den Wolfsmilchgewächsen, den *Euphorbiaceen*. Es sind Bäume, Sträucher oder Kräuter mit meist wechselständigen, geteilten Blättern. Viele Arten bilden unterirdische Knollen aus, die zum Teil eßbar sind.

Für die Kultur im Blumenfenster kommt allein die weißbunte Form des Maniok- oder Tapioka-Strauches, *M. esculenta* Crantz 'Variegata' (*M. utilissima* Pohl 'Variegata') in Betracht. Die grünblättrige Art ist eine alte Kulturpflanze Süd- und Mittelamerikas, die heute weltweit wegen der eßbaren Knollen angebaut wird. Der krautige, weichtriebige Strauch wird bis 3 m hoch und bildet fleischige, längliche Wurzelknollen. Die Blätter sind drei- bis siebenfach geteilt, glatt und unterseits bläulich. Die weißbunte Form wächst wesentlich schwächer und besitzt einen grünen Blattrand, die gelblichweiße Zone befindet sich in der Blattmitte und strahlt entlang der Nerven etwas aus.

Diese panaschierte Pflanze von leichtester Kultur ist sehr empfehlenswert, sie wird meist nur eintriebig gezogen, denn sie verzweigt sich leider schlecht. Als Substrat verwendet man Einheitserde. Vermehrt wird durch Stecklinge. Während des Winters können die Pflanzen eine Ruhezeit durchmachen, sie verlieren dabei fast alle Blätter; im Frühjahr schneidet man zurück, und sie beginnen wieder zu treiben.

Maranta, Marante

Zu den Marantengewächsen, den *Marantaceen*, gehört die Gattung *Maranta* L., die 25 bekannten Arten sind in Südamerika beheimatet. Maranten sind nahe mit der Gattung *Calathea* verwandt, doch sind sie aufrechtwachsend oder niederliegend wurzelnd und haben einen einfächerigen Fruchtknoten und zwei blumenblattartige Außenstaminodien. Die Blütenstände sind locker und nicht kopf- oder zapfenförmig.

M. leuconeura E. Morr. mit ihren Formen ist die verbreitetste Art, sie stammt aus Brasilien. Die Art selbst ist selten in Kultur, verbreiteter sind ihre Formen. Am leichtesten wächst 'Kerchoveana', mit 18 cm langen und 10 cm breiten, smaragdgrünen Blättern, die beiderseits der Mittelrippe vier oder fünf braunrote Flecken tragen. Noch schöner ist 'Erythroneura' ('Tricolor'), mit bräunlicholivfarbenen Blättern, die leuchtendrot genervt sind, um die Adern finden sich Aufhellungen. Die Form 'Massangeana' hat kleinere, braun gefleckte, unterseits rote Blätter.

Die Kultur der Maranten gleicht der von *Calathea*, doch sind sie weniger heikel, so daß sogar die Pflege im Zimmer möglich ist.

Mimosa, Schamhafte Sinnpflanze

Die Gattung *Mimosa* L. gehört zu den Hülsenfrüchtlern, den *Leguminosen*, von den 300 bekannten Arten sind die meisten im tropischen und subtropischen Amerika zu Hause, nur wenige finden sich in Asien und Afrika. Die Arten sind Kräuter, Sträucher oder Bäume, oft dornig oder stachelig, deren doppelt gefiederte Blätter oft reizbar sind. Selten fehlen die Blätter ganz, und es findet sich ein blattartig verbreiteter Blattstiel, ein Phyllodium, wie wir es schon bei den echten Akazien kennengelernt haben. Die kleinen Blüten stehen in gestielten, kugeligen Köpfchen oder Walzen.

Wir ziehen fast nur *M. pudica* L. aus Brasilien. Diese halbstrauchige Art – sie ist sehr schlecht zu überwintern – wird meist einjährig gezogen. Sie kann in einer Vegetationszeit unter günstigen Bedingungen bis 1 m Höhe erreichen. Die aufrechten Stengel sind stachelig und behaart. Die vier Blattfiedern tragen selbst wieder 10 bis 15 Paare kleiner, lineallänglicher Fiederblättchen, das Blatt ist also doppelt gefiedert. An den Übergängen von Blatt zu Blattspindel, Blattspindel zu Blattstiel und Blattstiel zu Stamm finden sich hellgelbe polsterförmige Anschwellungen, in denen osmotische Vorgänge die Bewegungen des Blattes verursachen. Die kugeligen, rosafarbenen Blütenstände stehen in den Blattachseln, die Hülsen sind gliederig gefranst.

Die Sinnpflanze ist vor allem durch ihre Empfänglichkeit gegenüber Berührungsreizen und Hitzereizen interessant: bei der leisesten Berührung, nicht aber bei Windzug und den dadurch verursachten Eigenbewegungen, und bei Annäherung einer Wärmequelle, zum Beispiel eines brennenden Zündholzes, klappen die Fiederblättchen nach oben; ist der Reiz stark genug, so schlagen sich auch die Blattfiedern und die Blattstiele nach unten. Das Wiederzurückgehen in die Ausgangslage ist von der Temperatur abhängig und dauert zwischen fünf Minuten und einer halben Stunde. Besonders interessant ist es zu beobachten, wie der Reiz von der Applikationsstelle weitergeleitet wird und ein Fiederblättchenpaar nach dem anderen nach oben klappt. Verantwortlich für die Bewegungen sind die in den hellen Pölsterchen angeordneten Zellen, die mit Hilfe des inneren Drucks der Pflanze, durch eine Art Aufblasen gewisser Zellpartien und Ablassen des Drucks in anderen, die Bewegungen zustande bringen.

Die Vermehrung der Sinnpflanze erfolgt durch Aussaat, das Saatgut wird vorher eingequollen, für 24 Stunden, damit die harte Samenschale genügend Wasser aufnimmt. Bei Temperaturen um 20°C erfolgt die Keimung rasch. Die Sämlinge werden dann zusammengetopft, meist gibt man drei pro Topf, als Substrat verwendet man Einheitserde. Zurückgeschnitten werden die Sämlinge nicht, das kann man eventuell im Frühjahr mit gut durch den Winter gekommenen Pflanzen machen. Regelmäßiges Wässern und Flüssigdüngen bringen die *Mimosa* auf Schwung, denn sie muß ja noch blühen und wieder Samen liefern. Man sät deshalb am besten im Februar oder März. Wird in einem Zimmer nicht geraucht – Sinnpflanzen sind auch gegen Chemikalien sehr empfindlich, sie verfallen zum Beispiel in einen regelrechten Starrezustand, wenn man sie mit Chloroform oder Äther betäubt –, kommen Sinnpflanzen auch dort weiter, doch lieben sie die erhöhte Luftfeuchtigkeit eines geschlossenen Blumenfensters, die man ihnen aber im Zimmer unter einem Glassturz auch bieten kann!

Oplismenus

Zu den Gräsern, den *Gramineen*, einer Familie, der wir für die Zimmerpflege wenige Vertreter verdanken, gehört die Gattung *Oplismenus* P. Beauv.; die zehn oder zwölf bekannten Arten bewohnen die Tropen und Subtropen und haben teilweise sehr große Verbreitungsgebiete.

O. hirtellus (L.) P. Beauv. (*Panicum h.* L., *O. imbecillus* hort. non Kunth) wird bei uns nur in der weißbunten Form 'Variegatus' gezogen; die grünblättrige Art bewohnt die Tropen der Alten und Neuen Welt. Diese staudige Pflanze bildet dünne, niedergestreckte oder aufstrebende Triebe, die ziemlich dicht mit den bis 7 cm langen und 1 cm breiten Blättern besetzt sind. Die panaschierte Form ist grün-weiß-rosa längsgestreift. *Oplismenus* ist eine nette Ampel- oder Einfassungspflanze für geschlossene Blumenfenster oder größere Wintergärten, wo sie vielleicht über das Abschlußmäuerchen herunterhängen können. Sie wirken ungleich zierlicher als die entfernt ähnlichen Tradeskantien. Die schönste Färbung, besonders die rosa Streifen, zeigen immer nur die jüngsten Blätter, so daß man sie ständig im Wachstum halten muß. Am besten verjüngt man die Pflanzen von Zeit zu Zeit, indem man gleich 20 Triebspitzen in Töpfe mit Einheitserde absteckt; sie brauchen Bewurzelungstemperaturen von 20°C und Kulturtemperaturen von 16 bis 25°C. Im Zimmer ist der Zuwachs meist zu gering, dadurch hält die Schönheit dieses zierlichen Grases dort nur kurz an.

Oxalis, Sauerklee

Die Gattung *Oxalis* L. gehört zu den Sauerkleegewächsen, den *Oxalidaceen*, und ist sehr artenreich, sie umfaßt 800 Arten, die zumeist in Süd- und Mittelamerika und in Südafrika zu Hause sind. Ihre Blätter sind gefingert, selten sind die Fingerblättchen bis auf eines oder ganz verkümmert. Sie besitzen Rhizome, Knollen oder ähnliche unterirdische Überwinterungsorgane, selten aufrechte Sprosse. Die Blüten sind regelmäßig fünfteilig, die Kapseln schleudern ihre Samen weit weg. Die Blätter zeigen, ähnlich wie die Blätter vieler Hülsenfrüchtler, *Leguminosen*, Schlafbewegungen, wie ja auch die Sinnpflanze, die *Mimosa pudica*, die auch des Nachts alles hängen läßt und damit schon manchen Pflanzenfreund, der sie frisch bekam, erschreckt hat.

Als einzige Art in Gewächshauskultur – die anderen sind kriechende Waldbewohner und mehr oder weniger harte Knollenbildner – ziehen wir *O. ortgiesii* Regel aus den peruanischen Anden. Diese Art bildet dicke, krautige Stämme und trägt langgestielte, dreizählige Blätter, deren Einzelblättchen schwalbenschwanzartig gebuchtet sind. Die braunroten Blätter harmonieren gut mit den gelben Blüten, die an gegabelten Blütenständen aus den Blattachseln entstehen.

Dieser Sauerklee fällt durch seine Blattfarbe sehr auf und kann leicht durch Stecklinge vermehrt werden. Man zieht ihn in Einheitserde bei Temperaturen zwischen 16 und 25°C.

Pandanus, Schraubenbaum

Zu den Schraubenbaumgewächsen, den *Pandanaceen*, gehört die Gattung *Pandanus* Soland. ex Parkins.; sie umfaßt aufrechte Bäume oder Sträucher mit einfachem oder verzweigtem Stamm und vielen, starken Wurzeln mit großen Wurzelhauben, die teilweise als Stelzwurzeln fungieren. Die glattrandigen oder bestachelten Blätter sind schraubenförmig um den Stamm gestellt. Die 250 Arten bewohnen vor allem den malaiischen Raum, wenige finden sich auf den pazifischen Inseln, auf Madagaskar und im tropischen Afrika.

Von den pazifischen Inseln kommt *P. pacificus* hort. Veitch. Diese Art hat die kleinsten Dimensionen aller kultivierten Schraubenbäume und muß deshalb besonders empfohlen werden. Die glänzend dunkelgrünen, 50 cm langen und 8 cm breiten Blätter sind zu kompakten Rosetten gestellt, sie sind am Rand deutlich bestachelt.
P. sanderi Mast. kommt von Timor und aus dem Malaiischen Archipel. Seine Blätter sind bis 100 cm lang und 6 cm breit, der Rand ist dicht fein bestachelt. Die dunkelgrünen Blätter sind gelborange oder goldfarben längsgestreift, die jungen Blätter sind ganz goldgelb.
Von Polynesien stammt *P. veitchii* hort. ex Dallière. Diese Art bildet reichlich Nebentriebe aus, die Blätter sind bis 120 cm lang und 7 cm breit und am Rand dicht fein bestachelt. Der dunkelgrüne Blattmittelteil wird von reinweißen Linien oder Streifen eingefaßt.
Daneben werden noch andere Schraubenbäume angeboten, zum Teil als Pflanzen, so *P. baptistii* Warb., oder als Samen, wie *P. furcatus* Roxb.; manche andere Arten kann man von guten Samenhandlungen erhalten, doch brauchen sie alle viel, viel Platz.
Für den Liebhaber sind die drei erstgenannten Arten die wichtigsten, vor allem weil sie Kindel bilden, deshalb leicht vermehrt werden können und auch zu haben sind. Die Temperaturen sollen bei Schraubenbäumen nie unter 15°C fallen, am besten verträgt noch *P. utilis* tiefe Temperaturen. Die günstigsten Wintertemperaturen liegen zwischen 16 und 18°C, sommers kann die Temperatur gerne auch über 30°C ansteigen, wenn die Luft entsprechend feucht ist. Sie wollen hell stehen, vertragen aber direkte Sonnenbestrahlung nicht. Wenn man die Luftfeuchtigkeit erhöhen will, ist es besser, den Boden oder die anderen Pflanzen, sofern sie es vertragen, anzuspritzen oder nur aufzugießen, die Wege zu befeuchten, denn auch *Pandanus*-Blätter können nach Bespritzen Schäden zeigen.
Als Substrat nimmt man Einheitserde. Die Kindel werden nach der Abnahme in Holzkohlenpulver getunkt, damit die Schnittfläche verklebt, und bei 25 bis 30°C bewurzelt.

Passiflora, Passionsblume

Die blattschmückenden Arten der Gattung *Passiflora* L., die Gattung wurde bereits bei den Blütenpflanzen für kühle Räume vorgestellt, sind heikle, aber schöne Pfleglinge. Durch die verbesserten Reisebedingungen in den südamerikanischen Ländern kommen immer mehr Menschen als Sammler von Kakteen oder Orchideen dorthin; sie finden immer wieder Passionsblumen, sind doch fast alle der 400 Arten im subtropischen, vor allem aber im tropischen Amerika zu Hause.

P. maculifolia Mast. kommt aus Venezuela und bringt auf schwach kletternden Stengeln die rundlichen bis breit herzförmigen Blätter, die oberseits unregelmäßig grün und gelblich gefleckt, unterseits purpurn und drüsig sind. Die weißlichen Blüten sind klein.
P. trifasciata Lem. stammt wahrscheinlich aus Brasilien, ihre Blätter sind länglich eiförmig, dreilappig und oben braunrot mit silberner, grauer oder rosafarbener Zeichnung längs der Hauptadern, unten purpurrot gefärbt. Auch hier sind die kleinen, gelblichen Blüten eher unscheinbar. Beide Passionsblumen wollen einen hellen und warmen Standort und kräftige Mischungen, dann wachsen sie vor allem während des Sommers sehr gut. Am besten steckt man sie alljährlich im August oder September frisch ab – die Stecklinge wurzeln ganz gut bei 25°C – und überwintert sie bei 16°C. Die alten Pflanzen verlieren im Winter meist die Blätter und werden am besten im Frühjahr zurückgeschnitten, dann treiben sie oft ganz gut wieder aus.

Wer einen leicht gedeihenden Schlinger braucht und keine übergroßen Passionsblumen-Blüten erwartet, versuche die stark wachsende *P. suberosa* L., deren Triebe stark korkflügelig sind. Die Blätter sind meist dreilappig, die Blüten 1 cm breit und grün, die Früchte haben die Größe von Heidelbeeren, sie werden in großer Menge angelegt. Diese Art kommt auch in einem offenen Blumenfenster weiter, doch verlangt sie die starke Hand eines auch einmal zur Schere greifenden Pflanzenfreundes. Ihre alten, dick korkgeflügelten Sprosse sind allerdings sehr schön!

Pedilanthus

Die Gattung *Pedilanthus* Poit. gehört zu den Wolfsmilchgewächsen, den *Euphorbiaceen*, die 30 bekannten Arten sind ebenfalls im tropischen Amerika zu Hause. Die sukkulenten, milchsaftführenden Sträucher sind nahe mit *Euphorbia* verwandt und von ihr durch die einseitigen, gespornten Cyathien unterschieden. Die Blätter stehen meist wechselständig.

Von *P. tithymaloides* (L.) Poit. (*P. carinatus* Spreng.) wird in unseren Warmhäusern meist nur die panaschierte Form 'Variegatus' gezogen. Die Art ist von den südlichen USA über Mittelamerika bis nach Kolumbien beheimatet und wächst strauchig bis 2 m Höhe. Die fleischigen Triebe wachsen zickzackförmig, die Blätter sind eiförmig bis lanzettlich und 5 bis 8 cm lang. Die einseitigen, roten Blütenstände zeigen deutlich den Sporn, der für die Gattung typisch ist. Die panaschierte Form hat weißgerandete Blätter und gestreifte Sprosse, beide können in der Jugend rosa überhaucht sein.

Diese weißbunte Pflanze fällt durch Blätter und Blüten gleichermaßen auf. Wenn entsprechende Temperaturen über 18°C und etwas Luftfeuchte geboten werden können, ist die Kultur in Einheitserde leicht. Vermehrt wird durch Stecklinge, die ausgesprochen leicht wachsen.

Pellionia, Pellionie

Zu den Nesselgewächsen, den *Urticaceen*, gehört die Gattung *Pellionia* Gaudich., deren 20 Arten im tropischen Asien und den pazifischen Inseln beheimatet sind. Es sind niederliegende Kräuter mit gegenständigen oder beinahe gegenständigen, am Grunde sehr ungleichseitigen Blättern und achselständigen, reichblühenden Trugdolden. Diese Gattung verhält sich ähnlich wie die Kanonierblume, *Pilea*: bei plötzlicher Anhebung der Luftfeuchtigkeit öffnen sich schlagartig diejenigen Blüten, die sich knapp vor dem Öffnen befinden, und schleudern mit ihren elastischen Filamenten den Pollen als kleine Pulverdampfwölkchen in die Luft.

P. pulchra N. E. Br. hat etwas stumpfere Blätter als die nächste Art, die wesentlich häufiger anzutreffen ist. Die Blattfarbe ist ein Schwarzbraun mit lichten, grünen Stellen zwischen den Adern. *P. repens* (Lour.) Merr. ist wesentlich verbreiteter, die kriechenden Triebe sind dicht mit den zweizeilig gestellten, bis 5 cm langen und am Grund ungleichseitigen, länglichen Blättern besetzt. Die Blätter sind dunkelbraungrün gefärbt und zeigen eine verzweigte helle Zeichnung in der Blattmitte. Von dieser Art gibt es mehrere Formen, die sich in der Verteilung des Brauns und der helleren, silbernen, manchmal auch grünen Zeichnung unterscheiden.

Die *Pellionia*-Formen sind als Bodendecker und Ampelpflanzen in Blumenfenstern gut verwendbar und sollten mehr gezogen werden. Beim Könner gedeihen sie auch im Zimmer.

Pellionien sind von ähnlicher Kultur wie *Pilea*, doch haben sie ein höheres Temperaturbedürfnis. Sie werden bei 16 bis 22°C gezogen, als Kultursubstrat nimmt man Einheitserde, vermehrt wird durch Stecklinge.

Perilepta

Die acht Arten der Gattung *Perilepta* Bremek. sind von Indien bis China und Indochina beheimatet, die Gattung gehört zu den Bärenklaugewächsen, den *Acanthaceen*. Alle Arten sind ungleichblättrige Halbsträucher mit sitzenden Blättern. Die Blüten sind unscheinbar.

Aus Birma kommt *P. dyeriana* (Mast.) Bremek., eine schöne Blattpflanze mit sitzenden, gegenständigen, eiförmig-lanzettlichen Blättern, die bis zu 20 cm lang sein können. Die Blattränder sind gesägt, die Blattfläche ist oberseits violettblau mit metallischem Glanz und unterseits purpurrot. Nur junge Pflanzen zeigen die herrliche metallisch schillernde, blauviolette Färbung, die sich vertieft, wenn die Pflanzen eher schattig stehen. Aus diesem Grund muß man ständig Stecklinge machen – sie bewurzeln sich gut bei 20°C –, diese in Einheitserde pflanzen und ein- bis zweimal pinzieren, damit sich viele Triebe bilden. Sind die Pflanzen im geschlossenen Blumenfenster oder in einer Vitrine ausgepflanzt, so versucht man während des Sommers durch ständiges Pinzieren buschige, vieltriebige Pflanzen aufzubauen. Im September nimmt man Stecklinge ab und entfernt die alte Pflanze, um im Frühjahr mit den nun ausgepflanzten Stecklingen wieder dasselbe Spiel zu beginnen! Dieses Verfahren lohnt sich bei einigen Gattungen und Arten, doch muß man durch Erfolg und Mißerfolg feststellen, welche sich gerade für das bestimmte Blumenfenster eignen.

Polyscias, Fiederaralie

Die Gattung *Polyscias* J. R. et G. Forst. umfaßt kleine, immergrüne Bäume oder Sträucher mit glatten unbewehrten Stämmen und Zweigen, sie gehört zu den Araliengewächsen, den *Araliaceen*. Die Blätter sind außerordentlich vielfältig geformt, wenn man vor allem die vielen Formen mit einbezieht; sie sind rundlich, eingeschnitten oder gefiedert, manche Formen bringen Blätter, die wie die der gekrausten Petersilie aussehen.

Aus drei rundlichen Blättchen zusammengesetzte Blätter besitzt *P. balfouriana* (hort.) L. H. Bailey aus Neukaledonien. Die Pflanzen wachsen niedrig dichtstrauchig, die Stämme sind hellgrün und dunkler gestreift. Das oberste der drei rundlichen Blättchen ist am größten, bis 10 cm groß, die beiden anderen sind etwas kleiner, alle sind leicht gezähnt und gelappt. Der Blattrand aller Blättchen ist unterschiedlich breit weiß gerandet. Da der weiße Randteil oft langsamer wächst, wird die Spreite etwas wellig.

Von den Südseeinseln stammt *P. guilfoylei* (Bull) L. H. Bailey. Von dieser variablen Art werden meist nur Formen gezogen, so vor allem 'Laciniata', mit gefiederten, weißbuntgerandeten und mehrfach eingeschnittenen und geschlitzten Blättern. Gedrungener wächst die sehr fein geteilte 'Victoriae', die aus diesem Grund am meisten zu empfehlen ist.

Die Fiederaralie wird ähnlich kultiviert wie die Fingeraralie, verlangt jedoch mehr Luftfeuchtigkeit und Schatten. Man nimmt Einheitserde, mit Sand gestreckt, nie zu große Gefäße und reichliche Scherbeneinlage, da sie bei Staunässe zu kümmern beginnt. Die Vermehrung durch Stecklinge ist leicht.

Sanchezia, Sanchezie

Die Gattung *Sanchezia* Ruiz et Pav. gehört zu den Bärenklaugewächsen, den *Acanthaceen*, und die zehn bekannten Arten sind in Peru, Kolumbien und Brasilien zu Hause. Es sind aufrechte Kräuter oder Sträucher mit großen, ganzrandigen oder schwach gezähnten Blättern. Die gelben, orangen, roten oder purpurnen Blüten stehen kopfig, ährig oder rispig, meist sind leuchtend gefärbte Deckblätter ausgebildet.

Als schöne Blattpflanze ist heute nur mehr *S. parvibracteata* Sprague et Hutchinson in der panaschierten Form 'Variegata' in Kultur. Die Art stammt aus dem tropischen Amerika und hat elliptisch zugespitzte, 30 cm lange und 14 cm breite Blätter, die gegenständig angeordnet sind. Der Stengel und die Mittelader des Blattes, besonders unterseits, sind stark gerötet. Die Blattstiele sind bis 5 cm lang und ungeflügelt. Die Deckblätter, hinter denen die Köpfchen mit den Blüten angeordnet sind, sind rot gefärbt und bis 4 cm lang. Sie bilden einen etwas schiefen Blütenstand, der dem von *Aphelandra squarrosa* ähnelt. Die panaschierte Form 'Variegata' ist entlang der Mittelnerven und der Seitennerven lebhaft gelb gezeichnet.

Dieser lebhaft gelb gezeichneten Blätter wegen sollten Sanchezien wieder öfter gezogen werden. Doch sind sie, da sie erhöhte Luftfeuchtigkeit verlangen, nicht für die Zimmerpflege geeignet. Die Kultur gleicht etwas der von *Aphelandra:* man zieht sie in Einheitserde und hält sie warm, hell, aber nicht besonnt. Die Stecklingsvermehrung ist einfach, auch hier sind junge, treibende Pflanzen ansehnlicher als alte, deshalb immer für Nachzucht sorgen!

Scindapsus

Nahe mit der Gattung *Monstera* verwandt, jedoch stets mit ungelochten Blättern und einfächerigem Fruchtknoten, ist die ostasiatische Gattung *Scindapsus* Schott. Man kennt ungefähr 20 Arten. Wir ziehen als schöne Kletter- oder Hängepflanze *S. pictus* Hassk. 'Argyraeus' aus dem malaiischen Gebiet. Der schlanke Stamm trägt die bis 15 cm langen, etwas ungleichhälftigen Blätter, die auf schwarzgrünem Grund silberne Flecken und einen Silberrand zeigen. Diese Form ist mit großer Sicherheit eine Jugendform, die nur durch die ständige Vermehrung so stark kletternd und kleinblättrig bleibt. Es gibt verschiedene Formen, doch sah ich noch nie Altersformen.

Die Kultur dieses *Scindapsus* gleicht in etwa der Kultur der heikleren *Philodendron*-Arten, also etwas wärmer, luftfeuchter und humoser als für normale Zimmerpflanzen not tut. Die Vermehrung erfolgt durch Stecklinge. Diese Pflanze gibt auch einen herrlichen, schattenverträglichen Bodendecker ab; für diesen Zweck sollte sie mehr verwendet werden!

Siderasis, Pyrrheima

Zu den Tradeskantiengewächsen, den *Commelinaceen*, gehört die Gattung *Siderasis* Raf., deren Vertreter im trop. Südamerika beheimatet sind. Wir ziehen *S. fuscata* (Lodd.) H. E. Moore (*Pyrrheima f.* (Lodd.) Backer) aus Brasilien. Diese Staude bringt ihre Blätter fast alle grundständig, sie sind länglich-verkehrteiförmig, 20 cm lang und 8 cm breit, bis auf einen silbernen Streifen in der Mitte der Blattoberseite ist die gesamte Pflanze braunrot gefärbt und dicht mit abstehenden, rötlichbraunen Haaren besetzt. Die Blüten erscheinen zu wenigen aus den Blattachseln und sind blau gefärbt, ungefähr 2 cm groß.

Diese schöne Blattpflanze für das geschlossene Blumenfenster und die Vitrine wird wie die Marantengewächse gehalten, siehe unter *Calathea*.

Sonerila, Sonerile

Die Gattung *Sonerila* Roxb. gehört zu den Schwarzmundgewächsen, den *Melostomataceen,* einer Familie, der noch viele herrliche Blattpflanzen und eine der auffallendsten Blütenpflanzen für warme Räume und versierte Pfleger, *Medinilla,* angehören. Die 70 Arten sind in Ostindien, im Malaiischen Archipel und in Südchina zu Hause. Es sind Kräuter oder Zwergsträucher von unterschiedlichstem Aussehen, deren Blätter gleich oder ungleich groß sind. Die Blüten sind im Gegensatz zu denen vieler anderer Gattungen der Familie dreizählig und stehen zumeist in Trugdolden. Verwandt und von gleicher Kultur sind die Gattungen *Centradenia* G. Don., *Bertolonia* Raddi und *Gravesia* Naud.

Auf Java ist *S. margaritacea* Lindl. beheimatet. Der kleine Halbstrauch erreicht 30 cm Höhe und ist dicht verästelt. Die breitelliptischen Blätter sind bis zu 8 cm lang und 5 cm breit, leider aber meist kleiner! Sie sind oberseits dunkelgrün, mit kleinen, silbernen Punkten, unterseits blaß rötlichgrün. Die rosa Blüten stehen zu acht bis zehn in Trugdolden. Gerade noch in Kultur ist 'Argen-

Tafel 57
Wärmeliebende Blütenpflanzen I

Viel zu wenig bekannt sind die Kletterer:

- ol   Gelbe Ruhmeslilie, *Gloriosa lutea*
- om   Blüte der Schlangenhaargurke, *Trichosanthes cucumerina* var. *anguina*
- or   Purpurgranadille, *Passiflora edulis*
- ml   *Littonia modesta* 'Keitii'
- mr   Schlangenhaargurke, *Trichosanthes cucumerina* var. *anguina*, mit der roten Frucht
- ul   *Gloriosa rothschildiana*, eine herrliche Schnittblume
- ur   Mondwinde, *Calonyction aculeatum*, blüht in der Nacht und am frühen Morgen

Tafel 58
Wärmeliebende Blattpflanzen VIII

ol   Sanchezie, *Sanchezia parvibracteata* 'Variegata'
or   Gelbbunte Zisternensansevierie, *Sansevieria trifasciata* 'Golden Hahnii'
ml   *Scindapsus pictus* 'Argyraeus'

Zwei seltenere Baumfreundarten:
ul   Weißbunter Baumfreund, *Philodendron ilsemannii*
ur   *P. friedrichsthalii*

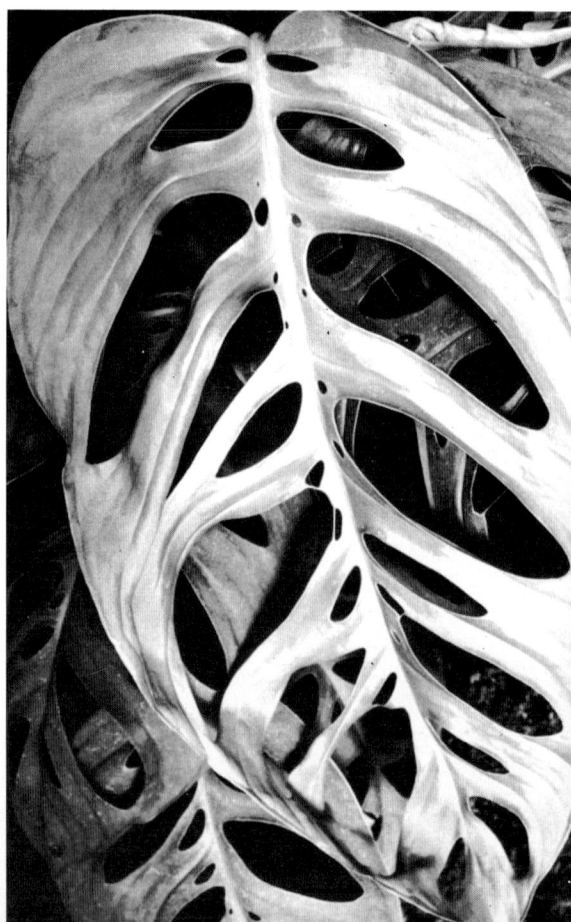

Tafel 59 · Wärmeliebende Blattpflanzen IX

Die zu den Nesselgewächsen gehörenden Kanonierblumen schießen ihren Blütenstaub ab – daher ihr Name

ol   *Pellionia repens*
or   *Pilea spruceana*
ml   *P. cadierei*
mr   *P. repens*

ul   Pfefferstrauch, *Piper nigrum*, eine dankbare Art
Etwas anspruchsvoller sind buntblättrige Arten:
um   *P. sylvaticum*
ur   *P. ornatum*

Tafel 60
Wärmeliebende Blütenpflanzen II

ol Pfeifenblume, *Aristolochia elegans*, ein Schlinger aus den Tropen
or Ganzkölbchen, *Aphelandra squarrosa* 'Dania'

Drei Vertreter der Gesneriengewächse:
ml *Kohleria amabilis*
mr *Episcia cupreata*
ul *Streptocarpus-Hybride* 'Constant Nymph'

ur Schlingender Losbaum, *Clerodendron thomsoniae*

tea', mit fast völlig silberweißen Blättern, in voller Blüte durch den Kontrast von Rosa und Silber herrlich! Es hat Dutzende von Formen gegeben, die bis auf wenige verlorengegangen sind.

Sonerilen sind heikle Pfleglinge. Sie lieben Wärme und hohe Luftfeuchtigkeit. Peinliche Sauberkeit ist wichtig, während der Blüte schmutzen sie sehr und müssen täglich geputzt werden. Und schließlich brauchen sie humusreiche, durchlässige Substrate. Am besten gedeihen sie ausgepflanzt, wenn eine Bodenheizung vorhanden ist, oder in flachen Schalen, in denen sich das Substrat rasch erwärmt. Als Substrate verwendet man unterschiedliche Mischungen aus Torf, Quarzsand, Sphagnum, guter Lauberde und Holzkohlenstückchen. Selbst in Schalen Scherbenlage einbringen! Ihre Kultur gleicht der der heikleren Marantengewächse, und sie sind gut für funktionstüchtige Vitrinen geeignet.

Im Winter leiden sie unter der geringen Lichtmenge, obwohl sie Sonnenbestrahlung auch nicht vertragen, im Frühjahr leben sie sichtbar auf. Dann macht man die Stecklinge, und zwar immer mit dem steigenden Tag; alte Pflanzen vergreisen, darum muß man ständig dahinter sein und jedes Frühjahr wieder einige Jungpflanzen heranziehen. Sie wurzeln bei 25°C ganz gut an und wollen auch späterhin gerne Temperaturen über 20°C, diese behagen ihnen. Falls sommers keine Zusatzheizung eingebaut ist, muß man auf ihre Kultur verzichten, denn schon nach wenigen Regentagen, wenn die Sonne nicht aufwärmt, zeigen sie, so wie viele andere Warmhauspflanzen, die ersten Schäden. Am besten ist dann eine Bodenheizung mit niedergespanntem Strom oder Widerstandsdraht, das hilft übers Ärgste hinweg.

Die Pfleglinge verlangen viel vom Pfleger, sie haben dafür aber auch, überhaupt in der Vollblüte, viel zu bieten, Blattwirkung und Blütenwirkung in gleicher Weise.

Xantheranthemum

Zu den Bärenklaugewächsen, den *Acanthaceen*, gehört die Gattung *Xantheranthemum* Lindau, sie umfaßt eine Art aus den peruanischen Anden. *X. igneum* (André) Lindau (*Eranthemum i.* André, *Chamaeranthemum i.* (André) Regel) ist ein bis 10 cm hohes Kraut, dessen Triebe sich verästeln. Die Blätter sind länglich-oval, 4 bis 5 cm lang, braunoliv gefärbt, der Mittelnerv ist orangerot, diese Farbe strahlt entlang der Seitennerven zum Blattrand aus; die Unterseite ist hellrötlich. Die gelben Blüten stehen in 5 bis 8 cm langen Endähren, einzeln hinter den Deckblättern.

Diese wärmeliebende Buntblattpflanze soll unseren Reigen der blattwirksamen, wärmeliebenden und hohe Luftfeuchtigkeit verlangenden Pflanzen beschließen. Sie ist eher leicht zu ziehen, liebt hohe Temperatur, verträgt aber auch noch 16°C, wird in Einheitserde gezogen und durch Stecklinge vermehrt.

Nicht alle der hier vorgestellten Pflanzen sind auf Anhieb zu erhalten. Sie sind angeführt, um zu zeigen, welche Schätze noch verborgen auf Sie warten. Zuerst gilt es, Kulturerfahrungen mit einigen im Handel befindlichen Vertretern zu sammeln, um dann, als richtiger Liebhaber gewitzt, jene Stellen zu erfahren, wo es die eine oder andere Rarität gibt. Mit den etwas leichter gedeihenden Pflanzen dieser, doch schon heikleren, blattzierenden Gruppe können Sie aber auch Ihren Kulturraum testen, prüfen, ob Sie Ihrem geschlossenen Blumenfenster, Ihrer Vitrine oder Ihrem Kleingewächshaus noch heiklere Pfleglinge anvertrauen können. Nicht zuletzt können Sie auch sich selbst testen: Reicht Ihre Zeit aus, noch heiklere Pflanzen, die wieder mehr Pflegeaufwand bedürfen, zu pflegen, oder müssen Sie passen? Es braucht Sie nicht zu kränken, man braucht nicht unbedingt alles zu ziehen, es genügt auch einiges aus der Fülle der blattwirksamen Warm- und Lauwarmhauspflanzen!

Blütenpflanzen für die Zimmerkultur

In diesem Abschnitt werden die blühenden und fruchtenden Zimmerpflanzen behandelt, sowohl solche, die langjährig im Zimmer gezogen, als auch solche, die nach dem Abblühen weggeworfen werden. Wiederum wird neben Alltäglichem manches erwähnt, das zwar erhältlich ist, aber selten den Weg zum Liebhaber findet. Manchmal sind es Wildarten bekannter Zimmerpflanzen, die einen besonderen Reiz ausstrahlen, manchmal seltenere Pflanzen, die sich aber im Zimmer wohl fühlen.
Einige bekannte Pflanzen wurden bewußt ausgelassen, so die Rose, die Chrysantheme oder die Hortensie, wohl wissend, daß sie oft große Bedeutung besitzen. Der so gewonnene Raum soll weniger bekannten, »förderwürdigen« Pflanzen gewidmet werden.
Auch hier werden Gattungen, die überwiegend leichtgedeihende Zimmerpflanzen enthalten, bei denen es aber eine Ausnahme gibt, in einem abgehandelt. Das Beispiel bildet diesmal das Glanzkölbchen, *Aphelandra,* dessen Art *A. squarrosa* mit den neuen Auslesen gute, wenn auch keine anspruchslose Zimmerpflanzen bietet; *A. aurantiaca* var. *roezlii* aber ist heikler und gehört in einen Klimaraum. Auch diesmal könnte man darüber streiten, welche Pflanze nun ohne den Schutz eines geschlossenen Blumenfensters oder einer Vitrine auskommt und welche nicht; doch geht die Pflanzenpflege oft eigenartige Wege, und man sieht ab und zu Pflanzen in gutem Pflegezustand in Zimmerkultur, von denen man bisher angenommen hat, sie seien schwierig zu ziehen. Zum anderen kann man aber auch selbst Mißerfolge erleiden mit Pflanzen, die eigentlich leicht wachsen müßten. Die Angaben beziehen sich auf durchschnittliche Verhältnisse in Wohnräumen und setzen Verständnis für die Pflanzenpflege voraus!

Acalypha, Katzenschwanz, Nesselschön

Die Gattung *Akalypha* L. (Wolfsmilchgewächse, *Euphorbiaceen*) haben wir schon bei den blattwirksamen Pflanzen kennengelernt.
Eine Art, *Acalypha hispida* Burm. f. (*A. sanderi* N. E. Br.), wirkt durch die langen, roten Blütenschwänze. Ihre Heimat ist nicht bekannt. Die 430 Arten umfassende Gattung ist pantropisch und pansubtropisch verbreitet, so daß man auch aus der Verbreitung der anderen Arten keine Rückschlüsse ziehen kann. *A. hispida* wächst strauchig, die grünen, eiförmig zugespitzten, gesägten Blätter ähneln irgendwie Brennesselblättern. Die achselständigen, überhängenden Blütenstände sind zylindrisch, hochrot gefärbt und können bis 50 cm Länge, bei 2 bis 3 cm Dicke, erreichen. Es gibt eine wenig schöne weißlichrosa Form, 'Alba'. *A. hispida* ist für die Zimmerkultur geeignet, sie verlangt jedoch sorgsame Standortwahl: hell, jedoch nicht sonnig, keine Zugluft, mäßige Boden- und etwas Luftfeuchtigkeit. Die angebotenen Pflanzen sind meist mit chemischen Mitteln (Chlorcholinchlorid) gestaucht; wer sie weiterzieht, darf sich also nicht wundern, wenn die Internodien länger werden! Als Substrat nimmt man Einheitserde, vermehrt wird durch Stecklinge. Will man die Pflanzen lange pflegen – leider werden sie leicht zu groß –, so muß man sie doch besser in einem Blumenfenster auspflanzen.

Achimenes, Schiefteller

Zu den Gesneriengewächsen, den *Gesneriaceen,* gehört die Gattung *Achimenes* Pers., deren 25 Arten von Nordmexico bis Brasilien und Nordargentinien beheimatet sind. Reine Arten sind selten in Kultur, man erhält sie ev. in Holland, weiter verbreitet sind Hybriden verschiedenster Herkunft.
Alle Schiefteller wachsen krautig und bilden unterirdische, beschuppte Überwinterungsorgane aus, die meist als Kätzchen bezeichnet werden. Die Pflanzen sind meist haarig, die nesselähnlichen Blätter gegenständig oder zu dritt gequirlt. Die achselständigen Blüten haben eine lange Blütenröhre, der Kronsaum ist meist schief und fünfteilig, die Blüten sind blau, rosa und rot, selten weißlich.

Von den wilden Arten, die noch als Knollen zu erhalten sind, seien nur einige genannt, so die kleinblütige, hellgelbe *A. flava* C. V. Morton, die rotviolette, in der Kehle weiß, purpurn und gelb gesprenkelte *A. grandiflora* (Schiede) DC., die mennigrote *A. heterophylla* (Mart.) DC., die riesenblütige, fast 7 cm große blaue Schalen bringende *A. longiflora* DC. und die hochwachsende, orangerote, in der Kehle gelb mit rot gefleckte *A. pedunculata* Benth., die fast an eine *Smithiantha* erinnert.

Größere Bedeutung haben die Hybriden. Von den älteren sind noch immer gut: 'Little Beauty', mit leuchtend lachsrosa, eher kleinen Blüten in großer Fülle, und die dunkelblaue 'Paul Arnold', die hoch wächst und 6 cm breite Blüten bringt; von ihr gibt es einen zwergigeren Sport, der durch Bestrahlung entstand, 'Arnold Dwarf'.

Die neuesten Züchtungen stammen von der Gärtnerei Michelssen (BRD). Aus der Fülle der Sorten seien nur wenige erwähnt, mit denen wir gute Erfolge hatten: 'Tarantella' wächst schwächer, hat silberiges Laub und dunkelscharlachrote Blüten. Ebenso gut, doch höherwüchsig ist 'Menuett' mit blauen Blüten oder 'Konrad Michelssen' mit rosa Blüten.

Die Kultur von *Achimenes* im Zimmer ist sehr lohnend, sie blühen, je nach dem Legetermin, von Mai bis September, werden dann tröcken und warm überwintert, im Frühjahr geputzt und wieder gelegt. Die Kätzchen der einzelnen Sorten sind sehr unterschiedlich groß. Als besten Legetermin würden wir die Zeit um den Valentinstag für den Liebhaber empfehlen. Schiefteller sind zwar Gesneriengewächse und deshalb schattenliebend, bedürfen zum ausreichenden Wachstum jedoch einer gewissen Lichtmenge, die im Jänner noch nicht gegeben ist. Die Temperaturen sollen zwischen 18 und 22°C schwanken. Nie auf das erwärmte Blatt gießen oder spritzen, die typischen gelben Flecken treten beim Schiefteller genauso auf wie beim Usambaraveilchen oder der *Columnea*.

Als Substrat verwendet man Einheitserde. Die Vermehrung durch Teilung in der Winterruhe ist kein Problem, es werden pro Pflanze mehrere Kätzchen gebildet. Kopf- und Stammstecklinge wachsen ebenfalls gut. Doch auch durch Blattstecklinge können *Achimenes* vermehrt werden, weil sie, wie so viele *Gesneriaceen*, sekundäre Meristeme in den Blattstielen besitzen, die eine ganze Pflanze reproduzieren können.

Die Aussaat kommt nur für Züchtungszwecke in Frage, ein Gebiet, das besonders bei den Gesneriengewächsen, wo viele Gattungsbastarde möglich sind, auch für den Liebhaber Interessantes birgt. So können einige der oben genannten Arten mit *Smithiantha zebrina* und wahrscheinlich auch mit deren modernen Hybriden gekreuzt werden. Diese Kreuzungen, farbenschöne und prächtige Blütenpflanzen mit sommerlicher Wachstumszeit und winterlicher Ruhe, gab es früher schon, doch gingen sie alle wieder verloren. Hier könnte sich ohne weiteres auch ein Liebhaber erfolgreich züchterisch betätigen!

Anthurium, Flamingoblume

Die bereits bei den Blattpflanzen erwähnte Gattung *Anthurium* Schott, zu den Aronstabgewächsen, den *Araceen*, gehörig, umfaßt 500 Arten, die im tropischen Amerika zu Hause sind.

Die hochwüchsigen *A.-Andreanum*-Hybriden (*A.* × *cultorum* Birdsey) mit den herzförmigen Laubblättern und den geraden Kolben ziehen die Gärtner für Schnittzwecke, sie ergeben bis zu sechs Wochen haltbare Schnittblumen. Sie brauchen viel Raum, ihnen kann sich nur der Besitzer eines großen Blumenfensters widmen.

Wesentlich besser für die Pflege im Zimmer sind die *A.-Scherzerianum*-Hybriden (*A.* × *hortulanum* Birdsey) geeignet. Sie besitzen langlanzettliche, dunkelgrüne Blätter und einen schweinschwanzähnlich gedrehten Kolben. Heinrich Wilhelm Schott, der bis zu seinem Tode 1865 die kaiserlichen Gärten in Wien-Schönbrunn geleitet hatte und ein großer *Araceen*-Spezialist war, beschrieb *A. scherzerianum* nach Material, das um 1850 aus Mittelamerika, Costa Rica oder Guatemala, nach Wien gekommen war. Die Namensgebung erfolgte zu Ehren des Entdeckers, des österreichischen Arztes Dr. Karl von Scherzer.

Durch Einkreuzung anderer Arten und nachfolgender Auslese entstand das, was wir heute als Flamingoblume kennen. Die Pflanzen sind stammlos, die Blätter stehen dicht, fast rosettig, die Blattstiele sind etwas kürzer als die bis 30 cm langen und 10 cm breiten Blätter. Die blütenwirksame Spatha, eigentlich nur ein umgewandeltes Blatt, ist matt und rot, orange oder weiß mit roten Punkten ('Rothschildianum') gefärbt, der Kolben ist geringelt oder wenigstens gebogen und gelb, weiß oder orange gefärbt.

Die Flamingoblume ist eine Zimmerpflanze mit gehobeneren Ansprüchen, sie braucht im Winter ungefähr 18°C Temperatur und während der sommerlichen Wachstumszeit etwas erhöhte Luftfeuchtigkeit. An günstigen, absonnigen, aber hellen Plätzen dankt sie die erhöhte Aufmerksamkeit mit reicher Blüte. Das Substrat sei locker und humusreich, Mischungen von Torf, Styroporflocken, Sphagnum, Borke und Sand sind ideal, auch alter Orchideenkompost eignet sich gut. Man düngt eher wenig, die Flamingoblume ist salzempfindlich, und verwendet zum Gießen weiches Wasser, Regenwasser.

Die Vermehrung durch Teilung, zu Beginn des Wachstums, ist leicht. Die Aussaat der mehrsamigen Beeren auf Torf bei hohen Temperaturen ist leicht, doch langwierig.

A.-Scherzerianum-Hybriden sind deshalb interessante Pflanzen, weil man bei ihnen darauf gekommen ist, daß sie ihre Blüten abhängig vom Alter der Pflanze und von tiefen Temperaturen anlegen können. Nach Erreichen eines bestimmten Alters legen die Flamingoblumen Blüten an, doch ebenfalls nach Einschieben einer Tieftemperaturphase, unter 15°C, während vier bis sechs Wochen. In der Heimat erhalten sie diese tiefen Temperaturen nicht; es ist ein Mechanismus, der in der Pflanze vorhanden war, aber erst in der Kultur entdeckt wurde. Während der Kühlphase ist besonders auf Bodenpilze zu achten, vor allem Pythium-Wurzelkrankheiten treten gerne auf. Aus diesem Grund ist bei diesen tiefen Temperaturen, die die Pflanze sowieso schon etwas schwächen, auf relativ trockenes Substrat zu achten. Nach der Kühlphase werden viele, aber oft kleine Blüten angelegt, doch ist das von der Rasse und von dem Temperaturverlauf während der Kühlphase abhängig. Die Möglichkeit, die Blütenanlage zu beeinflussen, sei nur deshalb erwähnt, damit dieser oder jener mit seinen Flamingoblumen Versuche anstellen kann!

Aphelandra, Glanzkölbchen

Die Gattung *Aphelandra* R. Br. ist mit 70 bis 80 Arten im tropischen und subtropischen Amerika beheimatet, sie gehört zu den Bärenklaugewächsen, den *Acanthaceen*. Der Gattungsname leitet sich vom Griechischen ab, wo apheles einfach und andros Mann bedeutet; Einfachmann wäre die genaue Übersetzung. Als deutschen Namen hört man Glanz- oder Ganzkölbchen, leider findet sich kein treffenderer, so daß man am besten bei Aphelandre bleibt.

Alle Aphelandren sind Sträucher oder hohe Kräuter mit zumeist gegenständigen Blättern. Die gelben, orangen oder roten Blüten stehen in einfachen oder verzweigten, endständigen Ähren in der Achsel von Deck- oder Hochblättern. Die Blüten besitzen meist eine Gliederung in Ober- und Unterlippe, sie können schmal röhrig oder mit zwei großen Lippenflächen ausgestattet sein. Die Deckblätter können grün, aber auch gelb, orange oder rot gefärbt sein.

Ungefähr 20 Arten und Formen finden sich in Kultur, handelsgärtnerisch bedeutend ist eigentlich nur *A. squarrosa* Nees mit ihren Sorten. Trotzdem hier zuerst einige kleinbleibende Arten, die etwas bessere Pflege brauchen, diese aber mit herrlichen Blüten in den plakativsten Farben danken.

A. aurantiaca Lindl. var. *roezlii* Regel stammt aus Mexico und blüht meist im Sommer und Herbst. Während die Art dunkelgrüne Blätter besitzt, hat die Varietät hellergrüne, silbergrau geaderte Blätter. Die endständigen Blütenähren stehen einzeln, die Deckblätter sind grün, die Blüten lebhaft orangerot. Die nahe verwandte *A. fascinator* Lind. et André stammt aus Kolumbien und blüht eher etwas später. Bei ihr sind die 15 cm langen und 8 cm breiten Blätter auf der Unterseite violett, auf der Oberseite dunkelgrün mit breiten weißen Binden gefärbt. Die Blüten erscheinen in endständigen, einzelnen Ähren und sind leuchtend scharlachzinnober.

Beide Arten gehören in die Vitrine oder das geschlossene Blumenfenster, sie werden durch Stecklinge oder Aussaat vermehrt.

Die wichtigste Art für den Blumenfreund ist *A. squarrosa* Nees. Die reine Art ist sehr selten in Kultur, ihre Blätter sind lineallanzettlich, 10 bis 12 cm lang und 4 cm breit und zeigen die typische dunkelgrüne Blattfarbe mit den silbernen Nerven. Wichtiger sind die beiden Varietäten *leopoldii* Van Houtte mit eiförmig elliptischen, bis 30 cm langen Blättern und *louisae* Van Houtte mit 12 cm langen, schmal elliptischen Blättern. Beide Varietäten besitzen dunkelgrüne Blätter mit breiten silbernen Adern und einfache oder verzweigte, endständige Blütenähren mit gelben, gezähnten Deckblättern und gelben Blüten.

Auch diese Varietäten sind sehr selten echt in Kultur, das Sortiment umfaßt heute Sorten, die aus der Kreuzung dieser beiden Varietäten entstanden sind. Die ersten Kreuzungen wurden von der Gärtnerei Prinsler in der Oberlausitz durchgeführt, die Sorte 'Fritz Prinsler' kam kurz nach dem Ende des zweiten Weltkrieges in den Handel. Die neuen Sorten sind mit großer Sicherheit Mutationen dieser ersten, man kennt als wichtige 'Dania' und 'Typ Königer', die erste besitzt breite silberne Adern, die zweite verzweigte Adern.

Die Blüten der Aphelandren werden entweder durch hohe Lichtmengen oder durch tiefe Temperaturen induziert. Bei Temperaturen um 25°C, langsamer bei 20°C, induzieren sie von Mitte März bis Anfang Oktober rasch bei hohen Lichtintensitäten. Bei niedrigen Lichtintensitäten, von Mitte Oktober bis Anfang März, wird die Blüte durch eine acht Wochen andauernde Behandlung mit Temperaturen zwischen 8 und 10°C ausgelöst, nachher muß man wieder bei 18 bis 20°C halten. Die Pflanzen sollen aber mindestens fünf wohlentwickelte Blattpaare besitzen, bevor man die Kältebehandlung durchführt. Für die Blütenbildung bei hohen Lichtintensitäten eignet sich die Sorte 'Dania' besser, für die Kältebehandlung 'Typ Königer'. Aus diesem Grund werden diese beiden Sorten abhängig von der Jahreszeit angeboten.

Als Substrat verwendet man humusreiche Mischungen, regelmäßige flüssige Düngung ist unbedingt notwendig. Die Vermehrung durch Kopf- oder Stammstecklinge überläßt man am besten dem Gärtner.

Ardisia, Spitzblume

Die 240, fast ausschließlich asiatischen Arten der Gattung *Ardisia* Sw. gehören zu den Myrsinengewächsen, den *Myrsinaceen,* und sind immergrüne Sträucher oder Bäume mit wechselständigen Blättern und end- oder achselständigen Blüten. Die beerenartigen Früchte sind kugelig, rot, weiß, blau oder schwarz gefärbt und enthalten einen Samen.

Als einzige Art wird *A. crenata* Sims. (*A. crenulata* Lodd.) angeboten, sie ist ein 60 bis 100 cm hohes, regelmäßig verzweigtes Bäumchen mit lederigen, dunkelgrünen, schmalelliptischen Blättern, die bis 12 cm lang und 4 cm breit sind. Der Blattrand ist krauswellig und trägt knotenförmige Verdickungen, in denen ein Bakterium, *Bacillus foliicola,* zu finden ist. Den kleinen, weißen oder rosa Blüten, sie stehen in vielblütigen Blütenständen, folgen 1 cm große, leuchtend rote Beeren. Ardisien werden am besten bei 15 bis 20°C gehalten, Jungpflanzen brauchen noch höhere Temperaturen, fruchtende Pflanzen kann man, um das Dauern der Beeren zu verlängern, auch bei Temperaturen um 12°C halten. Als Substrat verwendet man Einheitserde oder humussandige Mischungen. Die Vermehrung durch Aussaat ist leicht, doch braucht man Temperaturen um 25°C. Stecklinge wurzeln gut und bleiben buschiger, Sämlinge bilden einen Stamm. Ardisien sind Kostbarkeiten, denn sie sind langsamwüchsig, zwei bis drei Jahre stehen sie beim Gärtner, ehe sie verkaufsfertige Größen erreicht haben.

Begonia, Blütenbegonien

Die Gattung *Begonia* L., zu den Schiefblattgewächsen, den *Begoniaceen*, gehörig, umfaßt neben den blattwirksamen Arten und Hybriden auch blütenschöne. Die Knollenbegonien und die Semperflorens-Begonien sind wichtige Balkonpflanzen und Sommerblumen. Aus verschiedenen Kreuzungen entstanden unsere wichtigen, meist winterblühenden Blütenbegonien, die *Lorraine-Begonie* und die *Elatior-Begonie,* die sowohl für Weihnachten als auch für Valentin und zum Muttertag wichtige Topfpflanzen sind.

Die *Lorraine-Begonien* (B. 'Gloire de Lorraine', B. × *cheimantha* Fotsch) entstanden 1891 bei Lemoine in Nancy aus der Kreuzung von *B. dregei* Otto et A. Dietr. und *B. socotrana* Hook. f. und wurden 1893 in den Handel gegeben. *B. dregei* stammt aus dem Kapland, besitzt herzförmige Blätter und weiße Blüten, *B. socotrana* kam von Sokotra zu uns, sie besitzt schildförmige Blätter und rosa Blüten. Es gab alte *Lorraine-Begonien* mit herzförmigem Laub, z. B. 'Eges Favorite', heute werden fast ausschließlich Sorten gezogen, die im Laub der *B. socotrana* ähnlich sind. Die wichtigste Sorte ist 'Marina', von der es eine Fülle von Sports gibt, so die 'Dunkle Marina', die 'Kardinal' oder die rotblättrige 'Virum' ('Rødhette'), daneben wird auch eine weiße Sorte angeboten, die aber nicht so auffällig ist, 'Schneeprinzessin'. Man bemüht sich, neue Sorten zu züchten, Ziel sind durch Samen zu vermehrende Sorten.

Im allgemeinen besitzen also die modernen *Lorraine-Begonien* einen stark verzweigten Wuchs, schildförmige, grüne oder rötliche Blätter und einfache, reinrosafarbene oder weiße Blüten. Die Pflanzen werden bei 15 bis 18°C aufgestellt, licht, jedoch nicht sonnig, mäßig feucht gehalten und regelmäßig ausgeputzt, damit sich, von den abfallenden Blüten ausgehend, keine Faulstellen bilden. Nach der Blüte werden sie weggeworfen, die Weiterkultur lohnt nicht.

Lorraine-Begonien werden meist nur vor Weihnachten angeboten, die Kenntnisse über diese Pflanze sind aber heute so groß, daß es ohne weiteres möglich ist, sie ganzjährig in Blüte zu haben. Bei Temperaturen unter 18°C legen diese Begonien ihre Blütenknospen unter Langtagbedingungen an, bei Temperaturen über 20°C sind dazu Kurztagbedingungen notwendig. Die kritische Tageslänge beträgt ungefähr 13 Stunden.

Ungleich vielfältiger sind die *Elatior-Begonien* (B. × *hiemalis* Fotsch), aus der Kreuzung von *B. socotrana* mit Knollenbegonien-Hybriden entstanden. Hier liegt die Wiege bei der Züchterfirma Veitch and Sons in England, wo die ersten Kreuzungen 1883 durchgeführt wurden und die erste Sorte, zu Ehren des züchtenden Obergärtners der Firma 'John Heal' genannt, 1885 in den Handel kam. In der Folge befaßten sich viele Züchter mit dieser Pflanze, der große Umbruch kam erst mit den Züchtungen der Firma Rieger aus Nürtingen, BRD, die als Knollenbegonie die kleinblütige, sehr robuste 'Bertinii' verwendete und als wichtige Standardsorte die 'Schwabenland' herausbrachte. Heute gibt es bereits eine Fülle weiterer Sorten dieser Firma, so auch gefüllte. *Elatior-Begonien* bilden als Erbteil der Knollenbegonie meist eine deutlich sichtbare Verdickung an der Basis aus, die verzweigten Triebe tragen die herzförmigen, geschwänzten Blätter, die auch bronzefarben und geschlitzt sein können. Die einfachen, halbgefüllten oder gefüllten Blüten können rot, rosa, orange oder gelb sein. Diese Hybriden lassen sich für jeden Blütetermin im Jahr kultivieren, der Gärtner spricht von 'Steuern'; zu diesem Zweck werden sie, wenn der natürliche Tag zu kurz ist, künstlich belichtet und bei zu langem natürlichem Tag verdunkelt, je nachdem, ob man keine Blütenbildung haben will oder eine reichliche. Sie verhalten sich also bezüglich ihrer Reaktion wie die *Lorraine-Begonien* bei hoher Temperatur, sie sind Kurztagpflanzen.

Die Pflege der *Elatior-Begonien* gleicht der der *Lorraine-Begonien*, auch sie werden nach dem Verblühen entfernt, da die Weiterkultur nicht lohnt. Sie ist bei diesen beiden Begonien zwar nicht unmöglich, doch gelingt es selten, wieder schöne, blühende Pflanzen zu erziehen!

Beloperone, Hopfenschwänzchen

Die Gattung *Beloperone* Nees umfaßt ungefähr 30 Arten, die das wärmere Amerika bewohnen, sie gehört zur Familie der Bärenklaugewächse, der *Acanthaceen*. Es sind Sträucher oder Halbsträucher mit gegenständig angeordneten, behaarten oder kahlen Blättern und meist endständigen, dicht mit bunten Deckblättern besetzten, ährigen oder zusammengesetzt ährigen Blütenständen.

Die verbreitetste Art ist *B. guttata* T. S. Brandeg. aus Mexico, ein stark verzweigter, bis 1 m hoher Halbstrauch. Die eiförmig bis rhombischen Blätter sind bis 6 cm lang, in einen kurzen Stiel verschmälert und beiderseits kurz behaart. Die Blüten stehen in endständigen, überhängenden, bis 20 cm langen Ähren, die dicht mit zuerst grünen, dann gelben und schließlich braunen Deckblättern bedeckt sind, sie werden also mit zunehmendem Alter immer dunkler. Die eigentlichen Blüten sind sehr kurzlebig, sie sind weiß, in eine Ober- und Unterlippe geteilt und überragen die Deckblätter deutlich, auf der Unterlippe tragen sie einige Reihen braunroter Punkte.
Neben der Art finden sich auch Sorten, so vor allem dunkle Auslesen. Eine schöne Auslese wird von der deutschen Gärtnerei Königer in Aalen vertrieben. Bei anderen sind die Deckblätter leuchtend zitronengelb.
Das Hopfenschwänzchen, Spornbüchschen oder der Zimmerhopfen, alles deutsche Namen, ein deutliches Zeichen, daß sich diese erst kurz vor dem Zweiten Weltkrieg eingeführte Pflanze rasch eingebürgert hat, ist eine ideale Zimmerpflanze, die bei hellem, im Sommer aber nicht prallsonnigem Stand ganzjährig blüht. Als Substrat verwendet man Einheitserde, wichtig sind regelmäßiges Wässern – Ballentrockenheit wird sehr krummgenommen – und gelegentliche Dunggüsse während der Wachstumszeit. Beloperonen lieben keine zu hohen Wintertemperaturen, bei 12 bis 15°C fühlen sie sich am wohlsten, sie können aber auch wärmer stehen, wenn sie nicht zu lufttrocken haben. Im Nachwinter werden zu große Pflanzen zurückgeschnitten. Die Vermehrung ist sehr leicht: man steckt mehrere Stecklinge in einen Topf zusammen, gleich ins Kultursubstrat, und bewurzelt unter einer Folienhaube bei ungefähr 20°C. Schädlinge finden sich gelegentlich ein, Mottenschildläuse und Blattläuse müssen dann eben bekämpft werden. In günstigen Gebieten lohnt sich ein Versuch im Fensterkasten.

Brunfelsia, Brunfelsie

Die Gattung *Brunfelsia* L., zu Ehren des berühmten Theologen, Arztes und Botanikers Otto Brunfels, er lebte an der Wende des fünfzehnten zum sechzehnten Jahrhundert, so benannt, gehört zu den Nachtschattengewächsen, den *Solanaceen*, die 30 Arten sind in Mittel- und Südamerika und auf den angrenzenden Inseln beheimatet. Es sind Sträucher oder kleine Bäume mit wechselständigen ledrigen Blättern und großen fünfteiligen, weißen, gelben oder violetten Blüten.
Die weißblühenden, im Auf- und Verblühen gelblichen Arten, wie *B. americana* L. und *B. undulata* Sw. von den Antillen, sind selten anzutreffen, in der Heimat werden sie großstrauchig, in Kultur bringen sie schon als kleine Pflanzen die stark duftenden Blüten.

Am verbreitetsten ist *B. pauciflora* (Cham. et Schlechtend.) Benth. var. *calycina* (Benth.) J. A. Schmidt (*B. calycina* Benth.) aus Brasilien. Diese Varietät wächst strauchig, die eiförmigen Blätter sind bis 10 cm lang, die 5 cm großen Blüten stehen zu mehreren in endständigen Trugdolden. Die Blüten sind violett gefärbt und duften nicht.
Meist finden sich Sorten in Kultur, am verbreitetsten ist 'Floribunda', diese wächst niedriger und besitzt veilchenblaue Blüten mit kleinem, weißem Auge. Die purpurviolette, im Verblühen weiße 'Eximia' und die dunkelviolette, riesenblütige 'Macrantha' sind heikler und finden sich selten. Brunfelsien brauchen, um Blüten entwickeln zu

können, eine Phase tieferer Temperatur, aus diesem Grunde blühen sie meist im Winter und Frühjahr. Während des Sommers lieben sie Temperaturen um 20°C, zur Blütenknospenanlage brauchen sie Temperaturen unter 15°C. Diese Tieftemperaturphase soll vier bis sechs Wochen einwirken, während dieser Zeit müssen die Pflanzen auch trockener und etwas luftiger gehalten werden. Gerne werden sie zu dieser Zeit chlorotisch, wie sie überhaupt zur Chlorose tendieren; man verhindert das Gelbwerden durch Gießen mit 0,1 %igen Eisenchelatlösungen und kräftiger Stickstoffdüngung (Harnstoff und Nitrat).

Als Substrat eignet sich Einheitserde gut. Im Sommer stehen die Pflanzen vor Prallsonne geschützt und werden mäßig gegossen. Die Kühlphase wirkt lange nach, so daß nach der Hauptblüte noch immer vereinzelte Nachzügler erscheinen. Die Pflanzen verzweigen sich selbst nach dem Pinzieren kaum und bleiben sparrig. Die Vermehrung durch Stecklinge erfordert hohe Temperaturen und ist nicht leicht.

Clerodendron, Losbaum

Die Gattung *Clerodendrum* L. (*Clerodendron* Adans.) gehört zu den Eisenkrautgewächsen, den *Verbenaceen*. Die 275 Arten bewohnen das tropische und subtropische Asien und Afrika und sind kleine Bäume oder Sträucher oder aber verholzte Schlinger. Die Blüten stehen in end- oder achselständigen Rispen oder Doldentrauben, sie sind vier- oder fünfteilig, einseitig symmetrisch und besitzen langherausragende Staubfäden. Der Kelch kann blasig aufgetrieben sein und durch seine Färbung zieren, wie es beim winterharten *C. trichotomum* Thunb. var. *fargesii* (Dode) Rehd. der Fall ist.

Heute ist die schlingende Art *C. thomsoniae* Balf. f. am verbreitetsten, sie stammt aus Afrika und besitzt gegenständige, länglich herzförmige Blätter. Die Blüten erscheinen in achsel- und endständigen Trugdolden und wirken sowohl durch die kurzlebigen, scharlachroten, fünfteiligen Kronen als auch durch den dauernden, weißen Kelch. Bei hohen Temperaturen bilden sich stark schlingende, bei niedrigen Temperaturen kurze, wenig schlingende Triebe aus; aus diesem Grund ist eine winterliche Ruhezeit bei Temperaturen um 12°C zu empfehlen, vor allem weil die Kurztriebe reichlich blühen. Während dieser Ruhezeit kann ruhig das Laub abfallen, im Februar formiert man die Pflanzen etwas und stellt sie wieder wärmer. Die stark schlingenden Triebe müssen auf ein Gerüst gezogen werden, sie erscheinen meist im Sommer, die Hauptblütezeit ist der Frühling und Sommer. Die Vermehrung durch Stecklinge überläßt man dem Gärtner.

Aufrecht wachsen zwei andere Arten, *C. philippinum* Schau. (*Volkameria fragrans* Vent., *C. fragrans* (Vent.) Ait.) und *C. speciosissimum* Van Geert (*C. fallax* hort. non Lindl.). Die erste Art verlangt Temperaturen um 12 bis 15°C, gehört also in das kühle Zimmer, sie stammt aus China und Japan und wird vor allem in der gefüllten Form 'Pleniflorum' gezogen, die das ganze Jahr blühen kann. Diese altmodische Zimmerpflanze mit den herzförmigen Blättern und den endständigen, dichten, hortensienähnlichen Doldentrauben, die Einzelblüten sind weiß, rosa überlaufen, und duften sehr gut, findet sich heute selten, was sehr zu bedauern ist. Es fehlen heute wohl die kühlen Räume, die lichten, aber nicht sonnigen Standorte, die dieser Losbaum liebt. Die Vermehrung durch Stecklinge ist leicht, als Substrat nimmt man Einheitserde, pinziert ein- oder zweimal und wässert und düngt kräftig.

C. speciosissimum dagegen gehört in das geschlossene Blumenfenster, denn sie bewohnt die südostasiatische Inselwelt. Die Hauptblütezeit des vierkantigzweigigen, rundlich herzförmig belaubten Strauches ist der Sommer und Herbst. Die großen endständigen Trugdolden, sie erreichen bis 20 cm Durchmesser, sind leuchtend rot gefärbt: purpurrot vom Kelch, scharlachrot von den Blumenkronen. Bereits kleine Pflanzen bringen ihre Blüten, doch erreichen sie nicht die angegebenen Größen. Kultur in Einheitserde, Vermehrung durch Stecklinge, aber auch durch Aussaat möglich.

Tafel 61
Wärmeliebende Blütenpflanzen III

or *Spathiphyllum hookeri*

Tiefere Temperaturen zum Anlegen der Blüten brauchen:

ol *Columnea kewensis*
l *Brunfelsia calycina* 'Floribunda'
ml *Crossandra infundibuliformis*
mm Roseneibisch, *Hibiscus rosa-sinensis* 'Flamingo'
mr Gardenie, *Gardenia jasminoides* 'Plena'

u Usambaraveilchen, *Saintpaulia ionantha*, in verschiedenen Blütenfarben und -formen

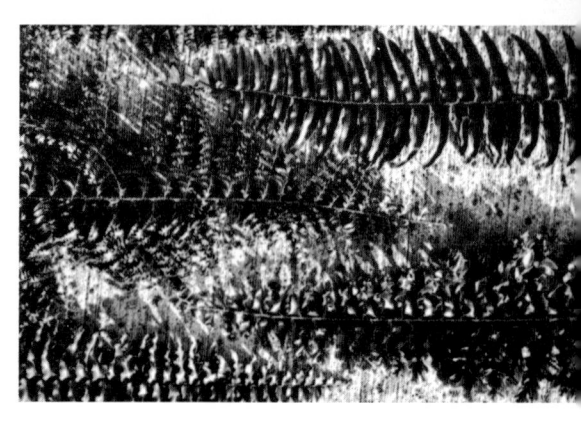

Tafel 62 · Farne

ol *Pteris cretica–Sorten*
or *Adiantum-Sorten*
ml *Pellaea rotundifolia*
mr *Nephrolepis-Sorten*
ul *Platycerium grande*, der wuchtigste aller Geweihfarne
um Goldschuppenfarn, *Pityrogramma sulphurea*, mit herrlich goldgelb gefärbten Wedelunterseiten
ur Stamm von *Blechnum gibbum,* des einzigen Baumfarns, der sich in Zimmerkultur hält

Coffea, Kaffeestrauch

Die 30 bis 40 Arten der Gattung *Coffea* L., sie gehört zu den Krappgewächsen, den *Rubiaceen*, bewohnen das tropische Asien und Afrika. Es sind Sträucher oder Bäume mit gegenständigen, ledrigen Blättern und in den Blattachseln gehäuften, kurz gestielten oder sitzenden Blüten. Die sternförmigen Blüten sind weiß gefärbt und duften gut, es folgen zweisamige, kugelige oder längliche, trockene oder fleischige Früchte.

Der echte Kaffeestrauch, *C. arabica* L., stammt aus dem tropischen Afrika und wurde bereits früh nach Arabien eingeführt, heute findet man ihn weltweit in den Kaffeeanbaugebieten. Für die Zimmerkultur empfiehlt sich besonders die gedrungen wachsende und früh blühende Form 'Nana', deren Samen im Fachhandel erhältlich sind. Kaffeesträucher erreichen 3 bis 5 m, in der Zwergform 1 m Höhe; sie bilden senkrechte Mitteltriebe und waagerechte Seitentriebe aus, die mit den gegenständigen, elliptisch zugespitzten, glänzend ledrigen Blättern bedeckt sind, diese werden bis zu 15 cm lang. Die weißen, duftenden Blüten erscheinen bei drei- bis fünfjährigen Pflanzen zu mehreren in den Blattachseln, und es folgen die zweisamigen Kaffeekirschen. Die Samen sind die Kaffeebohnen des Handels.

Kaffeesträucher brauchen Temperaturen um 18°C und helle, aber nicht sonnige Standorte. Während des Winters wird etwas weniger gegossen, doch verhindere man mit allen Mitteln Ballentrockenheit. Wichtig ist, daß gleichmäßige Temperaturen, auch wenn sie tiefer sind als die oben angegebenen 18°C, im Winter vertragen werden; schlecht sind schwankende Werte. Als Substrat verwendet man Einheitserde, zum Gießen kalkarmes Wasser, zum Düngen während der Wachstumszeit stickstoffreiche Dünger.

Die Vermehrung durch Aussaat frischen Samens ist leicht, besonders zu empfehlen ist die Zwergform 'Nana', die regelmäßig angeboten wird. Die Keimtemperaturen sollen um 25°C liegen. Die Jugendentwicklung der Sämlinge ist langsam, man muß sich mit Geduld wappnen.

Columnea, Columnee

Die Gattung *Columnea* L. gehört zu den Gesneriengewächsen, den *Gesneriaceen*, die 125 Arten bewohnen die tropischen Wälder Amerikas, vor allem Mittelamerika und die Antillen sind die Zentren der Verbreitung. Columneen sind zumeist Epiphyten, Aufsitzerpflanzen, die Humusansammlungen auf Bäumen bewohnen, sich aber auch in den humuserfüllten Ritzen von Felsen finden. Sie sind Sträucher, Halbsträucher oder Kräuter, oft hängend, kletternd oder kriechend, mit gegenständigen Blattpaaren, teilweise anisophyll, d. h., ein Blatt des Blattpaares ist ungleich größer als das andere. Die roten oder gelben Blüten stehen einzeln oder zu mehreren in den Blattachseln und können von großen Deckblättern umgeben sein. Der fünfteilige Kelch ist meist grün, die Blumenkrone ist meist lang zylindrisch, oben erweitert und teilweise in eine große Oberlippe und eine kleine Unterlippe gegliedert, vor allem die bekannteren Arten entsprechen dieser Bauform. Selten folgen den Blüten die großen, sehr auffälligen weißen Beeren, die auf dem Kelch wie auf einem Präsentierteller sitzen. Diese helfen, *Columneen* von den kapselfrüchtigen und sonst ähnlichen *Aeschynanthus*-Arten zu unterscheiden.

Nur wenige Columneen sind gute Zimmerpflanzen, die Fülle der Arten und Hybriden sind ungleich besser für die Kultur in der Vitrine und dem geschlossenen Blumenfenster geeignet. Für alle ist aber typisch, daß sie ihre Blüten durch den Einfluß tieferer Temperatur anlegen. Sie werden also normal bei Temperaturen um 18 bis 20°C, die heikleren Arten vielleicht noch etwas höher, gehalten und im Winter, bei mäßigem Gießen, je nach Robustheit, zwischen 13 und 16°C aufgestellt, bis die ersten Blütenknospen erscheinen. Diese müssen ungefähr 5 mm Durchmesser haben, bevor man wieder höhere Temperaturen geben darf.

Die **Columneen für das Zimmer** sind C. × *vedrariensis* hort. Vilm. ex Mottet, eine Kreuzung zwischen C. *magnifica* und C. *schiedeana*, die mit großer Sicherheit mit der C. × *kewensis* hort. übereinstimmt, die aus denselben Eltern gekreuzt wurde, und C. *oerstedtiana* Klotzsch ex Oerst., eine kleinerbleibende Art, von der vor allem die Sorte 'Stavanger' gezogen wird.

C. × *vedrariensis* wächst zunächst aufrecht, später überhängend und verholzt im Alter an der Basis. Die gegenständigen Blätter sind schmal eiförmig und bis 3,5 cm lang. Die leuchtend scharlachroten Blüten, sie sind im Schlund etwas gelb gezeichnet, sind bis 7 cm lang. Die Triebe sind dicht filzig, die Blätter spärlich, die Blüten lang abstehend behaart.

C. *oerstedtiana* 'Stavanger' wächst stärker hängend, die länglich ovalen Blätter sind 12 bis 15 mm lang und glänzend. Die scharlachroten Blüten erreichen bis 7 cm Länge.

Columneen für die Vitrine und das geschlossene Blumenfenster gibt es in reicher Auswahl, einige halten bei sorgsamer Pflege auch im Zimmer durch. Auch sie brauchen eine Temperaturerniedrigung für die Anlage der Blüten. Leider können nur einige erwähnt werden. Hängend wächst C. *arguta* C. V. Morton aus Panama, die lanzettlichen, geschwänzt zugespitzten, bis 3 cm langen Blätter umstehen so dicht die Triebe, daß diese geflochtenen, 3,5 cm dicken Seilen ähneln. Die 6 cm langen Blüten sind außen rot und innen gelb. – Herrliche Pflanzen sind C. *gloriosa* Sprague und C. *hirta* Klotzsch et Hanst., beide hängen und sind dicht behaart. Bei der ersten Art sind die scharlachroten Blüten gelbschlundig, bei der zweiten finden sich nur kleine gelbe Flecken. Von C. *gloriosa* gibt es eine bronzeblättrige Form, die besonders schön ist. Die Heimat beider Arten ist Costa Rica, sie bringen mit 10 cm Blütengröße die größten Blüten.

Ebenfalls hängend wächst C. *microphylla* Klotzsch et Hanst. mit fast runden, 8 bis 10 mm langen Blättern und leuchtend orangeroten, 8 cm großen Blüten. Aufrecht bis überhängend ist C. *tulae* Urb. mit 4 cm langen, weichhaarigen Blättern und 5 cm langen Blüten, bei uns ist nur die gelbblühende Form 'Flava' in Kultur. Diese Art besitzt Blüten, die nicht mehr zu übergroße Oberlippen haben, sie sieht daher nicht mehr so columneenhaft aus.

Aufrechtwachsende Arten gibt es ebenfalls, in Skandinavien findet man im Handel vor allem C. *crassifolia* Brongn. aus Mexico, mit lineallanzettlichen, bis 10 cm langen Blättern, die irgendwie fettig wirken. Die 7 cm langen Blüten sind rot, besitzen keine so übergroße Oberlippe und sind dicht behaart. – C. *lepidocaula* Hanst. stammt aus Costa Rica und besitzt elliptische Blätter, die bis 9 cm lang werden. Die röhrigen Blüten sind orange und bis 7 cm lang.

Ganz aus dem Rahmen fällt C. *sanguinea* (Pers.) Hanst. (*Alloplectus s.* (Pers.) Mart.) von den Antillen. Diese Art wächst strauchig aufrecht und kann über einen Meter hoch werden. Die Blattpaare sind extrem anisophyll, das größere Blatt ist bis 30 cm lang und 12 cm breit, das kleinere nur 5 cm lang und 2,5 cm breit. Die Blüten sind gelb, röhrig und 2 cm lang, sie erscheinen zu mehreren in achselständigen Büscheln. Diese Art setzt regelmäßig Samen an.

Columneen brauchen als Epiphyten oder Felsspaltenwurzler humusreiche Substrate, die für die heikleren Arten besonders durchlässig und locker sein müssen, für die Zimmer-Columneen genügt Einheitserde. Die Gefäße wählt man eher weit und nicht tief. Während der Wachstumszeit wöchentlich düngen. Alle Arten und Hybriden brauchen helle, aber nicht sonnige Standorte, sie bekommen, wie Usambaraveilchen, bei Sonnenbestrahlung gelbe Flecken, besonders empfindlich sind da C. *gloriosa* und C. *hirta*. Die Vermehrung erfolgt leicht durch Kopf- und Stammstecklinge, hängende Arten zerschneidet man in 5 cm lange Stücke. Die Bewurzelungstemperaturen sollen um 25°C liegen. Alle Columneen gehören pinziert, damit sie sich ausreichend verzweigen. Es gibt bei den Columneen unzählige; selbst Tripelbastarde, wo also drei Arten verwendet wurden, sind häufig. Liebhaber mit Platz sollten sich diesem Hobby verschreiben und neue harte Columneen züchten!

Crossandra, Crossandre

Die 20 sehr variablen Arten der Gattung *Crossandra* Salisb., sie gehört zu den Bärenklaugewächsen, den *Acanthaceen*, bewohnen die altweltlichen Tropen. Es sind kahle oder wenig behaarte Sträucher oder Stauden mit gegenständigen, ganzrandigen Blättern und großen, orangeroten, gelben oder weißen Blüten in vierkantigen Ähren. Die Blüten besitzen einen ausgebreiteten, fünflappigen Kronsaum.

Häufig findet sich *C. infundibuliformis* (L.) Nees (*C. undulifolia* Salisb.) angeboten, diese Art ist in Indien beheimatet. Die Pflanzen können eine Höhe von 50 cm erreichen, die eiförmig zugespitzten Blätter werden bis 12 cm lang, die bis 3 cm breiten Blüten sind lachsfarben bis ziegelrot. Es gibt verschiedene Auslesen, am verbreitetsten ist 'Mona Wallhed', mit ziegelroten Blüten.

Crossandren sind schöne Zimmerpflanzen, die aber einer besonderen Behandlung bedürfen. Sie verlangen gleichmäßige Temperatur um 18°C, einen hellen, doch absonnigen Platz und eine etwas erhöhte Luftfeuchtigkeit, da sie sonst gerne die Blätter rollen und fallen lassen. Schon Mitte des vorigen Jahrhunderts empfiehlt der letzte große Fachmann, J. F. W. Bosse, die Kultur im Erdbeet, da *Crossandra* darin üppiger wachse und blühe. Auch Bodenwärme, die auch den neuen Kultursorten guttut, wird schon damals empfohlen.

Neben der oben erwähnten Art werden noch andere gezogen, so vor allem *C. flava* Hook. und *C. pungens* Lindau mit gelben Blüten und *C. nilotica* Oliv. mit hellorangen oder hellziegelroten Blüten. Alle diese Crossandren können bei Geschick im Zimmer gezogen werden, sie machen im Winter eine leichte Ruhezeit durch, während der sie etwas trockener, aber nicht kühler gehalten werden dürfen. Als Substrat verwendet man Einheitserde. Die Vermehrung durch Stecklinge ist leicht, aber auch Aussaat ist möglich, die Sämlinge blühen nach fünf bis sechs Monaten.

Episcia, Episcie

Die Gattung *Episcia* Mart. gehört zu den Gesneriengewächsen, den *Gesneriaceen*, und bewohnt mit 10 Arten den amerikanischen Raum von Brasilien bis zu den Antillen. Es sind behaarte, selten kahle, stark ausläufertreibende Kräuter. Die gegenständigen Blätter, vielfach zwischen den Adern blasig aufgewölbt, zeigen bei manchen Arten eine leichte Ungleichblättrigkeit. Die Blüten sind einseitig symmetrisch und fünflappig, die Lappen können ganz oder fein geschlitzt sein, sie sind meist scharlachrot, selten weiß oder bläulich und erscheinen einzeln oder zu mehreren aus den Blattachseln.

Von den vielen Arten und Sorten eignet sich nur eine für die Zimmerkultur, *E. dianthiflora* H. E. Moore et R. G. Wils. aus Mexico, die anderen gehören in die Vitrine oder das geschlossene Blumenfenster. *E. dianthiflora* ist ein niedriges Kraut mit langen Ausläufern, die eirunden Blätter sind bis 3,5 cm lang und besitzen auf jeder Blattseite einige Zähne. Die weißen, stark gefransten, 3 cm großen Blüten sind im Schlund meist rot gepunktet und kontrastieren gut mit dem samtigen Grün der Blätter. In humoser Erde, bei gleichmäßiger Feuchtigkeit, hell, aber nicht sonnig und bei Temperaturen um 18°C gedeiht diese Art leicht und blüht von April bis Oktober regelmäßig.

Wichtige Arten für bessere Pflegebedingungen sind *E. cupreata* (Hook.) Hanst. und *E. reptans* Mart. (*E. fulgida* (Lind.) Hook. f.); beide stammen aus dem tropischen Südamerika, vor allem Kolumbien, und blühen ebenfalls im Sommer. *E. cupreata* bildet einen Hauptstamm mit den großen Blättern und den scharlachroten Blütenglocken und kleinblättrige Ausläufer. Die etwas runzeligen Blätter sind elliptisch bis rundlich, bis 13 cm lang und bei der reinen Art bräunlich mit einem silbernen Mittelstreifen gefärbt. Bekannte Sorten sind 'Silver Sheen' und 'Emerald Queen' mit grünen Blättern und unterschiedlich starker silberner Zeichnung.

E. reptans besitzt rundere Blätter, die nur bis 10 cm lang werden, die Oberfläche der bronzefarbenen Blätter, die ebenfalls silbern gezeichnet sind, ist sehr uneben und warzig. Auch diese Art bringt scharlachrote Glockenblüten.

Diese Arten und Formen brauchen zusätzlich zu den obengenannten Pflegebedingungen noch eine erhöhte Luftfeuchtigkeit und nicht zu helle Standorte. Sie sind als Blattpflanzen genauso wirksam wie als Blütenpflanzen.

Die Vermehrung der Episcien erfolgt durch Stecklinge, die bei 25°C im Vermehrungskasten rasch wurzeln.

Euphorbia pulcherrima, Poinsettie oder Weihnachtsstern

Die *Euphorbia pulcherrima* Willd. ex Klotzsch (*Poinsettia p.* (Willd. ex Klotzsch) Grah.) ist also eine Wolfsmilchart, sie besitzt auch den typischen Milchsaft, der giftig ist. Die Poinsettie ist in Mexico und Mittelamerika beheimatet und blüht als Kurztagpflanze üblicherweise im November und Dezember, man kann sie heute aber zu jeder Jahreszeit in Blüte bringen.

Wurden vor einem Jahrzehnt noch überwiegend geschnittene Poinsettien angeboten, so hat sich das – durch neue Sorten und die modernen Stauchemittel bedingt – rasch geändert; die Poinsettie ist heute die Standardtopfpflanze der Advents- und Weihnachtszeit.

Die Poinsettie ist ein hoher Strauch mit wechselständigen, langgestielten, eirund-länglichen, oft gelappten Blättern, die sich unter den echten Blüten oft anders formen, vor allem aber bunt färben. Die Blütenwirkung der Poinsettie geht also von Hochblättern aus; die Blüten selbst, sie stehen in den typischen Wolfsmilchblütenständen, den Cyathien, zusammen, sind unscheinbar. Die Hochblätter sind üblicherweise rot, sie können aber auch orange, lachs, rosa, weiß oder zweifarbig, weiß-rosa, sein, es gibt auch weißbuntblättrige Sorten, deren Blatt ziert.

Die alten Sorten, wie 'Impromptu' oder 'Cardinalis', sind heute schon lange überholt, sie wurden durch Neuzüchtungen ersetzt. Das Zentrum der Verbesserungsbemühungen ist Kalifornien, doch auch europäische Züchter haben in den letzten Jahren neue, gute Sorten auf den Markt gebracht. Von den kalifornischen Züchtern seien Paul Ecke und Paul Mikkelsen genannt, vor allem die Sorte 'Paul Mikkelsen' des zweiten Züchters hat lange den Markt beherrscht. Wahrscheinlich als Mutante dieser Sorte entstand bei Thormond Hegg in Norwegen die Sorte 'Annette Hegg', die gedrungener wächst, sich williger verzweigt und mit niedrigeren Temperaturen das Auslangen findet. Auch von 'Annette Hegg' gibt es heute schon Verbesserungen, so 'Lady Hegg' und 'Diva Hegg', Standardsorten fortschrittlicher Gärtnereien.

Weihnachtssterne stehen während der Blütezeit am besten bei 16 bis 18°C, bei höheren Temperaturen ist die Haltbarkeit der Hochblätter nicht so gut; während der Wachstumszeit, von Mai bis Oktober, bei 20°C. Besonders wichtig ist die hohe Temperatur beim Übergang von der vegetativen zur generativen Phase, unter natürlichen Lichtverhältnissen in Mitteleuropa Ende September bis Anfang Oktober. Zu dieser Zeit wird die kritische Tageslänge unterschritten, die Poinsettie als Kurztagpflanze kann Blütenknospen anlegen. Aus diesem Grund dürfen die Pflanzen ab diesem Zeitpunkt auch nur mehr dem natürlichen Tag ausgesetzt werden, jede künstliche Belichtung, in bewohnten Räumen, von Straßenlaternen oder Autoscheinwerfern, ist zu unterbinden, da sonst keine Blüten angelegt werden können. Poinsettien vertragen helle Standorte und sogar Sonne, doch sollte die heiße sommerliche Mittagssonne abgeschirmt werden. Während der Wachstumszeit werden sie reichlich, von der Blüte bis April etwas weniger gegossen. Von Mai bis Oktober düngt man wöchentlich, wichtig ist eine Phosphordüngung (»Phosphorstoß«) zur Zeit der Blütenknospenanlage. Das Substrat soll humos und sauer sein, die Wurzeln der Poinsettie vertragen auch Ballentrockenheit nicht.

Beginnen sich die Hochblätter zu färben, so vertragen Poinsettien auch wieder längere Tageslängen, die Hochblätter können im günstigen Fall bis April oder Mai an der Pflanze halten, danach

schneidet man kräftig zurück und beginnt wieder mit der Kultur der Pflanze. Gekaufte Topfpflanzen sind fast immer mit Chlorcholinchlorid gestaucht, man wundere sich also nicht über das üppigere Wachstum bei der Weiterkultur.
Seltener wird *E. fulgens* Karw. (*E. jacquiniiflora* Hook.) als Topfpflanze angeboten, sie findet sich ja meist im Schnittblumensortiment. Hier sind die Blätter lanzettlich, und die von kleinen roten oder weißen Hochblättern umgebenen Blüten sitzen zu mehreren in den Blattachseln. Diese Art liebt aber eher etwas höhere Temperaturen.

Hibiscus, Roseneibisch

Die Gattung *Hibiscus* L. gehört zu den Malvengewächsen, den *Malvaceen,* und umfaßt ungefähr 200 krautige, strauchige und baumförmige Arten, die zumeist in den Tropen heimisch sind. Die großen Blüten sind kurzlebig, sie dauern nur einen Tag, sie stehen in den Blattachseln oder in den Achseln kleiner Tragblätter in endständigen Blütentrauben.

Der chinesische Roseneibisch, *H. rosa-sinensis* L., stammt wahrscheinlich aus Ostasien, ist aber heute in den Subtropen und Tropen weltweit als Zierstrauch verbreitet. Er bildet Sträucher bis kleine Bäume aus, der Wuchs ist sparrig und ausladend; gekaufte Pflanzen sind in den meisten Fällen mit Chlorcholinchlorid gestaucht. Die eirund-zugespitzten Blätter sind am Grund ganzrandig, weiter oben grob gezähnt, kahl und oberseits glänzendgrün. Die Blütenstiele sind zumeist so lang wie die Blätter, die Blüten erreichen einen Durchmesser von 10 bis 15 cm, sie sind einfach, halbgefüllt oder gefüllt. Am schönsten sind sicher die einfachen Sorten, wie vor allem 'California Gold', goldgelb, oder 'Flamingo', gelblichrosa, doch auch gefüllte Sorten haben ihren Reiz. Es finden sich rosa (die Ursprungsfarbe), rote, weiße, gelbe und orange Blütenfarben, daneben auch zweifarbige, zuweilen sogar gescheckte Formen. Ähnlich wie bei *Abutilon,* der Schönmalve, finden sich auch bei diesem Malvengewächs virusverursachte gefleckblättrige Formen, die wichtigste ist 'Cooperi' mit schmalen, weißgefleckten Blättern und hängenden roten, einfachen Blüten. Der Roseneibisch verlangt zu gutem Gedeihen einen hellen, aber nicht prallsonnigen Standort, er kann in günstigen Sommern ohne weiteres im Freien stehen, wie es von den Schmuckhöfen auf der Insel Mainau bekannt ist; in schlechten Jahren fühlt er sich allerdings im warmen Zimmer wesentlich wohler. Die Sommertemperaturen sollen um 20°C, die Wintertemperaturen um 15 bis 18°C liegen.

Als Substrat verwendet man Einheitserde, bei größeren Pflanzen muß man einen extra Lehmanteil beifügen. Damit sich *Hibiscus* gut verzweigen, müssen sie regelmäßig geschnitten werden; der Hauptschnitt wird im Frühjahr durchgeführt, wenn die Wachstumszeit beginnt, man kann dabei den oft nicht zu vermeidenden Geilwuchs des Winters entfernen. Während des Sommers werden jene Triebe eingekürzt, die zu stark treiben und die Gestalt der Pflanze noch sparriger machen. Man kann jedoch beim *Hibiscus* ohne weiteres zum Stauchepräparat greifen; das Chlorcholinchlorid wird in der BRD und der Schweiz unter der Bezeichnung WR 62, in Österreich unter dem Namen Stabilan gehandelt. Man gießt die gut durchwurzelten Pflanzen auf den feuchten Ballen; nie jedoch dürfen Pflanzen gegossen werden, von denen man Stecklinge machen will, da das Stauchepräparat das Bewurzeln verhindert.

Die Vermehrung erfolgt durch Kopf- oder auch Stammstecklinge bei 22 bis 25°C.

Hippeastrum, Ritterstern, Amaryllis

Der Ritterstern, gemeinhin Amaryllis genannt, gehört zur Gattung *Hippeastrum* Herb., südamerikanischen Zwiebelpflanzen mit ausgeprägter Wachstums- und Ruhezeit, aus der Familie der Amaryllisgewächse, *Amaryllidaceen.*

Die Gattung *Hippeastrum* umfaßt etwa 60 bis 70 Arten, von denen ungefähr zehn in den modernen Hybriden eingekreuzt sind. Reine Arten werden nur ganz selten gezogen; Kakteensammler bringen sie aber häufig von ihren Sammelfahrten mit, so daß man sie durchaus bekommen kann.

Man unterscheidet heute zwei Gruppen bei den Rittersternen, die großblütigen 'Vittatum-Hybriden', sie sind die bekannten Amaryllis, und die klein-, dafür aber reichblühenden 'Gracilis-Hybriden', die durch Einkreuzung mit dem *H. rutilum* (Ker-Gawl.) Herb. entstanden.

Die großblütigen *'Vittatum-Hybriden'* besitzen große, hellbraune Zwiebeln, aus denen sich nach der Blüte oder zugleich mit der Blüte die riemenförmigen, bis 70 cm langen und 6 cm breiten Blätter entwickeln. Von der Anzahl der gebildeten Blätter hängt auch die Anzahl der für die nächste Blütezeit vorgebildeten Schäfte ab, nach dem vierten Blatt wird der erste, nach dem sechsten bis achten Blatt der zweite und nach dem achten bis zehnten Blatt der dritte Blütenschaft angelegt. Die beiden ersten Schäfte können sich bei kräftig ernährten Zwiebeln zu gleicher Zeit entwickeln und blühen, der dritte und eventuell vierte Schaft folgen erst später. Die Blütenschäfte sind rund und innen hohl und tragen die zwei bis sechs Blütenglocken, die bis 25 cm breit sein können. Das heutige Sortiment umfaßt von Dunkelrot über Hellrot und Orange, von Rosa über Lachs zu Violettrot alle Farbtöne, daneben finden sich auch weiße Sorten und eine Fülle von zweifarbigen, die zum Teil gestreift, zum anderen auch gerändert sein können. Die Hauptblütezeit ist bei unpräparierten, nicht durch hohe Temperatur vorbehandelten Zwiebeln die Zeit von nach Weihnachten bis in den April und Mai.

'Gracilis-Hybriden' gab es bis vor kurzem nur in Rot, nun sind sie auch in Rosa, Weiß und gestreift erhältlich. Sie zeichnen sich durch kleinere Dimensionen, kleinere Zwiebeln, Blätter und Blüten, aus und bringen reichlich ihre Blüten. Sie bilden gerne Nebenzwiebeln und bestocken sich, sind dann mehrschäftig und besitzen eine besser verteilte Blütezeit als die großblütigen.

Frisch zugekaufte Zwiebeln blühen vielfach früher, da sie entweder präpariert sind oder aus der Republik Südafrika stammen, wodurch sich eine sechsmonatige Verschiebung ergibt. Die südafrikanischen Zwiebeln gewöhnen sich aber rasch ein und verhalten sich bereits eine Vegetationsperiode später genauso wie alle anderen Ritterstern-Pflanzen.

Das Wichtigste der Ritterstern-Kultur ist die strenge Einhaltung der jährlichen Ruhezeit von Ende September bis Mitte Dezember. Meist zeigen die Pflanzen in der zweiten Augusthälfte von selbst durch Schlappwerden und Gelbfärben der Blätter, daß die Ruhezeit naht; sie werden dann trocken und bei Temperaturen um 15°C aufgehoben. Nachdem die Blätter vollkommen eingezogen haben, werden die Rittersterne umgetopft. Man kann mit dieser Arbeit auch bis Dezember zuwarten, doch läßt sie sich schon früher, während der schönen Jahreszeit im Freien, abwickeln. Entsprechend der Zwiebelgröße wählt man den neuen Topf, nicht zu groß; als Substrat nimmt man Einheitserde, als Dränageschicht empfiehlt es sich, unten Styroporflocken einzustreuen. Die Wurzelbärte nach Möglichkeit schonen! Die Zwiebeln werden so gepflanzt, daß sie zur Hälfte aus der Erde herausragen.

Ab Mitte Dezember werden die Pflanzen bei 20 bis 25°C aufgestellt, weiterhin aber nur wenig gegossen; die Wurzeln werden meist erst mit dem Erscheinen der Blütenschäfte aktiv. Entwickeln sich die Blütenschäfte – manchmal, vor allem bei Zwiebeln, die schon viele Jahre in Kultur sind, erscheinen auch die ersten Blätter –, so kann feuchter gehalten, etwas kühler, um 18 bis 20°C, gestellt und mehr Licht gegeben werden. Will man den Flor seiner Zwiebeln verteilen, so stellt man nicht alle gleichzeitig warm, sondern nimmt zuerst die stärkeren, später die etwas schwächeren Zwiebeln.

Nach dem Abblühen werden die Pflanzen weiterhin hell, mäßig feucht und warm gehalten und regelmäßig gedüngt. Während des Sommers, ab Ende Mai ungefähr, stehen sie auch gut im Freien. Immer sind regelmäßiges Gießen, aber keine

Staunässe, und kräftige Ernährung wichtig. Die Zwiebeln müssen sich ja während des Sommers auffüllen, damit sie im Winter wieder blühen können.

Der Ritterstern wird durch verschiedenste Methoden vermehrt. Die einfachste für den Liebhaber ist die Abnahme der Nebenzwiebeln. Diese werden bei den meisten 'Vittatum-Hybriden' eher spärlich, bei den 'Gracilis-Hybriden' reichlicher gebildet und können bei zügiger Kultur bereits im zweiten oder dritten Jahr den ersten Blütenschaft bringen.

Sehr interessant ist die Vermehrung durch Aussaat. Samen, es sind schwarze Plättchen, werden im Samenfachhandel angeboten, können aber auch selbst erzogen werden. Die meisten Rittersternpflanzen sind selbststeril, d. h., nach Bestäubung mit dem eigenen Pollen bilden sich keine Samen; verschiedene Pflanzen einer Sorte, eines Klons, verhalten sich so wie Einzelpflanzen. Man bestäubt am besten um die Mittagszeit und läßt nie mehr als eine Kapsel pro Pflanze stehen, denn die Samenbildung schwächt sie selbstverständlich. Sofort nach der Reife werden die Samen ausgesät, sie keimen innerhalb von zwei Wochen, und die jungen Pflanzen weitergezogen. Die ersten Blüten kann man bei zügiger Kultur im dritten Jahr erwarten.

Wichtig für die Kultur von jungen *Hippeastrum*: Zwiebeln, die noch keine blühfähige Größe erreicht haben, werden durchkultiviert; sie erhalten keine Ruhezeit, sondern werden ganzjährig bei hohen Temperaturen gehalten und ausreichend gewässert und ernährt. Erst wenn die Zwiebel so groß ist, daß sich wahrscheinlich ein Blütenschaft gebildet hat, ist es sinnvoll, eine Ruhezeit einzuhalten.

Eine Pilzkrankheit ist bei den Rittersternen sehr verbreitet, der »Rote Brenner«, hervorgerufen durch den Pilz *Stagonospora curtisii*. Es finden sich rote Flecken auf den Zwiebeln, rote Streifen auf den Blättern – hier können bei starkem Befall Teile des Blattes direkt herausfallen – und rote Striemen auf den Schäften, so daß sich die Schäfte manchmal krümmen, weil die befallene Seite nicht so stark wachsen kann. Die beste Bekämpfung erfolgt durch vorbeugendes Tauchen der Zwiebeln, am besten ohne Benetzen der Wurzeln, in Grünkupfer- oder Ferbampräparaten; die Konzentration wird zumeist mit 0,3 % am günstigsten sein. Auch eine Heißwasserbehandlung hilft, 43,5°C für zwei Stunden, hier kann man nicht nur die Wurzeln eintauchen, sondern auch einen Schädling bekämpfen, die Große Narzissenfliege, die in manchen Gebieten auch bei *Hippeastrum* schwere Schäden anrichtet, indem ihre Maden die Zwiebeln ausfressen. Weitere tierische Schädlinge können auftreten, vor allem eine Milbenart, die ähnliche Schäden wie der »Rote Brenner« hervorruft.

Im großen und ganzen ist zu sagen, daß die Amaryllis- oder Rittersternkultur keine übergroßen Schwierigkeiten bereitet, sofern auf das Einhalten der Ruhezeit bei blühfähigen Zwiebeln geachtet wird. Am besten kann allerdings auch diese Kultur durchführen, wer während des Sommers einen Garten mitbenutzen kann.

Hoya, Wachsblume

Bereits bei den kühlere Bedingungen liebenden Zimmerpflanzen wurde die Gattung *Hoya* R. Br. erwähnt; sie gehört zu den Seidenpflanzengewächsen, den *Asclepiadaceen*, sie umfaßt ungefähr 100 Arten, die in Ostasien und Australien beheimatet sind.

Für wärmere Räume, vor allem als niedliche Ampelpflanze oder aber auf einem Epiphytenbaum, eignet sich *H. bella* Hook. aus Birma. Diese Art klettert nicht, sondern breitet die gegenständig beblätterten Triebe flach aus oder läßt sie etwas hängen. Die eirundlich-lanzettlichen Blätter sind bis 3 cm lang und stark fleischig. Die 1 cm breiten weißen Blüten, ihre Nebenkrone ist purpurrot, erscheinen in acht- bis zwölfblütigen Dolden zumeist am Triebende und duften gut.

Diese zwergige Wachsblume ist ungleich wärmebedürftiger als ihre Schwestern und soll nie unter 18°C gehalten werden. Als Substrat nimmt man Einheitserde und streckt sie mit Sand. Der Standort soll hell sein, aber nicht sonnig. Die Vermehrung durch Stecklinge ist nicht ganz so leicht wie bei *H. carnosa;* eine Spielerei, die aber Spaß macht, ist das Veredeln durch Spaltpfropfen auf *H. carnosa,* man kann auf diese Weise auch Hochstämmchen heranziehen!

Hypocyrta, Kußmäulchen

Die Gattung *Hypocyrta* Mart. ist sehr nahe mit *Columnea* verwandt und gehört wie diese zu den Gesneriengewächsen, den *Gesneriaceen.* Die neun Arten bewohnen, mit einer mexikanischen Ausnahme, Brasilien und sind kriechende oder kletternde Sträucher mit kleinen, dicklichen, fast fleischigen, meist ganzrandigen Blättern. Die Blüten sitzen einzeln in den Blattachseln, die Kronröhre ist bauchig aufgeblasen, die fünf Kronabschnitte sind klein und sitzen um das zusammengezogene Vorderende der Kronröhre, so daß die Blüten wie zum Küssen gespitzte Mündchen aussehen.

Die bekannteste Art ist *H. glabra* Hook. aus Brasilien, die Blätter sind bis 5 cm lang und glänzend fettiggrün. Die orangen, bauchigen Blüten erscheinen während des ganzen Sommers, auch die fünfteiligen Kelche sind hellorange gefärbt.

Kultur und Vermehrung gleichen der der härteren Columneen. Nicht zu schattig halten, da sonst die Blühwilligkeit nachläßt.

Iochroma, Veilchenstrauch

Zu den Nachtschattengewächsen, den *Solanaceen,* gehört die Gattung *Iochroma* Benth., deren 20 Arten das westliche, tropische Amerika bewohnen. Es sind kleine Bäume oder Sträucher mit filzigen Blättern, deren langröhrige Blüten zu end- oder achselständigen Blütenständen zusammenstehen.

Nicht blaublühend ist *I. coccineum* Scheidw. aus Mittelamerika. Diese Art blüht eigentlich ganzjährig, ihre Blätter sind länglich eiförmig und bis 12 cm lang. Die scharlachroten Röhrenblüten stehen endständig in Dolden gebüschelt und sind 5 cm lang.

Ein richtiger Veilchenstrauch ist *I. cyaneum* (Lindl.) M. L. Green (*I. tubulosum* Benth., *I. lanceolatum* (Miers) Miers) aus Kolumbien. Diese Art bildet Sträucher bis 1,5 m Höhe, die elliptisch-zugespitzten Blätter sind 12 bis 15 cm lang und wie die Stämme grau behaart. Die Röhrenblüten sind 3 cm lang und unten trompetenförmig erweitert, sie stehen bis zu 20 beisammen und sind herrlich tiefblau gefärbt.

Veilchensträucher sind mit den Hammersträuchern, *Cestrum,* der Kalthausabteilung nahe verwandt, doch brauchen sie höhere Temperaturen. Am wohlsten fühlen sie sich bei 16 bis 18°C, hell, aber nicht sonnig, in nährstoffreicher Erde und bei mäßiger Bodenfeuchtigkeit. Auch sie wollen regelmäßig pinziert werden, damit sie buschig werden. In warmen Sommern stellt man sie im Freien, auf Terrassen oder ähnlichem, auf, doch nicht vollsonnig. *I. coccineum* ist härter und kann auch kühl überwintert werden.

Die Vermehrung erfolgt durch krautige Stecklinge oder Samen.

Pachystachys

Die Gattung *Pachystachys* Nees gehört zu den Bärenklaugewächsen, den *Acanthaceen,* sie wurde 1847 von Nees in einer brasilianischen Flora aufgestellt und umfaßt um die Jahrhundertwende sechs Arten, die im tropischen Südamerika beheimatet sind.

Unsere Art, *P. lutea* Nees, war lange Zeit in den nahe verwandten Gattungen *Justicia* und *Aphelandra,* hier allerdings nur kurzfristig, untergebracht; sie ist erst seit einigen Jahren bei uns in Kultur. *Pachystachys* wächst straff aufrecht und besitzt relativ dünne, reingrüne lanzettliche Blätter, die bis 15 cm lang und 5 cm breit werden. Die weißen Blüten dauern nur kurzfristig und ähneln denen von *Beloperone,* doch mangeln ihnen die rötlichen Flecken im Schlund. Das Wirksamste der ganzen Pflanze sind die Deckblätter, die zu dichten vierkantigen Ähren zusammenstehen und leuchtend kanariengelb gefärbt sind.

Pachystachys brauchen mäßig warme Räume, 16 bis 18°C, besonders während des Sommers soll die Temperatur nicht zu hoch ansteigen, vor allem nicht bei gleichzeitiger Lufttrockenheit, Spinnmilben sind die unmittelbare Folge. Der Standort sei hell, aber nicht zu sonnig, als Substrat verwendet man Einheitserde. Ballentrockenheit ist unbedingt zu vermeiden, sie hat verheerende Folgen, die Blätter werden sofort abgeworfen. Die Vermehrung durch Stecklinge ist leicht.

Die Pflegebedingungen liegen etwa zwischen *Beloperone* und *Aphelandra squarrosa*. Die letztere ziert aber durch die Blätter und durch die wesentlich haltbareren Blütenstände, so daß ihr eigentlich der Vorzug zu geben ist.

Rechsteineria, Rechsteinerie

Die Gattung *Rechsteineria* Regel, zu den Gesneriengewächsen, den *Gesneriaceen*, gehörig, umfaßt 75 Arten, die zumeist in Brasilien beheimatet sind. Es sind Knollenpflanzen mit beblätterten Stengeln und röhrigen, nur schwach zweilippigen, zumeist roten oder orangen Blüten in endständigen Dolden oder zu wenigen in den Blattachseln.

Ab dem Muttertag, besonders aber im Sommer, wird *R. cardinalis* (Lehm.) O. Kuntze (*Gesneria c.* Lehm., *G. macrantha* hort. non Spreng.) angeboten. Die Heimat dieser Art ist nicht bekannt, aber wahrscheinlich Brasilien. Am Grunde der Triebe finden sich die braunen Knollen, die gegenständigen Blätter sind eiförmig bis breiteiförmig und besitzen einen herzförmigen Grund, die ganze Pflanze wird bis 30 cm hoch. Die scharlachroten Röhrenblüten erscheinen in den oberen Blattachseln zu mehreren und sind bis 7 cm lang. Diese Art braucht es schattig, luftfeucht und warm, 18°C. Nach dem Abblühen kann man die Pflanze entfernen oder aber einziehen lassen, durch langsamen Entzug der Wassergaben, in trockenem Torf bei 16 bis 18°C überwintern und im Frühling wieder antreiben. Das Antreiben nie vor Februar beginnen, als Substrat Einheitserde verwenden und die Temperatur auf 22 bis 25°C halten. Die Vermehrung durch Samen ist nicht ganz leicht, da die Sämlinge, wie eigentlich bei allen Gesneriengewächsen, sehr klein sind. Doch kann man auch Blattstecklinge machen oder die Blätter, nachdem die Nebenadern dicht neben der Mittelrippe eingeschnitten wurden, auf Torf-Sand auflegen. In beiden Fällen bilden sich bei 22 bis 25°C kleine Knollen und Jungpflanzen, im zweiten Fall sogar eine größere Zahl. – Heikler und nur für Vitrine oder geschlossenes Blumenfenster geeignet ist *R. leucotricha* Hoehne.

Saintpaulia, Usambaraveilchen

Die Gattung *Saintpaulia* H. Wendl. umfaßt ungefähr 10 Arten, sie sind in Ostafrika beheimatet, und gehört zu den Gesneriengewächsen, den *Gesneriaceen*. Erst langsam wird das Usambaraveilchen, in den USA seit langem Topfpflanze Nr. 1, auch bei uns populärer! Um 1890 wurden die ersten Arten von einem deutschen Bezirkshauptmann im ehemaligen Deutsch-Ostafrika entdeckt, 1893 stellte Herrmann Wendland, Direktor der königlichen Gärten zu Herrenhausen bei Hannover, die Gattung im 42. Band der »Gartenflora« auf und benannte sie zu Ehren ihres Entdeckers, Walter von Saint-Paul-Illaire. Es sind kurzstengelige oder stengellose, fleischige Kräuter mit langgestielten, rosettig gestellten Blättern und violettblauen Blüten in lockeren Trugdolden. Die fünfteiligen Blüten sind einseitig symmetrisch, es gibt aber bereits allseitig symmetrische Sorten, mit zwei auffälligen Staubbeuteln.

Die heutigen Sorten, die *S.-Ionantha-Hybriden*, sind durch Kreuzung aus *S. ionantha* H. Wendl. und *S. confusa* B. L. Burtt entstanden, wobei aber, soweit das heute noch abzuschätzen ist, das Blut der *S. ionantha* überwiegt. Die einfachen, halbgefüllten oder gefüllten Sorten können blau, violett, rötlich, rosa, weiß oder zweifarbig, der Blütenblattrand kann glatt, gewellt oder gekraust bis geschlitzt sein.

Usambaraveilchen lieben Temperaturen von 18 bis

22°C, vor allem im Winter darf sie nicht unter 16°C fallen. Der Standort sei hell, nie darf aber die Sonne die Blätter bescheinen; vor allem wenn sie warm sind, darf man sie nicht naß machen, da es sonst zu den bekannten gelben Flecken oder Ringen kommt, die sich ja bei vielen Gesneriengewächsen finden. Am günstigsten ist also ein Standort an einem nordseitigen, besser noch nordostseitigen Fenster. Bei Lufttrockenheit kommt es zum Verhärten des Herzens, und die Blühwilligkeit läßt nach. Beim Gießen soll man tunlichst das Benetzen der Blätter, vor allem aber des Herzens, unterlassen, immer lauwarmes Wasser verwenden. Während der Wachstumszeit ist gleichmäßige Feuchtigkeit sehr wichtig, nur von November bis Februar wird eine leichte Ruhezeit eingehalten. Von März bis Oktober braucht das Usambaraveilchen wöchentlich oder wenigstens vierzehntägig einen Dungguß, der bis zu 3 g/l gehen kann.

Als Substrat empfiehlt sich TKS oder Einheitserde, auch in etwas aufgekalktem Torf gibt es gute Erfolge. Die Vermehrung durch Blattstecklinge ist leicht. Dazu nimmt man ausgereifte, aber nicht zu alte Blätter ab und schneidet den Stiel ungefähr auf Blattlänge zurück. In Torf-Sand oder auch in Wasser bilden sich innerhalb von drei bis vier Wochen Wurzeln, der Austrieb erfolgt zwei bis drei Wochen später, als Vermehrungstemperatur empfiehlt sich 20 bis 24°C. Die leichte Vermehrbarkeit aus Blättern hat zu eigenen Vereinen geführt, vor allem in den USA (African Violet Clubs), die Mitglieder treiben einen regen Tauschverkehr und senden sich, so wie es die Weihnachtskakteenliebhaber machen, neue Sorten in Briefen zu.

Bei den Usambaraveilchen kann eine Fülle von Schädlingen und Krankheiten auftreten, die vor allem auf schlechte Bedingungen zurückzuführen sind. Blattälchen und Weichhautmilben, die ersteren verursachen braune, streng von Adern geschiedene Flecken, die zweiten führen zu verkrüppelten Blättern, müssen durch moderne Mittel bekämpft werden. Hält man zu feucht und kalt, so tritt vor allem Phytophthora auf, es kann aber auch zu Mehltau kommen.

Sinningia, Gloxinie

Die Gloxinien gehören zur Gattung *Sinningia* Nees und zur Familie der Gesneriengewächse, *Gesneriaceae*, die 15 Arten sind in Brasilien beheimatet. Es sind niedrige Kräuter, deren Stengel aus einem dicken, knolligen Rhizom entspringen. Die gegenständigen Blätter sind langgestielt und zumeist flaumhaarig oder zottig. Die ansehnlichen Blüten sind bei den Ursprungsarten und -formen einseitig symmetrisch, bei den kultivierten Gloxinien aber zumeist allseitig symmetrisch, und entstehen einzeln oder gebüschelt aus den Blattachseln.

Die großblütigen Gartengloxinien, heute zumeist als *Sinningia-Hybriden* bezeichnet, sind eigentlich keine Hybriden im gärtnerischen Sinn, sie entstanden nämlich durch Kreuzung aus verschiedenen Varietäten von *S. speciosa* (Lodd.) Hiern (*Gloxinia s.* Lodd.). Die wildwachsende Ursprungsform, in Südbrasilien an feuchten, moosigen, schattigen Stellen zu finden, hat violettblaue, 4 cm lange, zygomorphe, hängende Glocken mit vier fruchtbaren Staubblättern. Im »Handbuch der Blumengärtnerei«, 1860 in der dritten Auflage erschienen und wohl das beste deutschsprachige Buch über Zierpflanzen überhaupt, schreibt J. F. W. Bosse sehr ausführlich über die Gloxinien mit übergeneigten Blüten und führt eine Fülle von Sorten namentlich an. Nach der heutigen Ansicht gehören sie als Varietät *maxima* (Paxt.) H. E. Moore zu *S. speciosa*.

1845 entstand beim schottischen Gärtner John Fyfe in Rothesay, Butshire, eine Pelorie, eine allseitig symmetrische Form einer sonst einseitig symmetrisch blühenden Pflanze, die die Stammutter aller modernen Gartengloxinien ist. In dem oben genannten Buch wird bereits eine Riesenzahl von »aufrechten, regelmäßig geranderten« Sorten aufgezählt, auch die 'Fyfiana' findet sich, von der es heißt, daß sie minder schön wäre und 2 Zoll lange weißlichblaue, purpurviolett gerandete Blüten brächte.

Von den vielen Sorten dieser Varietät *fyfiana* (Harrison) H. E. Moore ist nur wenig übergeblieben; als Blütenfarben findet man außer Scharlachrot selten Blau, Rosa oder Weiß; zweifarbige Sorten sieht man kaum, es heißt, sie würden von den Liebhabern nicht gekauft.

Üblicherweise wird man Gloxinien nur blühend kaufen und sie nach dem Abblühen entfernen. Man wählt einen hellen, aber nicht sonnigen Standort, Temperaturen um 16 bis 18°C, mäßige Bodenfeuchtigkeit und wenn möglich etwas Luftfeuchtigkeit. Nicht auf die Pflanzen gießen oder spritzen, die Blüten werden braunfleckig! Will man weiterkultivieren, so ist eine wöchentliche Flüssigdüngung angebracht. Schon eine Kulturanleitung aus dem Jahre 1844 gibt Tips für die erfolgreiche Kultur aus den überwinterten Knollen. Es heißt hier, man solle ihnen reichlich Wasser geben, solange sie wachsen, später aber das Begießen einschränken, bis die Blätter abfallen, die Sprosse aber erhalten bleiben. Dann stellt man sie trocken und mäßig warm auf, 12 bis 15°C, und hält sie so bis zum Februar oder März. Dann werden die Ballen acht Tage feucht gehalten, damit sich die Knollen wieder anfüllen, bevor man sie herausnimmt und umtopft. Als Substrat nimmt man Einheitserde, die Temperaturen sollen um 22 bis 25°C liegen. Von den vielen Trieben beläßt man nur wenige, am besten zwei. Wichtig ist vor allem, daß man das Einziehen langsam angeht und die Knollen nicht zu sehr vertrocknen läßt, sie sterben dann sehr gerne ab.

Die Vermehrung kann durch Aussaat erfolgen. Schöne Sorten oder Einzelpflanzen werden durch Blattstecklinge vermehrt; wie bei der Rechsteinerie bilden sich auch hier kleine Knöllchen am Grunde des Blattstiels.

In der letzten Zeit sind einige Gloxinien-Neuheiten aufgetaucht, so z. B. F$_1$-Hybriden aus Japan oder wiederum, durch Rückkreuzung mit alten Sorten oder anderen Arten, wie *S. regina* Sprague, zygomorphblütige Rassen mit heller geäderten Blättern und rascherer Entwicklung. Auch die Sinningien lassen sich untereinander gut kreuzen, das Hobby des Gesneriaceenzüchtens ist in den USA weiter verbreitet und würde wahrscheinlich auch vielen hiesigen Liebhabern Spaß machen! Neben dem Kreis um *S. speciosa* werden hie und da andere Gloxinien angeboten. Zwei schöne Arten, die leichter zu erhalten sind, seien genannt. Die kleinste Art ist *S. pusilla* (Mart.) Baill., kaum 2,5 cm hoch, ihre Blätter sind bis 1 cm lang. Die knapp über 1 cm großen Blüten sitzen an 2 cm hohen, fadendünnen Stielen. Eine Schale mit mehreren blühenden Pflanzen dieses Zwergs ist etwas Besonderes, eine der wenigen Pflanzen, die selbst ich für einen Flaschengarten empfehlen würde. Auch sie wird trocken überwintert und im Februar wieder angetrieben. Samen wird reichlich gebildet.

S. regina Sprague, bereits oben erwähnt, ähnelt *S. speciosa*, mit der sie zweifellos nahe verwandt ist. Die Blätter stehen in vier bis sechs Paaren und sind eiförmig zugespitzt, sie sind oberseits braunrot samtig behaart und zeigen weiße Nerven, eine auffallende Kombination! Die nickenden Blüten entwickeln sich zu mehreren aus den Blattachseln. Bildet reichlich Samen, ist aber in vielen Fällen in Kultur nicht mehr ganz echt.

Smithiantha, Smithianthe

Auch die Gattung *Smithiantha* O. Kuntze gehört zu den Gesneriengewächsen, den *Gesneriaceen*, und umfaßt vier oder fünf Arten, die gebirgige Teile Mexicos und Guatemalas bewohnen. Es sind aufrechtwachsende Kräuter, die mit einem schuppigen Rhizom überwintern. Die gegenständigen Blätter sind meist herzförmig, behaart, weich und purpurn gezeichnet.

Die als Samen oder Knollen erhältlichen *S.-Hybriden* sind vor allem durch Kreuzung von *S. multiflora* und *S. zebrina* entstanden. Wichtige Sorten sind unter anderem die cremeweiße, rosaüberhauchte, grünblättrige 'Abbey', die verbreitete 'Orange King' mit rein orangen Blüten und braunem Laub oder die 'Santa Clara' mit den lachsorangen, innen cremeweißen Blütenglocken und dem dunklen Laub. Alle Smithianthen bringen ihre Glockenblüten in endständigen, unbeblätterten Trauben, die bis 50 cm hoch werden können. Die Blätter sind ungefähr 15 cm lang, die Blütenglocken 4 cm.

Smithianthen werden ähnlich wie Schiefteller, *Achimenes*, behandelt. Sie brauchen aber vielleicht im allgemeinen eine sorgsamere Pflege. Vor allem Wasser auf den Blättern vertragen sie nicht und reagieren sofort mit nekrotischen Blattflecken. Die Vermehrung erfolgt durch Aussaat, Blattstecklinge oder Teilung der Rhizome. Bei Samenvermehrung erhält man reizvolle Mischungen, die schönsten Pflanzen überwintert man.

Stephanotis, Kranzschlinge

Die Gattung *Stephanotis* Thou. gehört zu den Seidenpflanzengewächsen, den *Asclepiadaceen*, und umfaßt 16 Arten, die im Malaiischen Archipel und auf Madagaskar heimisch sind. Es sind kahle, immergrüne Klettersträucher mit gegenständigen, ledrigen Blättern und achselständigen, doldigen Blütenständen.

Wir ziehen ausschließlich *S. floribunda* Brongn. aus Madagaskar, die bis 4 oder 6 m hoch und weit schlingen kann. Die ganzrandigen, ovalen oder länglichen Blätter sind bis 9 cm lang, die röhrigen Tellerblüten sind wachsartig, weiß, bis 3 cm groß und duften stark. Sie stehen zu 10 bis 15 in achselständigen Dolden und erscheinen von Mai bis September.

Die Kranzschlinge eignet sich als relativ starkwüchsige Schlingpflanze gut für die Berankung von Spalieren in offenen Blumenfenstern oder Kleingewächshäusern, im Topf läßt sie sich ohne weiteres ziehen, doch braucht man stabile Rankhilfen und in der Jugend jährliches Umpflanzen, denn nur stark wachsende, schlingende Pflanzen bringen reichlich ihre Blüten. Die Pflanzen haben einen strengen Jahresrhythmus; von März bis Oktober wachsen und blühen sie – wenn es viel Licht gibt, sie sind Langtagpflanzen –, den Rest des Jahres ruhen sie. Wichtig ist eine Winterruhe bei 12 bis 14°C, sie ist Voraussetzung für kräftiges Wachsen im nächsten Jahr, verhindert Vergeilen durch Lichtmangel und Schädlingsbefall. Gefährlich ist zu jeder Jahreszeit Ballentrockenheit, auch während der Winterruhe hält man gerade etwas feucht.

In der Wachstumszeit braucht die Kranzschlinge helle, aber nicht vollsonnige Standorte, reichlich Feuchtigkeit und regelmäßige Flüssigdüngung. Als Substrat verwendet man Einheitserde, die man bei jungen Pflanzen etwas mit Sand strecken kann. Vermehrung durch Stecklinge ist leicht, doch sind Temperaturen um 25°C notwendig.

Streptocarpus, Drehfrucht

Auch die Gattung *Streptocarpus* Lindl. gehört, wie so viele andere Blütentopfpflanzen, zu den Gesneriengewächsen, den *Gesneriaceen;* sie umfaßt ungefähr 100 Arten, die überwiegend in Südafrika beheimatet sind, wenige finden sich im tropischen Afrika oder auf Madagaskar, noch weniger in Asien. Es sind äußerst unterschiedlich gebaute Kräuter: es gibt solche mit beblätterten Trieben und achselständigen Blüten, andere bilden Blattrosetten aus, die Blüten kommen aus den Achseln, die interessanteste Gruppe entwickelt eines der beiden Keimblätter zu einem, dem einzigen Blatt aus, das an der Blattbasis weiterwächst und bei schlechten Bedingungen an der Spitze abstirbt. Hier erscheinen die Blüten aus dem basalen Teil der Mittelrippe. Die Blüten stehen einzeln oder zu mehreren an den Stielen und sind einseitig symmetrisch, in eine Ober- und Unterlippe gegliedert, an Blütenfarben findet sich Blau, Rot und Weiß. Die langgestreckte Samenkapsel ist gedreht, daher auch der Name.

Am verbreitetsten sind die *S.-Hybriden*, die durch Kreuzung aus rosettenbildenden und einblättrigen Arten entstanden sind und von denen es heute zwei Gruppen in Kultur gibt, die offenschlundigen Hybriden, mit den wichtigen 'Wiesmoor-Hybriden', und die engschlundigen Hybriden um die englische Sorte 'Constant Nymph'.

Beide Gruppen sind so schöne Zimmerpflanzen, vor allem ist die Geschichte der Züchtung so interessant, daß hier darüber berichtet werden soll. Eine der ersten Arten, die von Südafrika nach England eingeführt worden war, war *S. rexii* (Bowie ex Hook.) Lindl. mit rosettig gestellten Blättern und blauen Blüten, sie blühte bereits 1827 im Botanischen Garten Kew. Bis zum Ende des neunzehnten Jahrhunderts wurden weitere Arten eingeführt, darunter die rosettenblättrige *S. parviflorus* E. Mey. mit weißen Blüten und die beiden einblättrigen Arten *S. polyanthus* Hook. mit hellblauen und *S. saundersii* Hook. mit hellvioletten Blüten. Alle diese wurden untereinander gekreuzt und ergaben eine Vielfalt blauer und weißer Blütenfarben.

1886 blühte eine weitere Neueinführung in Kew, *S. dunnii* Mast. ex Hook. f., eine einblättrige Art mit rosa bis ziegelroten Blüten, sie ergab mit *S. parviflorus S.* × *watsonii* und mit *S. rexii S.* × *kewensis*. Diese beiden Hybriden mit *Dunnii*-Blut ergaben mit den alten, bereits vorhandenen Hybriden gekreuzt bei der Firma Veitch die ersten modernen *S.-Hybriden,* die dann durch Einkreuzung anderer Arten, z. B. *S. wendlandii* Sprenger ex Dammann, und fortgesetzte Auslese und Verbesserung zu dem wurden, was wir uns heute unter einer offenschlundigen *Streptocarpus-Hybride* vorstellen. An dieser Entwicklung waren auch Gärtnereien in Deutschland maßgeblich beteiligt. Heute bildet eine moderne Drehfrucht-Hybride kräftige Rosetten behaarter Blätter, die als Erbteil der einblättrigen Arten unterschiedlich lang sind, und eine Fülle großer, einseitig symmetrischer, glockiger Blüten an drahtigen Stielen. Wir finden weiße, rosa, rote, hell- und dunkelblaue, purpurne und violette Blütenfarben, zum Teil mit auffälligen violetten oder braunroten Saftmalen auf der dreiteiligen Unterlippe.

Diese Pflanzen werden durch Aussaat vermehrt, im Zimmer wie Gloxinien gepflegt und meist nach der Blüte entfernt, obwohl man sie auch weiterziehen kann. Ihre Blütezeit, bei mehrjährigen Pflanzen, ist von Mai bis Oktober, junge Pflanzen blühen ungefähr sechs bis acht Monate nach der Aussaat, so daß man auch noch, bei Frühjahrsaussaat, später mit Blüten rechnen kann.

Da die Pflanzengestalt der *Streptocarpus* so unterschiedlich war, befaßten sich auch Wissenschaftler gern mit dieser Gattung, und einer von ihnen war W. J. C. Lawrence vom John Innes Institute in Großbritannien. Er erzog eine Fülle neuer Hybriden, darunter auch tetraploide Sorten, wie die Sorte 'Merton Giant', eine dunkelblaue, die aus der Kreuzung *S. grandis* N. E. Br. mal einer blauen Hybride entstand. Eine dunkelblaue Hybride mit guten Eigenschaften war 'Merton Blue'. Die erfolgreichste Kreuzung gelang 1946 mit der Kombination von 'Merton Blue' und *S. johannis,* einer blaublühenden Art, sie ergab die engschlundige Hybride 'Constant Nymph', die sich durch mehrblütige Blütentriebe und eine fast ganzjährige Blütezeit auszeichnet. Diese Sorte hat auch die Besonderheit, daß sie zwar Pollen entwickelt, die dafür vorgesehenen Risse der Staubbeutel aber nicht aufreißen, sie bildet deshalb keine Früchte und Samen und braucht nicht so sorgsam geputzt zu werden, wie die sehr reichlich samenbildenden Hybriden es verlangen. Über das ITT, ein gartenbauliches Institut in Wageningen, kam die 'Constant Nymph' 1963 nach den Niederlanden und in weiterer Folge zu den Liebhabern auf dem Kontinent.

Streptocarpus können auch durch Blattstecklinge vermehrt werden; zuerst schnitt man die Blätter in Querstreifen, doch Frau Marston konnte 1964 eine viel bessere Methode mitteilen: den Blättern wird die Mittelrippe entfernt, und die beiden Blatthälften werden mit den Wundstellen in torfig-sandiges Substrat gesteckt, 50 Jungpflanzen entwickeln sich pro Blatthälfte. Diese neue Vermehrungsmethode begründete erst den weiteren Siegeszug der 'Constant Nymph'.

Diese jungen Pflanzen entwickeln sich fast ausschließlich aus einzelnen, embryonal gebliebenen Zellen. Aus diesem Grund begann man in den Niederlanden, Blätter von 'Constant Nymph' zu bestrahlen und erzielte tatsächlich eine Fülle von Mutanten, die sich aber nur geringfügig von der Ausgangssorte unterschieden, die erwünschten weißen traten nicht auf. Die blaue Farbe domi-

niert, es müßten also beide Gene gleichzeitig mutieren, damit das Ergebnis sichtbar würde. Endlich hatte man eine schwächliche, nicht ganz reinweiße Mutante gefunden, da kam die Gärtnerei Maassen aus Elst in den Niederlanden mit der reinweißen 'Maassen's White' auf den Markt, die spontan in dem Betrieb entstanden war.
Da nun die 'Constant Nymph' so ideal für die Zimmerkultur war, beschloß A. G. Brown vom John Innes Institute *S. johannis* nochmals in moderne Hybriden einzukreuzen, aber rote und rosa Formen zu verwenden. Die erste Generation blühte 1970, da aber auch *S. johannis* homozygot bezüglich der dominanten blauen Farbe ist, waren alle Sämlinge im Blaubereich. Erst nächste Generationen ergaben andere Farben, die nun auf den Markt kommen. Herrlich 'Diana', kirschrosa mit weißer Kehle, 'Fiona', rein hellrosa, oder 'Tina' mit hellrosa Oberlippe und magentafarbener Unterlippe. Aber auch violette Farbtöne gibt es schon, sie alle werden die Farbskala dieser Pflanze bereichern.

Streptocarpus gleichen in ihren Ansprüchen den anderen Gesneriengewächsen: nicht sonnig, humoser Boden, reichlich Feuchtigkeit während der Wachstumszeit, weniger Wasser in der winterlichen Ruhezeit. Während des Wachstums verlangen sie wöchentliche Flüssigdüngung, nie kaltes Gießwasser verwenden, Blätter nach Möglichkeit nicht naß machen, besonders wenn sie warm sind, gelbe Flecken sind die Folge.

Mit dieser, etwas ausführlicheren Behandlung einer interessanten Pflanze – sie soll zeigen, was es oft über eine bestimmte Pflanze alles zu erzählen gäbe, was aber aus Platzmangel leider nicht geht – sind jene Pflanzen abgeschlossen, die man als die »richtigen« blühenden Zimmerpflanzen bezeichnen könnte.

Blütenpflanzen für Vitrine und geschlossenes Blumenfenster

Hier gilt ähnliches, wie es schon bei den anspruchsvolleren Blattpflanzen gesagt wurde: Sicher werden einige der folgenden Blütenpflanzen, gute Pflege eines verständnisvollen Pflegers vorausgesetzt, auch im Zimmer wachsen. Die meisten fühlen sich aber bei erhöhter Luftfeuchtigkeit und etwas höherer Temperatur wohler.

Der folgende Abschnitt enthält neben Standard-Warmhauspflanzen, wie Medinille oder Dipladenie, auch eine Auswahl seltenerer Gattungen und Arten. Einige sind als Saatgut oder als Pflanzen regelmäßig zu bekommen, andere sind so schön, daß es sich lohnt, nach ihnen Ausschau zu halten – beides war ein Grund, sie aufzunehmen.

Daneben wurden einige Kletterpflanzen eingefügt, die sich für die ganzjährige oder auch nur für die sommerliche Dekoration geschlossener Blumenfenster eignen. Manche sind relativ leicht zu ziehen und wenig empfindlich, sie können, bei entsprechender Standortwahl, im Freien versucht werden. Mit den vielen Kletterpflanzen soll nur darauf hingewiesen werden, daß es so etwas gibt, wir also nicht immer auf Ampeln angewiesen sind, sondern auch einmal einen Kletterer verwenden können!

Aeschynanthus, Äschynanthus

Die Gattung *Aeschynanthus* Jack gehört zu den Gesneriengewächsen, den *Gesneriaceen,* die 170 Arten bewohnen das östliche und südöstliche tropische Asien. Es sind Epiphyten, Baumaufsitzer, oder Kletterer mit immergrünen, gegenständigen Blättern und zumeist in Büscheln endständig angeordneten Blüten. Die einseitig symmetrischen Blüten sind zumeist gebogen und orangerot, gelb oder grün gefärbt und meist mit deutlichen braunen Flecken oder Zeichnungen versehen. Die Früchte sind lange, dünne Kapseln. Die Gattung sieht ähnlich wie *Columnea* aus, unterscheidet sich aber durch die fettigen, unbehaarten Blätter, die zumeist in Büscheln angeordneten Blüten, die schmalen Kronröhren und die langen Kapseln; Columnea hat zumeist etwas haarige Blätter, einzeln blattachselständige Blüten und Beerenfrüchte.

A. marmoratus T. Moore stammt aus dem südlichen Ostasien und besitzt länglichlanzettliche, bis 10 cm lange Blätter. Die hellgrüne Oberseite zeigt eine dunkelgrüne Marmorierung, die etwas hellere Unterseite ist rötlich gezeichnet. Die 3 cm langen Blüten sind grün mit braunen Flecken, relativ unscheinbar und erscheinen das ganze Jahr über. Diese Pflanze muß man so anbringen, daß die herrliche Unterseite sichtbar ist.

Im Sommer blüht *A. pulcher* (Bl.) G. Don, diese Art wächst hängend und besitzt 6 cm lange und 2 cm breite, fleischige Blätter. Die 6 cm langen, scharlachroten, im Schlund gelb gezeichneten Blüten erscheinen in endständigen Büscheln.

Die auffälligste Art ist *A. speciosus* Hook. aus den Gebirgswäldern der südostasiatischen Inselwelt. Die Stengel werden bis 50 cm lang, sind am Grunde verholzt und tragen die eiförmig-lanzettlichen, bis 10 cm langen Blätter zu zweit oder dritt in Quirlen. Die bis 10 cm langen Blüten stehen in reichblühenden, endständigen Büscheln. Sie sind leuchtend gelborange, an der Mündung scharlachrot und haben auf jedem Kronlappen einen schwarzen, halbmondförmigen Fleck.

Die Äschynanthus gleichen in der Pflege den heikleren Columneen. Keine volle Sonne, warmes Wasser, hohe Luftfeuchtigkeit, Temperaturen um 20°C oder mehr und humosen, durchlässigen Pflanzstoff – das lieben sie. Auch bei ihnen werden die Blüten durch tiefere Temperatur induziert, doch genügt zumeist eine leichte Ruhezeit im Winter, während der man weniger gießt; kühler ist es häufig, ohne daß man etwas dazu beitragen muß. Dann kommen die Blüten eigentlich regelmäßig wie die Uhr im Frühling und Sommer. Die Vermehrung durch Stecklinge verlangt hohe Temperaturen, man kann auch aussäen, nach Gesnerientradition.

Allamanda, Allamande

Zu den Hundsgiftgewächsen, den *Apocynaceen*, gehört die Gattung *Allamanda* L., von der zwölf Arten Brasilien und eine Mittelamerika bewohnt. Es sind Bäume oder, in unserem Fall, hochkletternde Sträucher mit zumeist quirlständigen Blättern und großen, an den Zweigenden ausgebildeten, gelben oder violetten Blüten mit trichteriger Kronröhre und fünf Kronabschnitten.

Wir ziehen ausschließlich Varietäten von *A. cathartica* L. aus Brasilien, die zumeist in der zweiten Jahreshälfte ihre Blüten bringen. Die Art und ihre Varietäten schlingen bis 5 m und haben sitzende, länglich zugespitzte Blätter, die bis 15 cm lang werden und zu dritt oder viert im Quirl sitzen. Die Varietät *grandiflora* (Hook.) Raffill ist schwachwüchsig und bringt hellgelbe, 10 cm breite Blüten, die Varietät *hendersonii* (Bull) Raffill – sie wird in Dänemark viel gezogen und über die dänischen Absatzorganisationen nach allen Staaten Europas verkauft – wächst stärker und besitzt dunkelgelbe, bis 12 cm breite Blüten. Die Blütengröße gilt für frisch entfaltete Blüten, die fünf Kronabschnitte legen sich rasch etwas zurück, wodurch die Blüte wieder kleiner wird.

Allamanden gedeihen am besten ausgepflanzt, sie lieben es hell und sonnig, ihre Blüten hängen nach unten und wirken am besten, wenn die Triebe an Drähten im oberen Teil des geschlossenen Blumenfensters gezogen werden. Für die Kultur in Töpfen sind sie nicht so geeignet, obwohl man vor allem schwächerwüchsige Formen und Varietäten, es gibt deren noch mehr, durch einen Rückschnitt in Zaum halten kann. Von April bis Oktober wächst die Allamande, dann braucht sie reichlich Wasser, Dünger und Luftfeuchtigkeit; von November bis März ruht sie, man hält sie trockener. Als Substrat nimmt man Einheitserde. Die Vermehrung durch Stecklinge erfordert hohe Temperaturen. Sosehr *Allamanda* Helligkeit liebt, so wenig verträgt sie Prallsonne!

Aristolochia, Pfeifenblume

Die meisten der rund 300 Arten der Gattung *Aristolochia* L., sie gehört zu den Osterluzeigewächsen, den *Aristolochiaceen*, sind sehr starke Kletterer und deshalb für uns ungeeignet. Die Blätter stehen wechselständig und sind ganzrandig oder gelappt, die Blüten bestehen meist aus einem engen, schlauchartigen unteren Teil und einem breiten, lippigen, gelappten oder geschwänzten Saum. Die Blütenfarbe kann gelb, braun, grün oder violett sein, vielfach finden sich prächtig gefleckte Blüten.

Die für uns wichtigste Art ist *A. elegans* Mast. aus Brasilien. Läßt man die Pflanze mehrjährig wachsen, so erreicht sie als mittelstarker Schlingstrauch doch noch 10 m Länge, aber sie blüht bereits als kleiner Sämling mit knapp 1 m. Die Borke älterer Triebe ist korkflügelig, die herzförmig zugespitzten Blätter sind bis 10 cm breit und oberseits dunkelgrün, unterseits blaugrün gefärbt. Die Blüten erscheinen den ganzen Sommer über aus den Blattachseln der ständig weiterwachsenden Triebe und sind 12 cm lang und 10 cm breit. Die Farbe ist eine herrliche Kombination von Violettpurpur mit weißen Spritzern, das gelbe Auge ist schwarzsamtig umrahmt. Die Fruchtkapseln sind bis 4 cm lang und öffnen sich, als Besonderheit, an der Kapselbasis, um die plättchenförmigen Samen zu entlassen.

Riesenblütige Arten, wie *A. grandiflora* Sw. (*A. gigas* Lindl.) mit den 35 cm langen, mit dem Schwanz bis 60 cm langen Blüten, sind zwar herrlich anzusehen, brauchen aber ungefähr so viel Platz wie ein Kastanienwein, aber warm und luftfeucht!

A. elegans ist das, was man als leichte Art bezeichnen könnte! Wohl gedeiht sie im Blumenfenster besser, sie blüht vor allem reicher, doch auch ohne erhöhte Luftfeuchtigkeit und hohe Temperatur kann man sich an Wachstum und Blüten erfreuen, selbst an geschützten Stellen im Freiland. Die Vermehrung erfolgt durch Aussaat, als Substrat nimmt man Einheitserde. Bald nach dem Keimen topft man sie zu mehreren in 10-cm-Töpfe, gibt einen Stab bei und stellt sie bei 18°C hell auf. Man gießt mäßig und gibt ab und zu eine Flüssigdüngung. Bereits im Sommer erscheinen die ersten Blüten, überschüssige Pflanzen stellt man ins Freiland und läßt sie im Herbst erfrieren. Hat man während des Winters nicht die Lust, sich mit den Trieben dieses Pfeifenstrauchs zu ärgern, so kann man auch kühler, bei 15°C, halten, im Frühjahr zurückschneiden und wieder wärmer stellen. Nur *A. elegans* kann leicht im Topf gezogen werden und verträgt Rückschnitt, da sie am diesjährigen Holz blüht. Zu groß geratene Pflanzen werden ebenfalls im Frühling zurückgeschnitten. Samen werden selbst bei kleinen Pflanzen reichlich angesetzt, so daß man ständig für Nachwuchs sorgen kann.

Benincasa, Wachskürbis

Die Gattung *Benincasa* Savi, sie gehört zu den Kürbisgewächsen, den *Cucurbitaceen*, umfaßt nur eine Art, *B. hispida* (Thunb.) Cogn. (*B. cerifera* Savi, *Cucurbita h.* Thunb.), die im indo-malayischen Gebiet ihre Hauptverbreitung hat und von dort bis nach Japan und Polynesien ausstrahlt.

Der Wachskürbis ist einjährig, klettert stark und besitzt nierenförmige bis rundliche, fünflappige Blätter mit 15 bis 20 cm Durchmesser. Die achselständigen Blüten sind goldgelb und 8 bis 10 cm groß. Aus den weiblichen Blüten entwickeln sich eiförmig-längliche bis zylindrische Früchte, die bis 50 cm lang und 15 cm dick werden können. Ihre Oberfläche ist dicht rauhhaarig und stark weißwachsig bereift.

Für die sommerliche Dekoration im hellen Blumenfenster sind eine Reihe von Kürbisgewächsen gut geeignet, sie gleichen sich in der Kultur, die hier beim Wachskürbis beschrieben werden soll. Man sät die Samen im März bis Mai aus, sie keimen innerhalb kurzer Zeit. Die Jungpflanzen werden einmal umgetopft, dann am besten ausgepflanzt, obwohl eine Kultur in einem 12-l-Plastikeimer gut gelingt. Man braucht entsprechende Rankhilfen, Schnüre oder Stäbe, auf die man die Triebe zieht. Im unteren Bereich läßt man keine

Tafel 63 · Wärmeliebende Blütenpflanzen IV

- ol   *Thunbergia erecta* 'Grandiflora' blüht lilablau
- or   Schönhäutchen, *Hymenocallis speciosa*, eine Zwiebelpflanze
- ml   *Episcia cupreata* 'Silver Sheen'
- mr   *E. dianthiflora*

Zwei Formen des gelbblühenden Ganzkölbchens, *Aphelandra squarrosa*, werden angeboten:
- ul   'Dania', eine Auslese aus der 'Fritz Prinsler'
- ur   'Typ Königer'

Tafel 64
Wärmeliebende Blütenpflanzen V

ol Ganzkölbchen, *Aphelandra aurantiaca* var. *roezlii*
or *Calliandra diademata,* auffällig durch die Staubfäden
mm Amazonaslilie, *Eucharis grandiflora*
mr Weißbunter Roseneibisch, *Hibiscus rosa-sinensis* 'Cooperi'
ul *Pachystachys lutea*
um Blütenbanane, *Musa uranoscopos (M. coccinea)*
ur Veilchenstrauch, *Iochroma coccineum*

Früchte stehen, sie wirken besser herabhängend, man beläßt sie erst oben, wo man die Triebe querleitet. Nie zu viele Früchte stehen lassen, drei bis vier pro kräftiger Pflanze genügen. Werden die Triebe zu lang, so werden sie entspitzt, auch die erscheinenden Nebentriebe kürzt man nach zwei bis drei Blättern. Alle Kürbisgewächse bekommen gerne Mehltau, den man am besten mit einem systemischen Fungizid bekämpft.

Der Wachskürbis ist nicht der stärkste Kletterer, seiner wird man durch Schnitt leicht Herr. Die herrlichen, weißbereiften Früchte dürfen nicht angetapst werden, da sonst die Wachsschicht abgeht. Junge Früchte sind wohlschmeckend!

Calonyction, Mondwinde

Die Gattung *Calonyction* Choisy gehört zu den Windengewächsen, den *Convolvulaceen*, und umfaßt drei Arten, die im tropischen Amerika zu Hause sind. Es sind windende Kräuter bis Halbsträucher mit bestachelten Sprossen und herz- oder spießförmigen, dreilappigen Blättern. Die großen Blüten besitzen eine flach ausgebreitete, tellerförmige Krone und eine lange, zylindrische Blütenröhre, sie erscheinen nächtlich und sind weißlichgelb oder rosalila gefärbt.

Die richtige Mondwinde ist *C. aculeatum* (L.) House (*C. speciosum* Choisy, *Ipomoea bona-nox* L.), sie wird heute weltweit in den tropischen Zonen gezogen. Die milchsaftführenden, wenig oder stark bestachelten Triebe werden bis 6 m lang, Blüten sind jedoch auch bei kleinen Pflanzen an der Tagesordnung. Die bis 20 cm langen Blätter sind außerordentlich vielgestaltig, herzförmig bis dreilappig. Die Blüten besitzen eine bis 15 cm breite Tellerkrone und eine ebenso lange Kronröhre. Sie sind von abends bis gegen acht Uhr früh, an trüben Tagen bis Mittag, geöffnet und duften gut. Die Blütenfarbe ist ein reines Weiß oder blasses Gelblichweiß mit gelblichen oder grünlichen Falten, so daß sie wirklich wie kleine Monde auf den Trieben sitzen.

Die großen Samen der Mondwinde sind leicht zu bekommen und werden von Februar weg ausgesät, sie keimen rasch und erhalten einen Stab zum Klettern. Haben sie eine Höhe von 60 cm erreicht, pinziert man, denn schon Bosse sagt vor über 100 Jahren in seinem »Handbuch der Blumengärtnerei«: Wenn man dem Stengel zeitig die Spitze nimmt, so bilden sich Nebenäste, die dann früher Blüten tragen! – Mit dieser Höhe werden sie auch ausgepflanzt, doch gelingt die Kultur auch in 12-l-Kübeln oder ähnlichen Gefäßen. Helle Standorte sind zu empfehlen, am besten ist die Entwicklung im Blumenfenster, aber die Kultur gelingt auch bei einem Fenster oder, ein schöner Sommer vorausgesetzt, im Freien, doch erlebt man da nur einige Blüten. Als Substrat nimmt man Einheitserde oder kräftigere, schwere Mischungen, man gießt reichlich und düngt regelmäßig flüssig nach. Bei geschlossener Luft werden sie gern von Blattläusen befallen.

In den 4 cm großen Kapseln finden sich wieder Samen fürs nächste Jahr, doch kann man die Mondwinde auch im Oktober zurückschneiden und sie – es geht nur, wenn sie in einem Gefäß steht – bei 12°C überwintern. Diese Pflanzen bringen ihre Blüten entsprechend früher.

Dipladenia, Dipladenie

Zu den Hundsgiftgewächsen, den *Apocynaceen*, gehört die Gattung *Dipladenia* A. DC., die 40 bekannten Arten finden sich im tropischen Südamerika. Es sind Halbsträucher oder Sträucher, die meist mehr oder weniger stark winden, mit gegenständigen, ledrigen Blättern. Die Blüten besitzen eine trompetenförmige Kronröhre und tellerförmig angeordnete Kronabschnitte, sie können weiß, rosa oder purpurn gefärbt sein und stehen in endständigen, zumeist einfachen Trauben. Die vielsamigen Balgkapseln sind stielrund und werden bei uns selten angesetzt.

Die reinen Arten *D. boliviensis* Hook. mit weißen Blüten und *D. sanderi* Hemsl. mit rosafarbenen Blüten finden sich heute seltener; es werden zumeist Hybriden angeboten, so zum Beispiel 'Amoena' mit dunkelrosa Blüten oder 'Rosacea' mit zartrosa Trichtern. Immer ist die Kronröhre innen gelb, in vielen Fällen auch außen.

Dipladenien gehören zu den schönsten Kletterpflanzen für das Blumenfenster, sie brauchen im Gegensatz zu den nahe verwandten Allamanden nicht soviel Platz und werden auch häufiger angeboten. Da sie nicht so stark wachsen, sind sie auch für die Topfkultur gut zu verwenden.

Kultur und Vermehrung gleichen der von *Allamanda*; auch hier sind helle, aber nicht prallsonnige Standorte zu empfehlen, Wärme und vor allem Luftfeuchtigkeit. Bei Topfkultur achte man auf regelmäßige, aber nicht zu starke Wasserversorgung, sie bilden wenig Wurzeln aus und vernässen gerne. Aus diesem Grund achte man auch auf durchlässige, humose Mischungen und gute Dränage!

Eucharis, Amazonaslilie

Die Gattung *Eucharis* Planch. et Lind. gehört zu den Amaryllisgewächsen, den *Amaryllidaceen,* und ist mit acht Arten in Kolumbien beheimatet. Es sind Zwiebelpflanzen mit gestielten Blättern und mehrblütigen Dolden an vollen Schäften. Die weißen Blüten besitzen sechs Blütenblätter, die unteren Teile der Staubfäden sind verbreitert und zu einer Nebenkrone verwachsen. Die Blüten duften!

Im Handel werden meist nur die Zwiebeln von *E. grandiflora* Planch. et Lind. (*E. amazonica* Lind.) angeboten, Blüten sieht man aber selten in den Blumengeschäften, obwohl sie sehr haltbar sind. Die Zwiebeln dieser Art sind ungefähr hühnereigroß und entwickeln zwei bis vier, 30 cm lang gestielte eilanzettliche Blätter, die bis 30 cm lang und 15 cm breit werden und einen herzförmigen Grund besitzen. Die Blütenschäfte erscheinen in zwei Schüben, Ende Winters, dann wenige zu Ende des Frühjahrs, der zweite Schub im Herbst. Die Schäfte sind bis 50 cm hoch und tragen bis zu zwölf Blüten. Die reinweißen, duftenden Einzelblüten sind 10 cm groß.

Die Amazonaslilie gedeiht am besten ausgepflanzt, in Töpfen werden wenig Blüten angelegt. Die Substrattiefe soll 15 bis 20 cm betragen, man nimmt mit Sand gestreckte Einheitserde. Kann man Bodenwärme von 20°C geben, so kann die Lufttemperatur ruhig um 18°C schwanken, sonst braucht man eine etwas höhere Lufttemperatur.

Am besten pflanzt man sie nach der Winterblüte, im März, oder vor der Herbstblüte, im August, sie ziehen nie ganz ein, aus diesem Grund müssen sowohl Wurzeln als auch Blätter sehr geschont werden. Über den Zwiebeln sollen ungefähr 5 cm Erde sein. Nach dem Verpflanzen wird weniger gegossen, dafür luftfeuchter gehalten, später gibt man regelmäßige Feuchtigkeit und düngt flüssig nach. Richtige Ruhezeiten gibt es nicht, man merkt nur, daß sie manchmal weniger rasch wachsen als zu anderen Zeiten. Sie lieben Halbschatten.

Die Vermehrung ist nur durch Teilung der Zwiebelklumpen möglich, doch soll man nie zu stark teilen, sie gedeihen besser, wenn mehrere Zwiebeln beisammen stehen. Alles in allem ist die Amazonaslilie eine schöne Pflanze für einen halbschattigen Winkel, mit Bodenwärme, in einem Blumenfenster. An der Pflanze dauert die Blütezeit einer Dolde ungefähr drei Wochen, geschnitten halten sie zehn Tage.

Gardenia, Gardenie

Zu den Krappgewächsen, den *Rubiaceen,* gehört die Gattung *Gardenia* Ellis. Die 60 bekannten Arten bewohnen das tropische und subtropische Afrika und Asien. Es sind Sträucher mit gegenständigen Blättern und gelben oder weißen, großen Blüten, die einzeln achsel- oder endständig angeordnet sind. Die Blüten besitzen eine tellerförmige Krone mit fünf bis neun Abschnitten.

Nachdem die Gardenie selbst in den englischsprechenden Ländern von anderen Ansteckblumen als die bekannteste Ansteckblume abgelöst worden ist, erreicht sie uns als Topfpflanze wieder. Es handelt sich immer um *G. jasminoides* Ellis (*G. florida* L., *G. radicans* Thunb.) aus China, zumeist um die gefüllten Sorten 'Plena' oder 'Veitchii'. Die Sträuchlein können bei günstigsten Bedingungen eine Höhe von 1,5 m erreichen, die elliptischen oder ovalen, an beiden Enden zugespitzten Blätter sind glänzend grün und bis 10 cm lang. Die Blüten erscheinen im Sommer, Herbst und Winter, vor allem die Sorte 'Veitchii' blüht im Winter, und sind 8 bis 10 cm groß, reinweiß oder leicht gelblich gefärbt, gefüllt und sehr stark, fast unangenehm, duftend.

Die Gardenie ist eine schöne, aber leider keine leichte Blütenpflanze, auch wenn sie als solche angeboten wird! Sie braucht eine gleichmäßige Lufttemperatur von 16 bis 18°C, vor allem aber eine etwas höhere Bodentemperatur, um 18 bis 20°C. Ist eine erhöhte Bodentemperatur nicht möglich, so hält man sie wärmer, bei 20 bis 22°C und sprüht häufig auf die Blätter, um sie zu kühlen, vor allem aber um Schädlingsbefall vorzubeugen. Eine erhöhte Luftfeuchtigkeit ist notwendig, der Standort soll hell sein, aber nicht besonnt. Dumpfe, stehende Luft tut der Gardenie nicht gut, für leichte Luftbewegung sorgen!

Diese Hinweise zeigen schon die Probleme der Gardenienkultur auf. Bei kaltem Stand wird vor allem das Substrat kalt, Chlorose ist die Folge, bei warmem, lufttrockenem Stand kommt es zu Spinnmilben-, Blasenfuß- und Lausbefall, die Blätter rollen sich ein und können sogar abfallen. Als Kultursubstrat nimmt man eine saure Erde, Azaleensubstrate oder TKS 1 sind gut geeignet; nie zu große Gefäße wählen, sie leiden rasch unter nassem Ballen. Die Flüssigdünger sollen kalkarm und stickstoffreich sein, zum Beispiel Alkrisal. Haben sich dank guter Pflege die Knospen gebildet, so wird die Temperatur etwas abgesenkt, Lufttemperaturen um 16 bis 17°C sind optimal, besonders 'Veitchii' wirft, bedingt durch zu hohe Lufttemperaturen und zu wenig Licht, gerne die Knospen ab; die sommerblühenden gefüllten Sorten sind da nicht so empfindlich. Nach dem Abblühen ist ein leichter Rückschnitt zu empfehlen, gleichzeitig formiert man die Pflanzen. Das Umtopfen erfolgt nur alle paar Jahre, man wählt immer geringfügig größere Gefäße, schont den Ballen und pflanzt vor allem nicht tiefer.

Die Vermehrung durch Stecklinge erfordert hohe Temperaturen, man überläßt sie dem Gärtner. Eine Besonderheit, die wurzelunempfindlichere Pflanzen schafft, ist die Veredlung auf die südafrikanische *G. thunbergia* L. f., eine Kalthauspflanze, die von Jänner bis April weiß blüht.

Gloriosa, Ruhmeslilien oder Gloriosen

Die Gattung *Gloriosa* L. gehört zu den Liliengewächsen, den *Liliaceen,* und umfaßt fünf bis sechs Arten, die im tropischen Afrika und Asien zu Hause sind. Die mit Hilfe der Blattspitzen kletternden Triebe kommen aus einem knolligen, wurstartigen Erdstamm. Die Triebe tragen in den Achseln der obersten Blätter – diese sind sitzend, haben einen meist herzförmigen Grund und sind in die rankende Spitze ausgezogen – die Blüten. Die sechs Blütenblätter sind nach oben geschlagen und am Rand meist stark gewellt, ihre Farbe kann gelb, orange, rot oder grün, oder aber auch zweifarbig rot, gelb gerandet, sein. Der Griffel mit den drei Narben steht im rechten Winkel vom Fruchtknoten ab. Zumeist treiben unter den Blüten Nebentriebe aus, die wiederum am Ende mit einer Blütenregion abschließen, starke Knollen können sich noch einmal verzweigen.

Im Handel gibt es einige Arten, die bekannteste ist wohl *G. rothschildiana* O'Brien aus dem tropischen Afrika. Hier sind die Blüten bis 12 cm im Durchmesser, rot, gelb gerandet, gefärbt und am Blütenblattrand etwas gekraust, sie stehen an 5 bis 25 cm langen Stielen. Beim Aufblühen schlagen sich die Blütenblätter nach oben, beim Verblühen wieder nach unten, wobei sie sich gleichzeitig zu dunkelrot verfärben. Diese Art wird auch häufig als Schnittblume angeboten. Daneben findet sich

G. superba L. mit schmäleren Blütenblättern, die ganz fein gewellt sind und sich von Grün über Gelb zu Rot verfärben. Wunderschön ist auch die seltene *G. lutea* Bak. mit hellgelben, stark gewellten Blüten.

Alle Gloriosen sind herrliche Schlingpflanzen von einfachster Kultur. Ihre Knollen werden trocken, in Torfmull eingeschlagen, bei 17°C überwintert und von Februar an angetrieben. Man kann sie sowohl in Töpfen als auch ausgepflanzt ziehen; besser ist die Topfkultur, weil man ihnen dann leicht die Ruhezeit, zum Einziehen des Laubes, bieten kann. Die Knollen werden ungefähr 5 cm mit Erde bedeckt, man legt die wurstförmigen, im übrigen sehr giftigen, Erdstämme waagrecht. Als Gefäße braucht man weite und tiefe Töpfe, es bilden sich an der Basis des Austriebes die beiden Tochterknollen, die schräg in den Boden wachsen wollen. Diese hakenartigen Tochterknollen werden durch Brechen getrennt, am Ende sitzen die Knospen für den Austrieb des nächsten Jahres. Die Triebe brauchen eine Stütze, sie bringen ungefähr so viele Blüten, wie die Knolle lang war. Ungefähr zehn bis vierzehn Wochen nach dem Legen ist die Hauptblüte, und ungefähr dieselbe Zeit später sollen die Pflanzen wieder ganz eingezogen haben, man beginnt also ungefähr eineinhalb Monate nach dem Abblühen mit dem Trockenhalten. Als Substrat nimmt man Einheitserde, die man mit Styroporflocken mischt, damit die jungen Knollen leicht nach unten wachsen können. Die Temperaturen sollen um 18°C liegen, eine etwas erhöhte Luftfeuchtigkeit ist erwünscht, regelmäßig und durchdringend wässern und flüssigdüngen.

Die Anlage der Blüten ist von den Lichtverhältnissen abhängig, sie wollen volles Licht haben, sonst reagieren sie mit dem Absterben von Knospen. Die Kultur im Freien, wie sie immer wieder empfohlen wird, gelingt nur in warmen Gegenden. Man treibt in Gefäßen ab Ende April hell vor und pflanzt nach den Eismännern an geschützte, warme und windstille Stellen aus. Hier hält man bis zum ersten Frost mäßig feucht, nimmt dann sofort heraus, trocknet die Knollen und überwintert sie bei 17°C. Wichtig sind in jedem Fall eine kräftige Ernährung, damit sich die neuen Knollen entsprechend entwickeln, und das Einhalten der Ruhezeit.

Die Vermehrung durch Teilung der Tochterknollen ist sehr ergiebig, man muß nur die ersten »hungrigen« Jahre hinter sich bringen, dann geht es rasant, und man weiß nicht, wohin mit den Knollen. Samenaussaat ist reizvoll, doch blühen die ersten Pflanzen erst nach vier bis fünf Jahren.

Gossypium, Baumwolle

Die Gattung *Gossypium* L., zu den Malvengewächsen, den *Malvaceen,* gehörig, umfaßt ungefähr 20 Arten, zahlreiche Varietäten und Tausende von Sorten, die in tropischen und subtropischen Gebieten der Erde heute weltweit verbreitet sind.

Für Lehrzwecke, vor allem aber als Spaß für den Liebhaber, eignet sich vor allem *G. herbaceum* L., eine einjährige Baumwolle, die wahrscheinlich aus dem indisch-zentralasiatischen Raum stammt. Die über 1 m hohen Pflanzen verzweigen sich wenig, die herzförmigen, fünf- oder siebenlappigen Blätter sind bis 15 cm groß. Die gelben, in der Mitte purpurnen Blüten erscheinen einzeln in den Blattachseln und sind von herzförmigen Hüllkelchblättern umgeben. Die drei- bis vierklappigen Früchte springen dann auf und entlassen die wattigen Samen. Gut ernährte Pflanzen blühen und fruchten gleichzeitig.

Die Kultur der Baumwolle ist leicht, sie wird jährlich im Februar oder März bei ungefähr 20°C ausgesät und keimt relativ rasch. Man pikiert, topft und verwendet als größten Topf einen 20-cm-Topf, als Substrat Einheitserde. Immer brauchen die Pflanzen hell, warm, viel Wasser und Dünger, um sich gut entwickeln zu können. Samen kann man selbst ernten, sie keimen auch noch nach drei bis vier Jahren.

Die Fasern dieser Art sind sehr kurz und lassen sich nicht verspinnen; man kann sich aber vorstellen, wie bei längeren Fasern (*G. hirsutum*) nach dem Entsamen, Putzen und Verspinnen aus den flauschigen Wattebällen Garn erzeugt wird.

Haemanthus, Blutblume

Die Gattung *Haemanthus* L. gehört zu den Amaryllisgewächsen, den *Amaryllidaceen*. Von den 60 Arten aus dem tropischen und südlichen Afrika sind einige wichtige Zimmerpflanzen. Eine Art, *H. albiflos*, wurde bereits bei den Zimmerpflanzen kühler Räume erwähnt, nun sollen die wärmeliebenden zu ihrem Recht kommen!
Sie besitzen leuchtendrote Blütenkugeln, heißen aber wegen des bei manchen Arten bei Verletzung austretenden orangen Saftes Blutblumen, ihre Blätter sind dünn und häutig.

H. katharinae Bak. ist weiter verbreitet, stammt aus der südafrikanischen Provinz Natal und blüht im Juli und August. Die Blätter, sie sollen bei dieser Art nicht vollkommen einziehen, entwickeln sich im Spätfrühling und sterben im Oktober ab. Herbst und Winter ist Ruhezeit, mit geringen Wassergaben. Der Blütenschaft ist 30 bis 45 cm lang, die rote Blütenkugel hat einen Durchmesser von 25 cm. Die Blätter sind bis 30 cm lang und 8 cm breit, am Rande meist gewellt und bilden mit ihren Basisteilen einen Scheinstamm.

Daneben erhält man noch *H. multiflorus* Martyn (*H. kalbreyeri* Bak.) aus dem tropischen Afrika, dessen Schäfte höher werden. Die Blütenkugeln sind bis 15 cm groß. Diese Art verliert die Blätter vollkommen, blüht im Frühjahr, bildet nachher oder gleichzeitig die neuen Blätter aus, die im Herbst absterben, nachdem die Zwiebeln wieder mit Speicherstoffen aufgefüllt sind.

Die Kultur dieser beiden Blutblumen gleicht der vom Ritterstern, *Hippeastrum*, doch brauchen die Pflanzen während der Wachstumszeit der Blätter Temperaturen um 18 bis 20°C, erhöhte Luftfeuchtigkeit und etwas absonnige Standorte. Eine Kultur im Zimmer ist ohne weiteres möglich, bedarf aber doch größerer Aufmerksamkeit. Als Substrat eignet sich am besten mit Sand gestreckte Einheitserde. Die Ruhezeit muß eingehalten werden, man hält während dieser Zeit bei 14°C. Immer zu Ende der Ruhezeit umpflanzen, alte Pflanzen seltener.

Die Vermehrung erfolgt durch Abnehmen der Nebenzwiebel oder durch Aussaat, auch hier wird warm durchkultiviert, bis die Zwiebeln blühfähige Größen erreicht haben. Die Samen sind nur kurz keimfähig, es dauert meist 3 bis 4 Jahre bis zur ersten Blüte, doch kann man alljährlich die roten Bälle erwarten.

Hymenocallis

Auch die Gattung *Hymenocallis* Salisb. gehört zu den Amaryllisgewächsen, den *Amaryllidaceen*, die 40 Arten sind im tropischen und subtropischen Amerika zu Hause.
Eine Art, *H. narcissiflora*, wurde schon bei den Pflanzen für tropische Gruppen im Freien erwähnt, sie zieht ein und hält eine Ruhezeit im Winter. Keine Ruhezeit hält *H. speciosa* (L. f.) Salisb. aus Westindien, aus deren kugeligen Zwiebeln sich die 20 Blätter, sie erreichen bis 70 cm Länge, entwickeln. Die Blütenschäfte erscheinen meist im Sommer und Herbst, sie sind bis 60 cm lang und tragen die zehn- bis fünfzehnblütige Dolde. Die weißen Einzelblüten besitzen eine breit trichterige Nebenkrone, ungefähr 4 cm im Durchmesser, und sechs schmale Blütenblätter, die die 15 cm messende, stark nach Vanille duftende Blüte bilden.

Diese in den Niederlanden erhältliche Blütenpflanze wächst ganzjährig und gedeiht am besten ausgepflanzt im Blumenfenster, wo ihr Wärme und etwas erhöhte Luftfeuchtigkeit geboten werden können. Die Zimmerpflege ist bei Geschick aber möglich. Als Substrat nimmt man mit Sand gestreckte Einheitserde. Die Vermehrung erfolgt durch die Nebenzwiebeln, die man beim eher selteneren Verpflanzen abnimmt.

Ixora, Ixore

Die Gattung *Ixora* L. gehört zu den Krappgewächsen, den *Rubiaceen*, und umfaßt 400 Arten, die alle mehr oder weniger in den Tropen zu Hause sind. Es sind Sträucher oder kleine Bäume mit gegenständigen, ledrigen Blättern und weißen oder roten Blüten in Doldentrauben.

In der letzten Zeit finden sich *I. coccinea* L. oder einige ihrer Hybriden wieder auf der Angebotsliste der Gärtner. Die Pflanzen können bei uns 1 m Höhe erreichen, ausgepflanzt im Blumenfenster und bei Geduld sind aber auch größere Pflanzen möglich. Die ovalzugespitzten Blätter sind 10 cm lang und 5 cm breit. Die vierteiligen, scharlachroten bis lachsorangen Blüten sind 8 bis 10 mm breit und 3 cm lang, sie stehen zu 10 cm breiten Doldentrauben zusammen. In den Tropen werden viele Sorten gezogen, dort erreicht diese Art ja 5 m Höhe. Bei uns findet man 'Shawi' mit lachsorange oder 'Bier's Glory' mit dunkelorange Blüten. Die Blüten erscheinen den ganzen Sommer über und sind sehr lange an der Pflanze haltbar. Ixoren brauchen unbedingt die Pflege im Blumenfenster, da nur dort die hohe Luftfeuchtigkeit und die Bodentemperatur von 18 bis 20°C gegeben sind. Die Lufttemperatur kann im Sommer, lichter Standort ohne direkte Besonnung ist ideal, bis 26°C und mehr steigen, im Winter sollte sie nie unter 16°C fallen. Als Kultursubstrat nimmt man Einheitserde oder TKS 1, nicht zu oft umtopfen. Ixoren werden sehr gerne von Schildläusen befallen und sind fast eine Art Schildlausanzeige, hier finden sie sich zuerst ein, die Bekämpfung erfolgt am besten durch PSE-Präparate.

Jacobinia, Jakobinie

Die Gattung *Jacobinia* Nees ex Moric., sie gehört zu den Bärenklaugewächsen, den *Acanthaceen*, wurde schon bei den Blütenpflanzen für kühle Räume erwähnt. Mehr Wärme braucht *J. carnea* (Hook.) Nichols. (*Justicia c.* Hook., *Jacobinia magnifica* (Pohl) Lindau) aus Brasilien, sie blüht im Sommer. Die Sträucher können bei guter Pflege bis 1,5 m hoch werden, die gegenständigen, 15 bis 20 cm langen Blätter sind eiförmig oder länglich und beiderseits flaumhaarig. Die rosaroten oder fleischfarbenen Blüten sind 5 cm lang und stehen in endständigen, dichten Köpfen, die bis 12 cm hoch werden können. Die Einzelblüten sind nicht sehr lange haltbar, vor allem fallen sie beim Transport gerne ab, aus diesem Grund wird diese Pflanze im Handel selten angeboten. Der Liebhaber freut sich über die ständig neu erscheinenden Blüten und die samtigen, dunkelgrünen Blätter! Die Blütenfarbe zeigt keinen Stich ins Bläuliche.

Die Kultur dieser Jakobinie gleicht der von *Aphelandra*, sie liegt zwischen den leichter und schwerer zu ziehenden Arten dieser Gattung. Luftfeuchtigkeit ist notwendig. Damit sich die Pflanzen ausreichend verzweigen, muß man pinzieren.

Kohleria, Kohlerie

Die Gattung *Kohleria* Regel gehört zu den Gesneriengewächsen, den *Gesneriaceen*, und umfaßt ungefähr 65 Arten, sie bewohnen zumeist Gebirgswälder von Mexico bis zum nördlichen Südamerika. Es sind kräftige, aufrechte Kräuter ohne Knollen, dafür aber mit kriechenden Erdstämmen oder fleischig-schuppigen Nebenknollen, ähnlich riesengroßen *Achimenes*-Kätzchen. Die gegenständigen Blätter sind groß und weich behaart. Die Blüten, sie ähneln kleinen Gloxinienblüten, bestehen aus der Kronröhre und dem fünfteiligen Saum, sind meist auffällig zweifarbig und stehen einzeln oder in doldigen Blütenständen in den Achseln. Es sollen nur wenige Arten genannt werden: jene, aus denen die wichtigsten Hybriden entstanden, und solche, die leicht erhältlich sind.

K. amabilis (Planch. et Lind.) Fritsch (*Tydaea a.* Planch. et Lind., *Isoloma a.* (Planch. et Lind.) hort.) stammt aus Kolumbien und wird bis 60 cm hoch. Die gegenständigen Blätter sind oberseits dunkelgrün, unterseits hellgrün oder rötlich und dicht weiß behaart. Die Grundfarbe der Glockenblüten ist rosa, der Saum ist rot oder purpurn gefleckt. Bei guter Pflege blühen diese Art und die verbreiteten *K.-Amabilis-Hybriden* ganzjährig. Bevorzugt im Sommer blüht *K. bogotensis* (Nichols.) Fritsch, hier sind die Blütenglocken gelb und rot getupft. – Auffällig durch die Farbkombination ist *K. digitaliflora* (Lind. et André) Fritsch (*Sciadocalyx d.* Lind et André). Diese im

Sommer und Herbst blühende Art hat eine weißlichrosafarbene Kronröhre und einen grünen, purpurrot gepunkteten Saum. – Im Spätsommer und Herbst blüht *K. eriantha* (Benth.) Hanst., hier sind die Blüten orangerot, die drei unteren Lappen des Saums gelbgefleckt.

Zwischen den angeführten Arten, es wurden aber auch noch weitere verwendet, gibt es eine Fülle von Hybriden, die angeboten werden. Reine Arten sieht man leider seltener, wenn man von *K. digitaliflora* absieht. Leider hat sich in den letzten Jahren das Angebot dieser Hybriden in der Vielfalt verringert, in den USA ist man aber schon bemüht, neue, bessere Hybriden zu züchten.

Die Kultur der Kohlerien gleicht in etwa der von *Achimenes*-Arten, dem Schiefteller, doch dürfen die Pflanzen nicht vollkommen trocken gehalten werden, sie sollen nicht ganz einziehen. Als Kulturraum empfiehlt sich das luftfeuchte und wärmere Blumenfenster mit geschlossenen Scheiben, obwohl bei einigem Geschick auch die Kultur ohne diese Einrichtung möglich ist. Die Vermehrung geht durch Teilung, Kopfstecklinge und Aussaat vor sich.

Lagenaria, Flaschenkürbis

Eine einzige Art, *Lagenaria siceraria* (Mol.) Standl. (*Cucurbita lagenaria* L.) umfaßt die Gattung *Lagenaria* Ser., sie gehört zu den Kürbisgewächsen, den *Cucurbitaceen*. Der Flaschenkürbis ist einjährig und stinkt nach Moschus, die Triebe sind hochkletternd und mit den unterschiedlich geformten, etwas filzigen Blättern besetzt. Die weiblichen und männlichen Blüten erscheinen aus den Blattachseln, sie stehen einzeln und bilden weiße, 6 cm breite, fünfteilige Scheiben. Die Früchte sind äußerst verschiedengestaltig, man findet birnförmige, zylindrische und flaschenförmige genauso wie keulenförmige oder kugelige. Sie können bis 40 oder 50 cm lang werden. Die Kultur des Flaschenkürbis gleicht der des Wachskürbis, *Benincasa,* doch wächst er vielleicht etwas stärker und muß durch einen Schnitt in die gewünschten Bahnen gelenkt werden. Im Freien gedeiht der Flaschenkürbis in günstigen Jahren und Lagen gut, doch reifen die Früchte nicht aus. Nichtsdestotrotz sollte man ihn für tropische Gruppen im Freien mehr verwenden.

Littonia, Littonie

Die Gattung *Littonia* Hook. f. gehört zu den Liliengewächsen, den *Liliaceen*, und umfaßt sieben Arten, die im tropischen und südlichen Afrika zu Hause sind. Littonien gleichen im Wuchs den Ruhmeslilien, *Gloriosa,* und werden auch wie diese behandelt.

Im Handel ist *L. modesta* Hook. f., es wird vor allem die etwas größerblütige Form 'Keitii' angeboten. Die Blätter, die wie Gloriosenblätter Rankenspitzen haben, stehen meist zu dritt in Quirlen, die Blüten entspringen einzeln, aber auch zu mehreren, den Blattachseln und sind kräftig orangegelbe Glocken; die Blütenblätter sind am Rand glatt und schlagen sich nicht zurück wie bei den Gloriosen. Früchte werden häufig gebildet, es sind bis 15 cm lange, dreiteilige Kapseln mit zahlreichen Samen. Kräftig ernährte Pflanzen bringen oft auf der Vierzahl aufgebaute Blüten, wie das auch bei Tulpen vorkommen kann.

Kultur und Vermehrung wie bei *Gloriosa*.

Medinilla, Medinille

Die Gattung *Medinilla* Gaudich. gehört zu den Schwarzmundgewächsen, den *Melastomataceen,* und umfaßt über 125 Arten, die das tropische Asien und die Ostafrika vorgelagerten Inseln bewohnen. Es sind aufrechte oder kletternde Sträucher mit gegen- oder quirlständigen, ganzrandigen, dicken Blättern und seiten- oder endständigen Rispen oder Trugdolden, die Einzelblüten sind weiß oder rosenrot.

In den Sammlungen von botanischen Gärten finden sich viele *Medinilla*-Arten, in die Gärtnereien hat sich nur eine Art durchgeschlagen: *M. magnifica* Lindl. von den Philippinen. Sie wächst hochstrauchig, bis 1,5 m und mehr, besitzt dicke, vierflügelige Zweige und große, eirundlängliche, sitzende, bis 30 cm lange Blätter. Die 30 cm langen Blütenrispen entwickeln sich end- und seitenständig, die Einzelblüten sind bis 12 mm breit und rosa. Die besondere Wirkung der Blütenstände geht von den großen, weißen, rosa geaderten Tragblättern aus, die sich im oberen Bereich der Rispen finden und zu denen die hellrosa Blüten und Knospen so gut passen.

Die Medinille ist leider keine leichtgedeihende, vor allem aber eine großwüchsige Pflanze, weshalb ihrer Verwendung Grenzen gesetzt sind. Von November bis Februar macht sie eine Ruhezeit durch, während der sie es etwas trockener und 15 bis 18°C Lufttemperatur braucht. In der Vegetationszeit braucht die *Medinilla* Tropenbedingungen, hohe Luftfeuchtigkeit und Wärme, 20 bis 22°C, dabei aber eher absonnige Standorte, auf keinen Fall sonnige. Ohne den Wechsel Ruhezeit–Wachstumszeit werden keine Blütenknospen angelegt, sie blühen April bis September.

Werden Medinillen zu groß, so kann man sie ohne Bedenken zurückschneiden, auch beim Umtopfen großer Pflanzen kann man den Ballen verkleinern. Als Substrat nimmt man sandige Einheitserde, die man eventuell bei Jungpflanzen mit Holzkohlenstücken versetzen kann. Während der Wachstumszeit mit Regenwasser gießen und kräftig düngen. Bei ungünstigen Bedingungen, vor allem geringer Luftfeuchtigkeit und zuwenig Wärme, kann es zum Rollen und Abfallen der Blätter kommen; sich entwickelnde Blüten sind leer, d. h. nur die Tragblätter entwickeln sich, aber keine Blütenknospen. Ohne Ruhezeit keine Blüten!

Die Vermehrung erfolgt durch Stecklinge, ist aber relativ schwierig und sollte dem Gärtner überlassen werden.

Musa, Blütenbanane

Für das geschlossene Blumenfenster wäre eine kleine Banane zu empfehlen, *Musa uranoscopos* Lour. (*M. coccinea* Andr.) aus Indochina. Diese Art bildet bis 1,5 m hohe Stämme, ihre Blätter sind hellgrün, bis 100 cm lang und 20 cm breit. Der Blütenstand ist aufrecht und scharlachrot mit gelben Spitzen gefärbt, ungefähr 15 bis 20 cm im Durchmesser.

Für diese Zierbanane, deren Saatgut im Handel ist, gilt das bei den Bananen für tropische Effekte gesagte, doch müssen während des ganzen Jahres hohe Luftfeuchtigkeit und Wärme gegeben werden. Damit sich der Hauptstamm kräftigt, entfernt man die überschüssigen Nebenschößlinge; man braucht, wenn nach der Blüte der Hauptstamm abstirbt, ja nur 1 oder 2 Nebentriebe!

Passiflora, Passionsblume

Auch für das geschlossene Blumenfenster gibt es herrliche Passionsblumen, da ja die Gattung *Passiflora* L. in ihrer Heimat, die Arten kommen fast nur in Südamerika vor, alle Lebensbereiche bewohnt.

Die scharlachrote Granadille, *P. coccinea* Aubl., sollte auf der Wunschliste des Liebhabers stehen. Wir bekamen Samen dieser Art aus Bolivien. Die einfachen Blätter sind geschwänzt, die 10 cm großen Blüten besitzen scharlachrote Kelch- und Blütenblätter.

Aus Brasilien stammt *P. edulis* Sims. mit tief dreilappigen, gesägten Blättern und 7 cm breiten, weißen Blüten mit purpurnen Zeichnungen, die Strahlenkrone dieser Art ist genauso groß wie die Kronblätter und ebenfalls weiß mit purpurner Basis gefärbt. Früchte werden reichlich angelegt, sie sind rundlich und bis 8 cm im Durchmesser, bei der Reife werden sie gelb und schmecken gar nicht so schlecht!

Als Obst, aber auch als Fruchtsaft, findet man oft die Granadillen angeboten, die verbreitetste Art ist die Riesengranadille, *P. quadrangularis* L. mit geflügelten, vierkantigen Stengeln und einfachen Blättern. Die 12 cm breiten Blüten duften sehr stark und sind äußerst bunt gefärbt: die Kelchblätter weiß, die Kronblätter zimtbraun bis rötlich, die fünfreihige Strahlenkrone violett und weiß gestreift. Die Art stammt aus dem tropi-

schen Amerika und macht bis 20 cm lange gelblichgrüne Früchte.
Eine recht auffällige Farbe unter den Passionsblumen hat *P. racemosa* Brot. (*P. princeps* Lodd.), die eigentlich ganzjährig erscheinenden Blüten stehen nicht einzeln, sondern in Trauben und sind dunkelrot gefärbt. Die ledrigen, dreilappigen Blätter sind bis 14 cm breit, die Blüten ausgebreitet 8 bis 12 cm breit, doch schlagen sich die Kronblätter bald nach hinten, die Strahlenkrone ist kurz und eher unscheinbar.
Daneben gibt es noch unzählige andere tropische Passionsblumen, alle mehr oder weniger schön und zu empfehlen. Zwischen verschiedensten Arten kennt man Hybriden, so *P.* × *allardii* hort. aus *P. caerulea* 'Constance Elliott' und *P. quadrangularis* oder *P.* × *caerulea-racemosa* Sabine, die letztere mit fünfteiligen Blättern und kleinen, tief violettpurpurnen Blüten.
Die ersten drei Arten sind starkwüchsig und brauchen viel Raum, *P. racemosa* wächst schwächer und ist daher auch für kleine Verhältnisse ideal. Es gelten die Kulturhinweise, die bei *Passiflora caerulea* gegeben wurden, nur muß man in der Wachstumszeit höhere Temperaturen und mehr Luftfeuchtigkeit geben; im Winter kann man sie auch etwas kühler und trockener halten, doch verlieren sie dann die Blätter, die doch auch einen Teil der Schönheit dieser südamerikanischen Schlinger ausmachen.
Rare Arten wird man durch Aussaat vermehren, doch sollte man dann Stecklinge von blühenden Trieben abnehmen, damit die Pflanzen auch mit kleineren Dimensionen blühen!

Pavonia, Pavonie

Zu den Malvengewächsen, den *Malvaceen*, gehört die Gattung *Pavonia* Cav., deren 170 bekannte Arten, so wie die Passionsblumen, überwiegend den südamerikanischen Subkontinent bewohnen. Es sind Sträucher oder Kräuter mit einfachen, teilweise aber eckigen oder gelappten Blättern und gegen das Ende der Triebe gehäuft auftretenden Blüten, die einzeln in der Achsel von Blättern sitzen. Hüllkelch und Kelch sind in schmale Lappen zerteilt, meist auffällig gefärbt und stärker ins Auge springend als die Blütenblätter.
Aus Brasilien stammt *P. multiflora* St.-Hil. (*P. wiottii* E. Morr.), sie hat bis 20 cm lange, edelkastanienähnliche Blätter und dunkelpurpurrote Hüllkelch- und Kelchlappen, die Blütenblätter sind bräunlichrot, die Narbe ragt heraus und ist rosa gefärbt.
Pavonien, es gibt noch andere, nah verwandte Arten, sind gute Herbst- und Winterblüher, die durch die lange haltbaren Kelchlappen gut wirken. Die Pflanzen blühen nur im obersten Bereich und sollen nur ganz früh, im Frühjahr nach der Vermehrung, pinziert werden; meist erhält man aber nur Eintrieber. Nach dem Abblühen schneidet man zurück, topft in Einheitserde um und kultiviert den Sommer über warm und luftfeucht. Beim Rückschnitt kann man die Köpfe als Stecklinge abstecken, doch brauchen sie 30°C zur Bewurzelung.

Sandersonia, Sandersonie

Die Gattung *Sandersonia* Hook. f. gehört zu den Liliengewächsen, den *Liliaceen*, umfaßt nur eine Art, *S. aurantiaca* Hook. f., und ist in Südafrika zu Hause.
Sandersonien erinnern mit ihren 50 bis 80 cm hohen Stielen, die wechselständig beblättert sind, an riesengroße Salomonssiegel. Die Triebe entwickeln sich aus knolligen Rhizomen, die Blätter haben zum Teil eine kurze Rankenspitze. Die nikkenden, orangen Glockenblumen, sie erinnern an eine 2 cm große Maiglöckchenblüte, erscheinen einzeln aus den oberen Blattachseln. Die Blütezeit ist der Spätfrühling und Sommer.
Die Kultur der Sandersonien gleicht der von *Gloriosa* oder *Littonia*, mit denen sie nah verwandt sind. Die Knollen werden von guten holländischen Firmen angeboten.
Wegen der nahen Verwandtschaft mit *Gloriosa* und *Littonia* wäre es interessant, wenn sich jemand mit der Züchtung dieser Pflanzen befaßte. Die Kreuzung mit *Gloriosa* müßte besonders schöne Ergebnisse zeitigen.

Spathiphyllum, Einblatt

Die Gattung *Spathiphyllum* Schott gehört zu den Aronstabgewächsen, den *Araceen,* und umfaßt etwa 30 Arten, die überwiegend im tropischen Amerika beheimatet sind. Die Pflanzen bilden dichtbeblätterte, langgestielte Blattschöpfe aus, die Blüten entwickeln sich aus den Blattscheiden und fallen durch die mehr oder weniger den Stiel herablaufende weiße oder grünliche Spatha, das Hochblatt auf. Die Blüten sind zwitterig, die Früchte sind Beeren.

Neben den hochwüchsigen Arten und Hybriden, die für den Blütenschnitt angepflanzt werden, finden sich einige Arten, die sich gut für die Topfkultur eignen. *S. floribundum* (Lind. et André) N. E. Br. kommt aus Kolumbien und besitzt 20 cm lange, lanzettliche Blätter an ebenso langen Stielen, die 8 cm langen und 5 cm breiten Spathen stehen an 20 bis 30 cm langem Schaft. Ebenfalls aus Kolumbien stammt *S. wallisii* Regel, hier sind die Blattstiele 20 cm, die Blätter 25 cm lang. Die Spatha, ebenfalls weiß, wie bei der vorigen Art, ist 14 cm lang und 5 cm breit.

Spathiphyllum sind reich- und langblühende Aronstabgewächse, die lichten Schatten und humoses Substrat lieben. Sie wachsen und blühen im Sommer, von März bis Oktober, und ruhen den Rest des Jahres, wobei die Ruhe aber etwas Relatives ist! Sie werden nur etwas trockener gehalten, dürfen nie einziehen, und brauchen auch um diese Zeit 18°C. Teilung oder Aussaat.

Thunbergia, Thunbergie

Zu den Bärenklaugewächsen, den *Acanthaceen,* gehört die Gattung *Thunbergia* Retz.; die 100 Arten, schlingende Kräuter oder Sträucher oder aufrechte Sträucher, bewohnen Afrika, Madagaskar und das wärmere Asien. Die eirunden, lanzettlichen, herz- oder spießförmigen Blätter stehen gegenständig, die Trichterblüten besitzen einen fünfteiligen Saum und sind purpurn, blau, gelb oder weiß gefärbt. Sie sind von 2 blattartigen Vorblättern eingehüllt und stehen einzeln achsel- oder endständig in Trauben.

Die verbreitetste der aufrechten, strauchigen Arten ist *T. erecta* (Benth.) T. Anders. (*Meyenia e.* Benth.) aus dem tropischen Westafrika. Die bis 1 m hohen Sträuchlein wachsen dünn überhängend, die elliptischen Blätter sind bis 7 cm lang. Die 3 cm breiten Blüten stehen einzeln an bis 7 cm langen Stielen in den Blattachseln und sind in der Kronröhre gelblich, am Saum dunkelviolett gefärbt.

Schlingend wächst *T. affinis* S. Moore aus Ostafrika, sie ähnelt *T. erecta,* doch sind die Blüten bis 5 cm breit und die blattachselständigen Stiele meist mehrblütig.

Stärker schlingt *T. laurifolia* Lindl., diese 7,5 cm breit blühende Art kommt aus dem Malayischen Archipel und blüht in dichten achselständigen Trauben blauviolett. Nur ausgepflanzt ist diese Thunbergie wirklich befriedigend, obwohl sie schon als kleine Pflanze ihre Blüten bringt.

Aus Südafrika stammt die bekannte *T. alata* Boj. ex Sims, die Schwarzäugige Susanne, sie wird meist als Sommerblume gezogen, eignet sich aber als Kraut genauso für das Blumenfenster. Hier sind die Blätter meist herzförmig und am Blattstiel geflügelt, die Blüten stehen einzeln in den Blattachseln und sind gelb, orange, weiß oder braun gefärbt und besitzen zumeist eine schwarze Kronröhreninnenseite, das schwarze Auge.

Bis auf die letzte Art gehören alle Thunbergien in das geschlossene Blumenfenster, wo sie hell, aber nicht zu besonnt stehen und in Einheitserde gezogen werden. Sie wachsen im Sommer und machen im Winter eine leichte Ruhezeit durch, während der sie trockener gehalten werden. Im Frühjahr schneidet man zurück, sie blühen am diesjährigen Holz, so daß da nichts passieren kann. Die Vermehrung erfolgt durch Stecklinge. *T. alata,* die Schwarzäugige Susanne, kann auch kühler gezogen werden, auch im Freiland gedeiht sie gut, und wird durch Aussaat vermehrt.

Trichosanthes, Haarblume

Als Abschluß unserer weiten Reise durch das Pflanzenreich sei noch ein Kürbisgewächs, eine *Cucurbitaceae,* erwähnt: die Gattung *Trichosanthes* L., die Haarblume. Es sind einjährige oder ausdauernde, am Grunde teilweise verholzende oder rübenwurzelige Kletterer mit ganzen, gelappten oder zusammengesetzten Blättern. Die weißen, feinzerteilten Blüten stehen einzeln oder zu mehreren in den Blattachseln, sie sind ein- oder zweihäusig, und es folgen die kugeligen bis schlangenförmigen Früchte.

Sehr auffällig im Blüten- und Fruchtschmuck ist die Schlangenhaarblume, *T. cucumerina* L. var. *anguina* (L.) Haines (*T. anguina* L.) aus Indien. Bei Frühjahrsaussaat blüht diese einjährige Haarblume von Mai bis August und fruchtet von Juli bis Oktober. Die männlichen Blüten stehen in mehrblütigen Trauben in den Blattachseln, die weiblichen kommen einzeln, beide Blüten sind 5 bis 7 cm breit, reinweiß und feinst geschlitzt. Die Früchte sind bis 1 m lange und 5 cm dicke Gurken, zugespitzt, die zuerst hellgrün-dunkelgrün gestreift, bei der Reife orangescharlachrot gefärbt sind. Die rundlichen Blätter sind 15 bis 20 cm groß und fünf- bis siebenlappig.

So einfach die Kultur der Haarblume ist, so groß ist die Wirkung der weißen Blüten und der orangescharlachfarbenen Gurken auf jeden Beschauer. Die Kultur gleicht der vom Wachs- und Flaschenkürbis, *Benicasa* und *Lagenaria.* Nur bei Lufttrockenheit treten Spinnmilben auf, die die Freude mit dieser Pflanze trüben können. Hier ist Vorbeugung die beste Bekämpfung.

Immer nur ab und zu eine Pflanze herausgreifend, von *Acalypha* bis *Streptocarpus,* von *Aeschynanthus* bis *Trichosanthes,* haben wir das große Reich der blühenden Zimmerpflanzen durchstreift. Viele unbekannte, aber schöne Pflanzen wären noch zu erwähnen. Doch auf diese wird sicherlich stoßen, wer, zum Liebhaber geworden, alte und neue Literatur durchstöbert!

PFLANZENVERZEICHNISSE

Terrasse

Abutilon
Agapanthus
Agave
Amaranthus
Amorphophallus
Benincasa
Bougainvillea
Calonyction
Campanula pyramidalis
Canna
Chamaerops
Cordyline
Datura
Eriobotrya
Erythrina
Gloriosa
Hedychium
Helianthus
Hibiscus
Hymenocallis
Lagenaria
Lagerstroemia
Laurus
Musa
Nerium
Passiflora
Phoenix
Plumbago
Punica
Ricinus
Rosmarinus
Salvia
Sauromatum
Solanum
Thunbergia alata
Trachycarpus
Trichosanthes
Tropaeolum
Washingtonia
Yucca
Zea

Balkon u. Fensterkasten

Asparagus densiflorus
Begonia x tuberhybrida
B. semperflorens
Browallia
Calceolaria integrifolia
Cobaea
Dianthus
Drosanthemum
Eccremocarpus
Fuchsia
Humulus
Impatiens
Ipomaea
Lampranthus
Lathyrus
Pelargonium
Petunia
Ruschia
Senecio mikanioides
Thunbergia alata
Tropaeolum-Hybriden

Kletterer und Schlinger

Ampelopsis
Allamanda
Aristolochia
Asparagus
Benincasa
Billardiera
Bowiea
Calonyction
Ceropegia
Cissus
Clematis
Clianthus
Dipladenia
Dischidia
Epiphyllum
Eriocereus
Ficus pumila
F. radicans
Fockea
Gloriosa
Hedera
Hoya
Kennedia
Lagenaria
Lapageria
Littonia
Manettia
Monstera
Muehlenbeckia
Passiflora
Peireskia
Peireskiopsis
Philodendron
Piper
Rhaphidophora
Rhoicissus
Sandersonia
Scindapsus
Selenicereus
Senecio mikanioides
Stephanotis
Syngonium
Testudinaria
Tetrastigma
Thunbergia
Trichosanthes
Vanilla

Ampelpflanzen

Aeschynanthus
Aploleia
Aporocactus
Begonia foliosa
B. limmingheiana
Callisia
Campanula
Ceropegia
Chlorophytum comosum
Columnea
Episcia
Erythrorhipsalis
Fuchsia procumbens
Hedera
Heliocereus
Hoya
Hylocereus
Hypocyrta
Kalanchoë
Kennedia
Lotus
Oplismenus
Parochetus
Peperomia glabella
P. serpens
Platycerium
Rhipsalidopsis
Rhipsalis
Saxifraga
Schlumbergera
Scirpus
Senecio radicans
Setcreasea
Tradescantia
Vinca
Winterocereus
Zebrina

VERZEICHNIS DER TAFELN

1 Balkonschmuck	16
2 Abmoosen, Umtopfen	17
3 Hydrokultur	32
4 Blütenpflanzen für kühle Räume I	33
5 Pelargonien	48
6 Blattpflanzen für kühle Räume I	49
7 Blattpflanzen für kühle Räume II	64
8 Tropische Effekte im Freien	65
9 Fuchsiengarten	80
10 Blütenpfl. für kühle Räume II	81
11 Kübelpflanzen	96
12 Balkon und Fensterkasten	97
13 Anlehngewächshäuser	104
14 Neuholländer I	n. 104
15 Neuholländer II	v. 105
16 Kleingewächshaus	105
17 Neuholländer III	112
18 Offenes Blumenfenster	113
19 Mittelmeerpflanzen I	128
20 Kappflanzen I	129
21 Kappflanzen II	144
22 Neuholländer IV	145
23 Tropenhaus	160
24 Kalthauspfl. Asiens u. Südam.	161
25 Kalthauspflanzen Asiens	168
26 Kakteen I	n. 168
27 Kakteen II	v. 169
28 Mittelmeerpflanzen II	169
29 Kakteen III	176
30 Kakteen IV	177
31 Sukkulenten I	192
32 Kakteen V	193
33 Kakteen VI	200
34 Sukkulenten II	n. 200
35 Sukkulenten III	v. 201
36 Sukkulenten IV	201
37 Sukkulenten V	208
38 Orchideen I	209
39 Orchideen II	224
40 Wärmeliebende Blattpflanzen I	225
41 Orchideen III	232
42 Bromelien I	n. 232
43 Bromelien II	v. 233
44 Orchideen IV	233
45 Bromelien III	240
46 Wärmeliebende Blattpflanzen	241
47 Wärmeliebende Blattpflanzen II	256
48 Insektivoren	257
49 Offenes Blumenfenster	264
50 Wärmelieb. Blattpflanzen III	n. 264
51 Wärmelieb. Blattpflanzen IV	v. 265
52 Wärmelieb. Blattpflanzen V	265
53 Blumenfenster und Vitrine	272
54 Wärmelieb. Blattpflanzen VI	273
55 Wärmelieb. Blattpflanzen VII	288
56 Kleingewächshäuser	289
57 Wärmelieb. Blütenpflanzen I	296
58 Wärmelieb. Blattpflanzen VIII	n. 296
59 Wärmelieb. Blattpflanzen IX	v. 297
60 Wärmelieb. Blütenpflanzen II	297
61 Wärmelieb. Blütenpflanzen III	304
62 Farne	305
63 Wärmelieb. Blütenpflanzen IV	320
64 Wärmelieb. Blütenpflanzen V	321

GARTENBAUGESELLSCHAFTEN

Es gibt in allen Ländern Vereine, die sich mit der Pflanzenpflege befassen. Grundlegende Auskunft geben gern die Gartenbaugesellschaften in der Bundesrepublik Deutschland, in Österreich und der Schweiz: *Deutsche Gartenbaugesellschaft e. V.*, D 532 Bad Godesberg, Kölner Str. 142–148. *Österreichische Gartenbaugesellschaft*, A 1010 Wien, Parkring 12/III/1. *Verband der Schweizerischen Gartenbauvereine*, Schweiz. Lehr- u. Versuchsanstalt für Gartenbau, CH 3425 Oeschberg-Koppingen/BE.

Sie geben auch Auskunft über Vereinigungen, die sich speziell mit Kakteen, Orchideen, Bromelien usw. befassen; wegen des Wechsels der amtierenden Mitglieder ändern sich diese Anschriften manchmal.

Die englische Gartenbaugesellschaft: *The Royal Horticultural Society*, Vincent Square, London SW 1 P2 PE, Großbritannien, ist mit über 60 000 Mitgliedern die größte gartenbauliche Liebhabervereinigung überhaupt. Sie gibt ein informatives Monatsjournal heraus und veranstaltet vierzehntägig Schauen, auf denen Pflanzen gezeigt und bewertet werden. Die Ergebnisse dieser Prüfungen wie auch derjenigen im Vereinsgarten Wisley werden zum Teil im Journal, überwiegend aber in den »Extracts from the Proceedings« veröffentlicht. Ein jährlicher Samentausch – die Liste umfaßt 1000 Nummern – verteilt die im Vereinsgarten gesammelten Samen. Man kann beim Sekretariat unbesorgt um Auskunft in den verschiedensten Fragen bitten.

Die umfangreichste Samenliste der Welt bietet die *Alpine Garden Society*, Lye and Link, St. Lohn's, Woking, GU 21 1 SW, Surrey, Großbritannien, an; die 5000 weltweit wohnenden Mitglieder senden die in ihren Gärten oder am natürlichen Standort gesammelten Samen an die Samenverteilungsstelle der Gesellschaft. Einige Mitglieder stellen die über 4000 Nummern umfassende Liste zusammen; sie enthält neben den Alpinen viele Kalthauspflanzen, weil viele Mitglieder in klimatisch günstigen Gegenden gärtnern. Wer sich speziell mit der sehr reizvollen australischen Flora befassen möchte, wende sich an die *Society for Growing Australian Plants*, 860 Henry Lawson Drive, Picnic Point, NSW 2231, Australien. Diese Gesellschaft veröffentlicht jährlich acht farbig illustrierte Hefte mit grundlegenden Auskünften über australische Pflanzen und ihre Kultur.

Die Mitgliedsbeiträge dieser Gesellschaften sind niedrig (3 bis 5 Pfund); stärker zu Buch schlagen die ständig steigenden Portoausgaben, wenn man intensiv mit Mitgliedern dieser Gesellschaften korrespondiert.
Ich selbst habe auch die besten Erfahrungen damit gemacht, Verfassern von Artikeln in Zeitschriften zu schreiben. Man legt dem Brief einen internationalen Antwortschein bei, adressiert an die Redaktion der betreffenden Zeitschrift und bittet um Weiterleitung.

LITERATUR

Backeberg: Das Kakteenlexikon. Stuttgart 1970. (Vom selben Autor weitere Kakteenbücher, z. T. sehr umfassend.)
Bosse: Vollständiges Handbuch der Blumengärtnerei, 3 Bde. Hannover 1959/60/61. (Umfassendstes Werk über das Gebiet. Wenn antiquarisch angeboten, sofort zugreifen!)
Cullmann: Kakteen. Stuttgart 1972.
Encke: Pareys Blumengärtnerei. Hamburg 1958-61. (Zwei Bände, mit einem Indexband. Mit vielen Literaturangaben.)
Encke: Die schönsten Kalt- und Warmhauspflanzen. Stuttgart 1968. (Mit guter Bezugsquellenliste.)
Encke: Zimmerpflanzen, alte und neue Arten, ihre Behandlung und Vermehrung. Stuttgart 1973.
Encke/Buchheim/Zander: Handwörterbuch der Pflanzennamen. 10. A. Stuttgart 1972.
Graf: Exotica III, Pictorial Cyclopedia of Exotic Plants. Rutherford, N. Y., USA, 1963. (Mit 12 000 Schwarzweißfotos!)
Haage: Freude mit Kakteen. Radebeul 1968.
Hillier's: Manual of Trees and Shrubs. Hillier and Sons, Winchester 1973. (Der Welt größte Sortimentsbaumschule gibt eine Art Katalog heraus, nur Beschreibungen, keine Preise. Mit vielen Raritäten.)
Jacobsen: Das Sukkulentenlexikon. Stuttgart 1970. (Vom selben Autor weitere Werke über Sukkulenten.)
Journal of the Royal Horticultural Society, London. (1975 im 100. Jahrgang. Siehe auch »Gartenbaugesellschaften« oben.)
Köhlein: Pflanzenvermehren leichtgemacht. Stuttgart 1972.
Periwinkle Colour Series. Taschenbuchserie über die australische Tier- und Pflanzenwelt. Melbourne 1965–1974.
Polunin-Huxley: Flowers of the Mediterranean. London 1965. (Spezialwerk über die mediterranen Kalthauspflanzen, auch in Deutsch erschienen.)
Rauh: Bromelien 1 und 2. Stuttgart 1970, 1973.
Rauh: Die großartige Welt der Sukkulenten. Hamburg 1965.
Ray/Synge: Das große Blumenbuch. Stuttgart 1973. (Mit 2048 farbigen Abbildungen nach englischen Quellen, daher im Freilandteil mit vielen seltenen, schönen Kalthauspflanzen.)
Richter: Zimmerpflanzen von heute und morgen: Bromeliaceae. Radebeul 1962.
Salmon: Field Guide to the Alpine Plants of New Zealand. Auckland/Sydney 1968. (Mit farbigen Abbildungen.)
Schubert/Herwig: Wohnen mit Blumen. München 1974.
Stahl/Umgelter: Pflanzenschutz im Zierpflanzenbau. Stuttgart 1975.
Thomale: Die Orchideen. Stuttgart 1957.

Sehr hilfreich sind Kataloge großer Firmen: Über Jahre gesammelt ergeben sie ein Nachschlagematerial, das immer auf dem neuesten Stand ist. Bei der Vorbereitung dieses Buches wurden die Kataloge folgender vier Firmen eingesehen, um Pflanzen zu bringen, die auch wirklich im Handel sind:
Sortimentsbaumschule *Hillier and Sons*, Winchester, Großbritannien.
Samenhandel *Albert Schenkel*, Hamburg-Blankenese, Bundesrepublik Deutschland.
Blumenzwiebeln und -knollen *Van Tubergen*, Zwanenburg, Haarlem, Niederlande.
Orchideen und Warmhauspflanzen *Marcel Lecoufle*, Boissy Saint Léger, Frankreich.

SACH- UND PFLANZENVERZEICHNIS

Dieses Verzeichnis enthält Sachbegriffe und die botanischen Gattungsnamen, in seltenen Fällen auch gleichbedeutende (synonyme) Gattungsnamen. Die kursiv gedruckten Seitenzahlen verweisen auf Abbildungen: sie stehen auf der Bildtafel neben oder nach (= n.) oder vor (= v.) der genannten Seite. Verzeichnis der deutschen Gattungsnamen s. Seite 7.

Abmoosen *17*, 36
Abromeitiella *n. 232, 233*
Abutilon *33*, 36, 65, *81*, 96
Acacia *v. 105*, 113
Acalypha *265*, 282, 298
Acanthostachys 235
Acanthus 282
Achimenes 298
Adiantum 250, *305*
Adventivwurzeln 18
Aechmea *v. 233*, 235, *240*
Aeonium *v. 201*, 201
Aeschynanthus 318
Agapanthus 25, 81, *96*
Agapetes 138, *161*
Agave 82, *192*, 204
Aglaonema *225*, 251
Aizoaceen 196
Albizia *v. 105*, 114, 138
Aldrovanda 243
Allamanda 319
Aloe *192*, 204
Alocasia *225*, 283
Amaryllis 124, 309
Amaranthus 81
Amorphophallus 82
Ampelopsis 49
Ananas 233, 235, 236, *240*
Angraecum 220, 221
Anthurium *225*, 283, 299
Aphelandra 24, *297*, 298, 300, *320*, 321
Aploleia 252
Aporocactus 165
Araucaria 49
Arbutus 147, *169*
Ardisia 301
Areolen 18, 163, 164
Argyroderma 196, *201*
Ariocarpus 166
Aristolochia *297*, 320
Art 48, 162
Asparagus 50, *64*, 94, 252
Aspidistra 34, 51
Asplenium 36, 253
Assimilation 16, 22
Astrophytum 166, *177*
Atmung 22
Aucuba 51
Ausläufer 16
Aussaat 31, 193
Austrocylindropuntia 166
Aylostera 166, *v. 169*, 200
Aztekium 167, *176*

Balkonpflanzen 94, *97*
Banksia *n. 104*, 105, 106
Bastard 26, 27, 28
Befruchtung 15, *15*, 164
Begonia *16*, 24, 25, 29, 34, 94, *241*, 254, 302
Beloperone 303
Benincasa 320
Bestäubung 15, *17*, 164
Billardiera 117
Billbergia 233, 237
Blätter 10, 16, 18, *23*, 196
Blandfordia 117
Blattranken 18, *23*
Bleiwurz 90
Blechnum 256, 305
Blüte 12, 15, *15*, 108, 112, 164, 196, 232
Blütenbildung 23, 24, 25
Blumenfenster *113*, 217, 250, 281, *281*, 297
Boronia 117, *145*
Bougainvillea 66
Bowiea 205
Brakteen 12
Brasilicactus 167
Brassavola 221, *224*
Bromelien 20, 232, *n. 232, v. 233*, 240, 264, 272, 289
Browallia 96
Brunfelsia 25, 303, *304*

Cactaceen 162
Caladium 34, 284
Calathea 285
Calceolaria 25, 66, 98
Calliandra 321
Callisia 257
Callistemon 109, *112*
Calothamnus 108
Calonyction *296*, 321
Camellia 25, 139, *168*
Campanula 24, 25, *33*, 67, 147
Canarina 148, *169*
Canna 83
Cantua 132, *161*
Capparis *128*, 148
Carpobrotus 196, 197, *201*
Catasetum 221, *233*
Cattleya 219, 221, *224*, 289
Cephalocereus 167, *v. 169*
Cephalotus 243, *257*
Ceratonia 149
Cereus 167, *v. 169*, 195
Ceropegia 52, *64, n. 200*, 206
Cestrum 132, *161*
Chamaecereus 164, 168
Chamaedorea 258
Chamaelaucium 109, *112*
Chamaerops 84
Chimäre 28
Chlorophytum 258, *272*
Chorizema *v. 105*, 114
Cissus *49*, 52, 206, *n. 264*, 286
Cistus 149, *169*
Citrus 36, 141

Cleistocactus 168, *v. 169*, 190, *201*
Clematis 142, *168*
Clerodendron *297*, 304
Cleyera 143
Clianthus 36, 115
Clivia *33*, 68
Cobaea 103
Cochliostema 286
Codiaeum 286
Coelogyne 222, *233*
Coffea 305
Coleonema 127
Coleus 24, 34
Colletia 133
Columnea 11, 25, *304*, 305
Conophytum 197, 202
Convallaria 249
Convolvulus 159
Copiapoa 168, *176*
Coprosma 118
Cordyline 84, 287
Corokia 118
Coryphanta 169
Cotyledon 206
Crassula *n. 200*, 207
Crinodendron 133
Cristaten 163, 211, 214
Crocus 16, 249
Crossandra *304*, 307
Cryptanthus 233, 235, 238, *240*
Cycas 259, *265*
Cyclamen 16, 68
Cyphostemma 207
Cylindropuntia 169
Cymbidium 217, 222, *224*
Cyperus 259
Cyrtomium 53
Cytisus 150

Daphne 143
Darlingtonia 243
Datura 65, 81, 84
Deamia 169
Delosperma 198
Dendrobium 219, 220, 222, *232*
Dendromecon 133
Desfontainea 134
Desinfektion 30
Dianthus 24, 29, 99
Dianella 118
Didymochlaena 260
Dieffenbachia *256*, 260
Dionaea 18, 244
Dipladenia 321
Dischidia 287
Dizygotheca *n. 264*, 288
Dolichothele 169
Dornen 11, 12, 18, *21, 23*, 163
Dracaena 36, 151, 261, *n. 264*, 265
Drosanthemum 198
Drosera 245, *257*
Drosophyllum 245
Düngung 22, 40, 192, 193, 219
Dyckia *n. 232*, 234

Eccremocarpus 103
Echeveria 25, *v. 201*, 208
Echinocactus 170, *177*
Echinocereus *v. 169*, 170, *176*
Echinofossulocactus *n. 168*, 170
Echinopsis 171, *177*, 195
Echium 151
Einheitserde 43
Embothrium 134
Embryo 15
Emergenzen 12
Encephalocarpus 171, *176*
Epacris *112*, 119
Epidendrum 220, 223, *224*
Epiphyllum 171, 193
Episcia 297, 307, *320*
Erica 25, 127, *144*
Erikengewächse 32
Eriobotrya 85
Eriocactus 172, *193*
Eriocereus 172, 195
Ernährung 24
Erythrina 86
Erythrorhipsalis 172, *176*, 193
Espostoa 172
Eucalyptus 11, 110
Eucharis *321*, 322
Eugenia 111
Euphorbia 25, *n. 200*, *201*, 209, 308
Exacum 70

Farne 32, *305*
Farnwurzel 219, 220
Fatsia *49*, 54
× Fatshedera *49*, 53
Faucaria 198
Feijoa 135
F₁-Generation 26
F₁-Saatgut 26
Fensterkasten 94
Ferokaktus 173, *177*
Ficus *17*, *32*, *113*, 262, 264, *v. 265*, 272
Fittonia 288, *288*
Fockea 211
Frailea 164, 173
Frucht 16
Fruchtknoten 14, *14*, 217, 232
Fuchsia *16*, 24, *33*, 36, 80, 96, 97

Gardenia *304*, 322
Gasteria *208*, 212
Gattung 48, 162
Gefäße 31, 43, 193, 220
Genista 152
Gießen 39, 192, 219
Gloriosa 18, *296*, 323
Glottiphyllum 199, *201*
Gongora 223, *233*
Gossypium 324
Grevillea *n. 104*, 105, 106
Guzmania *v. 233*, 238, *240*
Gymnocalycium 164, 174, *177*, *193*

Haageocereus 174
Haemanthus 70, 325
Härtegrad (Wasser) 39

Hakea 107, *145*
Hamatocactus 175
Haworthia *208*, 212
Hebe 71
Hechtia 234
Hedera 24, *49*, 54
Hedychium *65*, 86
Heimerliodendron *288*, 289
Heliamphora 246
Helianthus 81
Heliocereus 175
Helxine 62
Hemmstoffe 22, 23
Heterosis-Saatgut 27
Hibiscus *289*, *304*, *309*, *321*
Hippeastrum 24, 309
Hochblätter 12, 232
Hoffmannia *288*, 289
Homalocladium 16, 55
Horst 10, 20
Howeia 266
Hoya 71, *81*, *113*, 311
Humulus 103
Hyacinthus 249
Hybride 26
Hydrokultur *32*, 44, *44*, *113*
Hylocereus 175, *176*
Hymenocallis 87, *320*, 325
Hypocyrta 312

Impatiens *97*, 98
Insektivoren 18, 32, 243, *257*
Inzucht 26, 27, 48
Iochroma 312, *321*
Ipomoea 103
Ismene 87
Ixora 325

Jacaranda 266
Jacobinia 72, 326
Jasminum 143, 153
Johannisbrotbaum 149

Kakteen, 16, 18, 25, 36, 39, 162, *n. 168*,
    v. 169, *176*, *177*, 189, *193*, *200*, 289
Kalanchoë 25, 36, 72, *v. 201*, 213
Kalthauspflanzen 161
Kappflanzen 124
Kardinalpunkte 23, 39
Keimblätter 11, 163
Kennedia *v. 105*, 115
Kindel 36, *37*, 194, 232
Kleingewächshaus *104*, *105*, *160*, 191,
    289, 297
Kletterer 103, 318
Klon 28, 48
Knollen 18, *21*, *35*, *37*, 124, 147, 163
Knollenschnittlinge 34
Kohleria *297*, 326
Kreuzung 26
Kübelpflanzen *96*
Kurztagpflanzen 24

Lachenalia 124
Laelia 223, *224*
Lagenaria 327
Lagerstroemia 87
Lampranthus 199, *201*

Langtagpflanzen 24
Lapageria 135, *161*
Laportea 12, 290
Lathyrus 24, 103
Laurus 153
Leonotos 129
Leptocladodia *v. 169*, 175
Leptospermum 111
Leucadendron 105, 129
Leuchtenbergia 176
Leucospermum 129
Licht 24, 37, 49, 189, 219, 280
Lilium 16, 24, 29, 249
Lithops 200, *201*
Littonia *296*, 327
Livistona 267
Lobivia 176, *200*
Lophophora 177
Lotus 154, *169*
Luftfeuchtigkeit 39, *40*, 219, 233, 280
Lycaste 224, *232*

Malvastrum 74
Mamillaria *n. 168*, 177, *193*, 281
Manettia 73
Manihot 290
Maranta *264*, *288*, 291
Medinilla 327
Mediolobivia 178, *289*
Melaleuca 112
Melocactus 178
Meristem 23, 34
Metrosideros 112
Microcoelum 268
Microlepia 268
Miltonia 224, *224*
Mimosa 291
Mittagsblumengewächse 196, *201*, 202
Monstera 22, 38, 267
Muehlenbeckia 121
Musa 88, *321*, 328
Mutation 28
Myrtus 154

Nährstoffe 20
Narcissus *128*, 155, 249
Nebenblätter 11, *23*
Nebenknollen 34, *35*
Nebenzwiebeln 34
Neochilenia *176*, 179
Neoregelia 239
Nepenthes 18, 246
Nephrolepsis 269, *305*
Nertera *33*, 74
Nerine 125
Nerium *96*, *n. 104*, *v. 105*, *112*, *128*, 155
Neuholländer 105
Nidularium *v. 233*, 240, *240*, 272
Niederblätter 11
Notocactus 179, *193*

Ochna *129*, 130
Odontoglossum 219, 224, *232*, 281
Olea 156
Olearia 121
Oncidium 219, *224*, 225

335

Ophiopogon 32, 55, *64*
Oplismenus 292
Opuntia 180
Orchideen, 14, *14*, 18, 25, 28, *209*, 217, *224*, *232*, *233*, 281, *289*
Oreocereus n. *168*, 180
Ornithogalum 56
Osteomeles 144, *168*
Oxalis 249, 292

Pachipodium 214
Pachyphytum 214
Pachystachys 312, *321*
Pandanus 273, 292
Paphiopedilum 32, 217, 225, *232*
Parochetus 144
Parodia 181, *193*
Passiflora 74, *81*, 292, *296*, 328
Pavonia 329
Pedilanthus 294
Peireskia 181, 195
Peireskiopsis 181, 195
Pelargonium *16*, 24, 25, 29, 34, *48*, *65*, *81*, *97*, 99
Pellaea 56, *305*
Pelecyphora n. *168*, 182
Pellionia 294, v. *297*
Peperomia 270, *273*
Perilepta 294
Persea 136
Petunia 24, *97*, 102
Pflanzenschutz 46, 195
Phalaenopsis 217, 220, 226, *232*, 289
Philesia 136
Philodendron 267, 271, n. *296*
Phlebodium 273
Phoenix 89
Phormium 121
Phragmopedium *224*, 227
Pikieren 31, 193
Pilea 273, v. *297*
Pilosocereus v. *169*, 182
Pinguicula 247
Piper 274, v. *297*
Pisonia 289
Pistacia 157
Pitcairnia 234
Pittosporum 121
Pityrogramma 274, *305*
Platycerium 275, *305*
Plectranthus 57
Pleione *209*, 217, 220, 227
Pleiospilos 201
Plumbago 90
Poinsettie 308
Polygala *129*, 130
Polyscias 295
Population 48
Primula 25, 75, *81*
Prostanthera *112*, 122
Protea *129*, 130
Pseudolobivia 182
Pteris 57, *305*
Punica 158, *169*
Puya 234
Pyrrheima 296

Ranken 18, *21*
Reaktionszeit 24
Rebutia 183, *200*
Rechsteineria 313
Rehmannia 34, 145
Reineckea 59, *64*
Rhaphidophora 276
Rhapis 59
Rhipsalidopsis 25, 183, 195
Rhipsalis *176*, 184, 193
Rhizome 16, 20, *21*, 34
Rhododendron 77, 145, *168*
Rhoeo 276
Rhoicissus 60
Ricinus 81, *96*
Rhodea 60, *64*
Rosette 10, 232
Rosmarinus *128*, 158
Rüben 18, 163
Ruellia 287
Ruhmeslilie 323
Ruschia 201
Ruscus 159

Saintpaulia 34, *113*, *304*, 313
Salvia *65*, 90
Sanchezia 295, n. *296*
Sand 42, 220
Sandersonia 329
Sansevieria 22, *32*, 34, *272*, 277, n. *296*
Sarracenia 247
Sauromatum 91
Saxifraga 60
Schefflera 278
Schizanthus 79
Schlumbergera 25, 184, 195
Schmetterlingsblütler 14, *14*, 16, 18, 112
Scilla 61
Scindapsus 276, 296, n. *296*
Scirpus 61
Sedum v. *201*, 215
Selaginella 11, 61
Selenicereus 186, 195
Senecio *49*, 79, 94, v. *201*, 215
Setcreasea 278
Siderasis 296
Sinningia 34, 314
Smithiantha 315
Solanum 79, 81
Solisia n. *168*, 186
Soleirolia 62
Sonerila 296
Sphagnum 36, 220
Sophora 116
Sparmannia 63
Spathiphyllum *32*, *304*, 330
Sport 29
Sprekelia 136
Sproß 10, 16, 18, 20, *21*, 34, 163, 217, 232
Sproßdornen 18, *21*
Sproßknollen 16, *21*
Sproßranken 18, 20, *21*
Stacheln 18, 163
Stanhopea 230, *233*
Stapelia 215
Stecklinge 18, *33*, 34, *35*, 105, 193

Stephanotis 316
Strelitzia 131
Streptocarpus 34, *297*, 316
Stylidium 123
Substrate 31, 41, 192, 202, 220, 281
Sukkulenten 36, 162, *192*, 196, n. *200*, v. *201*, *201*, 203, *208*
Sulcorebutia v. *169*, 186, *200*
Syngonium *264*, 278

Tageslänge 24, 25, 188
Teilung 32, *37*, 220
Telopea 107
Temperatur 24, 38, 49, 190, 192, 218, 280
Templetonia 116
Tephrocactus 18
Testudinaria 216
Tetrastigma 279
Thelocactus *193*
Thunbergia 103, *320*, 330
Tibouchina 137
Tillandsia n. *232*, 240, 241
Titanopsis 202
Tolmiea 36, 63, *64*
Torf 32, 40, 42, 43
Trachycarpus 91
Tradescantia 11, 216
Transpiration 22
Trichocereus 188, 195
Trichopilia 231, *233*
Trichosanthes *296*, 331
Tropaeolum 92, 103
Tulipa 249
Uebelmannia 188
Umpflanzen *17*, 45, *46*, 220
Urginea 160
Utricularia 248, *257*

Vanda 231
Vanilla 231
Varietät (var.) 48
Veredlung 36, *37*, 105, 194
Vererbung 26
Vermehrung 30, *35*, *37*, 193, 220, 282
Vinca *128*, 160
Visnea 161, *169*
Vitrine 217, 250, 280, 297
Vorbehandlung 30
Vriesea v. *233*, 241
Wärme 38, 105, 280
Washingtonia 64
Wasser 20, 39, 40, 162, *189*, 192, 219
Weingartia 189
Winterocereus 189, 190
Wuchsstoffe 22, 23, 36
Wurzeln 18, 46, 163, 233
Wurzelschnittlinge 34, *37*
Xantheranthemum 297
Xerophyten 20, 22, 233
Yucca 93
Zantedeschia 80, 126
Zea 81
Zebrina 279
Zephyranthes 137
Zungenblatt 199
Zwiebeln 16, 20, *21*, 124, 147, 249